Kristina Mateescu
Engagement und esoterische Kommunikation unterm Hakenkreuz

**Studien und Texte zur
Sozialgeschichte der Literatur**

Herausgegeben von
Maximilian Benz, Kai Bremer, Walter Erhart,
Barbara Picht und Meike Werner

Band 160

Kristina Mateescu

Engagement und esoterische Kommunikation unterm Hakenkreuz

―

Am Beispiel des Hochland-Kreises

DE GRUYTER

ISBN 978-3-11-163111-0
e-ISBN (PDF) 978-3-11-077300-2
e-ISBN (EPUB) 978-3-11-077308-8
ISSN 0174-4410

Library of Congress Control Number: 2022938812

Bibliografische Information der Deutschen Nationalbibliothek
Die Deutsche Nationalbibliothek verzeichnet diese Publikation in der Deutschen Nationalbibliografie; detaillierte bibliografische Daten sind im Internet über http://dnb.dnb.de abrufbar.

© 2024 Walter de Gruyter GmbH, Berlin/Boston
Dieser Band ist text- und seitenidentisch mit der 2022 erschienenen gebundenen Ausgabe.
Einbandabbildung: bpk / Hanns Hubmann

www.degruyter.com

―――
Ohne Denken keine Wahrheit, und Denken nur im Dialog.
(Hannah Arendt)

Inhalt

Danksagung —— XI

1	**Einleitung** —— 1	
1.1	Der Nexus von Engagement und esoterischer Kommunikation. Zum Erkenntnisinteresse der Arbeit —— 1	
1.2	Nonkonformistische Schreibpraktiken und ‚Innere Emigration'. Zum Forschungsstand —— 8	
1.3	Autonomie und Heteronomie —— 18	
1.4	Vorgehen und Aufbau der Arbeit —— 22	
2	**Von einer Poetik des ‚verdeckten Schreibens' zu einer Hermeneutik des ‚aufdeckenden Lesens'** —— 27	
2.1	Problemorientierung: ‚Verdecktes Schreiben' im ‚Dritten Reich' —— 27	
2.1.1	‚Verdecktes Schreiben' – Probleme und Einwände —— 32	
2.1.2	Die Suche nach einem Modell ‚aufdeckenden Lesens' —— 50	
2.2	Dolf Sternbergers ‚Prinzip der Variation' —— 58	
2.2.1	Zum variablen Gebrauch von Sprichwörtern —— 64	
2.2.2	Applikativ-aktualisierende Lektüren als Form mündigen Textumgangs —— 77	
2.2.3	Mündiges Lesen: Von Dolf Sternberger zu Bertolt Brecht —— 81	
2.3	Bertolt Brechts Anweisungen zum ideologiekritischen Schreiben und Lesen —— 87	
2.3.1	‚Wahrheit' schreiben —— 89	
2.3.2	‚Wahrheit' lesen —— 100	
2.3.3	Symptomatisches und zersetzendes Lesen —— 106	
2.4	Lesen als soziale Praxis —— 115	
2.4.1	Beispiele heterodoxer Lektüren im ‚Dritten Reich' —— 115	
2.4.2	Denkstil und Dissidenz —— 121	
2.5	Leo Strauss und die ‚Kunst des Lesens' —— 125	
2.5.1	„Persecution and the Art of Writing" (1941) —— 130	
2.5.2	Leo Strauss – ein Esoteriker? —— 143	
2.5.3	Esoterische Kommunikation versus ‚verdecktes Schreiben' —— 150	
2.6	Zusammenfassung und Fazit —— 157	
2.6.1	Die Ermittlung esoterischer Kommunikationssituationen —— 157	
2.6.2	Formen und Funktionen heterodoxen Lesens —— 161	

3 Die Netzwerkzeitschrift *Hochland* im ‚Dritten Reich' — 169
- 3.1 Das Profil der Zeitschrift — 172
- 3.2 Der *Hochland*-Kreis — 180

4 Verteidigen, Angreifen und Werben. *Hochland*-Publizistik in der Auseinandersetzung mit dem Nationalsozialismus — 187
- 4.1 Katholischer Universalismus und nationalsozialistischer Partikularismus — 189
- 4.2 Die Chiffre ‚Reich' — 197
- 4.3 Carl Muths „Das Reich als Idee und Wirklichkeit" (1933) — 201
- 4.4 „[K]rasse Dichtung und Entstellung". Repliken auf Alfred Rosenbergs *Mythus des 20. Jahrhunderts* — 210
  - 4.4.1 „[J]üdisch-römische[] Weltanschauung" gegen „nordisch-abendländische[s] Seelenbekenntnis" – Rosenbergs Antikatholizismus — 215
  - 4.4.2 Richtigstellungen – ‚katholische' und ‚nationalsozialistische' Wissenschaftspraxis — 221
  - 4.4.3 Paul Simons Entlarvung des *Mythus* als Dichtung — 229
  - 4.4.4 ‚Undoing'– Daniel Feulings thomistische Antwort auf Rosenbergs *Mythus* — 233
- 4.5 Resümee und Ausblick — 249

5 ‚Katholische Literatur' als Medium esoterischer Kommunikation? — 255
- 5.1 Literarischer Katholizismus im *Hochland* — 255
- 5.2 Kein „Advent einer großen katholischen Dichtung". Carl Muths „Bilanz" — 263
- 5.3 Literarische Beiträge im *Hochland* zwischen 1933 und 1941 — 269
- 5.4 Bergengruens *Am Himmel wie auf Erden*. Ein historischer Roman zwischen Konformismus und Dissens — 273
  - 5.4.1 Parallelen und Zweideutigkeiten — 273
  - 5.4.2 Die zeitgenössische Rezeption von *Am Himmel wie auf Erden* — 280
  - 5.4.3 „Die Aussätzige" (1940) als Leseprobe im *Hochland* — 288
  - 5.4.4 Bergengruen als ‚katholischer Autor' — 290
  - 5.4.5 Historisches Erzählen als ‚verdecktes Erzählen'? — 295
  - 5.4.6 Aufdeckendes Lesen für ‚Eingeweihte'. Bergengruens Netzwerk — 302
  - 5.4.7 Das „Transzendenzprogramm" des Romans — 311

5.4.8	Ergebnis und Ausblick	**322**
5.5	Theodor Haeckers „Tagebuchblätter" (1940)	**327**
5.5.1	Katholische Autorschaft und satirisches Schreiben. Zu Haeckers *Satire und Polemik* (1922) und „Der katholische Schriftsteller und die Sprache" (1927)	**331**
5.5.2	Die *Tag- und Nachtbücher* (1939–1945)	**345**
5.5.3	Die „Tagebuchblätter" als esoterische Publikation?	**353**
5.5.4	„[I]m Verborgenen zu leben und auf dem Markte zu stehen"	**361**
5.6	Katholische Literatur in esoterischer Funktion. Ein Resümee	**363**
6	**Schreiben und Lesen im Spiegel von Romantik und Gegenwart. Die Intellektuellenbiographien von Alois Dempf und Alfred von Martin**	**366**
6.1	Der ‚Streit um die Romantik' im *Hochland*	**366**
6.1.1	Romantik-Rezeption und deutscher Katholizismus	**371**
6.1.2	Romantisches versus klassisches Kunstideal: Carl Muths *Die Wiedergeburt der Dichtung aus dem religiösen Erlebnis* (1909)	**376**
6.2	Alois Dempfs Intellektuellenbiographie *Görres spricht zu unserer Zeit* (1933)	**383**
6.2.1	Wiederbelebung der *philosophia perennis*. Das esoterische und exoterische Kulturprogramm Alois Dempfs in den 1920er-Jahren	**386**
6.2.2	Jenseits von Rationalismus und Historismus. Dempfs Auseinandersetzung mit der Romantik im *Hochland*	**390**
6.2.3	Görres' Leben und Denken als „katholische Summa des 19. Jahrhunderts"	**397**
6.2.4	Görres als Gewährsmann einer ‚berufsständischen Ordnung'	**404**
6.2.5	Zwischen Gelehrtendiskurs und Popularisierungsbemühungen	**415**
6.3	Alfred von Martins geistesgeschichtliche Doppelbiographie *Nietzsche und Burckhardt*	**417**
6.3.1	Alfred von Martin als Schüler Karl Mannheims und Max Webers	**424**
6.3.2	Auseinandersetzung mit der Romantik	**431**

6.3.3	Romantische versus klassische Natur. Typologisierende Betrachtungen in *Nietzsche und Burckhardt* (1941) —— **440**	
6.3.4	NS-Kritik im „Gewand geisteswissenschaftlicher Erörterung" —— **452**	
6.3.5	Kritik an der nationalsozialistischen Wissenschaftspraxis —— **459**	
6.3.6	Philosemitismus und Antisemitismus —— **463**	
6.3.7	‚Verstecken' statt ‚Verdecken'. Alfred von Martins Anmerkungsapparat —— **473**	
6.3.8	Rezeption von/durch „Feind und Freund" —— **478**	
6.3.9	„[D]ie Kunst, gut zu lesen". Resümee und Ausblick —— **485**	
6.4	Engagierte Wissenschaftsprosa im ‚Dritten Reich' —— **489**	

7   **Bilanz und Ausblick** —— **491**

Literaturverzeichnis —— **501**

Personenindex —— **551**

Danksagung

Die vorliegende Studie stellt die leicht überarbeitete Fassung meiner unter dem Titel „Engagement und Esoterik. Am Beispiel der Zeitschrift *Hochland* 1933–1941" eingereichten Dissertation dar, die im September 2020 von der Neuphilologischen Fakultät der Ruprecht-Karls-Universität Heidelberg als Promotionsschrift angenommen wurde.

Ohne die menschliche Unterstützung und akademische Förderung, die ich während des Studiums und der Promotion von zahlreichen Personen erhalten habe, wäre dieses Buch nicht denkbar. Mein allergrößter Dank gilt an dieser Stelle Andrea Albrecht, die an das Projekt von der Entstehung bis zur Fertigung geglaubt, es mit wissenschaftlichem Esprit begleitet und mit pädagogischer Hingabe betreut hat. Der intellektuell und persönlich stets inspirierende Austausch mit ihr hat diese Untersuchung und ihre Verfasserin ausschlaggebend geprägt. Besonderen Dank schulde ich auch Carlos Spoerhase, der das Zweitgutachten übernommen hat und vor allem die theoretische Anlage der Arbeit durch kritische Rückfragen, Denkanstöße und Hinweise maßgeblich bereichert hat. Zu ebenso besonderem Dank bin ich Lutz Danneberg verpflichtet, von dessen umfangreichen Literaturhinweisen die Studie ungemein profitieren konnte und dessen ermutigende Mails und fachlicher Rat mir eine große Hilfe waren.

Von entscheidender Bedeutung für die vorliegende Arbeit war der fachliche und freundschaftliche Austausch mit Kolleginnen und Kollegen, die durch Zuspruch und kritische Nachfragen und insbesondere durch ihre Bereitschaft, umfangreiche Textentwürfe Korrektur zu lesen und zu diskutieren, einen Rahmen geschaffen haben, in dem das Projekt voranschreiten konnte. Ausdrücklich bedanken möchte ich mich an dieser Stelle bei Franziska Bomski, Christian Blohmann, Annika Differding, Katrin Hudey, Benjamin Krautter, Jens Krumeich, Vincenz Pieper, Martin Prager, Cornelia Rémon, Sandra Schell, Alexandra Skowronski, Jørgen Sneis, Tilman Venzl, Marcus Willand, Zhu Yan und Yvonne Zimmermann. Für wichtige Anregungen im Rahmen diverser Kolloquien danke ich ferner Barbara Beßlich, Ralf Klausnitzer, Fabian Lampart, Thomas Schmidt, Romana Weiershausen, Dirk Werle und Claus Zittel. Bei Malte Strunk, Carl Junginger und Luca Victoria Sieber möchte ich mich für ihren hilfswissenschaftlichen Einsatz bedanken und bei Wilhelm Schernus für die Durchsicht und Einrichtung der Druckvorlage. Dank schulde ich auch dem Verlag Walter de Gruyter, insbesondere Marcus Böhm und Julie Miess, für die freundliche Betreuung des Buchprojekts.

Meiner Familie und meinen Freunden möchte ich abschließend und von Herzen für ihre Geduld, den Beistand, die Fürsorge, die zahlreichen Ermutigungen, die willkommene Ablenkung, ihr Verständnis und ihre Zuversicht danken. Dies gilt im Besonderen für meine Eltern Natalia und Harry Brokop und für meinen Mann Markus Mateescu. Ihnen ist das Buch gewidmet.

1 Einleitung

1.1 Der Nexus von Engagement und esoterischer Kommunikation. Zum Erkenntnisinteresse der Arbeit

„Da eine allmächtige Polizei versuchte, uns zum Schweigen zu bringen, wurde jedes Wort kostbar wie eine Grundsatzerklärung; da wir verfolgt wurden, hatte jede unserer Gesten das Gewicht eines Engagements",[1] erinnert sich Jean-Paul Sartre in seinem 1945 in der Zeitschrift *Les Temps Modernes* erschienenen Essay „La fin de la guerre" (Das Ende des Krieges [1980]) an die letzten Kriegsjahre in Frankreich unter deutscher Besatzung, die er mit Gleichgesinnten im politischen und geistigen Widerstand gegen den Faschismus verbrachte. Maßgeblich bewegte ihn zu dieser Zeit die Frage, was es für den Menschen als freies Wesen bedeutet, unter den Umständen von politischem Zwang selbstbestimmt, also in Freiheit zu handeln. In seinem Hauptwerk *L'être et le néant* (1943) kam er zu dem Schluss, dass Freiheit nur in Form von Engagement, und zwar als gewagtes nonkonformes Verhalten gegen einen gegebenen Zustand verstanden werden könne.[2] Aus seinen philosophischen Überlegungen zu einer ontologischen Begründung der Freiheit entwickelte Sartre nach dem Krieg in seinem programmatischen Essay „Qu'est-ce que la littérature?" (1947) schließlich eine Theorie der Literatur und führte damit den Begriff ‚Engagement'/‚engagierte Literatur' für nachfolgende Literaturdebatten zu terminologischer Festigkeit.[3] Den Angelpunkt seiner Ausführungen bildete dabei die Überlegung, dass der Schriftsteller (oder der Intellektuelle), der für eine als universalistisch gesetzte Vorstellung vom ‚Guten' Partei ergreife, sich freiwillig weltanschaulich und politisch binde. Ausgehend von der Grundannahme, dass Literatur – und Sartre meinte damit zuvorderst Prosa, nicht *poésie* – wesenhaft durch das Moment der Freiheit bestimmt sei, schrieb er dem Schriftsteller außerdem auch die Verantwortung zu, für die Freiheit Partei zu ergreifen, sich also im literarischen Medium zu ‚engagieren'. Unter den Umständen seiner Zeit bedeutete es für Sartre im Konkreten, die Literatur auf antifaschistische und demokratisch-sozialistische Positionen festzulegen. Und so lautete seine Antwort auf die titelgebende Frage *Was ist Literatur?* – „Stellungnahme".[4]

---

1 Zit. n. Jean-Paul Sartre: Paris unter der Besatzung (1980), S. 37.
2 Vgl. Jean-Paul Sartre: Das Sein und das Nichts (^{22}2020), S. 753–955.
3 Vgl. Helmut Peitsch: [Art.] ‚Engagement/Tendenz/Parteilichkeit' (2010), S. 208.
4 Vgl. Jean-Paul Sartre: Was ist Literatur? (1958), S. 163.

Diese voraussetzungsreiche Konzeption einer ‚engagierten Literatur' fand Eingang in die deutsche Literaturwissenschaft und wurde weiter ausdifferenziert. Im *Reallexikon der deutschen Sprach- und Literaturwissenschaft* kann man unter besagtem Lemma lesen:

> Im engeren, terminologischen Sinne ist *Engagierte Literatur* der Name des existentialistischen [...] literaturtheoretischen Konzepts von J.-P. Sartre. Ihm zufolge soll jedes literarische Werk ein Appell an die Freiheit des Lesers sein, indem es die Welt als entfremdete kenntlich macht [...], damit der Leser seine individuelle Freiheit als Aufgabe zur gesellschaftlichen Veränderung begreifen kann. [...] Im weiteren Sinne ist ‚Engagierte Literatur' Inbegriff aller literarischen Texte, die ausdrücklich politische oder soziale Einflußnahme als Ziel haben und zum Prozeß gesellschaftlicher Veränderung im Zeichen der Freiheit beitragen sollen [...].[5]

Im Gefolge von Jean-Paul Sartres programmatischer Bestimmung der *littérature engagée* als einer literarischen Äußerungsform, mit der Autorinnen und Autoren im „Zeichen der Freiheit" durch ihre Publikationen öffentlich am Prozess prodemokratischer und emanzipatorischer gesellschaftlicher Veränderung teilhaben,[6] wird unter dem Rubrum vor allem Literatur gefasst, die Widerstand gegen autokratische Regime leistet, für diskriminierte Minderheiten Partei ergreift, progressiv in das gesellschaftliche ‚Leben' eingreift, sich im weiteren Sinne an aufklärerisch-didaktische Zwecke bindet oder allgemein einer zumeist links orientierten politischen Tendenz verpflichtet ist. Für die Zeit des Nationalsozialismus firmieren deshalb bis heute vor allem Texte des Exils, die aus dem Ausland gegen den deutschen Faschismus Stellung bezogen, als engagierte Literatur; in der Verbindung mit Texten der sogenannten ‚Inneren Emigration' aber bereiteten und bereiten die Begriffe ‚Engagement' und ‚engagierte Literatur' Schwierigkeiten. Dies liegt zum einen daran, dass die im ‚Dritten Reich' legal publizierte, nonkonformistische Literatur in der Regel nicht linkspolitisch ausgerichtet war, sich also nicht antifaschistischen und emanzipatorischen, sondern tendenziell unpolitischen, konservativen, konsolatorischen oder religiösen Zwecken verpflichtete. Zum anderen suchten die in Deutschland gebliebenen, aber zum Nationalsozialismus kritisch eingestellten Schriftsteller ihre gegen den Faschismus gerichteten literarischen Wirkungsabsichten – im Gegensatz zum offenen politischen und intellektuellen Widerstand der Exilauto-

---

5 Karl-Heinz Hucke, Olaf Kutzmutz: [Art.] ‚Engagierte Literatur' (2007), S. 446.
6 In dieser Arbeit wird aus Gründen der besseren Lesbarkeit das generische Maskulinum verwendet; weibliche und anderweitige Geschlechteridentitäten werden dabei ausdrücklich mitgemeint. Soweit es die Aussagen erfordern, wird in einigen ausgewiesenen Fällen die weibliche Personenbezeichnung sowie die Doppelnennung angeführt.

ren – nicht unmittelbar und öffentlich, sondern ‚verdeckt' oder esoterisch zu erreichen. Wenngleich man den Autoren der ‚Inneren Emigration' dabei grundsätzlich „eine kritische Einstellung zum totalitären Staat" attestieren kann, so eröffnete die literarische Produktion unter den totalitären Bedingungen des Nationalsozialismus doch „nur in Ausnahmefällen den Weg zu einem eingreifenden gesellschaftlichen Handeln".[7]

Es ist deshalb zunächst nicht verwunderlich, dass die Rede von ‚Engagement' im Zusammenhang mit einer Literaturproduktion ‚unterm Hakenkreuz', deren wesentlicher Grundzug in einer „paradoxe[n] Gleichzeitigkeit von oppositionellen Momenten und Systemstabilisierung" lag,[8] ausblieb. Ein Blick in die zeitlich und räumlich weit gefasste Ideengeschichte der Begriffe ‚Engagement', ‚Tendenz' und ‚Parteilichkeit' verrät jedoch, wie stark sich die heteronomen Zwecke einer ‚Literatur im Dienst' unterscheiden konnten und wie divers sich die politischen und weltanschaulichen Standpunkte von Autoren gestalteten, die mit ihren Texten „im Zeichen der Freiheit" auf politische oder soziale Verhältnisse sowie auf das ‚Leben' ihrer Zeitgenossen Einfluss nehmen wollten.[9] Daher scheint die Frage berechtigt, wieso eine sich an weltanschaulich, politisch oder literarästhetisch nonkonforme Werte bindende, nicht-nationalsozialistische Textproduktion unter den Bedingungen der ideologisch geprägten Zensur im totalitären und repressiven Gewaltregime des Nationalsozialismus nicht ebenfalls als engagiertes Schreiben bezeichnet werden soll. Lassen sich nicht auch Texte, die angesichts der erschwerten Kommunikationsbedingungen im ‚Dritten Reich' ‚verdeckt' oder esoterisch und jenseits der großen kommunikativen Öffentlichkeit Dissens zur herrschenden Doktrin artikulierten, mit dieser Kategorie fassen?[10] Oder, um es mit Sartre auszudrücken, unter welchen Bedingungen könnte die zwischen 1933 und 1945 legal in Deutschland erschienene Literatur einer ‚Geste' entsprechen, die „das Gewicht eines Engagements" hatte?

An diese Fragen, deren Beantwortung eine Differenzierung und Verhältnisbestimmung der Begriffe ‚Innere Emigration' und ‚engagierte Literatur' voraussetzt und auch den notwendigen Öffentlichkeitscharakter ‚engagierten' Schreibens in Frage stellt, schließt das Erkenntnisinteresse der vorliegenden Arbeit an. In ihrem Zentrum steht die Annahme, dass sich unter nationalsozialistischer

---

7 Ralf Schnell: [Art.] ‚Innere Emigration' (2007), S. 146.
8 Michael Philipp: Distanz und Anpassung (1994), S. 27.
9 Vgl. Helmut Peitsch: [Art.] ‚Engagement/Tendenz/Parteilichkeit' (2010), S. 178.
10 Vgl. Stefan Neuhaus, Rolf Selbmann, Thorsten Unger: Engagierte Literatur zwischen den Weltkriegen (2002), S. 13.

Herrschaft diverse Praktiken nonkonformistischer literarischer Verständigung herausgebildet und etabliert haben, die sich unter Umständen als Formen engagierter Kommunikation beschreiben lassen. Fallweise lässt sich dementsprechend ein weiter als üblich gefasstes ‚Engagement-Konzept' durchaus auf einige, nicht-nationalsozialistische, aber im ‚Dritten Reich' legal publizierte Texte applizieren. Gemeint sind dabei nicht nur jene Formen nonkonformistischer, aber zensurrelevanter und deshalb camouflierter Literatur, die seit geraumer Zeit unter dem Schlagwort ‚verdeckte Schreibweise' diskutiert werden.[11] Vielmehr lässt sich dies auch für Texte veranschlagen, die auf den ersten Blick, bzw. „in der uninformierten Rezeption zunächst als ‚unpolitisch' wahrgenommen werden".[12] Gerade „bei Texten, die in politischen Zwangsverhältnissen entstanden sind", wie Bettina Bannasch nachdrücklich betont hat, lässt erst eine sorgfältige Analyse der Produktions- und Rezeptionskontexte offenbar werden, inwiefern man es in einem bestimmten Fall mit regimekritischer oder politisch subversiver Literatur zu tun hat.[13] Im Besonderen gilt dies, so eine Hauptthese dieser Arbeit, für Texte, die spezifischen Denk- und Gesinnungsgemeinschaften einer jeweils bestimmten weltanschaulichen Couleur als Mittel exklusiver und in diesem Sinne esoterischer Verständigung dienten. Im Unterschied zu einer zeitkritischen ‚Camouflageliteratur' gestaltete sich die Mehrfachadressierung im Falle esoterisch funktionaler Literatur weitaus adressatenspezifischer: Bei gemeinverständlicher äußerer Form waren diese Texte auf Gruppen eines bestimmten Profils so zugeschnitten, dass sie allein für diese eine jenseits des Textes verhandelte Botschaft mittransportieren konnten. Man hat es im Fall literarischer esoterischer Verständigung, die auf eine lange Tradition zurückblicken kann, also mit einer exklusiven Kommunikationspraxis zu tun, bei der nur einem limitierten Kreis an Eingeweihten der Nachvollzug des kritischen, textlichen Zweitsinns gelingen kann. Von esoterischen Kommunikationspraktiken konnten nonkonformistische Schriftsteller während des Nationalsozialismus in vielfacher Hinsicht Gebrauch machen, um auf diesem Wege ihren Weltanschauungsdissens für eine einträchtige Adressatenschaft zum Ausdruck zu bringen. Für einen funktionierenden esoterischen Kommunikationsakt bildet die Denkstilähnlichkeit zwischen Autor und Leser dabei nicht selten eine wichtige Voraussetzung. Zwischen ‚engagiertem' Schreiben, verstanden als standortgebundenem und gegen den Nationalsozialismus stellung-

---

11 Vgl. Heidrun Ehrke-Rotermund, Erwin Rotermund: Zwischenreiche und Gegenwelten (1999).
12 Bettina Bannasch: ‚Literatur der Inneren Emigration' (2013), S. 63.
13 Ebd.

nehmendem Schreiben, auf der einen und esoterischer Kommunikation auf der anderen Seite lässt sich demnach ein Nexus herstellen. Betrachtet man die während des ‚Dritten Reiches' publizierte, nicht-nationalsozialistische Literatur unter diesem Gesichtspunkt, werden Aspekte sichtbar, die in den bisherigen Auseinandersetzungen mit der literarischen ‚Inneren Emigration' im Besonderen und der Beschäftigung mit dem Verhältnis und dem Verhalten nicht nationalsozialistischer Schriftsteller und Intellektueller zum und im Nationalsozialismus im Allgemeinen wenig Beachtung gefunden haben.

Selbstredend lassen sich engagiert-esoterische Verständigungspraktiken dieser Art genauso wenig auf einer rein textuellen Ebene untersuchen wie Praktiken nonkonformistischer Kommunikation generell. Der Text kann hier lediglich als materielles Substrat und Medium einer ihn umgreifenden und übersteigenden Praxisform gelten, die eng mit sozialen Gruppenzusammenhängen, Zirkeln, Netzwerken und ihren informellen Kommunikationsformen verbunden ist. Esoterisch funktionale Literatur setzt darüber hinaus die Teilhabe an außertextuellen Kommunikationszusammenhängen voraus – wie etwa den persönlichen mündlichen Austausch oder das gemeinschaftliche Ausüben spezifischer Lektüreformen –, die sich nur schwer rekonstruieren lassen. Um derlei hochselektiv inkludierende soziale Kommunikationsakte und die diversen Formen und Funktionen nonkonformistischer literarischer Verständigung angemessen erfassen zu können, bedarf es einerseits eines zielorientierten Blicks auf die ‚restringierten' Öffentlichkeiten, in denen sich besagte Schreib- und Lesepraktiken realisierten, und andererseits eine methodisch reflektierte Handhabung dieser Phänomene. Ein erstes Anliegen meiner Arbeit besteht daher darin, ein Analyse- und Beschreibungsmodell zu entwickeln, das zur Detektion und Interpretation von Texten, die in solche Kommunikationspraktiken eingebunden waren, eingesetzt werden kann.

Neben der Entwicklung eines solchen Untersuchungsmodells sollen auch ganz konkrete nonkonformistische Kommunikationssituationen zwischen 1933 und 1941 rekonstruiert sowie die damit einhergehenden Formen und Funktionen Dissidenz anzeigender Verständigung facettiert werden. Finden lassen sie sich, so die Vermutung, über episodisch stabile Publikationsinstitutionen, an denen sich extratextuelle Kontexte, etwa Denkkollektive, sowie an sie geknüpfte Textumgangspraktiken, anlagern und folglich auch im Verbund untersucht werden können. Publizistische Segmente, die sich für so eine Untersuchung anbieten, wären etwa in Zeitungen und Zeitschriften zu ermitteln, die während des ‚Dritten Reiches' „ein gewisses Maß an kritisch-distanzierter Eigenständigkeit und begrenzter Nonkonformität" bewahrten.¹⁴ Zu nennen sind hier beispielsweise die Feuilletons der *Frankfurter* und *Kölner Zeitung* sowie das *Berliner Tageblatt*, die Zeitschriften *Das Innere Reich*, Rudolf Pechels *Deutsche Rundschau*, die monarchistisch ausgerichteten *Weißen Blätter*, die jesuitischen *Stimmen der Zeit* und bedingt auch die protestantische Zeitschrift *Eckart*. Hier ließe sich der Nexus von engagierter und esoterischer Kommunikation möglicherweise deutlich beobachten.

Einen besonders aufschlussreichen Fall stellt in diesem Zusammenhang die bis zu ihrem Verbot 1941 erschienene katholische Kultur- und Netzwerkzeitschrift *Hochland* dar. Neben der *Frankfurter Zeitung* gehört die Monatsschrift zu den immer wieder angeführten Beispielen für einen nonkonformistischen und mitunter ‚verdeckt' kommunizierenden Journalismus im ‚Dritten Reich'.¹⁵ Auch wenn *Hochland*, anders als Rudolf Pechel 1947 konstatierte und die Studien Konrad Ackermanns nahelegen,¹⁶ nicht unbedingt einen „Kristallisationspunkt des geistigen Widerstands" darstellte,¹⁷ so machte dennoch „nicht Affinität, sondern Abstand das besondere Profil" der von Carl Muth herausgegebenen Zeitschrift aus.¹⁸ Die nonkonformen Kommunikationsräume des *Hochland* waren dabei in großem Maße von dem Umstand bedingt, dass sich in ihnen wichtige Stränge des sogenannten ‚literarischen Katholizismus' kreuzten. Mit dem Ausdruck bezeichnet man ein besonderes „literarisches Subsystem", also eine „Lese-, Schreib-, Verlags- und Zeitschriftenkultur",

> deren Vertreter in ehemals oder aktuell katholisch, traditionalistisch oder reformistisch definierten Frage- und Diskurszusammenhängen denken, schreiben, argumentieren, symbolisieren und sich in überwiegender Anzahl, jedoch durchaus verschiedener Färbung und Intensität dazu im Rahmen ihrer persönlichen Werteorientierung reflektiert bekennen – wenn auch oft je verschieden in verschiedenen Lebensphasen bis hin zur totalen Negation. Entscheidend bei dieser Definition ist die objektiv feststellbare Zuordnung von Autoren, Werken, periodischen Publikationen und literarischen Institutionen zu den im katholischen Kulturraum virulenten Erinnerungsbeständen, Wissensbindungen, Diskursen und Vernetzungen.¹⁹

---

14 Frank-Lothar Kroll: Intellektueller Widerstand im Dritten Reich (2012), S. 20.
15 Vgl. Norbert Frei, Johannes Schmitz: Journalismus im Dritten Reich (⁴2011), S. 68; Erwin Rotermund, Heidrun Ehrke-Rotermund: Der Kampf um die deutsche Seele (2007), S. 201; Frank-Lothar Kroll: Intellektueller Widerstand im Dritten Reich (2012), S. 19.
16 Vgl. Konrad Ackermann: Der Widerstand der Monatsschrift Hochland (1965); ders.: Prophetien wider das Dritte Reich (1984).
17 Rudolf Pechel: Deutscher Widerstand (1947), S. 106.
18 Ebd.
19 Wilhelm Kühlmann, Roman Luckscheiter: Moderne und Antimoderne (2008), S. 10.

Gerade weil die „literarische[n] Kommunikations- und Distributionssysteme" des ‚literarischen Katholizismus' über die Zäsur von 1933 hinweg weiter existierten,[20] bietet sich das *Hochland* als dessen zentrale Diskussions- und Publikationsplattform in ausgezeichneter Weise als Untersuchungsgegenstand für standortgebundene und Dissidenz anzeigende Literatur-produktion und Textumgangspraktiken im ‚Dritten Reich' an. Zu weiten Teilen gehörten Autoren- und Leserschaft demselben kommunikativen Milieu an; Kommunikationspraxis und weltanschauliches Einverständnis standen hier in engster Beziehung. Und vielfach zeichneten sich die für das *Hochland* schreibenden Autoren durch ein schriftstellerisches Profil aus, das katholisch-christliche, humanistische sowie zuweilen auch monarchistisch-traditionalistische und konservative Werte mit einem publizistischen Programm verband. Die weltanschauliche und in den meisten Fällen auch institutionelle Bindung an den Katholizismus stand so nicht selten im Zusammenhang mit entsprechenden Wirkungsabsichten und Rezeptionshaltungen, die während der ‚ideologischen Fremdherrschaft' des Nationalsozialismus – standen doch Autoren, die sich im ‚Dritten Reich' zum Katholizismus bekannten unter besonderer Beobachtung[21] – in kritischer Funktion zum Tragen kommen konnten. Als wichtiges Zentrum des personellen und ideellen Netzwerks des deutschen Kulturkatholizismus im 20. Jahrhundert bietet das *Hochland* eine regelrechte Fundgrube für die formale und funktionale Vielfalt Zeitkritik und Dissidenz kommunizierender Texte. Nicht zufällig versammelte die Monatsschrift eine Reihe an Schriftstellern, die der ‚Inneren Emigration' zugerechnet und deren Werke zu Paradebeispielen camouflierter Literaturproduktion gezählt werden.[22]

Es lässt sich dabei beobachten, dass unter den Bedingungen totalitärer Herrschaft viele der im *Hochland* publizierenden Autoren verstärkt Gesinnungs- und Denkgemeinschaften ausbildeten; sie organisierten sich in privaten Kreisen und Gruppen, etablierten Zitations- und Rezensionskartelle, kultivierten spezifische Chiffren, Denk- und Schlüsselfiguren und reichten sich Manuskripte oder publizierte Texte mit Leseanweisungen weiter. Kurzum: sie verharrten nicht in der Isolation, sondern waren personell und institutionell eng vernetzt und motivierten so ihre schriftstellerische Arbeit, die man fallweise als eine auf Dissi-

---

20 Wilhelm Haefs: Einleitung. In: Nationalsozialismus und Exil (2009), S. 21.
21 Vgl. ebd.
22 Zu nennen sind beispielsweise Werner Bergengruen (1892–1964), Reinhold Schneider (1903–1958), Stefan Andres (1906–1970), Theodor Haecker (1879–1945) und Gertrud von le Fort (1876–1971).

denz angelegte weltanschauliche Stellungnahme und daher als ‚Engagement' werten kann.

Bei den sich um die Zeitschrift *Hochland* und ihren langjährigen Schriftleiter Carl Muth gruppierenden Autoren, dem sogenannten *Hochland*-Kreis, handelte es sich dabei nicht um eine ‚bündische' Gemeinschaft oder eine anders institutionalisierte, organisierte Assoziation, sondern vielmehr um eine über die Zeitschrift, durch Bekanntschaften und Freundschaften konstituierte Gruppe. Exemplarisch lässt sich also am Fall *Hochland* im ‚Dritten Reich' *einerseits* erhellen, welche Funktionen eine konkrete Gruppenzugehörigkeit für die Literaturproduktion von Schriftstellern der sogenannten ‚Inneren Emigration' aufweisen konnte. *Andererseits* können an dem reichen fiktionalen und faktualen Material, das das Kulturperiodikum vorhält, auch die, so meine Einschätzung, weiter verbreiteten Praktiken nonkonformistischer Verständigung, zu der auch die literarische Esoterik gehörte, analysiert und die damit zusammenhängen Funktionen eruiert werden. Der programmatische Untertitel *Monatsschrift für alle Gebiete des Wissens, der Literatur und Kunst* verweist bereits auf die breite thematische Aufstellung, in der sich die symptomatischen Diskurse der Zeit, wenn auch vornehmlich aus kulturkatholischer Perspektive, kaleidoskopisch abzeichnen und das *Hochland* so zum Indikator und zum Faktor für den Kulturkatholizismus im 20. Jahrhundert werden lassen. Das breite Textsortenrepertoire der Zeitschrift forciert zugleich eine Ausweitung über die sogenannte ‚schöne Literatur' hinaus und erlaubt somit, das ohnehin nicht textsortenspezifisch angelegte Phänomen nonkonformistischer Kommunikation auf der Grundlage eines breiten Textkorpus in spezifischen Diskursgemeinschaften zu fokussieren. Exemplarisch lässt sich also an diesem Material etwas über subversive Kommunikationssituationen unter den Bedingungen von Repression und Zensur lernen.

1.2 Nonkonformistische Schreibpraktiken und ‚Innere Emigration'. Zum Forschungsstand

Die vorliegende Arbeit knüpft an die weitreichenden und seit geraumer Zeit stattfindenden Auseinandersetzungen mit der nonkonformistischen Literatur im ‚Dritten Reich' an. Eine Bestandsaufnahme der Forschung zur literarischen und publizistischen ‚Inneren Emigration' wurde an unterschiedlichen Stellen bereits breit und detailliert vorgenommen,[23] deshalb belasse ich es hier bei ei-

---

23 Siehe hierzu etwa den Beitrag von Bettina Bannasch: ‚Literatur der Inneren Emigration' (2013); ferner den Überblick von Marcin Gołaszewski: ‚Intra muros et extra' (2014) sowie Anna

nem Verweis und werde mich im Folgenden auf jene Problemfelder konzentrieren, die im Zusammenhang der Untersuchungsperspektive der vorliegenden Arbeit von besonderer Relevanz sind. Das betrifft zum einen die Auseinandersetzung mit „Techniken der Tarnung nonkonformer Aussagen",[24] wie sie für die Literaturproduktion oppositionell eingestellter, aber im ‚Dritten Reich' publizierender Schriftsteller typisch waren (1). Zum anderen geht es um die Verhältnisbestimmung von ‚Innerer Emigration' und ‚engagiertem' Schreiben (2). Daneben schließt die Arbeit selbstverständlich auch vielstellig an die Forschung zur Kulturzeitschrift *Hochland* an sowie an damit verbundene Debatten, etwa über das Verhältnis von Religion und Literatur in der Moderne,[25] über die Bedeutung des literarischen Katholizismus im 20. Jahrhundert[26] sowie über die Möglichkeiten und Grenzen intellektuellen Widerstands im ‚Dritten Reich'.[27] Meine Untersuchung reagiert so nicht zuletzt auf die gestellte, mittlerweile punktuell beglichene Forderung nach einer am Beispiel des literarischen Katholizismus vorzunehmenden „Erweiterung der literaturgeschichtlichen Wissensbestän-

---

Szyndler: Das Phänomen der ‚Inneren Emigration' in dem wissenschaftlichen Diskurs (2009). Allgemeiner zur ‚Inneren Emigration' in Auswahl John Klapper: Nonconformist Writing in Nazi Germany (2015), S. 13–54; Wolfgang Brylla: ‚Innere Emigration' in Theorie und Praxis (2012); Karl-Heinz Joachim Schoeps: Literatur im Dritten Reich (²2000), S. 211–213. Zur Problematik des Begriffs siehe Ralf Schnell: Literarische Innere Emigration (1976); ders.: Zwischen Anpassung und Widerstand (1986); Michael Philipp: Distanz und Anpassung (1994); Klaus-Michael Mallmann, Gerhard Paul: Resistenz oder loyale Widerwilligkeit (1993); Hans Dieter Zimmermann: ‚Innere Emigration'. Ein historischer Begriff und seine Problematik (2012). Eine Neubewertung des Begriffs findet sich bei Frank-Lothar Kroll: Intellektueller Widerstand im Dritten Reich (2012), S. 13–44; Rüdiger von Voss: Verborgene Stimmen der Freiheit (2012) sowie in den Sammelbänden von Marcin Gołaszewski, Magdalena Kardach, Leonore Krenzlin (Hg.): Zwischen Innerer Emigration und Exil (2016) und Marcin Gołaszewski, Leonore Krenzlin, Anna Wilk (Hg.): Schriftsteller in Exil und Innerer Emigration (2018).
24 Heidrun Ehrke-Rotermund, Erwin Rotermund: Zwischenreiche und Gegenwelten (1999), S. 11.
25 Siehe hierzu Thomas Pittrof: Literarischer Katholizismus als Forschungsaufgabe (2007); Wolfgang Braungart: Literatur und Religion in der Moderne (2016), sowie die Rezension von Helmuth Kiesel: [Rez.] Thomas Pittrof (Hg.), Carl Muth und das Hochland (2019), S. 419–242.
26 Vgl. Wilhelm Kühlmann, Roman Luckscheiter (Hg.): Moderne und Antimoderne (2008); Maria Cristina Giacomin: Zwischen katholischem Milieu und Nation (2009); Walter Hömberg, Thomas Pittrof (Hg.): Katholische Publizistik im 20. Jahrhundert (2014); Wolfgang Braungart: Literatur und Religion in der Moderne (2016), S. 385–404; Thomas Pittrof: ‚Katholizismus' (2016); Helmuth Kiesel: Geschichte der deutschsprachigen Literatur 1918 bis 1933 (2017), S. 158–160; Thomas Pittrof (Hg.): Carl Muth und das *Hochland* (2018).
27 Frank-Lothar Kroll: Intellektueller Widerstand im Dritten Reich (2012); Hans-Rüdiger Schwab: Kurzer Versuch über katholische Intellektuelle (2009).

de".²⁸ Angesichts der vielfachen thematischen Anschlussstellen erfolgt die eingehendere Auseinandersetzung mit der *Hochland*-Forschung allerdings lokal in den Interpretationskapiteln.

(1) Für die von der Forschung schon früh in Augenschein genommene, während des Nationalsozialismus „in der ‚Sklavensprache' geschriebene, chiffrierte, legal erschienene Literatur" haben sich unterschiedliche Bezeichnungen,[29] wie ‚Widerstand zwischen den Zeilen', ‚Nonconformist Writing' bzw. ‚nonkonformistische Literatur', ‚regimekritische Literatur', ‚literarische Dissidenz' / ‚Dissidentenliteratur', ‚versteckte Opposition', ‚literarischer Widerstand' oder ‚äsopische Herrschaftskritik' herausgebildet. Im Allgemeinen wurden und werden die darunter subsumierten Texte als Zeit- und/oder Faschismuskritik anzeigende Ausdrucksformen der literarischen ‚Inneren Emigration' diskutiert.[30] Im Besonderen interessieren sie durch ihre Eigentümlichkeit, planmäßig auf Mehrfachadressierung angelegt zu sein, also nonkonforme Aussagen unter ‚Täuschung' der nationalsozialistischen Kontrollinstanzen literarisch vermitteln zu wollen.[31] Zählte man Texte dieser Art in den 1950er und 1960er-Jahren zu einer Literatur des antifaschistischen Widerstands, führten etliche literarhistorische Arbeiten zur ‚Inneren Emigration' aus den 1970er und 1980er-Jahren zu kritischeren und

---

28 Thomas Pittrof: Literarischer Katholizismus als Forschungsaufgabe (2007), S. 375.
29 Wolfgang Emmerich: Die Literatur des antifaschistischen Widerstandes (1976), S. 431.
30 Friedrich Denk: Regimekritische Literatur im Dritten Reich (1995); Wolfgang Emmerich: Die Literatur des antifaschistischen Widerstandes (1976); Ralf Schnell: Literarische Innere Emigration (1976); ders.: Zwischen Anpassung und Widerstand (1986); Wolfgang Brekle: Schriftsteller im antifaschistischen Widerstand (1985); Joachim Kuropka: Warum störten die Dichter das NS-Regime (2016); Klaus-Michael Mallmann, Gerhard Paul: Resistenz oder loyale Widerwilligkeit (1993); Günter Scholdt: Innere Emigration und literarische Wertung (2012); ders.: Geschichte als Ausweg (2012); Günter Wirth: Literarische Geschichtsdeutung im Umfeld der ‚Inneren Emigration' (1998); Karl-Heinz Joachim Schoeps: Literatur im Dritten Reich (²2000); Reinhold Grimm, Jost Hermand (Hg.): Exil und Innere Emigration (1972); Friedrich Denk: Die Zensur der Nachgeborenen (1995); Horst Denkler: Was war und was bleibt (2004); Frank-Lothar Kroll (Hg.): Die totalitäre Erfahrung (2003).
31 Wolfgang Brylla: ‚Innere Emigration' in Theorie und Praxis (2012); Günther Rüther (Hg.): Literatur in der Diktatur (1997); Eberhard Lämmert: Beherrschte Prosa (1975); Olaf Gätje: Formen unerlaubter Kommunikation (2008); Helga Hummerich: Wahrheit zwischen den Zeilen (1984); John Klapper: Nonconformist Writing in Nazi Germany (2015); ders.: Categories of the Non-Conformist (2014); Karl-Wolfgang Mirbt: Theorie und Technik der Camouflage (1964); ders.: Methoden publizistischen Widerstandes im Dritten Reich (1958); Peter Brockmeier, Gerhard R. Kaiser (Hg.): Zensur und Selbstzensur (1996); Volker Lilienthal: Balanceakt (1988); Gabriele Guerra: Ausnahmezustand des Geistes (2015); William John Dodd: Unquiet Voices (2018).

differenzierteren Einschätzungen.³² Dabei fokussierte man zwar immer wieder Kommunikationsmöglichkeiten sowie Darstellungsstrategien nonkonformistischer Texte, verzichtete aber auf eine „systematische und historisch-chronologische Aufarbeitung der poetischen und journalistischen Camouflage".³³ Erst die einschlägigen Studien Heidrun Ehrke-Rotermunds und Erwin Rotermunds zur ‚Verdeckten Schweibweise' im „Dritten Reich" konnten die notwendigen „Materialien und Vorarbeiten" für eine eingehendere Untersuchung beisteuern.³⁴ Seither werden Formen legal veröffentlichter, aber NS-kritischer und deshalb zensurbedingt camouflierter Texte unter dem Begriff ‚verdeckte Schreibweise/verdecktes Schreiben' rubriziert. Ehrke-Rotermunds/Rotermunds Bemühungen haben so nicht nur zur Terminologisierung dieser von Dolf Sternberger geprägten Metapher beigetragen, sondern auch grundsätzlich eine „Neubewertung" der nach wie vor umstrittenen literarischen ‚Inneren Emigration' angeregt.³⁵ Denn einerseits konnten sie den lange Zeit auf literarische Texte beschränkten Fokus auf weitere Textsorten, und zwar auf Vorträge, Predigten und publizistische Beiträge, ausweiten; andererseits haben Ehrke-Rotermund/Rotermund eine instruktive *Poetik und Hermeneutik der ‚verdeckten Schreibweise'* zur Detektion und Analyse nonkonformistischer, aber unter Zensur veröffentlichter Texte entwickelt und so der Forschung zur Literatur im ‚Dritten Reich' ein bis dahin nur in Ansätzen erschlossenes Problemfeld eröffnet,³⁶ an das auch meine Arbeit anschließt.

---

32 Etwa Wolfgang Brekle: Schriftsteller im antifaschistischen Widerstand (1985); Reinhold Grimm, Jost Hermand (Hg.): Exil und Innere Emigration (1972); Eberhard Lämmert: Beherrschte Prosa (1975); Ralf Schnell: Literarische Innere Emigration (1976).
33 Heidrun Ehrke-Rotermund, Erwin Rotermund: Zwischenreiche und Gegenwelten (1999), S. 11.
34 Vgl. ebd. Zu den wichtigsten Arbeiten auf diesem Gebiet zählen überdies Erwin Rotermund: Beharrung und Anpassung (1994); ders.: ‚Concealed writing' (Verdeckte Schreibweise) in the ‚Third Reich' (2011); ders.: Formen und Rezeptionsprobleme der ‚Verdeckten Schreibweise' (2016); ders.: Herbert Küsels ‚Dietrich-Eckart'-Artikel (1994); ders.: Melancholische Literatur von Melancholikern (2012); ders.: Probleme der ‚Verdeckten Schreibweise' in der literarischen ‚Inneren Emigration' (2007); ders.: ‚Verklärung und Kritik' (2013); Erwin Rotermund: Vorüberlegungen zur Poetik, Rhetorik und Hermeneutik der ‚Verdeckten Schreibweise' (1998); ders., Heidrun Ehrke-Rotermund: Getarnte Regimekritik in Stefan Andres' Kurzprosa (1999).
35 Heidrun Ehrke-Rotermund, Erwin Rotermund: Zwischenreiche und Gegenwelten (1999), S. 11. Demgemäß urteilt John Klapper: Encouragement for the ‚Other Germany' (2008), S. 123: „Sternberger's ‚verdeckte Schreibweise' is now a well established concept", und bringt damit zum Ausdruck, dass sich die Metapher, begünstigt durch die Studien Erwin Rotermunds und Heidrun Ehrke-Rotermunds, zu einem literaturwissenschaftlichen Terminus verfestigt hat.
36 Vgl. Wilhelm Haefs: Einleitung. In: Nationalsozialismus und Exil (2009), S. 7.

Neben einigen, meist autorspezifischen Einzelstudien zum Thema sind seither allerdings kaum weitere systematisch angelegte Untersuchungen erschienen, die sich im Anschluss an die ‚Vorstudien' zu einer ‚Poetik der verdeckten Schreibweise' der Machart und Funktionsweise camouflierter Texte widmen.[37] Eine erwähnenswerte Ausnahme stellt John Klappers Studie *Nonconformist Writing in Nazi Germany* (2015) sowie sein instruktiver Aufsatz „Categories of the Non-Conformist" (2014) dar; Klapper beschränkt sich bei seinen Analysen allerdings auf den historischen Roman und lehnt sich auch nur lose an die von Ehrke-Rotermund/Rotermund in Angriff genommene „systematische Theorie" mehrfachadressierter Texte an. Dafür nimmt er stärker die auch von Erwin Rotermund berücksichtigten „Rezeptionsprobleme der ‚Verdeckten Schreibweise'"[38] in den Blick und kommt am Rande auf esoterische Kommunikationsmechanismen zu sprechen, ohne diese jedoch in ihrer Eigentümlichkeit theoretisch zu reflektieren.[39] Insgesamt fällt auf, dass Begriffe wie ‚esoterisch' und ‚Esoterik' in Bezug auf den literarischen Nonkonformismus zwischen 1933 und 1945 kaum in einem spezifischen Sinn Verwendung finden,[40] sondern meist synonym zum ‚verdeckten Schreiben' angeführt werden.[41]

(2) Ähnlich, wenngleich aus ganz anderen Gründen, verhält es sich mit dem Ausdruck ‚Engagement', der zwar hin und wieder im Zusammenhang nonkonformistischer Literaturproduktion fällt,[42] jedoch in einem weiten und allgemeinen Sinn gefasst zu sein scheint. Wie bereits erwähnt, wurde auf den Begriff ‚engagierte Literatur' bei der literaturwissenschaftlichen Auseinandersetzung

---

[37] Etwa John Klapper: Categories of the Non-Conformist (2014); Horst Denkler: Katz und Maus (2004); Gert Reifarth, Philip Morrissey (Hg.): Aesopic Voices (2011).
[38] So der Titel des jüngsten, als Resümee zur ‚verdeckten Schreibweise' dargelegten Aufsatz Erwin Rotermunds: Formen und Rezeptionsprobleme der ‚Verdeckten Schreibweise' (2016).
[39] Vgl. John Klapper: Nonconformist Writing in Nazi Germany (2015), S. 91–95.
[40] Siehe etwa Reinhold Grimm: Im Dickicht der Inneren Emigration (1976), S. 416; Horst Denkler: Katz und Maus (2004), S. 37; auch bei Heidrun Ehrke-Rotermund, Erwin Rotermund: Zwischenreiche und Gegenwelten (1999), S. 22.
[41] Heidrun Ehrke-Rotermund, Erwin Rotermund: Zwischenreiche und Gegenwelten (1999); Eberhard Lämmert: Berherrschte Prosa (1975); Reinhold Grimm: Im Dickicht der Inneren Emigration (1976).
[42] Vgl. Erwin Rotermund: Artistik und Engagement (1994), S. 225–248; Heidrun Ehrke-Rotermund, Erwin Rotermund: Zwischenreiche und Gegenwelten (1999), S. 146; Frank-Lothar Kroll: Intellektueller Widerstand im Dritten Reich (2012), S. 16; Teresa Kovacs: ‚Fremd bin ich eingezogen, fremd zieh ich wieder aus' (2016), S. 206.

mit der literarischen ‚Inneren Emigration' weitestgehend verzichtet.[43] Die zwischen 1933 und 1945 in Deutschland publizierten, aber nicht parteikonformen Texte, die zwischen Anpassung und Widerstand ein breites Spektrum abdecken, firmieren nicht selten als Gegenbeispiele[44] einer „auf unmittelbare gesellschaftspolitische Wirkung ausgerichtete[n] Literatur".[45] Das hat gute Gründe, die zunächst den Begriff der ‚Inneren Emigration' selbst betreffen. Denn dem problematischen Konzept eines ‚Exils nach Innen' haftet nach wie vor ein exkulpatorischer Nebensinn an, der die politisierten Debatten der frühen Nachkriegszeit in Erinnerung ruft, in denen der Ausdruck oftmals zur ‚Entlastungs-Chiffre' instrumentalisiert wurde.[46] Die Großzügigkeit, mit der man nach 1945 gemäß des wenig aussagekräftigen ‚Drei-Lager-Schemas' die Bezeichnung all jenen Autoren zukommen ließ, die weder exiliert waren noch parteikonforme Literatur produzierten, vereitelte zunächst eine Binnendifferenzierung. ‚Innere Emigranten' sowie ihre Apologeten führten dabei des Öfteren die paradoxal anmutende Behauptung ins Feld, eine nicht nationalsozialistische, ‚schöne' Literatur beziehe in Zeiten totalitärer Gewaltherrschaft ihre politische Funktion gerade aus der Eigenschaft, politikfrei zu sein. So kaprizierte man sich auch in der Forschung lange Zeit auf die Auseinandersetzung mit der sogenannten ‚schönen Literatur' im ‚Dritten Reich'. Die Vorstellung einer resistenten, da genuin unpolitischen Kunst wurde dabei als „einflußreicher Verständigungsort kritischer Geister und als Fluchtraum des Unangepaßten" lanciert.[47] Gerade in der Nachkriegszeit und den 1950er-Jahren sollte das Konzept einer ‚reinen', von der nationalsozialistischen Ideologie unberührten Kunst identitätsstiftende Funktion übernehmen und kulturelle Kontinuität garantieren.

Hatte man den Begriff der ‚Inneren Emigration' bis in die 1960er-Jahre noch fast als Synonym zu ‚literarischer Opposition' gebraucht und damit einhergehend die Auseinandersetzung mit der Exilliteratur marginalisiert, erlaubten die

---

[43] Ausnahmen finden sich bei Hans Dieter Zimmermann: ‚Innere Emigration' (2012), S. 47, sowie bei Marcin Gołaszewski, Magdalena Kardach, Leonore Krenzlin: Im Reich und außerhalb (2016), S. 4.
[44] Vgl. jüngst etwa bei Christian Sieg: Die ‚engagierte Literatur' und die Religion (2017), S. 47–97.
[45] Karl-Heinz Hucke, Olaf Kutzmutz: [Art.] ‚Engagierte Literatur' (2007), S. 446.
[46] Vgl. Bettina Bannasch: ‚Literatur der Inneren Emigration' (2013), S. 69, die gleichzeitig bemerkt, dass der Begriff, positiv gewendet, „die kontroversen Debatten unvermeidlich" mitreflektiert. Seine Verwendung „verpflichtet damit darauf, im Umgang mit dem je einzelnen Text sein Verhältnis zu seinen Funktionsweisen und Kontexten mit besonderer Aufmerksamkeit zu prüfen".
[47] Wilhelm Haefs: Einleitung. In: Nationalsozialismus und Exil (2009), S. 14.

Arbeiten von Ernst Loewy und Franz Schonauer sowie im Anschluss daran Ralf Schnell, Reinhold Grimm und Jost Hermand neue und kritische Perspektiven. Sie machten vornehmlich auf die eskapistische und systemstabilisierende Funktion dieser Literatur sowie das oftmals konservative Profil der entsprechenden Autoren aufmerksam und artikulierten damit ihr Unbehagen an einem unangemessen eingesetzten Oppositionskonzept.[48] Der Status einer dezidiert antifaschistischen Literatur, wie sie bei zahlreichen Exilanten, sozialistischen Autoren, den illegal verbreiteten oder den in den Konzentrationslagern geschriebenen Texten zu suchen wäre,[49] so der Grundtenor dieser Arbeiten, lässt sich nur schlecht auf die nonkonforme, aber legal publizierte Literatur im ‚Dritten Reich' übertragen. In dem gemeinsam mit Jost Hermand herausgegebenen Sammelband *Exil und Innere Emigration* (1972) wollte Reinhold Grimm vor diesem Hintergrund die Bezeichnung ‚Innerer Emigrant' nur noch denjenigen Schriftstellern zugestehen, deren „Gegenhaltung" auch tatsächlich „erkennbar war".[50]

Obgleich es, angeregt durch weitere politisch und historisch aufklärende Arbeiten, einige Versuche gab, alternative Bezeichnungen, wie etwa ‚Dissidentenliteratur', in Anschlag zu bringen,[51] konnte sich ein Verzicht auf den Begriff ‚Literatur der Inneren Emigration' in der Literaturgeschichtsschreibung bislang nicht durchsetzen.[52] Gleichwohl sind die Probleme, die der Terminus mit sich bringt, in den vergangenen Jahrzehnten zumindest schärfer mitreflektiert worden.[53] Besagte Probleme beziehen sich nicht nur auf die schwer auszumachende Reichweite – eignet sich doch der ‚Rückzug ins Geistige' kaum als scharfes Kriterium – sowie auf die insinuierte, aber unterschiedsnivellierende Entsprechung zum realen Exil. Auch die Festlegung der ‚Inneren Emigration' auf die ‚schöne Literatur' wurde zunehmend in Frage gestellt und in einigen For-

---

48 Vgl. Franz Schonauer: Deutsche Literatur im Dritten Reich (1961); Ernst Loewy: Literatur unterm Hakenkreuz (1969); Reinhold Grimm, Jost Hermand (Hg.): Exil und Innere Emigration (1972); Ralf Schnell: Literarische Innere Emigration (1976); Wolfgang Emmerich: Die Literatur des antifaschistischen Widerstandes in Deutschland (1976).
49 Vgl. Wolfgang Emmerich: Die Literatur des antifaschistischen Widerstandes in Deutschland (1976).
50 Reinhold Grimm: Im Dickicht der Inneren Emigration (1976), S. 411.
51 Vgl. Bettina Bannasch: ‚Literatur der Inneren Emigration' (2013), S. 51.
52 Siehe dazu Bettina Bannasch: ‚Literatur der Inneren Emigration' (2013); Marcin Gołaszewski, Leonore Krenzlin, Anna Wilk (Hg.): Schriftsteller in Exil und Innerer Emigration (2018), S. 9–14.
53 Siehe hierzu Anm. 22.

schungsarbeiten revidiert.[54] Darüber hinaus konnte die einschlägige Auseinandersetzung mit der *Literaturpolitik im „Dritten Reich"*, wie sie einschlägig von Jan-Pieter Barbian vorgenommen wurde,[55] auf nüchterne Weise Aufschluss über die Realbedingungen schriftstellerischer Arbeit geben und so dazu beitragen, dieser heterogenen Literaturgruppe einen konturenschärfenden Hintergrund zu verleihen. Im Zuge mikrohistorisch vorgehender Forschungen sowie weiterer Untersuchungen zu den spezifischen Kommunikationsbedingungen im ‚Dritten Reich' mussten pauschalisierende Klassifikationsraster zunehmend fragwürdig werden,[56] stattdessen gerieten vermehrt einzelne Autoren und Autorengruppen in ihrer individuellen bzw. eigentümlichen Komplexion in den Blick.[57] Besagte Untersuchungen offenbaren einerseits die Vielschichtigkeit, Ambivalenz und Vagheit von Schreib- und Verhaltensmustern von Schriftstellern, die sich im totalitären Regime des ‚Dritten Reiches' behaupteten, andererseits ergibt sich

---

54 Auch hier sind insbesondere die Studien Heidrun Ehrke-Rotermunds und Erwin Rotermunds: Zwischenreiche und Gegenwelten (1999) zu nennen; ferner Günther Rüther (Hg.): Literatur in der Diktatur (1997); Eberhard Lämmert: Beherrschte Literatur (1997); Jost Hermand: Kultur in finsteren Zeiten (2010); Norbert Frei, Johannes Schmitz: Journalismus im Dritten Reich (⁴2011); Wolfgang Brylla: ‚Innere Emigration' in Theorie und Praxis (2012); William John Dodd: Unquiet Voices (2018).
55 Vgl. Jan-Pieter Barbian: Literaturpolitik im ‚Dritten Reich' (1995); ders.: Die vollendete Ohnmacht (1995); ders.; Die vollendete Ohnmacht (2008); ders.: Zwischen Anpassung und Widerstand (2012). Zu erwähnen ist in diesem Zusammenhang zudem die die einschlägige Arbeit von Christian Adam: Lesen unter Hitler (2010) sowie die umfangreiche und instruktive Einleitung von Hans Sarkowicz und Alf Mentzer: Schriftsteller im Nationalsozialismus (2011), S. 10–80.
56 Vgl. Günter Scholdt: Autoren über Hitler (1993); ders.: „Ein Geruch von Blut und Schande?" (1994); Claus-Dieter Krohn u. a. (Hg.): Aspekte der künstlerischen Inneren Emigration (1994); Sebastian Graeb-Könnecker: Autochtone Modernität (1996); Günther Rüther (Hg.): Literatur in der Diktatur (1997); Günter Scholdt: Kein Freispruch zweiter Klasse (2002); Frank-Lothar Kroll (Hg.): Die totalitäre Erfahrung (2003); Michael Braun u. a. (Hg.): „Gerettet und zugleich von Scham verschlungen" (2007); Hans Dieter Schäfer: Das gespaltene Bewusstsein (2009); Frank-Lothar Kroll: Intellektueller Widerstand im Dritten Reich (2012); Joachim Kuropka: Warum störten die Dichter das NS-Regime (2016). An dieser Stelle sei darauf hingewiesen, dass es das Thema der vorliegenden Arbeit mit sich bringt, politisch problematische Referenzen anzuführen, d. h. dass eine Beschäftigung mit Forschungsliteratur von Autoren, die sich dem politisch rechten Spektrum zuordnen lassen, die aber einschlägig zu den hier behandelten Themengebieten publiziert haben, nicht zu vermeiden ist.
57 Vgl. Hans Sarkowicz, Alf Mentzer: Schriftsteller im Nationalsozialismus (2011); Frank-Lothar Kroll, Rüdiger von Voss (Hg.): Schriftsteller und Widerstand (2012), S. 245–370; Marcin Gołaszewski, Magdalena Kardach, Leonore Krenzlin (Hg.): Zwischen Innerer Emigration und Exil (2016), S. 65–217; Marcin Gołaszewski, Leonore Krenzlin, Anna Wilk (Hg.): Schriftsteller in Exil und Innerer Emigration (2018), S. 79–301.

im Blick auf die Gesamtlage, so Jan-Pieter Barbians Einschätzung, ein ernüchterndes Bild: „von wenigen herausragenden Beispielen abgesehen" kann nicht behauptet werden, dass „sich geistig gebildete und kulturell aktive Persönlichkeiten in einer Diktatur anders verhalten würden als die ‚breite Masse'".[58] Barbians Einschätzung arbeitet im Allgemeinen dem einige Jahre zuvor gemachten Vorschlag Michael Philipps zu, ‚Innere Emigration' als ein „sozialgeschichtliches Phänomen" zu begreifen.[59] Der Begriff könne nicht nur auf die „künstlerische Distanznahme" bezogen werden,[60] sondern müsse stattdessen allgemeiner eine Reaktion auf die totalitären Machtansprüche des Nationalsozialismus bezeichnen, die durch eine Haltung weltanschaulicher und politischer Einstellungsverschiedenheit bedingt war.[61]

Vor diesem Hintergrund ist es nachvollziehbar, dass man weitgehend davon absah, das Konzept ‚engagierten Schreibens' auf Texte zu applizieren, die unter den vagen Sammelbegriff ‚Innere Emigration' gefasst wurden. Allenfalls eine dezidiert antifaschistische Literatur konnte als ‚engagiert' gelten, wie sie in der illegalen Widerstandsarbeit und den im Ausland produzierten und als Tarnschriften nach Deutschland geschmuggelten Texten zu suchen wäre.[62] „Die Kunst der Inneren Emigration entfaltete sich dagegen in jener ideologischen Grauzone zwischen Widerwillen und Anpassung, der eine nonkonformistische Haltung zugrunde lag, die sich weder eindeutig als ‚privat' noch ebenso eindeutig als ‚offen antifaschistisch' klassifizieren läßt", resümiert Jost Hermand das ‚Dilemma' regimekritischer Literaturproduktion im nationalsozialistischen Deutschland, das in der Forschung konsensuell prolongiert wird. Nur, so heißt es weiter, „[w]enn sie sich ‚offen antifaschistisch' gegeben hätte, müßte man sie als Widerstandskunst bezeichnen".[63] Dissidenten Künstlern blieben demnach

> nur zwei Möglichkeiten übrig: irgendwelche regimekritischen Tendenzen so stark zu verschlüsseln, daß sie von den stets wachsamen Augen der NS-Zensoren übersehen wurden, oder von vornherein darauf zu verzichten, an die Öffentlichkeit zu treten und mit ihren im Geheimen geschriebenen [...] Werken auf die Zeit nach dem Zusammenbruch des Dritten Reichs zu warten.[64]

---

58 Vgl. Jan-Pieter Barbian: Zwischen Anpassung und Widerstand (2012), S. 96.
59 Vgl. Michael Philipp: Distanz und Anpassung (1994), S. 27.
60 Ralf Schnell: [Art.] ‚Innere Emigration' (2007), S. 146.
61 Vgl. Michael Philipp: Distanz und Anpassung (1994), S. 27.
62 Vgl. Jost Hermand: Kultur in finsteren Zeiten (2010), S. 177.
63 Ebd.
64 Ebd.

Unberücksichtigt bleiben bei derlei Einschätzungen die *Verschränkungen* öffentlicher und privater Handlungsräume, die das konstatierte ‚entweder – oder' unterlaufen. Private Kommunikation im ‚Dritten Reich', wie sie von den Geschichts-, Kultur- und Medienwissenschaften zunehmend in den Blick genommen wird,[65] stand bislang, trotz wesentlicher Anregungen durch das ‚Standardwerk' Hans Dieter Schäfers zur Alltagskultur im Dritten Reich,[66] nur vereinzelt im Fokus der literaturwissenschaftlichen Forschung zur ‚Inneren Emigration'.[67] Dabei liegt es nahe, Praktiken dissidenter Verständigung unter den politischen Zwangsverhältnissen des Nationalsozialismus in halböffentlichen und privaten Kommunikationsräumen zu suchen und entsprechend auch die Rezeptionsseite vermehrt zu berücksichtigen. Bezieht man den konkreten Rezipienten in die Untersuchungsperspektive mit ein, so lassen sich womöglich Lesergruppen und das jeweils anvisierte Zielpublikum profilieren, die einen Hinweis darauf geben können, inwiefern nonkonformistische Kommunikationsabsichten unter Umständen als ‚engagiert' zu beschreiben wären.

In der instruktiven Diskussion mit Stefan Neuhaus und Rolf Selbmann zur Bestimmung des Terminus ‚engagierte Literatur' plädiert Thorsten Unger in diesem Sinne dafür, sowohl den „Autor oder die Autorin als Subjekt dieses Engagements, zuweilen eingebunden in eine politische Gruppierung, und die Rezipienten – mal eher unspezifisch die gesamte literarische Öffentlichkeit, mal eine klar eingrenzbare Zielgruppe [...] in den Blick" zu nehmen.[68] ‚Engagement' gesteht er damit auch einer Literatur zu, die sich einer nur eingeschränkten

---

65 Siehe hierzu etwa Christian Meyer: (K)eine Grenze (2020); Annemone Christians: Das Private vor Gericht (2020); Janosch Steuwer: ‚Ein Drittes Reich, wie ich es auffasse' (2017). Zu erwähnen ist in diesem Zusammenhang auch das laufende Forschungsprojekt *Das Private im Nationalsozialismus* unter der Leitung von Johannes Hürter am Institut für Zeitgeschichte in München: https://www.ifz-muenchen.de/aktuelles/themen/das-private-im-nationalsozialismus/ (06.07.2020) sowie das begrüßenswerte Dissertationsprojekt von Felix Berge: Gerüchte im Nationalsozialismus zwischen staatlicher Kontrolle und Kommunikation ‚von unten': https://www.ifz-muenchen.de/forschung/ea/forschung/geruechte-im-nationalsozialismus-zwischen-staatlicher-kontrolle-und-kommunikation-von-unten-kommun/ (06.07.2020).
66 Hans Dieter Schäfer: Das gespaltene Bewusstsein (2009). Wilhelm Haefs: Einleitung. In: Nationalsozialismus und Exil (2009), S. 9, macht nicht nur auf die bislang wenig in den Blick genommenen privaten Kommunikationsräume aufmerksam, sondern stellt auch bedauernd fest, dass Schäfers „methodische[] und inhaltliche[] Anstöße [...] nicht wirklich aufgenommen und weitergeführt" wurden, „es sei denn vom unermüdlichen Autor selbst".
67 Hervorzuheben sind hier vor allem Christian Adam: Lesen unter Hitler (2010) sowie Lothar Bluhm: Das Tagebuch zum Dritten Reich (1991).
68 Stefan Neuhaus, Rolf Selbmann, Thorsten Unger: Engagierte Literatur zwischen den Weltkriegen (2002), S. 13.

Öffentlichkeit zuwendet. Im Falle antifaschistischer Literaturproduktion im nationalsozialistischen Deutschland ist eine solche Anwendung, wie ausgeführt, weitgehend unproblematisch, doch unter welchen Bedingungen gilt dies auch für die zwischen 1933 und 1945 legal publizierten Texte?

1.3 Autonomie und Heteronomie

Anders als etwa der Terminus ‚Tendenzliteratur' oder ‚Agitprop' bezieht der Ausdruck ‚engagierte Literatur' seine positive Konnotation aus einer prodemokratischen und emanzipatorischen beziehungsweise bei Jean-Paul Sartre klar marxistisch grundierten Tiefensemantik.[69] Der Gebrauch des Konzepts ‚Engagement' in Bezug auf literarische Textkorpora, aus denen liberal-demokratische oder gar sozialistische Parteinahmen tendenziell ausgeschlossen waren, ist daher, wie bereits erwähnt, erklärungsbedürftig.[70] Erklärungsbedürftig ist aber auch der ‚Engagement'-Begriff an sich, der, wie es jüngst in einem Sammelband zum Thema heißt, „so attraktiv und naheliegend wie uneindeutig" sei und deshalb „präzise und nüchterne Relektüren" erfordere.[71] Es bedürfe zudem, so konstatiert Ursula Geitner in besagtem Band, „eines Einsatzes", wenn man „an den Begriff des Engagements zu erinnern" oder „sich gar auf ihn zu berufen" versucht.[72] Das habe vor allem mit den semantischen Altlasten zu tun, die den Begriff in den Ohren der Literaturwissenschaftler lange Zeit in Misskredit gebracht zu haben scheint, assoziierte man damit doch nicht selten, so Geitner, „Gesinnungsästhetik", also „ästhetisch und vor allem formal unterinstrumentierte Texte".[73] Dass philologische Disziplinen dazu neigen, „die ästhetische Qualität von Texten einseitig hoch[zu]halten", während „Texte, die nicht nur Forderungen nach sprachlicher Qualität erfüllen (wollen), sondern politische, soziale, didaktische und andere Zwecke verfolgen", beiseitegeschoben wer-

---

69 Vgl. Karl-Heinz Hucke, Olaf Kutzmutz: [Art.] ‚Engagierte Literatur' (2007), S. 446.
70 Vgl. Stefan Neuhaus, Rolf Selbmann, Thorsten Unger: Engagierte Literatur zwischen den Weltkriegen (2002), S. 9–18, hier v. a. S. 10–15.
71 Jürgen Brokoff, Ursula Geitner, Kerstin Stüssel: Einleitung. In: dies. (Hg.): Engagement (2016), S. 9–18, hier S. 10.
72 Ursula Geitner: Stand der Dinge (2016), S. 19.
73 Ebd.

den,[74] wurde gerade in den letzten beiden Dekaden immer wieder kritisch angemerkt.[75]

Bekanntlich kann der Kontrast zwischen einer ‚autonomen' und einer sich heteronomen Ansprüchen genügenden Literatur auf eine längere Tradition zurückblicken. Über die Schwierigkeiten, Autonomie- und Heteronomieästhetik und ihr Verhältnis zueinander konsensfähig zu bestimmen, geben nicht nur zahlreiche Forschungsbeiträge Aufschluss, sondern zeigen auch die vielfach ausgetragenen Debatten an, die im Anschluss an Sartre den Begriff des ‚Engagements' diskutieren.[76]

Sartre hatte, wie eingangs kurz skizziert, die genuin mehrdeutige und selbstreferenzielle Poesie (*littérature pure*) von der Prosa (*littérature engagée*) unterschieden und es Letzterer zur Aufgabe gemacht, ‚Klartext' zu sprechen, um so die ‚kranken', referenzinadäquaten Wörter zu ‚heilen'.[77] Unter sehr spezifischen kunsttheoretischen Voraussetzungen existentialistischer Provenienz ist ‚Engagement' bei Sartre einerseits deskriptiv als Eigenschaft der Literatur bestimmt und wird andererseits normativ vom Schriftsteller gefordert.[78] Sartres antiästhetizistisches und implikationsstarkes Literaturkonzept provozierte bekanntlich die kritische Reaktion und Auseinandersetzung etlicher zeitgenössischer Akteure im literarischen Feld.[79] Noch bis in die 1960er-Jahre setzte man im deutschsprachigen Raum ‚literarisches Engagement' mit dem negativ gebräuchlichen Terminus ‚Tendenzliteratur' gleich.[80] Zu den bekanntesten Diskutanten im deutschsprachigen Raum gehörte in diesem Zusammenhang gewiss Theodor W. Adorno, der explizit Partei für die Autonomieästhetik ergriff, die er allerdings nicht minder mit eigenen kunsttheoretischen Vorannahmen ausrüstete.[81] In seinem 1963 erschienenen Essay mit dem definitorischen Titel „Engagement"

---

74 Stefan Neuhaus, Rolf Selbmann, Thorsten Unger: Engagierte Literatur zwischen den Weltkriegen (2002), S. 9.
75 Hans Adler, Sonja Klocke: Engagement als Thema und als Form (2019); Thomas Ernst: Engagement oder Subversion (2019); Joanna Jabłkowska: Möglichkeiten und Aporien des Engagements (2017); Michael Schmitz (Hg.): Literatur und Politik (2017); Geoffrey Allen Baker: The Aesthetics of Clarity and Confusion (2016); Jürgen Brokoff, Ursula Geitner, Kerstin Stüssel (Hg.): Engagement (2016); Gundela Hachmann: Politisches Engagement (2016); Willi Huntemann (Hg.): Engagierte Literatur in Wendezeiten (2003); Helmut Peitsch: ‚Vereinigungsfolgen' (2001).
76 Vgl. Helmut Peitsch: [Art.] ‚Engagement/Tendenz/Parteilichkeit' (2010), S. 208–209.
77 Vgl. Jean-Paul Sartre: Was ist Literatur? (1958), S. 164–166.
78 Vgl. Helmut Peitsch: [Art.] ‚Engagement/Tendenz/Parteilichkeit' (2010), S. 209.
79 Vgl. ebd., S. 210.
80 Vgl. ebd., S. 214.
81 Vgl. zu diesem Problemkomplex auch Ursula Geitner: Stand der Dinge (2016).

repetierte Adorno unter Berücksichtigung der Frage, inwiefern sich Kunst an heteronome Zwecke binden dürfe, sein anti-realistisches Kunstverständnis, das nicht weniger normativ konzipiert war als das von Sartre. Adorno kritisierte dabei die nach seiner Vorstellung von vornherein unzureichende Distinktion von ‚Engagement' und ‚Autonomie':

> Jede der beiden Alternativen negiert mit der anderen auch sich selbst: engagierte Kunst, weil sie, als Kunst notwendig von der Realität abgesetzt, die Differenz zu dieser negiert; die des l'art pour l'art, weil sie durch ihre Verabsolutierung auch jene unauslöschliche Beziehung auf die Realität leugnet, die in der Verselbständigung von Kunst gegen das Reale als ihr polemisches Apriori enthalten ist.[82]

Zugunsten eines antimimetischen Kunstbegriffs, so Adornos Plädoyer, müsse die sich immer nur als Klischee darstellende Antithese von ‚Engagement' und ‚Autonomie' aufgegeben werden. Nur so könne zu einer Kunst vorgedrungen werden, der ‚Engagement' strukturell inhäriere: „Jedes Engagement für die Welt muß gekündigt sein, damit der Idee eines engagierten Kunstwerks genügt werde."[83] Trotz aller Lust an paradoxalen Formulierungen präsentiert auch Adorno ein Konzept von ‚Engagement', das er eigenen kunsttheoretischen Vorannahmen entlehnt. Nicht zufällig legte ein früherer Titel seines Essays, „Engagement oder künstliche Autonomie", noch ein ‚entweder – oder' nahe. In der Ausgabe letzter Hand verkürzte er den Titel schließlich in definitorischer Absicht zu „Engagement".[84]

An Sartres und Adornos definitorischen Bemühungen, den komplexen Sachverhalt ‚literarischer Vermittlung' zu bestimmen, lassen sich grundsätzlich Konzeptionalisierungen ‚engagierter Literatur' problematisieren, insofern ihre disparaten Vorstellungen von ‚Engagement' auf zwei verschiedenartige kunsttheoretische Ansätze zurückzuführen sind: Während Sartre davon ausgeht, dass Literatur deshalb eine vermittelnde, respektive gesellschaftsverändernde Funktion innehabe, weil sie die „Welt wieder in Besitz nehme" und mit ihr eingreifend ins Gespräch kommen könne,[85] folgt Adorno dem Postulat eines antimimetischen Literaturverständnisses und reiht sich damit gewissermaßen in eine avantgardistische Tradition ein. Kommunikative Kräfte entfaltet die Kunst in Adornos Konzeption nicht, weil sie Wirklichkeit bloß repräsentiere, sondern weil sie jenseits des gesellschaftlichen Diskurses die Kommunikation, gemäß

---

82 Theodor W. Adorno: Engagement (1974), S. 410.
83 Ebd. S. 425–426.
84 Vgl. Geoffrey Allen Baker: The Aesthetics of Clarity and Confusion (2016), S. 7.
85 Jean-Paul Sartre: Was ist Literatur? (1958), S. 37.

ihrer Eigenschaft, ambig zu sein, transzendiere und zugleich vereitele. Damit komme ihr schließlich nicht nur die politische Funktion zu, absolute Gewissheiten zu entwaffnen,[86] sondern auch Gesellschaftskritik zu entfalten. Die Differenz zu Sartre scheint vor diesem Hintergrund also weniger in den ‚Werten' zu liegen, die in der Kunstproduktion Ausdruck finden sollen, als vielmehr in dem divergenten epistemologischen und ästhetischen Ansatz.

Konzepte von ‚engagierter Literatur' sind, so ist bereits an Sartres und Adornos Auseinandersetzungen beispielhaft abzulesen, weder voraussetzungslos noch ideologiefrei, sondern entfalten sich stattdessen immer unter bestimmten Axiomen und einem bestimmten Wertehorizont. Dass Formen und Funktionen ‚engagierten Schreibens' sowie das Verhältnis von Heteronomie- und Autonomieästhetik nicht erst im Rahmen der durch Sartres Essay ausgelösten Debatten, sondern schon weitaus früher unter den Begriffen ‚Tendenz' und ‚Parteilichkeit' diskutiert wurden, legt Helmut Peitsch instruktiv dar. Aus seiner ideengeschichtlichen Rekonstruktion geht zum einen hervor, dass Texte immer nur auf einen konkreten Kontext hin als ‚engagiert' (oder ‚autonom') gelten können. Ob man es in einem bestimmten Fall mit ‚engagierter Literatur' zu tun hat, ist also auf einer rein textästhetischen Ebene nicht zu fassen. Zum anderen veranschaulicht er an zahlreichen Beispielen, dass die „frei gewählte Verpflichtung des Individuums auf überindividuelle Ziele",[87] der konstitutive Fluchtpunkt ‚engagierten Schreibens', sich keineswegs nur auf emanzipatorische Inhalte beschränkte. Neben linkspolitischen Vorstellungen von ‚Engagement', wie sie von Sartre und auch Adorno artikuliert werden, lassen sich in der Literaturgeschichte demnach auch Ausprägungen anderer weltanschaulich-politischer Observanz ausmachen, etwa anarchistische, humanistische, konservative oder religiöse. Um den Begriff ‚Engagement' aber, wie es Thorsten Unger fordert, nicht nur funktional und relational einzusetzen, sondern seine dezidiert emanzipatorischen Konnotation „respektvoll würdigend verstehen zu können",[88] ihn also nicht auf nationalsozialistische, faschistische, rechtsradikale und dezidiert antiaufklärerische Positionen auszuweiten, kann man sich wiederum von Adorno und Sartre anregen lassen: Bei beiden steht das ‚Engagement' im Zeichen einer universalistischen Idee regulativer Prägung, die sich *erstens* nonkonformistisch zum politischen ‚status quo' situiert, *zweitens* für Aufklärung und Freiheit Partei ergreift und *drittens* auch jenseits des literarischen

---

86 Vgl. Geoffrey Allen Baker: The Aesthetics of Clarity and Confusion (2016), S. 3–4.
87 Helmut Peitsch: [Art.] ‚Engagement/Tendenz/Parteilichkeit' (2010), S. 178.
88 Stefan Neuhaus, Rolf Selbmann, Thorsten Unger: Engagierte Literatur zwischen den Weltkriegen (2002), S. 11.

Diskurses, etwa durch nonkonformistische Handlungen, als Stellungnahme sichtbar werden kann.

Im Anschluss daran sollen auch in der vorliegenden Arbeit solche Texte einem engagierten Schreiben zugerechnet werden, die sich *auf ein bestimmtes Wertesystem verpflichten*,[89] dabei *Anspruch auf Weltdeutung* erheben und sich in diesem ‚Wollen' *kritisch zu aktuellen Herrschaftsverhältnissen situieren*. Damit fungiert der Begriff in dieser Arbeit als eine analytische Kategorie. Er wird demnach nicht an die historischen Selbstverständigungskontexte der Akteure gebunden, sondern aus der Retrospektive von der um die aufklärerischen Bedeutungsgehalte des Terminus wissenden Literaturwissenschaftlerin in reflektierender Eigenverantwortlichkeit verwendet.

1.4 Vorgehen und Aufbau der Arbeit

Erkenntnisinteresse und Untersuchungsperspektive der vorliegenden Studie verlangen eine methodische Reflexion und ein begriffliches Instrumentarium, die das Spektrum nonkonformer Schreib-, Publikations- und Lesepraktiken im ‚Dritten Reich' als Repertoire kontextsensibler und historisch spezifischer Textumgangsformen zu erfassen und detailliert zu beschreiben erlauben. Diesem Unternehmen widmet sich der dieser Einleitung nachfolgende zweite Teil meiner Studie: In kritischer Auseinandersetzung mit der von Ehrke-Rotermund/Rotermund entwickelten *Poetik und Hermeneutik der ‚verdeckten Schreibweise'* geht es darum, eine Neuperspektivierung des Themenkomplexes vorzunehmen, um ein systematisierungsfähiges hermeneutisches Modell zur Detektion, Beschreibung, Analyse und Deutung dissidenter und standortgebundener Kommunikationssituationen zu entwickeln, das sich nicht nur für das *Hochland* eignet, sondern auch allgemeinere Anwendung erlaubt. Zu diesem Zweck werde ich die vielerorts appropriierten ‚Standardbeispiele' und ‚Klassiker' der ‚verdeckten Schreibweise': Dolf Sternberger, Bertolt Brecht und Leo Strauss, einer Relektüre unterziehen, die einen Blickwechsel von der Produktions- zur Rezeptionsseite vorbereitet. Auf diese Weise lassen sich diverse nonkonformistische Textumgangsformen profilieren, die über eine Praxis des ‚aufdeckenden Lesens' aufklären können.

Mit dem Begriff ‚Praxis' ist dabei *einerseits* angezeigt, dass in der vorliegenden Studie Literatur als „ein plurales Medienphänomen" aufgefasst wird, „das sich in einer Vielzahl divergierender und kontrastierender Formate materiali-

---

[89] Vgl. ebd. Siehe auch Jean-Paul Sartre: Was ist Literatur? (1958), S. 163.

siert und rematerialisiert" und von einem „äußerst voraussetzungsreiche[n] Gefüge sozialer Praktiken" abhängig ist.[90] *Andererseits* ist damit der erweiterte Analysehorizont gekennzeichnet, den es von einem rein ‚textualistischen' Ansatz, wie er in den bisherigen Auseinandersetzungen mit subversiver Kommunikation im ‚Dritten Reich' verfolgt wurde, abzugrenzen gilt. Die Komplexität dissidenter Verständigung, so die hier zu plausibilisierende Annahme, lässt sich nicht in dem herkömmlichen Kommunikationsmodell von Autor, Text und Leser fassen, sondern verlangt den Einbezug sozialer, extratextueller, d. h. nichtdiskursiver Kontexte. Das erfordert nicht zuletzt eine stärkere Berücksichtigung der bislang wenig bedachten Rezeptionsseite. Ziel des theoretisch ausgerichteten Kapitels ist es schließlich, Formen und Funktionen ‚aufdeckenden Lesens' als funktional divergierende standort- und gruppenkonsensbasierte Textumgangsform zu konzeptualisieren.

Die Folgekapitel erproben diese Konzeptualisierungen an einem Fallbeispiel: Ausgehend von der Annahme, dass nonkonformistische Kommunikationspraktiken im Rahmen spezifischer Denkkollektive und Gesinnungsgemeinschaften entstehen, begründet das dritte Kapitel, warum die Netzwerkzeitschrift *Hochland* im ‚Dritten Reich' sich als Untersuchungsgegenstand für eine exemplarische Anwendung der neuen Perspektive anbietet. Entscheidend dafür ist das Profil der Kulturzeitzeitschrift und der sich daran während des Nationalsozialismus anlagernde sogenannte *Hochland*-Kreis, der als mehr oder minder feste Gruppe gleichgesinnter Intellektueller die Keimzelle für die im Rahmen der Zeitschrift stattfindende dissidente und esoterische Verständigung bildete. Damit ist der personelle und institutionelle Kontext für die nachfolgenden Studien aufbereitet, die sich in drei umfangreiche, thematisch sortierte Interpretationskapitel gliedern. Im Zentrum stehen diverse Formen und Funktionen standortgebundener sowie Dissidenz anzeigender Verständigung, und zwar erstens in Bezug auf faktuale Texte (Kapitel 4), die sich unmittelbar auf die nationalsozialistische Weltanschauung und Ideologie beziehen, zweitens in Bezug auf literarisch-fiktionale Texte (Kapitel 5), die dem Programm des ‚literarischen Katholizismus' verpflichtet sind, und drittens in Bezug auf kulturhistorische Diskussionszusammenhänge (Kapitel 6), die im Umkreis des *Hochland* auf besonders signifikante Weise in wissenschaftlichen, aus kultursoziologischer Perspektive verfassten Texten zum Tragen kommen.

Angesichts der Schwierigkeit, die Materialfülle kritisch kommunizierender Beiträge im *Hochland* zwischen 1933 und 1941 analytisch handhabbar zu machen, beschränke ich mich zugunsten einer klassisch-hermeneutischen Ausei-

---

[90] Carlos Spoerhase: Das Format der Literatur (2018), S. 9.

nandersetzung auf ein übersichtliches Korpus von Einzeltexten, an denen sich der Konnex von ‚Engagement' und Esoterik beispielhaft erhellen lässt und an denen sowohl Gruppenzusammenhänge als auch Personennetzwerke sichtbar gemacht werden können. Die fallstudienartig gestalteten Durchführungskapitel fügen sich demnach nicht zu einer Gesamtdarstellung der *Hochland*-Publizistik im ‚Dritten Reich'. Schon zahlenmäßig überwiegen für diese Zeit Beiträge, die man als ns-kompatibel oder ‚unpolitisch' bezeichnen muss, die aber aus dem Fokus der Untersuchung fallen bzw. nur am Rande Berücksichtigung finden können. Dies rechtfertigt sich aus der Fragestellung meines Projekts, das sich weniger für das Profil der Zeitschrift, sondern vielmehr für ihre Funktion als Plattform ns-kritischer Kommunikation in den Jahren 1933 bis 1941 interessiert. Dennoch sind die beispielhaften und diverse Textsorten berücksichtigenden Studien darauf angelegt, einen generellen Überblick über die vielfältigen Formen und Funktionen der im Umfeld des Journals etablierten Schreib- und Lesepraktiken zu geben und in diesem Sinn eine Zusammenschau zu gewährleisten.

Im Einzelnen: Das Kapitel *Hochland-Publizistik in der Auseinandersetzung mit dem Nationalsozialismus* widmet sich der im *Hochland* gerade in den Anfangsjahren der nationalsozialistischen Herrschaft artikulierten Zeitkritik aus dem Bereich journalistischer Beiträge. Die dafür zum Einsatz gekommenen, noch recht ‚unverdeckt' gestalteten Darstellungsformen und Schreibstrategien zielten, so wird zu zeigen sein, auf eine Bewertung des Nationalsozialismus, die den *Hochland*-Abonnenten unter anderem über das Verhältnis der Zeitschrift zu der neuen politischen Situation aufklären sollte. Zugleich erhob das *Hochland* dabei noch deutlichen Anspruch auf Mitsprache und Beteiligung im Bereich von Wissenschaft, Kultur und Politik. Aus der Vielzahl der Beiträge, die sich diesem doppelten Unternehmen zuordnen lassen, werde ich zwei besonders intrikate Fälle ins Visier nehmen. Es handelt sich dabei zum einen um den 1933 erschienenen Aufsatz „Das Reich als Idee und Wirklichkeit" von Carl Muth, der als richtungsweisende Reaktion der Zeitschrift auf die Machtübernahme gelesen werden kann, und zum anderen um die kritische Rezension des Fundamentaltheologen Daniel Feuling zu Alfred Rosenbergs *Mythus des 20. Jahrhunderts*, die kurzzeitig zum Auslieferungsstopp des *Hochland* führte. Damit war auch eine Zäsur für die Zeitschrift gesetzt, die sich fortan vorsichtiger positionierte, d. h. vermehrt ‚verdeckt' und esoterisch kommunizierte. Beispielhaft liefern die besagten Beiträge nicht nur eindrückliche Fälle kritischer und ‚engagierter' Kommunikation; an diesen Texten und ihren Kontexten lassen sich zudem auch allgemeiner weltanschauliche Friktionen zwischen der Kulturzeitschrift und dem NS-Regime aufzeigen sowie Chiffrierungsmechanismen nachzeichnen.

Mit dem Kapitel ‚*Katholische Literatur*' als Medium esoterischer Kommunikation (Kap. 5) werden sodann genuin literarische Texte der *Hochland*-Publizistik in den Mittelpunkt gerückt. In literatur- und kulturhistorischer Perspektive geht es zunächst allgemeiner um die Frage, welche Rolle die bislang nur wenig untersuchte, im *Hochland* unter den restriktiven literaturpolitischen Bedingungen des ‚Dritten Reiches' erschienene Belletristik für den ‚literarischen Katholizismus' und seine Autoren spielte. Anhand von zwei Fallstudien rekonstruiere ich anschließend die Eigentümlichkeiten standortgebundener, nicht-nationalsozialistischer literarischer Verständigung. Bei den ausgewählten Beispielen handelt es sich um Werner Bergengruens Erzählung „Die Aussätzige" (1940), die als Auszug seines Romans *Am Himmel wie auf Erden* (1940) im *Hochland* vorabgedruckt wurde, und um die ebenfalls im *Hochland* publizierten „Tagebuchblätter" (1940), die einen Auszug aus Theodor Haeckers *in toto* erst *posthum* 1947 veröffentlichtem Diarium *Tag- und Nachtbücher* darstellen. An den Texten dieser beiden Repräsentanten der ‚Inneren Emigration' studiere ich in exemplarischer Absicht, wie im Kontext konkreter Gruppenzusammenhänge und unter den Bedingungen von Zensur katholische Literatur ganz ohne Techniken der Tarnung auskommen, dabei aber dennoch zum Medium dissidenter, esoterischer Kommunikation werden konnte.

Den Abschluss der Arbeit bildet eine diskurshistorische Auseinandersetzung mit dem Paradigma ‚Romantik', das in der ersten Hälfte des 20. Jahrhunderts einen wichtigen historischen Reflexionsraum für allgemeinere, oftmals weltanschaulich und politisch konnotierte Debatten darstellte und von unterschiedlichen Akteuren zur Verhandlung aktueller Themen und Probleme genutzt wurde. Hieran waren nicht nur etliche *Hochland*-Autoren maßgeblich beteiligt: Im Umfeld der Zeitschrift bildeten sich in diesem Zusammenhang episodisch auch signifikante Rezeptionskulturen aus, die ideologische Deutungskämpfe, insbesondere im Kontrast zu dem von einem völkischen Standpunkt aus geprägten Romantikbild der Nationalsozialisten, ausgetragen haben. Der Romantik-Diskurs im *Hochland* liefert ein anschauliches Beispiel für die Rahmung, die das kulturkatholische Journal für Mitglieder des *Hochland*-Kreises auch für die auf Zeitkritik und Dissidenz abzielende Kommunikation *außerhalb* der Zeitschrift setzte. Die geweitete Perspektive liefert signifikante Einblicke in die Reichweite gruppenbasierter Kommunikation, die ich konkret an zwei wissenschaftlichen Intellektuellenbiographen verfolge. Sowohl im Dichterporträt *Görres spricht zu unserer Zeit* (1933) von Alois Dempf als auch in der wesentlich später publizierten antinazistischen Studie *Nietzsche und Burckhardt* (1941) von Alfred von Martin spiegelt sich jene schwer zu profilierende Gruppe engagierter Intellektueller, die im ‚Dritten Reich' nicht darauf verzichten wollten, zu wirken, wegen ihrer „Kontrastposition zu den ideologischen Vorgaben des NS-Regimes"[91] aber auf eine klandestine, ‚verdeckte' und esoterische Wissenschaftsprosa ausweichen mussten.

---

91 Frank-Lothar Kroll: Intellektueller Widerstand im Dritten Reich (2012), S. 18.

2 Von einer Poetik des ‚verdeckten Schreibens' zu einer Hermeneutik des ‚aufdeckenden Lesens'

Formen nicht-nationalsozialistischer, aber zensurrelevanter und deshalb camouflierter Literatur finden in der Literaturwissenschaft seit einiger Zeit unter dem terminologisierten Ausdruck ‚verdeckte Schreibweise' Behandlung. Bislang hat sich die Forschung vornehmlich auf die produktionsästhetische Seite und das textuelle Ergebnis auktorial intendierter ‚Verdeckung' konzentriert. Im Folgenden geht es darum, die Perspektive auf die Rezeptionsseite und die Praktiken ‚aufdeckenden Lesens' zu lenken und zu zeigen, dass diese Praktiken auf komplexe Weise mit Praktiken nonkonformistischen Schreibens zusammenhängen, zu denen unter anderem das ‚verdeckende Schreiben' zählt. Das Ziel des Kapitels besteht darin, ein heuristisch angelegtes, hermeneutisches Modell zur Detektion, Beschreibung, Analyse und Deutung dissidenter Kommunikationssituationen zu entwickeln, das erlaubt, nonkonforme Schreib-, Publikations- und Lesepraktiken, zu denen als besonderer Fall auch esoterische Kommunikationsakte gehören, als zusammengehöriges Repertoire kontextsensibler und historisch sowie sozial spezifischer Textumgangsformen zu erfassen.

Pro captu lectoris habent sua fata libelli.
(Terentianus Maurus)

2.1 Problemorientierung: ‚Verdecktes Schreiben' im ‚Dritten Reich'

Im Rahmen der „[b]eherrschte[n] Literatur"[1] des ‚Dritten Reiches' stellen camouflierte und planmäßig auf Doppelsinn angelegte Texte ein literarhistorisches Phänomen dar, das seit geraumer Zeit unter dem Rubrum ‚verdecktes Schreiben/verdeckte Schreibweise' Behandlung findet.[2] Diese mittlerweile terminologisierte Metapher, die auf retrospektive Selbstbeschreibungen zeitgenös-

---

1 Eberhard Lämmert: Beherrschte Literatur (1997). Der Begriff berücksichtigt neben der äußeren, auch die Selbstzensur, unter der Autorinnen und Autoren während des ‚Dritten Reiches' standen.
2 Vgl. etwa Wilhelm Haefs: Einleitung (2009), S. 8.

sischer Autoren, allen voran Dolf Sternberger, zurückgeht, konkurriert mit weiteren, ähnlich metaphorischen Bezeichnungen, wie etwa ‚verschleierte Rede', ‚subjektivierende Mimikry',³ ‚Camouflage', ‚Tarnliteratur', ‚äsopische Schreibweise',⁴ ‚literarische Doppelbödigkeit', ‚Zwischen-den-Zeilen-Schreiben', ‚Verschlüsselungskunst', ‚doppelzüngige Literatur', ‚poetische Geheimschrift', ‚eingekleidete Zeitkritik' oder ‚kodierte Sprache'.⁵ Daneben finden sich auch Ausdrücke wie ‚Sklavensprache', ‚Katakombensprache' oder ‚Schreiben in Ketten', die das gleiche Phänomen unter anderen Gesichtspunkten negativ konnotieren beziehungsweise begrifflich mit den Zwangsbedingungen der Schreibsituation verknüpfen.⁶ All diese bildlichen, oftmals synonym verwendeten Umschreibungen zielen auf ein und denselben literarischen Befund, zeigen in ihrer Metaphorizität aber auch, mit was für einem facettenreichen und begrifflich schwer zu fassenden Phänomen man es zu tun hat. Alle aufgeführten Ausdrücke konnotieren eine externe und potentiell internalisierte Einschränkung des Sag- und Schreibbaren, die nonkonformistische Autoren unter einen Kreativitätszwang stellte, sofern sie unter den Bedingungen von Zensur oder ähnlichen Limitierungen kritische oder zumindest nonkonforme Aussagen literarisch vermitteln wollten. Die Zeit des Nationalsozialismus ist selbstredend nicht die einzige literarhistorische Phase, in der sich dieser Zusammenhang studieren lässt, sie liefert aber ein besonders reiches Anschauungsmaterial. Auch wenn Schriftsteller sich seit alters und bis heute immer wieder partiell vergleichbaren repressiven Publikationsbedingungen ausgesetzt sehen, die sie durch entsprechende Schreibstrategien zu unterlaufen versuchen,⁷ lässt sich die auf Veröffentlichung zielende Literaturproduktion zwischen 1933 und 1945 aus der Perspektive dissidenter Autoren, für die das Gewalt- und Strafsystem des Nationalsozialismus zur existentiellen Bedrohung werden konnte, als eine von außergewöhnlich starker Repression und durchgehender Verunsicherung geprägte Situation beschreiben. Wie Wilhelm Haefs hervorgehoben hat, erlaubt

---

3 Eberhard Lämmert: Beherrschte Prosa (1975), S. 406.
4 Elke Mehnert: Äsopische Schreibweise (1996), S. 263.
5 William John Dodd: Zwischen den Zeilen gelesen (2007), S. 59.
6 Vgl. dazu auch die Auflistung der vielgestaltigen Terminologie in John Klapper: Nonconformist Writing (2015), S. 4, sowie bei Erwin Rotermund: Formen und Rezeptionsprobleme (2016), S. 32. Zur terminologischen Vielfalt als Problem siehe William John Dodd: Unquiet Voices (2018), S. 161–162.
7 Vgl. hierzu allgemein: Reinhold Grimm: Im Dickicht der Inneren Emigration (1976); Gerhard Bauer: Sprache und Sprachlosigkeit (1988); Peter Brockmeier, Gerhard R. Kaiser (Hg.): Zensur und Selbstzensur (1996); Philip Morrissey, Gert Reifarth (Hg.): Aesopic Voices (2011); William John Dodd: Unquiet Voices (2018), S. 159–186.

und verlangt dieser Zeitabschnitt daher eine literarhistorische Sonderbehandlung.[8]

Nach gängiger Auffassung bestand die ‚Kunst', unter den prekären Umständen im ‚Dritten Reich' ‚zwischen den Zeilen' zu schreiben, insbesondere darin, mittels bestimmter Darstellungsverfahren und Techniken mit ein und demselben Text zwei unterschiedliche Adressatengruppen zu bedienen: Einerseits mussten die Texte den Zensurrichtlinien der parteiamtlichen Stellen genügen,[9] was für den Autor bedeutete, dem beweispflichtigen Zensor entweder keine Angriffsflächen oder ausreichend affirmative Elemente zu bieten, die eine Publikation erlaubten. Andererseits sollten die camouflierten Texte einen für den anvisierten Leser erkennbaren oppositionellen Gehalt artikulieren. Die intendierte Mehrfachadressierung solcher Veröffentlichungen, für die der Autor mit einer „unterschiedlichen Bewertung durch verschiedene Leser" rechnen und den Zensor quasi stets mitbedenken musste, stellt den Literarhistoriker und Interpreten vor das Problem, den planmäßigen Doppelsinn gemäß einer „Sortierung der Rezeption nach verschiedenen Leserkreisen" zu detektieren und als solchen in seiner Ambiguität angemessen zu rekonstruieren.[10]

Heidrun Ehrke-Rotermunds und Erwin Rotermunds Arbeiten zur ‚Verdeckten Schreibweise'[11] zählen in diesem Zusammenhang zu den einschlägigsten literaturwissenschaftlichen Forschungsbeiträgen, die sich seit den 1990er-Jahren auch in methodologischer Absicht mit der spezifischen Kommunikationssituation nonkonformer Publizistik innerhalb des gelenkten Literaturbetriebs im ‚Dritten Reich' auseinandergesetzt haben.[12] Sie trugen damit einem

---

8 Vgl. Wilhelm Haefs: Nationalsozialismus und Exil (2009), S. 12–13.
9 Zur Zensurpraxis im Nationalsozialismus vgl. Jan-Pieter Barbian: Nationalsozialismus und Literaturpolitik (2009), S. 90–94; ders.: Literaturpolitik im NS-Staat (2010), S. 250–281.
10 Eberhard Lämmert: Beherrschte Prosa (1975), S. 411.
11 Vgl. Heidrun Ehrke-Rotermund, Erwin Rotermund: Zwischenreiche und Gegenwelten (1999); Erwin Rotermund: Beharrung und Anpassung (1994); Erwin Rotermund: ‚Concealed writing' (2011); Erwin Rotermund: Formen und Rezeptionsprobleme (2016); Erwin Rotermund: Herbert Küsels ‚Dietrich-Eckart'-Artikel (1994); Erwin Rotermund: Melancholische Literatur von Melancholikern (2012), S. 221–241; Erwin Rotermund: Probleme der ‚Verdeckten Schreibweise' (2007); Erwin Rotermund: Verklärung und Kritik (2013); Erwin Rotermund: Vorüberlegungen zur Poetik, Rhetorik und Hermeneutik der ‚Verdeckten Schreibweise' (1998); Erwin Rotermund, Heidrun Ehrke-Rotermund: Getarnte Regimekritik in Stefan Andres' Kurzprosa (1999).
12 Vgl. zum Thema ‚verdecktes Schreiben' allgemein Reinhold Grimm: Im Dickicht der Inneren Emigration (1976); Gerhard Bauer: Sprache und Sprachlosigkeit (1988); Peter Brockmeier, Gerhard R. Kaiser (Hg.): Zensur und Selbstzensur (1996); William John Dodd: Unquiet Voices (2018), S. 159–186; John Klapper: Nonconformist Writing (2015); Ralf Schnell: Literarische

langjährigen Forschungsdesiderat Rechnung, nämlich ein „begriffliches Instrumentarium [...] zur Feststellung, Beschreibung und Analyse camouflierter Texte" darzulegen.[13] Hierfür entwickelten Ehrke-Rotermund/Rotermund eine spezifische *Poetik, Rhetorik und Hermeneutik der ‚verdeckten Schreibweise'* – so die programmatische Überschrift zur Einleitung ihres Bandes *Zwischenreiche und Gegenwelten* aus dem Jahr 1999 –, die an den Kommunikationsprinzipien der klassischen Rhetorik und den Konversationsmaximen von Paul Grice orientiert ist. Zwei Annahmen, eine textgenetische und eine rezeptionstheoretische, bestimmen ihren strukturell hermeneutischen Ansatz: Auf der Produktionsseite wird ein ‚verschlüsselndes' Schreibverfahren vermutet, bei dem ein „ungetarnter oppositioneller Text", also ein „Klartext", mittels unterschiedlich kombinierbarer „Änderungsoperationen" vom Autor sukzessive modifiziert und auf diese Weise in seinem Aussagengehalt ‚verdeckt' werde.[14] Der im Klartext intendierte, eigentliche Textsinn wird so durch einen zweiten, an den Zensor gerichteten Textsinn supplementiert. Neben Strategien der ‚Tarnung', die darauf zielen, kritische Gehalte der Offensichtlichkeit zu entziehen, gehören auch Strategien der Absicherung, etwa das Einbauen konformer Aussagen und Strukturen, zu den Möglichkeiten, den Text gegen die Zensur zu immunisieren. Denkbar ist folglich aus textgenetischer Sicht auch ein umgekehrtes Vorgehen, in dem ein ursprünglich „affirmativer oder neutraler Text" durch zielgerichtete auktoriale Manipulation zum medialen Träger „[o]ppositionelle[r] oder dissident-nonkonforme[r] Mitteilungen" avanciert.[15] In beiden Fällen, so die Annahme, kommen im Wesentlichen vier der traditionellen Rhetorik entlehnte „Änderungsverfahren" zum Tragen: Das Hinzufügen – hierzu werden etwa auch „Figuren der semantischen Weitung" gezählt –, die Auslassung, die Umstellung und die Substitution, wobei nach der Auffassung Ehrke-Rotermunds /Rotermunds in „Text[en] mit verdeckten oppositionellen Botschaften" „meistens eine der vier Änderungstechniken" dominiert.[16] Das Endergebnis bilde schließlich „ein hybrider Text, der entweder konform oder resistent gelesen

---

Innere Emigration (1976); Ein postkonstruktivistischer Ansatz zu einem ähnlichen Problemfeld liegt vor bei Philip Morrissey, Gert Reifarth (Hg.): Aesopic Voices (2011); Olaf Gätje: Formen unerlaubter Kommunikation (2008); Hela Hummerich: Wahrheit zwischen den Zeilen (1984); Karl-Wolfgang Mirbt: Camouflage (1964); Thomas Pekar: [Art.] ‚Camouflage' (1994); Volker Lilienthal: Balanceakt (1988); Günther Rüther (Hg.): Literatur in der Diktatur (1997).
13 Heidrun Ehrke-Rotermund, Erwin Rotermund: Zwischenreiche und Gegenwelten (1999), S. 16.
14 Vgl. ebd., S. 32.
15 Erwin Rotermund: Formen und Rezeptionsprobleme (2016), S. 32.
16 Ebd., S. 33–34.

werden kann,"[17] wobei zur Entscheidung jeweils das im Text realisierte Verhältnis zwischen konformen und nichtkonformen Aussagen zu berücksichtigen sei.

Folgt man diesem Ansatz, so zeichnet sich der nonkonformistische Schriftsteller in erster Linie durch die Fertigkeit aus, Techniken des ‚Verdeckens‘, Verschweigens, Verstellens und Verschlüsselns in seinen den Zensor mitbedenkenden Texten zur Anwendung zu bringen. Entsprechend wird auf der Rezeptionsseite – und dies führt zu der zweiten Annahme von Ehrke-Rotermund/Rotermund – ein sensibler Leser, idealiter ein „vertrauenswürdige[r], intelligente[r] und nachdenkliche[r] Leser" vorausgesetzt,[18] der in der Lage ist, den chiffrierten oder subversiv manipulierten Text auf seinen kritischen Aussagegehalt hin zu ‚entschlüsseln‘, das heißt entweder den ‚Verdeckungsprozess‘ des Autors rückgängig zu machen oder aber die manipulativ untergeschobene kritische Botschaft als die zusätzlich intendierte, eigentliche Aussage des Texts zu erkennen.

Die Konstruktion des Idealfalls systemkritischer literarischer Verständigung, wie ihn Ehrke-Rotermunds/Rotermunds Spezialhermeneutik nahelegt, bietet zwar für Literaturwissenschaftler, gerade im Sinne einer methodischen Anleitung, ein heuristisch fruchtbares Konzept, doch die grundsätzlichen Überlegungen zu Produktion, Genese, Distribution und Lektüre camouflierter Texte – und das merkt auch Erwin Rotermund in einer jüngeren Publikation zum Thema selbstkritisch an[19] – bleiben recht schematisch. Die Detektion, Dechiffrierung und Deutung regimekritischer Mitteilungen in legal publizierten Texten,[20] wie sie in der sogenannten „Hermeneutik der ‚verdeckten Schreibweise'" theoretisch exponiert und in dem gleichnamigen Band exemplarisch anhand zahlreicher Texte unternommen werden, ist mit einigen theoretischen und methodischen Problemen behaftet, die ich im Folgenden in fünf Punkten zusammenfasse, um anschließend eine Neuperspektivierung des Themas anzuregen.

---

17 William John Dodd: ‚Der Mensch hat das Wort' (2013), S. 19.
18 Erwin Rotermund: Formen und Rezeptionsprobleme (2016), S. 35.
19 Vgl. ebd., S. 33: „Das ist sicherlich eine schematische Vorstellung von der Werkgenese; der faktische Entstehungsprozess war in den meisten Fällen viel komplizierter."
20 Zu illegaler Literatur im ‚Dritten Reich' vgl. Heinz Gittig: Tarnschriften (1972); vgl. auch ders.: Bibliographie (1996).

2.1.1 ‚Verdecktes Schreiben' – Probleme und Einwände

Die fünf im Folgenden problematisierten Aspekte betreffen *erstens* Vorstellungen zum ‚verdeckten' Text und seiner Genese, *zweitens* den Literaturbegriff und eine daran orientierte (formalistisch-textualistische) Methode der ‚aufdeckenden Lektüre', sie betreffen *drittens* die postulierte Mehrfachadressierung und die daran geknüpften kommunikativen Funktionen ‚verdeckten Schreibens', *viertens* den zugrunde gelegten Intentionalismus und *fünftens* die Annahme einer idealisierten Kommunikationssituation.

I. Der ‚verdeckte' Klartext und seine Genese: Das Bild des ‚Verdeckens' insinuiert eine spezifische Textvorstellung, in der gemäß dem ‚Kern-Schale-Prinzip' eine lediglich dem Schutz dienende Oberfläche die eigentliche Aussage, den ‚Klartext' als ‚Kern' verbirgt. Aus produktionsästhetischer und textgenetischer Sicht ist die Vorstellung eines zu Beginn der Textproduktion angefertigten Klartexts, der aus explizit kritischen Aussagen besteht, die der Autor sodann sukzessive und in immunisierender Absicht für die Zensurstelle ‚verdeckt', wohl nur für den Grenzfall der sogenannten ‚Tarnschriften' und für den Fall von Texten angemessen, die im Wortsinne verschlüsselt, d. h. chiffriert werden.[21] ‚Tarnschriften' zeichnen sich bekanntlich durch eine „äußerliche, mechanische Tarnung" aus.[22] Gemäß dem ‚Sandwich-Prinzip'[23] werden hier beispielsweise zensurrelevante Inhalte durch falsche Etiketten, Tarntitel, unverfängliche „Vorworte, Einleitungen oder Zusammenfassungen" im Wortsinne versteckt und verdeckt, ohne dass an dem oppositionellen Text selbst, dem dissidenten ‚Kern', Änderungen vorzunehmen wären.[24] Ein bekanntes Beispiel hierfür stellt Bertolt Brechts Aufsatz „Fünf Schwierigkeiten beim Schreiben der Wahrheit" dar, dessen Vorfassung im Dezember 1934 in einer Pariser Zeitung erschienen war, in einer Teilauflage dann aber unter dem ‚Cover' *Satzungen des Reichsverbandes Deutscher Schriftsteller*, dem zugelassenen Schriftstellerverband in Deutschland, im ‚Dritten Reich' illegal verbreitet wurde.[25] Diese in der Regel nicht-legale Literatur steht weder im Fokus von Ehrke-Rotermund/ Rotermund noch im Fokus meiner Untersuchung.

---

[21] Siehe hierzu Bernhard J. Dotzler: Geheimes Lesen: De-Chiffrieren. In: Grundthemen der Literaturwissenschaft: Lesen (2018), S. 335–345.
[22] Vgl. zur äußerlichen, mechanischen ‚Verhüllung' im ‚Dritten Reich' Gerhard Bauer: Sprache und Sprachlosigkeit (1988), S. 145–153. Eine Ausnahme könnten bestimmte Formen ‚Engagierter Literatur' darstellen, vgl. Nikolaus Wegmann: Poetik des Klartexts (1996).
[23] Vgl. Michael Grüttner: Die nationalsozialistische Wissenschaftspolitik (2003), S. 26.
[24] Ebd.; auch Gerhard Bauer: Sprache und Sprachlosigkeit (1988), S. 151–152.
[25] Vgl. Jan Knopf (Hg.): Brecht Handbuch 4 (2003), S. 273–274.

Aufschlussreicher für meine Fragestellung ist der Fall verschlüsselter oder chiffrierter Texte, wie sie etwa durch kryptographische oder stenographische Verfahren erzeugt werden. Ausgehend von einem geheimen Code, der textintern oder textextern vermittelt wird, etwa durch eine Vereinbarung oder einen ‚Pakt' zwischen den Kommunikationsinstanzen, kann man hier in der Tat von einem vorgängigen Klartext sprechen, dessen Botschaft im Zuge seiner Codierung einer besonderen Transformation unterzogen und auf diese Weise ‚verdeckt' wird.[26] Nur ein mit dem Geheimcode vertrauter Leser kann diese Texttransformation so rückgängig machen, dass der Klartext und mithin die intendierte Botschaft erkennbar werden. Die Dechiffrierung durch den Rezipienten erweist sich in diesem Fall als mehr oder minder komplexe Umkehrung der auktorialen Chiffrierung. Die nonkonformistische Kommunikation über chiffrierte Texte kann allerdings nur deshalb gelingen, weil Autor und Leser ein gemeinsames Wissen um das Verschlüsselungsverfahren teilen. Folglich bleibt der Klartext für die intendiert exkludierten Leser, etwa den Zensor, verborgen, so lange er nicht über den Dechiffriercode verfügt. Während der Zensor also nur die ‚Schale' sieht, führt der Code den eingeweihten Leser zum Kern der Botschaft.

Problematisch ist diese Vorstellung in Bezug auf die im ‚Dritten Reich' publizierte NS-kritische Literatur, weil die meisten auf Nonkonformität angelegten camouflierten Texte keine Chiffrierung in diesem Sinne aufweisen, ja die wenigsten Formen ‚verdeckten Schreibens' sich auf einen Übersetzungscode zurückführen lassen können, der, zur Verschlüsselung genutzt, vom Rezipienten einfach verlustfrei rückübersetzt werden kann. Generell ist wohl anzunehmen, dass die meisten einer ‚verdeckten Schreibweise' zuzurechnenden Texte faktisch eine ganz andere Genese haben. Der Vorstellung eines ursprünglich vorliegenden Klartextes oppositioneller Aussagen, der dann chiffriert oder auf andere Weise getarnt wird, liegen keine empirischen Befunde zur Textproduktion zugrunde. Wollte man die Vorstellung als prototypischen Fall ‚verdeckten Schreibens' generalisieren, wäre man zu allererst auf belastbare Informationen zur tatsächlichen Textgenese angewiesen, etwa auf Archivstudien, die aussagekräftige Hinweise zum Produktions- und Transformationsverfahren des Verfas-

---

26 Vgl. dazu Gerhard Bauer: Sprache und Sprachlosigkeit (1988), S. 146. Bauer stellt fest, dass Korrespondenzen während des Nationalsozialismus oftmals auf diese Weise geführt wurden. Ein vorher vereinbarter, privater Code konnte „mit unauffälligen Sätzen über Ernährung, Kleidung, Verwandte usw. präzise Nachrichten über politische Zustände und selbst über ihre geheimen Aktionen zukommen lassen".

sers liefern. Ohne aufwändige Rekonstruktionen der Schreibprozesse aber ist die Vorstellung nicht mehr als eine heuristische Fiktion.

Die Schwierigkeit, im Zusammenhang legaler und zugleich nonkonformistischer Publikationen zwischen verschlüsselter Gestalt und kritischem Gehalt zu unterscheiden, wurde bereits 1975 von Eberhard Lämmert in seinem Aufsatz „Beherrschte Prosa. Poetische Lizenzen in Deutschland zwischen 1933 und 1945" herausgestellt. Auch Lämmert geht davon aus, dass der planmäßig ‚verdeckt' schreibende Autor einerseits eine „ästhetische Illusion" und andererseits „eine politische Einsicht" in seinem Text verknüpfe und damit die anvisierte Leserschaft in zwei Kategorien teile.[27] Obgleich divergent, sei für die eine Gruppe die rein ästhetische Perspektive auf den Text, für die andere die systemkritische Betrachtung vorgesehen. Auch in diesem Modell nonkonformistischer Kommunikation ist der kritische Sinn kaum als Klartext konzipiert, sondern entspricht lediglich einer spezifischen Perspektive auf den Text, die sich ausschließlich einer politisch sensibilisierten Leserschaft erschließen soll.[28] Wie Ehrke-Rotermund/Rotermund typisiert auch Lämmert den gebildeten Leser, der qua „ausgereifte[r] literarische[r] und ästhetische[r] Vorbildung" in der Lage sei, „Schlüsselsprache zu verstehen".[29] Gleichwohl meint er damit keine textoberflächliche Decodierung im ausgeführten Sinne, sondern die Interpretation bestimmter Bilder, Begriffe und Motive, die in ihrer Bedeutungsvielfalt, traditionsspezifischen Prägung oder allegorischen Funktion den nationalsozialistischen Zensoren unverständlich sein mussten, daher aber gerade für sensible Leser als kritische Verständigungselemente zum Tragen kommen konnten.[30] In der Tat kann die hohe Kontextsensitivität einzelner Begriffe, Metaphern, Bilder und anderer rhetorischer Stilfiguren kaum durch einen Decodierungscode oder einen ‚Schlüssel' ausgeglichen werden, der die ‚Aufdeckung' einer womöglich ‚verdeckten Botschaft' anleiten könnte. Die Vorstellung eines Klartextes ist folglich auch bei Lämmert nicht mehr als ein heuristisches Konstrukt, das der die Textproduktion rekonstruierende Literaturwissenschaftler dem ‚verdeckt' schreibenden Autor und dem ‚aufdeckenden' Rezipienten als Angelpunkt einer idealen Kommunikation zuschreibt.

Im Rahmen einer jüngeren Konzeption des Problemfeldes argumentiert auch Stephan Packard für den konstruierten Status der Vorstellung eines getarnten oder verschlüsselten Aussagesinns. Packard setzt sich in seinem Aufsatz

---

27 Eberhard Lämmert: Beherrschte Prosa (1975), S. 411.
28 Ebd., S. 408–409.
29 Ebd., S. 408.
30 Ebd., S. 408–409.

„Aesopic Transformation in Scientific Discourse: Observations on Galileo and a Perspective on Dawkins" mit wissenschaftlichen Texten auseinander – vornehmlich am Beispiel Galileo Galileis –, die für Zensur und Öffentlichkeit anstößig waren und deshalb von ihren progressiven Verfassern immunisiert wurden. Solche – von ihm als ‚äsopisch' bezeichnete[31] – Texte implizierten sowohl im Produktions- als auch im Rezeptionsprozess einen nicht-realisierten, imaginären Text, dem ein kritischer Aussagesinn zugeschrieben werden könne:

> The Aesopic text acquires a relative harmlessness and implies another, absent version of itself that is forbidden, dangerous, or even discursively impossible, but that needs to be partially constructed in order to understand the doubleness of the presented words.[32]

Den Prozess ‚verdeckten Schreibens' und ‚aufdeckenden Lesens' beschreibt Packard als „an imaginary two-way transformation",[33] bei dem die ‚abwesende Version' des realisierten Textes produktiv oder rezeptiv konstruiert werde. Man muss den poststrukturalistischen Implikationen in Packards Ansatz nicht bis in seine konstruktivistischen Details folgen – etwa hinsichtlich der Annahme eines ubiquitären Textkontrollverlusts oder der Agentisierung des Diskurses. Für den Deutungsvorgang eines mutmaßlich camouflierten Textes lässt sich die Beobachtung vielmehr wie folgt hermeneutisch reformulieren: Dem Interpretandum wird durch den Leser nicht ein vorgängiger faktischer Klartext, sondern ein „unrealized other" oder „imaginary shadow" beigeordnet,[34] der die Grundlage für die Zuschreibung einer ‚verdeckten', nicht explizit oder offen formulierten Aussage liefert. Der ‚aufdeckende' Leser – sei er nun Zensor oder konspirativer Dissenspartner – kann dabei in der Regel nicht einfach die Transformationsprozeduren durch eine Auflösungsschablone oder ein Dechiffriergitter umkehren und die zuvor ‚verdeckte' Botschaft, ob nun als ‚Klartext' oder ‚absent version' gefasst, sichtbar werden lassen, sondern ist auf komplexe Formen hermeneutischer Kontextbildungen und Plausibilisierungen angewiesen, um den Text mit einem hypothetischen Hintersinn auszustatten, der einer dissidenten Lesart entspricht. Spätestens hier stößt die Metapher des ‚Verdeckens' an ihre Grenzen. Der Komplexität nonkonformistischer Bedeutungszuschrei-

---

31 William John Dodd: Unquiet Voices (2018), S. 161: „The oldest and best-established term is Aesopian (or Aesopic) discourse, after the narrative strategies adopted in speaking truth unto power in the slave Aesop's fables."
32 Stephan Packard: Aesopic Transformation (2011), S. 293.
33 Ebd.
34 Ebd.

bung können jedenfalls die Vorstellungen, die damit verknüpft sind, nicht gerecht werden.

II. Zum Literaturbegriff und zur textualistischen Methode ‚aufdeckender Lektüre': Die Hermeneutik der ‚verdeckten Schreibweise' scheint auf die Frage, wie sich nonkonforme Kommunikationssituationen detektieren und rekonstruieren lassen, eine vornehmlich an der Textoberfläche, respektive auf der Darstellungsebene orientierte Antwort zu geben. William Dodd bezeichnet Ehrke-Rotermunds/Rotermunds Konzept entsprechend als einen linguistischen Analyseansatz.[35] In der Tat formulieren sie für die Detektion und Textanalyse camouflierter Literatur eine linguistisch imprägnierte Faustregel: Immer dann, wenn ein Text, gemessen an den universal gesetzten Konversationsmaximen, ‚Stolpersteine' aufweist, also zu dicht oder lang, unwahr, irrelevant oder unklar erscheint, hat der aufmerksame Leser die Aufgabe, den Text quasi formalistisch nach rhetorischen ‚Verdeckungsstrategien' abzusuchen und die rhetorischen Prozeduren der Hinzufügung konformer Elemente, der Wegnahme kritischer Elemente, der Umstellung und Substitution umzukehren, um auf diese Weise an die kritische Textaussage zu gelangen. Dieses Vorgehen ist in mehrerlei Hinsicht methodisch problematisch.

Eine Schwierigkeit entsteht schon deshalb, weil literarische Texte strukturell ambig sind und damit per definitionem gegen die Konversationsmaximen, die sich auf Alltagskommunikation und ein rationales Gesprächsverhalten beziehen, verstoßen.[36] Das Detektionspotential der aufgestellten Konversationsmaximen wird damit fraglich. Wie etwa müssten belletristische oder gar lyrische Texte aussehen, die gegen die ‚category of manner' verstoßen? Nur wenn man annimmt, dass, wie Alfred Andersch sich nach 1945 überzeugt zeigte, „jede Dichtung, die unter der Herrschaft des Nationalsozialismus ans Licht kam, Gegnerschaft gegen ihn bedeutete, sofern sie nur Dichtung war",[37] ließe sich der Verstoß gegen die Maximen generell veranschlagen. Dann jedoch ist die Rede von ‚verdecktem Schreiben' hinfällig, weil jedem auf Ambiguität und Offenheit setzenden, wenn man so möchte, ‚genuin literarischen' Text dieser Status zuerkannt werden müsste.

Ein weiterer problematischer Aspekt besteht darin, dass in der Hermeneutik der ‚verdeckten Schreibweise' die Unterscheidung zwischen dem empirischen, an der historischen Kommunikationssituation teilnehmenden Leser und dem

---

35 Vgl. William John Dodd: Unquiet Voices (2018), S. 160.
36 Zu Ambiguität und Unbestimmtheit als Eigenschaft der Dichtung vgl. Carlos Spoerhase: Die ‚Dunkelheit' der Dichtung als Herausforderung der Philologie (2010).
37 Alfred Andersch: Deutsche Literatur in der Entscheidung (1979), S. 114.

historisierenden Literaturwissenschaftler, der diese nachträglich analysieren will, marginalisiert wird. Im Vordergrund steht stattdessen der Einzeltext, der vom aufmerksamen Leser – sei es nun der historische Rezipient oder der historisierende Rezeptionsanalytiker – auf Verstöße gegen die Konversationsmaximen abgesucht und gegebenenfalls entschlüsselt wird. Der textfixierte und an einem sehr überschaubaren Korpus entwickelte Ansatz für ein ‚aufdeckendes Lesen' bringt auf diese Weise Folgeprobleme mit sich: Zunächst gerät das in Rede stehende methodische Design schnell in Gefahr, einer ex-post-Perspektive aufzusitzen, in der *einerseits* Widerstandssignale anachronistisch in den Text hineingelesen werden und *andererseits* jene Texte literarhistorisch konsolidiert und extrapoliert werden, die rezeptionsgeschichtlich bereits als oppositionell firmieren. Gewiss liefert die immer wieder gern angeführte ‚Camouflageprosa der Dissidenz', wie Ernst Jüngers *Auf den Marmorklippen*, Ernst Wiecherts *Der weiße Büffel*, Reinhold Schneiders *Las Casas vor Karl V.*, Stefan Andres' *El Greco malt den Großinquisitor*, Werner Bergengruens *Der Großtyrann und das Gericht*, Dolf Sternbergers *Figuren der Fabel* oder die vielen Artikel von Rudolf Pechel in der *Deutschen Rundschau*, wichtige Beispiele und mithin auch Hinweise für diverse Verfahren rhetorischer Textimmunisierung. Sobald man aber von der kanonisierten Dissidenzliteratur absieht, bleibt das methodische Problem, aus der Masse der im ‚Dritten Reich' erschienenen Texte jene aufzuspüren, die man der ‚verdeckten Schreibweise' zurechnen kann. Setzt man hierfür den linguistisch konzipierten Ansatz von Ehrke-Rotermund/Rotermund als Suchoptik ein, erliegt man im ungünstigsten Fall einer Überinterpretation. Anders ausgedrückt: einem Text könnten auf diese Weise recht schnell nonkonforme Gehalte unterstellt werden, ohne dafür ausreichende zeitgenössische Belege erbringen zu müssen. Sobald man aber Veröffentlichungen aus ihrem zeitgenössischen Bedingungs- und Wirkungszusammenhang, also der konkreten epistemischen Situation herauslöst, um sie gemäß einer ‚Hermeneutik des Verdachts' auf Signale der Nonkonformität zu untersuchen, ist eine solche ‚Nebenwirkung' nicht unwahrscheinlich. Warum man es in einem bestimmten Fall mit einem hintersinnig systemkritischen Text zu tun hat, ist auf der Darstellungsebene jedenfalls grundsätzlich nur bedingt zu plausibilisieren; noch weniger lässt sich auf diese Weise eine tatsächlich stattgefundene kritische Rezeption nachweisen.

Die Hermeneutik der ‚verdeckten Schreibweise' stellt generell eine verkürzte, weil sehr spezialisierte Form der viel reicher angelegten ‚klassischen' Hermeneutik dar. Deshalb kann auch grundsätzlicher gefragt werden: Bedarf es für die Interpretation camouflierter Texte überhaupt einer Sonder- oder Bereichshermeneutik? Signifikanter Weise halten sich Ehrke-Rotermund/Rotermund in ihren exemplarischen Fallstudien, d. h. in der *Praxis* ihrer ‚aufdeckenden' Interpretationen, kaum an das eigene theoretische Schema. Im Durchführungsteil ihrer Studie beschränken sie sich jedenfalls nicht auf die textanalytische und formallinguistische Analyse der textuellen Oberfläche, sondern holen großräumig biographische, werkgeschichtliche, historische und rezeptionshistorische Kontexte textueller und extratextueller Qualität ein, die der Rekonstruktion der im Text mutmaßlich verborgenen Botschaft jeweils entscheidend zuarbeiten. Diese interpretatorische Praxis, die das ganze Repertoire hermeneutischer Interpretationsarbeit ausschöpft, verdient jedoch auch eine theoretisch-methodische Reflexion. Zumindest demonstrieren die Interpretationen eindrücklich, dass sich die Rekonstruktion subversiver Kommunikation nicht allein auf den materialen Text, seinen Gehalt und seine Gestalt berufen kann. Wie in der hermeneutischen Tradition selbstverständlich und allenthalben gängig, ist der Text im interpretatorischen Prozess mit Kontexten zu verknüpfen, die seine Deutung als ‚verdeckt' abstützen und Indizien oder berechtigte Anlässe für eine ‚aufdeckende' Lesart geben können. Zu diesen Kontexten zählt nicht nur der historische, politische und literaturgeschichtliche Hintergrund; auch die politische und/oder weltanschauliche Haltung eines Schriftstellers, seine biographische Situation und sein kommunikatives Netzwerk können Aufschluss über mögliche ‚Verdeckungsintentionen' geben. Dazu zählen auch der Publikationsrahmen und die Publikationsbedingungen sowie Vergleichstexte und zeitgenössische Wissensbestände, etwa Gattungskonventionen,[38] aus denen sich subvertierende Analogieschlüsse rechtfertigen ließen.[39] Und dazu zählt schließ-

---

[38] Man denke etwa an die während des ‚Dritten Reiches' vielverbreiteten ‚historischen Camouflageromane', die in kritischer Absicht geschrieben wurden. Einschlägig dazu John Klapper: Nonconformist Writing (2015); Ders. 2014; Wolfgang Brylla: ‚Innere Emigration' in Theorie und Praxis (2012); Erwin Rotermund: Verklärung und Kritik (2013); Erika Wögerer: Historische Camouflage in Österreich (2004); Bruce Broermann: The German Historical Novel in Exile (1986); Günther Heeg: Die Wendung zur Geschichte (1977); Elke Nyssen: Geschichtsbewusstsein und Emigration (1974); Klaus Schröter: Der historische Roman (1972); Auch Einzelstudien Günther Wirt: Geschichte in metaphorischer Gestalt (1987); Günther Scholdt: Geschichte als Ausweg (2012); Wolfgang Wippermann: Geschichte und Ideologie im historischen Roman (1976).

[39] Lämmert geht davon aus, dass die „besondere deutsche Bildungstradition" entsprechende Wissensbestände garantierte und so ein wichtiges „Verständigungsmedium" der Nonkonformität darstellte, vgl. Eberhard Lämmert: Beherrschte Prosa (1975), S. 408. Auch John Klapper: Nonconformist Writing (2015) lässt diesen Aspekt nicht unerwähnt: „Clarity about the status and significance of a nonconformist work can only be gained by considering its genesis, its original stimulus and its public and critical reception, and by analyzing the text in the relevant biographical, literary-political, and political context" (S. 5). Außerdem: „Veiled oppositional messages could only be effectively communicated when author and reader had access to the

lich auch das Repertoire von Darstellungsstrategien, das allerdings in der literarischen Praxis weit heterogener und vielfältiger ist als das schematisierte rhetorische Register Quintilians.

III. Zur Mehrfachadressierung und anderen Funktionen der ‚verdeckten Schreibweise': Die Kriterien, an denen sich die angenommene binäre Spaltung der Adressatenschaft in erfolgreich dekodierende versus am ‚Oberflächensinn' orientierte Leser entscheidet, bleibt im Modell der ‚verdeckten Schreibweise' sehr allgemein und unterbestimmt. Auch die Funktionen, die das ‚verdeckte Schreiben' für die Adressierten erfüllen sollte, werden zumeist in einer nur unzureichenden Differenziertheit erfasst. Erwin Rotermund räumt zwar in einer jüngeren Arbeit zum Thema ein, dass die „hermeneutische Sensibilisierung der kritischen Leser im ‚Dritten Reich' [...] ja nur eine notwendige Voraussetzung, keineswegs eine Garantie für die Entschlüsselung geheimer kritischer Mitteilungen" gewesen sei.[40] Zudem ist ihm vollkommen klar, dass der ausgeführte Kommunikationsvorgang idealisiert ist. So macht er sehr deutlich auf die Raffinesse der lesenden Zensoren aufmerksam, die ebenfalls und oft genug den Schmuggel ‚resistenter Signale' erkannt haben.[41] In der methodischen Modellbildung, die darauf zielt, anhand des Textes jenen „implizierten Leser wieder herzustellen, den es in der Praxis vielfach nur begrenzt gab",[42] bleibt aber unausgeführt, warum der einen Lesergruppe die Entschlüsselung gelingen soll und der anderen nicht. Es handelt sich hierbei um ein generelles Problem, das Lämmert als „die Sortierung der Rezeption nach verschiedenen Lesekreisen" bezeichnet.[43] Eine frühe Einschätzung, wonach sich die Lesergruppen unterscheiden, findet sich bei Werner Bergengruen, dessen nachträgliche Reflexionen in diesem Zusammenhang in der Forschung immer wieder angeführt werden. Im Vorwort zu einer Textsammlung von Rudolf Pechels camouflierten Artikeln konstatiert Bergengruen 1948, es habe während des Nationalsozialismus eine Sprache „oberhalb des Verständnisses der Aufpasser"[44] gegeben, und in seinen autobiographischen Notizen behauptet er die „Feinhörigkeit der Un-

---

same broad field of reference and shared similar values. And yet the historical, mythological, philosophical, biblical, and sometimes theological content of several narratives, allied such a high level of education and cultural capital that the sphere of potential influence was inevitably restricted" (S. 92).
40 Erwin Rotermund: Formen und Rezeptionsprobleme (2016), S. 35.
41 Vgl. ebd., S. 42–44.
42 Ebd., S. 20.
43 Eberhard Lämmert: Beherrschte Prosa (1975), S. 411.
44 Werner Bergengruen: Zum Geleit. In: Zwischen den Zeilen (1948), S. 5–22, hier S. 8. Zit. n. Heidrun Ehrke-Rotermund, Erwin Rotermund: Zwischenreiche und Gegenwelten (1999), S. 271.

terjochten".⁴⁵ Es mag bezeichnend sein, dass bereits hier politische Sensibilität und Bildung als exklusive Eigenschaften des ‚aufdeckenden Lesers' angeführt werden. Doch lässt sich an diesen Kriterien tatsächlich eine allgemeine Sortierung der historischen Leser vornehmen?

Mittlerweile gilt jedenfalls die Annahme, der nationalsozialistische Zensor sei ungebildet gewesen, als schlichtweg falsch; darauf wurde in etlichen Beiträgen zum Thema bereits hingewiesen. Gleichwohl muss davon ausgegangen werden, dass Bildung in vielen Fällen durchaus eine notwendige, wenn auch nicht hinreichende Bedingung darstellte, wenn es darum ging, den kritischen Aussagegehalt camouflierter Literatur zu verstehen. Auch die politische und ästhetische Sensibilität, eine allgemeine Hellhörigkeit und eine kritische Einstellung gegenüber dem Herrschaftssystem können als wichtige Charakteristiken einer ‚aufdeckenden' Leserschaft gelten. Diese Eigenschaften sind allerdings so allgemein, dass sie – ggf. mit Ausnahme der kritischen Haltung – zum größten Teil und mit gutem Grund auch dem Zensor zugeschrieben werden können, der nicht selten germanistisch ausgebildet war.⁴⁶ Die genannten Kriterien besitzen jedenfalls keine pauschal belastbare Distinktionsfunktion. Instruktiver ist in diesem Zusammenhang John Klappers Beobachtung, dass subversive Kommunikation im ‚Dritten Reich' insbesondere dann gelingen konnte, wenn Autor und Leser „had access to the same broad field of reference and shared similar values".⁴⁷ Für den Einzeltext ist diese plausible Annahme allerdings kaum zu eruieren. Eine kontextualisierende Rekonstruktion der disjunktiven Rezeption eines Textes erweist sich auch hier als extrem aufwändig. Dabei darf nicht außer Acht gelassen werden, dass das ‚Lesen zwischen den Zeilen' je nach Leser unterschiedliche Funktionen übernehmen konnte. Wie auch Ehrke-Rotermund/Rotermund betonen, richteten camouflierte Texte „[i]m Unterschied zur aufklärerisch-didaktischen Intention der meisten Exilautoren [...] keine direkten Appelle an das Widerstandspotential ihrer idealen Leser".⁴⁸ Im seltensten Fall ließ sich den Texten also ein Aufruf zum aktiven Widerstand entnehmen, was nicht zuletzt in den 1970er-Jahren in der Forschung zur ‚Inneren

---

45 Werner Bergengruen: Schreibtischerinnerungen (1961), S. 199.
46 Vgl. Horst Denkler: Katz und Maus (2004), S. 15; auch Jan-Pieter Barbian: Literaturpolitik im ‚Dritten Reich' (2019): Die RSK bekam die Indizierung des ‚schädlichen und unerwünschten Schrifttums' nicht in den Griff. „Das änderte sich, als im April 1938 die Bearbeitung der Zensurpolitik auf die ministerielle Schrifttumsabteilung überging und die Verbotsliste von Fachleuten in der Deutschen Bücherei erarbeitet wurde" (S. 371).
47 John Klapper: Nonconformist Writing (2015), S. 92.
48 Heidrun Ehrke-Rotermund, Erwin Rotermund: Zwischenreiche und Gegenwelten (1999), S. 9.

Emigration' die Kritik an einer unangemessen Bewertung oppositioneller Gehalte in der nicht nationalsozialistischen Literatur befeuerte.⁴⁹ Vornehmlich, so ist immer wieder zu lesen, spendeten die Texte der ‚Zwischenreiche und Gegenwelten' Trost, sprachen Mut und Zuversicht zu, signalisierten Gesinnungsgleichheit, stärkten die Moral und dienten der Selbstbehauptung oder der Sprachbewahrung. Sie konnten darüber hinaus auch abweichende Wertorientierungen affirmieren oder einen intellektuellen Reflexionsraum aufspannen, d. h. den Leser in ein reflexives Verhältnis zum Zeitgeschehen setzen.⁵⁰ Diese sicherlich um weitere Aspekte zu ergänzende Funktionsvielfalt ist Ehrke-Rotermund/Rotermund in der Interpretations*praxis*, wie bereits erwähnt, vollkommen bewusst; in der theoretisch-methodischen Modellierung aber kommt der formalen und funktionalen Diversität konkreter Schreib- und Lesepraktiken kein entsprechender Stellenwert zu.

IV. Intentionalismus: Die Rede vom ‚verdeckten Schreiben' scheint davon auszugehen, dass die zeitgenössische Deutung doppelbödig angelegter Texte grundsätzlich intentionalistisch orientiert war und sich folglich auch die nachträgliche Rekonstruktion an einer dem Autor zuschreibbaren Textbedeutung orientieren müsse. Vorausgesetzt wird somit eine auktorial verbürgte Schreib- und ‚Verdeckungsintention', die dem Zensor entweder möglichst verborgen bleiben sollte oder für die der Nachweis nur schwer zu erbringen war, die aber für den *intentionalistisch* ‚aufdeckenden', sensiblen Leser über die Lektüre zu erschließen war.⁵¹ In der Publikations- und Lesepraxis lassen sich jedoch Fälle ausmachen, die dieser Annahme nicht entsprechen. Einige kursorische Beispiele können dies belegen.

Victor Klemperer hielt am 15. Mai 1933 in seinem Tagebuch fest, dass das „zwischen den Zeilen der unterdrückten Zeitungen Lesen" zum alltäglichen Tagesablauf gehörte.⁵² Dagegen schrieb die Journalistin und aktive Hitlergegnerin Ruth-Andreas Friedrich über eine vermeintlich doppelbödig schreibende Presse im ‚Dritten Reich' 1938 in ihr Tagebuch: „Die Gewissensakrobaten unter uns sind der Meinung, dass jeder, der Augen habe, es zwischen den Zeilen lesen

---

49 Vgl. Reinhold Grimm: Im Dickicht der Inneren Emigration (1976); Ralf Schnell: Literarische Innere Emigration (1976); davor Ernst Loewy: Literatur unterm Hakenkreuz (1966).
50 Vgl. hierzu auch Werner Bergengruen: Schreibtischerinnerungen (1961), S. 205: „Es galt, vom Triumphfeuerwerk geblendete Augen wieder zu öffnen und berauschte Hirne zum Nachdenken zu bringen [...] Es galt, zu klären und aufzurütteln, Mut und Trost zu kräftigen und das Bild des Menschen ungeschändet zu bewahren."
51 Die Begriffe Lektüre und Interpretation werden hier synonym verwendet. Zu einer Unterscheidung vgl. Simone Winko: Lektüre oder Interpretation (2002).
52 Victor Klemperer: Tagebuch 1933–1945 (³1997), S. 18.

müsse, wie sehr ihre Feder sich sträube, die befohlenen Lügen niederzuschreiben. Ich kann mir nicht helfen. Ich lese nichts zwischen den Zeilen."[53] Obwohl Friedrich angesichts ihrer widerständigen Haltung, dem am Redaktionswesen geschulten Blick und ihrer Vertrautheit mit Chiffrierungstechniken – zu ihrem persönlichen Schutz „verschlüsselte" sie ihr Tagebuch „in einer Art Geheimschrift"[54] – ausgesprochen gute Voraussetzungen für einen kritischen Lektüreakt mitzubringen scheint, hatte sie, so macht das Notat deutlich, selbst nach entsprechenden Lesehinweisen Schwierigkeiten, kritische Gehalte zu extrahieren. Der Eintrag klärt zudem darüber auf, dass schon die zeitgenössische Rede von intentional ‚verdeckten' Botschaften – gar bei ‚informierten Lesern' – Zweifel weckte. Andersherum konnten sensible Leser Texten aber auch aktuale Bedeutungen zuschreiben, die *nicht* durch Autorintentionen verbürgt waren. Wie Eberhard Lämmert vermutet, waren „unter der NS-Herrschaft [...] nicht wenige Leser politisch so sensibilisiert, daß sie einen politischen Hintersinn auch an Stellen ausfindig machten, an denen er vom Autor gar nicht beabsichtigt war".[55] Werner Bergengruen bestätigt diese Vermutung in seinen nach 1945 angefertigten autobiographischen Notizen, wenn er sich erinnert, dass sich nicht nur die ‚Kunst des Schreibens', sondern auch die des ‚Lesens zwischen den Zeilen' im Laufe der nationalsozialistischen Herrschaft verfeinerte. Kritische Leser entwickelten, so Bergengruen, eine „unglaubliche[] Hellhörigkeit" und lasen geradezu „monomanisch".[56] Wenngleich Bergengruens Aufzeichnungen wegen ihrer Nachträglichkeit und apologetischen Schreibabsicht mit einiger Vorsicht zu konsultieren sind, wird seine Behauptung doch durch viele weitere Stimmen gedeckt. Etliche Zeitgenossen kamen zu ähnlichen Einschätzungen, die sich zudem vielfach durch Zeugnisse und andere Dokumente belegen lassen.[57] ‚Monomanische' Lesarten dieser Art bildeten sich sogar im Zusammenhang ‚klassischer Camouflagetexte', wie etwa Ernst Jüngers *Auf den Marmorklippen* (1939) oder Werner Bergengruens *Der Großtyrann und das Gericht* (¹1935, ²1941), heraus. Bekanntlich lehnten beide Autoren für ihre Romane vereindeutigende Interpretationen, die auf eine figurale und/oder handlungsbezogene Parallelisierung mit dem Hitler-Regime zielten, ab. Beide Bücher wurden zeitgenössisch

---

53 Ruth Andreas-Friedrich: Schauplatz Berlin (1962), S. 10.
54 Ebd., S. 7.
55 Eberhard Lämmert: Beherrschte Prosa (1975), S. 411–412.
56 Werner Bergengruen: Schriftstellerexistenz in der Diktatur (2005), S. 172; auch Werner Bergengruen: Schreibtischerinnerungen (1961), S. 201.
57 Auch hierfür liefern die „Vorstudien" Ehrke-Rotermunds, Rotermunds ausreichend Material.

aber durchaus aktualisierend in diesem Sinne gelesen.[58] Der historische Leser nahm sich in diesen Fällen eine Deutungsfreiheit, die weit über die dem intendierten Leser konzedierte hinausging.

Für die Suche nach Beispielen braucht man jedoch gar nicht so weit auszugreifen. Bereits der Wiederabdruck eines älteren Textes, dessen Erscheinen im Rahmen eines neuen Publikationskontextes, etwa in einer Zeitschrift, einer Anthologie o.ä., womöglich kritisch intendiert war, verlangt nach einer Unterscheidung von Autor- und Herausgeberintention. Als beispielsweise die von Joseph Görres ursprünglich 1839 in den historisch-politischen Blättern veröffentlichte Satire mit dem Titel „Neujahrspredigt des verneinenden Geistes bei der 5599. Jubelfeier des Sündenfalls" im *Hochland* pünktlich zum Jahreswechsel 1933/34 wiederabgedruckt wurde, konnte eine christlich sozialisierte Leserschaft, wie sie im Fall der katholischen Zeitschrift zweifellos vorlag, die Figur des „verneinenden Geistes" alias Luzifer, der sich abfällig über den „hochmütigen, boshaften Judengott" äußert,[59] als eine satirische Parteinahme gegen den nationalsozialistischen Antisemitismus deuten.[60] Zumindest lag eine derartige kontextualisierende Analogiebildung äußerst nahe. Dem Autor Görres aber war diese Intention selbstredend nicht zuzuschreiben. Gegenüber dem Wiederabdruck musste die ursprünglich mit dem Text verbundene auktoriale Aussageabsicht für die Rezeption also weniger ins Gewicht fallen, an ihre Stelle trat eine dem Herausgeber zugeschriebene Absicht.

Neben dieser Differenzierung von Autor- und Herausgeberintention lassen sich Fälle nonkonformistischer Lektüre finden, in denen der Lesende über etwaige ‚Verdeckungsintentionen' keine Hypothese anstellen musste, eine derartige Annahme sogar vollkommen irrelevant gewesen wäre. Ein Blick in Tagebücher von Autoren, die gemeinhin der ‚Inneren Emigration' zugerechnet werden, wie Wilhelm Hausenstein, Jochen Klepper, Friedrich Reck, Ernst Wiechert, Theodor Haecker oder Victor Klemperer, lässt jedenfalls die Vermutung zu, dass bei-

---

58 Zu Ernst Jüngers *Auf den Marmorklippen* vgl. Helmuth Kiesel: Voraussetzungen, Entstehungen, Rezeption und Deutung der „Marmorklippen" (2017), S. 303–388; zu Werner Bergengruens *Der Großtyrann und das Gericht* vgl. Friedrich Denk: Die Zensur der Nachgeborenen (²1995), S. 296–302.
59 Joseph Görres: Neujahrspredigt des verneinenden Geistes (1933/34). In: HL 31 (1933/34), S. 289.
60 Der Text von Görres ist allerdings ambivalent, da beispielsweise Feindbilder aufgerufen werden, wie sie auch die Nazis hatten: Rationalisten, Naturalisten, Atheisten, Nihilisten etc. Zudem scheinen einige Stellen antijüdisch zu sein. Dazu auch, obwohl einer Überarbeitung und Erweiterung bedürftig: Konrad Ackermann: Widerstand der Monatsschrift (1965), hier vor allem S. 83–87.

spielsweise Klassiker des europäischen Literaturkanons oder Texte der internationalen Gegenwartsliteratur ähnliche Funktionen übernehmen konnten wie camouflierte Texte mit verbürgt kritischer Intention.[61] Bemerkenswert ist das auch, weil klassische Literatur, so ist bei Christian Adam zu lesen, im ‚Dritten Reich' überaus erfolgreich war, wenngleich sie auch in großem Maße für die nationalsozialistische Kulturpolitik instrumentalisiert wurde.[62] Lektüren dieser Texte konnten zeit- und regimekritischer, aber auch existentialistischer Art sein. Ernst Wiechert, der infolge seines Eintretens für den regimefeindlichen Pastor Niemöller im Juli 1938 im Konzentrationslager Buchenwald interniert wurde, findet beispielsweise während seiner Haft „Trostworte bei Goethe", liest Blaise Pascals *Gedanken*, Ricarda Huchs *Großen Krieg*, Adalbert Stifters *Nachsommer* und beschreibt in seinem literarischen Haftbericht *Der Totenwald*, dass er während dieser Zeit „nach kaum einem der lebenden Dichter außer nach Hermann Hesse ein Bedürfnis empfand".[63] Der Schriftsteller und Bibliothekar Hermann Stresau stellt im April 1934 bei seiner Lektüre von Aldous Huxleys *Brave New World*, bekanntlich eine fern in der Zukunft spielende Dystopie aus dem Jahr 1932, betroffen fest, wie „schauerlich nahe wir dieser ironisierten Utopie kommen".[64] Auch der Journalist, Schriftsteller und Kunsthistoriker Wilhelm Hausenstein liest sich, wie es an vielen Stellen seines in den letzten Jahren der NS-Herrschaft geschriebenen Tagebuchs heißt, „mit starker Beteiligung" durch ein großes Korpus klassischer Literatur.[65] Meistens liest er im Modus elaborierter Literaturkritik, nicht selten jedoch appliziert er das Gelesene auf die eigene Situation oder bezieht es auf die zeitgeschichtlichen Ereignisse. Dabei konsultiert er regelmäßig die Bibel, räsoniert mit Augustin und Baudelaire über die Theodizee oder setzt sich mit Wilhelm von Humboldts staatstheoretischen Schriften auseinander. Zwar spart Hausenstein, der seine Tagebucheinträge „nicht von den öffentlichen Dingen getrübt" wissen will,[66] ganz bewusst ‚Politisches' aus, münzt das Gelesene aber dennoch immer wieder auf die Gegenwart. Die Situationsabhängigkeit des eigenen Leseverhaltens bleibt dabei nicht unreflektiert; in Bezug auf eine Relektüre der neutestamentarischen Apostelgeschichte kommentiert Hausenstein am 24. Juni 1943 beispielsweise:

---

[61] Vgl. Karl-Heinz Joachim Schoeps: Literatur im Dritten Reich (²2000), S. 257–258.
[62] Vgl. Christian Adam: Lesen unter Hitler (2010), S. 249–270.
[63] Ernst Wiechert: Häftling Nr. 7188 (1966), S. 32.
[64] Herman Stresau: Von den Nazis trennt mich eine Welt (2021), S. 181.
[65] Wilhelm Hausenstein: Licht unter dem Horizont (1967), S. 242.
[66] Ebd., S. 339.

> An den letzten Abenden vor dem Schlafen wieder die Apostelgeschichte des Lukas kapitelweise vorgenommen. Wie unerfreulich die Abhängigkeit des Lesenden von persönlicher Disposition: Die Apostelgeschichte: die mich voriges Mal in einer wahren Erregung hielt (mit der Gewalt einer besonderen Aktualität), ließ mich diesmal in einer sonderbar neutralen Gemütsverfassung; ich kann es nicht begreifen und schäme mich – aber dies hilft nicht.[67]

Zwar lässt sich nicht rekonstruieren, von welcher ‚Aktualität' an dieser Stelle die Rede ist, Hausensteins Diarium dokumentiert dennoch beispielhaft, dass aktualisierende Lesarten in der Praxis auch jenseits der autorintenionalen Bürgschaft existierten.

Es ließen sich in etlichen Diarien aus dem ‚Dritten Reich' ähnliche Befunde nachweisen. Nur noch ein weiteres Beispiel, das eine recht eigentümliche Form aktualisierenden Lesens bezeugt. Es handelt sich um das Tagebuch des protestantischen und nationalkonservativen Schriftstellers und Journalisten Jochen Klepper (1903–1942), der sich insbesondere mit seinem 1937 erschienenen Erfolgsroman *Der Vater* einen Platz im literaturgeschichtlichen Gedächtnis verschaffte. Klepper stellt den Einträgen seines mit Dokumentationsdrang und großer Akribie geführten Diariums Bibelzitate als Motti voran, die er meist dem *Herrnhuter Losungsbuch* entnimmt. Hauptsächlich dienen ihm die Verse, wie sich in den kommentierenden Notaten zeigt, zum Trost und zur eigenen Erbauung. An vielen Stellen jedoch, so scheint es, kann er nicht umhin, sie auch als treffende Kommentare und Weisungen zur gegenwärtigen Situation zu lesen, und das, obwohl er grundsätzlich zögert, die Verse „auf eine bestimmte Situation hin anzuwenden oder nur auszudeuten".[68] So stellt er im September 1938 zu einem Vers aus dem Korintherbrief, in dem zur Arbeit am ‚Werk des Herrn' aufgefordert wird, offenbar betroffen fest: „Welch ein Wort in diesen lähmenden und erregenden Zeiten – welch ein Wort gegen die Passivität und den Defaitismus, die gerade unsere Kreise so leicht ergreifen und viel zu früh schon ergriffen haben."[69] An anderer Stelle, ebenfalls im Herbst 1938, will er das „heut[ig]e Deutschland" sogar zwischen zwei Bibelversen, Jesaja 59,8f.[70] und 1. Johannes

---

67 Ebd., S. 127–128.
68 Jochen Klepper: Unter dem Schatten deiner Flügel (2002), S. 177, vgl. auch S. 188.
69 Ebd., S. 645–646.
70 „Sie kennen den Weg des Friedens nicht, und ist kein Recht in ihren Gängen; sie sind verkehrt auf ihren Straßen; wer darauf geht, der hat nimmer Frieden. Darum ist das Recht fern von uns, und wir erlangen die Gerechtigkeit nicht. Wir harren aufs Licht, siehe, so wird's finster – auf den Schein, siehe, so wandeln wir im Dunkeln" (zit. n. Die Bibel. Nach der Übersetzung Martin Luthers [1985]).

5,4[71] verortet wissen und antizipiert dabei das insbesondere nach 1945 vielfach bemühte Deutungsmuster einer dichotomisch in Täter und Opfer geteilten Gesellschaft im ‚Dritten Reich'.[72]

Die Beispiele ließen sich leicht vermehren und sollen hier lediglich in belegender Funktion zum Tragen kommen. Sie machen deutlich, dass Formen aktualisierenden Lesens auch jenseits aller ‚Verdeckungsintentionen' auftraten. Auf der Rezeptionsseite lässt sich für die Lektüre sogenannter ‚klassischer Literatur' zumindest eine ganze Bandbreite an divergierenden Funktionen veranschlagen, die sich in weiten Teilen mit denen der während des Nationalsozialismus produzierten camouflierten Literatur überschneiden. Trost zu spenden, Reflexionsangebote und Gegenwartsdeutungen zu offerieren, Signalfunktionen zu erfüllen[73] oder Zeitkritik zu üben stellt jedenfalls keine funktionale Eigenheit ‚verdeckten Schreibens' dar. Das Repertoire an gegenwartsbezogenen bis systemkritischen Rezeptionsmodi konnte bei der Lektüre stattdessen relativ, wenn nicht auch ganz unabhängig von einer getarnten, weil zensurrelevanten, also kritischen Aussageabsicht zum Einsatz kommen und lässt sich daher für ein weitaus größeres literarisches Korpus veranschlagen als von Ehrke-Rotermund/Rotermund angenommen.[74] Eine hermeneutische Reflexion dieses Befundes steht aus.

V. Idealisierte Kommunikationssituationen: Der in Ehrke-Rotermunds /Rotermunds Konzeption hypostasierte Idealfall dissident-literarischer Verständigung wird der überaus komplexen Struktur und Realität des Literatursystems zwischen 1933 und 1945 kaum gerecht. Das Konstrukt eines unaufmerksamen oder kognitiv beschränkten Zensors, eines politisch und poetisch stets gleichermaßen ambitionierten nonkonformistischen Autors und seines ‚idealen Lesers', also die Annahme eines maximal aufmerksamen und sensiblen Rezipienten, der allen Fingerzeigen des Verfassers treu nachgeht, mag für den kritisch schreibenden Schriftsteller als motivierende Fiktion unverzichtbar gewesen sein. Für die retrospektive Analyse nonkonformistischer Kommunikation aber sind diese Annahmen irreführend, verleiten jedenfalls dazu, auf die Rekonstruktion des konkreten historischen Produktions- und Rezeptionskontexts zu verzichten und generell historische, literaturpolitische und literatursoziologische Gesichtspunkte zu unterschlagen. Der empirische Leser im ‚Dritten Reich', seine institutionellen Kommunikationsbedingungen und -konventionen, seine

---

71 „Unser Glaube ist der Sieg, der die Welt überwunden hat" (zit. n. ebd.).
72 Jochen Klepper: Unter dem Schatten deiner Flügel (2002), S. 660.
73 Vgl. Gerhard Bauer: Sprache und Sprachlosigkeit (1988), S. 15.
74 Weitere Beispiele finden sich u. a. bei Jan-Pieter Barbian: Leser und Leserlenkung (2015).

Wissensbestände und Lesepraktiken sowie die konkreten Rezeptionswirkungen werden dementsprechend mehr oder minder ausgeblendet.

Nimmt man für die Analyse kritisch-literarischer Verständigung eine sowohl historisch als auch literatursoziologisch informierte Perspektive ein, so gerät unweigerlich das verworrene Gefüge des literarischen Feldes zwischen 1933 und 1945 samt seiner heterogenen Strukturen und Funktionen in den Blick. Wie Wilhelm Haefs erinnert, blieb die Binnendifferenzierung des Sozialsystems Literatur auch nach 1933 in weiten Teilen erhalten.[75] Das heißt, dass trotz der rigiden Zensur während des Nationalsozialismus weiterhin ein heterogenes Lesepublikum mit diversen literarischen Interessen, Vorlieben und Geschmäckern existierte. Eindrücklich konnte dies die verdienstvolle Arbeit Christian Adams darlegen.[76] Es lassen sich folglich unterschiedliche Lesergruppen, kommunikative Milieus und Suböffentlichkeiten unterscheiden, die durch jeweils „disjunktive Leseerwartungen",[77] spezifische literarische Präferenzen, weltanschauliche und konfessionelle Prägungen, literarische Sozialisationen sowie unterschiedliche Schreib- und Lektürepraktiken charakterisiert waren. Stellt man diesen Umstand in Rechnung, dann erschöpft sich eine nonkonforme literarische Kommunikation jedenfalls nicht in der Trias von Autor, Zensor und Leser. Stattdessen ist man darauf angewiesen, Produzenten und Rezipienten in einem Feld zerklüfteter Kommunikations- und Publikationsgemeinschaften zu platzieren und deren Einfluss auf die literarisch vermittelte Verständigung zu berücksichtigen. Zudem war die nationalsozialistische Literaturpolitik nicht nur auf den Bereich der Zensur beschränkt. Wie Jan-Pieter Barbian in seinen einschlägigen Studien zum Thema rekonstruieren konnte, war die Literaturpolitik im NS-Staat in erheblichem Maße von Inhomogenitäten, polykratischem Ämterchaos, konkurrierenden Bürokratien und diversen Kontrolllücken gezeichnet[78] und situierte die Literaturproduktion in einem schwer einschätzbaren Raum „zwischen politischer Kontrolle und partiellen Freiräumen".[79] Somit ist in empirischer Absicht zu fragen, in welchen Situationen und auf welche Weise von diesen ‚Freiräumen', die den Autoren der Dissidenz durchaus bewusst waren, Gebrauch gemacht wurde.[80] Dass nicht-systemkonforme Literatur überhaupt

---

75 Vgl. Wilhelm Haefs: Einleitung (2009), S. 9.
76 Vgl. Christian Adam: Lesen unter Hitler (2010).
77 Karolak Czesław: Innere Emigration im Spannungsfeld (2016), S. 138.
78 Vgl. Jan-Pieter Barbian: Nationalsozialismus und Literaturpolitik (2009), S. 63–68.
79 Ebd.
80 Vgl. hierzu beispielhaft Bergengruens Einschätzung in Werner Bergengruen: Schreibtischerinnerungen (1961), S. 191: „Man darf nicht der Versuchung nachgeben, den ganzen Nationalsozialismus und seine so vielverzweigten Mechanismen für ein homogenes Gebilde zu halten.

veröffentlicht werden konnte, lag nämlich nicht zuletzt auch daran, dass etliche Schriftsteller trotz dissidenter Einstellungen aus unterschiedlichen Gründen bereit waren, mit dem Regime partiell zu kooperieren. Solange die Parteiämter die Strukturen der Schrifttumsbürokratie und Regimeinteressen nicht missachtet sahen, wurde eine nicht-systemkonforme Literatur nicht nur geduldet, sondern mitunter „als bewusste Ventilfunktion genutzt".[81] Bewusst nahm man also kontrollierte Freiräume in Kauf, um den Anschein eines qualitativ hochwertigen und für die Kunst offenen Kulturbetriebs zu wahren.[82] Dies galt nicht zuletzt auch für camouflierte Texte, deren Zweitsinn oft genug von den Zensoren mit Blick auf die Auslandspropaganda einerseits und auf „die Lesebedürfnisse der Bevölkerung" andererseits billigend verstanden und geduldet wurde.[83] Gleichzeitig war das Zensurwesen in der Praxis oftmals willkürlich, von organisatorischem Chaos gezeichnet und deshalb undurchsichtig. Neben der Reichsschrifttumskammer (RSK) waren weitere Behörden, wie etwa das Amt Rosenberg und die *Parteiamtliche Prüfungskommission zum Schutze des nationalsozialistischen Schrifttums* an der Zensurpraxis beteiligt. Zwischen den begutachtenden Kontrollstellen herrschte häufig Uneinigkeit darüber, was als ‚verbotene Literatur' einzustufen sei.[84] Obwohl auf anfängliche Kompetenzstreitigkeiten 1936 eine einheitliche Zensur durch die RSK folgte, die sich als oberste Prüfungsinstanz etablierte,[85] kam es dennoch nicht zu einer vollständigen „Zentralisierung des Buchverbotswesens im nationalsozialistischen Deutschland".[86] Die Aufstellung von und Arbeit an den umfangreichen und jährlich aktualisierten Verbotslisten, die 1935 bis 1942 erschienen und oftmals fehlerhaft waren, bildeten dabei nur die theoretische Seite der Zensur. In der Praxis herrschte eine Politik der Einschüchterung, die sich in Razzien, Beschlagnahmungen, willkürlich anmutenden Berufsverboten, Drohungen, polizeilicher Überwachung, Schließung von Buchhandlungen usw. manifestierte. Weil die „personellen und organisatorischen Voraussetzungen für die Einführung einer Vorzensur der großen Buch-

---

Es durchkreuzte sich in ihm eine stattliche Anzahl von Strömungen, Interessen, Kompetenzstreitigkeiten, Rivalitäten und Machtkämpfen [...] All dies konnte für unsereinen manchen Vorteil haben."

81 Jan-Pieter Barbian: Zwischen Anpassung und Widerstand (2012), S. 94.
82 Vgl. Jan-Pieter Barbian: Die vollendete Ohnmacht (2008), S. 22–26.
83 Jan-Pieter Barbian: Literaturpolitik im ‚Dritten Reich' (2019), S. 372; vgl. Walter Dirks: Journalisten unter Hitler (1988), S. 45.
84 Vgl. Jan-Pieter Barbian: Literaturpolitik im ‚Dritten Reich' (1995), S. 519.
85 Vgl. Jan-Pieter Barbian: Literaturpolitik im ‚Dritten Reich' (2019), S. 371.
86 Jan-Pieter Barbian: Literaturpolitik im ‚Dritten Reich' (1995), S. 522.

produktion im Deutschen Reich fehlten",[87] herrschte bis 1939 diese Form der Nachzensur.[88] Einerseits verlagerten die Kontrollstellen damit das Risiko der Beanstandung auf die Literaturproduzenten und -distributoren, die in der Sorge leben mussten, negativ aufzufallen und im Nachhinein sanktioniert zu werden. Andererseits konnten so unliebsame, nonkonforme oder indizierte Bücher dennoch im Buchhandel kursieren.[89] Vor diesem Hintergrund ist für den Einzelfall zu fragen, warum genau und unter welchen Umständen ein vermeintlich kritischer Text die Zensur passieren oder an die Öffentlichkeit geraten konnte und in welchem Kontext, von wem und auf welche Weise er jeweils gelesen wurde. Ohne eine entsprechende Aufbereitung und Rekonstruktion der hier angeführten historischen, literatursoziologischen und literaturpolitischen Kontexte lassen sich literarisch kritische Kommunikationssituationen kaum ausreichend bestimmen.

Soweit die Einwände gegen die Prämissen und Implikationen der *Poetik, Rhetorik und Hermeneutik der ‚verdeckten Schreibweise'*. Ungeachtet der ausgeführten Kritik ist jedoch ausdrücklich zu betonen, dass Ehrke-Rotermunds/

---

[87] Jan-Pieter Barbian: Die vollendete Ohnmacht (2008), S. 22.

[88] „Eine Vorzensur traf im Nationalsozialismus Autoren, mißliebige Verleger und Buchhändler, die die Zulassung der Reichsschrifttumskammer verloren – sie wurden effektiv an aller weiteren Arbeit gehindert. Die offizielle Zensur blieb jedoch rechtlich gesehen bis 1939 eine reine Nachzensur: Die Verlage publizierten, die Buchhandlungen verkauften, die Verfolgungsorgane schritten erst im Nachhinein ein mit Beanstandungen. Das war die effizienteste Form der Zensur, denn sie verlagerte das Risiko, beanstandet zu werden, auf die Autoren und die Verlage. Das Regime hielt sich die Möglichkeit offen, jederzeit nachträglich an einem Titel Anstoß zu nehmen" [Olaf Simons: Willkür, Wildwuchs und neuartige Effizienz (2004)]. Dem Propagandaministerium mussten Schriften bestimmter Belange vorgelegt werden. Unterschiedliche Kontrollstellen begutachteten die Buchproduktion, Amt Rosenberg, RSK, auch die Parteiamtliche Prüfungskommission zum Schutze des NS-Schrifttums (PPK). Gutachter und Lektoren gab es in den verschiedenen Zensurstellen: „Wie in früheren Zeiten setzte die Zensur im ‚Dritten Reich' vorrangig bei den Produzenten (Autoren, Verlage und Druckereien) an. Prinzipiell hielt man an der Nachzensur (nach der Drucklegung) fest, sofern es nicht schon eine vorausgegangene personelle Auswahl der Schriftsteller und Verleger durch die RSK sowie punktuelle Vorzensuren der PPK gegeben hatte. Anfänglichen Kompetenzstreitigkeiten einzelner Überwachungsorgane folgte ab 1935 eine einheitliche Zensur durch die RSK, welche die Buchverbote aussprach. Umfangreiche, jährlich aktualisierte ‚Listen des schädlichen und unerwünschten Schrifttums' erschienen von 1935 bis 1942. Zur Durchsetzung der NS-Kulturpolitik zählten auch Berufsverbote ‚politisch unzuverlässiger' Buchhänder und Autoren" (Thomas Keiderling: Enzyklopädisten [2012], S. 71). Vgl. dazu das Beispiel des Lektors Ulrich Crämer in der Darstellung von Karsten Jedlitschka: Die ‚Parteiamtliche Prüfungskommission' (2018).

[89] Thomas Keiderling: Enzyklopädisten (2012), S. 70.

Rotermunds bescheiden als ‚Vorstudien' ausgewiesene Beiträge zum Thema in ihrer richtungsweisenden Qualität kaum zu unterschätzen sind. Denn erst durch ihre wichtigen Vorarbeiten wurde der Forschung zur Literatur im ‚Dritten Reich' ein bislang nur in Ansätzen erschlossenes Problemfeld eröffnet,[90] an das meine Untersuchung in vielfacher Hinsicht anschließt.

2.1.2 Die Suche nach einem Modell ‚aufdeckenden Lesens'

Die aus der Kritik gewonnenen Überlegungen regen dazu an, probeweise einen Perspektivwechsel weg von einer autor- und textzentrierten ‚Poetik und Hermeneutik der verdeckten Schreibweise' hin zu einer ‚Hermeneutik des aufdeckenden Lesens' vorzunehmen. Dabei drängt sich unweigerlich die Frage auf, wie sich bei so einer Probe das Risiko bannen lässt, Oppositions- und Dissidenzsignale willkürlich oder anachronistisch in Texte hineinzulesen, die diesen Texten eigentlich nicht zukommen oder zugekommen sind. Diese Frage verlangt eine Antwort auf zwei unterschiedlichen Ebenen, und zwar der des zeitgenössisch-historischen Lesers einerseits und der des ex post rekonstruierenden Literaturwissenschaftlers andererseits. Im Konzept Ehrke-Rotermunds/Rotermunds scheinen diese Ebenen zusammenzufallen. Der wissenschaftliche Interpret ist hier Teil der literarischen Kommunikationssituation, unterscheidet sich von dem historischen Leser also nur modal (etwa durch eine professionalisierte Interpretationspraxis). Historische Leser wie Literaturhistoriker wären demnach bei der Detektion auf Kritik anzeigende Textindizien gleichermaßen angewiesen; zwischen wissenschaftlichen, d. h. methodisch kontrollierten Interpretationsweisen und historischen Lektürepraktiken würde also kaum unterschieden. Wie bereits im zweiten Einwand ausgeführt, steigt auf diese Weise das Risiko für eine retrospektive Fehlbewertung. Deshalb wird im Folgenden eine andere interpretationstheoretische, breiter hermeneutisch gefasste Perspektive bemüht, die den retrospektiven wissenschaftlichen Interpreten als eine von der historisch und sozial bedingten Kommunikationssituation heuristisch separierbare Instanz verortet.[91]

Mit dieser Differenzierung folge ich einem etablierten hermeneutsichen Prinzip. Denn anstatt sich ausschließlich auf den zu interpretierenden Text und seinen Autor zu beschränken, verlangt eine hermeneutische Interpretation

---

90 Vgl. Wilhelm Haefs: Einleitung (2009), S. 8.
91 Vgl. Marcus Willand: Der Leser als/im Kontext interpretativer Zuschreibungen (2018), S. 88–89.

klassischer Provenienz gemäß dem Konzept des *sensus auctoris et primorum lectorum* eine Rekonstruktion der situativ und historisch differenten Kommunikationssituation der ‚ersten Leser'.[92] Um konkrete, historisch bedingte Formen und Funktionen ‚aufdeckenden Lesens' beschreiben und analysieren zu können, muss also die Rezeptionssituation, d. h. auch entsprechende Distributions- und Lesepraktiken, historisiert und folglich erst mittels entsprechender Kontextrecherchen rekonstruiert werden. Das ist zwar weitaus aufwändiger als ein allein autor- und textzentrierter Ansatz, erlaubt aber eine fundierte, auf historische Plausibilität und soziale Stabilisierung setzende Limitierung der Bedeutungszuweisung und damit eine Risikominimierung anachronistischen Interpretierens. In den Worten Lutz Dannebergs beschränkt sich auf diese Weise das, „was sich einem Text als Bedeutung zuschreiben lässt, auf das, was seinen historischen Adressaten prinzipiell mitteilbar und verständlich gewesen war".[93] Anstatt von der aktuellen Rezeption eines Einzeltextes auf die historische Rezeption kurzzuschließen, wird der historische Rezeptionskontext rekonstruiert, um auf diesem Wege darüber aufzuklären, wie in einer konkreten historischen Situation mit dem Einzeltext faktisch umgegangen wurde und welche Normen für die historischen Akteure bei ihren Deutungsverfahren relevant waren. Wie in der klassischen hermeneutischen Tradition üblich, erfolgt die für die Rekonstruktion notwendige Kontextualisierung so über die historischen Akteure der literarischen Kommunikation, d. h. über die Produzenten einerseits und die Rezipienten andererseits.[94] Zu berücksichtigen ist dabei, dass sowohl auf Produzenten- wie auf Rezipientenseite Schreib- und Lesepraktiken als soziale, an bestimmte Gemeinschaften gekoppelte Routinen des Textumgangs verstanden und als solche rekonstruiert werden müssen. Da die bisherige Forschung zur subversiven literarischen Verständigung im ‚Dritten Reich' zumeist auf die Seite der Textproduktion fokussiert war und die Historisierung sich vornehmlich auf den Autor bezogen hat, wird es mir darum gehen, die Analyse konsequent um die Seite der Textrezeption zu erweitern.

Die Fokussierung der Praxis nonkonformistischer Kommunikation hat dabei weitreichende Konsequenzen. Gerade in den letzten Jahren ist in der hermeneutischen Theorie- und Methodendiskussion im Zusammenhang des soge-

---

[92] Zum Konzept hermeneutischer Rekonstruktion vgl. Lutz Danneberg: Das Sich-Hineinversetzen (2015).
[93] Lutz Danneberg: [Art.] ‚Altphilologie, Theologie und die Genealogie der Literaturwissenschaft' (2007), S. 6–7.
[94] Zu den verschiedenen Arten der Kontextbildung und Kontextverwendung vgl. Lutz Danneberg: Kontextbildung und Kontextverwendung (1990).

nannten ‚practice turn' das Interpretieren als Praxis verstärkt in den Blick genommen und hervorgehoben worden, dass sich Schreiben und Lesen gleichermaßen als „soziale[] Praktiken"' konzipieren lassen.[95] Unter solchen Praktiken können „know-how abhängige und von einem praktischen ‚Verstehen' zusammengehaltene Verhaltensroutinen" verstanden werden, „deren Wissen einerseits in den Körpern der handelnden Subjekte ‚inkorporiert' ist, die andererseits regelmäßig die Form von routinisierten Beziehungen zwischen Subjekten und von ihnen ‚verwendeten' materialen Artefakten annehmen".[96] Routinisierte Tätigkeiten in diesem Sinne sind „nicht vollständig durch explizierbare Regeln oder Methoden bestimmt",[97] sondern werden durch eine ‚handwerkliche', also anwendungsbezogene Könnerschaft dargestellt, „die meist auch den Umgang mit spezifischen Artefakten einschließ[t]".[98] Praktiken solcher Art beziehen sich bei der Rekonstruktion einer ‚aufdeckenden' Lesepraxis weniger auf ein Regel-, sondern vielmehr auf ein Anwendungswissen. Fixiert man sich jedoch allein auf Texte als die manifesten sprachlichen Ergebnisse von vorgelagerten Praktiken, entgehen einem just jene Praxis- und Wissensformen, die sich der Diskursivierung nachhaltig entziehen.[99] Ein rein ‚textualistischer' Ansatz kann so vorreflexive und implizite Praktiken, die, wie es in einer berühmten Formulierung von Harold Garfinkel heißt, „seen but unnoticed" sind,[100] nicht in die Rekonstruktion aufnehmen. Um den „nexus of doings and sayings" jedoch nicht außer Acht zu lassen,[101] um also auch praktische Aspekte ‚verdeckten Schreibens' und ‚aufdeckenden Lesens' zu berücksichtigen, bedarf es einer praxeologisch informierten Hermeneutik.

---

[95] Vgl. beispielhaft Andrea Albrecht u. a.: Einleitung. In: Theorien, Methoden und Praktiken des Interpretierens (2015), S. 1–20.
[96] Beispielhaft Andreas Reckwitz: Theorie sozialer Praktiken (2003), S. 290.
[97] Andrea Albrecht u. a.: Einleitung. In: Theorien, Methoden und Praktiken des Interpretierens (2015), S. 2.
[98] Ebd.
[99] Andreas Reckwitz: Theorie sozialer Praktiken (2003) bezeichnet Ansätze, die das ‚Soziale' auf seine Repräsentationsformen, also Diskurse, Texte, Symbole oder Kommunikation beschränken als ‚Textualismus', S. 288: „Als ‚Textualismus' kann man jene sich seit den späten 1960er-Jahren im Umkreis des Poststrukturalismus, einer radikalen Hermeneutik und schließlich auch einer radikalkonstruktivistischen Systemtheorie entwickelnden Formen einer Kulturanalyse umschreiben, die das Soziale und damit die Wissensordnungen der Kultur auf der Ebene von Texten, von Diskursen, von ‚öffentlichen Symbolen' und schließlich von ‚Kommunikation' (im Sinne von Luhmann) verortet haben."
[100] Harold Garfinkel: Studies in Ethnomethodology (1967), S. 118.
[101] Theodore R. Schatzki: Social Practices (1996), S. 89.

Eine ‚Hermeneutik des aufdeckenden Lesens' sollte dabei nicht dahingehend missverstanden werden, dass ich im Folgenden eine weitere ‚Spezialhermeneutik' darzulegen versuche. Im Anschluss an die vorangegangenen Einwände soll im Gegenteil die These verfolgt werden, dass die Detektion, Analyse und Deutung subversiver literarischer Kommunikation im ‚Dritten Reich' keinerlei ‚Spezialhermeneutik' bedarf, sondern sich mit den Methoden klassisch hermeneutischer Interpretation angehen lässt, sofern man sich nicht vorschnell einem zu eingeschränkten, etwa autor- und textzentrierten, intentionalistischen Verständnis von Hermeneutik verschreibt. Ziel dieses Kapitels ist es, ein hermeneutisches Modell zu entwickeln, das *einerseits* ein differenziertes Begriffs- und Beschreibungsinventar zur Analyse nonkonformistischen Lesens bereitstellt und *andererseits* die Suchoptik zur Detektion dissidenter Kommunikationssituationen schärft. Es sollen hierbei nicht nur solche Fälle berücksichtigt werden, in denen dem Leser die ‚Enttarnung' eines camouflierten Textes gelingt, sondern auch solche, in denen er zeitkritisch, NS-kritisch, dissident oder nonkonformistisch liest, ohne dass notwendig eine auktoriale ‚Verdeckungsintention' vorläge.

Die Termini zur Beschreibung nonkonformer Rezeption sind bislang nicht ausreichend differenziert worden. Zum Teil gilt dies allerdings auch für die Produktionsseite, die in der Forschungsliteratur bereits weitläufig berücksichtigt wurde. Obwohl sich eine Fülle an Bezeichnungen ausmachen lassen, die den Grad an künstlerischer und/oder politischer Distanznahme zum Nationalsozialismus zum Ausdruck bringen sollen, bleiben die Begriffe oftmals unterbestimmt. Zwischen den Polen von loyalem Widerwillen und Widerstand werden nicht- nationalsozialistische Autoren als „nicht-faschistisch", „attentiv", „distanziert", „unangepasst", „renitent", „resistent", „dissident", „nonkonform", „systemkritisch", „oppositionell", „antifaschistisch" und „widerständig" bezeichnet. Selbstverständlich lässt sich die damit charakterisierte Haltung des Autors nicht ohne Weiteres auf ihre im Nationalsozialismus produzierten Texte übertragen. Begrifflich scheint es hier allerdings zu Überschneidungen zu kommen. Jedenfalls ist es gängig, metonymisch von nicht-konformistischer, regimekritischer, oppositioneller oder widerständiger Literatur zu sprechen.[102] Es stellt sich dabei die Frage, inwiefern sich diese Ausdrücke auch zur Beschreibung der Rezeptionsseite anbieten? Denn schließlich können die strukturellen Unterschiede zwischen einer Kritik anzeigenden Produktion und einer kritischen Rezeption nicht außer Acht gelassen werden. Anders als der kritische

---

[102] Vgl. Friedrich Denk: Die Zensur der Nachgeborenen (1995), S. 205–418; John Klapper: Nonconformist Writing (2015), S. 13–54.

Autor brauchte der kritische Leser, sofern er im Privaten oder klandestin gelesen hat, staatliche Strafandrohungen nicht unbedingt zu befürchten. In diesem Sinne standen dem Leser im ‚Dritten Reich' vermutlich größere Spielräume für die NS-kritische Lektüre eines bestimmten Textes zur Verfügung als dem nonkonformen, aber die Zensur mitbedenkenden Autor in Bezug auf seine Publikation.

Um diese Flexibilität des Leserkonzepts und die Vielfalt Regimekritik oder Dissidenz anzeigender Lese- und Kommunikationspraktiken im ‚Dritten Reich' begrifflich geltend zu machen, spreche ich im Folgenden von *heterodoxer Lektüre*, bzw. *heterodoxer Kommunikation*. Es handelt sich dabei um Begriffe, die den Überlegungen Leo Strauss entliehen sind und ausdrücken sollen, dass Akteure, deren Einstellungen, Überzeugungen und Denkstile mit den herrschenden Wissens-, Deutungs- und Machtverhältnissen konfligieren und deswegen nicht öffentlichkeitstauglich sind, eigentümliche Schreib-, Lese- und Kommunikationspraktiken entwickeln und kultivieren. Ein Problem, das diese Ausdrücke als strukturelle Überbegriffe für diverse Formen Dissidenz anzeigenden Textumgangs mit sich führen, soll kurz reflektiert werden. Bei dem Ausdruck ‚Heterodoxie' handelt es sich bekanntlich um einen relationalen und auf ideelle Gehalte setzenden Begriff, der, aus der Religionsgeschichte stammend und von Pierre Bourdieu wirkmächtig in die Soziologie übertragen,[103] immer erst im Verhältnis zu dem, was man unter ‚Orthodoxie', also der herrschenden und institutionell getragenen Wissensordnung, Weltanschauung und Kultur versteht, bestimmt werden kann. Aus differenztheoretischer Perspektive stellen Heterodoxien „nicht mehr (und nicht weniger) als die Verneinung dessen dar, was offiziell als ‚richtig' und ‚wahr' gilt".[104] Aus der Sicht der Orthodoxie handelt es sich bei heterodoxen Auffassungen, Äußerungen und Praktiken folglich um illegitime und damit negativ zu sanktionierende Formen der Wirklichkeitsdeutung.[105] Ein Übertrag dieser theoretischen Leitdifferenz auf das Koordinatensystem des ‚Dritten Reichs' ist deshalb problematisch, weil sie der Heterogenität, Variabilität und Komplexität der historisch spezifischen ideologischen und epistemischen Machtverhältnisse kaum gerecht werden kann. Die Schwierigkeiten einer Verhältnisbestimmung beginnen bereits mit der Frage, was man eigentlich unter der nationalsozialistischen ‚Orthodoxie' zu verstehen hat, denn bekanntlich war man sich darüber nicht einmal innerparteilich einig. Konsekrierte und

---

103 Vgl. Pierre Bourdieu: Über einige Eigenschaften von Feldern (1993), S. 109.
104 Michael Schetsche, Ina Schmied-Knittel: Zur Einleitung: Heterodoxien in der Moderne (2018), S. 11.
105 Vgl. Pierre Bourdieu: Über einige Eigenschaften von Feldern (1993), S. 109.

selbsternannte NS-Ideologen diskutierten vielmehr fortwährend darüber, wie der Nationalsozialismus oder das, was dafür gelten sollte, philosophisch fundiert und weltanschaulich profiliert werden könne. Doch obwohl der Nationalsozialismus keine konsistente Ideologie bildete, versammelte er dennoch einzelne Kernideologeme, wie den Antisemitismus, den biologistischen und chauvinistischen Rassismus, den Antikommunismus, den Führerglauben sowie einen politischen Voluntarismus, die zusammen genommen ein eklektisches und heterogenes Weltanschauungsfeld ergaben, „um dessen Deutung und Verwaltung verschiedene Institutionen und Personen konkurrieren".[106] In diesem Sinne ließe sich zumindest bedingt von einer ‚ideellen' Orthodoxie im ‚Dritten Reich' sprechen. Ohne Zweifel aber handelte es sich beim Nationalsozialismus um ein stark repressives und gewaltstaatlich organisiertes Überzeugungssystem, in dem gedankliche und handlungspraktische Verstöße drakonische Strafen nach sich ziehen konnten. Weitet man den Begriff ‚Orthodoxie' in diesem Sinne auf die Praxis nationalsozialistischer Herrschaft aus, so ließen sich ‚heterodoxe' Akte als Handlungen verstehen, die sich auf der Grundlage einer abweichenden Weltdeutung und im Bewusstsein der situationsspezifischen Risiken gegen tragende Elemente des ideellen und strukturellen Nationalsozialismus wenden.

Auch mit dieser begrifflichen Ausweitung von Heterodoxie lassen sich die hier interessierenden ‚heterodoxen Textumgangsformen' nicht in Gänze fassen, denn sie erschöpfen sich nicht in ihrem dissidenten und damit riskanten Gehalt, also darin, im Ergebnis einen heterodoxen Wissensanspruch mitzuführen. Vielmehr zeichnen sie sich dadurch aus, dass ihnen eine spezifische *Praxis* des Denkens, des Sprachumgangs und des Textbeobachtens zugrunde liegt. Man könnte dementsprechend, den Ausdruck modifizierend, unter Umständen von *heteropraktischem* Lesen und Schreiben sprechen. Ohne diesen Neologismus zu verwenden, fasst Leo Strauss ‚heterodoxe Kommunikationspraktiken' in einem ähnlichen Sinne.[107] Wenn im Folgenden also von ‚heterodoxen' Kommunikationspraktiken die Rede sein wird, dann sollen darunter Textumgangsformen subsumiert werden, die im Rahmen heterodoxer Denk- und Diskursgemeinschaften auftreten, in NS-kritischer Funktion zum Tragen kommen und einem spezifischen, gegebenenfalls von herkömmlichen Kommunikations- Textproduktions- und Textrezeptionskonventionen abweichenden Erkenntniswollen folgen.

---

106 Andrea Albrecht, Ralf Klausnitzer: „Trotz mancher Schwierigkeiten" (2020), S. 51.
107 Siehe Leo Strauss: Persecution and the Art of Writing (1941).

Einschränkend sei hinzugefügt, dass dieser für eine ganz bestimmte historische Situation verwendete Sammelbegriff keineswegs *an sich* ein eigenes und exklusives Set an Praktiken bezeichnet, die nicht auch in ganz anderen Kontexten auftreten könnten. Stattdessen kann damit in loser Anlehnung an Leo Strauss ein Ausdruck zum Einsatz kommen, der dem Phänomen Rechnung trägt, dass in einem spezifisch historischen Kontext, nämlich in den Jahren des ‚Dritten Reichs', diverse NS-Kritik anzeigende Schreib- und Lesepraktiken emergierten, die sich nicht in den Grenzen ‚verdeckten Schreibens' und ‚aufdeckenden Lesens' hielten..

Nonkonforme und *dissidente* Lektüren lassen sich dem Begriff heterodoxer Kommunikationspraxis insofern zuordnen, als sie den Grad an Distanznahme zu dem bezeichnen, was jeweils als NS-Orthodoxie angesehen wird. Als *nonkonform* sollen – in Anschluss an John Klapper und Jan-Pieter Barbian – solche Lektüren bezeichnet werden, die eine weltanschauliche, politische oder persönliche Einstellungsverschiedenheit des Lesers zu „den politischen und gesellschaftlichen Normen des NS-Staates" anzeigen.[108] Nonkonforme Einstellungen führen oft zu Verweigerungshaltungen, nicht unbedingt aber zu Dissidenz. Geht die Lektüre darüber hinaus und ist von expliziter Kritik, von Widerspruch auf der Grundlage eines abweichenden Überzeugungssystems und einem oppositionellen Verhalten des Lesers begleitet, kann von *Dissidenz* gesprochen werden.

Neben dem Grad an Nonkonformität, lassen sich heterodoxe Lesepraktiken im ‚Dritten Reich' nach ihren Formen und spezifischen Funktionen differenzieren. Möchte man diese historischen Interpretationsweisen systematisch fassen, d. h. sie analytisch handhabbar machen und formal wie funktional facettieren, ist man auf die Rekonstruktion des jeweils normierenden, also Bedeutungszuweisungen begrenzenden Prinzips angewiesen. Unbeachtet bleibt dabei, dass sich zweifellos auch Rezeptionszeugnisse finden lassen, die willkürliche Interpretationen dokumentieren, also Lektüren, in denen entweder keinerlei Interpretationsnormen nachzuweisen sind oder aber sich die historischen Leser nicht an diese Normen gehalten haben. Solche Fälle lassen sich nur schwer mit einem Systematisierungsanspruch in Verbindung bringen und könnten allenfalls als Einzelfunde gesammelt, dokumentiert und beschrieben werden. Um aber ein erstes heuristisches Beschreibungsmodell zur Analyse NS-kritischer Lektürepraktiken zu entwickeln, kann man sich damit begnügen historisch belegbare Interpretationsweisen zu identifizierenn, sie von interpretatorischer

---

108 Jan-Pieter Barbian: Zwischen Anpassung und Widerstand (2012), S. 2, meint in diesem Zusammenhang nonkonformistische Texte. Vgl. auch John Klapper: Nonconformist Writing (2015).

Willkür abzugrenzen und zu zeigen, dass die ihnen jeweils zugrundeliegenden Normen für historische Akteure bei ihren Deutungsaktivitäten tatsächlich relevant gewesen sind.

Um sich diesem Ziel anzunähern, werde ich im Folgenden zunächst eruieren, was sich aus den in der Forschungsliteratur allenthalben herangezogenen und auch von Ehrke-Rotermund/Rotermund appropriierten Standardbeispielen ‚verdeckten Schreibens' über das ‚aufdeckende Lesen' und die gruppenspezifischen, jeweils standort- und konsensbasierten Textumgangsformen heterodoxen Kommunizierens lernen lässt.[109] Zu diesen Beispielen zählen vor allem drei Autoren, die zu den etabliertesten Stichwortgebern gehören und auf die somit immer wieder rekurriert wird, wenn es um ‚verdecktes Schreiben' in diktatorischen Herrschaftssystemen im Allgemeinen sowie im Nationalsozialismus im Besonderen geht. Es handelt sich um die Schriftsteller Dolf Sternberger (1907–1989), Bertolt Brecht (1898–1956) sowie um den nun bereits mehrfach genannten politischen Philosophen Leo Strauss (1899–1973). Repräsentiert sind damit zugleich drei Literaturproduzenten gleicher Generation, aber unterschiedlicher politisch-weltanschaulicher Couleur. Mit Brecht und Strauss kommen zwei Exilautoren zu Wort, deren weltanschauliche Überzeugungen, in Form von Sozialismus und Konservativismus, sich nahezu diametral entgegenstehen. Beide allerdings schrieben und veröffentlichten unter ganz anderen Bedingungen als der liberalkonservative, im nationalsozialistischen Deutschland gebliebene Sternberger. Trotz weitreichender Unterschiede in ihren Ansätzen lassen sich aus ihren Überlegungen dennoch einige Gemeinsamkeiten zu Form, Bedingung und Funktion heterodoxen Kommunizierens feststellen. Am Beispiel einiger zentraler Referenztexte wie Sternbergers „Vademecum für den Gebrauch von Sprichwörtern" (1936) (Kapitel 2.2), Brechts Anweisungspoetik „Fünf Schwierigkeiten beim Schreiben der Wahrheit" (1934) sowie seiner Rezeptionsanweisung „Über die Wiederherstellung der Wahrheit" (1934) (Kapitel 2.3) und nicht zuletzt Strauss' „Persecution and the Art of Writing" (1941) (Kapitel 2.5) werden im Folgenden *einerseits* grundsätzliche Überlegungen zu Bedingungen, Formen und Funktionen ‚aufdeckenden Lesens' angestellt, *andererseits* Begrifflichkeiten geprägt und konturiert, die zur Beschreibung und Analyse heterodo-

---

[109] Der Rückgriff auf die Standardbeispiele findet sich in wichtigen Darstellungen zum Thema ‚verdecktes Schreiben', beispielsweise bei Reinhold Grimm: Im Dickicht der Inneren Emigration (1976); John Klapper: Nonconformist Writing (2015); William John Dodd: Unquiet Voices (2018); Heidrun Ehrke-Rotermund, Erwin Rotermund: Zwischenreiche und Gegenwelten (1999); Horst Denkler: Katz und Maus (2002); Friedrich Denk: Zensur der Nachgeborenen (1995); Peter Brockmeier, Gerhard R. Kaiser (Hg.): Zensur und Selbstzensur (1996).

xer Kommunikation nützlich sind. Eine Relektüre dieser Klassiker ‚verdeckten Schreibens' lohnt sich zudem auch deshalb, weil sie nicht nur das Schreiben und Lesen camouflierter Texte reflektieren, sondern auch praxisorientierte Leseanleitungen und Exemplifikationen gelungener Lektüre liefern. Die jeweils in Rede stehende praktische Textumgangsform wird in diesen Texten nicht nur thematisiert, sondern auch performativ umgesetzt. Damit *zeigen* Sternberger, Brecht und Strauss also, was ‚aufdeckendes Lesen' im konkreten Fall bedeuten kann. Vor allem mit Blick auf diese praktischen Proben ‚aufdeckenden Lesens' sind die Autoren und Texte in der Forschung bislang noch nicht angemessen ausgewertet worden.

Neben einer Zwischenbilanz (Kapitel 2.4), die nach einer panoramatischen Beispielsammlung heterodoxen Lesens den Ertrag der vorangegangenen Analysen resümierend bündeln und im Kontext von Ludwik Flecks Konzept des ‚Denkstils' heterodoxes Lesen als soziale Praxis reflektiert, führt insbesondere das letzte, bilanzierende Kapitel (Kapitel 2.6) die Beobachtungen zu einem Begriffs- und Beschreibungsinventar heterodoxen Lesens zusammen. Wenngleich das dabei aufgestellte Formen- und Funktionsspektrum keinen Anspruch auf Vollständigkeit oder systematische Geschlossenheit erhebt, Ergänzungen um weitere Textumgangsformen also ausdrücklich zulässt, soll es als belastbares Beschreibungsmodells dazu beitragen, die komplexe Kommunikationssituation, unter der sich nonkonformistisches Schreiben und Lesen als Praxis während der Zeit des Nationalsozialismus entfaltet haben, methodisch etwas handhabbarer zu machen.

2.2 Dolf Sternbergers ‚Prinzip der Variation'

Zu den wohl bekanntesten Autoren, die sich um eine Kunst des ‚Zwischen-den-Zeilen-Schreibens' während des ‚Dritten Reiches' praktisch verdient gemacht und dieses auch schon früh reflektiert und expliziert haben, zählt ohne Zweifel der Journalist und Politikwissenschaftler Dolf Sternberger (1907–1989). Während seiner Tätigkeit als freier Mitarbeiter und Redakteur für die gemäßigt-resistente *Frankfurter Zeitung* von 1934 bis 1943 bemühte sich Sternberger darum, wie er es 1961 retrospektiv ausdrückte, „den Widerspruch durch die Zähne zu pfeifen",[110] also den eigenen Dissens gegen den Nationalsozialismus hörbar, aber mimisch unauffällig zu artikulieren. In der Tat zeugen seine zwischen 1933 und 1945 zahlreich erschienenen Artikel, Glossen, Kommentare, Rezensionen

---

[110] Dolf Sternberger: Was war Sklavensprache? In: Frankfurter Allgemeine Zeitung, 08.07.1961.

und Essays von einem außerordentlichen Engagement publizistischer Nonkonformität. Sternbergers Beiträge reizten, so kann mit der jüngsten Forschung behauptet werden, „d[ie] Grenzen des öffentlich noch Sagbaren"[111] bewusst aus und trotzten damit den „Zwängen der angeordneten ‚Sprachlosigkeit'".[112] Vielzählig lassen sie sich dem sprachpolitischen Programm der *Frankfurter Zeitung* während des Nationalsozialismus zuordnen, eine humane Sprache und einen ‚redlichen Hausstil' zu präsentieren, der sich vom „Jargon der Zeit" absetzen und gleichzeitig für die „Kontaminierung des alltäglichen Sprachgebrauchs" sensibilisieren sollte.[113] Über Sternbergers Geschick, „verschlüsselte Kritik an der Tyrannis" auszuüben, urteilt Günther Gillessen in seiner einschlägigen Arbeit zur *Frankfurter Zeitung* im ‚Dritten Reich' etwas überzeichnend, dass Sternberger sich im Redaktionsteam „wie kein anderer auf die Swiftsche Methode" verstanden habe.[114] Unter Anspielung auf den gesellschaftskritischen Satiriker Jonathan Swift subsumiert Gillessen unter diese Bezeichnung all jene Schreibstrategien, die auf Obrigkeits- und Herrschaftskritik zielen, zensurbedingt aber „nur in gebrochenen Formen und Farben" realisiert werden konnten und deshalb „zwischen Klartext und Verschlüsselung" changieren.[115]

Dass Sternberger das Repertoire ‚verdeckter Schreibweisen' entschieden bereichert hat, kann gewiss uneingeschränkt behauptet werden. Entsprechend wurde er auch in die von Ehrke-Rotermund/Rotermund zusammengestellte Textsammlung camouflierter Literatur aufgenommen.[116] Zum prominenten Repräsentanten der ‚Unquiet Voices'[117] im ‚Dritten Reich' wurde Sternberger aber vor allem deshalb, weil er nach 1945 wiederholt über die Bedingungen und Formen einer nonkonformen Publizistik ‚unterm Hakenkreuz' Auskunft gege-

---

111 William John Dodd: Jedes Wort wandelt die Welt (2007), S. 174.
112 Ebd., S. 23.
113 Zit. n. William John Dodd: ‚Der Mensch hat das Wort' (2013), S. 13–14. Die Geschichte der *Frankfurter Zeitung* während des ‚Dritten Reiches' wurde bereits eingehend erforscht. Siehe hierzu Günther Gillessen: Auf verlorenem Posten (1986); Michael Krejci: Die Frankfurter Zeitung und der Nationalsozialismus (1965); Rudolf Werber: Die Frankfurter Zeitung und ihr Verhältnis zum Nationalsozialismus (1965); jüngst William John Dodd: Der Mensch hat das Wort (2013); ders.: Jedes Wort wandelt die Welt (2007), hier v.a. S. 149–219; Claudia Kinkela: Die Rehabilitierung des Bürgerlichen (2001).
114 Günther Gillessen: Auf verlorenem Posten (1986), S. 347.
115 Ebd., S. 8.
116 Vgl. Heidrun Ehrke-Rotermund, Erwin Rotermund: Zwischenreiche und Gegenwelten (1999), S. 194–222.
117 Im Sinne von William John Dodd: Unquiet Voices (2018).

ben hat.[118] In diesem Kontext prägte er schließlich auch den Begriff der ‚verdeckten Schreibweise'.[119] Als nahezu beiläufige Erwähnung, ganz ohne jeden definitorischen Anspruch, findet er sich in den Nachbemerkungen seiner 1950 erschienenen Essaysammlung *Figuren der Fabel*.[120] Die Selbstauskunft schien vielen Zeitgenossen einen Schlüssel für die Literatur der sogenannten ‚Inneren Emigration' zu liefern und so avancierte der bildhafte Ausdruck sowohl in der wissenschaftlichen als auch in der außerwissenschaftlichen Rezeption zu einer gern genutzten Referenz. „Sternberger's ‚verdeckte Schreibweise' is now a well established concept",[121] urteilt etwa John Klapper 2008 und bringt damit zum Ausdruck, dass sich die Metapher, begünstigt durch die Studien Ehrke-Rotermunds/Rotermunds, zu einem literaturwissenschaftlichen Terminus verfestigt hat.

So ist es nicht verwunderlich, dass Sternbergers Veröffentlichungen zwischen 1933 und 1945 inzwischen auch unter diesem Gesichtspunkt mehrfach untersucht worden sind und dabei als prototypisch für eine publizistische Camouflage im ‚Dritten Reich' und deren Methodik gewertet wurden.[122] Die Produktionsseite fokussierend, stand dabei zumeist seine antifaschistische Sprachkritik im Zentrum. Doch einige seiner im „verdeckten Stil der Diktaturweise"[123] gefertigten Texte geben nicht nur Auskunft über unterschiedliche Gestaltungsformen publizistischer Camouflage, sondern reflektieren und exemplifizieren darüber hinaus auch Praktiken systemkritisch aktualisierender, wenn man so will, heterodoxer Lektüre. Zum Stichwortgeber degradiert, hat man in der Forschung bisher jedoch nur selten den Versuch unternommen, Sternbergers in

---

118 Siehe hierzu Heidrun Ehrke-Rotermund, Erwin Rotermund: Zwischenreiche und Gegenwelten (1999), S. 154–160.
119 Vgl. Sternbergers Nachbemerkungen in: Dolf Sternberger: Figuren der Fabel (1990), S. 179.
120 „Leser, die sich für die Umstände der Entstehung interessieren, die den Malen der geschichtlichen, namentlich der politischen Konstellation nachzuspüren streben, finden im Inhaltsverzeichnis als dienlichen Hinweis jeweils die Angabe des Jahres der Niederschrift. Dies mag auch zum Verständnis der verdeckten Schreibweise nützlich sein, die sich unter der Diktatur ausgebildet hat" (Dolf Sternberger: Figuren der Fabel [1950], S. 179).
121 John Klapper: Encouragement for the ‚Other Germany' (2008), S. 123.
122 Siehe hierzu insbesondere die Arbeiten von William John Dodd: Die Sprachglosse als Ort des oppositionellen Diskurses (2003); ders.: ‚Eine Art von geheimer Erleuchtung' (2004); ders.: Jedes Wort wandelt die Welt (2007); ders.: Zwischen den Zeilen gelesen (2007); ders.: ‚Der Mensch hat das Wort' (2013); ders.: Unquiet Voices (2018). Ferner auch Claudia Kinkela: Die Rehabilitierung des Bürgerlichen (2001), hier v.a. S. 79–104. Kinkela weist jedoch darauf hin, dass Ihre Auseinandersetzung mit Sternbergers zeitkritischen Artikeln „keine[r] literaturwissenschaftliche[n] Debatte" (Fußnote 11, S. 79.) zugeordnet sein soll.
123 Dolf Sternberger: Figuren der Fabel (1950), S. 211.

diesem Zusammenhang durchaus komplexe Erwägungen zum ‚verdeckten Schreiben', wie auch seine zugehörigen Exemplifikationen im Hinblick auf die von ihm stets mitbedachte Praxis ‚aufdeckenden Lesens', genauer zu rekonstruieren.

Ganz praktisch demonstriert finden sich Formen politisch sensibler, ‚aktualisierender Lektüre' vor allem, wenn Sternberger in seinen Texten selber als Interpret ‚verhüllender Rede' auftritt. Sein allenthalben aufgerufener Essay „Figuren der Fabel" (1941) liefert dafür ein prominentes Beispiel,[124] nicht zuletzt in Ehrke-Rotermunds/Rotermunds Monographie. Anhand einiger Fabelbeispiele, vor allem der berühmten Fabel *Der Wolf und das Lamm*, zeichnet Sternberger in diesem Beitrag die Auslegungstraditionen von Aesop über Steinhöwel und Luther bis zu Lessing kursorisch nach und reflektiert über den in diesem Zusammenhang immer wieder neu ausgemachten Sinn der Fabeln und über die divergierenden Funktionen der Fabellehre. In dialektischer Manier und überaus versatil entwickelt er das ‚docere' der ohnehin praxisrelevanten Textsorte schließlich zum offenen Deutungsangebot, das zur Situationsanalyse der außertextlichen Gegenwart und zur „rechte[n] Einschätzung [...] eines Machtverhältnisses" auffordere.[125] Dass sich eine textsortenadäquate Deutung der von Sternberger behandelten Fabeln folglich für die NS-Zeit prolongieren lässt, bildet das wesentlich kritische Moment in der nonkonformen Kommunikation des besagten Essays. Dem zeitgenössischen Leser legt der Verfasser nämlich nahe, die angeführten Fabeln gattungsgemäß auszulegen, sie also entsprechend im Kontext des aktuellen politischen Geschehens zu deuten.[126] ‚Verdeckt' in dem Sinne, wie ihn Ehrke-Rotermunds/Rotermunds Chiffrierungspoetik darlegt, wird hier kaum etwas. Vielmehr klärt der Beitrag über die jeweilige Relevanz des aktuellen historisch-politischen Kontextes für die angemessene Interpretation bestimmter Textsorten, wie der Fabel, auf. Dem Rezipienten wird so der historische Nachvollzug unterschiedlicher applikativer Deutungen abverlangt, die gattungsspezifisch plausibilisiert und als imitatorische Nachfolge vorheriger Deutungen, die sich seit alters im Feld von Macht und Recht bewegen, charak-

---

124 Dolf Sternberger: Figuren der Fabel. In: Frankfurter Zeitung, 25.12.1941. Dazu insbesondere Günther Gillessen: Eine bürgerliche Zeitung ‚auf verlorenem Posten' (2007), S. 161–163; Heidrun Ehrke-Rotermund, Erwin Rotermund: Zwischenreiche und Gegenwelten (1999), S. 202–222. Zur Berühmtheit des Essays siehe auch Henning Siekmann: Wolf und Lamm (2017), S. 347.
125 Dolf Sternberger: Figuren der Fabel. In: Frankfurter Zeitung, 25.12.1941, zit. n. Heidrun Ehrke-Rotermund, Erwin Rotermund: Zwischenreiche und Gegenwelten (1999), S. 194–202, hier: S. 200.
126 Zur zeitgenössischen Rezeption des Beitrags vgl. ebd., S. 216–222.

terisiert werden. Die zeitgenössische Deutung im Kontext der NS-Zeit aber wird ostentativ ausgespart und soll, so wird insinuiert, vom Leser gemäß dem zuvor nachvollzogenen Auslegungsverfahren selbst geleistet werden.

Auf etwas andere Weise verfolgt Sternberger die ‚Hebammenkunst', den Leser zu einer kritisch-aktualisierenden Lektüre zu animieren und anzuleiten, in der 1936 in der *Frankfurter Zeitung* erschienenen Aufsatzreihe „Vademecum für den Gebrauch von Sprichwörtern". Unter dieser Rubrik, die insgesamt neun durchnummerierte Sprachglossen sowie zwei erklärende Begleittexte enthält, legt Sternberger in regelmäßigen Abständen bekannte und in der diskursiven Praxis der Zeit wohl vielfach verwendete Sprichwörter nach dem ‚Prinzip der Variation' aus[127] – auch hier in der Absicht, die Leser zur Nachahmung der vorgeführten Interpretationspraxis anzustiften.

Es lassen sich einige Gemeinsamkeiten zwischen den Beiträgen „Figuren der Fabel" und „Vademecum" ausmachen, etwa die Reihung von Beispielen, die kritische Kommunikationsabsicht sowie die Auseinandersetzung mit einer literarischen Kleinform, die sich ‚verhüllender Rede' bedient[128] und deren Aussagesinn vom Situations- und Interaktionskontext bestimmt ist.[129] Anders als in „Figuren der Fabel" praktiziert und demonstriert Sternberger im „Vademecum" aber keine gattungsadäquate, sondern eine gattungs*inadäquate* Textumgangsform, in der zugunsten einer zeitkritischen Aktualisierung *gegen* die Rezeptionskonventionen der Parömie gelesen und gedeutet wird. Im Unterschied zu Fabeln, deren fiktionale Welten und deren *narratio* dem Leser prinzipiell interpretatorischen Aufwand abverlangen, sind Sprichwörter in der Regel nicht auslegungsbedürftig im strengen Sinne. Vielmehr muss der allgemeine und traditionell vorgeprägte Aussagesinn des Sprichworts beim Adressaten als gewusst und schon als wahr vorausgesetzt werden. Die kommunikative Leistung von Parömien liegt gerade darin, in formelhafter und schlagfertiger Kürze allgemeine, evidente und konventionell verbürgte Geltungsansprüche zu artikulieren, die von den Sprachbenutzern überokkasionell „auf typisierend wahrgenomme-

---

[127] Vgl. Dolf Sternberger: Gut und Böse (1988), S. 288: „einige dieser Sprichwörter waren damals überall im Schwange, wo man sich über die Folgen der nationalsozialistischen Machtergreifung zu beruhigen suchte. Bei manchen wird man dies auch heute noch nachvollziehen können."
[128] Wolfgang Mieder, Lutz Röhrich: Sprichwort (1977), S. 89.
[129] Das Verhältnis von Fabel und Sprichwort wird unter anderem behandelt bei Peter Grzybek: Sprichwort und Fabel (1988); siehe auch Pack Carnes: Proverbia in Fabula (1988); Ludger Lieb: Fabula docet (2008); unter wissenspoetologischen Gesichtspunkten auch Ethel Matala de Mazza: Erfahrungswissen (2013).

ne Situationen des menschlichen Lebens zu beziehen" sind.[130] Erst unter dieser Voraussetzung kann dann die konkrete, also situationsspezifische und kontextabhängige Handlungsorientierung, die sich aus der Verknüpfung des Sprichworts mit einer konkreten Situation ergibt, nachvollzogen werden. Während also bei der Fabel die bildhaft-narrativ veranschaulichte Grundidee dem Rezipienten eine doppelte Abstraktionsleistung abverlangt – sie muss erkannt,[131] aus der Darstellung abstrahiert und schließlich zum ‚Lehrsatz' auf die jeweilige Referenzsituation transferiert werden, woraus sich wiederum die akkommodierte, aktuelle Bedeutung der Fabel ableitet[132] –, steht der Bedeutungsgehalt des Sprichwortes in der Regel unverrückbar sowie rezipienten- und situationsübergreifend fest.[133] Sprichwörter haben im Allgemeinen die Aufgabe, „konsensfähiges Erfahrungs- und Orientierungswissen" anzubieten,[134] das in der konkreten Situation nur funktional, nicht aber der Bedeutung nach, divergieren kann. Gerade diese Stabilität und Apodiktik des sprichwörtlichen Aussagesinns provozierte, so zeigt die Wirkungsgeschichte, immer wieder parodistische Abwandlungen bis hin zur bewussten und kompletten Umkehrung des ‚Wahrwortes' zum ‚Antisprichwort'.[135] Zu namhaften Autoren, die die Parömie in diesem durchaus gesellschaftskritischen Sinne einsetzten, gehören etwa Johann Fischart, Karl Kraus und Bertolt Brecht. Auch die variierten Sprichwörter in Sternbergers *Vademecum* lassen sich dieser Tradition zuordnen.

Im Folgenden wird es darum gehen, einige Glossen des *Vademecum* zu analysieren und zu erläutern, inwiefern die darin dargelegte Lesepraxis als heterodox beschrieben werden kann (2.2.1). Dabei werde ich *erstens* darlegen, wie Sternberger den allgemeinen Aussagesinn des jeweils behandelten Sprichwortes durch eine inszenierte, aber am Alltag des ‚Dritten Reichs' inspirierte Kontextualisierung in allen Fällen hinterfragt und in den meisten Fällen auch unterminiert. Die gemeingültige und gemeinhin akzeptierte Bedeutung des Sprichwortes wird dabei offen zur Disposition gestellt und nach dem Interpretationsprinzip der Variation situationsadäquat, aber textsorteninadäquat ausgelegt. *Zweitens* werde ich dafür argumentieren, dass mit der Kritik an der proverbiellen Apodiktik die Kritik an einer formelhaft-manipulativen Sprache sowie dem von ihr usurpierten und daher passiven Rezipienten einhergeht. Sternber-

---

130 Manfred Eikelmann: Sprichwort (2007), S. 486–487.
131 Vgl. Ludger Lieb: Fabula docet (2008).
132 Vgl. Klaus Grubmüller: Fabel (2007), S. 556.
133 Vgl. Wolfgang Mieder, Lutz Röhrich: Sprichwort (1977), S. 52.
134 Manfred Eikelmann: Sprichwort (2007), S. 487.
135 Vgl. Wolfgang Mieder: Antisprichwörter (1982).

ger animiert seinen Leser, eine habituelle Wende zum aktiven und kritischen Interpreten zu vollziehen. Zu diesem Zwecke zeigt er anhand seiner Sprichwortauslegungen, wie eine sprach- und zeitkritische Lektürepraxis aussehen kann, auch wenn diese Praxis die institutionalisierte Textumgangsform zugunsten einer textsorteninadäquaten Textumgangsform bricht. Die in der „Vademecum"-Reihe vorgeführte Lesepraxis lässt sich ferner als Anleitung auch für den Umgang mit anderen, ähnlich schlagwortartig oder formelhaft angelegten Textsorten verstehen. Naheliegend scheint etwa der Vergleich mit propagandistischen Texten, die, wie Sprichwörter auch, auf Argumentation verzichten und sich stattdessen auf die rein apodiktische Behauptung, auf Persuasion und auf die Suggestion von Evidenz beschränken. Eine aktualisierende Übertragung auf die Situation des Bürgers im ‚Dritten Reich' wird jedenfalls in formaler (Sprachkritik), habitueller (Skepsis und kritische Haltung gegen das unterdrückerische Regime) und inhaltlicher Hinsicht nahegelegt. Inwiefern sich die Sprachglossen als kritische Zeitkommentare lesen lassen, ist bereits einschlägig von William Dodd sowie vereinzelt in weiteren Arbeiten ausgeführt, an die ich vertiefend und systematisch auswertend anschließe (2.2.2).[136]

2.2.1 Zum variablen Gebrauch von Sprichwörtern

Sternberger rahmt sein publizistisches Vorhaben mit einer allgemein gehaltenen Einführung, die gemeinsam mit der ersten Glosse am 15. März 1936, einem Sonntag, unter dem Rubriktitel „Vademecum für den Gebrauch von Sprichwörtern" in der *Frankfurter Zeitung* erscheint und seine Leser auf das in den folgenden Wochen zu Lesende vorbereitet. ‚Vademecum', der lateinischen Aufforderung „geh mit mir" entlehnt, stellt eine gängige Bezeichnung für unterschiedliche Arten kleinformatiger Ratgeberliteratur dar.[137] Der Ausdruck verweist gleichermaßen auf ein Nützlichkeitsversprechen wie auf die Mobilität im Gebrauch. Es ist anzunehmen, dass Sternberger mit diesem Titel beim Leser die Erwartung wecken wollte, in der Glossen-Serie generelle Hinweise für den Umgang mit Sprichwörtern zu erhalten.

---

136 Vgl. William John Dodd: ‚Eine Art von geheimer Erleuchtung' (2004); ders.: ‚Der Mensch hat das Wort' (2013), S. 17–18 und S. 24–25; ders.: Jedes Wort wandelt die Welt (2007), S. 177–190. Rudolf Werber: Die FZ und ihr Verhältnis zum Nationalsozialismus (1965), S. 113–126; Günther Gillessen: Auf verlorenem Posten (1986), S. 321; Claudia Kinkela: Die Rehabilitierung des Bürgerlichen (2001), S. 92;
137 Vgl. Günther Schweikle: [Art.] ‚Vademekum' (2007), S. 798.

Der einführende Text beginnt dementsprechend auch im Duktus einer feuilletonistisch gebildeten, harmlos unterhaltenden Reflexion über die „außerordentliche Faszination" gegenüber dem im Sprichwörterschatz überlieferten „Arsenal fertiger Weisheiten" und deren „vielfältige[m] Gebrauch".[138] Rasch entpuppt sich der Text aber als eine durch Ironiesignale kenntlich gemachte satirische Mimesis. Darauf deutet bereits die Attribuierung der Weisheiten als ‚fertig', nicht etwa als ‚vollkommen' hin und setzt sich in dem einleitenden Vergleich fort, mit dem Sternberger Sprichwörter mit „Kobolden", also neckischen, aus der niederen Mythologie und dem Volksglauben stammenden Hausgeistern assoziiert, an die man in der aufgeklärten Moderne eigentlich nicht mehr glauben kann und sollte. „Sprichwortlehren mögen hundertmal durch die Erfahrung widerlegt werden – sie entziehen sich fröhlich allen Konsequenzen und kehren, Kobolden gleich, immer wieder",[139] pointiert er und stellt auf diese heitere Weise die grundsätzliche Ambivalenz sprichwörtlichen Wissens heraus. Auffallend gattungsbewusst wird in der Folge über das ‚Sprichwort' als Textsorte räsoniert, dabei charakterisiert Sternberger unterschiedliche Textmerkmale und rückt vor allem dessen eigentümliche Funktionen in den Fokus. Sprichwörter seien

> Aussagen über den Weltlauf, die weder an den Willen noch an den Glauben irgendwelche Anforderungen stellen, sondern lediglich diejenige Fähigkeit in Gang setzen, die man den gemeinen Menschenverstand nennt. Sehr oft scheinen sie einem skeptischen Beobachter in den Mund gelegt zu sein, aber ihre Skepsis enthüllt sich fast immer als gutartig, und so bitter die einzelne Erfahrung sein mag, die das Sprichwort, das schon auf dem Sprunge liegt, hervorlockt, – spricht man es vollends aus, so hat seine Allgemeinheit eine tröstliche Wirkung. Denn man fühlt sich aufgehoben in dem, was seit Jahrhunderten schon bekannt ist, und weiß sich einig mit einer langen Reihe von Generationen, die vor uns waren. Überdies scheint die besondere Lebenslage, in der man sich gerade befindet, durch die verblüffende Einfachheit der Bilder, die das Sprichwort auszeichnet, stets entwirrt zu werden, – und das gibt ihm den Charakter einer Art von Zauberformel des gemeinen Menschenverstandes.[140]

In ihrer Funktion, diverse „Lebenslage[n]" ohne Weiteres „entwirren" zu können, meint Sternberger den ambivalenten Charakter des Sprichworts auszumachen. Denn der allgemeine Geltungsanspruch des Proverbs biete zwar, posi-

---
138 Dolf Sternberger: Vademecum für den Gebrauch von Sprichwörtern (1936), zit. n. William John Dodd: „Der Mensch hat das Wort" (2013), S. 66.
139 Ebd.
140 Dolf Sternberger: Vademecum für den Gebrauch von Sprichwörtern. In: Frankfurter Zeitung, 15.03.1936, zit. n. William John Dodd: ‚Der Mensch hat das Wort' (2013), S. 67.

tiv gewendet, Orientierung, reduziere aber gleichzeitig „durch die verblüffende Einfachheit der Bilder" die Komplexität der ihm jeweils zugeordneten spezifischen Situationen. Anders ausgedrückt: Das Sprichwort typisiere in seiner Anwendung die „besondere Lebenslage" und könne ihr damit nicht gerecht werden, erscheine aber dennoch irrtümlich als „Zauberformel des gemeinen Menschenverstandes". Zwiespältig ist das Sprichwort also, wie Sternberger schlussfolgert, weil es einerseits „zum klugen Handeln befähigen" könne, andererseits aber auch einen „falsche[n], vorschnelle[n] Trost" herbeiführe und so zu einer unangemessenen „Einschätzung der Dinge verleite[]".[141]

Sternbergers Reflexionen beziehen sich im Wesentlichen auf den textsortentypischen ‚doppelten Geltungsbereich' des Proverbs. Demnach erheben Sprichwörter einerseits einen bildsprachlich und gnomisch formulierten, allgemeinen und ‚traditionsbewährten', aber herkunftsindifferenten Geltungsanspruch, der aber andererseits erst im situativen und präsentistischen Übertrag auf eine Lebenssituation eine konkrete, applikative Bedeutung zugemessen bekommt.[142] Auf dieser Grundlage kommt es denn auch zu dem von Sternberger ambivalent bewerteten „vielfältigen Gebrauch" des Sprichwortes. In der „Vademecum"-Serie will er diese Anwendungsreichweite am konkreten Fall prüfen: Denn, so formuliert er sein Vorhaben, um Sprichwörter, „die im privaten wie im öffentlichen Leben jeden Tag eine ebenso bedeutende wie unkontrollierbare Rolle spielen", tatsächlich situationsangemessen zu gebrauchen und zu verstehen, gelte es, sie „von Zeit zu Zeit neu durchzurühren". Die Metaphorik des ‚In Bewegung-Bringens' setzt sich in der Einleitung fort: Erst wenn man gelernt habe, das Sprichwort „biegsam und variabel [zu] machen", könne man Deutungsmacht und Kontrolle über das in ihm niedergelegte Wissen erlangen und dessen „festgebackene[r] Wahrheit", also seiner vorgängigen Apodiktik entkommen.[143] Dafür müsse aber erst ein volitionaler Text- und Sprachumgang erlernt werden („mit ihm nach unserem Willen umzugehen lernen") – eine Aufgabe,[144] der sich Sternberger in seinem „Vademecum" in der Folge in vorbildlicher Absicht stellt. Der durch Sperrdruck hervorgehobene Ausdruck „variabel" weist dabei auf das in den Glossen realisierte Auslegungsprinzip hin. Es zielt auf die Umkehrung des proverbiellen Kommunikationsprinzips: Ganz im Sinne von Sternbergers programmatischem Diktum, dass der Mensch das

---

141 Ebd.
142 Vgl. Wolfgang Mieder, Lutz Röhrich: Sprichwort (1977), S. 54.
143 Dolf Sternberger: Vademecum für den Gebrauch von Sprichwörtern. In: Frankfurter Zeitung, 15.03.1936, zit. n. William John Dodd: ‚Der Mensch hat das Wort' (2013), S. 67.
144 Ebd.

Wort beherrschen und, so ließe sich hinzufügen, über dessen situative Bedeutung Hoheit beanspruchen müsse,[145] soll nicht mehr die traditionell vorgeprägte und im Sprichwort fixierte Handlungsregel die typisierende Interpretation der Situation anleiten, sondern der spezifische Verwendungskontext soll den Aussagesinn des Sprichwortes konditionieren. Seine Einführung ins „Vademecum" erweist sich so nicht als bildungsbürgerliches Lob des Sprichwortschatzes, sondern als Appell an den Leser, sich dieser ausgerufenen und in der Folge exemplifizierten Praxis des flexiblen und selbstbestimmten Text- und Sprachumgangs anzuschließen.

Unter der fortgeführten Rubrik „Vademecum" erscheinen sodann von März bis Juni 1936 neun seriell vorexerzierte Interpretationen, an denen der Leser beispielhaft lernen kann, wie man den Zwängen der Sprache souverän ausweicht.[146] Überblickt man die neun Sprachglossen, so lässt sich feststellen, dass die angekündigte Variierung und Flexibilisierung durch ein bestimmtes Interpretationsmuster realisiert wird. Die Bildebene des Sprichwortes oder dessen gängiger Aussagesinn werden von Sternberger zum Anlass genommen, um den allgemeinen Geltungsanspruch durch die Konfrontation mit konkreten, aber imaginierten Situationen auf den Prüfstand zu stellen. Die jeweiligen Bewährungsproben sind dabei mit auffälligem Kreativitätswillen gestaltet. So werden etwa imaginativ unterschiedliche Situationen durchgespielt, in denen die gängige Bedeutung der Redewendung eine Umkehrung erfährt, es wird zur Kontrafaktur eingeladen, ein außerordentlicher, untypischer Anwendungsfall wird modelliert oder das durch das Sprichwort aufgerufene Bild zu einem Narrativ erweitert, in dem die sprichwortspezifische Handlungsanweisung fragwürdig wird; mitunter stellt Sternberger gleich ein ganzes Spektrum an Auslegungsmöglichkeiten vor oder ordnet die Parömie einem Sprecher und damit einem besonderen, den Allgemeinheitsanspruch konterkarierenden Äußerungsinteresse zu.[147] Gemeinsam ist all diesen Verfahren, dass sie der in der Regel anonym tradierten kleinen Form einen ausgestalteten (Äußerungs-)Kontext verleihen, sie also situieren und sie im Anschluss nach ihrem aktuellen, meist

---

[145] Vgl. Dolf Sternberger: Sprachgeister. In: Frankfurter Zeitung, 08.12.1940: „Der Mensch hat Sprache, aber die Sprache hat auch den Menschen. Macht und Ohnmacht liegen nahe beieinander. Und alles kommt darauf an, daß der Mensch lernt, diese Geister klug und gelinde zu regieren, damit sie ihm dienen" (zit. n. William John Dodd: ‚Der Mensch hat das Wort' [2013], S. 24).
[146] Vgl. William John Dodd: ‚Eine Art von geheimer Erleuchtung' (2004), S. 206.
[147] Ebd., S. 206–207.

politisch konnotierten Sinn abtasten.[148] Zwei Beispiele sollen dies veranschaulichen:

Das Sprichwort „Es wird nichts so heiß gegessen, als es gekocht ist" behandelt Sternberger am 15. März 1936 unter dem Titel „Das heiße Essen". Nach geläufiger Vorstellung besagt die Aussage allgemein, dass angekündigte „Strenge in der Ausführung meist abgeschwächt wird",[149] man sich also trotz bedrohlicher Verlautbarungen entspannt halten kann. Sternberger implementiert dieses Sprichwort in einen fingierten Vorfall, situiert die Aussage also in einer fiktiven Welt, in der die ausgesagte Abschwächung nicht eintritt und sich folglich das Sprichwort nicht bewahrheitet. Die vermeintliche Weisheit kommt in der Szenerie eines Restaurants zum Einsatz, in dem der Koch seinen Gästen „das Essen so heiß auf den Tisch bringt, wie er es angerichtet hat",[150] und damit das sprichwörtlich gesetzte Vertrauen missbraucht. Die konkrete Situation konditioniert die Auslegung des Proverbs, wobei Sternberger wie selbstverständlich einen gesellschaftspolitischen statt einen gastronomischen Kontext aufspannt: Den Koch erklärt er „zum sprichwörtlichen Stellvertreter für Väter, Lehrer, Machthaber und Instanzen aller Art", „die etwas anzukündigen, anzudrohen und zu verfügen die Mittel haben. Das heiße Essen, das er anrichtet, kann entsprechende Strafe, Prüfung, Gesetz und Exekution desselben bedeuten".[151] Solange das Essen noch nicht auf dem Tisch sei, so imaginiert Sternberger seine Szene aus, täusche das Sprichwort die designierten Esser über die unlauteren Absichten des Kochs, das Essen doch so heiß zu servieren, wie es gekocht ist; es sei ihnen „ein falscher Tröster".[152] Die vom allgemeinen Aussagesinn getragene Handlungsregel, sich vor der „Temperatur des Essens nicht zu fürchten",[153] sich also keine unnötigen Sorgen zu machen, verhindere eine aufklärende und womöglich (lebens)rettende Kücheninspektion, das heißt im übertragenen Sinne die kritische Prüfung der Machtinstanzen. Im Rahmen dieses fingierten Kontextes, so schließt Sternberger, könne folglich nur derjenige das Sprichwort redlich aussprechen, der tatsächlich den Entschluss gefasst habe, „in die Töpfe zu gucken und bei dieser Gelegenheit einmal kräftig hineinzublasen".[154] Amalgamiert mit der Redewendung, „seine Nase in alle Töpfe zu stecken", die im Allgemei-

---

148 Vgl. Günther Gillessen: Auf verlorenem Posten (1986), S. 350.
149 Karl Friedrich Wilhelm Wander: Deutsches Sprichwörter-Lexikon, Bd. 1 (1867), Sp. 890.
150 Dolf Sternberger: Das heiße Essen. In: Frankfurter Zeitung, 15.03.1936, zit. n. William John Dodd: ‚Der Mensch hat das Wort' (2013), S. 68.
151 Ebd.
152 Ebd.
153 Ebd.
154 Ebd., S. 69.

nen als Rüge übersteigerter Neugier zu verstehen ist,[155] wird das Interpretandum in sein Gegenteil verkehrt. Die vormalige Handlungsanweisung, sich nicht unnötig zu beunruhigen, wird zur Aufforderung zugespitzt, trotz ubiquitärer Beruhigungsformeln und gegen vermeintlich etablierte Regeln wachsam zu sein und sich neugierig einzumischen. Sternberger gibt das Ausgangssprichwort dennoch nicht auf, variiert es für den ausgemalten Verwendungszusammenhang allerdings durch eine temporale Ergänzung zu „*heute* wird nichts so heiß gegessen als es gekocht wird".[156]

In beiden Interpretationsvarianten, der Umkehrung und der Ergänzung, ist die gängige Deutung der Parömie, dass Dinge in der Vorstellung oder Ankündigung schlimmer erscheinen als sie es dann tatsächlich sind,[157] als gefährliche Illusion entlarvt. Der besondere, von Sternberger narrativ ausgestaltete Fall wird dabei aber nicht wie üblich „in analogischem Rückbezug auf konsensfähiges Erfahrungs- und Orientierungswissen" beurteilt.[158] Umgekehrt bildet der konkrete, fingierte Fall den Prüfstein, an dem sich das Sprichwort zu bewähren und auf den hin man seine Bedeutung anzupassen hat.

Die im Falle der ersten Glosse „Das heiße Essen" vorgeführte Kontextualisierung einer apodiktischen Äußerung macht konkrete, aber unter Umständen verdeckte Interessen, Absichten und Motive der am Kommunikationsgeschehen teilnehmenden Akteure sichtbar. Sie klärt den Leser zudem über die Unangemessenheit generalisierter Handlungsanweisungen auf. Die gängigen Funktionswerte des behandelten Sprichwortes, wie Persistenz, Trost und Kalmierung, helfen im fingierten Kontext kaum zur Situationsbewältigung, sondern werden umgekehrt zur Gefahr.[159] Dass es sich bei dem konjunktiven Szenario rund um Restaurant, Koch, heißes Essen und betrogene Esser nicht um bloße Spielerei, sondern um eine Konstellation mit lebensweltlicher Relevanz handelt, betont Sternberger, indem er anmerkt, dass es in der Realität „schon oft genug so aus-

---

155 Vgl. Lutz Röhrich: Sprichwörtliche Redensarten, Bd. 3 (⁶2003), S. 1632.
156 Dolf Sternberger: Das heiße Essen. In: Frankfurter Zeitung, 15.03.1936, zit. n. William John Dodd: ‚Der Mensch hat das Wort' (2013), S. 69.
157 Vgl. Karl Friedrich Wilhelm Wander: Deutsches Sprichwörter-Lexikon, Bd. 1 (1867), Sp. 890.
158 Manfred Eikelmann: Sprichwort (2007), S. 487.
159 In diesem Sinne beschreibt Dodd Sternbergers im *Vademecum* dargelegte Interpretationsstrategie, also das Einflechten der gemeinhin autorschaftslosen kleinen Form in einen interessegeleiteten Handlungszusammenhang, als (sozio-)pragmatischen Ansatz, vgl. William John Dodd: ‚Eine Art von geheimer Erleuchtung' (2004), S. 202.

gegangen" sei.¹⁶⁰ Wollte man also den Plot, in dem die betrügerischen Absichten des Kochs durch das von den Essern repetierte und täuschende Sprichwort verschleiert werden, auf die kontemporäre Zeitgeschichte hin auflösen – die Analogiebildung wird vom Verfasser ja mit relativer Deutlichkeit geboten –, so wäre etwa an verharmlosende Beschwichtigungen in der Kommunikation über die Absichten der Nationalsozialisten oder an die quietisierende Funktion nationalsozialistischer Propaganda zu denken, die eine kritische Urteilsbildung im deutschen Bürgertum erschweren sollte und so zu verhindern versuchte, dass man die nationalsozialistische ‚Küche inspizierte' und den nationalsozialistischen Akteuren ‚in die Töpfe schaute'. Die bürgerliche Leserschaft der *Frankfurter Zeitung* sollte sich nach der Vorstellung der Machthaber, so wird insinuiert, mit der Rolle der Essenden identifizieren, wofür Sternberger letztlich in seiner Textgestaltung auch sorgt, wenn er den Leser im *pluralis benevolentiae* integriert: „Uns selber ist die durchaus passive Rolle der *Esser* zugedacht, die um den Tisch sitzen und erwarten, was verzehrt werden muß."¹⁶¹ Das gemeinsame Mahl wird somit als Zwangsritual porträtiert, dem man sich erwartungsgemäß unterwirft. Der passive Esser aber kann und soll sich, wie gesehen, als Kücheninspektor verstehen und seine Lage, dem Koch auf Gedeih und Verderb ausgeliefert zu sein, aktiv verändern.

Im Unterschied zu seinem Beitrag „Figuren der Fabel" (1941) demonstriert Sternberger in der ersten Sprichwortinterpretation seiner „Vademecum"-Reihe mithin einen heterodoxen Textumgang. Während er in dem Beitrag von 1941 am Beispiel der Fabel, die, ähnlich wie etwa die Gleichnisrede oder die Exempelliteratur, vom Rezipienten eine Verallgemeinerung und eine daran anschließende Applikation verlangt, texsortenadäquate Interpretationen vorstellt, geht er in seinen Sprichwortexegesen umgekehrt vor. Die kommunikative Leistung des Sprichwortes, nämlich eine bestimmte Situation handlungsorientiert zu typisieren und an ein orthodox gesetztes Wissen zu koppeln, wird am Beispiel des besonderen Falls in Zweifel gezogen.

Nicht in allen Fällen jedoch wird die Aussage des Sprichwortes von Sternberger als falsche Botschaft enttarnt und im Appell umgekehrt. Neben derlei destruierenden Interpretationen (die Glossen „Krähen untereinander", „Zwischen A und B" und gewissermaßen auch „Ende gut, alles gut" folgen dieser

---

160 Dolf Sternberger: Das heiße Essen. In: Frankfurter Zeitung, 15.03.1936, zit. n. William John Dodd: ‚Der Mensch hat das Wort' (2013), S. 69.
161 Ebd., S. 68.

Strategie)[162] finden sich in der „Vademecum"-Reihe durchaus auch Auslegungen, in denen der traditionell verbürgte Bedeutungssinn der Proverbien affirmiert wird. Hierzu gehören etwa die Beiträge „Der stolze Dumme und der dumme Stolze"[163] sowie der am 3. Mai 1936 gedruckte Artikel „Das Asyl der Wahrheit", der als weiteres Beispiel für Sternbergers Praxis des ‚heterodoxen Lesens' dienen kann. Besagte Glosse bildet den fünften Beitrag der „Vademecum"-Reihe und thematisiert die Herrschaft des Tabus und die Asylbedürftigkeit der Wahrheit. Sternberger stellt der Darstellung eine einleitende Bemerkung voran, in der er das behandelte Sprichwort „Kinder und Narren sagen die Wahrheit" hypothetisch als Beispiel für eine sich im Sprichwort manifestierende allgemeine Wahrheitsskepsis bezeichnet: „Die mehrfach bemerkte Skepsis des Sprichwortes scheint in diesem einen Höhepunkt zu erreichen". Das sich anschließende Narrativ aber falsifiziert diese Hypothese, denn Sternberger legt das Sprichwort einer als philisterhaft und selbstgerecht, aber vor allem als uncouragiert charakterisierten Gesellschaft in den Mund, die sich „bei rechtem Verstande zu sein sicher ist" und deshalb die mutige und ehrliche Rede für unklug, also für närrisch und kindisch erklärt.[164] Die Ambivalenz der gängigen Bedeutung dieses Proverbs, dass Kinder und Narren aufrichtig seien und nichts für sich behalten könnten, daher aber auch konventionalisierten Schweigegeboten zuwider handeln würden,[165] setzt Sternberger in einem zynisch-ironischen Ton in ein gleichnishaftes Szenario um: Die vermeintlich verständigen Bürger gönnen sich demnach Sonntagsausflüge ins „Kinderland und Narrenland",[166] um – zum einen – die wahrsprechenden Kinder und Narren in ihren Asylen und Enklaven zu halten und auf diese Weise eine Störung der gesellschaftlichen Ordnung zu vermeiden und – zum anderen – um sich selbst über die Existenz der zwar eingehegten, aber nicht vollständig eliminierten Wahrheit zu beruhigen. Es sind also die Unaufrichtigen, und hier bleibt Sternberger im Bild des

---

162 Dolf Sternberger: Krähen untereinander. In: Frankfurter Zeitung, 22.03.1936, S. 69–71; ders.: Zwischen A und B. In: Frankfurter Zeitung, 28.04.1936, S. 72–73; ders.: ‚Ende gut, alles gut'. In: Frankfurter Zeitung, 10.05.1936, S. 77–78. Seitenangaben nach William John Dodd: ‚Der Mensch hat das Wort' (2013).
163 Dolf Sternberger: Der stolze Dumme und der dumme Stolze. In: Frankfurter Zeitung, 26.05.1936, zit. n. William John Dodd: ‚Der Mensch hat das Wort' (2013), S. 78–79.
164 Dolf Sternberger: Das Asyl der Wahrheit. In: Frankfurter Zeitung, 03.05.1936, zit. n. William John Dodd: ‚Der Mensch hat das Wort' (2013), S. 74.
165 Vgl. Karl Friedrich Wilhelm Wander: Deutsches Sprichwörter-Lexikon, Bd. 5 (1880), Sp. 1496.
166 Dolf Sternberger: Das Asyl der Wahrheit. In: Frankfurter Zeitung, 03.05.1936, zit. n. William John Dodd: ‚Der Mensch hat das Wort' (2013), S. 74.

Sprichworts, und zwar „die Erwachsenen und Verständigen", die der lästigen, aber minderbemittelten Wahrheitssager ebenso bedürfen wie des behandelten Sprichwortes, weil es sie darüber hinweg tröste, „daß es noch Kinder und Narren gibt, und daß also die Wahrheit noch gesagt wird".[167] Anstatt sich selbst auf die Aussprache der Wahrheit zu verpflichten, entlaste die „erwachsenen und verständigen Zuschauer" die Option, den gesellschaftlichen und politischen Protest „stellvertretenderweise" und kurzerhand an eine Instanz abgeben zu können, die in der Öffentlichkeit kein echtes Mitspracherecht besitze.[168]

Ironiesignale zeigen an, dass sich Sternbergers Leser nicht, wie es das Proverb nahelegt, mit der Gruppe der ‚Erwachsenen', sondern mit den ‚Kindern' identifizieren soll. Zur Verdeutlichung dieses Aussagesinns blendet er in die gleichnishafte Ausgestaltung des Sprichworts das Beispiel des Märchens *Des Kaisers neue Kleider* von Hans Christian Andersen ein, in dem bekanntlich ein Kind den Schwindel um die Nacktheit des Kaisers unverhohlen ausspricht und damit das Gespinst von Leugnung und Lüge zerreißt. Sternberger stilisiert über die Handlung dieses Märchens auch die Kinder und Narren seines Narrativs zu Helden und vereindeutigt so die Wertschätzung ihrer Fähigkeit, öffentlich die Wahrheit zu sagen. Die Ambivalenz des Sprichwortes, dass die wahre Rede nicht auszumerzen sei, aber nur diskreditierte und ‚ins Asyl' verdrängte Verkünder finde, erhält in Sternbergers Szenario also letztlich Bestätigung. Allerdings ergreift er damit eindeutig für die verlachten Kinder und Narren Partei. Wie William Dodd in seiner einschlägigen zeitpolitischen Kontextualisierung darlegt,[169] thematisiert Sternberger in dieser Glosse „[d]ie Sprachlosigkeit der Zeit":

> Im real existierenden ‚Dritten Reich' […] könne es der Tyrannei nicht gelingen, das Verlangen nach dem freien Wort ganz auszumerzen, weshalb es immer noch hie und da die verpönte Stimme geben werde, ‚die stellvertretungsweise sich damit beschäftigt, die Wahrheit zu sagen'.[170]

Dies ist sicherlich eine legitime und plausible Art, Sternbergs Glosse nach ihrer zeitkritischen Stoßrichtung aufzuschlüsseln. Doch genauso gut könnte man den

---

[167] Dolf Sternberger: Das Asyl der Wahrheit. In: Frankfurter Zeitung, 03.05.1936, zit. n. William John Dodd: ‚Der Mensch hat das Wort' (2013), S. 74.
[168] Ebd., S. 75.
[169] Vgl. William John Dodd: ‚Eine Art von geheimer Erleuchtung' (2004); zur Sprachglosse als Medium der Zeitkritik im ‚Dritten Reich' vgl. ders.: Die Sprachglosse als Ort des oppositionellen Diskurses (2003); ders.: Zwischen den Zeilen gelesen (2007), S. 166–175.
[170] William John Dodd: ‚Eine Art von geheimer Erleuchtung' (2004), S. 213.

Beitrag auch weitaus kritischer ins Zeitpolitische übersetzen und dahingehend deuten, dass in einem Gewaltregime wie dem Nationalsozialismus die „große Märchenhoffnung auf eine endliche Befreiung durch die Wahrheit" letztlich durch die unveränderbare „Selbstgenügsamkeit der Erwachsenen und Verständigen", also der ‚braven Bürger', vereitelt werde.[171] In beiden Lesarten vermischen sich Gesellschaftskritik und Resignation, wenn auch in ungleichen Teilen. Doch Sternberger belässt es nicht dabei, sondern lässt seinen Text mit einer in die Zukunft projizierten, allerdings etwas grotesk ausgestalteten Hoffnung enden, die an die Eingangsbemerkung allgemeiner Wahrheitsskepsis anschließt: Die Wahrheit, die im Sinne des Sprichwortes ins „Asyl" verdrängt sei, liege „nur halb" „im Grabe". Hier warte sie, so metaphorisiert und vertröstet Sternberger ganz im Duktus eines ‚Inneren Emigranten' seine Leser, auf ihre Auferstehung am Tage des Jüngsten Gerichts,[172] stehe also in Zukunft bevor.[173] Wie alle Beiträge der „Vademecum"-Reihe lässt sich auch diese Glosse als kritischer Zeitkommentar lesen; angesichts des restringierten Journalismus im ‚Dritten Reich' möglicherweise sogar als ironischer Selbstkommentar.[174]

Doch unabhängig von Sternbergers Aussageabsicht exemplifiziert sein spielerischer Umgang mit althergebrachten Redewendungen ein bestimmtes Interpretationsprinzip. Wie bereits erwähnt, bezeichnet er seine heterodoxen Sprichwortexegesen mit dem Schlagwort ‚Variation'. Beide hier dargelegten Beispiele, die erste und die fünfte Glosse des „Vademecum", veranschaulichen, wie Sternberger anhand sorgsam ausgewählter Parömien dieses Interpretationsprinzip praktisch anwendet und inwiefern dabei der zeitgenössisch politische Kontext zum Tragen kommt. Modellhaft lässt sich sein Verfahren wie folgt explizieren: Auf einer ersten Verfahrensstufe wird anhand variabler Anwendungsfälle der allgemeine Aussagesinn einer sprachlichen Sequenz hinsichtlich ihrer orthodoxen Geltung geprüft und okkasionell bestätigt oder aber verabschiedet, sofern die Prüfung den Geltungswert falsifiziert. Auf einer zweiten

---

171 Dolf Sternberger: Das Asyl der Wahrheit (1936), zit. n. William John Dodd: „Der Mensch hat das Wort" (2013), S. 75.
172 Gillessens Gesamteinschätzung, dass Sternberger „den Spruchweisen keinen Trost und keine Hoffnung auf die Zukunft" entnahm und lediglich „an den Verantwortungssinn der Zeitgenossen" appellierte (Günther Gillessen: Auf verlorenem Posten [1986], S. 352), ist demgemäß zu widersprechen.
173 William John Dodd: ‚Eine Art von geheimer Erleuchtung' (2004), S. 213, spricht von einem „gar nicht tröstende[n] Fazit". Es bestehe darin, dass „der neue Machthaber nur mit einer Politik der kleinen Stiche zu bekämpfen [sei], denn wer mehr als dies unternimmt, wäre entweder ein Kind oder ein Narr".
174 Vgl. ebd.

Stufe wird dieses Vorgehen zum erlernbaren Exempel für den avisierten Umgang mit Sprichwörtern überhaupt, die, so stellt es Sternberger in seinen Auslegungen dar, im Gebrauch stets in einem besonderen Äußerungs- und Situationskontext verortet sind.

Der realpolitische Hintergrund, auf den Sternberger zumeist durch eine auffällige Wortwahl mehr oder weniger explizit anspielt, scheint dabei die ausgestalteten Anwendungsfälle zu inspirieren. Bedingt ließen sich die variierten Sprichwörter des „Vademecum" in diesem Sinne als „parodistische Abwandlungen" deuten, wie sie in der politischen Satire oder auch in Karl Friedrich Wilhelm Wanders politischem Sprichwörterbrevier vorkommen.[175] Zumindest klärte Sternberger in der Retrospektive darüber auf, dass seine Serie „Vademecum für den Gebrauch von Sprichwörtern" als „Kritik [a]m opportunistischen Sprichwortgebrauch" verstanden werden sollte. Diesen meinte er in der Alltagssprache ‚unterm Hakenkreuz' insbesondere dort anzutreffen, „wo man sich über die Folgen der nationalsozialistischen Machtergreifung zu beruhigen suchte".[176] In diesem Sinn begreift auch William Dodd Sternbergers „Vademecum"-Reihe als ein didaktisches Unternehmen, in dem gezeigt werden sollte, „wie man der Macht dieser entmachtenden Diskurstradition [der des Sprichwortes, K.M.] gegensteuern könnte".[177]

In der Tat wurden Sprichwörter ob ihrer suggestiven Funktion während des ‚Dritten Reichs' vielfach für propagandistische Zwecke eingesetzt[178] und spielten auch in der Alltagssprache einer ‚Systemstabilisierung' im weitesten Sinne zu.[179] Wolfgang Mieder meint gar eine strukturelle Passung zwischen dem Sprichwort als Textsorte und dem NS-System ausmachen zu können. Sie bestünde etwa darin, eine „blinde, nichtanalytische Gefolgschaft" zu verlangen.[180] Ähnlich wie das diktatorische und von Propaganda getragene Regime Hitlers würden auch Sprichwörter darauf abzielen, „ohne kritisches Denken akzeptiert [zu] werden",

---

175 Vgl. zur parodistischen und politischen Verwendung von Sprichwörtern Wolfgang Mieder, Lutz Röhrich: Sprichwort (1977), S. 54; Wolfgang Mieder: Sprichwörter unterm Hakenkreuz (1983); ders.: Aphorismen, Sprichwörter, Zitate (2000); ders.: ‚Entflügelte Worte' (2016); ders.: ‚Entkernte Weisheiten' (2017); ders.: ‚Entwirrte Wendungen' (2018). Zum politischen Sprichwörterbrevier vgl. Karl Friedrich Wilhelm Wander: Politisches Sprichwörterbrevier (1872) im Nachdruck hg. v. Wolfgang Mieder (1990).
176 Dolf Sternberger: Gut und Böse (1988), S. 288.
177 William John Dodd: ‚Eine Art von geheimer Erleuchtung' (2004), S. 204.
178 Vgl. etwa Karl Bergmann: Das deutsche Sprichwort (1934); ders.: Völkisches Gedankengut (1936).
179 Vgl. dazu Wolfgang Mieder: Sprichwörter unterm Hakenkreuz (1983).
180 Ebd. zit. n. Wolfgang Mieder: Sprichwort – Wahrwort (1992), S. 248.

weil sie „ihre verallgemeinernde Weisheit durchaus autoritär aus[drückten]".[181] Abgesehen davon, dass diese vereinfachende Analogie in Anbetracht der Komplexität beider Phänomene notwendig inkongruent wirkt, scheint sie dennoch einen wichtigen und von Sternberger berücksichtigten Aspekt zentral zu setzen, und zwar den politischen Sprachmissbrauch und die sprachkritischen Mittel der Gegenwehr, über die die *Vademecum*-Reihe aufklären wollte.

Die ‚Aufklärung' über den Missbrauch der Sprache, so macht ein genauer Blick auf den Inhalt und das Interpretationsverfahren in Sternbergers *Vademecum* deutlich, erfolgt auf unterschiedlichen Ebenen. Neben dem Angebot, die fingierten Narrative kontextsensibel mit den politischen Verhältnissen der Zeit zu analogisieren, exemplifiziert Sternberger durch die Auslegung einer vermeintlich unverfänglichen Textsorte eine bestimmte Form zeitkritischen, also ‚aufdeckenden' Lesens. Damit gibt er dem zeitgenössischen Leser, als den er sich selbst inszeniert, ganz konkrete Beispiele und Proben für eine heterodoxe Rezeptionspraxis an die Hand. In der interventiven „Nötige[n] Bemerkung", die am 10. Mai 1936 zusammen mit der sechsten Glosse erscheint, werden diese kritischen und didaktischen Kommunikationsabsichten explizit aufgegriffen und, versteht man sie als Fortsetzung der Einleitung ins „Vademecum", stabilisiert. Nach eigenen Angaben reagiert Sternberger hier auf Briefe von Lesern, die wohl zuweilen „eine Art von geheimer Erleuchtung in einer der bisher veröffentlichten Auslegungen" erfahren hätten, und artikuliert seine empfundene Pflicht, „die Absicht dieses Versuchs zur besseren Verständigung noch einmal zu erläutern".[182] Mithin gibt Sternberger erneut Auskunft über Sinn und Zweck des im „Vademecum" niedergelegten interpretatorischen Prinzips der Variation, akzentuiert ein weiteres Mal das Herrschaftsverhältnis zwischen Sprache, Sprecher und Adressaten zugunsten des Lesers und plädiert, wie schon in der Einleitung, für eine Haltung, die sich in einem selbstbewussten, reflektierten und skeptischen Sprachverhältnis sowie einer entsprechenden Sprachpraxis manifestiert. Die Unterscheidung zwischen einem ‚richtigen' und einem ‚falschen' Gebrauch der Sprichwörter liest sich in der Zwischenbemerkung allerdings pointierter als in der Einleitung:

> Um aber Sprichwörter richtig zu gebrauchen, müssen wir sie uns zuvor gefügig machen. Dieser Satz klingt ebenso einfach, wie seine Verwirklichung mühselig ist. Denn für gewöhnlich haben wir, indem uns das Sprichwort aus dem Munde geht, auf unseren eige-

---

181 Ebd.
182 Dolf Sternberger: Nötige Bemerkung zum Vademecum für den Gebrauch von Sprichwörtern. In: Frankfurter Zeitung, 10.05.1936, zit. n. William John Dodd: ‚Der Mensch hat das Wort' (2013), S. 76.

> nen Verstand schon Verzicht geleistet. Die Herrschaft des Sprichworts aber beruht auf Usurpation. Ihr Zeichen, die Würde des Naturgesetzes, ist erborgt und falsch. Es gilt also – und nichts anderes ist die Absicht des Vademecums –, das Sprichwort dieser falschen Würde zu entkleiden und es uns dienstbar zu machen. Erst wenn wir es zu variieren verstehen, gebrauchen wir es wirklich.[183]

Nach fünf vorexerzierten ‚Variationen' justiert Sternberger also nach und nach verschärft seine Leseanleitung im Blick auf die Praxis. Der richtige Gebrauch des Sprichwortes, dessen „Verwirklichung", so gesteht er ein, mit Mühe verbunden sei, setze einen starken, verständigen Rezipienten voraus. Der Lesende solle sich das Sprichwort „dienstbar machen" und damit den Rollentausch vom passiven und usurpierten Sprecher zum aktiven und kritischen Interpreten und Sprachbenutzer, nach dem Vorbild des Verfassers, vollziehen. Nur so könne er die vorgefertigte Formel ihrer „falschen Würde [] entkleiden", also deren vermeintlich generellen Wahrheitsanspruch als ideologisches Vorurteil entlarven und dabei die kontextabhängige Bedeutung ‚aufdecken'.

Geradezu im Widerspruch steht die zitierte Passage zu der nur wenige Zeilen vorher abgegebenen Erklärung, dass es dem Verfasser, anders als es seine ihm Briefe schreibende Leserschaft verstanden habe, fern liege, mit dem Auslegungsunterfangen einen „Generalangriff auf den Alltagsverstand – welcher sich in Sprichwörtern ausdrückt" – vorzunehmen. Denn gerade den „Alltagsverstand" gelte es in nicht-alltäglichen Situationen, mit denen die Bürger des ‚Dritten Reichs' konfrontiert waren, zugunsten eines skeptischen Verstandes aufzugeben, um der entmachtenden Usurpation gegenzusteuern.[184] Diese Einsicht auf satirisch-ironischem Wege zu erzeugen, so scheint es, stellt ein wesentliches Ziel der „Vademecum"-Reihe dar. Sternbergers Beteuerung, es sei nicht seine Absicht, „tiefe[] und außerordentliche[] Erkenntnisse" kundzugeben oder gar „geheime[] Erleuchtung" zu instigieren, muss demgemäß als ‚camouflierter', nämlich ironischer Wink an seine Leserschaft gedeutet werden, just nach diesen Erkenntnissen zu streben. Seine zeitkritische Kommunikationsabsichten scheinen jedenfalls darin belegt, dass die dargelegten Variationen einen „jeweils neu einzuschätzenden pragmatischen Kontext"[185] in den Vordergrund rücken und dabei nicht selten kritisch aktualisierende Analogisierungen offerieren.

Von zeitkritischer Qualität ist aber darüber hinaus, wie bereits erwähnt, auch der didaktische Anspruch der „Vademecum"-Reihe. Ihr Verfasser präsen-

---

183 Ebd.
184 William John Dodd: ‚Der Mensch hat das Wort' (2013), S. 76.
185 William John Dodd: ‚Eine Art von geheimer Erleuchtung' (2004), S. 203.

tiert sich darin vorbildhaft als kritischer und mündiger Interpret, der mit dem ‚know-how' eines Mentors zu zeigen vermag, wie nonkonformistisches Lesen *in praxi* funktionieren kann. Schließlich konstituiert das von Sternberger angewandte Prinzip der Variation einen aktiven und insbesondere kontextsensiblen Rezeptionsmodus, der apodiktisch-usurpierender Sprache die ‚Stirn' bieten, ihr also mit skeptischem Verstand und kritischer Auslegung begegnet. Idealiter konnte der Leser bei der kontinuierlichen Lektüre der Sprachglossen über den Nachvollzug der musterhaften Interpretationen eigene Lese- und Aufdeckungskompetenzen erwerben oder kultivieren, also die eigenen praktischen Fähigkeiten des kritischen Text- und Sprachumgangs am Beispiel der Beiträge schulen und die dabei erlernte Lese- und Sprachpraxis in die eigene Erfahrungswirklichkeit übertragen. Sternbergers *Vademecum*-Serie stellt also gleich in mehrfacher Hinsicht ein hervorragendes Beispiel für ein ‚aufdeckendes Lesen' im ‚Dritten Reich' dar, weil hier Explikation und Exemplifikation musterhaft ineinandergreifen.

2.2.2 Applikativ-aktualisierende Lektüren als Form mündigen Textumgangs

Als systematischer Ertrag lässt sich aus Sternbergers Sprichwort-Interpretationen die Einsicht gewinnen, dass nonkonformistische Lektüren nicht notwendigerweise einen ‚Klartext' ‚aufdecken' müssen, der in schützender Absicht zuvor von einem Autor verschlüsselt wurde und durch den Rezipienten zu decodieren ist. Sprichwörtern kann in der Regel kein ‚Autor' und folglich keine ‚Verdeckungsabsicht' zugeordnet werden – sie artikulieren vielmehr unter Anonymität ein kollektiv verbürgtes, allgemeines Weltwissen. In der *Vademecum*-Reihe bildet der ‚Klartext', also der Aussagesinn des Proverbs jedenfalls nicht das Ziel, sondern den Ausgangspunkt der Interpretation. Der ‚Klartext' bedarf demnach keiner ‚Aufdeckung', sondern einer kritischen Prüfung, weil, wie Sternberger zeigt, seine Apodiktik trügerisch und sein orthodoxer Geltungsanspruch missbrauchsanfällig ist. Praktisch vorgeführt wird dementsprechend die kritisch-applikative Deutung allgemeiner Aussagen. Insbesondere steht dabei die unkritische Passivität des Sprachbenutzers, der sich der Manipulation durch andere aussetzt, im Zentrum von Sternbergers Kritik. Der Ausbruch aus dieser Haltung gelingt, wie gesehen durch die Variation des vermeintlich fixierten Aussagesinns, also durch eine *situationsadäquate*, aber *textsorteninadäquate* Auslegung.

Dies stellt allerding nur eine Ebene der kritischen Kommunikationsabsicht im „Vademecum" dar. Neben der von Sternberger ex post behaupteten allgemeinen „Kritik [...] [a]m opportunistischen Sprichwortgebrauch"[186] wird in den Glossen zudem ‚verdeckt' Kritik an den politischen Verhältnissen der Zeit geübt. Doch auch in diesem Fall gestaltet sich die ‚Aufdeckung' nicht als Dechiffrierung, sondern als Transferleistung, die vom Autor an den Leser delegiert wird. Würde man nach sogenannten ‚Stolpersteinen' suchen wollen, also nach Hinweisen darauf, dass im Text dieser Transfer nahegelegt wird, so würde man unter Anwendung der ‚Hermeneutik der verdeckten Schreibweise' jedenfalls kaum fündig werden. Instruktiver sind in diesem Fall die Überlegungen von John Klapper zu den *Categories of the Non-Conformist*. In dem gleichnamigen Aufsatz schlägt Klapper vor, die Arten der für einen Text plausiblen interpretativen Analogiebildung und Applikation nach vier Kategorien zu unterscheiden, nämlich danach, ob camouflierte Texte eine ‚Universalität der Themen', ‚historische Parallelen', ‚Modelle und Gegenbilder' oder genealogische Gegenwartsdeutungen fordern.[187] Obgleich Klapper seine Kategorien vor allem für den historischen Camouflageroman im ‚Dritten Reich' entwickelt, lassen sich seine konzeptuellen Unterscheidungen für diverse, auf kritischen Gegenwartsbezug setzende Texte anwenden – so in bestimmter Hinsicht auch für Sternbergers Glossen.

Bei Sternberger beanspruchen die thematisierten Sprichwörter universelle Geltung – ein Anspruch, der von ihm mittels seiner Variations- und Applikationspraxis, wie gesehen, allerdings destruiert und durch einen Universalitätsanspruch zweiter Stufe ersetzt wird: Die unkritische Übernahme angeblich universell fixierter Bedeutung von Aussagen soll grundsätzlich verändert und in einen kritischen, kontextsensiblen Umgang transformiert werden. Dieser Umgang bedarf einer kritischen Bezugnahme auf die politische Gegenwart. Zur Charakterisierung dieser Bezugnahme können die von Klapper unter die zweite Kategorie gefassten Parallelisierungsstrategien herangezogen werden. Darunter lassen sich jene Formen der Textgestaltung fassen, die darauf zielen, auf der Themen-, Figuren-, Handlungs- oder Rahmenebene Ähnlichkeiten zu den realhistorischen, politischen Verhältnissen zu evozieren,[188] also den Leser beispielsweise dazu zu motivieren, das nur an Sonntagen besuchte „Kinderland und Narrenland" der Wahrheit mit der Lage der Intellektuellen im ‚Dritten Reiche' parallel zu setzen. Sternbergers sorgsame Auswahl der Sprichwörter und sein zweckgerichtetes Interpretationsinteresse scheinen diesem Zuschnitt auf die Gegenwart bewusst zuzuarbeiten. Für den damaligen Leser lagen so ausrei-

---

186 Dolf Sternberger: Gut und Böse (1988), S. 288.
187 Vgl. John Klapper: Categories of the Non-Conformist (2014), S. 165, 169, 173 und 177.
188 Vgl. ebd., S. 169.

chend gute Gründe vor, die auf Parallelität angelegten Glossen über eine kontextsensible Analogiebildung auf ihren systemkritischen Gehalt hin zu lesen.

Sternbergers exemplifikatorische Sprichwortexegesen stellen, so lässt sich festhalten, einen anschaulichen Fall applikativ-aktualisierender Interpretation dar, die sich von Fehl- oder Überinterpretation abgrenzen lässt. Wie bereits Eberhard Lämmert in seiner einschlägigen Arbeit zur ‚beherrschten Prosa' im ‚Dritten Reich' betont, hat man es bei politisch sensibilisierten Lektüren solcher Art durchaus mit adäquaten Interpretationsweisen zu tun, die einem nachvollziehbaren Interpretationsziel folgten.[189] Anders als im Falle willkürlicher, möglicherweise rein assoziativer Textdeutungen, bei denen alles Gehörte und Geschriebene unterschiedslos und beliebig als indirekte Adressierung gegenwartspolitischer Fragen gewertet wird – solche Interpretationsweisen wären jeweils als historische Einzelfälle zu rekonstruieren – folgen Sternbergers Exegesen einem Interpretationsziel, das vorgibt, welcher Kontext für die Bedeutungszuweisen zentral sind.[190] Sie bleiben also an eine bestimmte ‚Bedeutungskonzeption' gebunden. In den Worten Lutz Dannebergs ausgedrückt, legt die „Bedeutungskonzeption" durch die Bestimmung eines „(primären) mehr oder weniger genau umrissenen Kontext[s]" fest, „was als *Bedeutung* gelten soll".[191] Weitere Kontexte werden dabei in Bezug auf diesen primären Kontext gebildet und hierarchisiert.[192] Sternberger scheint für seine Sprichwortinterpretationen einen außertextuellen Kontext, nämlich den Alltag ‚unterm Hakenkreuz' – nicht zuletzt im Hinblick auf die Kontaminierung der Sprache und den propagandistischen Sprachmissbrauch durch die Nationalsozialisten – primär zu setzen. Seine Auseinandersetzung im Rahmen der Rubrik „Vademecum" folgt also einem spezifischen Erkenntnisinteresse, pointiert in der Frage, wie selbst vermeintlich unverfängliche Texte unter totalitären Verhältnissen zum Usurpationsmittel und damit zur Gefahr für das bürgerlich-liberale Selbstverständnis werden können. Seine Exegesen lassen sich daher als Musterbeispiele einer *situationsadäquaten, akkommodierenden* Lektüre oder allgemeiner als Beispiel *applikativ-aktualisierenden Lesens* bezeichnen.

Selbstredend musste eine derlei ‚kontrollierte' Form zeitkritischer Interpretation nicht unbedingt mit dem Anliegen des historischen Lesers zusammenstimmen, der auch auf nicht regulierte Weise zeitkritisch lesen konnte und dies in der Praxis sehr wahrscheinlich auch tat. Doch für eine theoretische Reflexion

---

189 Eberhard Lämmert: Beherrschte Prosa (1975), S. 411–412.
190 Vgl. Lutz Danneberg: Philosophische und methodische Hermeneutik (1995), S. 261.
191 Lutz Danneberg: Zum Autorkonstrukt (1999), S. 101.
192 Ebd.

und begriffliche Differenzierung bestimmter Typen NS-kritischer Lektürepraktiken eignen sich solche individualisierten Fälle weniger. Sie können höchstens fallweise und in empirischem Interesse rekonstruiert, dokumentiert, gesammelt und als Belege für die Verbreitung NS-kritischen Lesens angeführt werden. Mit Sternbergers Sprichwortexegesen liegt uns hingegen eine höchst reflektierte und exemplifikatorische Praxis kritisch-aktualisierender Interpretation vor, die eine nach Mustern und Regeln suchende literaturwissenschaftliche Reflexion erlaubt und sich zur begrifflichen Überführung in ein exploratives Beschreibungsinstrumentarium zur Analyse nonkonformistischer Kommunikation anbietet.

Dass zumindest ein Teil der Leserschaft der *Frankfurter Zeitung* Sternbergers kritische Kommunikationsintentionen verstanden hat, belegen die zahlreichen Leserbriefe, die nicht nur dem Autor selbst, sondern auch der Zeitung während des Nationalsozialismus nachweislich zukamen. Schenkt man Sternbergers Redaktionskollegen Benno Reifenberg und seinem 1945 begonnenen Bericht Glauben, wurden die Zuschriften bei kritischem Inhalt in der Redaktion „sogleich ausgeschieden und beiseite gebracht", da „mit einem nachdrücklichen Interesse der Gestapo" an ihnen gerechnet werden musste.[193] Von entsprechender Relevanz findet sich im Nachlass Sternbergers dennoch der ein oder andere Brief, der die Reaktion auf seine zeitkritischen Beiträge dokumentiert. Beispielhaft lässt sich ein Brief erwähnen, der noch während des ‚Dritten Reiches' an den Autor verschickt wurde und dessen Verfasser, ein Leser namens Otto Wächter, darin bedauernd auf das Verbot der *Frankfurter Zeitung* reagiert. Wächter betont, dass er, obgleich „weder Philologe noch sonstwie ein Berufener von der Zunft", „mit Entdeckerfreude" alle Beiträge Sternbergers in der *Frankfurter Zeitung* „deutete[]".[194] Sein ‚mit Entdeckerfreude' lesendes Publikum machte Sternberger so manches Mal, wie in der „Vademecum"-Reihe, selbst zum Thema seiner Texte und ermutigte und bestärkte auf diese Weise die Leseverfahren seiner ‚geheimen' Leserschaft. Zwinkernden Auges charakterisierte er seinen *liebe[n] Leser* etwa in einem Beitrag vom 1. Januar 1938:

> Sonderbarerweise ist er [der Leser] bei all seiner kindlichen Unbefangenheit zugleich pfiffig und insgeheim sogar superklug. Er liest zwischen den Zeilen. Es ist gar nicht zu sagen,

---

193 Benno Reifenberg: Die zehn Jahre 1933–1943 (1956), S. 51.
194 Otto Wächter an Dolf Sternberger, 09.02.1943 (Nachlass Sternberger, DLA Marbach).

was er dort alles findet, das Kind. Soviel könnte man in die Zeilen gar nicht hineinschreiben, wie er zwischen ihnen findet.¹⁹⁵

Wie William Dodd bemerkt, stilisiert Sternberger in diesem Beitrag – quasi in der Rolle des amüsierten Mentors – den „zwischen den Zeilen suchenden oppositionellen F[rankfurter]Z[eitung] Leser[] der Nazizeit", dessen „kindliche", aber zugleich „pfiffige" Praxis der ‚aufdeckenden' Überinterpretation er nicht ernsthaft zu verurteilen scheint. Stattdessen benennt er offen, aber ironisch getarnt, das weit verbreitete Phänomen heterodoxer Kommunikation, das auch von vielen Zeitgenossen bestätigt wurde. So etwa vom Romanisten und Diaristen Victor Klemperer, der bereits 1933 in sein Tagebuch notierte: „Zeitungen werden jetzt anders gelesen [...]. Zwischen den Zeilen. Kunst des 18. Jh.'s des Schreibenden und Lesenden, erwacht wieder."¹⁹⁶

Weil sich neben der ‚Kunst des Schreibens' im ‚Dritten Reich' auch eine ‚Kunst des Lesens' als reflexive und kultivierte Praxis herausgebildet hat, ist ein Perspektivwechsel auf die Rezeptionsseite vielversprechend. Lämmerts zutreffende Annahme, dass „der Meinungszwang einer herrschenden Obrigkeit [...] einen Schreibstil forcierter Mehrdeutigkeit" beförderte,¹⁹⁷ kann entsprechend ergänzt werden: Der Meinungszwang forcierte auch konkrete, heterodoxe Lektürepraktiken, die sich ebenso verfeinerten und ausdifferenzierten wie die Schreibstile der Nonkonformität.

2.2.3 Mündiges Lesen: Von Dolf Sternberger zu Bertolt Brecht

Weitaus deutlicher als in (kritisch-)aktualisierenden Lektüren zeigt sich die interpretatorische Selbständigkeit in solchen Fällen, in denen der Leser die Aussage- und/oder Wirkungsabsicht des Autors nicht nur für irrelevant erachtet, sie ausblendet oder einfach nicht kennt, sondern bewusst konterkariert oder gar destruiert. Auch in Sternbergers *Vademecum* lassen sich Textbeispiele finden, die bedingt einer solchen Interpretationspraxis entsprechen, sich aber kategorial von der Praxis ‚aufdeckenden Lesen' im bisher behandelten Sinne unterscheiden.

---

195 Dolf Sternberger: Der liebe Leser. In: Frankfurter Zeitung, 01.01.1938, zit. n. William John Dodd: ‚Jedes Wort wandelt die Welt' (2007), S. 157.
196 Victor Klemperer: Eintrag vom 7. April 1933. In: ders.: ‚Ich will Zeugnis ablegen bis zum letzten' (2007), S. 20. Klemperer bezieht sich hier auf die Praxis esoterischer Kommunikation im Zuge der Aufklärung, auf die noch in Kapitel 2.5 näher einzugehen sein wird.
197 Eberhard Lämmert: Beherrschte Prosa (1975), S. 412.

Eines dieser Beispiele stellt die Sprachglosse „Zwischen A und B" dar, die am 28. April 1938 erscheint und das Sprichwort „Wer A sagt, muss auch B sagen" behandelt. Die gängige Bedeutung der behandelten Parömie zielt bekanntlich auf die Tugend der Beständigkeit, die *constantia*, und damit auf die Maxime, dass eine einmal affirmierte und begonnene Sache, ungeachtet ihrer womöglich unangenehmen Konsequenzen, auch fortgesetzt werden müsse.[198] Diese Deutung wird von Sternberger kritisch hinterfragt und schließlich als nur bequeme, aber falsche Behauptung entlarvt. Dafür imaginiert er die interessegeleitete Perspektive einer Sprecherfigur hinzu, der es lediglich „auf das B-Sagen" des Adressaten ankommt, die also suggestiv verhindern will, dass der Adressat eine einmal getroffene Entscheidung erneut überdenkt und unter Umständen revidiert.[199] Illustrativ unterscheidet Sternberger dabei zwei Alphabete, das des Sprechers, der als machiavellistischer und teuflischer Verführer präsentiert wird, und das selbstbestimmte Alphabet des Hörers, zu dem er sich und seine Leserschaft, wie das Personalpronomen in der ersten Person Plural markiert, rechnet.[200] Genauso wie der Sprecher besitze der Rezipient die Freiheit, so appelliert Sternberger, „die Buchstaben nach [seinem] Sinn zusammenzusetzen. Zu Worten, die den Ohren des Verführers nicht so angenehm und harmonisch klingen werden wie die Leier des BCDEF, die er uns entlocken möchte".[201] Gegen die direktiven Anweisungen manipulierender und forcierter Sprachverwendung müsse die Freiheit „Zwischen A und B" als Möglichkeit erkannt werden, vom dekretierten Sprachcode und damit auch von der auktorialen Intention des Sprichwortbenutzers abzuweichen. Der Rezipient habe sodann die Aufgabe, dem Sprach- und Handlungszwang wehrhaft zu begegnen, in dem er aufmerksam und selbstbestimmt interpretiert:

> Hier, zwischen A und B, ist der Moment, wo es aufzumerken und wachsam zu sein gilt. Man lasse sich nicht irremachen, blicke nicht scheu und scheel nach dem Sprecher, sondern forsche zuerst genau nach, ob man denn wirklich A gesagt hat, und selbst wenn man es gesagt hat, ob es dies selbe A ist, das der Sprecher meint, dieser locker baumelnde Köder am Netze seines Alphabets. Denn dieses sieht dem andern zwar zum Verwechseln

---

198 Vgl. Lutz Röhrich: Sprichwörtliche Redensarten ([6]2003), S. 51.
199 Dolf Sternberger: Zwischen A und B. In: Frankfurter Zeitung, 28.04.1936, zit. n. William John Dodd: ‚Der Mensch hat das Wort' (2013), S. 73.
200 Vgl. William John Dodd: ‚Eine Art von geheimer Erleuchtung' (2004), S. 207.
201 Dolf Sternberger: Zwischen A und B. In: Frankfurter Zeitung, 28.04.1936, zit. n. William John Dodd: ‚Der Mensch hat das Wort' (2013), S. 73.

ähnlich, ist aber doch nur ein nachgemachtes, falsches A, das die peinliche Lücke seines Alphabets (welches ja mit dem B beginnt) zu verdecken und zu verheimlichen dient.[202]

Im Konkreten, so rät Sternberger seinen Lesern, müsse also genau nachgeforscht werden, was „der Sprecher meint" und welche womöglich unlautere Absicht er zu „verdecken und zu verheimlichen" sucht. Die an sich anonym oder kollektiv verbürgten und folglich ‚neutralen' Wahrheiten der Sprichwörter werden so direkt an ein Sprecherinteresse gekoppelt. William Dodd erkennt in Sternbergers Auslegungsmethode demgemäß einen „(sozio-)pragmatischen Ansatz":[203]

> Ganz bewusst betont er [Sternberger] den Gebrauch von Sprichwörtern, da sie erst in ihrem Gebrauch verstanden werden können. [...] Beim Gebrauch dieser Sprichwörter geht es Sternberger um die Intention des Sprechers, der jeweils beim Hörer (gelegentlich auch bei sich selbst) immer etwas erreichen will.[204]

Dafür, so heißt es weiter,

> legt er [Sternberger] eine Reihe von möglichen strategischen Überlegungen vor, die die Wahl eines solchen Sprichworts in einer seiner denkbaren Variationen bestimmen könnten. Indem Sternberger diese Situationen und die damit verknüpften wortspielerischen Kombinationen des Sprichworts durchspielt, zeigt er, wie wichtig es ist, auf die Handelnden und ihre Interessen zu achten, auf das, was damit intendiert wird.[205]

Für die Glosse „Zwischen A und B" gilt dies im Besonderen. Explizit animiert Sternberger hier den Leser dazu, nach den hintergründigen Absichten des jeweiligen Sprichwortbenutzers zu fragen, die zwar nicht unbedingt an der Aussagenoberfläche sichtbar seien, sich aber möglicherweise in bestimmten „Wörtchen", „deren wahre Substanz man auch nur an den unten hervorschauenden Socken und Hosenenden erkennt",[206] indikatorisch oder, wie ich dies vorausgreifend bezeichnen möchte, *symptomatisch* abbilden. Aus den in diesem Beitrag von Sternberger gegebenen Interpretationsanweisungen lassen sich gleich mehrere verschiedene Stufen oder Formen eines kritischen Textumgangs ableiten. Zum einen empfiehlt er seinen Lesern, nach Suggestions- und Manipulationsabsichten des Sprechers zu fahnden, also nicht der deklarierten, im Text

---

202 Ebd.
203 William John Dodd: ‚Eine Art von geheimer Erleuchtung' (2004), S. 202.
204 Ebd.
205 Ebd.
206 Dolf Sternberger: Zwischen A und B. In: Frankfurter Zeitung, 28.04.1936. Zit. n. William John Dodd: ‚Der Mensch hat das Wort' (2013), S. 72.

explizierten Absicht zu trauen, sondern zu ergründen, welche Wirkungsabsicht dem Text eigentlich zugrunde liegt. Ist diese Absicht maligne, hat der Leser sie zu erkennen und zu kontern. Auf diese Weise konterkariert er die täuschende oder manipulierende Sprecherintention, vereitelt also dessen rhetorische Strategie und liest den Text mithin kontraintentional. Kontraintentional meint hier, dass für die angestrebte Vereitelung eine Rekonstruktion der vorder- wie der hintergründigen Wirkungsabsicht des Sprechers notwendig ist, der der Leser mit einer gegensinnigen Aussage wissentlich entgegentritt. Zum anderen rät Sternberger seinen Lesern, auf bestimmter Signalwörter, Spuren oder Indizien zu achten und diese symptomatisch zu deuten.[207] Kennzeichnende „Wörtchen" könnten etwa zum Indikator einer Bedeutung werden, die vom Sprecher nicht kontrolliert, anhand des Textes aber von einem achtsamen und kritischen Rezipienten aufgespürt und schließlich herausgearbeitet werden kann. Während die kontraintentionale Deutung die bewussten Gehalte und Wirkungsabsichten des Sprechers kontert, legt der kritische Rezipient mit einer symptomatischen Deutung Gehalte und Motive des Sprechers frei, die diesem selbst unbewusst sind, die aber bestimmte Spuren im Text hinterlassen. Dem symptomatisch deutenden Interpreten gelingt es auf diese Weise, den Sprecher (als Person) zu durchleuchten, ihn gegebenenfalls gar zu demaskieren, indem untergründige, ihm selbst womöglich opake Wünsche und Interessen bloßgestellt werden.

In der Kommunikation zwischen Sternberger und den Lesern der *Frankfurter Zeitung* treten intentionales, kontraintentionales und symptomatisches Lesen in Verschränkung auf. Hier hat der Leser dem Autor Sternberger und dessen Interpretationsanweisungen zu vertrauen, er muss die auktorialen Kommunikationsabsichten, nämlich den Leser zu einem kritischen Umgang apodiktischer Rede anzuleiten, verstehend nachvollziehen, die Glossen also intentional deuten. Erst diese intentionsorientierte Lektüre vermittelt ihm auch den Nachvollzug der von Sternberger vorgeführten symptomatische und kontraintentionalen Deutung der sprichwörtlichen Rede. Im Gegensatz zu dieser ‚äußeren Kommunikationsebene' hat der Leser auf der Ebene der Figurenkommunikation, also der inneren Kommunikationsebene, in die Rolle des Adressaten zu schlüpfen und die zugrundeliegende Motivationslage der imaginierten Sprecherfigur mittels Analyse zu durchschauen und manipulative Kommunikationsabsichten zu kontern.

---

[207] Die Begriffe ‚Spur' und ‚Indiz' sollen im Folgenden ohne den Theorieanspruch des Spuren-Diskurses gebraucht werden. Zu einer Kritik am ubiquitären ‚Spuren-Konzept' in den Kulturwissenschaften vgl. Lutz Danneberg: Zwischen Asche und Fußabdruck (2012).

Über Formen wehrhaften Lesens, wie sie Sternberger exemplifikatorisch in seiner Glosse „Zwischen A und B" konkretisierte, dachte auch Bertolt Brecht im frühen Exil nach und modellierte sie in ideologiekritischer Absicht zu einer Leseanleitung, die im folgenden Kapitel eingehender behandelt wird. Ebenso exemplifikatorisch angelegt wie Sternbergers Glossen, setzte sich Brecht in dem kurzen, postum publizierten Text „Über die Wiederherstellung der Wahrheit" (1934)[208] am Beispiel zweier Radioansprachen der NS-Funktionäre Hermann Göring und Rudolf Hess explizit mit der faschistischen Propaganda auseinander und klärte dabei über Lesetechniken auf, die zur aktiven Berichtigung und Entlarvung von Unwahrheit und Täuschung angewandt werden können. Brecht teilt damit zwar das Anliegen Sternbergers, den unter Diktatur Lesenden zu einem mündigen und reflektierenden Textumgang zu bewegen, stellt aber im Grunde ein kategorial anderes Interpretationsverfahren als das der ‚applikativ-aktualisierenden Lektüre' vor.[209]

Wesentliche Unterschiede zwischen Sternbergers und Brechts exemplifikatorischen Interpretationsanweisungen können *erstens* im Hinblick auf den Interpretationsgegenstand und den Status der Autorschaft ausgemacht werden: Während Sternberger im „Vademecum" solche Texte auslegt, die sich keinem Verfasser zuordnen lassen, sondern einer traditionsspezifischen Kollektivautorschaft zuzurechnen sind, bezieht sich Brecht bei seiner ideologiekritischen Lektüre auf individuelle (und seinerzeit noch lebende) Einzelautoren. Anders als beim Sprichwort, dessen transhistorischer Geltungsanspruch konventionell und traditionell verbürgt und auf eine situationsangemessene Verwendung angewiesen ist, handelt es sich bei den Texten von Hess und Göring um auktoriale Reden, die in und für konkrete politische Situationen angefertigt wurden. Brechts ideologiekritische Interpretationspraktik zielt demgemäß und im Gegensatz zu Sternbergers Sprichwortexegesen auf die Entlarvung ganz konkreter Verschleierungsabsichten sowie auf Irrtümer identifizierbarer und explizit nationalsozialistischer Autoren. Seine subversive Lektüre lässt sich als Attacke auf die Personen Göring und Hess deuten, deren Täuschungsabsichten und propagandistische Interessen nicht nur ‚aufgedeckt', sondern effektiv sabotiert

---

[208] Vgl. Bertolt Brecht: Über die Wiederherstellung der Wahrheit. In: Werke, Bd. 22,1 (1993), S. 89–98.
[209] Somit ist auch William John Dodd zu widersprechen, der den Unterschied der beiden ns-kritischen Interpretationsweisen allein darin sieht, „dass Brecht die Freiheit des Exils auch dazu nutzt, ganze Texte von prominenten Nazis in die Wahrheit zu übersetzen'". William John Dodd: ‚Eine Art von geheimer Erleuchtung' (2004), S. 203.

werden.²¹⁰ Eine Disqualifikation des Autors kann Sternberger hingegen nicht vornehmen, denn schließlich setzt er sich mit einer Textsorte anonymer Autorschaft auseinander und ist demnach auf die Imagination der Sprecherperspektive angewiesen.

Zweitens leitet Sternberger seine Leser, wie gesehen, dazu an, gattungsinadäquat, aber situationsadäquat, d. h. sprachkritisch und aktualisierend zu lesen. Auch Brechts Lektüreanweisung umfasst sprachkritische Aspekte. Seine Sprachkritik geht jedoch, wie noch darzulegen sein wird, mit einer speziellen „Propaganda für das Denken"²¹¹ einher und lässt sich entsprechend als Teil einer ‚Denkkritik' verstehen, die in erster Linie Ideologiekritik bedeutet. Auch eine Übertragung in den aktellen zeitpolitischen Kontext, wie ihn Sternberger nahelegt, muss Brecht nicht extra vornehmen. Denn sein Text, den man als satirische Kontrafaktur deuten kann, ist über die nationalsozialistischen Amtsträger eindeutig auf die politische Gegenwart bezogen. Brecht liest im weitesten Sinne zwar ebenso situationsadäquat, doch sein Interesse in der Auseinandersetzung mit dem Gegenstand bezieht sich weniger auf textsortenspezifische Eigenheiten, sondern in erster Linie auf die „Produktionsweisen des Unwahren" und ihre Akteure.²¹²

Neben dem Anliegen, die nationalsozialistische Ideologie als Täuschungszusammenhang zu entschleiern und ihre Repräsentanten bloßzustellen, geht es Brecht *drittens* darum, für einen politischen Standpunkt zu werben, von dem aus eine globalere Faschismuskritik möglich wird.²¹³ Damit ist die politisch-weltanschauliche Einstellung als weiterer, aber wichtiger Unterschied zwischen Sternberger und Brecht anzuführen: Sicherlich kann beiden eine antifaschistische Haltung attestiert werden.

---

210 Der konkrete Adressatenbezug bildet eine Eigentümlichkeit in Brechts Auseinandersetzung mit dem Faschismus, vgl. Jürgen Schutte: ‚Die Wiederherstellung der Wahrheit' (1988), S. 134.
211 Bertolt Brecht: Fünf Schwierigkeiten beim Schreiben der Wahrheit. In: Werke, Bd. 22,1 (1993), 74–89, hier S. 85.
212 Sabrina Habel: Wahrheitskunst (2017), S. 422.
213 Dass es sich bei „Fünf Schwierigkeiten beim Schreiben der Wahrheit" auch um eine propagandistische Kampfschrift handelt, behauptet etwa Frank Dietrich Wagner: Bertolt Brecht (1989), S. 102–103.; Jürgen Schutte: ‚Die Wiederherstellung der Wahrheit' (1988), S. 151, betont, dass Brechts Faschismuskritik immer auch „Propaganda für ein anderes Denken sein sollte".

Anders als beim liberalkonservativen Sternberger[214] erfolgte Brechts Faschismuskritik und die damit verbundene literarische Produktion[215] aber von einem überzeugt sozialistischen, wenngleich nicht unbedingt orthodox kommunistischen Standpunkt aus. Sein politisch-literarisches Engagement gegen den Nationalsozialismus war aufs Engste mit einem gesellschaftspolitischen Bewusstsein und Reflexionsvermögen verbunden, das stark vom historischen Materialismus beeinflusst war und somit auf recht spezifischen gesellschaftstheoretischen Annahmen basierte. Dennoch kann vorwegnehmend behauptet werden, dass in beiden Fällen, also sowohl bei Sternberger als auch bei Brecht, die deklarierte Einbindung in eine dem Nationalsozialismus gegenüber dissidente, d. h. politische Differenz markierende Weltanschauung ein wichtiges textexternes Indiz für die Voraussetzungen heterodoxer Lektürepraktiken darstellte. An Brechts Auseinandersetzung mit den Möglichkeiten antifaschistischer Literaturproduktion und -rezeption lässt sich dies in besonders anschaulicher und instruktiver Weise zeigen.

2.3 Bertolt Brechts Anweisungen zum ideologiekritischen Schreiben und Lesen

Neben der bereits erwähnten Rezeptionsanleitung „Über die Wiederherstellung der Wahrheit" (1934) werden vor allem in Bertolt Brechts Aufsatz „Fünf Schwierigkeiten beim Schreiben der Wahrheit" (1935), der immer wieder, so auch von Ehrke-Rotermund/Rotermund, zum Thema ‚verdecktes Schreiben' herangezogen wird,[216] instruktive Überlegungen zur nonkonformistischen Literaturproduktion unter den Bedingungen des Faschismus vorgenommen. Der Aufsatz stellt eine Erweiterung des im Dezember 1934 im *Pariser Tageblatt* publizierten Artikels „Dichter sollen die Wahrheit schreiben" dar. Der appellative Titel der Erstfassung verrät noch den normativen Charakter der dezidiert antifaschistischen Streitschrift und exponiert zugleich den thematischen Dreh- und Angelpunkt, nämlich ein spezifisches Wahrheitsverständnis, noch weitaus stärker als

---

214 Zu Sternbergers politischer Haltung während des Nationalsozialismus vgl. William John Dodd: Jedes Wort wandelt die Welt (2007), v.a. S. 69–114.
215 Vgl. Jürgen Schutte: ‚Die Wiederherstellung der Wahrheit' (1988), S. 134.
216 Vgl. William John Dodd: National Socialism and German Discourse (2018); Erwin Rotermund: Formen und Rezeptionsprobleme (2016); John Klapper: Nonconformist Writing (2015); Heinz Gittig: Bibliographie (1996); Bernd Ogan (Hg.): Literaturzensur in Deutschland (1988); Wolfgang Emmerich: Die Literatur des antifaschistischen Widerstandes (1976); auch Hans Mayer: Brecht in der Geschichte (1971).

in der späteren Fassung. Die überarbeitete und ausführlichere Version erschien im April 1935 in der kommunistischen Zeitschrift *Unsere Zeit*, wurde aber gleichzeitig von „Emigranten als Sonderdruck zur illegalen Verbreitung nach Deutschland" gebracht, wo der Text schließlich unter verschiedenen Tarntiteln, etwa *Satzungen des Reichsverbandes Deutscher Schriftsteller* oder *Praktischer Wegweiser für Erste Hilfe*, kursierte.[217]

Thematisch greift der Aufsatz explizit die restringierte Schreibsituation im ‚Dritten Reich' auf.[218] Brecht erläutert darin, wie bereits der Titel anzeigt, „[f]ünf Schwierigkeiten", mit denen der gesellschaftskritische, insbesondere im Faschismus schreibende Schriftsteller beim Abfassen seiner Texte konfrontiert ist. Bezogen sind die Erläuterungen dieser Herausforderungen, für deren Überwindung Brecht detailliert und beispielreich konkrete Techniken vorschlägt, auf die zentrale Forderung, die Wahrheit zu schreiben. Was sich zunächst wie eine Nebensächlichkeit anhört, ist in dem hier interessierenden Zusammenhang entscheidend, weil Brecht damit ein spezifisches Wahrheitsverständnis auszeichnet und dieses auch als notwendige Bedingung systemkritischer Verständigung voraussetzt. Deutlich wird dies, wenn man berücksichtigt, dass Brecht davon ausging, dass faschistische Diktaturen wie der Nationalsozialismus auf der Grundlage ideologischer Wirklichkeitsverschleierung und Irrtum beruhten und zum Systemerhalt folglich fadenscheinige Herrschaftsmittel, wie Täuschung, Fehlinformation und Propaganda bedürften. Vom kritischen, d. h. für Brecht antifaschistischen Schriftsteller, sei demnach die ‚Aufdeckung' im Sinne von Aufklärung und politischer Entlarvung zu verlangen, was wiederum auf der Grundlage eines fakten- und realitätssinnigen Weltbildes erfolgen müsse. Seine poetologischen Überlegungen stehen folglich in engem Zusammenhang mit der Verteidigung eines der NS-Ideologie konträr gegenüberstehenden Wahrheits- und Wirklichkeitsmodells. Komplementär dazu stellt Brecht seine Forderung, der Wahrheit zu ihrem Recht zu verhelfen, auch an den Leser. Exemplifikatorisch umgesetzt, und zwar auf prosaisch-satirische Weise, wird sie in „Über die Wiederherstellung der Wahrheit".[219] Der Text lässt sich folglich als Ergänzung zu der Anweisungspoetik „Fünf Schwierigkeiten beim Schreiben der Wahrheit"

---

217 Vgl. Bertolt Brecht: Schriften 1933–1942 (1993), S. 905.
218 Der Text lässt sich als eine Art Programmschrift für die Auseinandersetzung mit dem NS lesen, vgl. Detlev Schöttker: ‚Der Schoß ist fruchtbar noch …' (2000), S. 94. Zum literaturgeschichtlichen Kontext dieser Schrift vgl. Wolf Kaiser, Helmut Peitsch: Brechts ‚Fünf Schwierigkeiten' (1982).
219 Vgl. Jan Knopf: Brecht-Handbuch (1984), S. 260. Hatte Rolf Tauscher noch vorgeschlagen, „Über die Wiederherstellung der Wahrheit" als Satire anzusehen, ist in der GBA diese Schrift nicht als Satire gewertet worden.

lesen. Unter den hier behandelten Gesichtspunkten gehören die beiden Texte jedenfalls eng zusammen: Während Brecht nämlich in dem einen die Produktionsseite faschismuskritischer Texte in den Blick nimmt, befasst er sich in dem anderen aus rezeptionsorientierter Perspektive mit propagandistischen Erzeugnissen und ihrer ideologiekritischen Destruktion.

Berücksichtigt man diese Zusammenhänge, so kann aus Brechts Überlegungen zu den Bedingungen kritischer Kommunikation ‚unterm Hakenkreuz' weit mehr gewonnen werden als nur Hinweise mittlerer Reichweite für eine ‚Poetik der verdeckten Schreibweise'. Betrachtet man beide Aufsätze, seine Anweisungspoetik „Fünf Schwierigkeiten beim Schreiben der Wahrheit" (2.3.1) und die Rezeptionsanweisung „Über die Wiederherstellung der Wahrheit" (2.3.2), im Verbund, so lässt sich weitaus konkreter etwas über die Voraussetzungen, Arten und Funktionen heterodoxer Textumgangsformen lernen. Die nun folgende Analyse der beiden Aufsätze soll anschließend eine methodologische Reflexion anregen, die es zum Ziel haben wird, das bereits am Beispiel Sternberger ausgeführte ‚applikativ-aktualisierende' Lesen um drei weitere Arten nonkonformistischer Lektüreverfahren zu ergänzen, die sich einer ‚engagierten' Interpretationspraxis zuordnen lassen (2.3.3).

2.3.1 ‚Wahrheit' schreiben

Wie im Originaltitel ausgedrückt, behandelt Brecht in dem Aufsatz „Fünf Schwierigkeiten beim Schreiben der Wahrheit" die Herausforderungen, die sich bei der Produktion antifaschistischer Literatur stellen. Bemerkenswerterweise sieht Brecht mit besagten „Schwierigkeiten" nicht nur den „unter dem Faschismus Schreibenden" konfrontiert,[220] sondern auch die Exilschriftsteller. Zumindest wendet er sich explizit an all jene Schriftsteller, die „heute die Lüge und Unwissenheit bekämpfen und die Wahrheit schreiben" wollen,[221] und fordert von ihnen fünf essentielle Tugenden, die zur Überwindung der sich hierbei ergebenden Problemen beitragen sollen. Der kritische Schriftsteller, so leitet Brecht seinen Aufsatz ein,

> muß den Mut haben, die Wahrheit zu schreiben, obwohl sie allenthalben unterdrückt wird; die Klugheit, sie zu erkennen, obwohl sie allenthalben verhüllt wird; die Kunst, sie

---

[220] Bertolt Brecht: Fünf Schwierigkeiten beim Schreiben der Wahrheit. In: Werke, Bd. 22,1 (1993), S. 74–89, hier S. 74.
[221] Ebd.

handhabbar zu machen als eine Waffe; das Urteil, jene auszuwählen, in deren Händen sie wirksam wird; die List, sie unter diesen zu verbreiten.[222]

Die „Verhüllungstechniken",[223] auf die Ehrke-Rotermund/Rotermund in ihren Studien Bezug nehmen, behandelt Brecht im Zusammenhang der Schwierigkeit, die Wahrheit unter den repressiven Verhältnissen der NS-Diktatur „zu verbreiten". Dies muss nach Brecht mit List geschehen. Neben dem Mut, der Klugheit, einem künstlerischen Umsetzungstalent sowie einem guten Urteilsvermögen stellt die List also nur eine der fünf Fähigkeiten dar, die vom NS-kritischen Schriftsteller verlangt werden. Das thematische Zentrum des Textes bilden jedoch, wie bereits angerissen, weniger die Tugenden und Schwierigkeiten antifaschistischer Literaturproduktion, sondern das „Schreiben der Wahrheit". Diese Wahrheitsemphase stellt, so kann mit Robert Cohen behauptet werden, „das Ergebnis eines intensiven Umgangs mit dem Wahrheitsbegriff [dar], der seit 1933 zunehmend ins Zentrum von Brechts Überlegungen zu einer Ästhetik im Exil rückt".[224] Statt einer Explikation der von Brecht ausgeführten Herausforderungen und der nahegelegten Lösungsvorschläge[225] möchte ich deshalb der Frage nachgehen, von welcher ‚Wahrheit' hier im Konkreten die Rede ist.

In seinen Erläuterungen hierzu heißt es etwa, dass damit keineswegs die Feststellung gemeint sei, *dass* der Faschismus barbarisch sei, gehöre dies doch zu den „kleine[n] Fakten", vergleichbar den banalen Tatsachenwahrheiten, „daß Stühle Sitzflächen haben und der Regen von oben nach unten fällt".[226] Genauso wenig will Brecht mit dem ‚Wahrheitsagen' „etwas Allgemeines, Hohes, Vieldeutiges" bezeichnet wissen – es handelt sich also auch nicht um einen abstrakten oder gar spekulativen Wahrheitsgehalt. Vielmehr setzt Brecht für seine Anweisungspoetik ein handlungsorientiertes Wahrheitsverständnis voraus, wenn er hervorhebt, dass antifaschistische Schriftsteller „eine praktikable Wahrheit" zum Ausdruck bringen sollen, die „zu sagen sich lohnt", weil sie offenlege, wie „die Dinge dieser Welt handhabbar zu machen" seien.[227] Dies

---

222 Ebd.
223 Vgl. zuletzt Erwin Rotermund: Formen und Rezeptionsprobleme (2016), S. 35.
224 Robert Cohen: Brechts ästhetische Theorie (2003), S. 59.
225 Siehe hierzu etwa Erdmut Wizisla: Fünf Schwierigkeiten (2001).
226 Bertolt Brecht: Fünf Schwierigkeiten beim Schreiben der Wahrheit. In: Werke, Bd. 22,1 (1993), 74–89, hier S. 76.
227 Ebd., S. 77; zu Brechts Wahrheitsverständnis vgl. auch Robert Cohen: Brechts ästhetische Theorie (2003), insb. S. 59–64. Es stimmt in weiten Teilen mit Hannah Arendts Überlegungen zur Tatsachenwahrheit überein, wie sie sich in ihren Essays zur *Wahrheit und Lüge in der Politik* finden (Vgl. Hannah Arendt: Wahrheit und Lüge in der Politik [⁴2017]).

könne allerdings nur von einem Standpunkt aus erfolgen, von dem aus die gesellschaftliche Wirklichkeit konkret beschreib-, deut- und veränderbar wird[228] – eine Einsicht, die nicht zuletzt das Ergebnis seiner intensiven Auseinandersetzungen mit Georg Friedrich Hegel, Karl Marx sowie Ludwig Feuerbach darstellt. Die bei dieser Beschäftigung gewonnenen Lektüreeinsichten überführte Brecht schließlich zu einem Definitionsversuch, bei dem sich die Frage nach der Wahrheit als eine Frage der richtigen Praxis darstellte.[229]

Wie Lutz Danneberg und Hans-Harald Müller rekonstruieren konnten, lehnte sich Brechts Wahrheitsverständnis in den 1930er-Jahren in weiten Teilen auch an die Konzeptionen des Logischen Empirismus an, mit dem er sich zu dieser Zeit intensiv auseinandergesetzt hatte und zu deren Vertretern er Kontakt pflegte.[230] Als dezidiert antimetaphysische Philosophieströmung des 20. Jahrhunderts um Rudolf Carnap, Otto Neurath, Moritz Schlick und Hans Reichenbach orientierte sich der logische Empirismus am Methodenideal der modernen Naturwissenschaften und setzte für die Lösung philosophischer Fragen auf die logische Analyse von Sätzen.[231] Eine „der Grundannahmen des logischen Empirismus" lautete in den Worten Moritz Schlicks, des *spiritus rector* des sogenannten Wiener Kreises, dass „eine Aussage [...] nur dann einen angebbaren Sinn [hat], wenn es irgendeinen prüfbaren Unterschied macht, ob sie wahr oder falsch ist".[232] Aussagen sollten durch Logik und Erfahrung überprüfbar sein.[233] Dem Verifizierbarkeitskriterium des Logischen Empirismus, hier beispielhaft durch Schlick formuliert, ist Brechts Praktikabilitätsforderung recht ähnlich. Auch in seiner praxisorientierten Wahrheitskonzeption bildete die Prüfung von Aussagen auf ihre gesellschaftspolitische Relevanz, ihren pragmatischen Nutzen sowie ihren Erfahrungs- und Wirklichkeitsgehalt[234] einen entscheidenden

---

228 Hierzu Lutz Danneberg, Hans-Harald Müller: Wissenschaftliche Philosophie (1987); vgl. auch Frank Thomsen, Hans-Harald Müller, Tom Kindt: Ungeheuer Brecht (2006), S. 94–98.
229 Vgl. ebd., S. 60.
230 Vgl. Lutz Danneberg, Hans-Harald Müller: Wissenschaftliche Philosophie (1987), S. 51. Weiter heißt es bei Schlick, dass „[e]in Satz, für den die Welt genau so aussieht, wenn er wahr ist als wenn er falsch ist, sagt eben überhaupt nichts über die Welt, er ist leer, teilt nichts mit, ich vermag keinen Sinn für ihn anzugeben" (Moritz Schlick: Positivismus und Realismus [1932], S. 8).
231 Vgl. dazu Nikoly Milkov, Volker Peckhaus (Hg.): The Berlin Group (2013); Anne Siegetsleitner (Hg.): Logischer Empirismus (2010); Friedrich Stadler: Der Wiener Kreis (³2015).
232 Moritz Schlick: Positivismus und Realismus (1932/33), S. 8, zit. n. Lutz Danneberg, Hans-Harald Müller: Wissenschaftliche Philosophie (1987), S. 53.
233 Vgl. Frank Thomsen, Hans-Harald Müller, Tom Kindt: Ungeheuer Brecht (2006), S. 95.
234 Beispielhaft illustriert hat dies Lutz Danneberg an den Keuner-Geschichten. Vgl. Lutz Danneberg: Zu Brechts Rezeption des Logischen Empirismus (1996).

Aspekt. Die eigenen wahrheitstheoretischen Überlegungen sah Brecht zu dieser Zeit dementsprechend „durch die Autorität des Logischen Empirismus bestätigt", wobei er in der marxistischen Betrachtungsweise – und dies ist entscheidend – die Entsprechung der geschätzten „wissenschaftlichen Haltung" der Logischen Empiristen für den Bereich der Gesellschaftswissenschaften erkannte.[235]

Die Konvergenz zwischen der streng rationalen wissenschaftsphilosophischen Position und der sozialistischen Überzeugung war dabei keineswegs zufällig. Obwohl positivistische Positionen bei etlichen materialistischen Dialektikern verrufen waren,[236] gab es zwischen dem Logischen Empirismus und dem Marxismus durchaus Berührungspunkte, die besonders vom sogenannten ‚linken Flügel' des Wiener Kreises mit Vertretern wie Rudolf Carnap und Otto Neurath repräsentiert wurden. Die ganz praktische Veränderung von Welt und Wirklichkeit, genauer der Gesellschaft, wie sie auch Brecht im Visier hatte, wurde von einigen Logischen Empiristen als erhoffte Folge einer wissenschaftlichen Weltauffassung herbeigesehnt.[237] Mitunter motivierten gesellschaftspolitische Anliegen gar ihr wissenschaftliches Engagement.[238] In Analogie zur Wissenschaft wollte Brecht auch das eigene Handwerk im Besonderen und die Kunst im Allgemeinen auf ein möglichst antimetaphysisches Wahrheits- und Wirklichkeitsverständnis verpflichten, ein Wahrheitskonzept also, das relevant und anwendbar, kurz praktikabel sein sollte.[239] Poetologisch gewendet hatten sich diese Überlegungen in einer ‚realistischen Schreibweise' auszudrücken,[240] die bei Brecht mit einer marxistischen Weltsicht korrespondierte.

Anders als Georg Lukács es in seinem Artikel „Es geht um den Realismus" (1938) vorsah, bedeutete realistisches Schreiben für Brecht allerdings nicht, Text und Wirklichkeit in ein abbildrealistisches Verhältnis zueinander zu bringen. Stattdessen wollte er realistisches Schreiben als eine bestimmte Form der Produktion verstehen, die „von der Realität beeinflußt" ist, aber auch „die Rea-

---

[235] Lutz Danneberg, Hans-Harald Müller: Wissenschaftliche Philosophie (1987), S. 52, vgl. auch Lutz Danneberg: Zu Brechts Rezeption des Logischen Empirismus (1996), S 373.
[236] Vgl. dazu Hyman Frankel: Marxism and the new Physics (1991); Jerome Ravetz: Marxism (1981); Pertti Lindfors: Der dialektische Materialismus (1978); Leszek Nowak: Marxism and Positivism (1985); auch Andrea Albrecht, Martin Prager: Angriff oder Erwiderung (2019).
[237] Vgl. Frank Thomsen, Hans-Harald Müller, Tom Kindt: Ungeheuer Brecht (2006), S. 94.
[238] Vgl. Anne Siegetsleitner: Ethik und Moral im Wiener Kreis (2014), hier insbesondere S. 67–88; Erich Mohn: Der logische Positivismus (1978).
[239] Vgl. Lutz Danneberg, Hans-Harald Müller: Wissenschaftliche Philosophie (1987), S. 52–53.
[240] Vgl. Wolf Kaiser, Helmut Peitsch: Brechts ‚Fünf Schwierigkeiten' (1982).

lität bewußt beeinflussend" vorgeht.[241] Brechts und Lukács' divergente Auffassungen in Bezug auf ein der gesellschaftlichen Realität verpflichtetes Literaturkonzept führten in den 1930er-Jahren unter den marxistisch eingestellten Emigranten bekanntlich zu einer grundsätzlichen Debatte, in der es wesentlich darum ging, eine materialistische Ästhetik zu konturieren.[242] Während Lukács dabei eine mimetisch-realistische Kunst verlangte, die, in Anlehnung an den bürgerlichen Roman des 19. Jahrhunderts, gesellschaftliche Totalität gestalten sollte, setzte Brecht auf ein weitaus offeneres – und wenn man so möchte ‚progressiveres' – Konzept realistischer Literatur. Denn darin sollte für „alle ästhetischen Lösungen der literarischen Moderne als literarische Techniken" Platz sein,[243] vorausgesetzt sie seien dem Zweck dienlich, positiv, und zwar transformativ auf die gesellschaftliche Realität einzuwirken.

Dieser poetologische Kontext ist zum Verständnis von „Fünf Schwierigkeiten beim Schreiben der Wahrheit" insofern von Relevanz, als Brecht seine Anweisungspoetik als programmatisches Traktat – gleichwohl nachträglich – in einen um 1938 geplanten Band aufnehmen wollte, der seine Stellung in der Realismusdebatte mit Lukács klären sollte.[244] Vor diesem Hintergrund zeichnet sich auch ab, was Brecht im Exil, in das auch etliche Vertreter des Logischen Empirismus aus politischen und rassenideologischen Gründen vertrieben wurden,[245] von den exilierten und den im nationalsozialistischen Deutschland gebliebenen Schriftstellern verlangte: Eine realistische, lernbereite Kunst im Zeichen der materialistischen Dialektik, die praktikable Wahrheiten zur effektiven Bekämpfung repressiver Herrschaftssysteme vermitteln sollte.[246]

---

241 Bertolt Brecht: Notizen über realistische Schreibweise. In: Werke, Bd. 22,2 (1993), S. 626.
242 Vgl. zur Kontroverse mit Lukács in Auswahl Hans-Jürgen Schmitt (Hg.): Die Expressionismusdebatte (1973); Klaus Völker: Brecht und Lukács (1966); Werner Mittenzwei: Die Brecht-Lukács-Debatte (1967); Lothar Baier: Vom Erhabenen der proletarischen Revolution (1978); Gudrun Klatt: Vom Umgang mit der Moderne (1984); Friedrich Tomberg: Die Kritik der spätbürgerlichen Philosophie (1986); David Pike: Lukács und Brecht (1985); Lutz Danneberg, Hans-Harald Müller: Wissenschaftliche Philosophie (1987).
243 Klaus-Detlef Müller: Bertolt Brecht (2009), S. 137.
244 Vgl. Jan Knopf (Hg.): Brecht-Handbuch, Bd. 4 (2003), S. 256.
245 Vgl. Anm. 36 bei Lutz Danneberg, Hans-Harald Müller: Wissenschaftliche Philosophie (1987), S. 59; Rainer Hegselmann: Alles nur Mißverständnisse (2004).
246 Gemeinsam mit dem Verleger Wieland Herzfelde plante Brecht einen Band, der gewissermaßen seine Stellung in der Realismusdebatte klären sollte. Neben *Furcht und Elend des III. Reiches* und weiteren Texten, sollte auch *Fünf Schwierigkeiten beim Schreiben der Wahrheit* aufgenommen werden. Brecht schrieb zu diesem Projekt: „Wir entscheiden auf diese Weise praktisch zum Beispiel den ganzen Formalismus-Streit, der sonst noch eine zwanzigjährige

Brechts Forderung griff damit in gewisser Weise Jean-Paul Sartre vor, der, ein Jahrzehnt nachdem „Fünf Schwierigkeiten beim Schreiben der Wahrheit" publiziert worden war, in seinem literaturtheoretischen Essay „Qu'est-se que la littérature?" (1947) die Schriftsteller mit der „Kardinalfrage" konfrontierte, warum sie schreiben und was „die Mühe der Mitteilung lohnt".[247] Auch Sartre entwickelte die Überzeugung, dass man Literatur als soziale Handlung begreifen müsse, konkreter: als „ein Handeln durch Enthüllen". Enthüllen könne man aber nur, so Sartre, „wenn man die Absicht hat, etwas zu verändern".[248] Wie Brecht forderte auch er von den Schriftstellern eine standortgebundene Vereindeutigung der Wirklichkeit, und zwar in Bezug auf gesellschaftliche, nicht auf ontologische Gegebenheiten. Er forderte also eine ‚engagierte Literatur', die sich parteiisch zur Wirklichkeit verhält, sie zweckbestimmt konstituiert und beeinflussen möchte. Ohne Parteilichkeit jedoch ist engagiertes Schreiben, d. h. die gerichtete Einflussnahme der Literatur auf die Gesellschaft, nach Sartre nicht denkbar. Ungeachtet dessen, dass Sartre eine realistische Schreibweise im Brecht'schen Sinne nur der Prosa zugestanden hat (und die *poésie*, d. h. die Lyrik aus dem politischen Auftrag entlässt), scheinen sich die literaturtheoretischen Überlegungen dieser beiden antifaschistischen Schriftsteller und Intellektuellen vielfach zu überschneiden. In der Formulierung Sartres könnte man behaupten, dass beide „den unmöglichen Traum, ein unparteiisches Bild von der Gesellschaft und von der Situation des Menschen zu entwerfen, aufzugeben" bereit waren,[249] und zwar zugunsten einer praxisorientierten, auf gesellschaftliche Transformation gerichteten Perspektive, die sich aus dem Kampf gegen den Faschismus speiste.

Sartres Überlegung, dass sich der Schriftsteller unvermeidlich politisch oder anderweitig weltanschaulich zu binden habe, brachte ihm bekanntlich vielstimmige Kritik ein.[250] Theodor W. Adorno etwa lehnte die von Sartre, aber auch die von Brecht geteilte Annahme, Literatur könne und solle mit der empirischen Realität ins Gespräch treten, sie also dynamisch beeinflussen, strikt ab. Adorno erschien die Hoffnung, dass eine parteiliche Kunst der Welt den Spiegel vorhalten und sie damit vereindeutigen könne, als vermessen und naiv zugleich.[251] So ist es nicht verwunderlich, dass Adorno in seiner Erwiderung zum

---

Tätigkeit lahmgelegt und außer Kurs setzt" (Brief vom 31.05.1938, zit. n. Jan Knopf: Brecht Handbuch, Bd. 4 [2003], S. 236).
247 Jean-Paul Sartre: Was ist Literatur? (1958), S. 16.
248 Ebd., S. 17.
249 Ebd.
250 Siehe hierzu etwa Traugott König: Nachwort (1986), S. 226.
251 Vgl. Theodor W. Adorno: Engagement (1974), S. 422–429.

Thema ‚Engagement' ausgerechnet Brecht – bei mäßiger Würdigung – als Negativbeispiel eines engagierten Schriftstellers heranzieht und dabei ein harsches Urteil fällt: „Sein [Brechts] gesamtes oeuvre ist eine Sisiphusanstrengung, seinen hochgezüchteten und differenzierten Geschmack mit den tölpelhaft heteronomen Anforderungen irgend auszugleichen, die er desperat sich zumutete."[252] Die ‚heteronomen Anforderungen' Brechts, nämlich die Kunst an ein politisches Programm zu binden, depraviert nach Adorno nicht nur die „ästhetische Gestalt", sondern entstellt gleichzeitig auch die politische Realität.[253] Politische, im Sinne von parteiliche Kunst, die meint, „etwas verkünden [zu] müssen", sei demnach zugunsten der Eigengeltung von Politik und Kunst aufzugeben.[254]

Brechts literarisches Programm, die ‚Wahrheit' im Dienste gesellschaftlicher Transformation zu schreiben, kann selbstredend ohne Weiteres einer engagierten Schreibpraxis zugeordnet werden.[255] Wie Sartre platziert auch Brecht Literatur in einem sozialen und historischen Kommunikationsgeschehen und begreift sie als subjektgebundene und weltdeutende Handlung.[256] Die wesentliche Gemeinsamkeit von Brechts Poetologie und Sartres literaturtheoretischem Konzept lässt sich, mit den Worten Helmut Peitschs, in der „Verbindung von Kritik und Veränderung, Ideologiekritik und Bindung an das politische Projekt der Veränderung der Wirklichkeit" zusammenfassen.[257] Beiden kam es beim ‚Schreiben der Wahrheit' darauf an, den Leser in den Stand zu versetzen, „die Dinge dieser Welt handhabbar zu machen", wie Brecht es ausdrückt.[258] Sartre wie Brecht konkretisierten die aufklärerische Überzeugung, dass der tätige Mensch im Allgemeinen und der Literaturproduzent im Besonderen die Gesellschaft zum Positiven verändern könne. Beide holten sich dafür Hilfe bei der

---

252 Ebd., S. 422.
253 Ebd., S. 421.
254 Ebd., S. 425. Ähnliche Vorbehalte finden sich auch bei Umberto Eco, der annimmt, dass politische Bindung das offene Kunstwerk in seiner „Funktion als epistemologische Metapher" für eine nur fragmentarisch wahrnehmbare Wirklichkeit schwäche. Vgl. Umberto Eco: Das offene Kunstwerk ([12]2012), S. 13–14.
255 Siehe hierzu etwa Helmut Peitsch: ‚In den Zeiten der Schwäche' (1998); Gerhard Scheit: Autonomie versus Engagement (2011); Heinz Brüggemann: Literarische Technik und soziale Revolution (1973); Helga Schreckenberger (Hg.): Ästhetiken des Exils (2003), S. 60; Ingrid Gilcher-Holtey: Theater und Politik (2006).
256 Vgl. Jean-Paul Sartre: Was ist Literatur? (1958), S. 17–18, S. 39: „Schreiben heißt also die Welt enthüllen und sie gleichzeitig der Großherzigkeit des Lesers als Aufgabe anheimstellen. Schreiben heißt, das Bewußtsein eines anderen in Anspruch nehmen [...]."
257 Ebd., S. 365.
258 Bertolt Brecht: Fünf Schwierigkeiten beim Schreiben der Wahrheit. In: Werke, Bd. 22,1 (1993), S. 77.

materialistischen Dialektik, die ihnen den nötigen Deutungshorizont und das methodische Instrumentarium geboten hat.²⁵⁹

In „Fünf Schwierigkeiten beim Schreiben der Wahrheit" legt Brecht diesen Deutungshorizont, und damit auch eigene Überzeugungen relativ offen. Denn erst die Festlegung auf einen spezifischen Denkstandort erlaubt ihm – ganz im Sartre'schen Sinn – die gesellschaftliche Wirklichkeit angemessen wahrzunehmen, ihre Widersprüche aufzudecken, die Gegenwart in kritischer Absicht zu ‚enthüllen' und so eine objektive Veränderung der Verhältnisse zu bewirken. Es ist also eine *standortgebundene* kritische Praxis, die Brecht in seiner Anweisungspoetik exponiert und die es ihm ermöglicht, in einer spezifischen historischen Situation, nämlich zur Zeit des Nationalsozialismus, ‚Wahrheit' zu schreiben:²⁶⁰

> Die große Wahrheit unseres Zeitalters (mit deren Erkenntnis noch nicht gedient ist, ohne deren Erkenntnis aber keine andere Wahrheit von Belang gefunden werden kann) ist es, daß unser Erdteil in Barbarei versinkt, weil die Eigentumsverhältnisse an den Produktionsmitteln mit Gewalt festgehalten werden. [...] Wir müssen die Wahrheit über die barbarischen Zustände in unserem Land sagen, daß das getan werden kann, was sie zum Verschwinden bringt, nämlich das, wodurch die Eigentumsverhältnisse geändert werden.²⁶¹

Dass Brecht sich bei seiner Deutung der Hitler-Diktatur an der marxistischen Faschismustheorie orientierte, den Nationalsozialismus also als unterdrückerisches kapitalistisches System entlarven wollte und damit, wie Hannah Arendt ihm bei aller Würdigung vorwarf, das Wesentliche, nämlich den rassistischen Antisemitismus als tragendes Element der NS-Ideologie nicht in den Blick bekam,²⁶² soll an dieser Stelle nicht unerwähnt bleiben. Daran wird allerdings auch deutlich, wie sehr sich Brecht darum bemühte, von einem theoretisch fundierten und dezidiert antifaschistischen Standpunkt aus zu urteilen.

Noch deutlicher zeichnen sich die Bezüge zum dialektischen Materialismus in der Beurteilung der gesellschaftlichen Wirklichkeit des ‚Dritten Reichs' in Brechts nicht zur Veröffentlichung bestimmter Stellungnahme „Über Wahrheit" ab,²⁶³ die gewissermaßen als „Vorstudie" seiner Anweisungspoetik gelesen

---

259 Ebd., S. 77 u. 87.
260 Vgl. Helmut Peitsch: ‚In den Zeiten der Schwäche' (1998), S. 365.
261 Bertolt Brecht: Fünf Schwierigkeiten beim Schreiben der Wahrheit. In: Werke, Bd. 22,1 (1993), S. 88.
262 Vgl. Hannah Arendt: Bertolt Brecht 1898–1956 (⁹2019), S. 302–303.
263 Brecht übernimmt fast wörtlich Formulierungen der offiziellen Faschismusdeutung vom Exekutivkomitee der Kommunistischen Internationale (1933), vgl. Detlev Schöttker: ‚Der Schoß ist fruchtbar noch ...' (2000), S. 94.

werden kann.²⁶⁴ In ähnlicher, ebenfalls praxisorientierter Stoßrichtung definiert Brecht hier die Wahrheit als „die Spiegelung der treibenden Kräfte der Wirklichkeit in den Köpfen". Sie sei „nicht nur eine moralische Kategorie", sondern müsse „produziert werden" und „einen Zweck" haben.²⁶⁵ Die Frage nach der Wahrheit stelle gleichsam den Beweis für die Notwendigkeit eingreifenden Handelns dar. Konkreter: Was wahr ist, bewähre (und bewahrheite) sich in der Praxis, müsse aber auch „eine Voraussage gestatte[n]", um eine Gestaltungs- und Handlungsorientierung garantieren zu können.²⁶⁶ Wie Frank Dietrich Wagner treffend bemerkt, gehen fast alle Thesen, die Brecht in „Über Wahrheit" formuliert hat, in den publizierten Text „Fünf Schwierigkeiten beim Schreiben der Wahrheit" ein. Eine Ausnahme bildet lediglich die Eröffnungsthese: „Es gibt eine Wahrheit. Das heißt: Es gibt nur eine Wahrheit, nicht zwei oder ebenso viele, als es Interessengruppen gibt."²⁶⁷ Obwohl sich Brecht dagegen entschied, die im Typoskript formulierte Wahrheitsemphase in seiner Anweisungspoetik in aller Deutlichkeit zu explizieren, verschweigt der Text kaum die urteilende Position des Autors. Explizit klärt er die Schriftsteller darüber auf, welche „erwerbbare[n] Kenntnisse" und „erlernbare Methoden" nötig sind, um die Wahrheit, die es zu schreiben gilt, zu finden:

> Nötig ist für alle Schreibenden in dieser Zeit der Verwicklungen und der großen Veränderungen eine Kenntnis der materialistischen Dialektik, der Ökonomie und der Geschichte. Sie ist aus Büchern und durch praktische Anleitung erwerbbar, wenn der nötige Fleiß vorhanden ist. Man kann viele Wahrheiten aufdecken auf einfachere Weise, Teile der Wahrheit oder Sachbestände, die zum Finden der Wahrheit führen. Wenn man suchen will, ist eine Methode gut, aber man kann auch finden ohne Methode, ja sogar ohne zu suchen. Aber man erreicht, auf so zufällige Art, kaum eine solche Darstellung der Wahrheit, daß die Menschen auf Grund dieser Darstellung wissen, wie sie handeln sollen.²⁶⁸

Im Zeitalter der Faschismen verlange das ‚Schreiben der Wahrheit' vom Schriftsteller eine besondere Form der „Klugheit", die für Brecht darin besteht, die gesellschaftliche Situation deuten zu können, um sie auf dieser Grundlage schließlich zu verändern. Denn, so Brecht, „was nützt es da, etwas Mutiges zu schreiben, aus dem hervorgeht, daß der Zustand, in dem wir versinken, ein barbarischer ist (was wahr ist), wenn nicht klar ist, warum wir in diesen Zu-

---

264 Vgl. Frank Dietrich Wagner: Bertolt Brecht (1989), S. 103.
265 Bertolt Brecht: Über Wahrheit. In: Werke, Bd. 22,1 (1993), S. 96–97.
266 Ebd.
267 Ebd., S. 96.
268 Bertolt Brecht: Fünf Schwierigkeiten beim Schreiben der Wahrheit. In: Werke, Bd. 22,1 (1993), S. 77.

stand geraten?"[269] Zu dieser Analyse bedarf es einerseits des Denkens in Gegensätzen, also der materialistischen Dialektik als Methode, und andererseits weitreichender Kenntnisse in den für eine Gesellschafts- und Situationsanalyse relevanten Gebieten, und zwar der Geschichte und der Ökonomie. Erst auf dieser Grundlage sei eine Literatur produzierbar, die sich – wie gefordert – dem ‚Wahrheit-Schreiben' verpflichten könne, und zwar in dem Sinne, dass sie sowohl über den akuten gesellschaftlichen Zustand aufklärt als auch – analog dem naturwissenschaftlichen Modell, wie die Logischen Empiristen es untersuchen –‚sozialtechnologisch' eingreift.[270] Damit wird deutlich, dass für Brecht „Wahrheit nicht nur eine Frage der Gesinnung, sondern auch eine Frage des Könnens" ist.[271]

Seine literaturtheoretischen Überlegungen besitzen in diesem Sinne durchaus utopisch-visionäre Züge, denn ähnlich wie Sartre gesteht er der literarischen Kommunikation gesellschaftliche Einflusskraft zu.[272] Dass Brecht, nicht zuletzt in Adornos Essay „Engagement" (1962), als Prototyp eines ‚engagierten Schriftstellers' firmiert und darüber hinaus auch im Allgemeinen die Debatte um engagierte Literatur prägt,[273] ist, wie erwähnt, nicht weiter erstaunlich. Dass aber in „Fünf Schwierigkeiten beim Schreiben der Wahrheit" eine Anweisungspoetik engagierter Literatur für das Schreiben unter Zensur und Repression formuliert wird, entspringt einer anderen, nicht so offen zu Tage liegenden Intention. Denn Brecht beschränkt die Möglichkeiten engagierten Schreibens hier noch nicht auf die Literaturproduktion im Exil, sondern verlangt auch von den im nationalsozialistischen Deutschland produzierenden Autoren eine engagierte Literatur, und zwar unter Einsatz „vielerlei Listen, durch die man den argwöhnischen Staat täuschen kann".[274] Unter der Zwischenüberschrift „Die List, die Wahrheit unter vielen zu verbreiten" behandelt er sodann auch ganz

---

269 Ebd., S. 88.
270 Zur ‚angewandten Sozialwissenschaft' im Sozialismus Michael Schwartz: Sozialistische Eugenik (1995); Thomas Etzemüller: Biographien (2012); ders.: Die Ordnung der Moderne (2009); im Hinblick auf den Logischen Empirismus vgl. Nancy Cartwright u. a. (Hg.): Otto Neurath (1996).
271 Sabrina Habel: Wahrheitskunst. Brechts Anleitung zum richtigen Lesen (2017), S. 422.
272 Vgl. v.a. das Unterkapitel „Die Chancen der Literatur": „Mit Hilfe der Literatur, sagte ich, geht die Gemeinschaft zur Reflexion und zum Nachdenken über, sie bekommt ein schlechtes Gewissen, ein innerlich unausgewogenes Bild ihrer selbst, das sie unausgesetzt zu modifizieren und zu verbessern sucht" (Jean-Paul Sartre: Was ist Literatur? [1958], S. 175).
273 Vgl. Helmut Peitsch: ‚In Zeit der Schwäche' (1998), S. 358–359.
274 Bertolt Brecht: Fünf Schwierigkeiten beim Schreiben der Wahrheit. In: Werke, Bd. 22,1 (1993), S. 82.

konkrete Techniken und Darstellungsstrategien ‚verdeckten Schreibens',[275] die seinen Text zu einem Klassiker für dieses Thema haben werden lassen. Angefangen bei Konfuzius und Thomas Morus über Lenin, Voltaire, Lukrez bis zu Shakespeare führt Brecht hier eine Anzahl historischer Beispiele auf, die unter Zensurbedingungen Wahrheit listig und wirksam vermitteln konnten und für zeitgenössische Schriftsteller Vorbildfunktion übernehmen sollen. Aus den Beispielen extrahiert wird etwa die Schreibtechnik der Wortsubstitution, die ganz im Sinne der auch bei Sternberger zu findenden Sprachkritik für die vom Nationalsozialismus kontaminierte Semantik sensibilisieren soll. Auch rät Brecht zur Imagination von Gegenwelten, die einen Vergleich zur eigenen Wirklichkeit andeuten, und zur ironischen Konterkarierung konformer Erwartungen. Schließlich werden auch Techniken angeführt, die etwa durch Repetition oder durch satirische Übertreibung einen gesellschaftskritischen Gegensinn nahelegen.

Die Vielfalt dieser von Brecht nur kursorisch aufgegriffenen Techniken für eine engagierte Literatur ‚unterm Hakenkreuz' zeigt erneut, dass die Praxis ‚verdeckten Schreibens' ein weit größeres Spektrum abdeckt, als dies zu schlichte Typologisierungen insinuieren; und es zeigt, mit welch großem literarischen Traditionsbewusstsein Brecht sein Arsenal listigen ‚Wahrheit-Schreibens' ausstattet. Nicht zuletzt kann zu den Listen, „die Wahrheit unter vielen zu verbreiten", auch die gezählt werden, NS-kritische Texte auf nichtöffentlichen Wegen in Umlauf zu bringen. Wenngleich Brecht diese Option in seiner Anweisungspoetik nicht behandelt, so kann zumindest sein eigener Text, der im ‚Dritten Reich' als Sonderdruck illegal kursierte, als just solch eine Form engagierter, aber nicht legal publizierter Literatur im ‚Dritten Reich' gelten.[276]

Resümierend lässt sich also festhalten: Hinter Brechts Forderung, die ‚Wahrheit' zu schreiben, stehen recht konkrete an den Erkenntnissen des historischen Materialismus und logischen Empirismus inspirierte Überlegungen sowie weltanschauliche Grundüberzeugungen, die man mit den Worten Max Webers als „eigene letzte Stellungnahme[n] zum Leben als Grundlage von Wertungen" beschreiben könnte.[277] Die marxistisch-sozialistische Wirklichkeitsdeutung ist für Brecht damit mehr oder minder absolut gesetzt. In den praktischen

---

[275] Ebd., S. 81–88.
[276] Vgl. Bertolt Brecht: Schriften 1933–1942 (1993), S. 905.
[277] Dazu Olav Krämer: Ethos und Pathos des Metaphysikverzichts (2015), S. 114: „Da über den Rang der verschiedenen Wertordnungen nicht wissenschaftlich entschieden werden könne, falle jedem Einzelnen die Pflicht zu, sich über seine eigene ‚letzte Stellungnahme' klarzuwerden."

Fragen, etwa der, was konkret zu tun ist, um die gesellschaftliche Wirklichkeit zu verändern, gibt es für ihn jedenfalls keinen Platz für einen epistemischen Relativismus. Er hätte es daher auch vermieden, in diesem Zusammenhang von ‚Weltanschauung' oder ‚Ideologie' zu sprechen. Unter Wahrheit verstand er, wie die Kongruenzen mit dem wissenschaftlichen Wahrheitsbegriff des Logischen Empirismus deutlich machen, nichts Spekulatives, Kontingentes oder Standort- und Interessengebundenes, sondern etwas „Zahlenmäßiges, Trockenes, Faktisches", „was zu finden Mühe macht und Studium verlangt".[278] Wenn Autoren wie Adorno oder Arendt Brechts Anspruch als ideologisch disqualifizieren, markieren sie damit eine weltanschaulich-politische Differenz, die sich nicht ausblenden, die sich aber hermeneutisch überbrücken lässt und im Kontext NS-kritischer Literatur von maßgeblicher Bedeutung ist. Denn für den Autor Brecht steht fest – und dies hat man, anders als dies in der Regel in der Forschung zum ‚verdeckten Schreiben' getan wird, für die Rekonstruktion seiner Texte zu berücksichtigen –, dass das *parteiische* ‚Wahrheitsagen' unter den Bedingungen von Diktatur eine notwendige Bedingung heterodoxen Kommunizierens ist.

2.3.2 ‚Wahrheit' lesen

Der „Schritt von der eingreifenden Praxis des Schreibenden zur wirklichkeitsverändernden Praxis durch Handhabung der Wahrheit" begründet, wie es Klaus-Detlef Müller ausdrückt, „das Wechselverhältnis zwischen den Schreibenden und ihren Lesern, das als dialektische Einheit von Produktion und Rezeption, Informationsvorgaben und ihrer zielgerichteten Verarbeitung zu verstehen ist".[279] Weil Brecht, ebenso wie Sartre,[280] Wahrheit als Praxis auffasst, geht er auch davon aus, dass ihr Erkennen ein „den Schreibern und Lesern gemeinsamer Prozeß" sei.[281] Wie vom Literaturproduzenten so ist für Brecht auch vom Rezipienten zu erwarten, dass er nicht nur „gut hören", sondern auch „Gutes hören" und das „mit List" tun könne.[282] Antifaschistische Literatur, die

---

[278] Bertolt Brecht: Fünf Schwierigkeiten beim Schreiben der Wahrheit. In: Werke, Bd. 22,1 (1993), S. 75.
[279] Klaus-Detlef Müller: Bertolt Brecht (2009), S. 179.
[280] Auch bei Sartre findet sich dieser Lektüreaspekt, dass das Lesen *per definitionem* den Text und dessen Inhalte kreiert. Ohne den Leser gäbe es den Text nicht und so begreift Sartre die Lektüre als einen dialektischen Prozess zwischen lesendem Subjekt und dem Objekt des Textes. Vgl. Jean-Paul Sartre: Was ist Literatur? (1958), S. 28.
[281] Vgl. Erdmut Wizisla: Fünf Schwierigkeiten (2001), S. 277.
[282] Bertolt Brecht: Dichter sollen die Wahrheit schreiben. In: Werke, Bd. 22,1 (1993), S. 73.

gerade in faschistischen Ländern der ‚listigen' Vermittlung bedürfe, habe in diesem Sinne nicht die Aufgabe, allgemeine ‚Tatsachenwahrheiten' zu schmuggeln, sondern vielmehr „ein richtiges Denken" anzuregen, ein ‚eingreifendes Denken', das in der Lage sein muss, Energien der Veränderung zu mobilisieren.[283] „Denken als Verhalten" bezeichnet Brecht an anderer Stelle diese Form des reflexiven und zugleich produktiven, weil eingreifenden Weltverhältnisses.[284]

Produktiv könne in diesem Sinne aber nicht nur der Schriftsteller, sondern auch der denkende Leser werden. Denn der „Denkende", so gibt sich Brecht überzeugt, könne „alles, was er liest und hört", gar NS-propagandistische Texte, zugunsten der Wahrheit wenden, weil er in der Lage sei, es nach Maßgabe des eigenen Norm- und Wertesystems „richtigzustellen".[285] Aus einer an der marxistischen Faschismustheorie geschulten Perspektive wird in der ideologiekritischen Kontrafaktur „Die Wiederherstellung der Wahrheit" (1934) vorgeführt, wie in der Alltagspraxis ein derart ‚listiges' Lesen konkret aussehen kann. Brecht ergänzt mit diesem Beitrag seine Anweisungspoetik um eine praxisnah ausgeführte Lektüreanweisung. Exemplarisch und exemplifikatorisch unterzieht er dafür zwei 1934 gehaltene Reden der NS-Funktionäre Hermann Göring und Rudolf Hess einer korrigierenden Transformation und demonstriert dem Leser damit, wie nationalsozialistische Propaganda entlarvt und ihre Produzenten disqualifiziert werden könnten.[286]

Zu diesem Zweck werden Original und ‚Berichtigung' in synoptischer Form angeordnet und mit einer knappen Einleitung sowie einem Schlusskommentar geklammert. In den einleitenden Erläuterungen klärt Brecht über sein Vorgehen auf und führt so seine Leser, die er als ‚Denkende' apostrophiert, in die Kunst subversiven Lesens ein:

> In Zeiten, wo die Täuschung gefordert und die Irrtümer gefördert werden, bemüht sich der Denkende, alles, was er liest und hört, richtigzustellen. Was er liest und hört, spricht er leise mit, und im Sprechen stellt er es richtig. Von Satz zu Satz ersetzt er die unwahren Aussagen durch wahre. Dies übt er so lange, bis er nicht mehr anders lesen und hören kann. […] Er zerstört so den Zusammenhang der unrichtigen Sätze, wissend, daß der Zusammenhang Sätzen oft einen Anschein von Richtigkeit verleiht, welcher Anschein davon kommt, daß man im Zusammenhang, aufbauend auf einem unrichtigen Satz, mehrere

---

283 Vgl. ebd. S. 87.
284 Bertolt Brecht: Werke, Bd. 21 (1993), S. 422.
285 Vgl. Bertolt Brecht: Über die Wiederherstellung der Wahrheit. In: Werke, Bd. 22,1 (1993), S. 89; dazu auch Frank Dietrich Wagner: Bertolt Brecht (1989), S. 104. Siehe hierzu auch Bertolt Brecht: Rede über die Widerstandskraft der Vernunft (1993).
286 Vgl. Heidrun Kämper: Bertolt Brecht (2000), S. 1.

richtige Folgerungen ziehen kann. Das Folgern ist dann richtig, aber die Sätze sind nicht richtig. Der Denkende handelt so nicht nur, um festzustellen, daß getäuscht und geirrt wird. Er wünscht die Art der Täuschung und des Irrens zu gewinnen.[287]

Nicht ohne didaktisches Geschick entwirft Brecht für seine Anweisungspoetik einen idealen, nämlich kritischen und nachdenklichen, mit dem Marxismus vertrauten Leser, der weniger nach dem Aussagesinn des zu berichtigenden Textes oder nach der Aussageabsicht des Autors fragen, sondern darauf achthaben soll, was vom Autor bewusst (Täuschung/Lüge) oder unbewusst (Irren/ideologische Verblendung) *nicht* gesagt wird. Erst auf dieser Grundlage könne die ‚Richtigstellung' erfolgen. Nimmt der Rezipient eine Täuschungsabsicht an, so muss er den Autor als Lügner konzipieren, dem er zwar Wahrhaftigkeit, nicht aber Wahrheitsfähigkeit absprechen kann. In diesem Fall hat der Leser die Aufgabe, die Lüge als solche aufzudecken und durch eine ‚Tatsache' zu berichtigen. Unterstellt der Rezipient dem Autor hingegen einen Irrtum, so kann er ihm andersherum zwar die Wahrheitsfähigkeit, nicht aber die Wahrhaftigkeit aberkennen. Der Leser geht in diesem Fall also davon aus, über den behandelten Sachverhalt besser Bescheid zu wissen oder ‚richtiger' zu denken als der Autor.[288] Nach Maßgabe seines Wissens und seiner Überzeugung muss er folglich den Irrtum aufspüren und ihn gemäß seinem eigenen Wissensstand richtigstellen.

Brecht macht aber auch deutlich, dass der ‚Denkende' nicht nur einzelne Behauptungen, sondern auch „das Gehörte und Gelesene in seiner zusammenhängenden Form" destruieren soll.[289] Er verlangt von ihm, den Textfluss sowohl punktuell wie auch strukturell zu unterbrechen, um so eine Auflösung des kohäsiven „Zusammenhang[s] der unrichtigen Sätze" zu erreichen. Damit präsentiert Brecht seine Rezeptionsanweisung als eine auf Destruktion ausgerichtete

---

[287] Bertolt Brecht: Über die Wiederherstellung der Wahrheit. In: Werke, Bd. 22,1 (1993), S. 89.
[288] Nur bedingt kann in diesem Fall von einem ‚Besserverstehen' im klassisch-hermeneutischen Sinne gesprochen werden. Obwohl dieser Grundsatz systematisch mehrdeutig ist und kontrovers diskutiert wurde, lässt er sich, wie Lutz Danneberg ausgeführt hat, dem „autorintentionalen Typ" zuordnen. Lutz Danneberg: Hermeneutiken (2019), S. 337–339 Brecht ist zwar für seine kontraintentionalen Lektüren auf die Rekonstruktion der Autorintention angewiesen und meint auch ‚richtiger zu Denken als der Autor', interpretiert aber nicht intentionalistisch und folgt auch insofern nicht der Maxime des Besserverstehens. Zum Konzept des ‚Besserverstehens' siehe Werner Strube: Den Autor besser verstehen (1999); Vgl. auch Gerhard Kurz: Hermeneutische Künste (2018), S. 247; Genauer dazu Lutz Danneberg: Besserverstehen (2003).
[289] Bertolt Brecht: Über die Wiederherstellung der Wahrheit. In: Werke, Bd. 22,1 (1993), S. 89.

Textumgangsform,[290] die gerade unter Zensurbedingungen, also auch im privaten, individuellen Leseprozess („leise") stattfinden kann.[291] In der Durchführung kommen schließlich diverse Korrekturtechniken zum Einsatz, die dem Rezipienten helfen sollen, argumentative und persuasive Strategien des Autors zu durchschauen, um sie so kritisierbar und unwirksam zu machen.[292]

Brechts eingreifendes Lesen lässt sich, unter Berücksichtigung des historischen Kontextes, an einigen kurzen Beispielpassagen aus der Richtigstellung von Hermann Görings Rede veranschaulichen: Vor dem Hintergrund des nachwirkenden Reichstagsbrandprozesses von 1933, der bereits zeitgenössisch heftige Diskussionen über die nicht ausreichend geklärte Täterschaft entfachte, dementierte Göring in seiner Rede „Über die Überwindung des Kommunismus in Deutschland", die am 12. Dezember 1934 unter der Rubrik „Aus dem Dritten Reich" in der Abendausgabe der *National-Zeitung* erschienen war, den aufkommenden Verdacht, die Nationalsozialisten hätten vorsätzlich den Brand gelegt, um so antikommunistische Maßnahmen zu rechtfertigen. Göring hatte bereits kurz nach dem Brand die Kommunisten der Brandstiftung bezichtigt und sich mit diesen Schuldzuweisungen exponiert. Mit dem Auftauchen des sogenannten und – wie sich nach 1945 herausstellte – gefälschten ‚Ernst-Testaments' im Herbst 1934, in dem sich der SA-Gruppenführer Karl Ernst (1904–1934) zur Brandstiftung bekannte, nahm der Verdacht einer NS-Mittäterschaft zu. In seiner Rede beabsichtigte Göring nun eine ‚Klärung' der Umstände, die den Zweifel an der Rechtfertigung der innenpolitischen Maßnahmen des neuen Regimes endgültig zerstreuen sollte.

Für den über die Umstände in Deutschland informierten und dezidiert parteiischen Brecht muss Görings Rechtfertigung für Empörung gesorgt haben.[293] Im Rahmen seiner ideologiekritischen Kontrafaktur bringt er diesen Widerspruch auf satirische Weise zum Ausdruck und präsentiert seinen Lesern in der als *correctio* gestalteten rechten Spalte eine abweichende, korrigierte Version von Görings Rede, die dessen Wirkungsabsichten vereitelt. Aus der Gegenüberstellung von Original und Berichtigung entsteht ein ideologiekritischer Text, in

---

290 Vgl. Jürgen Schutte: ‚Die Wiederherstellung der Wahrheit' (1988), S. 151.
291 Gerhard Bauer: Sprache und Sprachlosigkeit (1988), S. 230 bezeichnet derlei Strategien als „Formen des gedachten, zurückgenommenen Dialogs".
292 Vgl. Jürgen Schutte: ‚Die Wiederherstellung der Wahrheit' (1988), S. 151–154; dazu auch Heidrun Kämper: Bertolt Brecht (2000), S. 233. Es gibt eine augenfällige Übereinstimmung zwischen Brechts Modifikationsstrategien und den an der klassischen Rhetorik inspirierten ‚Änderungskategorien' der Poetik der ‚Verdeckten Schreibweise'.
293 Das ‚Ernst-Testament' gelangte Ende 1934 durch linke Zeitungen an die Öffentlichkeit. (vgl. den Kommentar in: Bertolt Brecht: Werke, Bd. 22,1 (1993), S. 910.)

dem der Nationalsozialismus an einem Präzedenzfall als trügerisches Macht- und Herrschaftssystem entlarvt wird. Schon kleinste Eingriffe genügen Brecht, um den von Göring intendierten Textsinn umzukehren, so etwa, wenn er Görings Beteuerung, dass für die Bekämpfung des Kommunismus „kein[] Reichstagsbrand" vonnöten gewesen sei, durch die Tilgung eines einzigen Buchstabens zu „ein[] Reichstagsbrand" korrigiert und die Aussage damit als Lüge darstellt.[294] Neben semantischen Substitutionen und Streichungen nimmt Brecht in manchen Fällen Ergänzungen und Umkehrungen vor, lässt beispielsweise aus dem von Göring in Zweifel gezogenen „angeblichen Testament" in der rechten Spalte „das in seiner Echtheit beglaubigte Testament" werden.[295] Meist jedoch konkretisiert Brecht die allgemein gehaltenen Äußerungen, indem er Handlungszusammenhänge hinzufügend ausformuliert, die Göring bewusst oder unbewusst nicht erwähnt.[296] Die ‚staatliche Handlungsfreiheit', auf die sich Göring als nationalsozialistischer Reichskommissar legitimatorisch beruft, legt Brecht rechtsspaltig beispielsweise als „Freiheit von den moralischen Forderungen anderer Staaten oder auch kapitalistischer Gruppen im Inland" aus und führt den Sprecher so als heuchlerischen Unterdrücker vor.[297] Oder er desavouiert den Sprecher als Agenten der repressiven Bourgeoisie, indem er dessen fadenscheinige Begründung, dass „zur Durchführung unserer Maßnahmen [...] das Instrument einer durch und durch zuverlässigen und im höchsten Maße schlagkräftigen Polizei" vonnöten gewesen sei, durch das Akkusativobjekt „gegen die Hungernden" ergänzt.[298] Auch geschickte Beschönigungen spürt Brecht nüchtern auf, nimmt dabei, wie er es in „Fünf Schwierigkeiten beim Schreiben der Wahrheit" ausdrückt, „den Wörtern ihre faule Mystik" und dreht kurzerhand deren referenzialisierbare Dimensionen heraus.[299] Görings ‚zuverlässige' und ‚schlagkräftige Polizei' wird von Brecht so als eine „im höchsten Maße zum Schlagen bereite[] Polizei" parodiert.[300] Am Wortlaut orientiert, verkehrt sich das im Original anklingende Sicherheitsversprechen damit in sein Gegenteil, und zwar in eine Drohung. Aus Brechts interessegeleiteten Dolmetscherkünsten

---

294 In „Fünf Schwierigkeiten beim Schreiben der Wahrheit" firmieren Texteingriffe dieser Art als Beispiel für die „List des Konfutse". Bertolt Brecht: Fünf Schwierigkeiten beim Schreiben der Wahrheit. In: Werke, Bd. 22,1 (1993), S. 82.
295 Bertolt Brecht: Über die Wiederherstellung der Wahrheit. In: Werke, Bd. 22,1 (1993), S. 92.
296 Vgl. Jan Knopf: ‚Sprachkritik'. In: ders. (Hg.): Brecht-Handbuch, Bd. 4 (2003), S. 270.
297 Bertolt Brecht: Über die Wiederherstellung der Wahrheit. In: Werke, Bd. 22,1 (1993), S. 91.
298 Ebd., S. 92.
299 Bertolt Brecht: Fünf Schwierigkeiten beim Schreiben der Wahrheit. In: Werke, Bd. 22,1 (1993), S. 81.
300 Bertolt Brecht: Über die Wiederherstellung der Wahrheit. In: Werke, Bd. 22,1 (1993), S. 92.

geht im Ergebnis eine neue Rede hervor, die Görings Versuch, den Zuhörer davon zu überzeugen, nichts mit der Brandstiftung zu tun zu haben, in ein Tatbekenntnis verkehrt.[301]

Mithilfe einfachster Modifikationstechniken, nämlich semantischer Ergänzungen, Umkehrungen oder Streichungen, ersetzt Brecht auf diesem Wege ‚Falsches' durch ‚Richtiges'. Die punktuellen Eingriffe tragen damit auch dazu bei, den argumentativen Zusammenhang der Rede zu destruieren und ferner, wie Jürgen Schütte treffend bemerkt, die nationalsozialistische „Wertesprache durch eine Interessenssprache" zu substituieren.[302] Die sprachkritische Stoßrichtung der textmodifizierenden Eingriffe, die vielfach darauf zielen, das (nationalsozialistische) Sprachpathos durch sachliche Nüchternheit zu konterkarieren oder allgemeine Begriffe durch konkrete zu ersetzen, ist unverkennbar. Zudem werden Görings Aussagen in einen größeren, historisch-politischen Bezugsrahmen gestellt, der es Brecht ermöglicht, Nicht-Gesagtes zu ergänzen, Zusammenhänge sichtbar werden zu lassen, Täuschungsmanöver zu enttarnen und ‚verdeckte' Begründungen offenzulegen. Doch Brechts exemplifizierte Praxis des ‚eingreifenden Denkens' zielt auf weitaus mehr, als auf die bloße „Aufdeckung der realen Referenzen des Gesagten".[303] Unter Berücksichtigung von Text und Kontext bemüht sich Brecht überdies um die ‚Aufdeckung' der ideologischen Verblendung der Sprecher. Nicht immer interessiert er sich also dafür, was Göring (und Hess) sagen oder nicht sagen *wollten* und ob das so der Wirklichkeit entspricht, sondern fragt danach, was ihre Sprache und Argumentation, ohne dass sie sich dessen bewusst sein mussten, über sie *verrät*. Neben der in den Text eingreifenden ‚Richtigstellung' legt er dem Leser einen zweiten Lektüreschritt nahe und empfiehlt, nachdem man „die Rede und die Wiederherstellung der Wahrheit, von links nach rechts lesend, überflogen hat", auch „von der rechten Seite zur linken Seite hinüber[zu]lesen[]", um zu „studieren, [...] was für eine Art Mensch es ist", der hier spricht.[304] Die Aussagen der NS-Funktionäre sollen demnach weder allein als Manifestation einer Meinung oder Aussageabsicht behandelt werden, noch soll die ‚Richtigstellung' allein über politische Tatsachen aufklären. Stattdessen verlangt Brecht von seinen Lesern, das Gesagte als Anzeichen bzw. Symptom für bestimmte Dispositionen und Habitus der Autoren zu deuten. Göring und Hess interessieren dabei nicht nur als Einzelpersonen, sondern insbesondere als Repräsentanten der faschisti-

---

301 Vgl. ebd., S. 93.
302 Jürgen Schutte: ‚Die Wiederherstellung der Wahrheit' (1988), S. 151 u. 153.
303 Jan Knopf (Hg.): Brecht Handbuch, Bd. 4 (2003), S. 270.
304 Bertolt Brecht: Über die Wiederherstellung der Wahrheit. In: Werke, Bd. 22,1 (1993), S. 96.

schen Ideologie. In dem Gesagten möchte Brecht also exemplarisch die Widersinnigkeit und Hypokrisie nationalsozialistischer Überzeugung und Politik aufspüren und bloßstellen.

2.3.3 Symptomatisches und zersetzendes Lesen

Brechts Angriff richtet sich demnach nicht allein auf die als Irrende und Lügner demaskierten Göring und Hess, sondern auf den durch sie vertretenen und ebenso als trügerisch und irrig entlarvten Nationalsozialismus. Diese Interpretationspraxis, von den Aussagen des Autors (Göring) auf seine charakterliche Disposition im Besonderen (Lügner, Irrender) und das durch ihn Repräsentierte (nationalsozialistisches Herrschaftssystem) im Allgemeineren zu schließen, möchte ich mit dem bereits erwähnten Begriff als *symptomatische Lektüre* bezeichnen. Genauer kann darunter eine Interpretationspraxis verstanden werden, bei der der Text oder bestimmte Elemente des Textes als Indikator und Zeichen für etwas anderes gedeutet werden, das vom Autor selbst in der Regel nicht kontrollierbar ist. Die Bedeutungszuschreibung des symptomatisch Interpretierenden greift so durch den Text, seine Elemente und Eigenschaften – d. h. auch durch die auktorial deklarierte Bedeutung – hindurch oder direkt an ihr vorbei auf einen anderen, tieferen Bedeutungsbereich. Dies kann beispielsweise „eine historische Problemsituation, eine Diskursformation [...], eine typische gender-Konstellation [oder] die psychische Verfassung des Autors", seine politischen Ansichten oder seine Weltanschauung sein.[305] In jedem Fall handelt es sich aber um Sachverhalte, die jenseits eines auktorial verbürgten und kultivierten Kommunikationsinteresses liegen. Symptomatisches Lesen lässt sich in diesem Sinne mit Simone Winko als ein „Interpretieren als" beschreiben.[306] Gemeint ist damit, dass sich das Interpretationsinteresse auf einen spezifischen, vom Autor jedoch nicht willentlich preisgegebenen Bereich richtet, den der Interpret als Kontext mit dem Text verknüpft. Das Interpretationsinteresse regelt in diesem Fall auch die Bedeutungszuschreibung. Anders ausgedrückt: Was als Indiz oder Symptom in besagtem Sinne gelten kann und welcher Kontext für die Bedeutungszuschreibung an den Text zentral gesetzt wird, bestimmt die ‚Bedeutungskonzeption', und zwar mit Lutz Danneberg verstanden als jener primäre Kontext, der darüber entscheidet, welche weiteren, sekundären Kontexte für

---

305 Simone Winko: Lektüre oder Interpretation (2002), S. 135.
306 Ebd.

die einem spezifischen Erkenntnisinteresse verpflichtete Interpretation heranzuziehen sind.[307]

Im Falle Brechts ist das Interpretationsinteresse an den Reden von Göring und Hess von der Frage bestimmt, was ihre Äußerungen über ihre persönlichen Dispositionen, ihre ideologischen Interessen und ihren Standort verraten und inwiefern die dabei gemachten Beobachtungen auch symptomatisch für den Nationalsozialismus als Ideologie und Herrschaftssystem sind. Brecht liest die propagandistischen Texte der beiden NS-Funktionäre also auf die sich darin abbildenden nationalsozialistischen Machtinteressen hin.

Konzeptionell abzugrenzen ist die hier beschriebene ‚symptomatische Lektüre' von Louis Althussers Konzept des ‚symptomalen Lesens'. Bei Althusser dokumentiert ‚symptomales Lesen' eine „Kombination aus dem Analyseinstrumentarium Freuds und der Lektürepraxis, die [er] bei Marx findet".[308] In *Lire le Capital* (1965), in deutscher Übersetzung *Das Kapital lesen* (1972), definiert Althusser diese Lesestrategie als eine Lektüre, die

> in einer und derselben Bewegung – dasjenige als solches aufdeckt, was in dem Text, den sie liest, als solchem verdeckt bleibt und es [dabei] auf *einen anderen Text* bezieht, der im Modus einer notwendigen Abwesenheit in dem ersteren [Text] gegenwärtig ist.[309]

Marx findet, wie Althusser zeigt, in den Texten der klassischen Ökonomie, allen voran bei Adam Smith, Antworten auf Fragen, die nicht von den Autoren selbst gestellt, die aber als ‚Indizien der Abwesenheit' aufgespürt werden können und „die Möglichkeit einer auf sie aufbauenden Textproduktion" implizieren.[310] Um das „Unsichtbare" und die „Lücken in der Fülle des Diskurses" zu sehen, ist nach Althusser ein „belehrter Blick" notwendig,[311] den man ebenso als spezifisch gerichtetes Interesse deuten könnte. Das französische Kunstwort ‚symptômale' meint allerdings weniger das ‚Symptom' im alltäglichen Sinn, sondern lässt sich annähernd mit der Vokabel ‚Vorbote' ins Deutsche übertragen.[312] Ausgehend von der generellen Annahme, dass es einen ‚Erkenntnisfortschritt' gebe, detektiert die symptomale Lektüre, was im Text zwar angelegt, aber *noch* nicht gedacht wurde. Ihr Ziel besteht folglich darin, wie Klaus-

---

307 Vgl. Lutz Danneberg: Darstellungsformen der Wissenschaften (1998), S. 206.
308 Ingo Kramer: Symptomale Lektüre (2014), S. 17.
309 Louis Althusser: Vom Kapital zur Philosophie. In: Das Kapital lesen (2015), S. 42.
310 Ingo Kramer: Symptomale Lektüre (2014), S. 71.
311 Louis Althusser: Vom Kapital zur Philosophie. In: Das Kapital lesen (2015), S. 41.
312 Christian Jäger, Erhard Schütz: Städtebilder (1999), S. 16.

Michael Bogdal formuliert, „neue[s] Wissen[], das in der Sprache des Textes vorborgen ist" zu produzieren.[313]

Es geht in Althussers Konzeptualisierung ‚symptomalen Lesens' also weniger darum, Texte als Indikatoren für etwas sich in ihnen eigentümlich Ausdrückendes zu lesen – wie das in Brechts „Über die Wiederherstellung der Wahrheit" der Fall ist –, sondern sie auf neue, sie transzendierende und in die Zukunft weisende Erkenntnisse hin zu befragen; Erkenntnisse, die in der Sprache des Textes schlummern und als das „noch nicht Denkbare"[314] identifiziert werden können.[315]

Auch die Art des Kontextbezugs unterscheidet die ‚symptomale Lektüre' Althussers von der Interpretationspraxis des ‚symptomatischen Lesens' in dem von mir gemeinten Sinne. Erstere bezieht sich auf textuelle (wenn auch noch ausstehende, zukünftige),[316] letzteres meist auf extratextuelle Kontexte,[317] also auf „nichttextuelle Gegebenheiten",[318] wie etwa realhistorische Zusammenhänge, Habitus, Weltanschauung, das Unbewusste etc. Die symptomatische Lektüre will das an der Textoberfläche nur flüchtig, aber *eigentümlich* Anwesende in seiner anzeigenden Funktion ‚aufdecken'.[319] Gerade im Hinblick auf textexterne Zusammenhänge – bei Brecht sind es die *per definitionem* falsche Ideologie und Herrschaftspraxis des Faschismus – erhält der Text für den symptomatisch Lesenden seine Bedeutung.

Brechts Appell an den Leser, symptomatisch zu interpretieren, also „von der rechten Seite zur linken Seite hinüberlesend" zu studieren,[320] was Görings und Hess' Reden über sie als Personen im Besonderen sowie über den Nationalsozialismus im Allgemeinen verraten, geht die rechtsspaltig mittels diverser Techniken vorgenommene Richtigstellung voraus, die sich ebenfalls als eine bestimmte Form heterodoxer Lektüre beschreiben lässt.[321] Allgemeiner lässt sich

---

313 Klaus-Michael Bogdal: Neue Literaturtheorien (³2005), S. 86–87.
314 Vgl. Benedikt Descourvières: Utopie des Lesens (1999), S. 60.
315 Vgl. Klaus-Michael Bogdal: Neue Literaturtheorien (³2005), S. 88.
316 Bei der neuen Lektüre bildet sich der zweite Text aus den Lücken des ersten heraus, vgl. Benedikt Descourvières: Utopie des Lesens (1999), S. 60.
317 Simone Winko: Lektüre oder Interpretation (2002), S. 133.
318 Lutz Danneberg: Kontext (2007), S. 334.
319 Vgl. Louis Althusser, Etienne Balibar: Das Kapital lesen I (1972), S. 32: Die Lektüre ist „symptomatisch in dem Maße, wie sie in einem einzigen Prozeß das Verborgene in dem gelesenen Text enthüllt und es auf einen anderen Text bezieht, der – in notwendiger Abwesenheit – in dem ersten Text präsent ist".
320 Bertolt Brecht: Über die Wiederherstellung der Wahrheit. In: Werke, Bd. 22,1 (1993), S. 89–98, hier S. 96.
321 Vgl. Jürgen Schutte: ‚Die Wiederherstellung der Wahrheit' (1988), S. 151.

Brechts auf Destruktion setzender, in „Über die Wiederherstellung der Wahrheit" präsentierter Textumgang mit Karl Mannheims Begriff des ‚Zersetzens' bestimmen. Ohne dabei alle Implikationen, die diesem Begriff in Mannheims theoretischem Gesamtzusammenhang zukommen, zu berücksichtigen, soll der Ausdruck wegen seines instruktiven Charakters hier für die Beschreibung einer bestimmten subversiven Lektürepraxis adaptiert werden.

Davor sei aber ein kurzer Blick in den Verwendungszusammenhang des Begriffs bei Mannheim geworfen: In seinem 1925 publizierten Aufsatz „Das Problem einer Soziologie des Wissens" beschäftigt sich Mannheim mit der für seine wissenssoziologische Forschung programmatischen Frage, welche rezenten Bedingungen dazu beigetragen haben, dass das ‚Problem einer Soziologie des Wissens' aktuell werden konnte.[322] Dafür macht er insgesamt vier Faktoren verantwortlich, und zwar erstens die Selbstrelativierung des Denkens und Wissens, zweitens die Relativierung auf ein neues Bezugssystem hin, und zwar die soziologische Ebene, drittens die Transzendierung des Denkens auf das Historisch-Soziale und viertens die Relativierung der Totalität eines ‚Weltanschauungssystems'.[323] Von Relevanz ist in diesem Zusammenhang der zweite Faktor, der nach Mannheim eine ganz eigentümliche, weil „neue" Art des Umgangs mit Aussagen und Handlungen hervorgebracht habe.[324] Den historischen Ursprung dieses Umgangs will Mannheim in der aufklärerischen „Oppositionswissenschaft" ausmachen, die im „Kampf" gegen die althergebrachten Herrschaftsverhältnisse die ‚Ideen' des politischen und ideologischen Gegners nicht mehr dem Inhalt nach, sondern gemäß einer „eigentümliche[n] Art der bewußtseinsmäßigen Verhaltungsweise [diesen] Ideen gegenüber" entwertet hätten.[325] In *Ideologie und Utopie* (1929) wird Mannheim das mit dieser oppositionellen Entwertungspraxis verbundene Bewusstsein als ‚utopisch' bezeichnen. Es sei deshalb ‚utopisch', weil es „sich mit dem es umgebenden Sein nicht in Deckung befindet", dabei aber gleichzeitig eine „wirklichkeitstranszendente Orientierung" anbiete, „die, in das Handeln übergehend, die jeweils bestehende Seinsordnung zu-

---

[322] Vgl. Karl Mannheim: Wissenssoziologie (1964), S. 311: „welche die letzten grundlegenden Faktoren sind, die in jene Konstellation hineinspielen, aus der das Problem einer Soziologie des Denkens in der Gegenwart mit Notwendigkeit erwächst [...]".
[323] Vgl. Karl Mannheim: Das Problem einer Soziologie des Wissens [1928], S. 311–320.
[324] Weil Mannheim richtigstellt, dass mit den Relativierungen in diesem Sinne „keineswegs ein erkenntnistheoretischer ‚Relativismus' gemeint [ist], sondern nur das Gegenteil von ‚Autonomie'" (Karl Mannheim: Das Problem einer Soziologie des Wissens [1924/25], S. 311), schlägt Reinhard Laube: Karl Mannheim (2004), S. 202–203 vor, besser von ‚Relationierung' zu sprechen.
[325] Ebd., S. 315.

gleich teilweise oder ganz sprengt".³²⁶ Eine bestimmte Weltanschauung als Ideologie, verstanden als Verabsolutierung einer notwendig partikularistischen Perspektive, wahrzunehmen und sie in diesem Sinne kritisieren zu können, bedeutet für Mannheim aber, einen Standort einzunehmen, von dem aus eine solche kritische Betrachtung möglich ist. Ein solcher als „Außenbetrachtung" bezeichneter Standort setze unbedingt eine „vortheoretische[] Einstellungsverschiedenheit" zum Gegenstand voraus, denn „die Ideologie- und Utopie-Enthüllung kann nur Gehalte zersetzen, mit denen wir nicht identisch sind",³²⁷ heißt es prägnant in *Ideologie und Utopie*. Jedes „geistige Gebilde" kann demnach je nach „Betrachtungsweise" als Ideologie (oder bei einer Innenbetrachtung als Idee) verstanden werden.³²⁸ Bei einer wie auch immer gearteten ‚Außenbetrachtung' entziehe man sich jedoch der „ideologischen Immanenz" und betrachte den entsprechenden geistigen Gehalt „als Funktion eines außerhalb seines gesetzten ‚Seins'".³²⁹ Eine Ideologie zu funktionalisieren bedeutet nach Mannheim mithin „die Aufdeckung aller jener existentiell (seinsmäßig) bedingten Zusammenhänge, die das Auftreten und Einsetzen eines geistigen Gebildes erst ermöglichen".³³⁰ Eine praktische Strategie, um Ideologien zu funktionalisieren, stellt nach Mannheim die Methode des ‚Zersetzens' dar, die er als eine bestimmte Form der „außertheoretischen Auflösung der Wirksamkeit d[]er Ideen" behandelt.

In „Das Problem einer Soziologie des Wissens" wird der ‚zersetzende Umgang' mit geistigen Gebilden von Mannheim als eine Art der Konfrontation präsentiert, die Brechts Umgang mit NS-propagandistischen Texten sehr ähnelt. Mannheim schlägt darin vor, Ideologien durch ein ‚enthüllendes Bewusstsein' zu entlarven. Dieses bestehe darin,

> daß man nicht so sehr darauf ausgeht, gewisse Ideen einfach zu negieren, für falsch zu erklären oder anzuzweifeln, sondern danach trachtet, sie zu zersetzen, und zwar in einer Weise, daß dadurch zugleich das Weltbild einer sozialen Schicht zersetzt wird. Es gilt hier die phänomenologische Differenz ins Auge zu fassen, die zwischen einer „Negation", dem „Bezweifeln" einer Idee und ihrer „Funktionalitätsbestimmung" besteht. Negiere ich eine „Idee", so setze ich sie selbst als ‚Thesis' voraus und stelle mich dadurch noch immer auf denselben theoretischen [...] Boden, auf dem sie sich selbst konstituiert. Auch wenn ich die „Idee" bezweifle, mache ich die Setzung als Voraussetzung mit. Nur wenn ich eigentlich darauf gar nicht eingehe (oder das Schwergewicht nicht auf dieses Eingehen lege), ob

---
326 Karl Mannheim: Ideologie und Utopie (⁹2015), S. 169.
327 Ebd., S. 44.
328 Vgl. Karl Mannheim: Ideologische und soziologische Interpretation (1926), S. 388.
329 Ebd., S. 394–395.
330 Ebd.

etwas wahr sei, sondern Ideen lediglich in ihrer außertheoretischen Funktionalität erfasse, entsteht eine Enthüllung, die eigentlich gar keine theoretische Widerlegung ist, sondern eine vom Leben her vollzogene Auflösung der Wirksamkeit dieser Ideen.[331]

Der Unterschied zwischen einer ‚zersetzenden' und einer ‚negierenden' Auseinandersetzung mit spezifischen weltanschaulichen Gehalten eines Akteurs ist für Mannheim also mit der jeweiligen Betrachtungsweise verbunden, das heißt ‚standortgebunden'. Die bloße ‚Negation' setze hierbei „noch immer das Stehen in der ideologischen Immanenz" voraus, erfolge also aus der ‚Beobachtungswarte'[332] „ideologischer Innenbetrachtung".[333] Anders hingegen der zersetzende Umgang, der nicht darauf zielt, bestimmte „geistige Gebilde" nur zu kritisieren, sondern sie zu unterminieren und damit letztlich zu vernichten.

Von Ian Hacking wurde diese Art der kritischen Auseinandersetzung unlängst als ‚undoing' bezeichnet. Wie Mannheim unterscheidet auch Hacking „two ways to criticize a proposal, doctrine, or dogma. One is to argue that it is false. Another is to argue that it is not even a candidate for truth or falsehood. Call the former *denial*, the latter *undoing*."[334] Konfliktsituationen solcher Art ergeben sich aus der Pluralität simultan existenter, relationaler und reziproker sozialer, d. h. auch ideologischer Standorte, „von denen aus Kollektive (Schichte, Stände, Berufsgruppen etc.) und die ihnen zugehörigen Individuen Wirklichkeit erleben, Wissen generieren und in einem dynamischen Mit- und Gegeneinander zeit- und gruppenspezifische Anschauungen von der Welt entwerfen".[335]

Überträgt man diese Überlegungen auf Brechts exemplifikatorische Lektürepraxis, so kann zunächst konstatiert werden, dass Brechts Bindung an einen weltanschaulichen Standort eine notwendige Bedingung der ideologiekritischen ‚Außenbetrachtung' bildet. Brecht zielt mit seiner subversiven Kontrafaktur nicht auf eine theoretische und immanente Auseinandersetzung mit dem Nationalsozialismus. Weder ist seine Kritik am Faschismus im Allgemeinen und an Göring oder Hess im Besonderen in „Über die Wiederherstellung der Wahrheit" explizit formuliert noch geht er auf die Argumente seiner Kontrahenten ein – etwa in dem Sinne, dass er versuchen würde, sie zu analysieren und dann argumentativ zu widerlegen. Stattdessen wird, wie bereits die formale Spalten-

---

331 Karl Mannheim: Das Problem einer Soziologie des Wissens [1928], S. 315.
332 Als metaphorische Bezeichnung für ‚Standort' in Karl Mannheim: Ideologie und Utopie (⁹2015), S. 118.
333 Karl Mannheim: Ideologische und soziologische Interpretation (1926), S. 390.
334 Ian Hacking: Historical Ontology (2002), S. 57.
335 Andrea Albrecht: ‚Konstellationen' (2010), S. 132.

trennung indiziert, eine paritätische Auseinandersetzung mit Görings (und Hess') Äußerungen strikt vermieden. Stattdessen *enthüllt* Brecht die Referenzen des Gesagten nach Maßgabe seines Wissens und seiner Überzeugungen und konfrontiert dabei die Aussagen der NS-Funktionäre mit der Praxis der nationalsozialistischen Gewaltherrschaft.

Die metaphorische Vagheit des Ausdrucks bringt es mit sich, dass auch diese Form des Textumgangs, die Brecht in der rechtsspaltigen ‚Wiederherstellung' präsentiert, sich als eine Art des ‚aufdeckenden Lesens' im weiteren Sinne beschreiben ließe, und dies obwohl es sich kategorial von dem ‚aufdeckenden Lesen' im bisher verwendeten Sinne unterscheidet. Im, wenn man so möchte, ‚klassischen Format' ‚aufdeckenden Lesens' solidarisiert sich der Leser im Lektüreakt mit dem ‚aufgedeckten' (autorintentional verbürgten oder nicht verbürgten) Gehalt des Textes und wendet ihn gegen die politische Außenwelt. Hier hingegen sind es die in den NS-Repräsentanten und ihrer Rede verkörperten Bedingungen und Strukturen der NS-Ideologie, die von einem antifaschistischen Standort aus enthüllt und als repressiv-kapitalistisch abgelehnt werden. In beiden Fällen mag bei der Lektüre zwar von ‚Sichtbarem' auf zunächst ‚Unsichtbares' geschlossen werden, aber das Verhältnis dieser beiden Ebenen ist jeweils ein ganz anderes. Während ‚aufdeckende Lektüren' im klassischen Sinne zeigen, dass in einem bestimmten Text ‚dissidente' Gehalte vermutlich vorliegen oder explizit formuliert worden sind und für ein spezifisches Lektürepublikum auch zugänglich sind, deckt Brechts ideologiekritische Lektürepraxis keinen nonkonformistischen Gehalt, sondern eine faschistische ‚Tiefenstruktur' auf. Aus Brechts standortgebundener Enthüllung geht die praktische ‚Auflösung der Wirksamkeit' nationalsozialistischer Gehalte hervor, weshalb sich diese Art des Textumgangs besser und, in loser Anlehnung an Mannheim, als *zersetzend* statt als ‚aufdeckend' bezeichnen lässt.

In Anlehnung an Mannheim und Hacking verstehe ich unter *zersetzender Lektüre* dabei weniger ein konkretes Interpretations*verfahren*, sondern vielmehr eine spezifische *Funktionsform* heterodoxen Lesens. Sie kann sowohl bei kontraintentionalen wie auch bei symptomatischen Lektürepraktiken zum Tragen kommen. „Lügenenthüllung" und „Ideologieenthüllung" – um noch einmal Mannheims Vokabular zu bemühen[336] – sind in Brechts Lektürepraxis jedenfalls eng aufeinander bezogen. Weil sich der Faschismus für Brecht gerade dadurch auszeichnet, strukturell wirklichkeitsblind und irrational zu sein, bedürfe er auch der (bewussten oder unbewussten) Täuschung als Herrschaftsmittel – etwa in Form von Propaganda. So werden also die Lüge und der Irrtum zum

---

336 Karl Mannheim: Das Problem einer Soziologie des Wissens (1924/25), S. 316.

Symptom nationalsozialistischer Herrschaftspraxis und Ideologie, die Brecht durch Enthüllung in ihrer Wirksamkeit aufzulösen versucht. ‚Zersetzend' fungieren im Rahmen seiner ‚Richtigstellungen' nicht nur die jeweiligen Korrektureingriffe, sondern auch der Interpretationsakt an sich – nicht zuletzt, weil Brecht davon ausgeht, dass sich in den Äußerungen der NS-Funktionäre die nationalsozialistische Ideologie performativ reproduziert. Explizit betont er, dass nicht nur einzelne Behauptungen destruiert werden sollen, sondern auch „das Gehörte und Gelesene in seiner zusammenhängenden Form".[337]

Auch ‚zersetzende' Textumgangsformen lassen sich, möchte man den Ausdruck in analytischer Funktion verwenden, von interpretatorischer Beliebigkeit abgrenzen. Zu ihren wesentlichen Bedingungen gehört, um es mit Mannheim auszudrücken, eine kritische ‚Außenbetrachtung', bzw. eine ‚vortheoretische Einstellungsverschiedenheit'. Erst die ideologiekritische Distanz zum Nationalsozialismus, die Brecht auch von seinen Lesern verlangt, ermöglicht den Ankerpunkt für die kritischen Korrekturen. Ähnlich wie in seiner Anweisungspoetik für eine antifaschistische Literaturproduktion bildet also auch hier die weltanschauliche Standortgebundenheit eine notwendige Voraussetzung der ideologiekritischen Interpretation. In Übereinstimmung mit dem ‚gebundenen Schriftsteller', so ließe sich Brechts Rezeptionsanweisung in Anlehnung an Sartre zusammenfassen, will auch der ‚gebundene Rezipient' eine bestimmte „Ansicht von der Welt enthüllen".[338]

Was kann also, um zusammenzufassen, Brechts Auseinandersetzung mit den Bedingungen und Möglichkeiten antifaschistischer Literaturproduktion und Rezeption nun zu einer ‚Hermeneutik des aufdeckenden Lesens' beitragen?

Im Allgemeinen zeigt das Beispiel Brecht ein weiteres Mal, inwiefern sich Praktiken heterodoxer Interpretation nicht in den Grenzen von ‚verdecktem Schreiben' und ‚aufdeckendem Lesen' halten, NS-kritische Kommunikation also weitaus mehr bedeuten kann als die im Akt des Lesens praktizierte Umkehrung einer vom Autor intendiert vorgenommenen textoberflächlichen Chiffrierung. Im Besonderen wird ersichtlich, dass für zeit- und systemkritische Lektürepraktiken politische, gesellschaftskulturelle, religiöse, weltanschauliche und geschmacksbasierte Einstellungen des Lesers bei Weitem bedeutender sein *können* als etwa der propositionale Gehalt und der (intendierte) Aussagesinn des Interpretandums. Eine heterodoxe Lektüre kann sich sogar relativ weit von der Aussageabsicht des Autors entfernen, sie für irrelevant erklären oder den Standort des Sprechers als solchen destruieren. Dies bedeutet allerdings nicht,

---

[337] Bertolt Brecht: Über die Wiederherstellung der Wahrheit. In: Werke, Bd. 22,1 (1993), S. 89.
[338] Jean-Paul Sartre: Was ist Literatur? (1958), S. 17.

dass der Literaturwissenschaftler bei seiner Rekonstruktion auf die Frage der Autorintentionalität verzichten kann. Schließlich hat er für seine Analysen anhand der Befunde darüber zu urteilen, ob Intentionalitätsannahmen für die historischen Leser bei ihrer Deutungsaktivität eine Rolle spielten oder nicht. Gerade im Falle kontraintentionaler Lesepraktiken spielt Intentionalität eine zentrale Rolle, da deren Subversion Annahmen über die Aussageabsicht des Autors bedarf. Mitunter konnten historische Lektüren also durchaus hermeneutisch verfahren.

An Brechts Rezeptionsanweisung konnten darüber hinaus beispielhaft konkrete Formen NS-kritischen Textumgangs studiert werden, die ich abstrahierend als symptomatisches und zersetzendes Lesen bezeichnet habe. Punktuell ließen sich auch kontraintentionale Interpretationsverfahren ausmachen. Wie deutlich geworden sein sollte, können auch diese Textumgangsformen von interpretatorischer Willkür abgegrenzt und damit modellhaft beschrieben werden. Denn während man einem zu Überinterpretation neigenden Leser unterstellen könnte, alles Gelesene unterschiedslos zum Zeichen eines dahinter liegenden, ‚eigentlichen' Sinns zu deklarieren, ist Brechts ideologiekritische Lektüre durchaus ‚kontrolliert'. Wie seine Unterscheidung zwischen Irrtum und Lüge nahelegt, muss der Rezipient zunächst entscheiden, ob er dem Autor eine Täuschungsabsicht unterstellt oder meint, ihn oder den Sachverhalt besser zu verstehen als er es selbst tut. Im Falle symptomatischen Lesens erschließt sich die Bedeutung also nicht im Rahmen des gängigen Kommunikationsmodells von Autor, Leser, respektive Produktion, Distribution und Rezeption, sondern bezieht sich auf ein bestimmtes Interpretationsziel, das den Text als Indikator wertet. Wenn Aussagen dabei auf ihren ideologischen Interessenskern hin, der dem Autor mitunter opak bleibt, befragt werden, kann eine symptomatische Lektüre mitunter als ‚zersetzend' beschrieben werden. Wie ausgeführt, stellt die ‚zersetzende Lektüre' eine bestimmte Form des ideologiekritischen Textumgangs dar. Sie zielt darauf, den Sprecher als Person zu disqualifizieren und sein Weltbild zu entwerten oder idealerweise aufzulösen. Attackiert wird in diesem Fall die Wahrheitsfähigkeit des Autors. Die Beliebigkeit der Deutung wird dabei im Besonderen durch einen spezifischen Überzeugungshorizont limitiert – bei Brecht ergibt sich dieser aus einem marxistisch-empiristischen Wahrheitsverständnis und einer sozialistischen Gesinnung.

2.4 Lesen als soziale Praxis

2.4.1 Beispiele heterodoxer Lektüren im ‚Dritten Reich'

Dass die von Brecht reflektierten und didaktisch vorexerzierten Lesepraktiken keine rein theoretischen Konstrukte waren, sondern in Hitler-Deutschland auch tatsächlich vielfach praktiziert worden sind, sollen kurz einige wenige Beispiele demonstrieren:

Am 25. März 1939 erschien in der Pariser Zeitung ein Artikel mit dem Titel „Zwischen den Zeilen. Wie man in Berlin die Wahrheit erfährt". Der Verfasser blieb anonym, doch dem Vorspann konnte man entnehmen, dass es sich wohl um „[e]in[en] aus Berlin frisch eingetroffene[n] Beobachter" handelte, der über „seine Eindrücke aus dem Alltag der Reichshauptstadt" berichtet. Der anonyme Autor gibt darin Auskunft über den Umgang der deutschen Bevölkerung mit der „Uniformierung der Presse" und konstatiert dabei für den „Durchschnittsleser" eine obsessive Informationsgier. „Man glaubt alles", so urteilt der Verfasser, „auch die wahnwitzigsten Gerüchte", „weil man den Zeitungen nichts glaubt". Die Skepsis gegenüber der gleichgeschalteten Presse habe indes „das Sammeln von Zeitungsausschnitten zu einem beliebten Sport oder Hobby gemacht". Ironisch merkt der Verfasser an, es gebe sogar „Spezialisten, die die Lüge sammeln". Man interessiere sich unter anderem für „besonders penetrante Superlative" nationalsozialistischer Zeitungen und Journale. Viele Zeitungsleser, so lässt der Berichterstatter seine Leserschaft wissen, wollen „die Flut der Beschimpfung, die sich tagtäglich auf Juden, Bolschewisten, Literaten, Liberale, Katholiken, Kardinäle, Pastoren, Zigarettenraucher, Gigolos, Schnapstrinker, Verkehrssünder [...] ergießt, in ihren Sammlungen einfangen".[339]

Die Praxis des Sammelns bestimmter Zeitungsausschnitte, die der anonyme Verfasser im nationalsozialistischen Deutschland beobachtet zu haben meinte und die er „in tausend unterirdischen Kratern" vermutet,[340] war im ‚Dritten Reich' durchaus verbreitet, und zwar sowohl bei NS-kritischen wie auch bei NS-affirmativen Zeitungslesern.[341] Schließlich gehörten Zeitungen während der

---

339 O.V.: Zwischen den Zeilen. In: Pariser Zeitung, 25.03.1939.
340 Ebd.
341 Vgl. etwa Janosch Steuwer: ‚Ein Drittes Reich, wie ich es auffasse' (2017), S. 397–431. Ein einschlägiges Beispiel für NS-affirmatives Zeitungssammeln stellt das umfangreiche Tagebuch von Addy Bansmann dar, das von Sascha Feuchert in der Ausgabe der Tagebücher Friedrich Kellners erwähnt wird. Vgl. Sascha Feuchert: Vorwort, in: Friedrich Kellner: Tagebücher 1939–1945 (2011), S. 9: „Im Gegensatz zu Kellner [...] übernimmt sie die Propaganda völlig unkritisch und belegt mit den eingeklebten oder beiligenden berichten und Kommentaren nur ihre natio-

nationalsozialistischen Herrschaft zu den wenigen frei zugänglichen Quellen in Deutschland. Tagebücher, wie etwa die Victor Klemperers, Friedrich Kellners, Erich Kästners oder Theodor Haeckers geben über diese Sammelpraxis eindrücklich Zeugnis. An ihnen lässt sich aber auch studieren, wie der – in diesem Fall – kritische Leser sich zur nationalsozialistischen Propaganda verhalten hat. Bemerkenswerterweise finden sich in den angeführten Diarien zahlreiche Belege für die von Brecht (und ansatzweise auch von Sternberger) exemplifizierten Lektürepraktiken.

So etwa in den zwischen 1939 und 1945 geschriebenen Tagebüchern des Sozialdemokraten Friedrich Kellner (1885–1970), die, wie es 2019 im *Spiegel* hieß, das „Dokument eines ganz normalen Deutschen [sind], der im unerschütterlichen Dissens mit dem Nazistaat lebt".[342] Nahezu sechs Jahre setzte sich Kellner „im Stillen", aber dezidiert kritisch mit der nationalsozialistischen Propaganda auseinander.[343] Seine 2011 erstmals unter dem Titel „*Vernebelt, verdunkelt sind alle Hirne*" herausgegebenen Aufzeichnungen stellen eine Mischform aus Memoiren, Chronik, Lesetagebuch und Dokumentarium dar und lassen sich als meinungsstarker und materialgesättigter Zeitkommentar lesen. Sein „Collagen-Diarium"[344] schreibt Kellner in der Absicht, wie es im ersten Eintrag heißt, mittels „augenblickliche[r] Stimmungsbilder" aus nächster Umgebung einen Einblick in „die zeitgenössische Gesellschaft" zu geben, um so einer Mythologisierung des ‚Dritten Reiches' entgegenzuwirken.[345] In regelmäßigen Abständen klebte er dafür zeitgenössische und eigenhändig ausgeschnittene Zeitungsartikel, Schlagzeilen, Fotos und Karikaturen in sein Diarium ein, deren Inhalte er kommentierte, reflektierte, kritisch bis ironisch befragte, untereinander und mit der eigenen Erfahrungswirklichkeit abglich und dabei nicht selten Widersprüche aufdeckte.[346] Quasi als „Laien-Philologe" rückte Kellner auf diese Weise „den Lügen, Halbwahrheiten, üblen Gerüchten und bösen Verleumdungen" der

---

nalsozialistische Überzeugung." Weitere Beispiele für Praktiken kritischer und affirmativer Auseinandersetzung mit der nationalsozialistischen Presse finden sich auch in Walter Kempowskis Echolot-Projekt.

342 Benno Stieber: Stiller Protest gegen Hitler (2019): https://www.spiegel.de/kultur/-friedrich-kellner-justizinspektor-in-hessen-ein-ganz-normaler-buerger-a-00000000-0002-0001-0000-000162996730 (20.08.2020).
343 Ebd.
344 Sascha Feuchert: Vorwort. In: Friedrich Kellner: Tagebücher 1939–1945 (^{3}2011), S. 10.
345 Friedrich Kellner: Tagebücher 1939–1945 (^{3}2011), S. 15.
346 Vgl. ebd., S. 9.

Propaganda-Maschinerie zu Leibe und ließ sein Tagebuch so zu einem Zeugnis kritischer (Zeitungs-)Lesepraxis während des ‚Dritten Reiches' werden.[347]

Kellners auf Entschleierung propagandistischer Elemente zielende Zeitungsexegese lässt sich als anschauliches Beispiel für die Praxis ‚aufdeckenden Lesens' beschreiben. Aufgedeckt werden, ähnlich wie in Sternbergers Glosse „Zwischen A und B" und in Brechts „Wiederherstellung der Wahrheit", sowohl Täuschungsabsichten als auch charakteristische Selbstverblendungen nationalsozialistischer Ideologen. Ein kurzes Beispiel: Hitlers am 1. September 1939 geäußerte Überzeugung zum Polenfeldzug, „Wir haben nichts zu verlieren, aber alles zu gewinnen", die Kellner einem 1942 erschienenen Artikel entnimmt, in dem vom ‚großen Idealismus' des ‚Führers' die Rede ist, wird von ihm am 12. Dezember 1942 nebst dem entsprechenden Zeitungsabschnitt wie folgt kommentiert:

> Hitler kann sagen und unternehmen, was er will, es wird immer in der Oeffentlichkeit als eine ganz ungewöhnliche Sache hingestellt. ‚Der Führer hat immer recht'. ‚Der Führer weiß alles im voraus'. ‚Der Führer hat sich noch nie geirrt.' [...]. Wenn Millionen Frauen, Mütter, Bräute, ihre Männer, Söhne u. künftigen Männer verlieren, so ist das bei Hitler ‚nichts'. Wenn hunderttausende Menschen ihr Heim u. ihre Existenz verlieren, so ist das wiederum ‚nichts'. Und wenn ungezählte Männer Gliedmaßen oder die Gesundheit verlieren, so ist das selbstverständlich auch ‚nichts'. Wenn schon Kinder ihre Väter verlieren, so ist das nicht der Rede wert, also: ‚Nichts'. ‚Wir haben nichts zu verlieren, aber alles zu gewinnen.' In diesem Satz steckt der ganze Hitler. Wenn Deutschland eines Tages diesen Schurken Hitler verliert, dann hat es in ihm nichts verloren, durch ihn aber alles [...].[348]

In einem zwischen Ironie und Verbitterung changierenden Ton legt Kellner den Ausdruck „nichts" aus, kontrastiert ihn polemisierend mit den faktischen Kriegsopfern und deutet Hitlers Aufruf schließlich *ex post* in Umkehrung der ursprünglichen Aussageabsicht als treffende Selbstaussage. Während die Kriegseuphorie, die sich in der ursprünglichen Aussage Hitlers abbildet, als fataler Irrtum gebrandmarkt und Hitler damit jegliches Urteilsvermögen abgesprochen wird, unterstellt der Diarist der NS-Presse eine absichtsvolle Täuschung. Kellner stellt also den propagandistisch intendierten Sinn, die Werbung für einen ‚siegessicheren Krieg', der von den konformen Medien panegyrisch begleitet wird, in einen aktuellen Kontext und wendet ihn damit *symptomatisch* gegen den Sprecher Hitler, der als verblendeter Unheilsbringer bloßgestellt wird. Gleichzeitig wird die propagandistische Wirkungsabsicht *kontraintentional* gegen die zeitgenössische Presse gerichtet, deren Berichterstattung der

---

347 Ebd.
348 Friedrich Kellner: Tagebücher 1939–1945 (2011), S. 364.

kritischer Leser Kellner als Betrug enttarnt. Mit wachsamer Skepsis begegnet der Diarist so der propagandistischen Ausmünzung einer falschen Versicherung und deckt sie schließlich kontraintentional als Beleg für das Scheitern des NS-Staates auf.

Die von Kellner – und auch von Brecht – praktizierte Form heterodoxen, auf Entlarvung und Bloßstellung zielenden Lesens belegt, wie sich regimekritische Lesepraktiken auch jenseits einer an Textsinn und Intention orientierten Interpretation ausbilden und konsolidieren konnten. Kellners kritisches Leseverhalten, wie es sich in seinen Tagebüchern dokumentiert, stellt keinen Einzelfall dar.

Weitere Beispiele finden sich nicht nur in Zeugnissen dissidenter Durchschnittsleser, sondern auch – und mitunter vermehrt – in Tagebüchern von Autoren der sogenannten ‚Inneren Emigration'. Exemplarisch lässt sich hierfür Erich Kästners „Geheimes Kriegstagebuch" heranziehen:[349] Dass Kästner (1899–1974), der sich schon früh literarisch gegen den Nationalsozialismus engagiert hatte und dessen Bücher am 10. Mai 1933 bei der Bücherverbrennung in Berlin unter das Feuer kamen, nicht emigrierte, rief vielerorts Unverständnis hervor. Obwohl er bereits 1933 aus der Reichsschrifttumskammer ausgeschlossen wurde,[350] konnte er dank gewundener Vertriebskanäle, spärlicher Sondergenehmigungen[351] und dem literarischen Programmwechsel hin zur unpolitischen Unterhaltungsliteratur dennoch weiterhin publizieren.[352] Auf das Wohlwollen der Machthaber war dies also nicht zurückzuführen. Stattdessen stand sein Name auf jenen schwarzen Listen, die unliebsame Veröffentlichungen indizierten. Bis 1936 „waren alle Kästner-Bücher im Handel und in den Bibliotheken beschlagnahmt und verboten".[353] Auf die Frage, warum er Nazi-Deutschland nicht verlassen hatte, rechtfertigte sich Kästner nach 1945, er sei dageblieben, um Zeugnis abzulegen oder, wie er es in seinen Romannotizen zum *Doppelgänger* formuliert, „um Chronist zu sein".[354] Gewiss fielen noch andere Gründe, wie die

---

349 Erich Kästner: Das Blaue Buch (2018), S. 7.
350 Zu Erich Kästner im Dritten Reich vgl. Jan-Pieter Barbian: ‚...nur passiv geblieben' (1999); Markus Wallenborn: Schreibtisch im Freigehege (2008); Stefan Neuhaus: Erich Kästner und der Nationalsozialismus (1999).
351 Lediglich unpolitische Unterhaltungsliteratur, vgl. Markus Wallenborn: Schreibtisch im Freigehege (2008), S. 217.
352 Vgl. hierzu auch Markus Wallenborn: Schreibtisch im Freigehege (2008), und Jan-Pieter Barbian: ‚...nur passiv geblieben' (1999).
353 Hans Sarkowicz, Alf Mentzer: Schriftsteller im Nationalsozialismus (2011), S. 167.
354 Erich Kästner: Das Blaue Buch (2018), S. 239

enge Beziehung zu seiner Mutter sowie die anfängliche Unterschätzung des Nationalsozialismus, bei dieser Entscheidung ins Gewicht.[355]

Dem Anspruch, der Nachwelt ein Bild vom Alltag im ‚Dritten Reich' zu vermitteln, kam Kästner gleich mit zwei Tagebüchern nach. Das eine, 1961 unter dem Titel *Notabene 45* publiziert, stellt eine stark überarbeitete, auktorial selegierte und stilisierte Fassung des Originaltagebuchs dar,[356] das als vollständige Edition erst 2007 erschien. Unter dem Titel *Das Blaue Buch* liegt davon jüngst eine erweiterte und kommentierte Neuausgabe vor.[357] An ihr zeigt sich eindrücklich, dass das authentische Tagebuch in weiten Teilen als Notizbuch verwendet wurde, in dem, wie Kästner erklärt, „Einfälle für künftige Romane" festgehalten werden sollten.[358] Der große Roman zum ‚Dritten Reich', den der ‚Innere Emigrant' auf Grundlage seiner Notate schreiben wollte, kam allerdings nicht zustande. Sven Hanuschek, der Herausgeber des neuedierten Diariums, betrachtet *Das Blaue Buch* als einen Ersatz hierfür.[359] Die Stärke des Originaldiariums, so urteilt Hanuschek, liege einerseits in dem sich darin abzeichnenden medienkritischen Blick des journalistisch geschulten Kästner und andererseits in seiner dokumentarischen Darstellung. Kästner gelinge es, „ein genaues Bild des Alltags in der Diktatur" zu zeichnen, das „die deutsche Mentalität jener Jahre [und] auch der Menschen" verdeutliche, „die in Opposition zum Regime standen, ohne sich geradewegs einer deutschen Variante der *Résistance* anschließen zu wollen".[360] Die Aufzeichnungen stellten folglich weitaus mehr dar als eine „Sammlung von Abstrusem und Aberwitzigem, Opportunismus und Kriecherei im Schatten", wie Erhard Schütz Kästners Diarium in seiner ansonsten positiven Rezension charakterisiert.[361] Es gibt, ähnlich wie die Tagebücher Kellners, auch instruktiv Aufschluss darüber, wie dem Nationalsozialismus gegenüber distanzierte Beobachter mit der NS-Propaganda dieser Jahre konkret umgangen sind, wie also gleichgeschaltete Zeitungen von „Nichtnazis" gelesen wurden.[362]

---

355 Vgl. Sven Hanuschek: Wir leben noch (2018), S. 7–8.
356 Zu Kästners Selbststilisierung vgl. Heinz-Peter Preußer: Erich Kästner als Überlebender (2010).
357 Erich Kästner: Das Blaue Buch (2018). Besprochen wird die Neuerscheinung von Erhard Schütz: Rezension (2018).
358 Zit. n. Sven Hanuschek: Wir leben noch (2018), S. 15.
359 Vgl. Sven Hanuschek: Kästners Kriegstagebücher (2018), S. 8.
360 Ebd.
361 Erhard Schütz: Rezension (2018), S. 680.
362 So nennt Kästner den nonkonformistischen Teil der deutschen Bevölkerung während des Nationalsozialismus, vgl. Erich Kästner: Das Blaue Buch (2018), S. 229.

Und tatsächlich wecken etliche Einträge aus dem *Blauen Buch* den Eindruck, Erich Kästner hätte Brechts ‚Richtigstellung' zur Anwendung gebracht. Zu einer Rede des nationalsozialistischen ‚Reichsführers' der *Deutschen Arbeiter Front* (DAF), Robert Ley im März 1941 notiert Kästner beispielsweise am 29. desselben Monats und Jahres:

> Ley hat neulich vor den Textilindustriellen eine Rede gehalten und gesagt: Er wisse nicht, wie das Paradies ausgesehen habe, aber das könne er trotzdem sagen: Nach dem Krieg werde Deutschland ein Paradies sein. (Mein Kommentar: weil dann die Leute auch nichts anzuziehen haben werden, – deswegen sagte er dergleichen vor den Textilleuten.)[363]

Hierzu ist folgender Kontext zu berücksichtigen: Die nationalsozialistische, gegen den französischen Einfluss ausgerichtete Lenkung der Modebranche war – wie andere Ämter auch – von Kompetenzstreitigkeiten gezeichnet.[364] Neben dem Propagandaministerium, dem Reichswirtschaftsministerium und dem Erziehungsministerium sah sich auch die DAF für Fragen der Mode in der Verantwortung. So ließ Robert Ley im Herbst 1940 das DAF-Amt „Schönheit und Mode" errichten und betraute es mit der Aufgabe, „alle[] am Modeschaffen und an der Modegestaltung beteiligten Kräfte" in Europa zusammenzufassen, auszurichten und zu lenken.[365] Im Februar 1941 bemühte sich Ley schließlich darum, durch einen Arbeitskreis, „dem Vertreter der Textilindustrie, der einzelnen Städte, der Modellhäuser und Künstler angehören sollten,"[366] das „Durcheinander auf dem modischen Gebiet zu ordnen".[367] Sein Engagement für die Modeindustrie hing vor allem mit dem Interesse zusammen, nach dem „scheinbar bevorstehenden nationalsozialistischen ‚Endsieg' weitere politische Claims für die DAF abstecken" zu können.[368] Bis Sommer 1941 war Ley „Modebeauftrager des Führers"[369] und übte entsprechenden Einfluss auf die Textilindustrie aus.

Leys Rede vor den Textilindustriellen nimmt Kästner zum Anlass, die Hypokrisie nationalsozialistischer Propaganda, die sich in diesem Fall suggestiver Hinhalte-Rhetorik bedient, offenzulegen. Leys Zukunftsversprechen eines paradiesischen Nachkriegsdeutschlands wird von Kästner dafür in ein desolates Bild

---

363 Ebd., S. 79.
364 Vgl. dazu Johannes Christoph Moderegger: Modefotografie 1929–1955 (2000); Gloria Sultano: Mode unterm Hakenkreuz (1995); Paul Dahms: Mode im Nationalsozialismus (2012).
365 Zit. n. Rüdiger Hachtmann: Das Wirtschaftsimperium der Deutschen Arbeiterfront (2012), S. 347.
366 Gloria Sultano: Mode unterm Hakenkreuz (1995), S. 129.
367 Zit. n. ebd., S. 129.
368 Rüdiger Hachtmann: Das Wirtschaftsimperium der Deutschen Arbeiterfront (2012), S. 347.
369 Gloria Sultano: Mode unterm Hakenkreuz (1995), S. 74.

von Elend und Armut verkehrt. Einerseits konkretisiert sein „Kommentar" den von Ley mehrdeutig belassenen Begriff ‚Paradies', das nun zum Paradies für Wenige regrediere, nämlich für die, die von der gesellschaftlichen Notsituation profitieren. Andererseits deutet Kästner Leys Behauptung ironisch und baut sie in seinem Kommentar zu einem Witz aus. Dazu nutzt er den Textilkontext der Rede, um ein bestimmtes, von Ley aber wohl nicht gemeintes, in der metaphorischen Rede also neutralisiertes Merkmal der proklamierten ‚paradiesischen Zustände' zu aktivieren, nämlich das ‚Nacktsein', das allerdings nicht zum Zeichen harmonischen und friedlichen Zusammenlebens wird, sondern die bevorstehende Armut der Nachkriegszeit ausdrücken soll. Die von Ley insinuierte Analogie, die positiven Aspekte des Paradieses auf das antizipierte Kriegsende zu beziehen, gestaltet Kästner zu einer kontraintentionalen Realisierung, im Sinne einer ‚negativen Analogie' um.[370] Ganz in Brechts Manier nimmt Kästner so den allgemein gehaltenen und überhöhten Sätzen des machtinteressierten ‚Reichsführers' ihre ‚faule Mystik'. Lakonisch deckt er Leys vermeintliche Absicht, sein hochrangiges Publikum mit Hoffnungen abzuspeisen und damit zur Arbeit für den Krieg zu gewinnen, als perfide Manipulation auf. Weil Leys Suggestionsabsicht enthüllt und durch Kästners nüchtern-satirischen Kommentar unterminiert werden, lässt sich dieser Fall als Ergebnis kontraintentionalen Lesens beschreiben.

Einträge wie diese bilden für Kästners Diarium nicht die Ausnahme. Die „permanente Analyse von Nachrichten" kann gleichsam als ein wesentliches Charakteristikum des *Blauen Buches* gelten,[371] wie der Herausgeber Sven Hanuschek bemerkt. Kästners Originaltagebuch lädt folglich nicht nur dazu ein, diaristische Textversionen zu vergleichen, neue biographische Details über den Schriftsteller zu erfahren oder Einblick in die Literaturproduktion ‚für die Schublade' zu gewinnen, sondern auch Lesepraktiken in Augenschein zu nehmen, die sich während des ‚Dritten Reiches' nachweislich ausgebildet haben.

2.4.2 Denkstil und Dissidenz

Die bisherigen Ausführungen haben gezeigt, dass einen Text ‚aufdeckend' zu lesen mehr und anderes bedeuten kann, als auf der Suche nach dem unterstellten Klartext eine auktoriale Chiffrierung zu entschlüsseln. Heterodoxe Lektüre-

---

[370] Zum Konzept der ‚negativen Analogie' vgl. Mary Brenda Hesse: Models and Analogies (1966), S. 8.
[371] Sven Hanuschek: Wir leben noch (2018), S. 14.

praktiken können vielmehr auch in *intentions- und textsorteninadäquaten, aktualisierenden* (situationsadäquaten), *symptomatischen, kontraintentionalen* oder *zersetzenden* Textumgangsformen realisiert werden. Nicht immer folgen diese Lektürepraktiken einem methodisch regulierten Programm. Gleichwohl lassen sich die in Rede stehenden Interpretationspraktiken rational rekonstruieren, sind jedenfalls nicht mit interpretatorischer Willkür und Beliebigkeit gleichzusetzen. Welche Funktionen sie jeweils und in einem bestimmten Zusammenhang übernehmen, ob die Leser auf Affirmation, Realitätsflucht oder Trost aus sind, ob sie nach Selbstvergewisserung oder Selbstverständigung, Sprachkritik oder Sprachbewahrung, Wertekonservierung oder Aufklärung, Reflexionssteigerung oder Konspiration suchen, ob sie Antiaffekte ausagieren oder gar eine oppositionelle Haltung konkretisieren wollen, kann sicherlich nur im Einzelfall entschieden werden. Unter den heterodox Lesenden finden sich zudem selbst Zensoren, Gutachter oder misstrauische Schriftleiter, die sich in die Rolle potentiell nonkonformistischer Leser hineinimaginieren und deren Lektürepraktiken zu imitieren versuchen, um etwaigen dissidenten Kommunikationsgemeinschaften auf die Schliche zu kommen. Fest steht, dass die Formen und Funktionen heterodoxer Lektüre im ‚Dritten Reich' ein relativ weites und differenziertes Spektrum bilden, das zum bislang kartierten Formen- und Funktionsspektrum ‚verdeckten Schreibens' nicht kongruent ist. Die Beispiele camouflierter und auf Zeitkritik angelegter Literatur im Nationalsozialismus, wie sie Ehrke-Rotermund/Rotermund präsentiert haben, müssen demnach durch Beispiele nonkonformistischen Lesens ergänzt werden, wenn man an der Rekonstruktion eines differenziellen Spektrums ‚verdeckten' Schreibens und Lesens interessiert ist.

Um dieser Aufgabe methodisch gerecht zu werden, kann man sich gewiss nicht auf anekdotische Einzeltextfunde beschränken, sondern muss diese aggregieren und nach übergreifenden Mustern fahnden und in die soziale Umgebung ihres Auftretens einbetten. Denn obwohl Lektüreakte oftmals individuell und im Privaten vollzogen werden, basieren sie auf erlernten, sozial erworbenen und kollektiv geteilten Textumgangsformen, auf Konventionen und kommunizierten Erfahrungen. Heterodoxes Lesen ‚unterm Hakenkreuz', verstanden als NS-Kritik anzeigende Lektürepraxis, lässt sich tentativ als eine standort- und gruppenkonsensbasierte Textumgangsform beschreiben, die sich nicht im schlichten Kommunikationsmodell von Autor-Text-Leser und Zensor erschöpft. Stattdessen verlangt ihre Detektion und Analyse einen weiteren, literatursoziologisch zu bestimmenden Bezugsrahmen. Eine zentrale Rolle dafür spielen soziale Organisationsformen, also ‚Institutionen' samt ihrer Akteure, die als Interpretations-, Diskurs- und Denkgemeinschaften Lesepraktiken ausbilden und über die Zeit stabilisieren können. Unter ‚Interpretationsgemeinschaft' verstehe ich hier nicht das theoretische Konzept der ‚interpretive community' Stanley Eugene Fishs, das, wie Marcus Willand formuliert, „ein konzeptionelles Sammelbecken konventionalisierter *interpretive strategies* [darstellt], die durch linguistische, soziale, psychologische usw. Parameter bestimmt werden".[372] Stattdessen soll der Begriff – in Anlehnung an Ludwik Fleck – mit dem Konzept eines Denkkollektivs, bzw. einer Denkgemeinschaft verbunden werden.[373] Gemeint sind damit Kollektive, die sich durch geteilte Praktiken und Denkformen konstituieren oder, in der Formulierung Flecks, eine spezifische „Gemeinschaft" bilden, „die im Gedankenaustausch oder in gedanklicher Wechselwirkung stehen".[374]

Ausgehend von der Annahme, dass ‚Erkenntnis' eine sozialbedingte Tätigkeit darstellt, d. h. als soziale Praxis begriffen werden muss, stellen Denkkollektive nach Fleck Trägerschaften dar, in denen sich eine jeweils bestimmte Form des ‚Erkennens' einstellt. Als „Träger geschichtlicher Entwicklung eines Denkgebietes, eines bestimmten Wissensbestandes und Kulturstandes, also eines besonderen Denkstiles" praktiziert das Denkkollektiv demnach auch eine ihrem Denkstil gemäße Kommunikation.[375] ‚Denkstil' definiert Fleck dabei „als gerichtetes Wahrnehmen, mit entsprechendem gedanklichen und sachlichen Verarbeiten des Wahrgenommenen". Bestimmt sei er durch „gemeinsame Merkmale der Probleme", „die ein Denkkollektiv interessieren".[376] Im Rahmen solcher Denkkollektive erfolgt unter anderem eine eigentümliche Übernahme zeittypischer Begrifflichkeiten für den gruppenspezifischen Diskurs. Fleck veranschaulicht dies am Beispiel von Fachsprachen: „Wenn ein Ökonom vom Wirtschafts-*Organismus* spricht, oder ein Philosoph von der *Substanz*, oder ein Biologe vom *Zellstaat*, so gebrauchen sie im eigenen Fachgebiete Begriffe, die ihrem populären Wissensbestande entstammen."[377] Denotiert sind die innerhalb eines Denkkollektivs gebrauchten Begriffe und Ausdrücke dabei durch die darin „geltenden Normen und Gebräuche".[378] Obgleich sich Fleck in erster Linie für *wissenschaftliche* Denkkollektive interessiert, und zwar im Hinblick auf die Genese wissenschaftlicher Erkenntnis, generalisiert er dieses Phänomen für alle Bereiche gesellschaftlichen Lebens. Mit dem Ausdruck ‚Denkkollektiv' macht er

---

372 Marcus Willand: Isers impliziter Leser (2015), S. 239.
373 Bei Fleck synonym verwendet.
374 Ludwik Fleck: Entstehung und Entwicklung einer wissenschaftlichen Tatsache (1980), S. 54.
375 Ebd., 54–55.
376 Ebd., S. 130.
377 Ebd., S. 149.
378 Ludwik Fleck: Das Problem einer Theorie des Erkennens (2011), S. 267.

dementsprechend (und in großer Übereinstimmung zu Mannheim) auf die „soziale[] Bedingtheit des Denkens" im Allgemeinen aufmerksam.[379] Im Anschluss an Fleck lassen sich ,Interpretationsgemeinschaften' so als eine besondere Form *denkstilgebundener Denkkollektive* auffassen.

Dass auch NS-kritische Diskurse während des ,Dritten Reichs' an Denkstile in diesem Sinne geknüpft waren, dass sich also Denkstil und Dissidenz, genauer Denkstil und heterodoxe, mitunter esoterische Kommunikation gegenseitig bedingten, stellt eine zentrale Annahme meiner Untersuchung dar. Auch William Dodd hatte in Bezug auf die Rekonstruktion nonkonformistischer Kommunikation im ,Dritten Reich' vorgeschlagen, ideologiekritische Diskurse nach oppositionellen „verstreuten Diskursgemeinschaften" zu sortieren, die etwa „durch gemeinsame Kommunikationskonventionen der ,Zwischenreiche und Gegenwelten' verbunden waren".[380] Spezifische Kommunikationskonventionen stellen sicherlich einen wichtigen, wenngleich nicht einzigen Aspekt von Teilhabe dar, sondern sind durch weitere Formen der Wahrnehmung, Wertung und Kommunikation zu ergänzen, in die der Einzelne ,eingeweiht' wird und durch deren Kultivierung er seine Zugehörigkeit erwirbt. Dem Denkkollektiv als Begriff kommt dabei, wie mit Fleck präzisiert werden kann, „nicht der Wert einer fixen Gruppe oder Gesellschaftsklasse zu. Es ist sozusagen mehr funktioneller als substanzieller Begriff".[381] Das heißt, dass Denkkollektive nicht notwendigerweise als abgeschlossene Gruppen zu konzipieren sind. Es gibt nach Fleck vielmehr so etwas wie einen intra- und interkollektiven ,Denkverkehr', so dass im Prinzip jedes Individuum *einerseits*, sofern es bereit ist, den ,Denkstil' zu erlernen, am entsprechenden ,Denkkollektiv' teilhaben und *andererseits* in mehrere verschiedene Denkkollektive eingebunden sein kann, die sich „nicht vollkommen mit der offiziellen Gemeinschaft", sprich einem institutionalisierten Kollektiv, decken.[382] Neben solchen permeablen Denkkollektiven lassen sich durchaus auch „*stabile* oder verhältnismäßig stabile [Denkkollektive]" ausmachen, die sich, wie Fleck betont, institutionell verfestigen, dauerhaft etablieren können und strengere Zugangsregeln voraussetzen.[383]

---

379 Ludwik Fleck: Entstehung und Entwicklung (1980), S. 135.
380 Vgl William John Dodd: Die Sprachglosse als Ort des oppositionellen Diskurses (2003), S. 251
381 Ludwik Fleck: Entstehung und Entwicklung (1980), S. 135.
382 Ebd., S. 136.
383 Ebd., S. 135.

Während der Zeit des Nationalsozialismus haben sich, so eine für meine Arbeit zentrale Überlegung, Denk- und Diskursgemeinschaften herausgebildet, in denen sich spezifische Formen heterodoxer Lektüre und Kommunikation ausbilden und stabilisieren konnten. Aufgrund der politischen Repression mussten diese ‚Interpretationsgemeinschaften' allerdings oftmals klandestin agieren und sogenannte esoterische Teilhabe- und Kommunikationspraktiken etablieren.[384] Die Exploration ‚verdeckten Schreibens' und ‚aufdeckenden Lesens' erfährt vor diesem denkstiltheoretischen und praxeologischen Hintergrund eine wesentliche Erweiterung, denn sie ist nun auch gehalten, Praktiken und soziale Beziehungen zu studieren, die über den einzelnen Autor und Leser hinausgehen und sich zudem weitgehend textunabhängig manifestieren können.

Einen problemorientierten Anknüpfungspunkt für diese Perspektiverweiterung liefert Leo Strauss' Auseinandersetzung mit esoterischen Kommunikationspraktiken. Sein 1941 im New Yorker Exil veröffentlichter Aufsatz „Persecution and the Art of Writing"[385] bildet mit den Texten von Bertolt Brecht und Dolf Sternberger das dritte und für diese Untersuchung letzte Standardbeispiel zum Thema ‚verdecktes Schreiben', respektive ‚aufdeckendes Lesen'. Mit und an Strauss kann nicht nur die Bedeutung non-visibler, bzw. textunabhängiger Praktiken für die Interpretation von Texten studiert werden. Strauss' tendenziell hermeneutischer Ansatz, Texte im Spannungsfeld von Exoterik und Esoterik zu interpretieren, lässt sich überdies auch paradigmatisch für eine methodologische Modellierung esoterischer Kommunikationspraktiken fruchtbar machen.

2.5 Leo Strauss und die ‚Kunst des Lesens'

Es gibt kaum eine Studie zum Thema ‚verdecktes Schreiben', die ohne eine Referenz auf Leo Strauss und seinen Klassiker „Persecution and the Art of Writing" auskommt – ein Beitrag, den der Rockefeller-Stipendiat Strauss während seiner Lehrtätigkeit an der New School of Social Research in der hauseigenen Zeitschrift 1941 veröffentlichte.[386] Der Rekurs auf Strauss für den Themenkomplex dissidenter Verständigung liegt in mehrerlei Hinsicht nahe. Als bedeutender Kommentator der Schriften Moses Mendelssohns[387] und durch seine religi-

---

384 Ebd.
385 Leo Strauss: Persecution and the Art of Writing (1941).
386 Ebd. Im Folgenden im Fließtext unter Angabe der Seitenzahl angegeben.
387 Vgl. Martin D. Yaffe (Hg.): Leo Strauss on Moses Mendelssohn (2013).

onsphilosophische Auseinandersetzung mit esoterischen Theoretikern wie Abū Nasr Muhammad Al-Farabi und Moses Maimonides machte sich Strauss nicht nur als ‚(Wieder-)Entdecker' der Tradition esoterischen Schreibens verdient,[388] also jener Schreibweise, die darauf zielt, bei gemeinverständlicher äußerer Form eine exklusive Adressatenschaft herauszukristallisieren, an die sich eine esoterische Botschaft richtet.[389] Strauss beschäftigte sich überdies in etlichen seiner Aufsätze ganz explizit mit der Machart esoterischer Literatur und leitete daraus eine eigentümliche Interpretationspraxis ab, die er an klassischen Texten der politischen Philosophie erprobte. Der Aufsatz „Persecution and the Art of Writing" ist dabei von besonderer Bedeutung, da Strauss hier hermeneutische Regeln zur Decodierung esoterischer Texte formuliert. Ehrke-Rotermund /Rotermund konnten deshalb in ihrem hermeneutischen Ansatz mit Gewinn darauf Bezug nehmen.[390] Außerdem liegt es nahe, den Text eines deutschjüdischen Emigranten, der sich laut Titel mit der Verfolgungssituation von Schriftstellern auseinandersetzt und zudem im New Yorker Exil erschien, als signifikante Quelle heranzuziehen.

Dennoch wird von vielen Literaturwissenschaftlern, die auf Strauss' Beitrag im Umgang mit dissidenter Literatur Bezug nehmen, die eigentliche Brisanz von „Persecution and the Art of Writing" übersehen. Zumeist begnügt man sich mit wenigen Zitaten, ignoriert aber, dass es sich bei dem Aufsatz um einen äußerst vielschichtigen und politisch nicht unproblematischen Text handelt, der im Rahmen einer bis in die jüngste Zeit hitzig geführten Debatte, den sogenannten „Strauss wars",[391] eine ungemein kontroverse Rolle spielt. Im Allgemeinen bezeichnen die ‚Strauss wars' Deutungskämpfe um das intellektuelle und politische Erbe des kontroversen Philosophen, die größtenteils von dessen eigener

---

388 Vgl. Cord-Friedrich Berghahn: ‚Wahrheiten, die man besser verschweigt' (2012), S. 159; Arthur M. Melzer: Philosophy between the lines (2014), S. xii.
389 Vgl. Konrad Gaiser: exoterisch/esoterisch (2007); Strauss dazu in „Persecution and the Art of Writing" (1941), S. 503: „An exoteric book contains then two teachings: a popular teaching of an edifying character, which is in the foreground; and a philosophic teaching concerning the most important subject, which is indicated only between the lines." Wenn im Folgenden von ‚Esoterik' die Rede ist, dann ist diese Grundbedeutung, also die auf Exklusion abzielende Kommunikation, gemeint und nicht das Phänomen der Esoterik im religionsgeschichtlichen Sinne als spiritueller Erkenntnismethode, vgl. dazu Michael Bergunder: Was ist Esoterik (2008); Bettina Gruber (Hg.): Mystik und Esoterik (1997).
390 Ein poststrukturalistischer Ansatz bei ähnlicher Thematik wird bemüht von Philip Morrissey, Gert Reifarth (Hg.): Aesopic Voices (2011), hier insbesondere die Einführung der Herausgeber S. 1–12.
391 Vgl. etwa das Vorwort von Michael Zank- In: William H.F. Altman: The German Stranger (2012), S. xi–xix; Vgl. auch William H. F. Altman: Review Essay (2009).

Schülerschaft ausgefochten wurden, recht bald allerdings auch die akademische und intellektuelle Öffentlichkeit erreichten.[392] Einen zentralen Streitpunkt bildete hierbei im Besonderen die sogenannte ‚Strauss'sche Hermeneutik', in der dem „Problembewusstsein von esoterischer und exoterischer Kommunikation sowie philosophischer Adressierung" Rechnung getragen und in der zuweilen die These vertreten wird,[393] philosophische Kommunikation könne quasi zeitenthoben, also transhistorisch und exklusiv erfolgen. Der moderate, dem politischen Philosophen wohlgesonnene Strauss-Interpret Robert Howse prononciert in diesem Zusammenhang die allgemeine Skepsis gegenüber dem Geistesaristokraten Strauss und dessen Vorstellung, nur wenige Auserlesene, nämlich die ‚wahren Philosophen', könnten am transhistorischen und transkulturellen Dialog der ‚großen Geister' teilhaben:

> Perhaps no element of Leo Strauss's teaching has more engaged the ire of his enemies, or focused their criticism, than his apparent view that the great philosophic texts of the past are, mostly, written in a code or cipher that is accessible only to an initiated few.[394]

Strauss setzte sich schon in den 1930er-Jahren intensiv mit den Möglichkeiten einer adäquaten Lektüre vormoderner und frühneuzeitlicher Philosophie auseinander, doch sorgte erst sein 1952 erschienener Sammelband *Persecution and the Art of Writing*, in dem der gleichnamige Aufsatz von 1941 wiederabgedruckt wurde, für eine weiterreichende und insbesondere wissenschaftliche Beschäftigung mit der als unkonventionell gewerteten ‚Strauss'schen Hermeneutik'. An kritischen Stimmen mangelte es dabei, wie Howse andeutet, nicht – im Gegenteil. Dem Interpreten Strauss, der es sich gleichsam zum Programm machte, den großen Klassikern der politischen Philosophie esoterische Botschaften zu entlocken und einen von den historischen Bedingungen enthobenen Gelehrtendialog zu revitalisieren, wurde nicht selten mangelndes Methodenbewusstsein, Elitarismus und ‚paranoides Lesen' vorgeworfen. Jenseits des akademischen Diskurses sorgte Leo Strauss auch in der politischen Öffentlichkeit für Kontroversen. In den 1990er und 2000er-Jahren bildete er den Gegenstand einer öffentlich-medial ausgetragenen Debatte, die den Einfluss seiner Schülerschaft,[395] der

---

392 Vgl. Steven B. Smith: Hidden Truths (2013).
393 Ulrike Weichert: ‚Von der Geschichte zu Natur' (2013), S. 16.
394 Robert Howse: Reading Between the Lines (1999), S. 60.
395 Vgl. dazu die kurze Einführung in Tony Burns, James Connelly (Hg.): The Legacy of Leo Strauss (2015), S. 1: „[H]is influence was, of course, overlaid with the controversies occasioned by his rediscovery, championing and practice of reading texts in political theory and philosophy as possessing both esoteric and exoteric doctrines. Finally this came back to haunt read-

neokonservativen ‚Straussians', auf das rechte Lager der US-Regierung zu bewerten suchte. An dem investigativen und von Verschwörungstheorien flankierten Unternehmen, den Philosophen und seine Denkschule mit der Bush-Administration und den entsprechenden außenpolitischen Aktionen, wie dem Irak-Krieg, in Zusammenhang zu bringen, beteiligten sich sowohl investigative Journalisten als auch Akademiker.[396]

Das Aufsehen um den bereits seit Jahrzehnten verstorbenen Philosophen sorgte für dessen internationale Bekanntheit und ließ die Frage laut werden, wie ein ‚gewöhnlicher' Hochschullehrer, der zum Zeitpunkt seines Todes im Jahre 1973 lediglich kleinen Kreisen der akademischen Welt bekannt war, einige Jahrzehnte später zum kontroversen Celebrity-Philosophen der amerikanischen Öffentlichkeit werden konnte.[397] Wiewohl diese Frage für meine Untersuchung nicht unbedingt zentral ist, zielt sie doch auf eine relevante Verbindungsstelle zwischen der akademischen und der politisch-öffentlichen Debatte um Strauss.[398] Sie betrifft das intellektuelle Erbschaftsbewusstsein, das nicht nur in der schriftlichen Hinterlassenschaft zu suchen ist, sondern auch in der eigens initiierten Strauss'schen Denkschule. Unter Skeptikern kam der Verdacht auf,[399] dass der Exeget Strauss in seinen Veröffentlichungen nicht nur die ‚Kunst des Lesens' thematisierte, sondern gleichzeitig auch die ‚Kunst des Schreibens' praktizierte,[400] um so auf elegant-elaborierte Weise ‚zwischen den Zeilen' eine Kommunikation unter Gleichgesinnten zu ermöglichen, über die sich dann – quasi klandestin – eine politisch-philosophische Denkschule, ein sogenannter ‚think tank' etablieren ließ.

---

ings of Strauss himself – did he mean what he seemed to say or did he mean what we can find in his published writings when we read between the lines?"
396 Vgl. Catherine H. Zuckert, Michael P. Zuckert: The Truth about Leo Strauss (2006), hier v.a. das einführende Kapitel: Mr. Strauss Goes to Washington, S. 1–26. Vgl. auch David Lewis Schaefer: Rezension (2014). Auch im Spiegel erscheint zum Thema ein Artikel: Gerhard Spörl: Die Leo-Konservativen (2003).
397 Vgl. auch Steven B. Smith: Hidden Truths (2013).
398 Vgl. dazu Harald Bluhm: Die Ordnung der Ordnung (2002), S. 142–147.
399 Vgl. Clifford Orwin: Moralist or Machiavellian (1990); Shadia Drury: The Political Ideas of Leo Strauss (1988); Stephen Holmes: The Anatomy of Anti-Liberalism (1993); William H. F. Altman (Hg.): The German Stranger (2012).
400 Hierzu jüngst Hannes Kerber: Leo Strauss und das esoterisch-exoterische Schreiben (2019). Strauss selbst erwähnte in Leo Strauss: Spinozas theologisch-politisches Traktat (1948) (In: Texte zur Geschichte des Spinozismus (1971), S. 302), dass eine allgemeine Beobachtung zeige, „daß die Menschen so schreiben, wie sie lesen. Es gilt die Regel, daß sorgfältige Schriftsteller sorgfältige Leser sind und umgekehrt".

Es ist nicht von der Hand zu weisen, dass Strauss geschickt im Aufbau und in der Pflege von Netzwerken war und die Errichtung einer akademischen Schule strukturell seiner Philosophie entsprach.[401] Wenn Strauss allerdings tatsächlich so geschrieben hat, wie er selbst zu lesen pflegte, fordert das auch, seine Texte zum Themenkomplex von Exoterik und Esoterik in ihrer Selbstreferenzialität ernst zu nehmen und mitunter gar im Sinne einer general-hermeneutischen Leseanleitung für etliche weitere seiner politikphilosophischen Veröffentlichungen (etwa der Spätwerke, wie *Thoughts on Machiavelli* [1995], *Natural Right and History* [1965]; *What is Political Philosophy* [1988]) heranzuziehen. Dies hätte unweigerlich Konsequenzen für das Image des politischen Philosophen, die Michael Zank im Vorwort der auf Entlarvung setzenden Studie H.F. Altmans zu einer tendenziösen Frage motiviert:

> Was he [Strauss, K.M.] a harmless academic (as his daughter amiably described him in a New York Times op-ed piece published at height of the ‚Strauss wars' during the Bush-Cheney years), ‚liberalism's best friend' (Steven B. Smith), or a dangerous foe of liberal democracy who inspired a belligerent and power-hungry group of neo-conservative conspirators [...]?[402]

An Beiträgen zu dieser Streitfrage im Besonderen sowie zu der kontroversen Gestalt Leo Strauss im Allgemeinen mangelt es jedenfalls nicht. Mittlerweile hat die gewaltige Menge an Forschungsliteratur Ausmaße angenommen, die einen Überblick erheblich erschweren. Tony Burns und James Connelly erinnern in ihrem 2015 erschienenen Sammelband an eine Bibliografie aus dem Jahr 2005, die über 950 Seiten umfasst und, bei dem nicht nachlassenden Interesse an dem kontroversen und geheimnisumwobenen Philosophen, stetig anschwillt.[403] Ob Leo Strauss ein ‚Freund' des Liberalismus, der offenen Gesellschaft und der Demokratie war oder ob er berechtigterweise zum ‚spiritus rector' der US-amerikanischen Neo-Conservatives, respektive „Leo-Conservatives" gezählt werden kann,[404] will und kann diese Untersuchung nicht entscheiden. Möchte man aber aus einer literaturwissenschaftlichen Perspektive eruieren, was sich mit Hilfe von Strauss' Texten über ‚verdecktes Schreiben' und ‚aufdeckendes

---

401 Vgl. Stephen Holmes: Wahrheiten nur für Philosophen (1995).
402 Michael Zank: Foreword (2012), S. xi. Zu Strauss und den Straussians in Kürze zusammengefasst: Danny Michelsen: Wahrheit und Gemeinsinn (2014).
403 Vgl. John A. Murley (Hg.): Leo Strauss Bibliography (2005); Vgl. auch die engere Auswahl an Forschungsliteratur, die die wichtigsten Facetten der Strauss-Rezeption abdecken soll: Tony Burns, James Connelly: The Legacy of Leo Strauss (2015), S. 2.
404 Vgl. Clemens Kauffmann: Leo Strauss zur Einführung (1997), S. 29; beispielhaft für erstere Einschätzung etwa Georg Kateb: The Questionable Influence of Arendt (1995).

Lesen', genauer über ‚esoterische und exoterische Kommunikation' lernen lässt, kann dieser Kontext auch nicht vollkommen unberücksichtigt bleiben. Die entkontextualisierte und insofern auch entpolitisierte Lesart, die Ehrke-Rotermund /Rotermund und andere Literaturwissenschaftler in ihrem Gefolge vollzogen haben, hat Strauss zu einem reinen Stichwortgeber, seinen Text zu einem Steinbruch werden lassen – eine durchwegs unbefriedigende Situation. Dem Rückgriff auf einen rezeptionsperspektivisch hochpolitisierten Text, der gerade im Hinblick auf seine delikate Aussageabsicht weitreichende Implikationen enthalten könnte, muss dementsprechend eine problembewusste Lektüre vorangestellt werden, die die selbstreferenzielle Qualität eines für die methodische Inspiration und Appropriation gebrauchten Textes nicht von vornherein ausschließt. Diese zu leisten, ist Ziel der folgenden Textanalyse. Es wird darum gehen, in einem ersten Schritt den Argumentationsgang in „Persecution and the Art of Writing" zu rekonstruieren (2.5.1), um nach einer knappen Kontextualisierung, die über den mutmaßlichen ‚Doppelsinn' des Aufsatzes Aufschluss geben soll (2.5.2), eine problemorientierte Unterscheidung zwischen esoterischer Kommunikation und ‚verdecktem Schreiben' vorzuschlagen (2.5.3).

2.5.1 „Persecution and the Art of Writing" (1941)

Dass Leo Strauss' Aufsatz „Persecution and the Art of Writing", der sich laut Titel mit der staatlichen Verfolgung von Schriftstellern auseinandersetzt, nicht ohne Grund als Stellungnahme gegen die NS-Zensur verstanden werden konnte und kann,[405] legen nicht nur der zeitgeschichtliche Kontext seiner Entstehung sowie der Publikationskontext nahe,[406] sondern insbesondere, lässt man das

---

[405] Im Vorwort der 1952 herausgegebenen Aufsatzsammlung, die ebenfalls den Titel *Persecution and the Art of Writing* trägt, schreibt Strauss zu seinem Artikel von 1941, der hier in leicht veränderter Form erneut abgedruckt wird: „In the article ‚Persecution and the Art of Writing', I have tried to elucidate the problem by starting from certain well-known political phenomena of our century" (Leo Strauss: Foreword. In: ders.: Persecution and the Art of Writing [1952], S. 5).

[406] Hannes Kerber erinnert daran, dass Strauss sehr adressatenspezifsch geschrieben hat. In „Persecution and the Art of Writing" (1941) richtet sich Strauss also an die „Leserinnen und Leser von Social Research, der Zeitschrift der New School for Social Research, an der damals nicht nur Strauss selbst lehrte, sondern deren Professorinnen und Professoren sich vornehmlich aus dem Kreis europäischer Geflüchteter rekrutierte und die deshalb als ‚University in Exile' bekannt wurde. Er versucht, bei dieser Leserschaft Anklang zu finden, indem er mit der überaus zeitgemäßen Gefahr politischer Verfolgung einsetzt [...]" (Hannes Kerber: Leo Strauss und das esoterisch-exoterische Schreiben [2019], S. 75).

vorangestellte Motto des irischen Publizisten W. E. H. Lecky einmal beiseite,[407] die ersten Sätze, in denen Strauss offenbar kritisch auf das zeitgenössische politische Geschehen Bezug nimmt. Den Text eröffnet er mit folgender Beobachtung:

> In a considerable number of countries which, for about a hundred years, have enjoyed a practically complete freedom of public discussion, that freedom is now suppressed and replaced by a compulsion to coordinate speech with such views as the government believes to be expedient, or holds in all seriousness. (S. 488)

Abgesehen davon, dass das NS-Regime hier nicht explizit genannt wird, liegt es doch nahe zu vermuten, dass sich Strauss auf den Folgeseiten mit Blick auf die zeitgenössischen Diktaturen, allen voran auf das ‚Dritte Reich', mit den negativen Konsequenzen auseinandersetzt, die eine rigide Zensurpolitik auf die Literaturproduktion hat. Die geweckte Erwartung wird allerdings in den nachfolgenden Ausführungen sukzessive demontiert. In dem 17 Seiten umfassenden Text, der in drei, durch römische Zahlen indizierte Teile gegliedert ist, werden weder der Nationalsozialismus noch der Stalinismus namentlich genannt. Stattdessen wird in der unter Abschnitt I. gefassten, sehr allgemein gehaltenen Hinführung, die von Verfolgung und Unterdrückung begleitete „Art of Writing", also die ‚Kunst-des-zwischen-den-Zeilen-Schreibens' als eine erstrebenswerte, weil sensible und qualitativ hochwertige Darstellungsform von Literatur deklariert. Strauss ordnet sie einer elitären Kommunikationspraxis zu, da es sich dabei nämlich weniger um eine Form der ‚Sklavensprache' handele, die aus der misslichen Schreibsituation des nicht opportunen Schriftstellers hervorgehe, als vielmehr um eine exklusive Kunstform, deren Vorkommen eine natürlichen Ungleichheit der Menschen voraussetze (vgl. S. 489). Man könne die Gesamtgesellschaft, wie Strauss zu verstehen gibt, nämlich grob in die Klasse der „intelligent minority" und die als naiv deklarierte Mehrheit aufteilen (S. 489).

Für den Argumentationsgang bildet die in modernekritischer Absicht getroffene Unterscheidung von Elite und Masse eine zentrale Grundannahme. Nach Strauss stellt sie eine notwendige Voraussetzung für die Funktionsmechanismen esoterischer Kommunikation dar (vgl. S. 491). Dabei ist bezeichnend, mit welchen Mitteln er die besagten, scheinbar disparaten Gruppen charakterisiert, gibt er damit doch die entscheidenden Hinweise darauf, welche konkreten Distinktionsmerkmale die esoterische Adressatenspaltung begünsti-

---

407 „That vice has often proved an emancipator of the mind, is one of the most humiliating, but, at the same time, one of the most unquestionable, facts in history." Zit. n. Leo Strauss: Persecution and the Art of Writing (1941), S. 488.

gen. Strauss greift hierfür auf ein Bild zurück, dass er einer Episode des satirischen Romans *Gulliver's Travels* von Jonathan Swift entnimmt, und vergleicht den Durchschnittsmenschen („ordinary human being") mit den dort vorkommenden Fabelwesen der „Houyhnhnms" (S. 489). In Swifts Roman trifft Gulliver auf einer seiner Reisen intelligente und gutmütige Pferdewesen, die dank ihrer idealistischen Veranlagung in einer von Vertrauen, Zuverlässigkeit und Rationalität bestimmten Gesellschaftsordnung friedlich zusammenleben und in ihrer Sprache keinen Ausdruck für das Böse besitzen.[408] Nach Strauss, der die von Swift imaginierte perfekte Gesellschaftsordnung für eigene analogiebildende Interpretationen ausmünzt, bestehe die größte Schwäche der friedfertigen Pferdewesen darin, dass sie das Lügen für unmöglich halten und daher allen Aussagen Glauben schenken. Wie die ‚Houyhnhnms' besitzt nach Strauss auch die Mehrheit der Menschen ein dispositional begründetes, naives Vertrauen in Autoritäten und lässt sich daher von diesen propagandistisch manipulieren (vgl. S. 489). Diese der Masse attestierte leichtgläubige Denkhaltung bezeichnet Strauss als *logica equina*. Anders als die „intelligent minority", die „capable of truly independent thinking" sei, könne die Masse kein unabhängiges Denken ausbilden, geschweige denn dieses öffentlich artikulieren. Am stärksten ausgeprägt sei die – auch im Text kursiv gesetzte – „Pferdelogik" in repressiven Gesellschaftsordnungen.

Bis zu diesem Punkt ließen sich Strauss' Ausführungen wohlwollend als aufklärerische Generalkritik an gesellschaftlicher Unmündigkeit deuten. Doch die süffisant konstatierte *logica equina* scheint noch eine weitere, etwas kryptische Bedeutung aufzuweisen. Neben Gullivers Houyhnhnms wird nämlich im gleichen Zusammenhang auch der „horse-drawn Parmenides" erwähnt (S. 489), der, wie das von Strauss nicht erwähnte Lehrgedicht *Peri physeos* (*Über die Natur*) des antiken Philosophen verrät, von Pferden zur Göttin der Erkenntnis gezogen wird, das Reich der Meinungen hinter sich lässt und zur unverborgenen Wahrheit (*aletheia*) geführt wird.[409] Strauss belässt es an dieser Stelle aber bei der beiläufigen Andeutung und konstatiert, dass die von Rossen gezogenen Philosophen, und damit scheint er insbesondere die im Dienst des Staates stehende Elite, die *intelligentsia* zu meinen (vgl. S. 489), ebenso der *logica equina* unterliegen würden wie die gutmütigen Pferdewesen aus Gullivers Reisen. Beide Gruppen, die eine aus Gründen der Gutmütigkeit, Denkfaulheit oder man-

---

[408] Vgl. Jonathan Swift: Gullivers Reisen, übersetzt von Hermann J. Real und Heinnz J. Vienken (2011), S. 305.
[409] Vgl. Parmenides: Über die Natur. In: Parmenides, übersetzt und eingeführt von Kurt Riezler (1970).

gelndem Reflexionsvermögen, die andere aus naivem Idealismus, hielten Lügen auf lange Sicht für undenkbar. Doch die durch die beiden Referenztexte aufgerufenen Kontexte insinuieren zusätzlich eine von Strauss' Behauptung abweichende Lesart: Die wissbegierigen, qua göttlicher Gnade zur Wahrheit geleiteten Philosophen können im Unterschied zu den an der *doxa* festhaltenden ‚Houyhnhnms' durchaus die herrschenden Meinungen in Frage stellen, sich aber dennoch dafür entscheiden, öffentlich nicht zu widersprechen. Der Philosoph könne also im Unterschied zu Gullivers Pferden eine Entscheidung treffen, nämlich seine Einsichten entweder geheim halten oder als Intellektueller auf die Gesellschaft Einfluss nehmen und damit so über sie herrschen, wie Parmenides über sein Ross.

Wenngleich sich ein Übertrag der miteinander verschränkten Bilder schwierig gestaltet, gelingt Strauss damit auf einer metaphorischen Ebene die Einführung in die themenbildende Unterscheidung zwischen Philosophen (Parmenides) und Nicht-Philosophen (Houyhnhnms), die im Folgenden intensiviert wird. Weitaus expliziter allerdings konstatiert Strauss, dass gerade im Kontext von Verfolgung und Unterdrückung besagte ‚Pferdelogik' ihren höchsten Wirkungsgrad erreichen könne. Dem „man of independent thought" (S. 489) könne das Klima einer durch Zensur und Unterdrückung gekennzeichneten Gesellschaft jedoch nichts Negatives anhaben, vorausgesetzt natürlich, er sei klug genug, seine Meinung nicht öffentlich kund zu tun. Im Gegenteil bewirkten repressive Umstände, ins Positive gewendet, die Ausbildung elaborierter Schreibtechniken, „in which the truth about all crucial things is presented exclusively between the lines" (S. 491). Nicht ohne das eigene Forschungsprogramm geschickt zu lancieren,[410] greift Strauss dabei die Vagheit der langlebigen Metapher des ‚Zwischen-den-Zeilen-Schreibens' auf:

> This expression is clearly metaphoric. Any attempt to express its meaning in unmetaphoric language would lead to the discovery of a terra incognita, a field whose very dimensions are as yet unexplored and which offers ample scope for highly intriguing and even important investigations. (S. 490)

Mit der „terra incognita" scheinen letztlich jene esoterisch kommunizierenden Textkorpora gemeint zu sein, denen sich Strauss und seine Schülerschaft in

---

[410] 1939, also zwei Jahre vor der Veröffentlichung von „Persecution and the Art of Writing", wendet Strauss in seinem Aufsatz „The Spirit of Sparta or the Taste of Xenophon", der ebenfalls in *Social Research* (6 [1939], S. 502–535) erscheint, zum ersten Mal seine ‚Kunst des Lesens' systematisch an und deutet die hierin geäußerte Hommage an die spartanische Verfassung als Satire. Vgl. Andreas Hiepko: Exordium (2009), S. 17.

etlichen Forschungen verschrieben haben. Weniger sind damit allerdings Texte gemeint, die man gemeinhin dem ‚verdeckten Schreiben' etwa im Sinne Ehrke-Rotermunds/Rotermunds zuordnen würde. Denn Strauss hat einen „peculiar type of literature" im Sinn,

> in which the truth about all crucial things is presented exclusively between the lines. That literature is addressed, not to all readers, but to trustworthy and intelligent readers only. It has all the advantages of private communication without having its greatest disadvantage – capital punishment for the author. (S. 491)

Mit dem dabei ins Visier genommenen ‚spezifischen Typus von Literatur' meint Strauss esoterische Texte, in denen sich sowohl situationsspezifische als auch überzeitlich heterodoxe Aussagen und Ansichten („heterodox views", S. 490) über wesentliche und grundsätzliche Themen („all crucial things") verbergen, die wiederum nur von einem kleinen, intelligenten Teil der vom Autor anvisierten Adressatenschaft erkannt werden können und deren Diskussion trotz der Öffentlichkeit des kommunikativen Aktes quasi im Privaten verbleibt.

Esoterische Texte zeichnen sich nach Strauss in erster Linie dadurch aus, dass sie intentional und strukturell eine doppelte Adressatenschaft erzeugen. Die Mehrfachadressierung an sich ist für eine dieser Gruppen ebenso ‚verdeckt' wie die heterodoxe Botschaft. Strauss nimmt dabei an, dass das für die Produktionsseite behauptete Verhältnis von intelligenter Minderheit und ordinärer Mehrheit sich auch auf der Rezeptionsseite spiegelt und dem esoterischen Autor zur Garantie dafür wird, dass seine doppelbödige Aussageabsicht ein auserkorenes Publikum findet. Das Zitat macht zudem deutlich, dass Strauss die funktionalen Vorteile esoterischer Publizistik nicht nur auf den Schutz des Autors, wie sie im ‚verdeckten Schreiben' priorisiert wird, beschränkt. Er dehnt sie überdies auf ein weiteres, wesentlicheres Funktionsmerkmal esoterischer Kommunikation aus, und zwar die Möglichkeit einer literarisch vermittelten, aber dennoch exklusiven und intimen Fernkommunikation, die analog zur privaten und mündlichen Nahkommunikation gedacht wird. Zudem klingt an, dass es sich bei dem anvisierten esoterischen Leserkreis nicht um eine bereits ausgezeichnete, real festgelegte und designierte Gruppe handeln muss. Die Produktion esoterisch kommunizierender Texte zielt vielmehr auf die Initiation einer sich über verstehende Teilhabe konstituierenden Lese- und Vertrauensgemeinschaft, die sich unter der Voraussetzung bestimmter Eigenschaften, hier ‚Intelligenz' und ‚Vertrauenswürdigkeit', und unter den Bedingungen von Zensur (im weitesten Sinne) herauskristallisiere. Auf die, auch für das Erkenntnisinteresse dieser Untersuchung, zentrale und im Text explizierte Frage: „But how can a man perform the miracle of speaking in a publication to a minority, while being silent to the majority of his readers" (S. 491), gibt Strauss zunächst jedoch nur eine recht vage Antwort, die das kommunikative ‚Wunder' esoterischer Rede ‚naturalisiert' beziehungsweise als evidente Prämisse ausgibt:

> Experience and reasoning show that what seems to be a miracle is perfectly natural. The fact which makes this literature possible can be expressed in the axiom that thoughtless men are careless readers, and only thoughtful men are careful readers. Therefore an author who wishes to address only thoughtful men has but to write in such a way that only a very careful reader can detect the meaning of his book. (S. 491)

An der überzeugenden Annahme, dass die Möglichkeit des ‚aufdeckenden Lesens' von einem vertrauenswürdigen, intelligenten und nachdenklichen Leser abhänge, laborieren letztlich auch Ehrke-Rotermund/Rotermund in ihren Studien. Sie übersehen jedoch, dass Strauss weniger von dem Konstrukt eines ‚idealen Lesers' ausgeht, als vielmehr die besagten Lesereigenschaften von vornherein nur einer bestimmten, von der Masse distinguierten Elite zugesteht, sie also als konkrete Exklusions- und nicht als abstrakte Inklusionsmerkmale denkt.

Strauss folgt dabei, wie er selbst anmerkt, dem sokratischen Diktum, dass Tugend mit Wissen kongruiere und dass folgerichtig der wirklich intelligente Leser auch zugleich der vertrauenswürdige, gute Leser sein müsse. Daran knüpft er schließlich eine weitere Annahme im Hinblick auf die Gelingensbedingungen esoterischer Kommunikation. Sie betrifft den unter Begründungspflicht stehenden Zensor, der für Strauss notwendigerweise dem klugen und achtsamen, d. h. die ‚Art of Writing' beherrschenden Schriftsteller, unterlegen sei (vgl. S. 492) – ein Topos, auf den sich auch Autoren der ‚Inneren Emigration', wie beispielsweise Werner Bergengruen berufen.[411] Im Unterschied zu Bergengruen, dessen Behauptung zu einer viel bemühten Referenz wurde, führt Strauss die ‚Unterlegenheit' des Zensors jedoch nicht auf einen Mangel an Tugend, Bildung oder Intelligenz zurück. Sie ergebe sich stattdessen hauptsächlich aus der nur schwer zu bewältigenden Aufgabe, dem listigen, weil bedachtsam schreibenden Schriftsteller seine heterodoxen Ansichten anhand des Textes nachzuweisen:

> It is he [der Zensor, K.M.], or the public prosecutor, who must prove that the author holds or has uttered heterodox views. In order to do so he must show that certain literary deficiencies of the work are not due to chance, but that the author used a given ambiguous expression deliberately, or that he constructed a certain sentence badly on purpose. That

---

411 Vgl. Werner Bergengruen: Zum Geleit (1948), S. 8. Auch Eberhard Lämmert: Beherrschte Prosa (1975), S. 408. Lämmert geht davon aus, dass die Wahl von Motiven aus dem elaborierten Bildungsgut NS-Zensoren in der Regel unverständlich blieb.

is to say, the censor must prove not only that the author is intelligent and a good writer in general, for a man who intentionally blunders in writing must possess the art of writing, but above all that he was on the usual level of his intellectual abilities when writing the incriminating words. But how can that be proved, if even Homer nods from time to time? (S. 492)

Zwinkernden Auges schließt Strauss mit dieser Frage sogleich auch den ersten Abschnitt seines Aufsatzes. Wie der Topos vom Schläfchen Homers nahelegt, verschaffen dem esoterischen Schriftsteller nicht nur seine Intelligenz oder etwaige literarische Fertigkeiten eine privilegierte Position im Vergleich zum beweispflichtigen Zensor, sondern auch der Umstand, dass er sich auf temporäre Unachtsamkeit herausreden könne. Für den die ‚Art of Writing' beherrschenden Autor besteht also immer die Möglichkeit, selbst beim Nachweis einer ‚inkriminierten Stelle', auszuweichen, und zwar indem er den in Rede stehenden Passus als ein Versehen ausgibt und damit okkasionell und taktisch auf die Einhaltung des hermeneutischen Prinzips der wohlwollenden Interpretation (*principle of charity*) – nach dem der Interpret einem Autor grundsätzlich redliche, vernünftige und zweckbestimmte Kommunikationsabsichten unterstellen sollte – verzichtet.[412]

Während Strauss im ersten Teil seines Textes die Bedingungen esoterischer Kommunikation reflektiert und dabei einen elitären Leser vorstellt, bemüht er im zweiten Teil eine wissenschaftshistorische Perspektive, um der Traditionslinie esoterisch-literarischer Kommunikation nachzuspüren. Dieses forschungsprogrammatische Unterfangen erweist sich für den Verfasser insofern als eine Problemgeschichte, als er in dem Aufkommen von Historismus und Positivismus einen Bruch mit vormodernen, rationalistischen Interpretations- und Lesepraktiken zu erkennen meint, für die eine Unterscheidung zwischen exoterischem und esoterischem Sinn noch gängig war. Strauss' Phasierung ist dabei tendenziell von einem aufklärungskritischen Impetus begleitet.[413] Dass die Konditionen für esoterische Lektürepraktiken mit dem historistischen Forschungsparadigma der Moderne und dem damit einhergehenden Wandel des intellektuellen Klimas ausgehöhlt worden seien, deutet er als Degradation.[414] Nicht umsonst spricht Strauss von einer ‚Kunst' und weniger von einer ‚Methode' des ‚Zwischen-den-Zeilen-Schreibens' und – so ließe sich ergänzen – auch

---

[412] Zur Differenzierung des hermeneutischen Billigkeitsprinzip vgl. Oliver Scholz: Verstehen und Rationalität (1999), S. 88–122; Carlos Spoerhase: Autorschaft und Interpretation (2007), S. 345–438; Thomas Petraschka: Interpretation und Rationalität (2014).
[413] Zu Strauss' Modernekritik siehe Harald Bluhm: Die Ordnung der Ordnung (2002), Kap. 7.
[414] Vgl. auch Ulrike Weichert: ‚Von der Geschichte zu Natur' (2013), S. 206.

des ‚Zwischen-den-Zeilen-Lesens'. Seine Skepsis gegenüber der als positivistisch (dis)qualifizierten Methodik betrifft dabei auch Konzepte des ‚Besserverstehens' sowie historischer Relativierungen im Allgemeinen. Wie Ulrike Weichert prägnant zusammenfasst, setzt Strauss

> die Frage nach der ‚Intention des Autors' vor die kontextbezogene, erklärende Überprüfung dieses Anspruchs. Er richtet sich mit dieser Herangehensweise gegen die Herangehensweise eines Historikers, der mit seiner genauen Analyse der explizit geäußerten Fakten sowie der Annahme, alles Denken sei historisch bedingt, den philosophischen Gedanken nicht verstehen könne.[415]

Doch obgleich Strauss in der interpretatorischen Praxis des Historismus einen Wendepunkt erkennt, der für ihn mit einer Verschüttung der älteren, esoterischen Interpretationspraktiken korreliert, weiß er doch die Exaktheitsgebote historistischer Methodik sowie die zugehörige, unter anderem auf Didaktik ausgerichtete Hermeneutik für das eigene Anliegen fruchtbar zu machen: „Reading between the lines is strictly prohibited in all cases where it would be less exact than not doing so" (S. 496).[416]

Die üblichen „hermeneutischen Regeln" des historistisch arbeitenden Interpreten – wie die adäquate Kontextualisierung und Einordnung des Textes, die Berücksichtigung des ‚ganzen' Textes und seiner Details, das Eruieren autorintentionaler Hinweise, die Perspektive auf das gesamte Œuvre, die Berücksichtigung der Literarizität und Rhetorizität etc. – müssen demnach auch bei einer ‚aufdeckenden Lektüre' zum Tragen kommen. Der „truly exact historian", den Strauss in meliorativer Absicht dem gewöhnlichen Historiker („historian") entgegenstellt (S. 496), wisse allerdings um die Grenzen besagter Exaktheitsgebote, die in erster Linie den intersubjektiven Nachvollzug einer Textdeutung ermöglichen. Das im Zuge des Historismus etablierte hermeneutische Regelwerk könne nämlich nicht garantieren, dass der Textinterpret die Gedanken der ‚großen Autoren der Vergangenheit' auch tatsächlich verstehe. Hierfür sei die auf ältere Traditionen zurückgehende esoterische Auslegungskunst notwendig, die mit den relativistischen Prinzipien historistischer Forschungsparadigmen konfligiere und deshalb auf eine andere Art und Weise legitimiert werden müsse (vgl. S. 496–499).

---

415 Ebd., S. 234–235.
416 Dazu in seinen vorläufigen und ergänzenden „Lecture Notes" von 1939: „Only if reading between the lines: more exact and more exacting than ordinary reading, can it claim any consideration. Reading between the lines as regards the books in question, is neccessarily more exact than our ordinary reading" (Leo Strauss: Lecture Notes [1939], S. 295).

Für Strauss gibt es zwei Indizien, die Anlass dazu geben können, einen Text esoterisch zu lesen: Zum einen, wenn der Text unter den Bedingung von Verfolgung entstanden sei – wobei für den Einzelfall geklärt werden müsse, inwiefern und unter welchen Voraussetzungen es sich um eine für den Autor repressive Schreib- und Publikationssituation gehandelt habe. Zum anderen könnten auch innertextliche Hinweise, wie Inkohärenzen, Auslassungen und Widersprüche auf eine esoterische Kommunikationsabsicht des Autors hinweisen. Wenn dies der Fall sei, so Strauss' Anweisung, müsse der Text mit besonderer Aufmerksamkeit und mit „much less naiveté" wieder und wieder gelesen werden (S. 499). Auf diese Weise könne schließlich die eigentliche Botschaft, die gemäß dem ‚Sandwich-Prinzip' selten an exponierter Stelle platziert sei, erschlossen werden.

Im Gegensatz zu den von Strauss referierten hermeneutischen Prinzipien moderner Textauslegung bleibt die methodische Reflexion der ‚esoterischen Auslegungskunst' in seinem Aufsatz allerdings sehr vage. Fasst man die bis hierhin rekonstruierten Überlegungen Strauss' zu den Bedingungen und Merkmalen esoterischer funktionaler Texte und ihrer Lektüre zusammen, so scheinen sich zumindest zwei konfligierende Ansätze abzuzeichnen. Auf der einen Seite wird die Notwendigkeit eines überdurchschnittlich intelligenten und von der gesellschaftlichen Masse distinguierten Lesers behauptet, der aufgrund seiner kognitiven und möglicherweise auch seiner ethischen Eigenschaften in der Lage ist, ‚verdeckte' Botschaften eines esoterischen Autors zu entschlüsseln. Hier ist der Adressatenkreis auf eine elitär gedachte „Minderheit" beschränkt (Abschnitt I). Auf der anderen Seite bietet Strauss, im Sinne einer methodologischen Handreichung, explizit ein hermeneutisches Instrumentarium an, das lehrbare und erlernbare Fertigkeiten nahelegt, also inklusiven Charakter zu haben scheint (Abschnitt II). Dementsprechend stellt sich bei einer genauen und mehrmaligen Lektüre von „Persecution and the Art of Writing" nicht unberechtigterweise die Frage, wie diese beiden disparaten Ansätze zueinander in Beziehung zu bringen sind.

Im letzten Teil des Aufsatzes (Abschnitt III), der besonders opak erscheint, argumentativ stellenweise gar kryptisch ausfällt, bemüht sich Strauss schließlich darum, die sich aus den disparaten Ansätzen ergebende Spannung mehr oder minder aufzulösen. Unterschieden werden darin nämlich zwei Typen von esoterischen Philosophen, der ‚moderne' und der ‚vormoderne'. Im Wesentlichen würden sie sich durch ihre Einstellung zu Fragen der Volksbildung und Meinungsfreiheit (vgl. S. 500) unterscheiden. Die Gruppe moderner Philosophen charakterisiert Strauss als Bildungs- und Fortschrittsdenker, die sich in den Dienst der Aufklärung stellen und alle Beschränkungen freier Lehre und Forschung als gesellschaftlichen Missstand begreifen:

> They believed that suppression of free inquiry, and of publication of the results of free inquiry, was accidental, an outcome of the faulty construction of the body politic, and that the kingdom of general darkness could be replaced by the republic of universal light. They looked forward to a time when, as a result of the progress of popular education, practically complete freedom of speech would be possible, or – to exaggerate for purposes of clarification – to a time when no one would suffer any harm from hearing any truth. (S. 500)

Der moderne Esoteriker schreibe demnach aus Gründen der Pädagogik und des Selbstschutzes in ‚verdeckter' Form. Seine esoterischen Schriften seien, so Strauss' Einschätzung, denn auch vergleichsweise einfach zu decodieren (vgl. S. 500). Der konservative, vormoderne Esoteriker hingegen, der sich als ursprünglicherer, geistesaristokratischer Schriftstellertypus fundamental von seinem Nachgänger unterscheide, sehe die Kluft zwischen Masse und Elite anthropologisch begründet. Er schreibe ‚verdeckt', um sich in erster Linie selbst, und zwar weniger vor dem Staat oder einem bestimmten politischen Lager, sondern vor dem Pöbel zu schützen, der sich gegen die philosophischen Wahrheiten auflehnen und ihm so zur Gefahr werde könne. Es gehe dem konservativen Philosophen demgemäß nicht um universale Aufklärung, die er für „impossible or undesirable" halte (S. 501), sondern darum, die eigene Gruppe auserlesener Philosophen zu schützen. Es gehe ihm aber ebenso darum, die unliebsamen Wahrheiten vor der Depravierung durch die Masse einerseits, und die Gesellschaft vor den die sittliche Ordnung gefährdenden philosophischen Einsichten andererseits in Schutz zu nehmen. Denn die ‚verhüllende Rede' restringiere nicht die mythenstiftende Funktion der ‚noble lie', gefährde also nicht den für die Gesellschaft konstitutiven Glauben an ordnungsstiftende und das Zusammenleben regelnde Narrative.

Die ‚genuin philosophers' stehen nach Strauss also in der Pflicht, ihre Einsichten vor der Öffentlichkeit zu verbergen, um auf diese (bevormundende) Weise Verantwortung für die Gesellschaft zu übernehmen (vgl. S. 503). Für die Gruppe aufklärungsskeptischer Esoteriker impliziere diese Verantwortung folglich eine Limitierung ihrer Kommunikationsmöglichkeiten:

> They must conceal their opinions from all but philosophers, either by limiting themselves to oral instruction of a carefully selected group of pupils, or by writing about the most important subject by means of "brief indication". (S. 501)

Warum aber führt Strauss hier die „kurzen Andeutungen" als Zitat an? Handelt es sich in diesem Zusammenhang um einen unverzichtbaren Hinweis? Aus der zugehörigen Fußnote geht hervor, dass es sich bei dem Zitat um eine Stelle aus Platons *Timaios* handelt. Der Bezug auf Platon ist beim Thema esoterische Kommunikation nicht weiter verwunderlich, schließlich gilt Platon „als Advokat der ‚Wenigen' par excellence"[417] und stellt geradezu einen Beispielfall für den von Strauss typisierten vormodernen Philosophen mit einer ausgeprägten esoterischen Lehrpraxis dar.[418] Doch im Gesamtzusammenhang des Textes weist die Referenz eine Konnotation auf, die bei einem egalitär und demokratisch orientierten Leser für Unbehagen sorgt. Denn Strauss' Argumentation scheint letztlich auf die Frage zuzulaufen, inwiefern die grundsätzlich aufklärungsskeptische Haltung vormoderner Esoteriker, die strukturell eher mit antiliberalen Gesellschaftsordnungen korrespondiere, mit der Demokratie vereinbar sei und welchen Nutzen dieser ältere Typus des Esoterikers für die liberale Gesellschaft haben könnte (vgl. S. 504). Auch der Rekurs auf Platon kann demgemäß anders gedeutet werden, denn Platon war nicht nur dafür bekannt, seine Lehre über esoterische Kanäle vorsichtig zu vermitteln, sie etwa an einen auserkorenen Schülerkreis nur in mündlicher Form weiterzugeben, sondern auch dafür, ein scharfer Kritiker der Demokratie zu sein. Dessen wohl bewusst, belässt es Strauss auch nicht bei dem Nachweis, sondern reicht in der entsprechenden Anmerkung folgende Erläuterung nach: „That the view mentioned above is reconcilable with the democratic creed is shown most clearly by Spinoza, who was a champion not only of liberalism but also of democracy" (S. 501).

Damit kommt Strauss zu einem vorläufigen Fazit darüber, welche Möglichkeiten der esoterische Philosoph unter den Bedingungen einer demokratischen Gesellschaftsordnung habe, gleichermaßen für eine nicht philosophisch gesinnte Mehrheit und eine Minderheit von Philosophen zu schreiben. Er müsse exoterische, also an die Öffentlichkeit gerichtete Literatur produzieren, die zwei unterschiedliche Adressatenkreise anvisiere und demgemäß zwei unterschiedliche Lehren enthalte:

> A popular teaching of edifying character, which is in the foreground; and a philosophic teaching concerning the most important subject, which is indicated only between the lines. [...] Those to whom such books are truly addressed are, however, neither the unphilosophic majority nor the perfect philosopher as such, but the young men who might become philosophers. (S. 503)

---

417 Rainer Marten: ‚Esoterik und Exoterik' (1977), S. 13.
418 Leo Strauss' hatte sich bekanntlich intensiv mit Platons Werk auseinandergesetzt und gehörte zu den prominentesten Platon-Textexegeten in den USA. Siehe hierzu etwa Hannes Kerber: Strauss and Schleiermacher on Plato (2014).

Während sich die populäre Botschaft in Form der ‚noble lie' an die Öffentlichkeit („unphilosophic majority") richte, diene die ‚noblere', da philosophische Lehre, dazu, eine junge Generation potentieller Philosophen herauszubilden und intellektuell zu fördern, die Strauss in seinem Text mehrfach als „decent young men" (S. 489) apostrophiert. Die eigentlichen Adressaten exoterischer Texte seien in dieser Gruppe philosophisch begabter ‚anständiger' und junger ‚Männer' zu suchen.

Es muss irritieren, dass diese merkwürdige Form einer elitär ausgerichteten Nachwuchsförderung im Rahmen eines Textes behandelt wird, der sich nominell mit der prekären Schreibsituation von unter Zensur schreibenden Schriftstellern auseinandersetzt. Auch die anfängliche Grundkonstellation von ‚Persecution' und die daran gekoppelte ‚Art of Writing' wird im letzten Abschnitt des Textes unter völlig andere Vorzeichen gestellt. Nicht mehr die staatliche Verfolgung, wie zu Beginn nahegelegt, erzwingt und befördert hier das ‚verdeckte Schreiben', sondern vor allem die gesellschaftliche, von der Mehrheit getragene Ächtung, in die ein Autor durch seine unliebsamen Ansichten geraten kann. Nach Strauss befindet sich der aufklärungsskeptische Philosoph der Moderne in besagter Lage. Er müsse die eigene, konservative Denktradition durch literarische Vermittlung fortführen, ohne dabei die auf Bildungsbeteiligung und Demokratisierung drängende Masse gegen sich aufzuwiegeln.

Für Irritation sorgt auch, dass Strauss in Abschnitt III. zur Konturierung seines Zentralbegriffs ‚Persecution' neben der Spanischen Inquisition, die er als „most cruel type" (S. 499) charakterisiert, Beispiele wählt, die aus relativ liberalen Zeiten stammen. Die Auswahl der Beispiele bezeichnet er dabei als „not wholly arbitrary" (S. 499). Die von Strauss ans Ende seines Aufsatzes platzierte Frage, welchen Nutzen die ‚Art of Writing' jenseits repressiver, totalitärer Gesellschaftsordnungen in einer liberalen Gesellschaft haben könnte (vgl. S. 504), kommt für den aufmerksamen Leser denn auch nicht gänzlich unvorbereitet: „Thus one may very well raise the question of what use it could be in a truly liberal society." Die lakonische Antwort: „The answer is simple" (S.504), aber überrascht ebenso wie der nachfolgende, interpretatorisch kaum gerahmte Rekurs auf eine Episode aus Platons *Gastmahl*, der sich hinsichtlich seines ‚Klartextes' keineswegs als ‚simpel' erweist: In der Episode vergleicht, wie Strauss in aller Kürze illustriert, der betrunkene Staatsmann Alcibiades seinen bewunderten Lehrer Sokrates mit einer Skulptur, die zwar äußerlich betrachtet hässlich, innerlich jedoch von göttlicher Schönheit sei. Dieses Bild, das – angewendet auf die Verhältnisbestimmung von exoterischer Gestalt und esoterischem Gehalt – zunächst lediglich einen spezifischen Assoziationsraum eröffnet, wird von Strauss in berichtender Absicht durch den Einwand ergänzt, dass die Werke der großen Schriftsteller vergangener Zeiten auch äußerlich betrachtet schön seien und lediglich im Vergleich zu den in ihnen „verborgenen Schätzen", d. h. den esoterischen Lehren, hässlich erscheinen müssten (vgl. 504).

Das angemessene Werturteil, so lässt sich schließen, kann also nur von demjenigen gefällt werden, der es vermag, zwischen Innen und Außen zu unterscheiden. Erst dann könne die ‚noble Lüge' als solche zu entlarvt, der wahre verborgene Gehalt, nämlich die für die Masse „forbidden fruit" (S. 491), erschlossen und die ‚Art of Writing' als ‚schöne Kunst' gewürdigt werden. Was aber soll diese gelehrte Anspielung vor dem Hintergrund der kotextuell noch schwelenden Frage nach den Funktionen exoterischer Literatur in liberalen Gesellschaften bedeuten?

Sie könnte, so eine Interpretationshypothese, anzeigen, dass Strauss davon ausgeht, ‚verdecktes Schreiben' sei wegen eines natürlichen und essentiellen Interessekonflikts von Philosophie und Politik notwendig.[419] Dieser Konflikt existierte für ihn dann allerdings in liberalen Gesellschaftsordnungen genauso wie in Diktaturen.[420] Strauss hätte demnach eine grundlegendere und von politischen Ordnungen weitgehend unabhängige Verhältnisbestimmung von Philosophie und Politik im Blick, als dies der Titel und die Referenz auf das Zensursystem moderner Diktaturen nahelegten.[421] Für diese Hypothese sprechen, wie noch zu zeigen sein wird, nicht nur weitere Texte des Verfassers aus den 1930er

---

419 Vgl. dazu auch Harald Bluhm: Die Ordnung der Ordnung (2002), S. 115–118.
420 Vgl. dazu auch Stephan Steiner: Weimar in Amerika (2013), der eine ähnliche Lesart vorschlägt. Strauss' frühe Texte legen nahe, so Steiner, „dass auch in offenen Gesellschaften mit ihrem Ideal der Redefreiheit das Schreiben und Sprechen ‚zwischen den Zeilen' nicht obsolet geworden ist, wenn es um die Äußerungen von im öffentlichen Raum nicht opportunen Meinungen geht. Gegen die liberale Mehrheit der Migranten an der New School, die auch im Exil an den Werten von Toleranz und freier Meinungsäußerung festhielten, betrachtete Strauss diese als mit der Weimarer Republik untergegangen. Anstelle der Tugend liberaler Toleranz hatte er nun das kulturelle Potential illiberaler Gesellschaften entdeckt: Erst die Situation der Verfolgung lässt die Philosophie zu ihren subtilsten Formen heranreifen. Diese Lehre ist es, die Strauss der amerikanischen akademischen Kultur mitzuteilen hat" (S. 255); siehe hierzu auch Harald Bluhm: Die Ordnung der Ordnung (2002), S. 114–115: „Strauss behandelt das Problem von theoretischen Texten mit politischer Wirkungsabsicht kontextualisierend als eines zweier verschiedener Adressaten: der Philosophen und der Menge. Auch wenn Strauss elitistisch argumentiert, setzt er auf die Normalsprache als Medium. Seine Rückkehr zum antiken Rationalismus und zur praktischen Vernunft nimmt dabei auf eigenwillige Weise die Differenzierung von Fach- und Normalsprache zurück."
421 Vgl. zum Verhältnis von Philosophie und Politik bei Strauss vgl. Matthias Bohlender: Die Rhetorik des Politischen (1995), S. 209–218.

und 1940er-Jahren, sondern insbesondere die Vorfassung des behandelten Aufsatzes.

Welche politische Funktion dem esoterischen Philosophen jenseits der Werbung für die ‚vita contemplativa' allerdings zukommen soll, ist aus dem Text nur schwer eruierbar. Die abschließenden Sätze legen jedenfalls nahe, dass es einen nicht genauer entfalteten Zusammenhang zwischen esoterischer Kommunikation und Politik gibt: „Education, they [die Philosophen, K.M.] felt, is the only answer to the always pressing question, to *the political* question, of how to reconcile order which is not oppression with freedom which is not license" (S. 504).[422] Dem ‚traditionellen' Philosophen, so ließe sich diese Stelle auslegen, komme also eine zweifache Aufgabe zu, eine philosophische und eine politische. Er müsse *einerseits* an der gesellschaftlichen Ordnung und ihrem Mythos, der ‚noble lie' mitarbeiten und *andererseits* die Pflege der philosophischen Wahrheit fortführen, selbst wenn diese der gesellschaftlichen Ordnung gefährlich werden könnte. Dafür habe er eine Schülerschaft auszubilden, die seine Arbeit weiterträgt. Exoterische Publizistik, so könnte die von Strauss nicht vorgenommene, aber im Text angelegte Conclusio schließlich lauten, liefert dafür ein geeignetes wie effektives Mittel.[423]

2.5.2 Leo Strauss – ein Esoteriker?

Strauss' eigene Kriterien für die Detektion esoterischen Schreibens geben Anlass für den Verdacht, dass man den Aufsatz „Persecution and the Art of Writing" selbst einer ‚aufdeckenden Lektüre' unterziehen kann – ein Unterfangen, dem sich im Allgemeinen, wie bereits anfänglich erwähnt, eine ganze Gemeinde an Strauss-Interpreten verschrieben hat.[424] Es lassen sich jedenfalls, wie bereits die vorangegangene Argumentationsrekonstruktion gezeigt hat, etliche „blunders", also ‚Stolpersteine' finden, die durch Titel und Themenexposition die gesetzte Leseerwartung sukzessive unterminieren. Angefangen bei dem fragwürdigen Motto des irischen Publizisten W. E. H. Lecky, das kontraintuitiv die geistig-emanzipatorische Kraft der Unterdrückung betont („That vice has often

---

[422] Wohlwollend könnte man Strauss unterstellen, dass er an dieser Stelle von der „Verantwortung des Philosophen für die potentielle Wirkung seiner Schriften" spricht, vgl. Harald Bluhm: Die Ordnung der Ordnung (2002), S. 115.
[423] Der Gegensatz von Gesellschaft und Philosophie bildet einen der wichtigsten Angelpunkte in Strauss' Denken.
[424] Zur ReLektüre von „Persecution and the Art of Writing" etwa Robert Howse: Reading Between the Lines (1999).

proved an emancipator of the mind, is one of the most humiliating, but, at the same time, one of the most unquestionable facts in history"), über die gelehrten und zugleich kryptischen Exkurse und Fußnoten bis hin zum Verzicht auf eine eindeutige zeitgenössische Referenzialisierung, ist der Leser mit Vagheiten konfrontiert, die eine Rekonstruktion der Aussageabsicht erschweren. Für Skepsis sorgt auch die Sprechhaltung des Verfassers, der den ‚aufmerksamen Leser‘, wie ihn Ehrke-Rotermund/Rotermund für ihre Hermeneutik in Anspruch nehmen, mehrfach mit einer Gruppe ‚junger Männer‘ identifiziert, die als clever, intelligent, anständig, achtsam, vertrauenswürdig, lernbereit und wissenshungrig (vgl. S. 501–503) attribuiert werden. Folglich liegt es nicht fern anzunehmen, dass Strauss sich ‚zwischen den Zeilen‘ selbst als jener „mature philosopher" inszeniert, der mit seinen exoterischen Veröffentlichungen „puppies of his race" (S. 504) heranzuziehen und in seine Schülerschaft umzubilden beabsichtigt.

Aufschlussreich sind in diesem Zusammenhang die bereits erwähnten „Lecture Notes" (1939), die eine Vorfassung zu „Persecution and the Art of Writing" darstellen,[425] sowie der Fragment gebliebene Essay „Exoteric Teaching",[426] an dem Strauss im Dezember 1939 gearbeitet hatte. Beide nicht zur Veröffentlichung vorgesehene Entwürfe liefern eine beachtliche Anzahl belastbarer Hinweise für Strauss' esoterische Darstellungsintentionen. Hier werden nämlich nicht nur Zentralbegriffe wie ‚Persecution‘, ‚Philosophy‘, ‚exoteric‘ und ‚esoteric‘ eindeutiger konturiert,[427] Strauss expliziert darin auch in konservativer Stoßrichtung *die Notwendigkeit* esoterischen Schreibens, die er auf den fundamentalen Unterschied zwischen politisch-praktischem (*vita activa*) und philosophisch-theoretischem Leben (*vita contemplativa*) zurückführt.[428] Während für Politik und Gesellschaft das Kalmierungsgebot „quieta non movere" gelte,[429] sei im Bereich der Wissenschaft und Philosophie das Gegenteil der Fall, denn Phi-

---

[425] Leo Strauss: Exoteric Teaching [1939] sowie Leo Strauss: Lecture Notes for ‚Persecution and the Art of Writing‘ [1939], zum ersten Mal erschienen in Martin D. Yaffe, Richard S. Ruderman (Hg.): Reorientation (2014), S. 275–304.

[426] Vgl. Hannes Kerber: Editorial Note to Appendices F and G. (2014), S. 271–273.

[427] Strauss macht in seinen „Lecture Notes" deutlich, dass Verfolgung nicht situativ, sondern aus Sicht des konservativen Philosophen essentiell sei: „persecution is essential, or necessary, and will not be superseded, and ought not to be superseded" (S. 297). Zur Praxis esoterischer Kommunikation im 18. Jahrhundert vgl. Monika Neugebauer-Wölk: Aufklärung und Esoterik (2009); dies. u. a. (Hg.): Aufklärung und Esoterik (2013); Cord-Friedrich Berghahn: ‚Wahrheiten, die man besser verschweigt‘ (2012).

[428] Vgl. Leo Strauss: Lecture Notes [1939]), S. 297.

[429] Leo Strauss: Exoteric Teaching [1939]), S. 289.

losophie sei „as essentially unrevolutionary and as interested only in truth",[430] konstatiert Strauss in dem Essay „Exoteric Teaching". Für den im Spannungsverhältnis von Theorie und Praxis schreibenden Philosophen gewinne dabei die bis in die Vormoderne zurückreichende Tradition esoterischer Lese- und Schreibpraxis an andauernder Aktualität und Relevanz. In den „Lecture Notes for ‚Persecution and the Art of Writing'" (1939), die Strauss wohl als Memorandum für einige 1939 und 1940 gehaltene Vorlesungen zum Thema verfasste, grenzt er die „earlier technique of writing" explizit und meliorativ von einem als modern gefassten Typus ‚verdeckten Schreibens' ab und macht sie zum eigentlichen Gegenstand seiner Erörterungen. Dieser ältere Typus esoterischer Schreibkunst sei, so heißt es weiter, „by far the more interesting and important", und zwar

> [n]ot merely historically, but also for us. That type produced the very highest kind of literature in existence – a kind of literature which has provided men, and will provide men as long as they read at all, with the best and most solid kind of education.[431]

In diesem Zusammenhang macht Strauss auch deutlich, dass sich das, was dieser Literaturtypus ‚zwischen den Zeilen' verberge, nicht in einen gemeinverständlichen Klartext überführen lasse, weil es an Denkvoraussetzungen geknüpft sei, die in einem öffentlichen Kontext nicht auszudrücken, bzw. nicht intersubjektiv zu vermitteln seien.[432] Es handele sich bei der esoterischen Lehre nämlich nicht unbedingt um einen propositional zu formulierenden szientifischen Sachverhalt, sondern um tieferliegende philosophische Einsichten und Erkenntnisse.[433] Anders als die, nach Strauss, einfach zu entziffernden Texte von Autoren, die unter konkreten Verfolgungssituationen ihre Aussageabsichten zum Selbstschutz ‚verdecken', erschließen sich esoterische Texte konservativer, da geistesaristokratisch und aufklärungsskeptisch eingestellter Autoren weniger über eine Praxis der Dechiffrierung als über eine Praxis der verstehenden Teilhabe.[434] In Abweichung zur Endfassung von „Persecution and the Art of Writing" verweist Strauss in seinen „Lecture Notes" dabei noch explizit auf die

---

430 Ebd.
431 Ebd., S. 297.
432 Vgl. Leo Strauss: Lecture Notes [1939], S. 297.
433 Vgl. ebd., S. 300. In seiner Vorlesung „German Nihilism" [1941]. In: Interpretation 26/3 (1999), S. 353–378, hier S. 365, identifiziert Strauss „science" mit „philosophy": „Science is the attempt to understand the universe and man; it is therefore identical with philosophy; it is not necessarily identical with modern science."
434 Vgl. Leo Strauss: Lecture Notes [1939], S. 300–301.

akroamatische, also nur Eingeweihten vorbehaltene und deshalb orale Vermittlung der philosophisch-wissenschaftlichen Lehren von Aristoteles und Platon, an der sich das Problem von esoterischer und exoterischer Darstellung exemplifizieren lasse:

> Scientific teaching was oral teaching, because written teaching cannot remain secret. The truth cannot and ought not to be published – i.e. the truth about the highest things – what can be published, are things which are public in themselves, ἔνδοξα, moral and political things.[435]

Die Vergewisserung darüber, ob in einem Text nun eine untergründige, respektive esoterische Botschaft vorliegt oder nicht, muss nach Strauss – anders als es die veröffentlichte Version von 1941 insinuiert – auf doppeltem Wege erfolgen. Auf der einen Seite durch die Machart des Textes selbst und auf der anderen Seite durch eine jenseits des Textes stattfindende Initiation, die eine esoterische Lesepraxis erst motiviert. Dazu findet sich in den „Lecture Notes" eine bemerkenswerte Passage:

> In some cases we are fortunate enough to possess *explicit* evidence either by the authors or by [intelligent and benevolent contemporaries] proving that the author hides his real views, and indicates them only between the lines.[436]

Bei der Überarbeitung seines Manuskripts streicht Strauss „benevolent contemporaries" und setzt stattdessen – im buchstäblichen Sinne ‚zwischen die Zeilen' – „intelligent philosophers", zu denen er sich mit großer Wahrscheinlichkeit selbst gezählt hat.[437]

Tatsächlich wusste auch Strauss seine Funktion als Hochschullehrer in diesem Sinne zu nutzen und bediente sich, so die begründete Vermutung, eines konstitutiven Mittels esoterischer Kommunikation, und zwar der auf Mündlichkeit beschränkten Vermittlung. Es lassen sich zumindest, wie die „Lecture Notes" belegen, Textfassungen von ausschließlich mündlich gehaltenen Vorträgen finden, in denen Strauss quasi als ‚benevolent contemporary' quasi ‚Klartext' spricht.[438] Die explizite Formulierung seiner philosophischen Einsichten erlaubt

---

435 Vgl. ebd., S. 301.
436 Ebd., S. 296.
437 Vgl. Anmerkung 20, ebd., S. 296.
438 Interessant ist in diesem Zusammenhang auch sein Fragment gebliebener Text „Exoteric Teaching" aus dem Jahr 1939, in dem er sich mit Lessings Verständnis von esoterischer und exoterischer Lehre auseinandersetzt und dabei auch die Funktion der Freimaurer während der Aufklärung streift. Dazu auch der Aufsatz von Hannes Kerber: Strauss and Schleiermacher on

aber per se keine Verschriftlichung, sie ist allein dem Nahverhältnis mündlicher Kommunikation vorbehalten, weil nur hier die Adressaten in einer vom Autor moderierten und angeleiteten Form am Denkprozess teilhaben und – mit Fleck gesprochen – in den spezifischen Denkstil des Autors eingeführt werden können.

Für diesen Zusammenhang ist noch eine weitere, ebenfalls nicht zur Publikation vorgesehene Vorlesungsschrift aus dem Strauss'schen Œuvre aufschlussreich. Am 26. Februar 1941 hatte Strauss am *General Seminar of the Graduate Faculty of Political and Social Science* an der *New School of Social Research* einen Vortrag zum Thema „German Nihilism" gehalten.[439] Hiervon ist ein „typewritten manuscript"[440] erhalten geblieben, das vor allem deshalb interessant ist, weil sich Strauss in dem Vortrag – anders als im sieben Monate später, d. h. im September veröffentlichten Aufsatz „Persecution and the Art of Writing" – dezidiert mit dem Nationalsozialismus und dem intellektuellen Klima Deutschlands in der ersten Hälfte des 20. Jahrhunderts auseinandersetzt. Nach einer politisch-moralischen Stellungnahme gegen den deutschen Faschismus, wie sie zeitgenössische Exilantinnen und Exilanten, etwa Hannah Arendt, Max Horkheimer und Theodor W. Adorno, an den Tag legten,[441] sucht man darin allerdings vergeblich. William H. F. Altman konnte in einer engagierten Analyse dieses Textes indes zeigen, dass sich Strauss in seiner Vorlesung als Sympathisant ultrakonservativen Denkens zu erkennen gibt und für die in „Persecution and the Art of Writing" nicht weiter bestimmten ‚jungen Männern' das Profil konservativer Nihilisten entwirft, die ihre Vorbilder in den Vertretern der deutschen konservativen Revolution im Stile Ernst Jüngers finden könnten.[442] Die Vorlesung deutet Altman dabei als eine Schreib- und Redeübung, in der Strauss die später ausgeübte ‚Art of Writing' selber praktisch erprobt. In Abgrenzung zu

---

Plato (2014). Der Text gibt Einblick in die Herausbildung der Strauss'schen Hermeneutik, überdies aufschlussreich für seine Praxis esoterischen Lesens: The Spirit of Sparta or the Taste of Xenophon. In: Social Research 6 (1939), S. 502–553. Beide Texte wurden nicht in den Sammelband *Persecution and the Art of Writing* (1952) aufgenommen.
439 Vgl. dazu den editorischen Kommentar von Davin Janssens und Daniel Tanguay. Samt Text abgedruckt in: Interpretation 26 (1999), S. 355–378.
440 Siehe die kurze Einführung von David Janssens und Daniel Tanguay in Leo Strauss: German Nihilism (1999), S. 353.
441 Vgl. zu einem intellektuellenbiografischen Vergleich: Peter Graf Kielmansegg, Horst Mewes, Elisabeth Glaser-Schmidt (Hg.): Hannah Arendt and Leo Strauss (1995). Zu dem nicht geführten Dialog zwischen Arendt und Strauss siehe Ronald Beiner: Hannah Arendt and Leo Strauss. The Uncommenced Dialogue (1990).
442 Vgl. William H. F. Altman: Leo Strauss on ‚German Nihilism' (2007).

einem als vulgäre Spielform des Nihilismus gedeuteten Nationalsozialismus habe Strauss darin, quasi exoterisch, ganz gezielt die positiven Qualitäten der nihilistisch eingestellten deutschen Jugend herausgestrichen, um in der eigenen, jungen und größtenteils liberal eingestellten Zuhörerschaft Sympathisanten für diesen „certain type of young atheist"[443] zu gewinnen.[444] Altman bemerkt, dass Strauss die Charakterisierung der in „Persecution and the Art of Writing" als jung, anständig und intelligent attribuierten ‚young men' übernimmt, sie um eine antikommunistische Einstellung ergänzt und so ex negativo der jungen amerikanischen Studentenschaft eine Identifikationsmöglichkeit anbietet.[445] Die eigentliche Pointe besteht jedoch darin, dass die ‚esoterische Botschaft' der Vorlesung in dem vom Sprecher subkutan offerierten Bildungsangebot gesucht werden muss.[446] Strauss stellte seinen Zuhörern den ‚deutschen Nihilismus' als die Reaktion einer fehlgeleiteten Generation junger Atheisten auf den Kommunismus vor: „What to the communists appeared to be the fulfilment of the dream of mankind, appeared to those young Germans as the greatest debasement of humanity, as the coming of the end of humanity, as the arrival of the latest man."[447] Statt liberaler und progressiver Lehrer hätte die nihilistisch eingestellte Jugend in Deutschland Mentoren gebraucht, „who could explain to them in articulate language the positive, and not merely destructive, meaning of their aspirations".[448] ‚Zwischen den Zeilen' geriert sich Strauss dabei selber als jener „old-fashioned teacher", der im Gegensatz zu den ‚modernen Pädagogen' in der Lage gewesen sei, eine atheistisch und antikommunistisch eingestellte, vor allem aber bildungs- und wissenshungrige Jugend angemessen auszubilden. In diesem Punkt gibt er sich zumindest besonders überzeugt:

> I am convinced that about the most dangerous thing for these young men was precisely what is called progressive education: they rather needed *old-fashioned teachers*, such old fashioned teachers of course as would be undogmatic enough to understand the aspirations of their pupils.[449]

---

[443] Leo Strauss: German Nihilism (1999), S. 355.
[444] Vgl. William H.F. Altman: Leo Strauss on ‚German Nihilism' (2007), S. 598–602.
[445] Vgl. ebd., S. 589–590 und 602.
[446] Vgl. ebd., S. 606.
[447] Ebd., S. 360.
[448] Ebd., S. 362.
[449] Ebd., S. 360.

Die Analogien zu dem nur einige Monate später publizierten Aufsatz „Persecution and the Art of Writing", so auch Altmans These, drängen sich durch die Ähnlichkeit der Topoi und Begriffe auf, sodass der Verdacht, Strauss habe sowohl in seinen Vorlesungen und Seminaren als auch in seinen Veröffentlichungen ‚zwischen den Zeilen' für die eigene, konservative philosophische Erziehung geworben, nicht unbegründet ist. Im Kontext der angeführten Vorfassungen sowie der Vorlesung „German Nihilism" erscheint „Persecution and the Art of Writing" jedenfalls als eine exoterische Schrift, die gezielt daraufhin angelegt ist, einen exklusiven Leserkreis, und zwar den potentieller junger Philosophen, zu adressieren. Dabei bietet sich Strauss sowohl in seiner Vorlesung wie auch in seinem Aufsatz, so könnte die esoterische Botschaft des Textes aufgelöst werden, als Mentor und Lehrer für eine wissbegierige, tendenziell nihilistisch eingestellte Gruppe junger Akademiker an. Folglich liegt es nahe, dass es auch in „Persecution and the Art of Writing" nicht nur um die Konzeptualisierung einer Hermeneutik des ‚aufdeckenden Lesens' geht – den Text auf diesen Aspekt zu begrenzen, würde bedeuten, eine wesentliche Intention, die Strauss damit verfolgte, auszublenden.

Für meine Einschätzung, dass Strauss nicht nur die Kunst des ‚Zwischen-den-Zeilen-Lesens', sondern auch die des ‚Zwischen-den-Zeilen-Schreibens' praktizierte, noch ein letzter, kleiner Hinweis. Den 1941 publizierten Aufsatz „Persecution and the Art of Writing" macht Strauss, wie bereits erwähnt, zum titelgebenden Beitrag einer Sammlung von Texten, die 1952 erscheint. Themenspezifisch enthält der Band drei weitere Texte, die als Anwendungsbeispiele seiner esoterischen Schreiblehre verstanden werden können. In der Einleitung profiliert Strauss das eigene Forschungsunterfangen als eine „sociology of philosophy",[450] die sich aus dem konfliktreichen Verhältnis zwischen dem Philosophen und der Gesellschaft ergebe. Explizit grenzt er hier seine Forschungsinteressen von wissenssoziologischen Fragestellungen ab. Denn die Wissenssoziologie habe seiner Auffassung nach übersehen, dass alle „genuine philosophers" zu ein und derselben Klasse gehörten, folglich auch ihre transhistorische und transkulturelle Gemeinschaft wichtiger sei als das, was sie „with a particular group of non-philosophers",[451] also ihren nicht-philosophischen Zeitgenossen verbinde. Am lebendigen, philosophischen Austausch hätten vielmehr sowohl die lebenden als auch die längst verstorbenen „genuin philosophers" teil.[452] Ermöglicht werde dieser ‚Dialog der großen Geister' unter

---

450 Leo Strauss: Persecution and the Art of Writing (1952), S. 8.
451 Ebd.
452 Ebd.

anderem durch die Praxis esoterischen Lesens und Schreibens. Wenn Strauss dabei in dem Aufsatz „How to Study Spinoza's *Theologico-Political Treatise*" aus besagtem Band festhält: „It is a general observation that people write as they read. As a rule, careful writers are careful readers and vice versa. A careful writer wants to be read carefully",[453] dann gibt es gute Gründe, solche Stellen als Selbstaussage und Aufforderung an die designierten Leser zu deuten.

Meine Relektüre von „Persecution and the Art of Writing" sollte, so möchte ich allerdings noch einmal betonen, nicht zu einem Urteil über die politische Gesinnung des „hypertroph"[454] rezipierten politischen Philosophen führen, wenngleich kaum von der Hand zu weisen ist, dass Strauss ein konservativer Denker war, der mit den politisch Rechten rhetorisch kokettierte.[455] Stattdessen sollte die Auseinandersetzung mit der von ihm reaktualisierten ‚Art of Writing' zeigen, dass sich mit und an Leo Strauss mehr lernen lässt, als es Ehrke-Rotermunds/Rotermunds Appropriationen nahelegen, nicht zuletzt, weil es sich bei der von Strauss behandelten Schreib- und Lesekunst um einen ganz spezifischen Typus heterodoxer Verständigung handelt, der sich von dem ‚verdeckten Schreiben' im landläufigen Sinne in mehrfacher Hinsicht unterscheidet. Welchen systematischen Ertrag kann also die Auseinandersetzung mit Leo Strauss' „Persecution and the Art of Writing" in Abgrenzung zum Konzept ‚verdeckten Schreibens' erbringen?

2.5.3 Esoterische Kommunikation versus ‚verdecktes Schreiben'

Abgesehen davon, dass es sich sowohl bei esoterisch funktionalen wie auch bei camouflierten Texten um Fälle planmäßiger Mehrfachadressierung handelt,[456]

---

453 Leo Strauss: How to study Spinoza's *Theologico-Political Treatise*. (1952), S. 144.
454 Vgl. Felix Dirsch: Authentischer Konservatismus (2012), S. 86.
455 In einem Brief an Karl Löwith äußert Strauss seine Sympathien der Rechten gegenüber. Am 19. Mai 1933 schreibt er: „[...] daraus, dass das rechts-gewordene Deutschland uns nicht toleriert, folgt schlechterdings nichts gegen die rechten Prinzipien. Im Gegenteil: nur von den rechten Prinzipien aus, von den faschistischen, autoritären, imperialen Prinzipien aus lässt sich mit Anstand, ohne den lächerlichen und jämmerlichen Appell an die droits imprescriptibles de l'homme, gegen das meskine Unwesen protestieren" (zit. n. Leo Strauss: Gesammelte Schriften, Bd. 3 [2001], S. 625).
456 Zur ‚verdeckten Mehrfachadressierung' aus linguistischer Perspektive vgl. Peter Kühn: Mehrfachadressierung (1995), hier S. 133–164. Kühn unterscheidet vier verschiedene Arten der Mehrfachadressierung, die einerseits von der Art der Handlungsrollen, die sich aus der Kodierung ergeben, und andererseits von der Art, wie die Handlungsmuster ‚verdeckt' werden, abhängen.

macht das Beispiel Strauss *erstens* deutlich, wie komplex sich die Rekonstruktion esoterischer Kommunikationssituationen gestaltet. Während in der Konzeption Ehrke-Rotermunds/ Rotermunds nur wenig bedacht wird, in welchem Verhältnis der ‚verdeckt' schreibende Autor zu seinen Adressaten steht, was genau und unter welchen Voraussetzungen nur einem bestimmten Adressatenkreis zugänglich sein soll, auf welche spezifische Weise Zugänglichkeit hergestellt wird und welche Funktionen die untergründige Kommunikation haben soll, werden diese Fragen bei Strauss explizit reflektiert. Der ‚ideale Leser' zeichnet sich in seinen Überlegungen zumindest nicht nur dadurch aus, aufmerksam und intelligent zu sein. Vielmehr werden ihm weitaus konkretere Eigenschaften, Fähigkeiten und Fertigkeiten zugeschrieben, die schließlich die Teilhabe am esoterischen Textverstehen bedingen. Hierzu gehören etwa spezifische Bildungs- und Wissensbestände (philosophische, kultur- und literaturhistorische Kontexte, Wissen über den Autor etc.), hermeneutische Textkompetenzen, ein dem esoterischen Autor affiner Denkstil (Skeptizismus, Pessimismus), eine bestimmte weltanschauliche Grundhaltung (Atheismus, Nihilismus) sowie schließlich auch politische Einstellungen (Konservatismus, Antikommunismus). Strauss konzipiert mithin einen recht konkreten Leser, der zur Voraussetzung für die beabsichtigte Adressatendistinktion wird, dem also der esoterische Autor ein konkretes Teilhabeverstehen zutrauen kann. Das Distinktionskriterium, das über die Aufteilung der Adressatenschaft in eine esoterisch verstehende und eine am exoterischen Textsinn orientierte Gruppe entscheidet, will Strauss dabei in einer natürlichen, also angeborenen Begabung zum philosophischen Denken ausmachen. Durch das prägende Nahverhältnis zum esoterischen Autor kultiviert, kann sich aus dieser Veranlagung ein Denkstil entwickeln, der den ‚nachdenklichen', ‚idealen' Leser zu einem esoterischen Leser und schließlich selbst zu einem Philosophen werden lässt. Esoterische Lektüren müssen in diesem Sinne also nicht unbedingt eine definitive, aber exklusive Erkenntnis zum Ziel haben, sondern können ebenso darauf ausgelegt sein, einen Denk- und Erkenntnisprozess in Gang zu setzen, der einen spezifischen Denkstil schult. Esoterisches Textverstehen ist für Straus zumindest unweigerlich mit einer bestimmten Art des Denkens verbunden, die er nur einer exklusiven Gruppe zugesteht.[457] Man könnte also allgemeiner festhalten, dass die vorgeprägte und schließlich kultivierte Denkstilähnlichkeit zwischen Leser und Autor Bedingung und Ziel esoterischen Textverstehens darstellt.

Zweitens klärt die Auseinandersetzung mit Strauss darüber auf, dass sich die Motive für den Gebrauch ‚verhüllender Rede' stark unterscheiden können.

---

457 Vgl. Harald Bluhm: Die Ordnung der Ordnung (2002), S. 111.

Nicht immer muss sich ‚verdecktes Schreiben' in aufklärerisch-emanzipatorischer oder subversiver Absicht gegen Herrschaft und Orthodoxie richten; und nicht immer zielt eine intendiert ‚verdeckte' Mehrfachadressierung auf den Schutz des Autors im engeren Sinne. Stattdessen können die Formen und Funktionen esoterisch angelegter oder anders camouflierter Texte, bedingt durch Entstehungs- und Rezeptionskontext sowie durch die Autorintention und das Leserinteresse, stark variieren. Die protektive Kraft esoterischer Kommunikation kann – und dafür bildet Strauss' Aufsatz ein gutes Beispiel – etwa auf die Initiation und Stabilisierung eines strukturell limitierten und intimen Leserkreises bezogen sein, dem im Medium des exoterischen Textes eine esoterische Fernkommunikation als Fortsetzung, Ergänzung oder Substitution der Nahkommunikation ermöglicht wird. Nicht unbedingt also muss das esoterische Moment eines Textes inhaltlicher Art sein, es kann auch darauf zielen, „auf untergründige Weise Gleichgesinnte mit dem Autor und untereinander [zu verbinden]",[458] wie Gregor Streim dies für Ernst Jüngers literarische Kommunikationspolitik beobachtet.[459] Motive, Zwecke und Funktionen esoterisch funktionaler Texte lassen sich jedenfalls weder am bloßen Arsenal genutzter Schreibtechniken noch am reinen Inhalt ablesen. Anders als in der Konzeption der *Poetik und Hermeneutik der ‚verdeckten Schreibweise'* angenommen, bedarf es für die Analyse esoterischer Kommunikationssituationen stattdessen eines wesentlich erweiterten Analysehorizonts, in den auch außertextuelle Kontexte, vor allem nichtdiskursive Praktiken und Netzwerke miteinbezogen sind. Bei der Rekonstruktion und Analyse besagter Kommunikationspraktiken kann man sich folglich nicht auf die Detektion von verdächtigen Textmerkmalen beschränken, sondern muss unter Berücksichtigung weiträumiger Kontexte fragen, *wer oder was vor wem oder was, warum, unter welchen Bedingungen und auf welche Weise ‚verdeckt'/verborgen* werden soll.

Auf die verschiedenen Formen und Funktionen esoterischen Schreibens hat zuletzt Arthur Melzer in seiner viel rezipierten Studie zur *Lost History of Esoteric Writing* (2014) hingewiesen.[460] Melzer rekonstruiert und sortiert darin diverse Arten esoterischer Kommunikation, die sich in den philosophischen, theologischen und literarischen Traditionen westlicher Kulturen herausgebildet und stabilisiert haben. ‚Esoterik', abgeleitet aus dem griechischen Begriff

---

458 Gregor Streim: Esoterische Kommunikation (2012), S. 134.
459 Es wären in diesem Sinne auch Fälle denkbar, in denen schon allein die Publikation eines Textes esoterische Funktion übernehmen kann, wenn es darüber beispielsweise zwischen dem Autor und seinem vertrauten Leserkreis Absprachen gegeben hat.
460 Arthur M. Melzer: Philosophy between the lines (2014).

ἐσωτερικός (esoterikos), was so viel bedeutet wie ‚dem inneren Bereich zugehörig', möchte Melzer dabei dezidiert nicht als geheimes, okkultes oder mystisches Wissen verstanden wissen, sondern als einen „indirect or secretive mode of communication",[461] also einen auf Exklusion zielenden, mittels spezifischer rhetorischer Techniken herbeigeführten Kommunikationsmodus. Auch in dieser Studie soll in Anlehnung an Strauss der Begriff ‚Esoterik' eine bestimmte Art der Kommunikationspraxis bezeichnen, also ausdrücklich nicht mystische Geheimlehren oder andere Arten irrationaler und deshalb exklusiver Erkenntnis meinen. Die Zwecke esoterischer Kommunikationspraktiken können, wie Melzer herausarbeitet, danach unterschieden werden, in welcher Absicht und unter welchen Umständen der esoterische Autor schreibt:

> esoteric writers will naturally differ from one another far more widely than in the mystical sense: they will all employ a secretive art of communication but on behalf of different doctrines, moved by different motives and purposes, and employing different esoteric techniques and strategies.[462]

Für die philosophische Esoterik, die weder ein bloß literarisches oder rhetorisches Phänomen sei, sondern grundsätzlich die Diskrepanz von Theorie und Praxis, genauer „philosophical rationalism and political community" zur Voraussetzung habe,[463] ergeben sich nach Melzer im Wesentlichen vier unterschiedliche Funktionen: In Situationen der Verfolgung könne das esoterische Schreiben den heterodoxen Autor vor Gefahren schützen, sei also *defensiven* Absichten geschuldet. Brechts und Sternbergers Schreibtechniken würden in diese Rubrik fallen. Geht es dem esoterischen Autor aber darum, öffentlichkeitsschädliche, d. h. ‚gefährliche' Einsichten vor der Gesellschaft zurückzuhalten, kann nach Melzer von einer *protektiven* Funktion esoterischen Schreibens gesprochen werden. Leo Strauss' Konzept der ‚noble lie' würde dieser Form protektiver Esoterik entsprechen. Esoterische Kommunikationspraktiken können sich aber darüber hinaus auch bewusst gesellschaftlicher, kultureller, religiöser oder intellektueller Reform verpflichten und demgemäß als engagierte Schreibformen bestimmt werden. Melzer unterscheidet in diesem Zusammenhang *pädagogische* von *politischer* Esoterik. Erstere habe die Breitenbildung der Gesellschaft im Visier, könne aber auch auf die Förderung und Heranbildung einer Elite beschränkt sein. Letztere sei als dezidiert moderne, der Aufklärung

---

461 Ebd., S. 2.
462 Ebd., S. 2–3.
463 Ebd., S. 3.

verpflichtete Form zu verstehen,[464] die philosophisches Denken zum Zwecke einer progressiven Rationalisierung der politischen Welt bewusst instrumentalisiere, mitunter allerdings auch in Form von Ideologie und Propaganda auftreten könne.[465]

Im Falle von Leo Strauss bleibt fraglich, inwiefern er seine esoterischen Schreibpraktiken mit einem dezidiert politischen Interesse verband. In „Persecution and the Art of Writing" scheint sich Strauss jedenfalls mit dem an politischer Aktion und gesellschaftlicher Transformation wenig interessierten älteren Typus des Esoterikers zu identifizieren. Dass seine politische Philosophie, die Strauss vom Standpunkt eines politischen Konservativismus formulierte, eine Denkschule begründete, die weitreichenden und gezielten Einfluss auf die amerikanische Politik nahm,[466] ist nicht unmittelbar Strauss anzulasten. Anders verhält es sich, wie gesehen, im Hinblick auf die pädagogische Funktion esoterischen Schreibens. Zwar schreibt Leo Strauss, wie deutlich geworden ist, nicht in der Rolle des Volkspädagogen, dafür aber in der Rolle des geistesaristokratischen Lehrers, der sich mit seinen Schriften an eine geistige Elite wendet. In diesem Sinne verfolgt er durchaus pädagogische Interessen. Den esoterischen Text setzt er dabei zum Zweck elitärer Nachwuchsförderung, genauer zur Elitebildung ein. Das textliche Medium wird also zu einem Initiationsritual funktionalisiert: Vom esoterischen Autor wird der heranzubildende Nachwuchs durch rhetorisch und inhaltlich hochkomplexe Texte attrahiert oder erhält mündliche Interpretationshinweise, die ihm die esoterische Dimension des Textes erschließen helfen. Die pädagogische Funktion esoterischen Schreibens konvergiert im Falle Strauss mit einer intellektuellen Einweihung, die den lernbereiten Adressaten einer politisch-philosophischen Ausbildung oder gar einem bestimmten Mentor zuführt.[467]

An den auf Nachwuchsförderung angelegten Bemühungen Leo Strauss' lässt sich sodann *drittens* eine weitere Eigenheit esoterischer Kommunikation profilieren, und zwar das differente Spektrum an Zugangsvoraussetzungen, die notwendig sind, um am esoterischen Textverstehen teilzuhaben. In der klassischen Zweiteilung von Exoterik (verstanden als populär) und Esoterik (verstanden als exklusiv) ist diese Voraussetzung oftmals mit der Qualifikation für den

---

464 Vgl. ebd., S. 235–237.
465 Vgl. Melzer, S. 246.
466 Siehe hierzu Kenneth L. Deutsch, John Albert Murley: Leo Strauss, the Straussians, and the American Regime (1999).
467 Vgl. Arthur M. Melzer: Philosophy between the lines (2014), S. 4.

fachspezifischen Expertendiskurs gegeben.[468] Die Unterscheidung zwischen wissenschaftlicher Erkenntnis und ihrer Popularisierung findet sich in der Philosophie seit alters mit den Ausdrücken *akroamatisch* (exakt) und *exoterisch* (populär) ausgedrückt.[469] Gemeint sind damit zwei adressatenspezifische Darstellungsweisen wissenschaftlicher, bzw. philosophischer Erkenntnis. Der Gegenstand des Verstehens unterliegt in diesem Fall nicht unbedingt dem Gebot der Geheimhaltung, sondern übersteigt durch die verwendete Terminologie und den Grad an Abstraktheit (Expertenkultur) die Fassungskraft der Mehrheit. In der propädeutischen Akkommodation der Aussagen an den adressierten Laien muss mit Verlusten bestimmter Inhalte – wenn man so möchte, der esoterischen Elemente – gerechnet werden, weshalb diese Art der exoterischen Vermittlung unter anderem als ‚imperfekte Darstellungsweise' begriffen wurde.[470] Nichtsdestoweniger insinuieren akroamatische Darstellungen eine grundsätzliche Offenheit, sie fungieren also nicht strukturell, sondern nur funktional exklusiv. Neben der Limitation der esoterischen Kommunikation durch eine gruppenspezifische Adressierung oder durch visible Zugangsregeln (Expertise, facheigener Jargon etc.) kann die Zugehörigkeit zu einem exklusiv kommunizierenden Denkkollektiv auch unabhängig von der wie auch immer bedingten Decodierung eines vermeintlich esoterischen Gehalts zustande kommen. In der Praxis, und auch dafür stellt der Fall Strauss ein gutes Beispiel dar, kann die Voraussetzung für eine esoterische Lektüre durch einen ‚secret handshake' erfüllt sein. Ob mündlich vermittelte Interpretationsangebote, Hinweise, Leseanweisungen oder das weitergereichte ‚Manuskript für Freunde' – es lassen sich diverse Formen texterner Einweihung unterscheiden. Gerade die Weitergabe von Texten stellt eine traditionsreiche, „Beziehungskommunikation" anzeigende Form der „materialen Textpraxis" dar,[471] auf die Carlos Spoerhase unlängst aufmerksam gemacht hat. Hierzu gehören nicht zuletzt auch instruktive Anstreichungen, Kommentare oder handschriftliche Widmungen sowie anderweitig limitierte, also nicht für die Öffentlichkeit bestimmte Hinweise, die im Rahmen eines persönlichen Austausches auf einen exklusiven Schriftsinn aufmerksam machen sollen. Andersherum ist die über Einweihung oder Denkstilähnlichkeit zustande gekommene Zugehörigkeit zu einer esoterisch kommunizierenden Gruppe keine Garantie dafür, dass die in diesem Rahmen produ-

---

468 Vgl. Konrad Gaiser: exoterisch/esoterisch (2007).
469 Zu esoterischen Traditionen in der Philosophiegeschichte vgl. Helmuth Holzhey, Walther Ch. Zimmerli (Hg.): Esoterik und Exoterik der Philosophie (1977).
470 Vgl. Lutz Danneberg: Formen der Darstellung (Typoskript), S. 5–6.
471 Carlos Spoerhase: Das Format der Literatur (2018), S. 51 u. 55.

zierten, exoterischen, d. h. mehrfachadressierten Texte von allen Teilnehmern auch tatsächlich verstanden werden. Esoterische Kommunikationssituationen stellen jedenfalls diffizile, komplexe und voraussetzungsreiche Erscheinungen dar, deren Detektion, Rekonstruktion und Analyse nicht ohne Aufwand zu leisten ist.

Im Unterschied zu jüngeren Ansätzen, die sich zur Neukonzipierung des Themenfeldes ‚verdecktes Schreiben' auf Michel Foucault und andere poststrukturalistische Ansätze berufen,[472] scheint Strauss' vornehmlich hermeneutischer Ansatz für die Erschließung ‚aufdeckenden Lesens' überzeugend und noch weitgehend unausgeschöpft. Anders als es das Konzept der ‚verdeckten Schreibweise' nahelegt, können esoterisch funktionale Texte nicht auf der reinen Textebene mittels spezifischer Dechiffrierungstechniken auf ihren heterodoxen Gehalt erschlossen werden. Literarische Esoterik muss stattdessen als spezifisches Funktionsprinzip beschrieben werden, das sich auf Texte bezieht, die bei ‚gemeinverständlicher' äußerer Form (also exoterischer Gestalt) eine auf Gruppen bestimmter Überzeugungen zugeschnittene und jenseits des Textes verhandelte, also exklusive Botschaft beinhalten.

Sofern man esoterische Kommunikation in diesem Sinne als *funktionalisierte Praxisform* begreift, in der Textumgangsformen und Texte im Umkreis spezifischer Denkkollektive und Netzwerke eine wesentliche Rolle spielen, ergibt sich für deren Ermittlung eine Herangehensweise, in der nicht ausschließlich der Text und sein Doppelsinn, sondern auch die entsprechenden Lese- und Interpretationsgemeinschaften zu fokussieren und zu rekonstruieren sind. Dies gilt selbstverständlich nicht nur für Strauss, sondern lässt sich auch allgemein für esoterische Kommunikationssituationen fruchtbar machen, nicht zuletzt für solche, die unter den Zensurbedingungen des ‚Dritten Reichs' entstanden sind. Ehrke-Rotermunds/Rotermunds selektive Appropriation von „Persecution and the Art of Writing" hat dieses Potential nicht weiter berücksichtigt.

Angesichts der angeführten, vom Terminus des ‚verdeckten Schreibens' implizierten Problemfelder stellt sich daher auch die Frage, inwiefern der Begriff aufgrund seiner nicht domestizierbaren Konnotationen für literaturwissenschaftliche Forschungsinteressen einer grundlegenden Revision bedarf.

---

[472] Ein solcher Ansatz findet sich etwa in dem Sammelband von Gert Reifarth und Philipp Morrissey (Hg.): Aesopic Voices (2011). Im Vorwort entwickeln die Herausgeber ein offenbar konstruktivistisches, antihermeneutisches Theorie-Design zur Analyse sogenannter ‚äsopischer Diskurse', das ohne konkrete Kontextualisierungen auszukommen scheint.

Wenn man den Ausdruck des ‚Verdeckens' als allgemeinen Oberbegriff für diverse auf Mehrfachadressierung setzende Schreibstrategien der Nonkonformität weiterhin im literaturwissenschaftlichen Gebrauch halten möchte, muss zumindest im Einzelfall expliziert werden, was damit im Konkreten gemeint sein soll.

2.6 Zusammenfassung und Fazit

2.6.1 Die Ermittlung esoterischer Kommunikationssituationen

Ausgehend von Strauss' Ansatz ergeben sich eine Reihe von Fragen: Wie lassen sich esoterische Kommunikationssituationen überhaupt ermitteln, ohne – wie es in der Kritik an der Strauss'schen Hermeneutik heißt – einem „inadequate hypothesis-testing" zu verfallen?[473] Wie detektiert man also spezifische Lesergruppen und Interpretationsgemeinschaften, in denen eine kritische Rezeption erfolgen sollte beziehungsweise tatsächlich erfolgte? Was sind mögliche Quellen und sinnvoll zugeschnittene Untersuchungsfelder, wenn man nicht nur an der Theorie, sondern auch an der Praxis heterodoxen Lesens und Kommunizierens interessiert ist?

Zwar gibt Strauss verstreute Hinweise zum Lesen esoterischer Literatur,[474] doch vermeidet er eine Systematisierung seiner ‚Lesekunst'. In gewisser Weise ist das verständlich, scheint doch gerade die Uneinholbarkeit und das ‚Geheime' die epistemische Besonderheit esoterischer Kommunikation auszumachen. Esoterisch funktionale Texte zu detektieren, müsste so in letzter Konsequenz bedeuten, an der entsprechenden Kommunikationsgemeinschaft teilzuhaben, also ‚eingeweiht' zu sein. Demgemäß resümiert Melzer: „there is not and cannot be a science of esoteric reading. It is an art, and even a particularly delicate one. [...] Thus, esoteric writing cannot be a science, in the first instance, because its very purpose compels it to avoid being so."[475] Wiewohl Melzers Studie eine heuristische tour d'horizon für das Phänomen esoterischen Schreibens im Allgemeinen bietet, gibt er gemäß seiner Skepsis nur recht unspezifische Auskunft über eine tragfähige Suchoptik oder einen methodisch kontrollierten Umgang der Untersuchung:

---

473 Adrian David Blau: The Irrelevance of (Straussian) Hermeneutics (2015), S. 37.
474 Vgl. Harald Bluhm: Die Ordnung der Ordnung (2002), S. 135.
475 Arthur M. Melzer: Philosophy between the lines (2014), S. 288–289.

> First, as a secretive activity, esotericism is obviously resistant, by its very nature, to open and clear disclosure. Most evidence pertaining to it is likely to fall far short of perfect clarity and thus to require, on the part of the investigator, a high degree of sensitivity, judiciousness, and sympathy.[476]

Der ubiquitäre Verweis auf den ‚idealen Leser' trägt zwar recht wenig aus, zumindest aber führt Melzer in seiner Studie vor, dass ein einfaches Klassifikationsraster dem komplexen Phänomen esoterischer Kommunikation – gerade in Anbetracht ihrer langen Tradition, die von den Vorsokratikern über Moses Maimonides, Francis Bacon und Gotthold Ephraim Lessing bis zu John Toland und weiter reicht und die Melzer kenntnisreich rekonstruiert – nicht gerecht werden kann. Darüber hinaus beschränken sich esoterische Praktiken nicht nur auf Philosophie und Literatur,[477] sondern finden etwa in der *arcana imperii* und der Mystik auch Ausläufer in die Bereiche von Politik und Religion. Auch dies erschwert eine generalisierende Beschreibung der Phänomene.[478] Sicherlich verweisen diese Einwände auf die Schwierigkeit, esoterische Interpretationspraktiken methodisch kontrolliert nachzuvollziehen. Nicht unmöglich scheint allerdings, wie die Analyse von „Persecution and the Art of Writing" veranschaulicht hat, sie konsequent zu historisieren und sie demgemäß durch eine rekonstruierende Kontextualisierung zu plausibilisieren.

Die nachfolgenden Untersuchungen können die durch Melzer und andere aufgezeigten Forschungsdesiderate gewiss nicht beheben.[479] Statt einer historischen Langzeitstudie geht es daher im Folgenden um die exemplarische Erfassung konkreter, heterodoxer Kommunikationssituationen im ‚Dritten Reich', und zwar am Beispiel der Kulturzeitschrift *Hochland*. Nur am konkreten Einzelfall, so meine Überzeugung, lassen sich die komplexen Bedingungen für das dissidente Kommunizieren angemessen eruieren und beschreiben. Dabei ist zu konzedieren, dass die Detektion problematisch bleibt, weil man auf die aufwändige Rekonstruktion von nicht visiblen Textumgangsformen und allgemeiner noch: von textunabhängigen Praktiken angewiesen ist, die sich in spezifi-

---

476 Ebd., S. 5.
477 Zum Themenfeld ‚Esoterische Kommunikation und ästhetische Darstellung' siehe Linda Simonis: Die Kunst des Geheimen (2001).
478 Vgl. Paul J. Baglex: On the Practice of Esotericism (1992), S. 231: „Esotericism, formerly called esoterism, is a complex phenomenon which does not permit any simple or uniform explanation."
479 Einen Überblick zu Begriff und Forschung von Esoterik gibt Nils Menzler: Techno-Esoterik in der säkularisierten Moderne (2019), S. 11–28; Siehe auch Monika Neugebauer-Wölk: Historische Esoterikforschung (2013); Michael Bergunder: Was ist Esoterik (2008); Kocku von Stuckrad: Die Esoterik in der gegenwärtigen Forschung (2006).

schen sozialen Zusammenhängen manifestieren, aber in der Regel aus dem historischen Abstand nicht aufhellbare Dunkelstellen enthalten. Ohne Rezeptionszeugnisse, ohne Ego-Dokumente von Autor und Leser, ohne weitreichende Kontextaufbereitungen, die sich jeweils auf den Einzelfall und seine konkrete Produktions- und Rezeptionssituation beziehen, ist an eine valide Eruierung Dissidenz anzeigender Schreib- und Lektürepraktiken nicht zu denken. Zudem hat man in Rechnung zu stellen, dass sich Textumgangsformen in der Regel nicht für einen Einzeltext ausbilden. Zumindest können sich spezielle Interpretationsgemeinschaften über Einzeltexte, einzelne Autoren, aber auch über Netzwerke hinweg im Nah- und Fernverhältnis lediglich prozesshaft und episodisch ausbilden.

In jedem einzelnen Fall ist man somit vor der Analyse und Deutung darauf angewiesen, Indizien zu sammeln und zu Hypothesen zu aggregieren. Wie das Beispiel Strauss zeigt, können bereits innertextliche Referenzen auf den extratextuellen Kommunikationskontext eine esoterische Kommunikationssituation indizieren. Die Wahl bestimmter Motti, der Fußnotenapparat, die Nennung bestimmter Autoren oder ‚Schlüsseltexte', das Einbauen spezifischer Phrasen oder Signalwörter, aber auch die nur beiläufige Erwähnung bezeichnender ‚Schlüsselfiguren' können bereits darauf hinweisen, dass es sich um einen esoterisch funktionalen Text handelt,[480] der einer spezifischen Denkgemeinschaft zugehört. Gerade angesichts der Möglichkeiten heterodoxer Kommunikation unter den Bedingungen von Repression ist naheliegend, dass gruppenspezifische und deshalb exklusive Kommunikationsformen in zugleich immunisierender wie kritischer Funktion zum Tragen kommen konnten. Unter der Voraussetzung von Zensur mögen sich gar spezifische ‚Diskurs- und Denkgemeinschaften' in heterodoxer Ausrichtung neu herauskristallisiert haben oder aber bereits bestehenden sozialen Strukturen subversives Potential zugewachsen sein. Wie aber konstituiert sich unter dieser Prämisse der Untersuchungsgegenstand für die hermeneutische Rekonstruktion?[481] Wie bildet man entsprechende Text- und Autorengruppen, an denen sich die ‚Verdeckungs- und Aufdeckungsformen' angemessen beobachten lassen?

Ausgehend von der Annahme, dass esoterische Kommunikationspraktiken im Rahmen spezifischer Denkkollektive und Gesinnungsgemeinschaften entstehen, liegt es nahe, konkrete Gruppenzusammenhänge von Schriftstellern während des Nationalsozialismus zu fokussieren und die in diesem Rahmen

---

480 Vgl. dazu auch Gregor Streim: Esoterische Kommunikation (2012), S. 132.
481 Für diese Fragestellung nicht weiterführend ist der vielversprechend betitelte Aufsatz von Till Dembeck: Esoterisch lesen (2016).

produzierten Texte auf einen gemeinschaftlichen Denk- und Gesinnungshorizont hin zu untersuchen. Kristallisationspunkte personeller Netzwerke, die unter Gesichtspunkten literarischer Kommunikation gesinnungsgemeinschaftlich strukturiert waren, konnten zwischen 1933 und 1945 in unterschiedlichen Formen in Erscheinung treten. So kann unschwer festgestellt werden, dass etliche Autoren der sogenannten ‚Inneren Emigration' personell vernetzt waren, und das nicht nur privat, sondern auch institutionell, etwa in Zeitschriften, Verbänden und Vereinen, Verlagen und anderen, z.T. auch untergründigen Organisationsformen, wie privaten Lesekreisen, Stammtischen etc. Man denke etwa an die Redakteure und Autoren der *Frankfurter Zeitung*,[482] an die netzwerkbildenden Kommunikationspraktiken der Brüder Ernst und Friedrich Georg Jünger, die während der Naziherrschaft und auch nach 1945 über „Gesprächszirkel, Rundbriefe und Privatdrucke"[483] auf die „Organisation einer klandestinen Gegenöffentlichkeit" setzten.[484] Man denke auch an Reinhold Schneiders Freiburger Lektürezirkel,[485] der ihm schließlich Kontakte zum schweizerischen Alsatia-Verlag und damit den ‚illegalen' Druck ermöglichte, oder an Max Benses „Rhetorik der strategischen Offenheit", mit der er sich „um eine elitäre, nonkonforme Gruppenbildung bemühte".[486] Das sind nur einige Beispiele für jene Akteure, die während des Nationalsozialismus esoterische und nonkonformistische Kommunikationspraktiken ausbildeten, erprobten oder über die Jahre verfeinerten.

Welches ‚Denkkollektiv', welche ‚Diskursgemeinschaft' man dabei auch in den Fokus rückt, man ist bei der Ermittlung und Rekonstruktion solcher außertextuellen Kontexte auf eine breit angelegte Spurensuche angewiesen, die den philologischen Lektüreprozess übersteigt und auch Praktiken und Textumgangsformen fokussiert. Die besagten Spuren, die derlei Praktiken und Netzwerke hinterlassen haben, mögen sich etwa in Nachlassbeständen, Korrespondenzen, Tagebüchern und anderen informellen Zeugnissen und Dokumenten noch finden lassen. Unter diesen Gesichtspunkten vorgenommene Untersuchungen scheinen jedenfalls vielversprechend, denn es ist anzunehmen, dass Praktiken heterodoxer Kommunikation und Lektüre während des Nationalsozi-

---

482 Vgl. Günther Gillessen: Auf verlorenem Posten (1986); William John Dodd: ‚Der Mensch hat das Wort' (2013).
483 Gregor Streim: Esoterische Kommunikation (2012), S. 129.
484 Daniel Morat: Von der Tat zur Gelassenheit (2007), S. 315.
485 Vgl. dazu Ekkehard Blattmann: Reinhold Schneiders Ideenlaboratorium (2003); auch Kristina Mateescu: Reinhold Schneider (2020).
486 Alexandra Skowronski: Max Benses Abendländische Leidenschaft (2019), S. 14.

alismus vielfach verbreitet und textsortenunspezifisch waren, sich also sowohl auf literarische wie auch auf nicht-literarische Texte beziehen konnten.

2.6.2 Formen und Funktionen heterodoxen Lesens

Die Praxis heterodoxen Lesens, so konnten die vorangegangenen Ausführungen zeigen, umfasst eine ganze Bandbreite an Textumgangsformen, die nur selten unmittelbar mit der Produktionsseite korrelieren und daher auch nicht mit einer ‚Poetik der verdeckten Schreibweise' kongruieren. Im praxisbezogenen, d. h. nicht ‚textualistisch' verengten Sinne umfassen NS-kritische Lektüreweisen weitaus mehr als das ‚aufdeckende Lesen', das üblicherweise die Entschlüsselung der vom Autor intendierten, aber gegen die Zensur durch unterschiedliche ‚Verdeckungsstrategien' immunisierten Botschaft bezeichnet. Heterodoxe Lektürepraktiken, wie sie hier vorgestellt wurden, erschöpfen sich zudem nicht in dem herkömmlichen Kommunikationsmodell von Autor, Text und Leser, das die Komplexität NS-Kritik oder Dissidenz anzeigender Verständigung im ‚Dritten Reich' unangemessen reduziert. Stattdessen sollte deutlich geworden sein, dass man sie als *standort- und gruppenkonsensbasierte Textumgangsformen* beschreiben kann, die auf unterschiedliche Weise realisiert werden und dabei jeweils unterschiedliche Funktionen einnehmen können. In hohem Maße sind sie somit zwar von der dissidenten Einstellung des in einer spezifischen historischen Situation deutenden Lesers bedingt, lassen sich aber nicht darauf reduzieren. Konkreter: Gewiss kann man davon ausgehen, dass Nonkonformisten tendenziell nonkonformistisch lesen, doch wäre es übereilt anzunehmen, dass sie dies unabhängig von Inhalt und der *intentio operis*, der Aussageabsicht des Textes tun.

Wie an der Auseinandersetzung mit den ‚Klassikern des verdeckten Schreibens' deutlich geworden werden sollte, bedürfen heterodoxe Lektüren Interpreten mit enormer Reflexionsfähigkeit sowie höchster Text- und Kontextsensibilität. Zu berücksichtigen ist dabei, dass eine kritische Einstellung, wie insbesondere am Beispiel Strauss oder an den didaktisch angelegten Sprachglossen Sternbergers illustriert, auch erst *durch* die Lektüre gewonnen werden kann. Ein nonkonformistischer Denkstil wäre in einem solchen Fall nicht die Voraussetzung, sondern das Ergebnis intensiver Textauseinandersetzung. Damit ist nicht zuletzt die Komplexität und Vielfältigkeit NS-kritische Kommunikation, die hier nur ausschnittsweise und explorativ Behandlung finden kann, angedeutet. Die bislang herausgearbeiteten Textumgangsformen, die ich im

Folgenden begrifflich und funktional zusammenführen werde, ließen sich also ohne Weiteres um weitere nonkonformistische Lektürepraktiken ergänzen.

(1) **Applikative/kritisch-aktualisierende Lektüren** decken am Text auktorial intendierte oder auch nicht intendierte, aber dem Text plausibel zuschreibbare Analogiebezüge zur gesellschaftspolitischen Gegenwart auf. Sie verfahren situationsadäquat und kritisch, richten sich also gegen das als orthodox gesetzte Geltungsregime. Lektüren dieser Art lassen sich in mehrfacher Hinsicht als heterodox beschreiben: im Hinblick auf die Autor- bzw. Textintention (Intentionsirrelevanz) oder/und im Hinblick auf die konventionalisierte Gattungserwartung (textsorteninadäquater Textumgang). Im ersten Fall wird die auktorial verbürgte Aussageabsicht des Textes durch eine eigentümliche, aber situationsangemessene Kontexthierarchisierung zugunsten einer thematischen, figuralen, handlungs- oder aspektbezogenen Analogiebildung zwischen der Textwelt und den zeitgenössischen Verhältnissen umgangen, für irrelevant erklärt oder absichtlich ausgeblendet. Ähnliches gilt im Falle textsorteninadäquater Lektüren. Heterodox kann eine aktualisierende Interpretationspraxis auch deshalb sein, weil sie den Interpretationsgegenstand kritisch auf das ‚Überzeugungssystem', bspw. den Nationalsozialismus bezieht. Beide Momente, die historisch-politische Situationsangemessenheit einerseits und das gerichtete Interpretationsinteresse andererseits, verhindern idealiter Formen interpretatorischer Willkür, also einer Über- oder Unterinterpretation des Textes. Neben der notwendigen Kontextsensibilität sowie einer grundsätzlichen Allgemeinbildung verlangt die aktualisierende Lektüre vom Leser eine kritische Haltung zum Zeitgeschehen. Sie stellt gleichsam eine notwendige Voraussetzung für diese Art des Textumgangs dar.

Die Funktionen applikativer Interpretationen sind vielfältig und lassen sich kaum verallgemeinern; grundsätzlich setzen sie aber den Leser in ein bestimmtes Verhältnis zum realhistorischen Kontext, beziehen also ihre Eigentümlichkeit auf dieser Grundlage. Denkbar sind entsprechend Funktionen wie Zuspruch, Mut und Trost, Selbstvergewisserung oder auch Reflexionssteigerung (etwa im Falle herausgelesener Deutungsangebote). Aktualisierende Lektüren können in diesem Sinne auch zur zeitkritischen Aufklärung beitragen oder dabei helfen, Werte und Überzeugungen zu affirmieren, die sich inkompatibel zum Herrschafts-System verhalten. Sogar Handlungsaufforderungen oder Selbstkritik sind hierbei nicht auszuschließen.[487] Immer wieder wird, wie für den Fall Sternberger angeführt, die Sprachbewahrung als zentrale Funktion nonkonformen Schreibens – und damit auch des Lesens – angeführt. Dies stellt gewiss keine Eigentümlichkeit aktualisierender Textumgangsformen dar. Gleichwohl ist nicht unwahrscheinlich, dass sich im Rahmen einer Denkgemeinschaft – über eine reine ‚Sprachkonservierung' hinaus – eine Sprache der Nonkonformität entwickeln kann, in der etwa bestimmte Figuren, Topoi oder historische Sujets ‚Analogierelevanz' anzeigen. Damit ist nicht das allgemeine Phänomen einer dissidenten Camouflageprosa gemeint, sondern eine gruppenspezifische Markierung von Schlüsselbegriffen, Metaphern, Redewendungen o.ä., die als Übertragungssignale und sozial kodierte ‚Stolpersteine' fungieren.

(2) **Kontraintentionale Interpretationen** können Täuschungs-, Verschleierungs- und Manipulationsinteressen, aber auch (vermeintliche) Irrtümer des Autors aufdecken und sind vor allem bei der kritischen Lektüre propagandistischer oder anderweitig suggestiv-manipulativer Texte denkbar. Der Leser muss hierfür die Aussageabsicht rekonstruieren, weil sie zur Voraussetzung für die bewusst gegensinnzuschreibende Deutung wird. Interpretationen dieser Art sind also durchaus hermeneutisch, ohne jedoch dem hermeneutischen Billigkeitsprinzip, das eine „minimale Ethik der Interpretation"[488] voraussetzt und dem Interpreten entsprechend ‚initiales Wohlwollen' gegenüber dem Autor abverlangt,[489] zu folgen. Denn kontraintentionale Lektüren richten sich auf subversive Weise gegen den Autor, dessen Aussageabsicht in der Deutung wissentlich verkehrt wird.

Wie im Falle aktualisierender Deutungen ist auch für kontraintentionale Lektüren eine ganze Bandbreite an Funktionen zu veranschlagen, die sich hier selbstverständlich nicht vollständig anführen lassen, da sie vom Einzelfall und dem jeweiligen Rezeptionskontext abhängen. Dennoch seien einige, wir mir scheint, zentrale Funktionen genannt. Hierzu gehört etwa die Affirmation, Steigerung oder gar Radikalisierung einer dissidenten Haltung. Zum Autor verhält sich der kontraintentional Lesende als Kontrahent. Er konterkariert absichtlich die auktoriale Aussageabsicht und verschafft sich auf diese Weise die Möglichkeit zur geistigen Gegenwehr im Privaten, die

---

487 Zu den Letztgenannten vgl. beispielhaft Karl Eibl: Selbstbewahrung im Reiche Luzifers (1987), insb. S. 38–39, der diese Funktionen Stefan Andres' Camouflagenovellen zuschreibt.
488 Oliver Scholz: Verstehen und Rationalität (1999), S. 158; zum hermeneutischen Billigkeitsprinzip allgemein vgl. Carlos Spoerhase: Autorschaft und Interpretation (2007), S. 345–438.
489 Ineke Sluiter: Metatexts and the Principle of Charity (1998), S. 14.

zur affektiven Überwindung der allgemeinen Handlungsohnmacht beitragen kann. Neben der Ventil- und Entlastungsfunktion sowie einer allgemeinen Dissidenzsteigerung können kontraintentionale Lektüren, wie an den Beispielen Sternberger und Brecht gezeigt, den sprachkritischen Blick schärfen und über Techniken und Muster der (nationalsozialistischen) Herrschaftsinszenierung im Allgemeinen sowie über mediale, literarische und rhetorische Herrschaftsstrategien im Besonderen aufklären. Ferner können sie dem Leser, der sich gegen derlei Einflüsse schützen möchte, als Abwehr-Strategie zum Tragen kommen.

(3) **Symptomatische Lektüren** können im Vergleich zu kontraintentionalen Interpretationen auf autorgebundene Intentionsrekonstruktionen verzichten. Der symptomatisch lesende Interpret interessiert sich stattdessen für bestimmte Textelemente oder textuelle Eigenschaften, die über die Aussageabsicht oder das Aussagebewusstsein des Autors hinausgehen, auf die er aber hindurchgreift, sie als Indikator/Symptom wertet und für ein bestimmtes Interpretationsziel funktionalisiert. Das Interpretationsziel, verstanden als problemorientierte Perspektive auf den Text, legt fest, was als Indiz gelten kann, was also ‚aufgedeckt' werden soll. Die symptomatische Interpretation unterliegt somit einem normierenden Prinzip, das der willkürlichen Bedeutungszuschreibung Grenzen zieht. Für den symptomatisch Lesenden verrät sich der Autor in seinem Text auf eine bestimmte Art selbst, etwa durch eine eigentümliche Rhetorik, eine pathologische Ausdrucksweise, einen ideologieanzeigenden Stil oder über eine assoziative Argumentation. Jede dieser textuellen Eigenheiten lässt wiederum Rückschlüsse zu, beispielsweise auf eine psychische Disposition des Autors, seine politische Ansicht, seine Weltanschauung, die Klassen- oder Milieuzugehörigkeit, auf seine Herrschaftsinteressen oder seinen Denkstil. Obgleich sich symptomatische von kontraintentionalen Lektüren unterscheiden lassen, gibt es durchaus Fälle, in denen sie zusammenfallen. Wie an Sternberger, Brecht und an dem Beispiel Friedrich Kellner gezeigt, kann beispielsweise eine Täuschungsabsicht kontraintentional enthüllt (=Akteur des Nationalsozialismus täuscht absichtlich) und symptomatisch (= Täuschung ist typisch für die nationalsozialistische Herrschaftspraxis) gedeutet werden.

Nicht immer muss die symptomatische Lektüre autorbezogen sein. Auch historische, gesellschaftliche, politische oder andere Kontexte sind als interpretationslenkende Bedeutungskonzeptionen vorstellbar. Wichtige Bezugskontexte stellen in diesem Zusammenhang auch kollektive Formationen, etwa das Milieu, die Klasse, die Denkgemeinschaft etc. dar, in die der Autor eingebunden ist.

Welche Funktionen kann nun diese Form des heterodoxen Textumgangs erfüllen? Allgemein kann behauptet werden, dass sie sich in weiten Teilen mit denen der kontraintentionalen Lektüre überschneiden. Eine Besonderheit symptomatischen Lesens scheint allerdings darin zu liegen, dass die Funktionalisierung spezifischer Kontexte für ein Interpretationsziel einen Zuwachs an Wissen bedeutet. Der Interpret befragt den Text gemäß einem spezifischen Erkenntnisinteresse und gewinnt so Einsichten, die unabhängig vom Wissen und Bewusstsein des Autors sind. Auf diese Weise entnimmt der Leser dem Text womöglich delikate Informationen, die er dann subversiv gegen den Autor wenden und mit denen er die subversive Lektüre als konspirativen Akt geistiger Opposition leisten kann.

Wie das Beispiel Brecht deutlich gemacht hat, ist die symptomatische Lektüre als Technik der Faschismusanalyse nutzbar. Regelmäßig praktiziert, schult sie den Blick für ideologieanzeigende Vokabeln, Phrasen und Formulierungen, Themen und Argumentationen. Weil symptomatische Lektüren notwendigerweise eine kritische ‚Außenbetrachtung' des Interpretationsgegenstandes bedürfen, also einer Denkstildifferenz zwischen Leser und Autor, können sie dem selbstreflexiven Leser mitunter seinen eigenen Denkstandort spiegeln und affirmieren.

(4) **‚Zersetzende' Lektüren** decken ‚Ideologien' auf, um sie zu unterminieren. Sie setzen ebenfalls eine ‚vortheoretische Einstellungsverschiedenheit' zwischen Leser und Autor voraus und bilden eine spezifische Form des ideologiekritischen, mitunter polemischen Textumgangs. Die Beliebigkeit der Deutung ist hier also durch die Standortgebundenheit des Interpretierenden, d. h. seinen spezifischen Überzeugungshorizont limitiert. Kontraintentionale und symptomatische Interpretationen lassen sich der ‚zersetzenden Interpretation' als spezifischer Funktionsform unterordnen. Das ideologiekritische Moment ‚zersetzenden' Lesens besteht weniger darin, bestimmte Inhalte, sondern den Autor als Person zu disqualifizieren sowie sein Gedankensystem, also seinen Denkstandort zu entwerten oder gar aufzulösen. Dafür kann etwa sein Weltbild oder sein sozialer Standort als ideologisch entlarvt und im gleichen Zug diskreditiert werden. Der Leser kann dem Autor aber auch seine Wahrheitsfähigkeit aberkennen, ihn damit seiner argumentativen, diskursiven und epistemischen Mittel berauben, bzw. sie vereiteln.

Funktionen ‚zersetzenden Lesens' können also darin bestehen, das Weltbild des Autors zu entwerten, ihn als Person bloßzustellen sowie weltanschauliche Abgrenzungen und Gegnerschaften hervortreten zu lassen oder zu bestärken. Sie können den Leser aber auch für reale Konfliktsituationen rüsten. Obwohl ‚zersetzendes Lesen' zunächst als ‚disqualifizierender' und nicht-argumentativer Angriff auf den Autor, seine Ansichten und die durch ihn repräsentierte Gruppe verstanden werden kann, eignet es sich – eingesetzt nach dem ‚trial and error'-Prinzip – auch als Mittel der Wahrheitsfindung.[490] Weil der Autor als Träger einer bestimmten Ideologie behandelt wird, verliert sie mit ihm ihren Anspruch auf Weltdeutung.

(5) **Esoterische Lektüren** stellen eine Sonderform ‚aufdeckenden Lesens' dar, weil sie sich auf doppelsinnige, aber nicht ersichtlich zugangsbeschränkte Texte beziehen, deren Zweitsinn einem limitierten Kreis an Eingeweihten vorbehalten ist. Die Voraussetzungen für die Teilhabe am esoterischen Textverstehen können auf jeweils unterschiedliche Weise gegeben sein und hängen davon ab, ob die esoterische Textbedeutung strukturell oder funktional exklusiv ist. Eine strukturell exklusive, esoterische Kommunikationssituation liegt dann vor, wenn der Textsinn außertextuell verhandelt ist, etwa durch mündliche Interpretationshinweise oder anderweitige Formen textexterner Initiation. Von einer funktional exklusiven Esoterik kann gesprochen werden, wenn das Textverstehen eine Denkstilähnlichkeit zwischen Autor und Leser voraussetzt, d. h. beide an denselben Überzeugungen, Wissensbeständen und Ideen teilhaben, die prinzipiell universal zugänglich sind. Einen spezifischen Fall funktionaler Esoterik bildet die Expertenkommunikation. Der Text richtet sich dabei „an eine durch visible Zugangsregeln limitierte Expertenkultur"[491] und zeigt bereits durch seine Oberflächenstruktur, etwa durch Darstellungsform oder Jargon, die lesergruppenspezifische Adressierung an. In jedem Fall aber ist der esoterische Textsinn partikularisiert, weil er nur von einem – funktional oder strukturell – limitierten Adressatenkreis verstanden werden kann. Der esoterische Leser ist darauf angewiesen, das Interpretandum nach dem auktorial verbürgten Zweitsinn abzusuchen, bzw. das vom Autor in seiner Zugänglichkeit limitierte ‚Mehrwissen' aufzuspüren. Wie am Beispiel Leo Strauss gezeigt, verfährt er dafür durchaus hermeneutisch. Stärker als die anderen hier aufgeführten Formen heterodoxen Lesens hängen esoterische Lektüren von textunabhängigen Praktiken ab, die in spezifischen sozialen Zusammenhängen stattfinden. Der Literaturwissenschaftler ist bei der nachträglichen Detektion und Rekonstruktion esoterischer Kommunikationssituationen folglich mit der Schwierigkeit konfrontiert, non-visible Praktiken, also

---

490 Vgl. Andrea Albrecht: Polemik (2013), S. 307.
491 Ralf Klausnitzer: Theorie esoterischer Kommunikation, Forschungsstelle Historische Epistemologie und Hermeneutik. Berlin, Heidelberg.

Kontexte, die sich weder textuell noch materiell abbilden, zu berücksichtigen. Wie am Beispiel Leo Strauss ausgeführt, können zwar innertextliche Referenzen (beispielsweise die Thematisierung esoterischer Darstellungsverfahren) auf den extratextuellen Kommunikationskontext verweisen, sie eignen sich allerdings kaum als ausreichender Beleg. Man ist entsprechend auf eine breite Indiziensuche angewiesen, die notwendigerweise damit einhergeht, esoterisch kommunizierende ‚Lese- und Denkgemeinschaften', ob als personelle Netzwerke oder soziale Organisationsformen, respektive Institutionen, zu rekonstruieren. Mithin ist ein verstärkter Einbezug literatursoziologischer Aspekte notwendig.

Esoterische Kommunikationspraktiken weisen eine Reihe an funktionalen Besonderheiten auf. Sie erlauben *erstens* eine intime, folglich geschützte Fernkommunikation unter Gleichgesinnten, die sich analog zur privaten und mündlichen Nahkommunikation verhält. Diese nach Innen gerichtete Kommunikationspraxis kann *zweitens* die extratextuell verbürgte soziale Zusammengehörigkeit konsolidieren oder Gleichgesinnte mit einem bestimmten Autor verbinden. In diesem Rahmen ist eine gezielte Einflussnahme, im Sinne von Ideenaustausch, Konspiration,[492] Unterweisung etc., möglich. Zu berücksichtigen ist dabei, dass die Wirkung des esoterischen Textes in großem Maße von der speziellen Wirkungsabsicht des esoterischen Autors abhängt, es sind also für den Einzelfall spezifische Funktionen zu veranschlagen. Esoterische Texte können *drittens* zum Initiationsmedium für einen intimen, konspirativen Leser werden, also dazu beitragen, Denkkollektive zu stiften und/oder weiter auszubauen, d. h. auch Gleichgesinnte zu designieren. Mitunter ermöglichen sie auf diese Weise neue Bekanntschaften, leiten reale Treffen oder sogar ‚Projekte' ein. *Viertens* kann sich das Prinzip der Esoterik protektiv auf einen spezifischen Denkstil, eine nonkonforme, also in den Jahren des Nationalsozialismus unliebsame Weltanschauung auswirken. Nonkonforme Ideen, Werte, Überzeugungen können sich über die klandestinen und untergründigen Kommunikationsmechanismen mitunter ein ‚Weiterleben' sichern.

Wie es der Titel dieses Kapitels nahelegt, könnte man die angeführten Lektürearten im weitesten, und zwar metaphorischen Sinne als Formen ‚aufdeckenden

---

[492] Werner Bergengruen lässt diesen Punkt in seinen *Schreibtischerinnerungen* nicht unerwähnt, wenn er feststellt, dass es auch Gruppen gab, die sich „angezogen vom Reiz des Schillernd-Doppelbödigen, des Heimlichen, Illegalen und Konspirativen, und fanden von hier aus den Zugang" (Werner Bergengruen: Schreibtischerinnerungen [1961], S. 208).

Lesens' bezeichnen. Doch sollte deutlich geworden sein, dass dieser Ausdruck jeweils Unterschiedliches meinen kann und demnach eine differenzierte Verwendung bedarf. Es fällt zudem auf, dass die hier als ‚heterodox' geführten Lektürepraktiken keineswegs nur im Bereich NS-kritischer Interpretation relevant sind, sondern auch in ganz anderen (unter anderem auch wissenschaftlichen) Kontexten eine Rolle spielen können. Sie als Formen nonkonformengagierten Lesens zu behandeln, scheint allerdings in Bezug auf den hier interessierenden Kontext gerechtfertigt zu sein, teilen sie doch die historisch spezifische Funktion, unter den totalitären Bedingungen der NS-Zensur eine regimekritische und aufklärerische Selbstverständigung und Kommunikation zu ermöglichen. Demzufolge spielt es unter den hier behandelten Gesichtspunkten keine allzu große Rolle, ob die dargelegten Lektürearten auch in anderen Kontexten Verwendung finden können oder nicht. Sie bilden zunächst nicht mehr und nicht weniger als ein erstes Begriffs- und Beschreibungsinventar nonkonformistischer Kommunikations- und Lektürepraktiken unter den repressiven Herrschaftsverhältnissen im ‚Dritten Reich', das, wie erwähnt, Ergänzungen um weitere Textumgangsformen zulässt, sofern nachgewiesen werden kann, dass solche für diesen spezifischen Kontext als Formen NS-kritischer Auseinandersetzungen relevant gewesen sind. Die dargelegten Begrifflichkeiten sowie die vorangegangenen methodischen Ausführungen zur Detektion, Analyse und Deutung heterodoxer Kommunikationssituationen sollen ferner bei der Sondierung des bislang nur ansatzweise erschlossenen Gegenstandsbereichs modellhaft Orientierung anbieten und damit eine Neuperspektivierung Dissidenz anzeigender Kommunikation im ‚Dritten Reich' ermöglichen. Nicht zuletzt stellen sie ein basales Beschreibungsinstrumentarium für die nachfolgenden, an der katholischen Kulturzeitschrift *Hochland* vorgenommenen Analysen bereit.

3 Die Netzwerkzeitschrift *Hochland* im ‚Dritten Reich'

Als „wichtigste Zeitschrift des deutschsprachigen Kulturkatholizismus"[1] im 20. Jahrhundert steht das *Hochland* seit geraumer Zeit im Forschungsinteresse vielzähliger, vornehmlich historisch, literatur- und kulturgeschichtlich perspektivierter Arbeiten.[2] Erst vor kurzem erschien in der Reihe *Catholica* der von Thomas Pittrof herausgegebene voluminöse Tagungsband mit dem Titel „Carl Muth und das *Hochland*", der in 6 Abteilungen und 19 Beiträgen eine Gesamtdarstellung der Zeitschrift für die Jahre 1903 bis 1941 gibt. Hier finden sich nicht nur der resümierte Forschungsstand zur Zeitschrift sowie „Impulse für weitere Forschungsarbeiten"[3] – insbesondere in der ebenfalls abgedruckten „Abschlussdiskussion" der Tagung –, sondern auch weiterführendes Material, etwa ein Register der Bildpublizistik und 26 Biogramme der wichtigsten *Hochland*-Mitarbeiter. Wie Helmuth Kiesel in seiner Rezension zu dieser verdienstvollen Publikation festhält, ist die dritte Abteilung, „Carl Muth und das *Hochland* im ‚Dritten Reich'", allerdings mit „nur eine[m] einzigen Artikel" versehen, womöglich weil dieses „Abteilungsthema" schon mehrfach untersucht worden ist und hier nun nur noch „unter der Überschrift *Abstand oder Widerstand?* erneut beleuchtet und zusammenfassend bewertet" wird,[4] was man über die Rolle des *Hochland* im ‚Dritten Reich' inzwischen weiß. Tatsächlich liegen zu der „strittige[n] Frage" nach dem Verhältnis der Zeitschrift zum Nationalsozialismus bereits etliche Untersuchungen vor.[5] In den Einschätzungen darüber, ob das *Hochland* als ‚oppositionell' einzuschätzen sei, gibt es in den bisherigen Beiträgen,

---

[1] Thomas Pittrof: Vorwort (2018), S. 11.
[2] „Kaum eine katholische Zeitschrift hat so viel öffentliche Resonanz und auch so viel wissenschaftliche Aufmerksamkeit gefunden" wie das *Hochland*, heißt es etwa bei Walter Hömberg: Religion, Kirche und Publizistik (2014), S. 13. Siehe hierzu auch das Literaturverzeichnis in Thomas Dietzel, Hans-Otto Hügel (Hg.): Deutsche literarische Zeitschriften (1988), S. 566–567.
[3] Andreas Henkelmann: [Rez.] Carl Muth und das Hochland (2019), o.S.
[4] Helmuth Kiesel: [Rez.] Carl Muth und das *Hochland* (2019), S. 423.
[5] Etwa Harry Pross: Literatur und Politik (1963); Karl Ackermann: Der Widerstand der Monatsschrift Hochland gegen den Nationalsozialismus (1965); Karl Schaezler: Das ‚Hochland' und der Nationalsozialismus (1965); Curt Hohoff: Das ‚Hochland' und der Führer (1982); ders.: Widerstand auf verlorenem Posten (1982); Gerd Depenbrock: Hochland (1973); Felix Dirsch: Das „Hochland". Eine katholisch-konservative Zeitschrift zwischen Literatur und Politik (2003); N. Luise Hackelsberger: Das Wort als Waffe (2003); Gilbert Merlio: Entre catholicisme culturel et catholicisme politique (2006); Friedrich Vollhardt: *Hochland*-Konstellationen (2008).

so fasst auch Hans Günter Hockerts für den in Rede stehenden Band zusammen, allerdings auffällige „Divergenzen": Auf der einen Seite wird, angelehnt an Karl Ackermanns wegweisende Dissertation aus dem Jahr 1965 *Der Widerstand der Monatsschrift Hochland*, ein offenkundiger Nonkonformismus behauptet, auf der anderen Seite ist von „nicht allzu gefährlichen", „vorsichtigen Äußerungen im Kreis von Eingeweihten" die Rede.[6] Die bisherigen Auffassungen bilanzierend, kommt Hockerts zu dem Ergebnis, dass „man im Blick auf das Hochland im ‚Dritten Reich' eher von Abstand als von Widerstand sprechen sollte". Nur selten seien hier „[k]lare oppositionelle Botschaften" zu finden und durchaus gebe es „Berührungspunkte, (Teil-)Übereinstimmungen und Affinitäten *ex negativo* zwischen *Hochland*-Texten und NS-Ideologie", die man als „Schnittmengen in der Gegnerschaft zu Individualismus, Liberalismus und Kommunismus" sowie einer „Gemeinsamkeit in der Sympathie für autoritär vereinheitlichende Gesellschaftskonzepte" beschreiben könne.[7] Dies ändere allerdings nichts an der Tatsache, so Hockerts Resümee, dass „nicht Affinität, sondern Abstand das besondere Profil des *Hochland* ausmachte".[8] Nonkonform habe sich die Zeitschrift insbesondere dann positioniert, wenn es um „die Verteidigung religiöser, kirchlicher und personaler Rechte gegenüber der Allmacht des Staates" ging.[9] „Defension" und „Selbstbewahrung" bildeten demnach die gängigen Reaktionsmuster der Zeitschrift im Verhältnis zum Nationalsozialismus.[10]

Trotz der anhaltenden Kontroverse ist die allgemeine Forschungslage zum *Hochland* für die Zeit des Nationalsozialismus also vergleichsweise gut. Ja, es liegen auch Beiträge vor, die die Frage, wie abständig, nonkonform, oppositionell und gar widerständig die Zeitschrift zwischen 1933 und 1941 einzuschätzen ist, unter darstellungsstrategischen Gesichtspunkten diskutieren und einzelne hier publizierte Texte als Musterbeispiele geschickter Camouflage ausweisen.[11] Die politisch-weltanschaulichen Positionsnahmen im *Hochland*, so ist immer wieder zu lesen, umfassten divergente Darstellungsformen ‚verdeckten Schreibens'; sie reichten von historischen Analogien, auf Zeitkritik angelegten Zitatarrangements und literarischer Camouflage über satirische bis hin zu esoterischen Publikationen.

---

6 Hans Günter Hockerts: Abstand oder Widerstand? (2018), S. 429.
7 Ebd., S. 441.
8 Ebd.
9 Ebd., S. 438.
10 Ebd., S. 442.
11 Etwa bei Karl Ackermann: Der Widerstand der Monatsschrift Hochland gegen den Nationalsozialismus (1965); Erwin Rotermund, Heidrun Ehrke-Rotermund: Zwischenreiche und Gegenwelten (1999), S. 258–314; dies.: Der Kampf um die deutsche Seele (2007), S. 201.

Das *Hochland* bietet sich daher auf besondere Weise für Untersuchungen heterodoxer Kommunikation im gelenkten Literaturbetrieb des ‚Dritten Reiches' an. Mir wird es im Folgenden jedoch weniger um die Frage gehen, ob und inwiefern es sich bei der von Carl Muth geführten Kulturzeitschrift um ein im weitesten Sinne ‚widerständiges Publikationsorgan' handelte. Stattdessen möchte ich mit einem möglichst nüchternen Blick das Material selber in den Vordergrund stellen und ganz konkret nach den Formen und Funktionen ausgewählter mutmaßlich nonkonformer Publikationen fragen. Der von Hockerts resümierten Einschätzung, dass sich die von etlichen *Hochland*-Autoren für eine kritische Verständigung genutzten publizistischen ‚Freiräume' nach außen systemstabilisierend für den totalitären Staat auswirkten, schließe ich mich an. Meine These jedoch ist, dass besagte ‚Freiräume' *nach innen* eine wichtige Funktion für die Selbstverständigung der in Deutschland gebliebenen katholischen und dem Kulturkatholizismus nahestehenden Intellektuellen hatten. Damit ist nicht bloß behauptet, dass das *Hochland*, wie Hockerts konstatiert, für einen eingeschworenen Kreis einen „Zufluchtsort in der Abwendung von der unseligen Gegenwart" bot, sondern durchaus – und in Abgrenzung zu seiner Behauptung – auch einen „Aktivierungsraum" darstellte, der das publizistische Engagement aktivierte.[12] Versteht man darunter allgemeiner das Potential des Journals, Nonkonformität anzuregen, zu intensivieren oder publizistisch zu transferieren, war dieser Raum gewiss begrenzt. Wo jedoch diese Grenzen zu ziehen sind, ist nicht einfach auszumachen. Man ist für die Beantwortung dieser Frage auf Rezeptionszeugnisse, Rezensionen und Korrespondenzen, auf Ego-Dokumente sowie Verlags- und Redaktionsdokumente angewiesen. Unglücklicherweise wurden die größten Teile des ‚Hochland-Archivs' während des Krieges zerstört, sodass man es in diesem Punkt mit einer schwierigen Quellenlage zu tun hat.[13] Dennoch lässt sich der besagte ‚Aktivierungsraum' als Raum engagierter und halböffentlicher Kommunikation umreißen, indem man das personelle Netzwerk der Zeitschrift, den sogenannten *Hochland*-Kreis, in den Blick nimmt, also die Gruppe, die wohl dem von Hockerts beobachteten „Kreis von Eingeweihten" am nächsten kommt. Es ist demnach nicht Muths Journal, sondern der sich um das Journal und seine Herausgeber formierende Personenkreis, in dem man mit verschiedenen Gruppen aktivierbarer Intellektueller und mit potentiellen kommunikativen Effekten nonkonformer Publikationen rechnen muss. Hier wäre

---

12 Hans Günter Hockerts: Abstand oder Widerstand? (2018), S. 442.
13 Vgl. Konrad Ackermann: Der Widerstand der Monatsschrift Hochland (1965), S. 14. Siehe hierzu auch die Bestandsübersicht von Christina Hofmann-Randall: Das Archiv des Verlags Kösel (1993), S. 150–151.

nach Reichweite, Formen und Funktionen von Dissidenz anzeigender Verständigung im Umfeld des *Hochland* zu suchen. So können die Akteure dieses Netzwerks und ihr produktives wie rezeptives Verhältnis zu Muths Journal darüber Aufschluss geben, wie sich, um es mit dem *Hochland*-Mitarbeiter Wilhelm Hausenstein auszudrücken, „das Gefüge, das Labyrinth, die Nischen" (in der Süddeutschen Zeitung vom 24.12.1945) heterodoxer Verständigung in diesem besonderen kulturellen Segment gestalteten und von den Anfangsjahren des Nationalsozialismus bis zum Verbot der Zeitschrift 1941 entwickelten. Bevor es im Folgenden daher darum gehen wird, den *Hochland*-Kreis als ein in Teilen nonkonform agierendes Kommunikationsnetzwerk vorzustellen, seien noch einige grundlegende Informationen zu Profil und Entwicklung der Zeitschrift vorausgeschickt.

3.1 Das Profil der Zeitschrift

Das *Hochland* erschien von Oktober 1903 bis zur Einstellungsverfügung im Mai 1941 monatlich „mit einem redaktionellen Gesamtumfang von rund 47 000 Seiten" im Kösel-Verlag,[14] danach in zweimonatiger Folge und unter neuer Herausgeberschaft 1946–1971. Neben dem Herausgeber Carl Muth, der von 1903–1932 sowie von 1935–1939 Hauptschriftleiter der Zeitschrift war, amtierten der Schriftsteller Friedrich Fuchs (1932–1935) sowie der Publizist und Enkel Ferdinand Schöninghs, Franz Joseph Schöningh (1939–1941; 1946–1960), als Chefredakteure. Bedeutende Autorinnen und Autoren des katholischen Schriftsteller- und Intellektuellenmilieus, wie Gertrud le Fort, Werner Bergengruen, Ruth Schaumann, Stefan Andres, Reinhold Schneider, Konrad Weiß, Max Scheler, Peter Dörfler, Joseph Bernhart, Carl Schmitt, Waldemar Gurian, Alois Dempf, Romano Guardini, Max Scheler, Theodor Haecker oder Alfred von Martin publizierten regelmäßig für die kulturkatholische Zeitschrift. Gemäß ihrem Untertitel, eine *Monatsschrift für alle Gebiete des Wissens, der Literatur und Kunst* zu sein, präsentierte sich das *Hochland* als „Revue großen Stils"[15] und setzte sich stellungnehmend mit den „künstlerischen, politischen, sozialen, technischen und wissenschaftlichen Fragen" der Zeit gegenwartsnah auseinander.[16] Wie im programmatischen Vorwort der im Oktober 1903 erschienenen Erstausgabe zu lesen ist, beabsichtigte ihr Gründer Carl Muth (1867–1944), „ein Sammel- und Centralorgan" zu publizieren, das „nicht das Organ einer Partei, einer Gruppe,

---

14 Thomas Pittrof: Vorwort (2018), S. 12.
15 Carl Muth: Ein Vorwort zu ‚Hochland' (1903), S. 2.
16 Thomas Pittrof: Vorwort (2018), S. 11.

einer bestehenden Richtung" sein, sondern auf „breitester" und vor allem „katholisch-christlicher Grundlage" dazu beitragen sollte, „das ganze heutige Kulturleben in all den zu seiner Erkenntnis wesentlichen, für seinen Fortschritt wirksamen Äußerungen und Ausstrahlungen zu überschauen, zu begleiten, [...] zu beeinflussen".[17] Das nach dem Vorbild des „Rundschautyps"[18] konzipierte Journal sollte in der Vorstellung Muths dazu beitragen, die Inferioritätsstellung des Katholizismus in den Bereichen von Wissenschaft und Kultur im wilhelminischen Reich zu überwinden und eine Versöhnung von Kirche und Gesellschaft voranzutreiben, was bedeutete, den Katholizismus für die Moderne und umgekehrt, die Moderne für den Katholizismus sukzessive zu öffnen. Im Sinne dieser reformkatholischen und kulturintegrativen Ausrichtung waren auch nicht-katholische Beiträger willkommen, „sofern [sie] sich der Grundrichtung des Organs einfügt[en] oder wenigstens durch [ihre] Beiträge nicht dagegen ver[stießen]".[19] Seine Mitarbeiter wählte der konservativ und antiliberalistisch eingestellte Muth mit Bedacht aus und ließ vornehmlich „solche Autoren zu Wort kommen [...], die ideologisch mit ihm übereinstimmten".[20] Muth legte Redakteure und Beiträger fest, schrieb gezielt Autoren an, die in seiner Zeitschrift publizieren sollten, und beteiligte sich selber auch leidenschaftlich in der Redaktion. Kurz: Er bestimmte zu großen Teilen darüber, welche Artikel zu welchem Thema von wem und wann erscheinen sollten. Ohne ihn, der bis zum Verbot der Zeitschrift im Jahr 1941 rigide über das Zeitschriftenprofil wachte, ist das *Hochland* nicht denkbar, wenn auch behauptet werden kann, dass das Diskursprofil der Zeitschrift auf der Basis eines allgemeinen Grundkonsenses durchaus von Vielstimmigkeit gekennzeichnet war.[21]

Dass Muth die Verantwortung für *sein Hochland* ausgesprochen ernst nahm, hing nicht zuletzt damit zusammen, dass Gründung und Konzeption der Zeitschrift maßgeblich auf seine Initiative zurückzuführen sind.[22] Während seines Studiums in Paris in den Jahren 1892 und 1893 ließ er sich von der französischen Erneuerungsbewegung und Literaturströmung des ‚Renouveau Catholique' inspirieren und ersehnte auch für den Katholizismus in Deutschland, der im Zuge des Bismarck'schen Kulturkampfes weitestgehend in die Lage gesellschaftlicher, politischer und geistiger Isolation gedrängt wurde, eine Revita-

---

17 Carl Muth: Ein Vorwort zu ‚Hochland' (1903), S. 2.
18 Maria Cristina Giacomin: Zwischen katholischem Milieu und Nation (2009), S. 78.
19 Carl Muth: Ein Vorwort zu ‚Hochland' (1903), S. 8.
20 Otto Weiß: Die Mitarbeiter der Zeitschrift *Hochland* (2018), S. 517.
21 Vgl. Thomas Pittrof: Vorwort. In: Carl Muth und das *Hochland* (2018), S. 12.
22 Vgl. zur Gründungsgeschichte des *Hochland* Maria Cristina Giacomin: Ein „goldener Mittelweg" zwischen Kirche und moderner Welt? (2018), S. 35–69.

lisierung.²³ Seine Hoffnungen, diesem empfundenen Missstand mit einer Zeitschriftengründung entgegenwirken zu können, wurden schließlich erfüllt, als er von den Plänen des Verlegers Paul Huber erfuhr, eine katholische Kulturzeitschrift ins Leben zu rufen. Muth ergriff seine Chance, nahm Kontakt zu Huber als dem neuen Leiter des Kösel-Verlags auf und bereitete mit ihm die Konzeption des *Hochland* vor.²⁴ Der Name der Zeitschrift war dem programmatischen Motto „Hohen Geistes Land – Sinn dem Höchsten zugewandt" entliehen, das im Titelbild der ersten Ausgaben als Spruchband über einer hell erleuchteten Burg im Gebirge stand. Es war der völkische Heimatdichter Friedrich Lienhard, mit dem Muth des Öfteren Wanderungen ins Hochgebirge unternahm, der den Herausgeber dazu inspirierte, sein Journal auf den Namen *Hochland* zu taufen.²⁵

Trotz der Schwierigkeiten, die der Anspruch, eine ‚katholische Höhenkunst' zu etablieren und die katholische Kirche mit der modernen Welt ins Gespräch zu bringen, mit sich brachte,²⁶ entwickelte sich Muths Kulturrevue rasch „zur wichtigsten und auch außerhalb katholischer Kreise wahrgenommenen katholischen Kulturzeitschrift im deutschen Sprachraum".²⁷ Die im Oktavformat gebundenen und in Fraktur gedruckten Monatshefte konnte man im Buchhandel frei erwerben, im Wesentlichen aber lebte die Zeitschrift von ihren Abonnenten. 1906 waren es etwa 10 000, 1933 nur noch 5 000, doch bis 1939 stieg die Zahl der Bezieher schließlich auf 12 000.²⁸ Sitz der Redaktion war München.

Wie Maria Cristina Giacomin rekonstruieren konnte, wandte sich das *Hochland* „an ein gebildetes, zahlungskräftiges Publikum", an eine „kleine, bürgerlich gebildete Klientel" also, die vornehmlich, aber nicht ausschließlich dem kulturkatholischen Bildungsmilieu entstammte.²⁹ Die annoncierte ‚breiteste

---

23 Siehe hierzu Friedrich Vollhardt: *Hochland*-Konstellationen (2008).
24 Vgl. Gerd Depenbrock: Hochland (1973), S. 292.
25 Zu Friedrich Lienhard als Ideengeber des *Hochland*-Programms vgl. Maria Cristina Giacomin: Zwischen katholischem Milieu und Nation (2009), S. 109–135.
26 Siehe hierzu Clemens Bauer: Carl Muths und des Hochland Weg aus dem Kaiserreich (1967), S. 234–247; Harald Bäumler: Mit Muth ins Hochland (2009); Elke Egger: Catholica non Leguntur (2003); Maria Cristina Giacomin: Zwischen katholischem Milieu und Nation (2009); dies.: „Wiederbegegnung von Kirche und Kultur"? (2014); Heinz Hürten: Karl Muths Hochland in der Vorkriegszeit (1996); Gilbert Merlio: Carl Muth et la revue „Hochland" (2006); Klaus Unterburger: Das Verhältnis der Zeitschrift Hochland zum theologischen Modernismus (1998); Manfred Weitlauff: „Modernismus litterarius" (1988); Thomas Pittrof: Drei Thesen zur modernitätshistorischen Einordnung des Hochland (2018).
27 Helmuth Kiesel: [Rez.] Carl Muth und das *Hochland* (2019), S. 420.
28 Vgl. Gerd Depenbrock: Hochland (1973), S. 293; Karl Ackermann: Der Widerstand der Monatsschrift Hochland (1965), S. 93.
29 Cristina Maria Giacomin: Zwischen katholischem Milieu und Nation (2009), S. 78–79.

Grundlage', der sich die Zeitschrift verpflichten wollte, zeichnete sich nicht zuletzt in den vielzähligen Rubriken ab, die – wie auch das äußere Erscheinungsbild der Zeitschrift – im Laufe der Zeit leicht variierten. Neben den grundlegenden Rubriken, die sich dem Abdruck literarischer Texte (*Romane, Novellen und Gedichte*), der Auseinandersetzung mit geisteswissenschaftlichen Fragen (*Religion, Geschichte, Philosophie, Bildungs- und Erziehungswesen*) sowie dem kulturellen Bereich (*Literatur, Theater, Kunst und Musik*) widmeten, finden sich Aufsätze und Artikel zu naturwissenschaftlichen, medizinischen, juristischen und länderkundlichen Themen (*Naturwissenschaft, Medizin, Länder- und Völkerkunde* sowie *Volkswirtschaft, Rechtspflege, Verschiedenes*) als auch ein großer Rezensionsteil (*Besprochene Bücher und Theateraufführungen*) sowie *Kunstbeilagen*.[30] In den Monatsheften, die zu zwei Halbjahresbänden mit eigenem Inhaltsverzeichnis zusammengebunden wurden (Oktober bis März und April bis September), bildete sich die thematische Rubrizierung allerdings nicht ab. Hier wurden die Artikel meist den Abteilungen *Kritik*, *Rundschau* und *Neues vom Büchermarkt* zugeordnet.

Anders als sein äußeres Erscheinungsbild wich das *Hochland* trotz der kulturellen und gesellschaftspolitischen Umbrüche in der ersten Hälfte des 20. Jahrhunderts kaum von seinem programmatischen Kurs ab. Die rigorose Orientierung an einem Programm, das unter den Bedingungen des Kaiserreichs entstanden war, bewahrte die Zeitschrift zwar einerseits vor politischer Radikalisierung, andererseits verhinderte ein derartiger Konservativismus, den Thomas Pittrof jüngst etwas vage als den „Geist des *Hochland*" bezeichnete,[31] eine adäquate Auseinandersetzung mit den Entwicklungen der Moderne. Die in Muths Journal durchaus geführte, aber standortgebundene Auseinandersetzung mit den Erscheinungen der Gegenwart hatte dementsprechend „deutliche Defizite".[32] In den ersten Erscheinungsjahren standen „literarische, religiöse und philosophische Probleme im Vordergrund" der Beiträge.[33] Für den Bereich der Literatur stellte sich vor allem die Frage, „wie religiöse Überzeugungen und ästhetischer Stil zu vereinbaren waren?"[34] Muth versuchte in seinen poetologischen Reflexionen die „Autonomie der Kunst auf eine abstrakte Weise an Moral

---

30 Zur Bildpublizistik vgl. Gebhard Streicher: Carl Muths Kunstkommunikation (2018); ders.: Die Bildpublizistik des *Hochland* (2018).
31 Thomas Pittrof: Drei Thesen zur modernitätshistorischen Einordnung (2018), S. 253.
32 Helmuth Kiesel: [Rez.] Carl Muth und das *Hochland* (2019), S. 422. Siehe hierzu ausführlicher Thomas Pittrof: Drei Thesen zur modernitätshistorischen Einordnung (2018).
33 Gerd Depenbrock: Hochland (1973), S. 294.
34 Felix Dirsch: Das „Hochland". Eine katholisch-konservative Zeitschrift (2003), S. 48.

und Religion im kirchlichen Sinn" zu binden.[35] Aporien waren somit vorprogrammiert.[36] So lehnte er auf der einen Seite den Naturalismus inhaltlich strikt ab, plädierte auf der anderen Seite aber dafür, dessen formalästhetische Innovationen für eine genuin katholische Literaturproduktion zu adaptieren. Ohne eine ‚Dichtung aus katholischem Geist' aufzugeben, sollte so auch der weit verbreiteten katholischen Tendenzliteratur eine Absage erteilt werden.[37] In den eigenen Reihen wiederum wurden Muths kulturintegratives Engagement und das *Hochland* mit etlichen Anfeindungen konfrontiert. Einige der abgedruckten Beiträge provozierten in den 1910er-Jahren einen binnenkatholischen Literaturstreit,[38] der zeitweise gar zur kirchenlehramtlichen Indizierung der Zeitschrift führte.[39]

Obgleich der Bereich der Tages- und Parteipolitik im *Hochland* programmatisch ausgeklammert wurde,[40] politisierte sich die Zeitschrift kurz vor dem und während des Ersten Weltkriegs ersichtlich. Zunächst schlug sie einen nationalen bis nationalistischen Kurs ein und brachte zu Kriegsbeginn „stark patriotische Beiträge".[41] Spätestens 1916 gesellten sich aber zunehmend pazifistische Töne dazu. Insgesamt, so konnte Thomas Brose jüngst darlegen, überwog im *Hochland* schließlich eine kriegskritische Haltung.[42] Dennoch teilte Muths Journal vor und auch noch nach dem Krieg „den neuen Nationalismus völkischer und großdeutscher Prägung mit dem ganzen Bürgertum".[43] In den frühen 1920er-Jahren blieb denn auch eine intensive und kritische, teils auch polemi-

---

35 Zit. n. ebd., S. 49.
36 Vgl. Friedrich Vollhardt: *Hochland*-Konstellationen (2008).
37 Vgl. Maria Cristina Giacomin: Ein „goldener Mittelweg" zwischen Kirche und moderner Welt? (2018), S. 38.
38 Vgl. Manfred Weitlauff: „Modernismus litterarius" (1988); Ernst Hanisch: Der katholische Literaturstreit (1974); Elke Egger: Catholica non Leguntur (1993); Klaus Unterburger: Das Verhältnis der Zeitschrift Hochland zum theologischen Modernismus (1998); Harald Bäumler: Mit Muth ins Hochland (2009): Maria Cristina Giacomin: „Wiederbegegnung von Kirche und Kultur"? (2014).
39 Vgl. Karl Hausberger: Vatikanische Quellen zum Fall Handel-Mazzetti (1994). Zum Literaturstreit auch Manfred Weitlauff: „Modernismus litterarius"; Albert Fuchs: Geistige Strömungen in Österreich 1867–1918; Jutta Osinski: Katholizismus und deutsche Literatur (1993) S. 350–352; Maria Cristina Giacomin: Zwischen katholischem Milieu und Nation (2009), S. 61–75.
40 Vgl. Carl Muth: Ein Vorwort zu Hochland (1903), S. 2.
41 Gerd Depenbrock: Hochland (1973), S. 295.
42 Vgl. Thomas Brose: Krieg und Frieden im *Hochland* (2018), S. 188–189.
43 Richard van Dülmen: Katholischer Konservativismus oder die ‚Soziologische' Neuorientierung (1973), S. 298.

sche Auseinandersetzung mit dem Sozialismus und dem Marxismus nicht aus.[44] Einige Jahre später folgte die leise Einsicht, dass nicht vom Sozialismus, sondern vom Nationalismus „die größte Gefahr" für das ‚Abendland' ausgehe.[45] Derweil begünstigten die politischen sowie kulturellen Neuverhältnisse in der Weimarer Republik die von Muth erhoffte „Emanzipationsbewegung des Katholizismus".[46] Denn mit dem „Ende des protestantisch dominierten Obrigkeitsstaates" entstanden für den Kulturkatholizismus auch neue Möglichkeiten, „Brücken zur nichtkatholischen Welt zu bauen".[47] Es kam in diesem Zuge zu einer „Blütezeit katholischer Intellektualität",[48] die unter anderen mit dem Bedürfnis der sich zunehmend pluralisierenden Gesellschaft nach Orientierung und Sicherheit einherging. Die katholische Kirche offerierte hierfür bereitwillig ihre „geistig-moralische[n] Fundamente[]" als Weltanschauungsangebot.[49] Nicht zuletzt zeichnete sich die neue Attraktivität des Katholizismus in den zahlreichen Wiedereintritten und Konversionen namhafter Intellektueller wie Gertrud von le Fort, Max Scheler, Erik Peterson, Peter Wust, Theodor Haecker oder Edith Stein ab. Viele von ihnen fanden im *Hochland* ein geeignetes Publikationsforum für eine standortgebundene, öffentliche Auseinandersetzung mit den Fragen der Zeit. Ende der 1920er-Jahre konnte sich das *Hochland* als kulturintegrative Zeitschrift katholisch-konservativen Profils konsolidieren, bekannte sich im Wesentlichen zur Weimarer Republik, hatte aber stellenweise dennoch antidemokratische Vorbehalte und konnte „letztlich kein echtes Verhältnis zur parlamentarischen Demokratie gewinnen".[50] Ihre wesentliche Aufgabe sahen die Protagonisten der Zeitschrift in diesen Jahren nämlich „nicht in der Demokratisierung, sondern in der Verchristlichung der Gesellschaft".[51] Für die öffentlichkeitswirksame Lancierung dieser Ideen konnte die Redaktion zeitweilig den zum Katholizismus übergetretenen Philosophen und Anthropo-

---

[44] Siehe hierzu Clemens Bauer: Carl Muths und des Hochlands Weg aus dem Kaiserreich (1960/61), S. 198–208.
[45] Theodor Haecker: Zur europäischen Judenfrage (1927), S. 607; vgl. Richard van Dülmen: Katholischer Konservativismus oder die ‚Soziologische' Neuorientierung (1973), S. 298.
[46] Richard van Dülmen: Katholischer Konservativismus oder die ‚Soziologische' Neuorientierung (1973), S. 254–255.
[47] Felix Dirsch: Das „Hochland". Eine katholisch-konservative Zeitschrift (2003), S. 64.
[48] Thomas Brose: Krieg und Frieden im *Hochland* (2018), S. 191.
[49] Felix Dirsch: Das „Hochland". Eine katholisch-konservative Zeitschrift (2003), S. 62. Siehe hierzu auch Friedrich Vollhardt: *Hochland*-Konstellationen (2008), S. 79–90.
[50] Richard van Dülmen: Katholischer Konservativismus oder die ‚Soziologische' Neuorientierung (1973), S. 303.
[51] Ebd.

logen Max Scheler gewinnen, der in etlichen Beiträgen für einen christlichen Sozialismus warb.[52] Die vor allem weltanschauliche und kaum parteipolitische Bindung der Zeitschrift sorgte nicht nur für eine Distanznahme zu den radikalen Kräften in der Weimarer Republik, sondern auch zu einer frühen Ablehnung des Nationalsozialismus, dem sie in den späten 1920er und frühen 1930er-Jahren distanziert bis kritisch begegnete. Deutungen des ‚Dritten Reichs' wurden dabei selten unter soziologischen oder politischen Gesichtspunkten, sondern aus geschichtsphilosophischer und theologischer Perspektive vorgenommen, und zwar meist von einem konservativen Standpunkt aus. So interpretierte man die NS-Bewegung vielfach als „geistige Proletarisierung" oder auf einer „symbolisch-eschatologisch[en]" Ebene.[53]

Mindestens bis zum Kriegsausbruch 1939 konnte *Hochland* „ein gewisses Maß an kritisch-distanzierter Eigenständigkeit und begrenzter Nonkonformität" bewahren.[54] Der scheinbar gnädige Umgang der parteiamtlichen Stellen mit der mehr oder minder nonkonformen Zeitschrift hatte dabei vor allem taktischpolitische Gründe. Hans Günter Hockerts hat sie in seinem Beitrag plausibel zusammengefasst und dabei insbesondere auf das Motiv einer nach innen wie nach außen gerichteten Systemstabilisierung verwiesen:[55] Von nationalsozialistischer Seite aus hoffte man einerseits, durch die bewusste und kontrollierte Zulassung nonkonformen Schreibens das Bedürfnis nach der Bildung einer Widerstandsfront, die von den deutschen Katholiken erwartet wurde, zu schwächen. Andererseits, und das scheint die *Hochland*-Redaktion, glaubt man der nachträglichen Einschätzung des Redakteurs und späteren Schriftleiters Karl Schaezler,[56] auch gewusst zu haben, wurde die Zeitschrift nicht nur vor dem Vatikan – nicht wenige für das *Hochland* schreibende Autoren wurden aus Papstspenden finanziert –,[57] sondern auch vor dem Ausland als Mittel der Propaganda und zum Zwecke der Besänftigung eingesetzt. Hinzu kamen die nicht geringen Devisen, die man sich über das *Hochland* sicherte, denn immerhin zählte die Zeitschrift, das legt ein von Hockerts angeführter interner Hinweis nahe, 600 Auslands-Abonnenten, die bei kritischen Verhandlungen mit der

---

52 Vgl. ebd., S. 283.
53 Felix Dirsch: Das „Hochland" – Eine katholisch-konservative Zeitschrift (2003), S. 76–77.
54 Frank Lothar Kroll: Schriftsteller und Widerstand (2012), S. 19–20.
55 Vgl. Hans Günther Hockerts: Abstand oder Widerstand? (2018), S. 427–443.
56 Karl Schaezler: Das ‚Hochland' und der Nationalsozialismus. In: HL 57 (1964/65), S. 222–231.
57 Vgl. H. Eisele: Mitteilung, welche Hochland-Mitarbeiter Mittel aus der Papstspende erhalten (1923) (Nachlass Muth, BSB, Ana 390).

Reichspressekammer ins Gewicht fielen.[58] Als sich das Regime ausreichend stabilisiert hatte und erste Kriegserfolge reklamieren konnte, zögerte man allerdings nicht, die ‚unliebsame' Zeitschrift 1941 aus ‚kriegswirtschaftlichen Gründen' einzustellen.[59]

Die Wiederbegründung des *Hochland* im Jahr 1946 erlebte Carl Muth, der im November 1944 verstarb, nicht mehr. Sein Nachfolger, Franz Josef Schöningh, wollte bruchlos an das ‚bewährte' Programm der Zeitschrift anschließen und führte sie als Muths Vermächtnis fort. Gleichwohl suchte das fortan in zweimonatiger Folge erscheinende Journal „angesichts einer noch zu bewältigenden Vergangenheit [...] jede Einengung des Katholizismus zu verhindern",[60] gab sich weitaus weltoffener und auch sensibler in Bezug auf gesellschaftspolitische Fragen und bemühte sich um Analysen der NS-Vergangenheit. Für den Bereich der Literatur zeigte sich besagte ‚Öffnung' etwa in den von Wolfgang Grözinger verfassten Sammelrezensionen zum Roman der Gegenwart, in denen vielfach internationale, Holocaust- und Exilliteratur Behandlung fand.[61] Zudem druckte man auch Texte von Exilantinnen und Exilanten wie Hilde Domin,[62] Else Lasker-Schüler,[63] Annette Kolb,[64] Hannah Arendt[65] oder Otto von Simson[66] ab. Doch im Allgemeinen dominierten jene Autoren, die bereits vor 1941 für das *Hochland* geschrieben hatten. Kontinuitäten lassen sich dementsprechend nicht nur auf inhaltlicher und programmatischer Ebene, sondern auch in Bezug auf die Mitarbeiter feststellen.[67] Zunächst erlebte die Zeitschrift mit ihrem Wiedererscheinen einen Aufschwung und erreichte 1946 einen Auflagenrekord von 19400 Exemplaren.[68]

---

58 Vgl. Günther Hockerts: Abstand oder Widerstand? (2018), S. 436.
59 Siehe hierzu Karl Ackermann: Der Widerstand der Monatsschrift Hochland gegen den Nationalsozialismus (1965), S. 96–103.
60 Gerd Depenbrock: Hochland (1973), S. 301.
61 Vgl. Erwin Rotermund und Heidrun Ehrke-Rotermund (Hg.): Wolfgang Grözinger (2004), S. 13.
62 Hilde Domin: Schale im Ofen (1953/54), S. 14; dies.: Unsere langen Schatten (1954/55), S. 307.
63 Else Lasker-Schüler: Abendzeit, Meine Mutter, Ein Liebeslied, Die Verscheuchte (1948/49), S. 37, 56, 56, 78; dies.: Ich weiß (1949/59), S. 352.
64 Annette Kolb: Gelobtes Land – gelobte Länder (1950/51), S. 274–287.
65 Hannah Arendt: Das zeitweilige Bündnis zwischen Mob und Elite (1951/52), S. 511–524.
66 Otto von Simson: Humanismus in USA (1947/48), S. 112–124.
67 Siehe hierzu auch Thomas Pittrof: Kulturvermittlung im Hochland der Nachkriegszeit (2020).
68 Vgl. Gerd Depenbrock: Hochland (1973), S. 302.

Doch im Laufe der 1950er und 1960er-Jahre musste das Journal „einen steten Rückgang der Käuferzahlen hinnehmen".[69] Auch die linkskatholische Neukonzeption 1971, indiziert durch den veränderten Titel *Neues Hochland*, konnte der abnehmenden Popularität der Zeitschrift nicht entgegenwirken. Nach fast 70 Erscheinungsjahren wurde *Hochland* schließlich endgültig 1974 eingestellt.

3.2 Der *Hochland*-Kreis

Ist die Rede von Carl Muths katholischer Kulturzeitschrift, so findet immer wieder – und das auch schon zeitgenössisch[70] – der sogenannte *Hochland*-Kreis Erwähnung. Aus Anlass ihres 50-jährigen Bestehens eröffnete die Zeitschrift die Jubiläumsausgabe 1953/54 mit einer Galerie (Abb. 1–10) ihrer bedeutendsten Autorinnen und Autoren. Hierzu gehörten nicht nur die für das Journal regelmäßig publizierenden Autoren wie Theodor Haecker, Konrad Weiss, Joseph Bernhart, Ruth Schaumann, Reinhold Schneider, Romano Guardini, Werner Bergengruen und Alois Dempf. Vielmehr setzte sich der Kreis „aus führenden katholischen Intellektuellen und Schriftstellern zusammen [...]",[71] die der Zeitschrift, ihrem Programm und ihren Herausgebern nahestanden.

Abb. 1.   Abb. 2.

---

69 Thomas Pittrof: Vorwort. In: Carl Muth und das *Hochland* (2018), S. 11.
70 Vgl. Otto Weiß: Kulturkatholizismus (2014), S. 239.
71 Otto Weiß: Die Mitarbeiter der Zeitschrift *Hochland* (2018), S. 522.

Der *Hochland*-Kreis —— 181

Abb. 3.

Abb. 4.

Abb. 5.

Abb. 6.

Abb. 7.

Abb. 8.

Abb. 9.

Abb. 10.

Diese Porträt-Galerie der ‚offiziellen' *Hochland*-Intellektuellen, die sich in der Jubiläumsausgabe von 1953/54 findet, kann darüber Aufschluss geben, wer zu besagtem Kreis gezählt werden kann. Hierzu ist im entsprechenden Band zu lesen: „Die 7 Porträts auf den beiden ersten Bildseiten geben frühere und jetzige Schriftleiter des Hochland wieder, die 32 auf den folgenden Seiten namhafte Mitarbeiter."[72] Verwunderlich ist, dass Theodor Haecker nicht abgebildet ist.

Selbstredend werden nicht alle der hier abgebildeten Autorinnen und Autoren in der vorliegenden Arbeit Behandlung finden. Doch die illustre Bilderreihe gibt einen anschaulichen Hinweis auf das personelle Netzwerk katholischer Intellektueller, von dem die Zeitschrift getragen wurde und in dem sich zwischen 1933 und 1941 diverse heterodoxe Kommunikationssituationen entfalten konnten. Wie Otto Weiß betont, handelte es sich bei dem häufig erwähnten *Hochland*-Kreis weniger um einen „Kreis von engen Freunden, die sich regelmäßig trafen", vielmehr habe es „innerhalb der engeren Mitarbeiter verschiedene Gruppierungen" gegeben, „die brieflich in Verbindung standen" und so ein mehr oder minder klar umrissenes ‚Kommunikationsnetzwerk' konstituierten, ein „soziales Netzwerk" also,[73] „dessen Kanten die Kommunikationserwartungen bzw. -aktivitäten seiner Aktoren abbilden".[74]

Nur bedingt also kann der *Hochland*-Kreis als ‚Kreis' im soziologischen Sinne verstanden werden, zeichnen sich so gefasste Gruppen doch durch „klare Grenzen", eine überschaubare Mitgliederzahl, „ein identifizierbares Zentrum",[75] gemeinsame kulturelle, weltanschauliche, politische oder wirtschaftliche Interessen sowie insbesondere über einen regelmäßig gepflegten „face-to-face-Kontakt" aus.[76] Anders als im Falle eines Kreises, in dem die teilnehmenden Personen „meist über wenige Pfade miteinander verbunden" sind,[77] wobei „jeder mit jedem interagieren kann",[78] weist die *Hochland*-Population diverse interne Gruppenbildungen und Konstellationen auf, in denen die Teilnehmer sich

---

72 O. V.: Vermerk. In: Hochland 46 (1953/54), S. 112.
73 Darunter verstehe ich in Anlehnung an gängige Definitionen „das Modell eines Netzwerks, dessen Knoten soziale Aktoren (Personen, Gruppen) und dessen gerichtete Kanten die Verhältnisse der Aktoren zueinander abbilden". [Art.] ‚Netzwerk, soziales'. In: Lexikon zur Soziologie (^{3}1994), S. 463.
74 Kommunikative Netzwerke können zudem „durch Planung oder Gewöhnung entstehen" und ihr Muster „richtet sich nach den Kommunikationszwecken und -bedingungen". [Art.] ‚Kommunikationsnetzwerk', in: Lexikon zur Soziologie (^{3}1994), S. 352.
75 Michael Nollert: Kreuzung sozialer Kreise (2010), S. 157.
76 [Art.] „Kreis". In: Soziologie-Lexikon, hg. von Gerd Reinhold (^{4}2000), S. 365.
77 Michael] Nollert: Kreuzung sozialer Kreise (2010), S. 157.
78 [Art.] „Kreis". In: Soziologie-Lexikon, hg. von Gerd Reinhold (^{4}2000), S. 365.

nicht unbedingt immer persönlich kannten, aber alle individuell und intensiv auf das Publikationsorgan bezogen waren.[79] Als „Sammel- und Centralorgan", das von „katholischer Überzeugung" getragen werden sollte,[80] versammelte das *Hochland* eine Vielzahl von Fachgelehrten, Schriftstellern und Intellektuellen um sich, die zum Teil sehr eng, zum Teil nur lose und vermittelt untereinander verbunden waren, aber als soziales Netzwerk betrachtet „eine weite Bandbreite innerhalb des damaligen deutschen Katholizismus abdeckte[n]".[81] Da sich der vage, nicht soziologisch verwendete Ausdruck ‚*Hochland*-Kreis' aber weitgehend etabliert hat und von etlichen Akteuren der Gruppe mitunter als Selbstbeschreibung verwendet worden ist, wird auch in der vorliegenden Arbeit davon nicht zugunsten der Rede vom ‚*Hochland*-Netzwerk' abgewichen, wenngleich für den Einzelfall genauer zu klären sein wird, welche Gruppierung der *Hochland*-Population jeweils gemeint ist.

Unabhängig von der Benennung kann aber festgehalten werden, dass eine konstitutive Verbindung, die Zugehörigkeit zu dem in Rede stehenden Netzwerk anzeigt, durch das Engagement der Akteure für Carl Muths Zeitschrift gegeben ist. Dieses Engagement impliziert das allen Akteuren mehr oder minder gemeinsame Interesse, ‚katholisch' bzw. ‚kulturkatholisch' verstandenes Erbe zu bewahren, es wissenschaftlich zu pflegen, weiter zu kultivieren und als solches auch zu popularisieren. Es handelt sich bei den sich um das *Hochland* formierenden Personengruppen folglich um eine mehr oder minder willentliche Gruppenbildung katholischer Intellektueller, die sich über ein programmatisch ausgerichtetes Publikationsforum vernetzten.[82]

Der Kultursoziologe Alfred von Martin, der dieser Assoziation selbst angehörte, hat 1965 darauf hingewiesen, dass Intellektuelle „im Normalfall" nur dann „[e]ine Gruppe, gar eine innerlich verbundene Gemeinschaft" bilden können, „soweit sie von gleichem Denken und Wollen bewegt werden".[83] Daran angelehnt wäre es nicht zu weit gegriffen, die hier anvisierte *Hochland*-Population als ähnlich gesinnte, relativ offen strukturierte Kommunikationsgemeinschaft oder als Denkkollektiv zu bezeichnen, und zwar in dem Sinne, wie es im vorangehenden Kapitel eingehender dargelegt wurde.[84] Ungeachtet der relativ offenen Netzwerkstruktur, gab es im *Hochland*-Kreis durchaus eine

---

79 Siehe hierzu etwa Otto Weiß: „Hochland"-Kämpfe (2014).
80 Carl Muth: Ein Vorwort zu Hochland (1903/1904), S. 2.
81 Maria Cristina Giacomin: Zwischen katholischem Milieu und Nation (2009), S. 80.
82 Zum katholischen Intellektuellen als Typus vgl. Hans-Rüdiger Schwab: Kurzer Versuch über katholische Intellektuelle (2009), S. 11–28.
83 Alfred von Martin: Die Intellektuellen als gesellschaftlicher Faktor (1965), S. 205.
84 Siehe hierzu Kapitel 2.4 dieser Arbeit.

,Kerngruppe', die den für Kreise typischen ‚face-to-face-Kontakt' pflegte, sich also regelmäßig (unter anderem als Redaktions- und Mitarbeiterteam) auch privat traf.[85] Doch auch dieser engere Kreis verstand sich keineswegs, um noch einmal von Martin zu zitieren, als „ein[] exklusive[r] ‚Kreis' literarischer Schöngeister, die gleichfalls um einen ‚Meister' sich scharen".[86] Vielmehr interagierte man in unterschiedlichen Zusammensetzungen teils ortsbedingt, teils über gemeinsame Projekte, teils über Freundschaften, Bekanntschaften oder Korrespondenzen und das auf unterschiedliche Weise: mündlich und privat, über Korrespondenzen oder über Veröffentlichungen als Mittel der Fernkommunikation.

Mit den nach der Machtübernahme durch die Nationalsozialisten veränderten Umständen veränderte sich auch die äußere Lage der Zeitschrift erheblich. Die im Zuge der Diktatur errichtete Zensur und Überwachung beeinträchtigten die Kommunikationsräume des um das *Hochland* gescharten Denkkollektivs und wirkten sich auch grundsätzlich auf dessen Struktur aus. Denn nun zog die sich in den ersten Jahren nonkonform präsentierende Zeitschrift vermehrt auch Akteure an, die dem etablierten Denkstil des *Hochland*-Netzwerks ferner standen. Primär durch ein gemeinsames NS-kritisches Anliegen verbunden, konnten an sich disparate Interessen zeitbedingt und temporär mit den *Hochland*-Interessen konvergieren. Der bereits erwähnte von Martin macht darauf im Rekurs auf seine eigene Erfahrung aufmerksam, wenn er in der Retrospektive hervorhebt, dass sich Intellektuelle divergierender Ansichten und Standpunkte „auf Zeit" zu einer „Kampfgemeinschaft" zusammenfinden konnten, „um gemeinsam den Widerstand gegen ein auf vielen Seiten gleich gehaßtes Régime (wie die Nazidiktatur) zu organisieren".[87] Ohne den antifaschistischen „Widerstand", der im *Hochland*-Umfeld kristallisierte, im Wortsinne überschätzen zu wollen, kann man feststellen, dass von dem personalen Netzwerk der Zeitschrift verschiedene Verbindungen zu Widerstandsgruppen wie dem Kreisauer Kreis oder der Weißen Rose und anderen dissidenten Gruppierungen führten,[88] wie sie sich ebenfalls im Umkreis nonkonformer Publikationsorgane, etwa der *Frankfurter Zeitung* oder der *Weißen Blätter* finden. Doch hier stehen Untersuchungen aus, die besagte Netzwerke und ihre Dichten genauer rekonstruieren

---

85 Vgl. N. Luise Hackelsberger: Das Wort als Waffe (2003); siehe hierzu auch Curt Hohoff: Das Hochland und der Führer (1982).
86 Alfred von Martin: Die Intellektuellen als gesellschaftlicher Faktor (1965), S. 205.
87 Ebd.
88 Vgl. Barbara Schüler: „Geistige Väter" der Weißen Rose (1999); Hinrich Siefken: Die Weiße Rose und Theodor Haecker (1991); jüngst hierzu Robert M. Zoske: Flamme sein! (2018).

und dabei signifikante ‚Kanten' zu anderen, ebenfalls nonkonformistischen, aber politisch und weltanschaulich different ausgerichteten Gruppen berücksichtigen.

Auch wenn es sich diese Arbeit nicht zur primären Aufgabe gemacht hat, die verschiedenen Gruppierungen, die im kommunikativen Netzwerk der Zeitschrift eingebunden waren, genauer zu differenzieren – hierfür wäre man auf eine an der Soziologie geschulte Netzwerkanalyse angewiesen –, so können doch die nachfolgenden Studien zeigen, in welchen Kontexten sich bestimmte Gruppenzusammenhänge als dissident kommunizierende Kollektive kristallisierten.

4 Verteidigen, Angreifen und Werben. *Hochland*-Publizistik in der Auseinandersetzung mit dem Nationalsozialismus

Seit der Mitte des 19. Jahrhunderts beteiligte sich der deutsche Katholizismus verstärkt an den diskursiven Auseinandersetzungen, die im kulturellen Kampf um Anerkennung über Konzepte, Begriffe, Topoi, Institutionen und Akteure ausgetragen wurden und Deutungshierarchien darüber durchsetzen sollten, was als ‚Moderne' und was als ‚abendländische Tradition' gelten sollte. Das Streben nach ‚Parität' zeitigte Erfolge,[1] in der Weimarer Republik legten die deutschen Katholiken ein deutlich gestärktes Selbstbewusstsein an den Tag.[2] Wie sehr sich gerade katholische Intellektuelle darum bemühten, konfessionseigene Denk- und Bildungstraditionen zu profilieren und zu popularisieren, lässt sich an dem vielstimmigen kommunikativen Subsystem des sogenannten ‚Literarischen Katholizismus' ablesen, dessen Strukturen die Zäsur von 1933 teilweise überdauerten. Die etablierten Rezeptionskulturen stabilisierten auch während des ‚Dritten Reichs' die katholische Selbstbehauptung. Dabei konnten die weltanschaulichen Elemente des Katholizismus insbesondere in Zeiten des Kirchenkampfs mit den nationalsozialistischen Kernideologen im Allgemeinen und der Konstruktion einer ‚deutschen Linie' im Besonderen konfligieren,[3] sie konnten aber auch partiell konvergieren und zu Interessenallianzen führen.

Das *Hochland* bildete nicht nur während der Weimarer Republik einen wichtigen personellen und ideellen Knotenpunkt für diese kulturellen Verhandlungen, sondern die mit ihm verbundenen Akteure führten die in Rede stehenden ideologischen Deutungskämpfe noch bis in die späten 1930er-Jahre fort. Gerade in den Anfangsjahren der nationalsozialistischen Herrschaft brachte die Zeitschrift kritische Beiträge, die noch ganz ohne Camouflage auskamen und das Verhältnis des Kulturkatholizismus zu den neuen, ‚fremdideologischen' Machthabern direkt ausloteten. Etliche *Hochland*-Mitarbeiter bemühten sich dabei, in ihren Texten eine implizite oder explizite Bewertung des Nationalsozialismus vorzunehmen, die den *Hochland*-Leser unter anderem über das Verhältnis der abonnierten Zeitschrift zu der neuen politischen Situation aufklären

---

1 Vgl. Martin Baumeister: Parität und katholische Inferiorität (1987), S. 9–12.
2 Siehe hierzu Karl Hoeber (Hg.): Die Rückkehr aus dem Exil (1926); allgemeiner zur kulturellen Emanzipation des Katholizismus: Otto Weiss: Kulturkatholizismus (2014).
3 Vgl. Danneberg: Wissenschaftsbegriff und epistemischer Relativismus [FHEH-Preprint-Version 04.07.2012], S. 111–112.

sollte. Andererseits erhob das kulturkatholische Journal in den Anfangsjahren nationalsozialistischer Herrschaft noch Anspruch auf Mitsprache und Beteiligung im Bereich von Wissenschaft, Kultur und Politik. Zwar gab es – allgemein gesprochen – durchaus „Berührungspunkte, (Teil-)Übereinstimmungen und Affinitäten *ex negativo* zwischen *Hochland*-Texten und NS-Ideologie", die man, wie bereits an anderer Stelle erwähnt, mit Günther Hockerts als „Schnittmengen in der Gegnerschaft zu Individualismus, Liberalismus und Kommunismus" sowie einer „Gemeinsamkeit in der Sympathie für autoritär vereinheitlichende Gesellschaftskonzepte" beschreiben kann.[4] Dennoch lassen sich wiederkehrende Momente weltanschaulicher Dissidenz beobachten.[5] An den unter diesen Gesichtspunkten veröffentlichten, vornehmlich nicht-literarischen und ‚unverdeckt' verfassten Beiträgen lässt sich gut studieren, wie sich eine dezidiert dissidente Kommunikation ‚unterm Hakenkreuz' gestalten konnte und wie in der publizistisch ausgetragenen Auseinandersetzung mit dem Nationalsozialismus Begriffe und Konzepte geprägt wurden, die in den Folgejahren zu Chiffren esoterischer Verständigung avancieren konnten. Insbesondere die Berufung auf eine konfessionell verbürgte, also in der katholischen Tradition konsolidierte Ordnungsvorstellung bildete, so kann vorweggenommen werden, bei der kritischen Beurteilung des Zeitgeschehens durch die *Hochland*-Autoren einen Fixstern. Die auf den Nationalsozialismus reagierenden, kritischen Veröffentlichungen der frühen 1930-er Jahre sind nicht zuletzt deshalb interessant, weil sich an ihnen symptomatisch ablesen lässt, wie das *Hochland*, das *qua* Programm keinen tagesaktuellen Journalismus betreiben wollte, nicht umhin konnte, sich doch mit tagespolitischen Ereignissen auseinanderzusetzen. Tagesaktuelle Zeitkritik erfolgte jedoch im bewährten hauseignen Stil, und zwar in Form geschichtsphilosophischer, theologischer, kulturhistorischer und kulturkritisch-weltanschaulicher Erörterungen, die wegen der verschärften Beobachtung katholischer Intellektueller zunehmend mit Vorsicht und Besonnenheit zu gestalten waren.

Bevor es im Folgenden um die Analyse und Kontextualisierung einzelner Beiträge geht, in denen sich diese Gemengelage auf repräsentative Weise abbildet, wird zunächst das komplexe Bedingungsgefüge des Verhältnisses von katholischem Universalismus und nationalsozialistischem Partikularismus skizziert, wie es sich – außerhalb des *Hochland* – beispielhaft in einem Disput zwischen Ernst Krieck und Othmar Spann manifestiert (4.1). Damit wird ein allgemeinerer Kontext rekonstruiert, der für nachfolgende Ausführungen einen

---

4 Hans Günther Hockerts: Abstand oder Widerstand? (2018), S. 441.
5 Vgl. ebd.

wichtigen Hintergrund bildet und es zugleich erlaubt, für diese Untersuchung zentrale Konzepte wie ‚Katholizismus' und ‚Universalismus' zu konturieren. Aus der Vielzahl der *Hochland*-Beiträge, die sich vor besagtem Hintergrund profilieren lassen, nehme ich zwei besonders intrikate Fälle ins Visier: *Erstens* den 1933 erschienenen Aufsatz „Das Reich als Idee und Wirklichkeit" (1933) des Schriftleiters Carl Muth, der als richtungsweisende Reaktion auf die Machtübernahme gelesen werden kann (4.2 und 4.3). *Zweitens* geht es um die kritische Rezension des Fundamentaltheologen Daniel Feuling zu Alfred Rosenbergs *Mythus des 20. Jahrhunderts*, die kurzzeitig zum Auslieferungsstopp der Zeitschrift führte (4.4). Beispielhaft lassen sich an diesen beiden Publikationen nicht nur im Allgemeinen weltanschauliche Friktionen zwischen der Kulturzeitschrift und dem NS-Regime aufzeigen, die besagten Beiträge liefern zudem eindrückliche Fälle engagiert-heterodoxer Kommunikation für den Bereich nicht-literarischer, expositorischer Texte im *Hochland* (4.5).

4.1 Katholischer Universalismus und nationalsozialistischer Partikularismus[6]

In seinem 1935 erschienenen Aufsatz diskutiert der NS-Philosoph Ernst Krieck unter der titelgebenden Fragestellung „Ist der Nationalsozialismus universalistisch?" das Verhältnis zwischen katholischer Kirche und Nationalsozialismus und behauptet dabei einen unüberwindlichen „Gegensatz", der sich für ihn aus den jeweils disparaten, weltanschaulich fundierten Gemeinschaftskonzepten und den damit einhergehenden Herrschaftsansprüchen und Ordnungsvorstellungen ergibt:

> Universalismus bezeichnet das Streben der katholischen Kirche, alle Völker in ihren Bereich einzubeziehen und eine oberste Instanz und Gemeinschaftsordnung wie oberhalb aller Einzelmenschen, so auch oberhalb und jenseits alles Völkischen zu sein – nicht nur etwa als Glaubensgemeinschaft, sondern als ‚vollkommene' Gesellschaftsordnung mit Herrschaft, mit Unterordnung alles Völkischen und Staatlichen […]. ‚Universalistisch' ist die Haltung und Richtung der katholischen Kirche, insofern sie übervölkisch, überstaatlich ist und auf die organisierte Einheit der Menschen geht. […] Aller Universalismus ist insofern ‚katholisch' in der ursprünglichen Bedeutung dieses Wortes. […] die rassisch-völkisch-politische Lebensganzheit der Deutschen steht in schroffem Gegensatz zu jeder Art von ‚Universalismus'. Sie ist begründet in Blut und Boden, nicht im ‚Geist'. Sie umschließt und bestimmt das Leben der Volksgenossen total; sie ist die höchste, die letzte, ja die einzige ‚Ganzheit'. Was in ihr ist, alle Sozialordnungen von der Familie aufwärts, ist so

---

[6] Die folgenden Kapitel (4.1–4.3) stellen eine leicht überarbeitete Fassung meines Aufsatzes: Katholischer Universalismus und nationalsozialistischer Partikularismus (2020) dar.

wenig Lebensganzheit wie alle übervölkischen, zwischenvölkischen und internationalen Bindungen, Verbände, Ordnungen und Gehalte: alles Innervölkische oder Übervölkische ist auf diese einzige Ganzheit bezogen und gestützt, ist darum nicht ganzheitlich, sondern immer nur ‚teilhaft'.[7]

Unter dem Aspekt von Teil- und Ganzheitsvorstellungen identifiziert Krieck den Katholizismus als „Universalismus" und deutet in Anspielung auf die Etymologie des Begriffs ‚katholikos', der aus dem Altgriechischen mit den Adjektiven ‚allumfassend', ‚vollständig' und ‚allgemeingültig' zu übersetzen ist,[8] auch umgekehrt „alle[n] Universalismus" als katholisch. Gleich in mehrfacher Hinsicht kontrastiert er dabei kirchliche mit nationalsozialistischen Ordnungsvorstellungen. Den wesentlichen Widerspruch erkennt Krieck dabei in der Konzeption des Gemeinschaftsideals, das im Falle der katholischen Kirche geistig-religiös (*communio*) und idealgesellschaftlich (*societas perfecta*), für den Nationalsozialismus jedoch völkisch und rassenbiologisch zu begründen sei. Um diesen konzeptionellen Unterschied hervorzuheben, unternimmt Krieck eine begriffliche Differenzierung: Er grenzt jeglichen Universalismus mit seinem Anspruch auf Allgemeingültigkeit, Überstaatlichkeit und Internationalität von einem völkischen Partikularismus ab, der, wie die deutsche Volksgemeinschaft, für die „Ganzheit" und ‚Totalität' des ‚Lebens' einstehen soll. Weder ‚innervölkische' Sozialorganisationen – etwa Familien, Vereine, Gewerkschaften, Parteien etc. – noch ‚übervölkische' Organisationseinheiten – wie der Katholizismus – können für Krieck ‚das Volk' als natürliche und ganzheitliche Referenz suspendieren. Sie alle müssen sich stattdessen völkisch verankern. Verdächtig erscheint Krieck auch der institutionelle Charakter der Kirche, deren dogmatische und organisatorische Starre mit der „dynamische[n] Weltanschauung" der nationalsozialistischen Bewegung nicht in Einklang zu bringen sei. In der zitierten Passage klingt an, dass es sowohl *weltanschauliche* als auch *strukturelle* Dissonanzen sind, die Krieck zu einer negativen Einschätzung des Katholizismus führen.

Anlass dieser frontenklärenden Auseinandersetzung waren konkrete Vorschläge aus dem Lager des politischen Katholizismus, den Nationalsozialismus mit dem Katholizismus zu versöhnen; in den Worten Kriecks ging es um die sich mehrenden Versuche, „den Begriff des Universalismus der nationalsozialistischen Weltanschauung und Philosophie als Zentralbegriff einzupflanzen".[9]

---

7 Ernst Krieck: Ist der Nationalsozialismus universalistisch? (1935), S. 185.
8 Vgl. Knut Wenzel: [Art.] ‚Katholisch'. In: Lexikon für Theologie und Kirche, Bd. 5, hg. v. Walter Kasper (2009), Sp. 1345.
9 Ebd., S. 184.

Krieck reagierte mit seinem Beitrag im Besonderen auf die „Ganzheitslehre" des Ständeideologen, Sozialphilosophen und geistigen Wegbereiter des ‚Austrofaschismus' Othmar Spann (1878–1950). Mit seinen Veröffentlichungen und Vorträgen zum autoritären Ständestaat (*Der wahre Staat* [1921]; *Die Kulturkrise der Gegenwart* [1929]) hatte Spann schon in den 1920er-Jahren erheblichen Einfluss auf den politischen Katholizismus ausgeübt und auch bewusst Anschluss an die nationalsozialistische Bewegung gesucht, um diese ideologisch zu belehren.[10] Eine Synthese von universalistischem und nationalsozialistischem Gedankengut zugunsten eines antiindividualistischen Gesellschaftsmodells hielt Krieck jedoch, und mit ihm auch andere NS-Philosophen, für unangemessen. Wenngleich Othmar Spanns Ansatz, wie Krieck nicht ohne Sprachwitz bemerkt, „der nationalsozialistischen Bewegung Vorspanndienste geleistet" habe,[11] sei dessen Ganzheitslehre als Theorieimport für den ideologischen Kurs des neuen Staates zu verwerfen. Konsequenter Nationalsozialismus sei mit jeglicher universalistischen Weltanschauung inkompatibel, so der Grundtenor des Beitrags. In diesem Sinn lässt Krieck in seinem Beitrag abschließend bekenntnishaft verlauten: „Wir sind keine Universalisten" und markiert damit in distinktiver Absicht die antitraditionelle, antisystematische und ebenfalls antikatholische Stoßrichtung einer, seiner Auffassung nach, ‚radikal' nationalsozialistischen Weltanschauung,[12] deren ‚Ganzheit' in „Blut und Boden, nicht im ‚Geist'" begründet sei.[13]

---

10 Vgl. Mohamed Rassem: Othmar Spann (1990), S. 89–104; Ilse Korotin: Deutsche Philosophen aus der Sicht des Sicherheitsdienstes des Reichsführers SS (2006), S. 56–57. führt aus, dass Othmar Spanns Universalismus zu „begrifflich-politischer Verwirrung" führte, „galt der Begriff doch weithin als Synonym für Internationalismus, Marxismus, Liberalismus, (politischen) Katholizismus, zumindest wurde aber an die universalistischen Ideale der Aufklärung gedacht, in welchen die NS-Ideologen die Waffen einer internationalen jüdischen Verschwörung erkennen wollten. [...] Der zum Kampfbegriff stilisierte Universalismus trat am klarsten im Widerspruch zur nationalsozialistischen Rassentheorie zu Tage. Spanns universalistische Gesellschaftslehre war im Kontext der Habsburgermonarchie entstanden, sein Volkstumsbegriff war nicht identisch mit der der Rasse im biologischen Sinn, sondern orientierte sich vielmehr an einer kulturellen ‚geistigen' Gemeinschaft."
11 Ernst Krieck: Ist der Nationalsozialismus universalistisch? (1935), S. 185.
12 Zur Schwierigkeit einer inhaltlichen Bestimmung ‚nationalsozialistische Philosophie' vgl. Hans-Joachim Dahms: Philosophie (2008), S. 50–51., der zur Bestimmung einen wissenssoziologisch orientierten Ansatz vorschlägt, durch den deutlich wird, dass es „keine einheitliche Positionierung des Fachs Philosophie gegenüber dem Nationalsozialismus" gab und es auch nicht zu einer „Ausformung einer NS-typischen Philosophie" gekommen sei, da „die Konzeptionen der daran interessierten Fachvertreter" zu unterschiedlich waren. Gleichwohl lasse sich, so Dahms, am Beispiel exponierter Kulturfunktionäre, wie Alfred Baeumler, Ernst Krieck, Hans Heyse, Martin Heidegger und Erich Rothacker, in gewisser Weise ein Orientierungsrahmen

Das tendenzielle Unbehagen seitens exponierter NS-Ideologen,[14] mit dem Konzept des Universalismus zu hantieren – ein Konzept, das von Krieck als ein „Streben, den Kosmos oder die Menschheit als oberstes Ziel oder oberste Instanz einzusetzen",[15] definiert wird –, war nicht zuletzt dessen Vagheit und Mehrdeutigkeit geschuldet. Zwar konnten sich universalistische Gesellschafts- und Staatsideen, nicht zuletzt im Hinblick auf ihre globale Reichweite, dafür eignen, faschistische und nationalsozialistische Herrschaftsansprüche zu legitimieren.[16] Auch die in der propagandistischen Arbeit bewusst eingesetzten kulturkritischen ‚Ganzheitsmythen', die alle Phänomene des Lebens einer zentralen Idee unterordnen wollten, profitierten von der Logik universalistischen Denkens. Doch die ideengeschichtlichen, insbesondere aufklärerischen Altlasten machten den Begriff für rassenideologische und völkische Denker verdächtig. Die Skepsis richtete sich dabei wesentlich gegen die Annahme, dass bestimmte Normen und Werte universale, also überindividuelle, überstaatliche, übernationale und allgemeine Geltung beanspruchen könnten.[17] Mit guten Gründen ließen sich neben dem Katholizismus auch der Humanismus und die kosmopolitischen Ideale der Aufklärung,[18] aber auch die modernen Gesellschafts-Ideologien, wie sie sich im Kommunismus und Kapitalismus präsentierten, mit universalistischen Vorstellungen assoziieren, verbanden sich mit ihnen doch ebenfalls Vorstellungen universalgültiger Ansprüche, die man von natio-

---

konstruieren; vgl. zum Thema auch Gereon Wolters: Philosophie im Nationalsozialismus (2009); Hans Sluga: Heideggers Crisis (1993).
13 Ernst Krieck: Ist der Nationalsozialismus universalistisch? (1935), S. 184.
14 Etwa bei Alfred Rosenberg und Alfred Baeumler, vgl. Johannes Steizinger: Politik versus Moral (2016), S. 38–40.
15 Ernst Krieck: Ist der Nationalsozialismus universalistisch? (1935), S. 184.
16 Vgl. dazu Klaus-Jörg Siegfried: Universalismus und Faschismus (1974); Beate Scholz: Italienischer Faschismus als „Export"-Artikel (2001), insbesondere S. 13–224. Auch in zeitgenössischen Auseinandersetzungen wurden der Nationalsozialismus und der Faschismus als universalistisches Gesellschaftssystem gedeutet, vgl. etwa Karl Diehl: Der Einzelne und die Gemeinschaft (1940), hier insbesondere S. 285–310 und S. 311–330.
17 Vgl. zum Verhältnis von moralischem Universalismus und NS-Ideologie: Ernst Tugendhat: Der moralische Universalismus in der Konfrontation mit der Nazi-Ideologie (2009), S. 61–75.
18 Vgl. Ernst Krieck: Ist der Nationalsozialismus universalistisch? (1935), S. 184: „weil dieser Begriff des Universalismus – vielleicht nicht ganz ohne Absicht – einer gefährlichen Zweideutigkeit unterliegt. Die eine Bedeutung läuft parallel etwa den Begriffen des Kosmopolitismus und Humanismus: sie bezeichnet ein Streben, den Kosmos oder die Menschheit als oberstes Ziel oder oberste Instanz einzusetzen."

nalsozialistischer Seite nicht selten als ‚jüdisch' desavouierte.[19] Ausgehend von einem völkischen Denk- und Argumentationsparadigma, vermuteten die nationalsozialistischen Ideologen hinter universalistischen Ordnungsideen ein ‚fremdvölkisches' Herrschaftsbegehren und identifizierten sie folglich als dem deutschen Volk feindliche Mächte, die man zu diskreditieren suchte. Karl Epting, Leiter des DAAD in Paris und treuer Vertreter der nationalsozialistischen Kulturpolitik im Ausland (bis 1939, danach Leiter des Frankreichreferats der Deutschen Informationsstelle I), befürchtete gar eine verschwörerische Allianz der universalistischen Fronten, wenn er in einem seiner frankreichfeindlichen Aufsätze, die er zu propagandistischen Zwecken meist unter Pseudonym veröffentlichte,[20] betont, dass sich „die Erhebung des völkischen Europas gegen den westlichen und den römischen Universalismus" zu richten habe.[21] Nicht selten, so viel dürfte deutlich geworden sein, fungierte der Universalismus angesichts seiner inhärenten Absage an ideologische, rassische oder völkische Standortgebundenheiten als Kampfbegriff, von dem sich zahlreiche NS-Ideologen im Zeichen ideologischer, rassischer oder völkischer Partikularismen abgrenzten.

Was aber steht überhaupt hinter dem auf so unterschiedliche Weise diskreditierten Konzept eines Universalismus katholischer Provenienz? Die Beantwortung dieser Frage ist sicherlich in höchstem Maße kontextabhängig. Dennoch lässt sich tentativ von einer universalistischen Struktur der katholischen Kirche und des katholischen Glaubenssystems sprechen. Bereits das semantische Spektrum des Begriffs ‚katholisch' (altgriechisch καθολικός, katholikos), in den die Bedeutungen „das Ganze", „Vollständigkeit" und „Fülle im Sinne einer organischen, allgemeinen Einheit" eingehen,[22] klärt über das universalistische kirchliche Selbstverständnis auf. Gemäß dem programmatischen Glaubensbekenntnis von Konstantinopel im Jahre 381 sollen im Wesentlichen vier Merkmale, und zwar Einheit, Heiligkeit, Katholizität und Apostolizität, den Charakter

---

19 Eine ethisch-politische Parallele stellt die Debatte um einen wissenschaftlichen Universalismus dar. Vgl. dazu Andrea Albrecht, Lutz Danneberg und Alexandra Skowronski: „Zwischenvölkisches Verstehen" (2020).
20 Vgl. Frank-Rutger Hausmann: „Auch im Krieg schweigen die Musen nicht" (²2002), S. 31.
21 Matthias Schwabe (=Karl Epting): „Frankreich und der Katholizismus" (1938), S. 318. Siehe hierzu allgemeiner Eckard Michels: Das Deutsche Institut in Paris 1940–1944 (1993), S. 39; vgl. auch Barabara Berzel: Die französische Literatur im Zeichen von Kollaboration und Faschismus (2012), S. 56–58.
22 Knut Wenzel: [Art.] ‚Katholisch'. In: Lexikon für Theologie und Kirche, Bd. 5, hg. v. Walter Kasper (2009), Sp. 1346.

der Kirche bestimmen.[23] Im Rahmen der christlich-metaphysischen Annahme, dass „alle Dinge und Erscheinungen auf einen einheitlichen Weltgrund hingeordnet" sind,[24] für den wiederum der christliche Gott als letzter Seinsgrund bürgt (metaphysischer Universalismus/Absolutheitsanspruch), weisen gewissermaßen alle diese Wesenseigenschaften Ansprüche auf Universalität auf. So repräsentiert nach katholischem Verständnis etwa die „Einheit" der Kirche als „alle Völker, Rassen, Klassen und Geschlechter umspannende communio" die Einheit der Dreieinigkeit und lässt sich folglich in ihr, die nationalen Grenzen transzendierenden Organisationsform (Weltkirche),[25] als universalistisch beschreiben. Universalistisch ist aber auch der ekklesiologische Sendungsauftrag, „den ganzen Glauben und das ganze Heil für den ganzen Menschen und die ganze Menschheit" zu verkündigen, der sich wiederum im Begriff „Katholizität" ausdrückt.[26] Mithin impliziert der missionarische Aspekt „universalgültige Ansprüche hinsichtlich der Heilsverwirklichung" (Universalreligion).[27] Ein so verstandener katholischer Universalismus steht damit nicht zuletzt auch in der Gefahr, totalitäre Züge aufzuweisen, insbesondere dann, wenn er versucht, „monopolistisch alle menschlichen Lebensgebiete zu erfassen" und sie „in sich zu integrieren und sich unterzuordnen".[28]

Die Idee der Katholizität impliziert, so könnte man es vorsichtig ausdrücken, ein expansiv angelegtes Inklusionsangebot, dem die Annahme vorausgeht, dass die Werte des Christentums nicht nur allen Menschen offenstehen, sondern ihnen auch zugeteilt werden müssten. Schließlich deutet das Konzept der „Apostolizität" auf die institutionelle Legitimierung hin, die sich aus einem Traditionsverständnis ergibt, an dessen Beginn das maßgebende Zeugnis der Apostel steht.[29] In signifikantem Unterschied zur evangelisch-protestantischen Ekklesiologie wird dabei das Moment der Kirchengründung, die Beauftragung

---

23 Vgl. Walter Kasper: [Art.] ‚Kirche'. In: Lexikon für Theologie und Kirche, Bd. 5, hg. v. Walter Kasper (2009), Sp. 1466.
24 Vincent Berning: Der deutsche Katholizismus am Ausgang der Weimarer Republik (1997), S. 608.
25 Walter Kasper: [Art.] ‚Kirche'. In: Lexikon für Theologie und Kirche, Bd. 5, hg. v. Walter Kasper (2009), Sp. 1466.
26 Ebd.
27 Hans Waldenfels: [Art.] ‚Universalismus – Partikularismus'. In: Lexikon für Theologie und Kirche, Bd. 10, hg. v. Walter Kasper (2009), Sp. 418.
28 Alexander Schwan: Leszek Kolakowskis Philosophie des permanenten Revisionismus (1969), S. 50.
29 Vgl. Gunther Wenz: [Art.] Kirche (2020). In: Religion in Geschichte und Gegenwart (online-Ausgabe).

des Jesusjüngers Simon Petrus, als göttliche und autoritative Institutsstiftung und nicht als nachträgliche Selbstorganisation von Gläubigen gedeutet.[30] Das sich in der apostolischen Nachfolge verstehende kirchliche Lehramt sowie das sich im päpstlichen Primat realisierende Petrusamt schöpfen ihre autoritative Funktion im Hinblick auf die Schriftauslegung, die Verwaltung von Heilswissen und die Formulierung verbindlicher Dogmen folglich aus einer als ununterbrochen gedeuteten und von göttlicher Instanz aus designierten Kirchentradition. Universale Gültigkeit beansprucht somit auch die Lehrmeinung der Kirche (vatikanischer Universalismus), die sich in der Dogmatik ausdrückt, den gläubigen, bzw. getauften und kirchenzugehörigen Katholiken in eine hierarchische Struktur situiert und ihn zu Gehorsam und Nachfrage verpflichtet.[31]

Dieses implikationsreiche Kirchen- und Glaubensverständnis ist entscheidend, um die geschichtlich mehrfach virulent gewordene Doppelverpflichtung des bekennenden Katholiken, sowohl kirchlichen als auch nationalen Ansprüchen zu genügen, nachvollziehen zu können. Durchaus könnte man also, wie in Kriecks kritischen Bemerkungen anklingt, dem von Dogma und Institution gerahmten ‚katholischen Universalismus' eine sowohl *weltanschaulich* als auch *strukturell* bedingte Modifikations- und Anpassungsresistenz gegenüber dem Nationalsozialismus zuschreiben. Es ist bekannt, dass sich katholisch Gläubige im ‚Dritten Reich' oftmals mit dem traditionsreichen Vorwurf der ‚Romhörigkeit' und ‚nationalen Unzuverlässigkeit' konfrontiert sahen. Gleichzeitig lassen sich in der Praxis des deutschen Katholizismus der ersten Hälfte des 20. Jahrhunderts jedoch eine ganze Spanne gesellschaftlicher Gestaltungskonzepte ausmachen, die in ihrer Einschätzung, ob nationalistische (später dann auch nationalsozialistische) oder katholische Interessen stärker zu bedienen seien, durchaus divergierten. Diese Konzepte wurden etwa in den zahlreichen Zeitschriften der Verlags- und Verbandswelt des Kulturkatholizismus breit diskutiert und sind in ihrer oftmals politisierten Form gewissermaßen symptomatisch für das Wiedererstarken des deutschen Katholizismus, der seinen Inferioritätskomplex als „geschlossene Sonderkultur"[32] spätestens im Zuge der politischen Parität während der Weimarer Republik abgelegt hatte. Nicht selten ging dabei der Anspruch auf politische Teilhabe mit der Vorstellung eines genuin katholischen Kulturauftrags einher, der nicht nur Deutschland, sondern auch das europäi-

---

30 Vgl. ebd.
31 Vgl. Hans Waldenfels: [Art.] ‚Universalismus – Partikularismus'. In: Lexikon für Theologie und Kirche, Bd. 10, hg. v. Walter Kasper (2009), Sp. 418–419.
32 Zit. n. Heribert Raab: Katholische Wissenschaft (1987), S. 62.

sche Abendland im Visier hatte und dabei „nationale Spielformen",[33] korporatistische Ansätze bis hin zur traditionell begründeten Führungsrolle Deutschlands in Europa nicht ausschloss.[34]

Auch Othmar Spann, der bereits vor 1933 der NSDAP beigetreten war, übte mit seiner an katholische Ordnungsvorstellungen anschließenden, organologisch argumentierenden Gesellschaftslehre, wie bereits erwähnt, wesentlichen Einfluss auf das katholische Intellektuellenmilieu und seine Kultur- und Gesellschaftsvisionen aus.[35] Beispielhaft hierfür ist sein dreifacher Auftritt bei der soziologischen Sondertagung des von Rom geförderten Katholischen Akademikerverbands (KAV) im Juni 1931, den er mit Vorträgen zum Thema Individualismus, Universalismus und ständische Ordnung bestritt.[36] Ähnlich wie die übernational arbeitende Görres-Gesellschaft bildete der KAV nach eigener Auskunft einen „engeren Zusammenschluß der Gebildeten zwecks wirksamer Verteidigung und Vertretung der katholischen Weltanschauung".[37] Besänftigt von Hitlers anfänglich kirchenfreundlichen Avancen, bekannte man sich allerdings dennoch zum „neuen Reich" und hoffte, in den Worten des Generalsekretärs Franz Landmesser, „dem Bau des neuen Reiches unser Eigenes geben und einfügen [zu] können".[38]

Das weltanschaulich und strukturell spannungsvolle Verhältnis zwischen einem ‚nationalsozialistischen Partikularismus' und einem ‚katholischen Universalismus' ist angesichts der vielfältigen Brückenbauversuche nur schwer zu bestimmen, nicht zuletzt, weil sich die Trennlinien zwischen diesen beiden stark kontextabhängigen und heterogenen Konzepten kaum distinkt ziehen lassen.[39] Darüber hinaus tangiert das besagte Verhältnis auch unweigerlich das Verhältnis von Katholizismus und Nationalsozialismus im Allgemeinen, zu dem die Forschungsliteratur „mittlerweile einen Umfang erreicht" hat, der, wie es Christoph Kösters formuliert, „auch für Spezialisten kaum noch zu überschauen ist".[40] Nichtsdestoweniger offeriert die dichotomisch angelegte Unterscheidung

---

33 Reinhart Richter: Nationales Denken im Katholizismus der Weimarer Republik (2000), S. 30.
34 Vgl. etwa Walter Hagemann: „Paneuropas Idee und Wirklichkeit" (1930), S. 497–509.
35 Vgl. Franz Josef Stegmann, Peter Langhorst: Geschichte der sozialen Ideen im deutschen Katholizismus (²2005), S. 716.
36 Vgl. Guido Müller: Der katholische Akademikerverband (1997), S. 334.
37 O.V.: Die Satzung des katholischen Akademikerverbandes (1929), S. 313–315.
38 Franz Landmesser: Katholizismus und neue Ordnung (1933/34), S. 122.
39 Vgl. Lutz Danneberg: Wissenschaftsbegriff und epistemischer Relativismus im Nationalsozialismus [FHEH-Preprint-Version 04.07.2012], S. 184.
40 Christoph Kösters: Katholiken im Dritten Reich (2009), S. 37.

zwischen einem ‚partikularistischen Nationalsozialismus' und einem ‚universalistischen Katholizismus' ein heuristisch fruchtbares, weil mehrschichtiges Spannungsfeld, in das sowohl weltanschauliche, diskursive als auch strukturelle und soziologische Aspekte Eingang finden, die rein historische Fragestellungen überschreiten und eine interdisziplinäre Perspektive erlauben. So auch die Verhältnisbestimmung von ‚katholischer' und ‚völkisch-nationalsozialistischer' Rhetorik in Bezug auf Ganzheits- und Einheitsvorstellungen, etwa in den Bereichen von Wissenschaft, Kultur und Gesellschaft.

4.2 Die Chiffre ‚Reich'

Wie das Verhältnis des katholischen Universalitätsgedankens zu der tendenziell auf völkischen Partikularismus setzenden Ideologie des Nationalsozialismus im *Hochland* reflektiert wird, lässt sich anhand des 1933 erschienenen Aufsatzes „Das Reich als Idee und Wirklichkeit" (1933) von Carl Muth beispielhaft erhellen. Exemplarisch werden hier Eigentümlichkeiten katholischer Ganzheitsvorstellungen deutlich, die in der Annahme einer normativen und das Nationale transzendierenden Gesellschaftsordnung verbürgt sind und im zeitgenössisch symptomatischen ‚Reichsgedanken' politisch brisant werden. Der Reichs- und Abendlandgedanke, der auch jenseits der konfessionellen Grenzen, vornehmlich in konservativen Kreisen Hochkonjunktur hatte, stellt eine der signifikanten Leitideen dar, die in der diskursiven Gemengelage und den „rhetorischen Überlappungen"[41] der späten 1920er und 1930er-Jahre für bestimmte „kommunikative Milieus",[42] die sich etwa in Zeitschriften, Verbänden oder anderen gemeinschaftlichen Assoziationen organisierten, Orientierung bot. Im Zusammenhang des diese Arbeit anleitenden Erkenntnisinteresses ist aber vor allem bedeutsam, dass der Ausdruck Möglichkeiten mehrdeutigen Schreibens offerierte. Je nach Lese- bzw. Interpretationsgemeinschaft ließ sich der Begriff als Kritik und/oder Anpassungsleistung unterschiedlichen Grades an die jeweiligen

---

41 Barbara Stambolis: Nationalisierung trotz Ultramontanisierung (1999), S. 84. Stambolis vertritt die These, dass auch der Katholizismus auf der Suche nach nationaler Identität eine spezifisch katholische Version der Reichsidee entwarf und damit einen Beitrag zum Nationalismus beisteuerte. Die Kirche kam dabei, so Stambolis, „der Sprache des [nationalsozialistischen, KM] Regimes teilweise so nahe, daß erst der Zusammenhang und die Vergewisserung, wer das sagte und schrieb, eine Unterscheidung zwischen nationalvölkischer Ideologie und Äußerung für die katholische Sache möglich macht".
42 Günther Lottes: „The State of Art" (1996), S. 42.

Machthaber auslegen.⁴³ In den philosophischen, theologischen, literarischen und politischen Diskursen der ersten Hälfte des 20. Jahrhunderts fand der Reichs-Topos jedenfalls ubiquitäre Verwendung. Ob als Ideologie, Utopie, Mythos, Ideenreservoir nationaler Erneuerung oder Gegenstand historischer Forschung⁴⁴ – das Wort ‚Reich' stellte einen rhetorisch und semantisch schillernden Begriff dar, dessen jeweilige Bedeutung äußerst kontextabhängig war und demnach stark variieren konnte. In den Jahren der Weimarer Republik erfreute sich insbesondere die (national)konservative Interpretation des Reichsbegriffs großer Prominenz, verband man damit doch, wie Moeller van den Brucks rezeptionsstarkes Buch *Das dritte Reich* (1923) dies symptomatisch anzeigte, „Hoffnungen auf eine bessere Gesellschaftsordnung mit einem komplett umgestalteten Gemeinwesen, das auf persönlichen emotionalen Bindungen beruhen sollte".⁴⁵

Auch jenseits des rechten und des konservativen Lagers verwies die Reichsidee als gemeinschaftsgenerierendes und gesellschaftsordnendes Konzept auf ältere Traditionen und bot damit nicht selten ein diskutables „Gegenmodell zur parlamentarisch-demokratischen Republik und zum rational organisierten Staat der Moderne".⁴⁶ Die nationalsozialistische Adaption, ideologische Vereinnahmung und propagandistische Verwertung der Reichsidee profitierten von diesem Echoraum, indem sie den für Katholiken, Protestanten, Traditionalisten und Monarchisten anschlussfähigen Leitbegriff emphatisch besetzten. Das von den Nationalsozialisten exklamierte ‚Dritte Reich' konnte so von den politischen, religiösen und konfessionellen Gruppierungen „ganz nach ihren jeweiligen Bedürfnissen in Beziehung zu ihrer je eigenen Erinnerung einer glorreichen deutschen Vergangenheit" gesetzt werden.⁴⁷

Für das katholische Ohr der Zeit musste der eschatologische, an die Johannesapokalypse und die geschichtsphilosophische Betrachtung eines Joachim von Fiore erinnernde Klang der adaptierten Begriffe ‚Tausendjähriges' und ‚Drittes Reich' die NS-Ideologie gleichsam soteriologisch aufladen.⁴⁸ Die zeitgenössische Virulenz und Vagheit in der Verwendung dieser Begrifflichkeiten erlaubte

---

43 Zur Vielschichtigkeit und Ambivalenz der katholischen Reichsideologie vgl. Klaus Breuning: Die Vision des Reiches (1969); Reinhart Richter: Nationales Denken im Katholizismus der Weimarer Republik (2000), S. 155–206.
44 Vgl. dazu allgemein Hans-Georg Meier-Stein: Die Reichsidee 1918–1945 (1998).
45 Holger Arning: Die Macht des Heils und das Unheil der Macht (2008), S. 270.
46 Ebd.
47 Ebd.
48 Zur Deutung des Nationalsozialismus als Erlösungsideologie vgl. Eric Voegelin: Die politischen Religionen [1938] (³2007).

aber auch situationsspezifische zeitkritische oder politische Interpretationen, die wesentlich von dem weltanschaulichen Standort, der Bildung und politischen Gesinnung der Interpretierenden abhingen. Gerade im Rahmen einer milieuspezifisch-katholischen Kommunikation bot der Rekurs auf die mittelalterliche Reichsidee und ihre historische Realisierung im ersten deutschen Kaiserreich, dem als Universalreich verstandenen Heiligen Römischen Reich Deutscher Nation, für viele katholische Schriftsteller und Intellektuelle eine ganze Klaviatur „kulturell konnotierte[r] Termini", die „eine eigenständige Weise katholisch-konservativen Argumentierens" ermöglichten.[49] Hier konnten sich eigentümliche Rhetoriken sowie Semantisierungen ausbilden und in esoterischer Funktion zum Tragen kommen.

Für die ‚eigentümliche Semantisierung' des Begriffs ‚Reich' im *Hochland*-Kreis bildet Carl Muths Aufsatz „Das Reich als Idee und Wirklichkeit" (1933)[50] ein bezeichnendes Beispiel. Der *Hochland*-Gründer argumentierte darin gegen dessen semantischen Umbau, wie er von der NS-Propaganda befördert wurde, und verteidigte auf diese Weise die Definitionshoheit über ein traditionseigenes, katholisches Konzept. Muth ging es aber auch sichtlich darum, mit seinem Text die *Hochland*-Leserschaft für die nationalsozialistischen Vereinnahmungen zu sensibilisieren, sie also in warnender Absicht gegen die nationalsozialistische ‚Reichs'-Propaganda zu immunisieren und ihr dabei zu signalisieren, dass sich die Zeitschrift kritisch zur nationalsozialistischen Bewegung positioniert. Eine solche Stellungnahme schien angesichts der Ereignisse im Jahr 1933 mehr als angebracht. Der Beitrag erschien im März 1933, und zwar kurz vor Hitlers am 23. März 1933 verkündeter Regierungserklärung. Hitler sprach sich darin bekanntlich für eine Zusammenarbeit und stärkere Bande zwischen der katholischen Kirche und der neuen nationalsozialistischen Regierung aus, um damit gezielt die allgegenwärtige Skepsis des katholischen Milieus, das eine gesellschaftstragende ‚Gegenöffentlichkeit' darstellte, abzubauen. Nicht ohne Bedacht entschied sich die *Hochland*-Redaktion, das Monatsheft mit Muths Aufsatz zu eröffnen, stimmte der Text doch auch thematisch auf nachfolgende Beiträge ein, die sich ebenso einer kritischen Verhältnisbestimmung von Nationalsozialismus und Katholizismus widmeten. So enthielt das Heft unter anderem den antinazistischen Text des jüdischen Publizisten Elias Hurwicz (Pseudonym: Ferdinand Muralt) „Der Nationalsozialismus am Scheidewege", des Weiteren eine kritische Besprechung von Carl Schmitts in der *Europäischen Revue* publiziertem Aufsatz „Die Weiterentwicklung des totalen Staats in Deutschland" (1933) sowie eine

---

49 Felix Dirsch: Das „Hochland" – Eine katholisch-konservative Zeitschrift (2003), S. 96.
50 Carl Muth: Das Reich als Idee und Wirklichkeit (1933), S. 481–492.

ausführliche, positive und auf Zeitdiagnose gemünzte Rezension zu Eugen Rosenstock-Husseys[51] revolutionstheoretischem Buch über *Die europäischen Revolutionen* (1931).[52] Am Inhaltsverzeichnis des Märzheftes lässt sich geradezu exemplarisch ablesen, wie die Zeitschrift, entgegen dem eigenen Programm, auf tagespolitische Ereignisse nicht zu reagieren, allein durch die Zusammenstellung von Artikeln zeitpolitische Aufmerksamkeit an ihre Leserschaft signalisierte.

Es ist jedenfalls nicht zu weit gegriffen, Carl Muths „Das Reich als Idee und Wirklichkeit" als politischen Zeitkommentar zu lesen, auch wenn sich der Text auf den ersten Blick vornehmlich als eine geschichtsphilosophische Reflexion auf die Reichsidee präsentiert. Wie bereits der Titel anzeigt, reiht sich der Aufsatz in den politisierten Reichs-Diskurs ein, der, wie ausgeführt, von katholischen Intellektuellen im Besonderen intensiv geführt wurde.[53] Muths Veröffentlichung lässt sich in diesem Kontext als ein „Versuch der Abgrenzung von den unterschiedlichen Einfärbungen der Reichsidee" deuten.[54] Die Reichsdeutung des *Hochland*-Herausgebers kann dabei, so ist auch in der Forschungsliteratur zu lesen, einer universalistischen Spielform des auf der Suche nach dem nationalen Standort befindenden Katholizismus zugeordnet werden.[55] Entgegen synthetischer Vorstellungen, die auf eine Vereinbarkeit zwischen dem nationalsozialistischen ‚Dritten Reich' und der katholischen Reichsidee zielten,[56] bemühte sich Muth darin – im Anschluss an die Überlegungen seines Mitstreiters,

---

51 Der jüdische Soziologe Rosenstock-Hussey, der für das *Hochland* unter dem Pseudonym Ludwig Stahl schrieb, emigrierte kurz nach der nationalsozialistischen Machtübernahme in die USA.
52 Heinrich Getzeny: Das zweite Jahrtausend des Abendlandes als Revolutionsepoche (1923/33), S. 547–552.
53 Vgl. dazu Klaus Breuning: Die Vision des Reiches (1969).
54 Reinhart Richter: Nationales Denken im Katholizismus (2000), S. 176.
55 Vgl. ebd., S. 155–156.
56 Vgl. Klaus Breuning: Die Vision des Reiches (1969), S. 320 in der er die katholische Reichsideologie als ideologischen Schwachpunkt behauptet, der einen katholischen Widerstand unterlief. Im 31. Jahrgang, also 1934, gibt das *Hochland* eine Werbeseite für das im Kösel-Verlag erschienene Buch *Der Katholik im neuen Reich. Seine Aufgabe und sein Anteil* des Sozialethikers Theodor Brauer frei. Brauers Buch, das lassen die beiden ebenfalls auf der Werbeseite angeführten Kurzrezensionen vermuten, kann als Brückenbauversuch zwischen NS und Katholizismus gedeutet werden. Relativ deutlich stellt eine der beiden Rezensionen fest: „Der Grundgedanke der vorliegenden Schrift Brauers ist, daß die katholische Wesenshaltung zur Bejahung der leitenden Idee der nationalsozialistischen Volks- und Staatserneuerung drängt." Zur katholischen Reichsideologie im Allgemeinen vgl. auch Elke Seefried: „Reich" und „Ständestaat" als Antithesen zum Nationalsozialismus (2006); Heinz Hürten: Deutsche Katholiken (1992), S. 216–219.

des Kulturhistorikers Alois Dempf[57] – ‚ganz unverdeckt', aber in Form einer geschichtsphilosophischen Erörterung, eine frontenklärende Linie zwischen dem Katholizismus und dem Nationalsozialismus zu ziehen und dabei an die „politische Verantwortung gemäß der Ordnungsvorstellung des mittelalterlichen Reiches" zu erinnern.[58] Daher bildet Muths Text nicht nur einen interessanten Beitrag zur Ideengeschichte des *sacrum imperium*, sondern zugleich auch ein Zeugnis, das über den politischen Standort des Kulturkatholizismus im Jahr 1933 aufklären kann. Doch im Folgenden interessiert die Veröffentlichung in Bezug auf das darin thematisierte Verhältnis von ‚katholischer' und ‚völkisch-nationalsozialistischer' Rhetorik, lässt sie sich unter diesem Gesichtspunkt doch als ausgezeichnetes Beispiel einer auf Dissidenz gemünzten, aber (noch) nicht verdeckten literarischen Kommunikation behandeln. Es wird zu zeigen sein, dass Muth mit seinem höchst reflektiert arrangierten Aufsatz der Chiffrierung eines NS-kritischen ‚Reichsbegriffs' zuarbeitet, wie er in den Folgejahren nationalsozialistischer Herrschaft im *Hochland* in nonkonformistischer Stoßrichtung Verwendung finden konnte.

4.3 Carl Muths „Das Reich als Idee und Wirklichkeit" (1933)

Carl Muths dreiteiliger Aufsatz findet sich, wie erwähnt, als erster Beitrag des März-Heftes 1933 neben einer Abbildung mit dem Titel *Das tote Haupt Kaiser Karls* abgedruckt. Wie der Leser in einem ausführlichen Kommentar zu der Kunstbeilage erfahren konnte, handelte es sich bei der Abbildung um die als Fresko gestaltete „Wiedergabe einer im Dresdener Kupferstichkabinett aufbewahrten Aquarellskizze" des spätromantischen Historienmalers Alfred Rethel (1816–1889). Das Redaktionsteam klärte den Zeitschriftenabonnenten zudem darüber auf, dass es „[i]n dem Berichte, den Rethel seinen [...] Entwürfen beifügte", von dem Fresko hieße:

---

57 Vgl. Alois Dempf: Das Dritte Reich. Schicksale einer Idee (1931/32), S. 36–48, 158–171; ders.: Sacrum Imperium (1931). Auch Heinrich Getzeny: Wie weit ist die politische Theologie des Reiches heute noch sinnvoll? (1932/33), S. 556–558, der sich kritisch mit der katholischen Reichsideologie auseinandersetzt.
58 Reinhart Richter: Nationales Denken im Katholizismus (2000), S. 171.

> In dem Drange schwerer Zeiten, welchen das Reich unter den übrigen Karolingern fast erlag, sucht das niedergebeugte Nationalgefühl sich durch liebevolle Betrachtungen seiner großen Vergangenheit für den Jammer der Gegenwart zu entschädigen und die ehrwürdige Gestalt des gewaltigen Karl bildet sich auf diese Weise in der Volksvorstellung zu einem Ideal aus.[59]

Wie die Redaktion dazu anmerkt, treffe der Künstler mit diesem Kommentar „zugleich seine und unsere Zeit"[60] und greift so das Thema von Carl Muths Aufsatz auf. Bereits der Titel *Das Reich als Idee und Wirklichkeit – einst und jetzt* zeigt an, dass sich der *Hochland*-Gründer in seinem Beitrag der Kontrastierung der katholischen Reichsidee mit den zeitgenössischen Entwicklungen, also der ‚Wirklichkeit' des Jahres 1933, widmet.

Abb. 11: Alfred Rethels „Der Kopf Karls des Großen" (1860) eröffnete das März-Heft.

---

59 O.V.: Unsere Kunstbeilage (1932/33), S. 576.
60 Ebd.

So legen Bildinformation und Aufsatztitel bereits eine gegenwartspolitische Stoßrichtung des Textes nahe. Wie aber sollte der Leser die Abbildung, also das ‚tote Haupt des Kaisers', damit in Verbindung bringen? In Rethels Fresko ist das Angesicht Karls des Großen mit einem Schweißtuch bedeckt – ein wohl auch historisch verbürgtes Faktum, das Rethel einem Bericht über Karls Begräbnis entnahm. Rethel wollte, so konnte man ebenso den Informationen aus den Kunstbeilagen entnehmen, damit den „Todesgedanken"[61] zum Ausdruck bringen. Der Abdruck im Jahr 1933 lässt dem Bild offenbar eine aktuelle Bedeutung zuwachsen: Wie Karl der Große und die mit ihm ins Leben gerufene *translatio imperii*, so konnte der zeitgenössische Leser assoziieren, sei auch das ‚Reich' totgeweiht und existiere lediglich als „Ideal", als Bild und Symbol, das hinter einem Schleier verborgen ist. Rethels Fresko nahm damit in gewisser Weise die negative Antwort auf Muths im ersten Teil seines Aufsatzes entwickelte Leitfrage vorweg, inwiefern das „deutsche Volk" auch heute im Stande sei, „noch einmal ordnender Mittelpunkt und gestaltende Kraft für das Abendland zu werden".[62] Das ‚Nein' auf diese bereits in den ersten Sätzen aufgeworfene und höhnisch anmutende Suggestivfrage, ob mit dem ‚neuen', von den Nationalsozialisten propagierten Reich „denn alles so ganz in Ordnung, ob das Reich überhaupt das Reich sei, um das von je die deutschen Hoffnungen und Wünsche kreisen wie die Raben um den alten Kyffhäuser" (S. 481), wird im Laufe des Textes nicht ohne polemische Schärfe begründet: So diskutiert Muth im zweiten Teil des Aufsatzes vor dem Hintergrund einer historischen Rückverlängerung die *translatio imperii* und geht dabei unterschiedliche Möglichkeiten durch, ob und wie die Idee eines friedlich geeinigten Abendlandes, die im Mittelalter durch das *Sacrum Imperium Romanum* manifest wurde, in der neuen Zeit zu revitalisieren sei. Dass die Nationalsozialisten keine Option sind, steht dabei fest. Auch dem Völkerbund, dem Deutschland nach langen Verhandlungen am 8. September 1926 beigetreten war und sich damit einer zwischenstaatlichen Organisation verpflichtete, deren obersten Ziel die internationale Friedenssicherung darstellte, begegnet Muth mit Skepsis. Er würdigt ihn zwar gegen die Überzeugung der neuen Machthaber als vielversprechendes transnationales Ordnungsmodell und räumt ein, dass dieser „in der Tat eine ähnliche Mission erfüllen" könne wie das mittelalterliche Reich, insofern er „im Geiste echter Solidarität und Friedensliebe" stehe und die „einzelnen Staaten auf jegliche Vorrangstellung innerhalb des Ganzen" (S. 482) verzichteten. Allerdings erweist sich für Muth die Verwirk-

---

61 Ebd.
62 Carl Muth: Das Reich als Idee und Wirklichkeit (1933), S. 483. Im Folgenden unter Angabe der Seitenzahl im Fließtext.

lichung eines zwischennationalen Rechtsverbands angesichts der Uneinigkeit „über eine europäische Ordnung" als „recht ohnmächtig", mangele es doch an der „abendländisch-christlichen Idee". Damit geht Muth von der Kritik zum Plädoyer über und pointiert, dass die entscheidende Einigungskraft stattdessen „wie in früheren Zeiten, so auch jetzt, von der Mitte ausgehen" müsse, und zwar „kraft eines biologischen Gesetzes, das auch im Völkerleben gilt". Es sei zumindest, so heißt es weiter, kein „kein Zufall", „daß gerade den Deutschen, die die Mitte des Weltteils, den ‚bedrohten' und zugleich ‚bedrohendsten Posten' innehaben, diese Aufgabe im Mittelalter" zugekommen sei (ebd.).

An Passagen wie diesen lassen sich jene „rhetorischen Überlappungen" eindrücklich beobachten,[63] die vielfach als sprachliche Anpassungsleistungen des Katholizismus an den Nationalsozialismus gewertet wurden. Denn durchaus anschlussfähig an die chauvinistischen Argumentationsmuster nationalistischer und nationalsozialistischer Provenienz, begründet Muth hier die einstmalige Eignung des „deutschen Volkes", für eine europäische Einigung zu sorgen, nicht nur mit der geopolitisch zentralen Position, sondern auch durch eine entsprechende Volkscharakterisierung: „Das deutsche Volk dieser mittleren Zeiten hatte mehr als andere Völker ein Schwergewicht der Ruhe und des Beharrens in sich, was es fähig machte, mit Gerechtigkeit und Besonnenheit seines ordnenden Amtes zu walten" (S. 482). Doch berücksichtigt man die rhetorische und narrative Machart des Textes als Ganzem, so kann Muths Rekurs auf das ‚biologische Gesetz', mitunter als bewusste Täuschung gewertet werden, durch die rassenbiologische Anschlussstellen angedeutet werden, die mit der rhetorisch konstruierten Erwartung an das faktische, also nationalsozialistische Deutschland, den Auftrag zur Völkerverständigung von der Mitte aus anzunehmen, einhergehen. Denn die von Turbulenzen und Umbrüchen, Propaganda und Hetze sowie dem Machtstreben der aufmarschierenden und sich revolutionär gerierenden Nationalsozialisten bestimmte politische Realität Deutschlands in den ersten Monaten des Jahres 1933 musste als zynischer Kontrast zu Muths Beschreibung eines sich durch „Ruhe", „Beharren", „Gerechtigkeit" und „Besonnenheit" auszeichnenden „deutschen Volkes" erscheinen (S. 483). Daher schürt auch die Entscheidungsfrage, in der die rhetorisch konstruierte Erwartung kulminiert, Skepsis,

> ob ihm [dem neuen Deutschland] diese Fähigkeit noch heute eignet, [...] ordnender Mittelpunkt und gestaltende Kraft für das Abendland zu werden in dem Augenblick, da sich unmittelbar an seinen Grenzen und am fernen Horizont Mächte konsolidieren, die nicht

---

63 Vgl. Barbara Stambolis: Nationalisierung trotz Ultramontanisierung (1999), S. 84.

minder als einst Hunnen, Sarazenen und Türken seinem Bestand zur höchsten Gefahr werden können. (ebd.)

Durch die kontextuell naheliegende analogische Identifikation der östlichen Bedrohung mit dem Bolschewismus konfirmiert der Verfasser die aktuelle, auch von den Nationalsozialisten identifizierte Bedrohung, in der sich Europa befindet: Es bedarf folglich dringend einer „gestaltenden Kraft für das Abendland". Doch die propagandistisch weit verbreitete Hoffnung, der Nationalsozialismus könne, gemäß der Hitler'schen Parole ‚Kampf dem Marxismus', der ‚östlichen Gefahr' die Stirn bieten, ist für Muth eine gefährliche Illusion, denn wie der Völkerbund verfehle auch das NS-Regime die ‚abendländische Idee' und könne damit nicht ‚ordnender Mittelpunkt' ‚für das Abendland' werden.

Den Maßstab für die negative Beurteilung der nationalsozialistischen Reichsanwärter findet der Verfasser im alten Kaiserreich, das im zweiten Teil des Aufsatzes in seinen Eigenschaften als übernationale, universale, katholisch gesinnte und pazifistische Staatenbildung charakterisiert wird. Der auch in Rethels Abbildung künstlerisch aufgegriffene Untergang des universalen Reiches steht dabei, so legen Muths Ausführungen nahe, in unmittelbarem Zusammenhang zur protestantischen Reformation und der damit einhergehenden Glaubensspaltung. Die vom bismarckschen Kaiserreich qua Selbsttitulierung aufgegriffene Reichsbehauptung wird von Muth in einem kurzen ideengeschichtlichen Exkurs als Missverständnis entlarvt, doch auch die nazistischen Nachfolger des Kaiserreichs erheben einen falschen Anspruch. Die den ganzen Aufsatz über mitlaufende Frage, inwiefern es sich denn bei den neuen Machthabern um taugliche Erbschaftsanwärter der alten Reichsidee handele, beantwortet Muth schließlich mit großer Drastik, die gleichsam die Pointe des Textes bildet. Er tritt an dieser Stelle seine Stimme ab und bedient sich eines nahezu zwei Seiten umfassenden Zitats aus dem dezidiert antinazistischen und bereits 1932 in der Zeitschrift *Der Brenner* erschienenen Essay „Betrachtungen über Vergil, Vater des Abendlandes" seines Kollegen, des Kulturkritikers und Satirikers Theodor Haecker (1879–1945).[64] In dem sich schriftbildlich abhebenden und vor Polemik strotzenden Einschub wird der Nationalsozialismus als „wesentlich [...] protestantische Bewegung – eine plötzlich wieder aufflackernde Aktivierung der destruktiven Tendenzen und mörderischsten plebejischen Instinkte des Protestantismus" charakterisiert (S. 490). Zynisch bedauert Haecker (und über ihn implizit auch Muth), dass Luther nicht, wie vor ihm Johannes

---

[64] Theodor Haecker: Betrachtungen über Vergil, Vater des Abendlands (1932). Siehe hierzu Patrick Oiden-Offe: Das Reich der Demokratie (2011), S. 112–117.

Hus, verbrannt worden sei, denn dann „wäre ihm und dem deutschen Volk viel erspart geblieben [...]. Erspart geblieben wäre ihm die letzte deutsche Schmach dieser Tage: das Zeichen des Tieres, die Karikatur des Kreuzes – das Hakenkreuz" (ebd.).

Das umfangreiche Zitat wird von Muth anschließend eingehend kommentiert. Der *Hochland*- Leserschaft wird dabei der gesamte Essay Haeckers als „zornglühende und mit der Indignatio der Liebe [...] geschriebene Diatribe" (ebd.) zur Lektüre empfohlen. Die „wuchtige Diktion" Haeckers weiß Muth nicht nur respektvoll zu würdigen, er stellt sich auch unmissverständlich hinter seinen Mitarbeiter, wenn er dem Leser zu denken gibt, dass der Satiriker, als den er Haecker charakterisiert, keine „Halbheit" und kein ‚Verschleiern' kenne:

> Und doch, ist es nicht besser und fruchtbarer, solche Gedanken auszusprechen und sie in der ganzen Härte ihrer unerbittlichen Folgerungen vor uns hinzustellen, als in einem verwaschenen Gerede, das nie an die Wurzeln der Dinge vorzudringen wagt, die ganze innere Not, die sich in Betrachtungen dieser Art enthüllt, zu verschleiern oder gar zu leugnen? Daß sie Widerspruch herausfordern, ist von ihrem Urheber gewollt. Er will Erkenntnisse, die ihm die Not unserer geschichtlichen und geistesgeschichtlichen Situation aufgedrungen hat und die er für notwendig hält, so hinstellen, daß die Geister sich daran stoßen und entscheiden. Nur keine Halbheit! (ebd.)

Das Einmontieren eines eindeutig antinazistischen, satirisch-polemischen Texts erlaubt Muth, der nicht als Satiriker, sondern in der Rolle des kulturkritischen Geschichtsphilosophen schreibt, so schließlich seinen gegenwartsbezogenen Appell an die *Hochland*-Leserschaft, sich gegen das ‚Hakenkreuz' zu positionieren, vereindeutigen. Ganz ‚unverdeckt' wird auf diese Weise das Plädoyer für eine kritische Auseinandersetzung mit den zeitgenössischen Ereignissen formuliert, ja zur Provokation verstärkt. Unumwunden ruft Muth jedenfalls seine Leser im Anschluss an Haeckers ‚unverhüllte' Rede dazu auf, ihr Verhältnis zu den nationalsozialistischen ‚Reichsanwärtern' zu prüfen und nach der „Haltbarkeit oder Unhaltbarkeit der Standpunkte" zu fragen (ebd.), also danach, inwiefern katholische und nationalsozialistische Weltanschauung und Ordnungsvorstellungen miteinander vereinbar seien. In diesem Punkt gibt sich der *Hochland*-Herausgeber besonders rigoros, wenn er betont, dass es „[i]n Fragen von solch schicksalhafter Bedeutung [...] keine Irenik geben" dürfe, ja, dass „ein absoluter Pazifismus in diesen geistigen Bereichen noch verhängnisvoller als in der Welt der Politik" sei (S. 491). Es ist anzunehmen, dass Muth als Schriftleiter des Journals mit dieser klaren Stellungnahme die Abonnenten über das kritische Verhältnis der Zeitschrift zu den nationalsozialistischen Reichsaspiranten aufzuklären und etwaigen Zweckallianzen, für die sich zahlreiche Katholiken engagierten, eine Absage zu erteilen hoffte. Von seiner Leserschaft forderte er zumindest, zu den neuen Machthabern und ihrer Ideologie deutlich auf Distanz zu gehen und im Gegenzug propagandistische Reichsparolen und brückenbauende Beschwichtigungsversuche zurückzuweisen.

Neben der vereindeutigenden NS-Kritik erfüllte das ausführliche Zitat aus Haeckers *Vergil*-Schrift noch eine weitere Funktion, nämlich die polemische Identifikation von nationalsozialistischer und protestantischer Bewegung. In Anbetracht des ökumenischen Bestrebens des *Hochland* mag dies zunächst für Irritation sorgen. Argumentationslogisch gelang Muth dadurch allerdings die Disqualifikation des neuen Regimes, das – wie bereits der protestantische Staat Bismarcks – mangels einer angemessenen Reichsidee für den konstatierten Herrschaftsauftrag des deutschen Volkes, „arbiter des Völkerrechts im Abendland" zu sein (S. 486), aus katholischer Perspektive nicht in Frage kommen konnte. Indem Muth Parallelen oder sogar Kontinuitäten zwischen dem ‚zweiten Reich' Bismarcks und dem ‚dritten Reich' Hitlers konstruiert, wird die im ersten Teil des Textes installierte Projektion der Reichserwartung auf den Nationalsozialismus demontiert. An den Kulturkampf unter Bismarck erinnernd, deklassiert Muth die von der nationalsozialistischen Propaganda insbesondere in den 1930er-Jahren bemühte Reichs-Ideologie, die er als protestantische, sektiererische und partikularistische, für den Katholiken aber vor allem exklusiv-diskriminierend angelegte Gesellschaftsutopie enttarnt. Den katholischen Universalismus wertet er hingegen unter Rückgriff auf die (Ideen-)Geschichte des Reichs in seiner Tauglichkeit als völkerübergreifende Weltanschauung auf. Es seien, so gibt sich Muth überzeugt, „die universalen Tendenzen der christlichen Kirche" gewesen, die die Einheit des Kaiserreichs verbürgten. „[E]in Universalreich im Sinne Karls des Großen", also ein zentralistisch geordnetes Europa, wäre hingegen weder der Kirche noch den abendländischen Völkern „zum Segen geworden" (S. 485). Hier wird sodann ein letzter Bezug zu Rethels Fresko hergestellt: Erst nach dem Tod Karls des Großen, und zwar unter deutscher Krone, konnte sich das *Sacrum Imperium* etablieren und eine pazifistische „Staatenbildung" erfolgen, die „gleichzeitig einer Lösung nationaler wie übernationaler Aufgaben gerecht" wurde (S. 487). Allein im *Sacrum Imperium*, im Heiligen Römischen Reich, erkennt Muth schließlich die Verwirklichung der Reichsidee, weil hier sowohl die „Aufrechterhaltung der Ordnung der Welt einerseits" und der „Schutz[] der christlichen Religion und Kirche andererseits" (ebd.) garantiert worden sei. Der ‚protestantische', auf Spaltung setzende Charakter der nationalsozialistischen Bewegung widerstrebe also von vornherein dem als ‚ideal' gefassten Ordnungsauftrag; das von den Nationalsozialisten proklamierte ‚Dritte Reich' müsse folglich als Täuschung verstanden werden.

In „Das Reich als Idee und Wirklichkeit" klingt an, dass die mit dem Reichsgedanken einhergehende Universalität sich nicht nur auf die geographische Reichweite bezieht, sondern in Anlehnung an platonisches Vokabular und in Anspielung auf das katholische Ideal einer christlichen Gesellschaftsordnung, dem mystischen ‚Corpus Christi', zugleich als „Idee" essentialisiert wird. Im Gegensatz zum partikularistischen Konjunkturnationalismus, der für den katholischen Staatsbürger einen Identitätskonflikt nach sich zöge, so ließe sich schlussfolgern, müsse diese Idee im überstaatlich arbeitenden Völkerbund, aus dem das nationalsozialistische Deutschland am 14. Oktober 1933 ausgetreten ist, der aber schon vorher für die Nationalsozialisten ein Reizwort darstellte, eine bessere Alternative finden. Idealerweise geschieht dies jedoch, und das scheint das politische Plädoyer des Textes zu sein, unter Mitsprache der Kirche, die für den Schriftleiter des *Hochland* allein das einheitsstiftende Prinzip einer Menschengemeinschaft garantieren und dauerhaft stabilisieren könne.

Obgleich die von Muth in mehreren Aufsätzen lancierte Reichsidee in Anbetracht ihrer Qualität als rückwärtsgewandte Utopie einem Symbol gleichkommt,[65] das sicherlich von der Gemeinschaftssehnsucht der Katholiken getragen wurde und rhetorisch an nationalsozialistische Reichsvorstellungen anschließbar war,[66] ist bemerkenswert, dass ebendiese Unterscheidung von Konzept und bloßer Rhetorik im Text durchgehend reflektiert wird. Muths Beitrag konterkariert sogar, wie die Textanalyse exemplarisch deutlich machen sollte, auf einer darstellerisch-performativen Ebene ebenjene „rhetorischen Überlappungen",[67] die vielfach als sprachliche Anpassungsleistungen des Katholizismus an den Nationalsozialismus gewertet wurden. Zu diesem Zweck bündelt er auch in seinem Beitrag die allseitig faktischen Hoffnungen in Bezug auf die neue nationalsozialistische Regierung dramaturgisch so konsequent, um sie schließlich im Schulterschluss mit Haecker wirkungsvoll zu zerschlagen. Desgleichen affirmiert er die vielstimmige Skepsis des katholischen Milieus den neuen Machthabern gegenüber, wenn er Hitlers kirchenfreundliche Avancen, nachdrücklich als Trugschluss aufdeckt. Es lässt sich schlussfolgern, dass es dem *Hochland*-Gründer und mit ihm etlichen weiteren Autoren der Zeitschrift, die den Reichsbegriff zur Gegenwartsanalyse bemühten,[68] nicht darum ging,

---

65 Siehe hierzu Wulfried C. Muth: Carl Muth und das Mittelalterbild des „Hochland" (1974), S. 5–8.
66 Vgl. Reinhard Richter: Nationales Denken im Katholizismus (2000), S. 176.
67 Vgl. Barbara Stambolis: Nationalisierung trotz Ultramontanisierung (1999), S. 84.
68 Allgemein lässt sich die Beobachtung machen, dass sich ab 1933 die Beiträge zum Verhältnis von Staat, Kirche und Reich im *Hochland* mehren. Ausländische, insbesondere französische Denker werden dabei oftmals als Stichwortgeber herangezogen. Vgl. dazu auch Konrad

das alte Reich realpolitisch wieder zu verwirklichen, sondern zunächst einmal darum, die Definitionshoheit über einen katholischen Zentralbegriff zu behaupten und diesen innerhalb der politischen Sphäre im Allgemeinen und für die Gestaltung europäischer Internationalität im Besonderen diskursfähig zu machen. Der nationalsozialistische Gebrauch des Wortes ‚Reich' wird zu diesem Zweck von Muth, wie gesehen, als rhetorischer Missbrauch und fehlgeleitete Appropriation aufgedeckt, im Vergleich zu gehaltvolleren und insbesondere substantielleren Begriffsbesetzungen entwertet und auf diese Weise in resemantisierender Absicht katholisch überboten.

Wie anfänglich ausgeführt, stellte der Rekurs auf den *ordo*-Gedanken, also die Vorstellung einer göttlichen Weltordnung, zur Beurteilung politischer Ereignisse ein typisches Argumentationsverfahren etlicher *Hochland*-Autoren dar. Doch politische Implikationen waren von spezifischen Deutungsmustern abhängig, deren Nachvollzug Vertrautheit mit eigenen Denk- und Bildungstraditionen voraussetzten. In erster Linie war diese Voraussetzung bei einer Leserschaft des (kultur-)katholischen Milieus gegeben, die über maßgebliche Kenntnisse zu traditionsspezifischen Wissens- und Bildungsbeständen verfügte. Als fester Bestandteil der deutschen Bevölkerung stellte das katholische Milieu auch nach 1933 eine Suböffentlichkeit dar, in der, wie Christoph Kösters resümiert, die „weltanschaulich bedingte Auseinandersetzung" mit dem Nationalsozialismus nicht selten „spezifisch katholisch motiviert" war.[69] Deshalb ist anzunehmen, dass etliche *Hochland*-Autoren bei der Abfassung nonkonformistischer Texte nicht nur von der Vagheit und Kontextabhängigkeit bestimmter Konzepte und Begriffe profitierten, sondern auch auf eine ähnlich gesinnte Leserschaft setzen konnten.[70] Um ‚Eigenes' publizistisch zu verteidigen oder zu vindizieren, bediente man sich unterschiedlicher Strategien, die, wie am Beispiel Muth deutlich geworden ist, auch polemisch ausschlagen konnten. Dabei ging es um semantische Abgrenzungen sowie ‚Richtigstellungen' von ideologisch besetzten oder anfälligen Vokabeln, wie etwa dem Begriff ‚Reich'. Für den *Hochland*-Kreis konnte dieser Begriff, nicht zuletzt lanciert durch Muths zeitkritische Auseinandersetzung in *Das Reich als Idee und Wirklichkeit*, im repressiver werdenden ‚Dritten Reiches' als Chiffre Verwendung finden, die eine gruppenspezifische Sondersemantik im Sinne katholischer Fachsprache abzugreifen im

---

Ackermann: Der Widerstand der Monatsschrift Hochland gegen den Nationalsozialismus (1965), S. 115–118.
69 Christoph Kösters: Katholisches Milieu und Nationalsozialismus (2009), S. 165.
70 Siehe Karl Schaezler: Das ‚Hochland' und der Nationalsozialismus (1964/65).

Stande war und so auch unter verschärften Zensurbedingungen heterodoxe Kommunikationen ermöglichte.

Dass es im *Hochland* zur Kritik am Nationalsozialismus, wie im Falle der ‚Reichs-Debatte', vor allem dann kam, wenn um die Deutung von genuin katholischen Konzepten oder dem Stellenwert historischer oder aktueller katholischer ‚Denker' konkurriert wurde oder „wenn die totalitäre NS-Ideologie sich gegen die religiös-kirchlichen Traditionen richtete (Kirchen- und Bekenntnisfreiheit, Rassenlehre) [und] in die Strukturen des institutionell organisierten Katholizismus eingriff",[71] ist nicht weiter verwunderlich, sondern symptomatisch. Eindrücklich zeichnet sich dies in der Auseinandersetzung der Kirche mit Alfred Rosenbergs katholizismusfeindlicher Weltanschauungsschrift *Der Mythus des 20. Jahrhunderts* (1930) ab, um die es im folgenden Kapitel gehen soll.

4.4 „[K]rasse Dichtung und Entstellung". Repliken auf Alfred Rosenbergs *Mythus des 20. Jahrhunderts*

In seinem Beitrag *Das Hochland und der Nationalsozialismus*, der 1965 im 57. Jahrgang der Zeitschrift erscheint, resümiert Karl Schaezler, langjähriger Mitarbeiter und ab 1946 Hauptschriftleiter des *Hochland*, die schwierige und spannungsreiche Publikationsarbeit in den Jahren 1933 bis 1941. „Zeitweise", so erinnert er sich, geriet das kulturkatholische Journal „ernstlich in Gefahr", denn es versammelte nicht nur eine Reihe nonkonformer Autoren, die „wegen ihrer Haltung von den Nationalsozialisten verfolgt" wurden, sondern brachte auch erkennbar oppositionelle Aufsätze, die in vier Fällen von den parteiamtlichen Zensurstellen[72] indiziert wurden und zum Auslieferungsstopp der entsprechenden Ausgaben führten. Einen dieser Fälle stellte die „Augustnummer 1934" dar, die eine „scharfe[] Auseinandersetzung mit Rosenbergs ‚Mythus des 20. Jahrhunderts'" enthielt.[73] Es handelte sich dabei um eine mehrseitige Rezension des Benediktinermönchs, Publizisten und Fundamentaltheologen Daniel Feuling (1882–1947), der in katholischen Kreisen und unter Theologen vor allem im Zusammenhang der deutschen Gesamtausgabe des Konvertiten John Henry Newman bekannt war, die er gemeinsam mit Erich Przywara und Paul Simon in

---

71 Christoph Kösters: Katholisches Milieu und Nationalsozialismus (2009), S. 164.
72 In diesem Fall, darauf hat Hans Günther Hockerts: Abstand oder Widerstand? (2018), S. 433 hingewiesen, handelte es sich um eine „untere Charge des Zensurapparates", und zwar den „Pressereferent im Bezirksamt Kempten, wo der Kösel-Verlag residierte".
73 Ebd., S. 223.

den 1920er-Jahren initiierte.⁷⁴ Kurz nachdem das besagte Augustheft veröffentlicht wurde, denunzierte der *Völkische Beobachter* Feulings Beitrag und griff dabei eine besonders intrikate Stelle der Buchbesprechung als Zitat auf. In scharfem Ton heißt es dort:

> Mit höchstem Interesse lasen wir also eine Auseinandersetzung des Benediktinerpaters Daniel Feuling ‚Um ein vielgelesenes Buch', die Rosenbergs ‚Mythus' behandelt [...]. Selbstverständlich bleibt man jede tatsächliche Begründung dafür schuldig, ebenso wie für die unerhörte Zeihung der Unwahrheit, indem geschrieben und gedruckt (!) wird, bei Rosenberg spreche ‚nicht Wahrheit, sondern krasse Dichtung und Entstellung'. Das wagt heute noch eine Zeitschrift einem Reichsleiter der NSDAP, die den Staat verkörpert, anzuwerfen.⁷⁵

Empört scheint der Verfasser nicht nur über Feulings wagemutigen Angriff auf Rosenberg, sondern auch darüber, dass das *Hochland* den Abdruck einer Rezension gewährte, in der offensichtliche Kritik an einem „Reichsleiter der NSDAP" geübt wurde. Tatsächlich war der Zeitpunkt für eine kritische Auseinandersetzung mit dem Nationalsozialismus reichlich ungünstig. Im Spätsommer 1934 hatte sich das nationalsozialistische Regime weitgehend stabilisiert. Mit Niederschlagung der SA und anderer politisch missliebiger Personen in der sogenannten ‚Nacht der langen Messer' im Frühsommer 1934 sowie der Ämtervereinigung auf den Führer der NSDAP am 2. August desselben Jahres war Hitlers Machtübernahme und die damit einhergehende Errichtung der Diktatur größtenteils abgeschlossen. Alfred Rosenberg, der sich stets als „philosophischer Interpret des Nationalsozialismus"⁷⁶ verstand und bereits seit 1923 als Chefredakteur des *Völkischen Beobachters* amtierte, wurde im Januar 1934 zum ‚Beauftragten des Führers für die Überwachung der gesamten geistigen und weltanschaulichen Schulung und Erziehung der NSDAP' ernannt und besetzte damit einen wichtigen „intellektuellen Machtpol[]" der um ideologische Deutungshoheit konkurrierenden, innerparteilichen Ämter im polykratischen Herrschaftssystem des Nationalsozialismus.⁷⁷ Seiner auflagenstarken Bekenntnisschrift *Mythus des 20. Jahrhunderts* (¹1930), die den Versuch darstellte, nationalsozialistische Kernideologeme zu einem weltanschaulichen Gedanken-

---

74 Vgl. Johannes Schaber: Der Beuroner Benediktiner Daniel Feuling (2004), S. 80. Das Ergebnis stellte die nach ihrer Übersetzerin benannte *Edith-Stein-Gesamtausgabe* dar. Vgl. dazu ausführlicher Hanna-Barbara Gerl-Falkovitz: Einleitung (2002), S. IX–XXVII.
75 Völkischer Beobachter vom 24. August 1934, Nr. 236.
76 Gereon Wolters: Philosophie im Nationalsozialismus (1999), S. 228.
77 Ebd.

gebäude zu bündeln,[78] kam nunmehr der Stellenwert eines „halbamtlichen" ideologischen Lehrbuchs zu.[79] Die im *Hochland* vorgenommene Kritik an Rosenbergs Buch wurde im *Völkischen Beobachter* folglich nicht grundlos als Politikum aufgefasst. Denn obgleich es sich beim Nationalsozialismus, wie in der Forschung mehrfach ausgeführt, nicht um ein „logisch geschlossenes Gedankensystem mit explizit philosophischem und theoretischem Anspruch handelt, sondern um ein eher eklektisch zusammengefügtes, wenn auch in sich gedanklich durchaus konsistentes Bündel verschiedener Ideenbestandteile",[80] gehörte Rosenbergs Weltanschauungstext, neben Hitlers autobiographischer Programmschrift *Mein Kampf*, zu den ideologiekonstitutiven Schriften der nationalsozialistischen Bewegung.[81] Offiziell konsekriert wurde dessen Bedeutung schließlich auf dem Nürnberger Parteitag 1935, als das Buch gemeinsam mit Hitlers Kampfschrift als symbolischer Grundstein der Parteikongresshalle gelegt wurde.

Um die Schärfe des Vorwurfs im *Völkischen Beobachter* richtig einschätzen zu können, ist neben diesem allgemeinen Hintergrund noch ein konkreterer und hochkontroverser Debattenkontext zu berücksichtigen. Feulings Rezension stellte nämlich nur eine von zahlreichen kritischen Reaktionen dar, die Rosenbergs kirchenfeindliches, dezidiert antikatholisches, aber durchaus religiös imprägniertes Buch auf Seiten beider Konfessionen provozierte. Insbesondere die katholische Kirche empfand die ausdrücklichen Polemiken, antichristlichen und antiklerikalen Ausfälle, von denen es im *Mythus* mehr als genug gab, als Affront und fürchtete darum, nach dem staatskirchlichen Abkommen im Juli 1933 noch weitere Handlungsräume einbüßen zu müssen. Hatte sich die Kirche gegenüber den neuen Machthabern im Rahmen des Reichskonkordats einerseits bestimmte Freiräume gesichert, etwa für die Bereiche von Bildung und Religionsausübung, verbot das Abkommen andererseits jegliche parteipolitische Betätigung des Klerus und verpflichtete ihn zu einem Treueeid gegenüber dem Staat.[82] Das Reichskonkordat vermochte damit zwar die anfänglich kritische

---

[78] Ernst Piper: Alfred Rosenberg (2005), S. 184–185. Piper führt zudem aus, inwiefern es sich dabei weniger um einen Mythos im klassischen Sinne handelte, sondern eher um einen sozialen Mythos „im Sinne George Sorels, der durch eine Ordnung von Bildern die Menschen in gemeinsamer Aktion mobilisierte" (ebd., S. 197).
[79] Ebd., S. 184.
[80] Hans-Christoph Kraus: Über geistesgeschichtliche Voraussetzungen des Nationalsozialismus (2011), S. 21–40.
[81] Ernst Piper: Alfred Rosenberg (2005), S. 200.
[82] Vgl. zum Reichskonkordat allgemein: Thomas Brechenmacher: Das Reichskonkordat 1933 (2007).

Haltung der Kirche gegenüber dem Nationalsozialismus zu besänftigen, implizierte aber auch eine enorme Schwächung des politischen Katholizismus in Deutschland. So nimmt es nicht wunder, dass der auflagenstarke *Mythus*, dessen Verfasser derweil als ‚Beauftragter des Führers' amtierte, skeptische Stimmen, insbesondere aus den Reihen politisierter katholischer Kleriker und Theologen wieder laut werden ließ. Nachdem das römische Sanctum Officium, die Glaubenskongregation der römisch-katholischen Kirche, im Februar 1934 Rosenbergs Schrift auf den Index der verbotenen Bücher gesetzt hatte, wussten sie sich vom Vatikan gedeckt und erlaubten sich weitreichende Invektiven. Besonders eindrücklich für das Aufflammen der weltanschaulichen Frontstellung war die Gründung der *Abwehrstelle gegen die nationalsozialistische antichristliche Propaganda* im März 1934 in Köln, mit der das Generalvikariat auf die erfolglose Unterredung des Kölner Kardinals Karl Joseph Schulte mit Hitler reagierte. Hitler hatte sich bei diesem Gespräch nicht eindeutig gegen seinen „Parteidogmatiker", wie er Rosenberg dabei bezeichnete, positioniert und den Geistlichen, glaubt man den Aufzeichnungen Schultes, geraten, dem Buch nicht allzu viel Beachtung zu schenken.[83] Es folgte ein vielstimmiges, publizistisch ausgetragenes Gefecht, in dem etliche Autoren versuchten, das Verhältnis von Kirche, Religion, Staat und Nationalsozialismus ein weiteres Mal auszuloten. Auch Feuling klinkte sich mit seiner Rezension in diese hitzig geführte Debatte ein.

Weil besagte Buchbesprechung zu den wenigen *Hochland*-Texten gehört, die einen Eingriff der nationalsozialistischen Zensurbehörden provozierten, kommt ihm gewiss eine Sonderstellung innerhalb der *Hochland*-Publikationen während des ‚Dritten Reichs' zu. Es handelte sich um einen offen geführten katholischen Angriff auf Rosenberg, der von den Angegriffenen auch so verstanden wurde. Die Rezension stellt also keinen ‚verdeckten' Beitrag dar. In Bezug auf mein Untersuchungsinteresse handelt es sich aber dennoch um eine relevante Veröffentlichung, weil sie in der Reihe des „katholischen Schrifttums gegen den *Mythus des 20. Jahrhunderts*"[84] eine eigentümliche Form engagierter sowie polemischer Auseinandersetzung mit den weltanschaulichen Deutungs- und Wissensansprüchen der nationalsozialistischen Machthaber präsentiert und zu den letzten offen NS-kritischen Beiträgen im *Hochland* gehört. Unter

---

83 Die Gesprächsnotiz findet sich wiedergegeben bei Wilhelm Neuss: Der Kampf gegen den Mythus des 20. Jahrhunderts (1947), S. 10–11.; auch bei Bernhard Stasiewski: Akten deutscher Bischöfe über die Lage der Kirche (1968), S. 540 und bei Wilhelm Corsten (Hg.): Kölner Aktenstücke zur Lage der katholischen Kirche in Deutschland (1940), S. 19; vgl. dazu allgemein Dominik Burkard: Häresie und Mythus des 20. Jahrhunderts (2005), S. 121–161; Raimund Baumgärtner: Weltanschauungskampf im Dritten Reich (1977), S. 148–154.
84 Dazu Raimund Baumgärtner: Weltanschauungskampf im Dritten Reich (1977), S. 154–199.

Berücksichtigung dieser Rezension lässt sich zudem Feulings 1936 erschienenes fundamentaltheologisches Buch *Hauptfragen der Metaphysik* als stellenweise esoterische, subkutan NS-kritische Schrift beschreiben. Die Buchbesprechung soll im Folgenden so einerseits als anschauliches Beispiel eines disqualifizierenden oder – im Anschluss an das in Kapitel 2 entwickelte Beschreibungsvokabular – eines ‚zersetzenden' Textumgangs im *Hochland* Behandlung finden und andererseits eine wichtige Fährte für Feulings im Anschluss stattgefundenes esoterisches Engagement liefern. Um dies zu entfalten, bedarf es jedoch zunächst einer ausführlichen Kontextualisierung: In einem ersten Schritt geht es darum, die kirchen- und christentumsfeindlichen Momente des Rosenberg'schen *Mythus* zu skizzieren (4.4.1) und den bereits angerissenen Debattenkontext nachzeichnen, in dem Feulings Rezension ihre besondere Schlagkraft entfalten konnte. Um Feulings argumentative Strategie konturieren zu können, rekonstruiere ich zunächst zwei anders ausgerichtete, ebenfalls auf eine katholische Demontierung des Rosenberg'schen *Mythus* hin angelegten Arbeiten, und zwar die anonym publizierten *Studien zum Mythus des XX. Jahrhunderts*, die von einem Kreis Bonner Theologen verfasst wurden (4.4.2), sowie die Darstellung *Mythos oder Religion* von Paul Simon (4.4.3). Erst anschließend komme ich auf Feulings Auseinandersetzung mit Rosenbergs *Mythus* zurück (4.4.4), um unter Einbezug relevanter Korrespondenzen und seines Hauptwerkes *Hauptfragen der Metaphysik* (1936) zu zeigen, dass die in seiner Rezension vorgenommene Ablehnung des NS-ideologischen Lehrbuchs in weiten Teilen auf einer spezifisch katholischen Wissenschaftsauffassung basiert, die sich aus der thomistischen Philosophie speiste und, wie Eingeweihte erschließen konnten, konträr zum philosophischen Ideengebäude Rosenbergs stand. Vor diesem Hintergrund ist Feulings Buchbesprechung als ein apologetischer Text zu beschreiben, an dem sich einerseits die Interpretationspraxis des sogenannten ‚undoing' beispielhaft studieren lässt und andererseits gezeigt werden kann, wie die Rezension eine esoterische Lesart von Feulings Hauptwerk bedingen konnte.[85] Im Kontext weiterer *Hochland*-Beiträge werden die Ergebnisse in einem abschließenden Ausblick auf den ‚Kampf der Weltanschauungen' zusammengefasst (4.5).

---

85 Vgl. Ian Hacking: Historical Ontology (2002), S. 57.

4.4.1 „[J]üdisch-römische[] Weltanschauung" gegen „nordisch-abendländische[s] Seelenbekenntnis" – Rosenbergs Antikatholizismus

Bevor Rosenbergs *Mythus* am 7. Februar 1934, also knapp vier Jahre nach seiner Erstpublikation, vom Vatikan auf den *Index librorum prohibitorum* gesetzt wurde, gab es von Seiten der Kirche nur vereinzelt kritische Reaktionen auf die Bekenntnisschrift des NS-Chefideologen.[86] „Zwar war der Nationalsozialismus schon früh in bischöflichen Verlautbarungen als Irrlehre verurteilt, in der kirchlichen Presse vor seiner Gefährlichkeit gewarnt und dabei auch Rosenberg und die von ihm vertretene Weltanschauung thematisiert worden. Eingehende Besprechungen jedoch widmete man dem Buch nicht",[87] heißt es in einer jüngeren Arbeit zum Thema. Es ist davon auszugehen, dass die katholische Kirche das Buch als Privatarbeit wertete und darin erst dann eine Gefahr erkannte, als ihr Verfasser zu einem wichtigen Funktionsträger des ‚Dritten Reichs' avancierte. In seinem Amt als ideologischer Beauftragter Hitlers, das Rosenberg Anfang 1934 übernommen hatte, war er für die weltanschauliche Schulung und Erziehung, das Schrifttum sowie das Büchereiwesen im NS-Staat zuständig.[88] Damit musste er den deutschen Bischöfen als gefährliche Konkurrenz erscheinen, hatte der Vatikan im Reichskonkordat doch mit großen Eingeständnissen das Selbstbestimmungsrecht für die Ausbildung des Klerus und der katholischen Lehrerschaft erwirken können. Nachdem Hitler gegenüber dem Episkopat keine Bereitschaft gezeigt hatte, sich von Rosenbergs Buch zu distanzieren, fürchtete man, die deutschen Katholiken könnten nun dem ideologischen Einfluss des Nationalsozialismus ungeschützt ausgesetzt sein.[89] Wie Dominik Burkard materialnah dargelegt hat, initiierte aller Wahrscheinlichkeit nach der Bischof Alois

---

86 Etwa Ingbert Naab: Katholizismus und Nationalsozialismus (1930); Anton Scharnagl: Die nationalsozialistische Weltanschauung (1931); ders.: Völkische Weltanschauung und wir Katholiken (1932); Jakob Nötges: Nationalsozialismus und Katholizismus (1933); Erhard Schlund: Eine Hilfe im Weltanschauungskampf der Gegenwart (1941). Siehe dazu Raimund Baumgärtner: Weltanschauungskampf im Dritten Reich (1977), S. 138–147.
87 Dominik Burkard: Häresie und Mythus des 20. Jahrhunderts (2005), S. 35.
88 Vgl. dazu auch Reinhard Bollmus: Das Amt Rosenberg und seine Gegner (1970), S. 113–119; eine übersichtliche Darstellung zum ‚Amt Rosenberg' findet sich auch bei Ernst Piper: Alfred Rosenberg: Hitlers Chefideologe 2015, S. 289–357.
89 Vgl. Dominik Burkard: Häresie und Mythus des 20. Jahrhunderts (2005), S. 74; Lucia Scherzberg: Katholizismus und völkische Religion (2012), S. 300. Zum katholischen Milieu im Nationalsozialismus kritisch vgl. Thomas Breuer: Widerstand oder Milieubehauptung (2009), weniger kritisch dagegen Christoph Kösters: Katholisches Milieu und Nationalsozialismus (2009).

Hudal, der derzeit Rektor des deutschen Kollegs in Rom war und eine durchweg problematische Figur darstellt,[90] die Indizierung des *Mythus*.[91] Im publizierten Dekret von Februar 1934 findet sich das Verbot wie folgt begründet:

> Das Buch verspottet alle Dogmen der katholischen Kirche und die Fundamente der christlichen Religion, und lehnt sie ab. Es verteidigt die Notwendigkeit der Gründung einer neuen Religion oder einer deutschen Kirche, und spricht es grundsätzlich aus, daß heute ein neuer mythischer Glaube erstehe, der mythische Blutglaube, ein Glaube, nach dem auch die göttliche Natur des Menschen mit Blut verteidigt werden könne, ein Glaube, der sich auf sonnenklare Wissenschaft aufbaue, nach der das nordische Blut jenes Geheimnis darstelle, wodurch die alten Sakramente abgelöst und abgetan sind.[92]

Erläuterungen dieser Form entsprachen nicht der gängigen Praxis des Sanctum Officium. In der Regel verzichteten Verbotsdekrete auf explizite Begründungen, um aufmerksamkeitsheischende Diskussionen über das indizierte Werk zu unterbinden.[93] In diesem Fall aber griff die Indexkritik bemerkenswerterweise sogar ein indirekt wiedergegebenes Zitat des *Mythus* auf,[94] das in katholischen Ohren besonders häretisch klingen musste. Rosenberg wird vorgeworfen, eine neue, ‚arteigene' Religion zu verkünden, die nach katholischer Auffassung den christlichen Eucharistiegedanken zu einem völkischen Kult pervertiere. Weil nach katholischem Verständnis der Gläubige im Rahmen der Eucharistiefeier durch die Einnahme von Brot und Wein, die sich qua Transsubstantiation in den realen Leib und das Blut Jesu Christi verwandele, am heilsrelevanten Erlösungsgeschehen teilhabe, handelte es sich also um einen besonders schweren Vorwurf. Aus dem Dekret geht hervor, dass Rosenberg den christlichen Glauben an den singulären Opfertod des Gottessohnes und an die damit einhergehende Heilsuniversalität gezielt verkehre, und zwar zu einem Glauben an die struktu-

---

90 Alois Hudal (1865–1963), Fluchthelfer etlicher Nazis und Musterbeispiel eines ‚braunen Bischofs', bemühte sich in seiner Studie *Die Grundlagen den Nationalsozialismus. Eine ideengeschichtliche Untersuchung* (1937) um die Konzeption eines „Katholizismus-kompatiblen Nationalsozialismus" (Lucia Scherzberg: Katholizismus und völkische Religion [2012], S. 334). Zu Hudal vgl. die Biographie von Markus Langer: Alois Hudal (1995); auch Thomas Brechenmacher: Alois Hudal – der „braune Bischof"? In: Freiburger Rundbrief 2,14 (2008), S. 130–132.
91 Vgl. Dominik Burkard: Häresie und Mythus des 20. Jahrhunderts (2005), S. 63–119.
92 Katholisches Kirchenblatt vom 25. Februar 1934, zit. n. Ernst Piper: Alfred Rosenberg (2005), S. 214.
93 Vgl. Dominik Burkard: Häresie und Mythus des 20. Jahrhunderts (2005), S. 75.
94 Vgl. Alfred Rosenberg: Mythus des 20. Jahrhunderts (1934), [114].

rell exklusive Erlösung durch „das nordische Blut" und die „göttliche Natur des Menschen".[95]

Die im *Mythus* vorgenommene Modifikation des katholischen Kommunionsgedankens zugunsten völkischer Gemeinschaftkonfirmation stellte allerdings nur ein Skandalon unter vielen dar. Aus seiner Feindschaft zu den institutionalisierten christlich-kirchlichen Religionsgemeinschaften machte Hitlers Chefideologe jedenfalls kein Geheimnis. Im Gegenteil polemisierte er an etlichen Stellen seines *Mythus* offenherzig gegen zentrale Lehren der christlichen Religion im Allgemeinen und des Katholizismus im Besonderen. So etwa gegen den ‚jüdischen' Gott des Alten Testamentes, den er zum „Wüstendämon" degradierte, gegen die „verweichlichende[] Liebeslehre" des Neuen Testaments,[96] gegen die „Ehrlosigkeit und Knechtseligkeit" jesuitischer Lehre,[97] gegen den betrügerischen, „sich Papst nennenden Medizinmann"[98] oder gegen den „altetruskisch-vorderasiatischen Satanismus"[99] des christlich-mittelalterlichen Weltbildes, um nur ein paar Beispiele zu nennen. Vor allem aber richtete sich Rosenbergs Kritik gegen den „naturfremden Universalismus" der katholischen Kirche, der er unterstellte, „einen unerbittlichen geistigen Einheitsglauben (Unitarismus) durchzusetzen, eine Form, einen Zwangsglaubenssatz, eine Sprache und einen Ritus einheitlich für nordische Menschen, Levantiner, Nigger, Chinesen und Eskimos zu verbreiten", gegen den „sich das ewige Blut aller Rassen und Völker [...] seit zweittausend Jahren empört".[100] Es mag deshalb verwundern, dass Rosenberg dennoch „ausgerechnet in der von ihm so entschieden kritisierten christlichen Lehre nach Bausteinen zur Grundlegung einer für den neuen Staat verbindlichen Weltanschauung" suchte,[101] wie Frank-Lothar Kroll treffend feststellt.

Das Konzept einer nordisch-germanischen, also ‚blutgebundenen' Religiosität,[102] in der neuheidnische und christliche Elemente auf synkretistische Weise

---

95 Katholisches Kirchenblatt vom 25. Februar 1934, zit. n. Ernst Piper: Alfred Rosenberg (2005), S. 214.
96 Alfred Rosenberg: Mythus des 20. Jahrhunderts (1934), [186].
97 Ebd., [178].
98 Ebd., [175].
99 Ebd., [70].
100 Ebd., [167].
101 Frank-Lothar Kroll: Utopie als Ideologie (1998), S. 139.
102 Ob es sich dabei tatsächlich um eine Art ‚nationalsozialistische Ersatzreligion' handelt oder ob man in Bezug auf das moderne Heilsversprechen des NS allgemeiner von einem ‚Religionsersatz' sprechen muss, wie das Ernst Piper vorschlägt, wurde in der Forschung im Rück-

zusammengeführt werden sollten, entwickelt Rosenberg im Rahmen einer kruden, rassenideologisch unterfütterten Geschichtsphilosophie. Dreh- und Angelpunkt seiner als Rassengeschichte konzipierten Weltgeschichte bildet die „Rassenseele",[103] die er als kulturbildendes Prinzip eines jeden Volkes und als metaphysische Instanz verstanden wissen will.[104] Ein hieraus ableitbarer Kulturpluralismus wird allerdings durch eine chauvinistische Hierarchisierung der Rassenseelen konterkariert. Von dem antisemitischen Kulturtheoretiker Houston Stewart Chamberlain, an dessen Hauptwerk *Die Grundlagen des 19. Jahrhunderts* (erstmals 1899) der *Mythus des 20. Jahrhunderts* nicht zuletzt dem Titel nach orientiert ist, übernimmt Rosenberg die Aufteilung der Weltrassen in „Kulturschöpfer, Kulturbewahrer und Kulturzerstörer".[105] Wie zu erwarten, attestiert Rosenberg dem „nordischen Menschen" eine kulturschöpfende und „adelige Seele", wohingegen der „Jude" zur „parasitären Erscheinung" degradiert wird.[106] Gemeinsam mit dem ihm verwandten Christentum, insbesondere in seiner römisch-katholischen Ausprägung, stelle das Judentum den ‚Altfeind' und eine ständige Bedrohung der ‚schöpferischen' nordisch-germanischen Rassenseele dar. Ins Pseudoreligiöse überhöht, weitet Rosenberg den entworfenen Dualismus der sich im Kampf befindenden „jüdisch-römischen Weltanschauung" gegen das „nordisch-abendländische Seelenbekenntnis"[107] auf die weltgeschichtliche Verlaufsgesetzlichkeit aus und lässt sein Narrativ in der völkischen Erhebung des Nationalsozialismus und der Verkündung eines neuen

---

griff auf Eric Voegelins Konzept ‚politischer Religionen' umgreifend diskutiert. Hierzu allgemein vgl. Hans Maier, Michael Schäfer (Hg.): Totalitarismus und Politische Religionen (1997).
103 Alfred Rosenberg: Der Mythus des 20. Jahrhunderts (1934), [2]. Den Zusammenhang zwischen ‚Rasse' und ‚Weltanschauung' kritisiert intransigent der katholische Theologe und Ethnologe Wilhelm Schmidt: Rasse und Weltanschauung (1936), S. 343: „Gewisse Rassenenthusiasten behaupten sogar die Erblichkeit sämtlicher, jedenfalls der grundlegenden seelischen Veranlagungen und leiten daraus unter anderem die Forderung ab, daß jede Rasse ihre ‚arteigene' Sittlichkeit haben müsse. Diesen voreiligen Behauptungen muß man die Urteile anerkannter Vertreter der Vererbungswissenschaft entgegenhalten. Sie bezeugen einstimmig, daß wir hier noch völlig im Dunkeln tappen und erst in den allerersten Anfängen der Forschung stehen."
104 Vgl. Alfred Rosenberg: Der Mythus des 20. Jahrhunderts, [21]–[144]. Hierzu auch Frank-Lothar Kroll: Totalitäre Profile (2017), S. 81.
105 Vgl. Ernst Piper: Alfred Rosenberg (2005), S. 189. Zu Rosenbergs Quellen vgl. Raimund Baumgärtner: Weltanschauungskampf im Dritten Reich (1977), S. 42–72; Harald Iber: Christlicher Glaube oder rassischer Mythus (1987), S. 33–39; Reinhard Bollmus: Das Amt Rosenberg und seine Gegner (1970), S. 20–21.
106 Alfred Rosenberg: Der Mythus des 20. Jahrhunderts (1934), [461].
107 Ebd., [252].

„Menschentypus" kulminieren.[108] Eine wesentliche Gefahr für das Eigenrecht der germanischen Rasse erkennt Rosenberg vor allem in dem rassennivellierenden Universalismus katholischer Provenienz, den er auf die Lehren des jüdisch-christlichen Apostel Paulus zurückführt. Für dessen religionskonstitutive Bemühungen hat Rosenberg so nur Schmähworte übrig. Es sei Paulus gewesen, der mit seinen Vorstellungen einer transnationalen Christenheit zu einer „Verbastardisierung, Verorientalisierung und Verjudung des Christentums"[109] beigetragen habe. Abgesehen von diesen antichristlichen Invektiven musste vor allem die im *Mythus* lancierte, zeitgenössisch weit verbreitete Idee einer ‚Germanischen Christozentrik' auf kirchlichen Widerspruch stoßen,[110] die eine völkische Umdeutung der Figur Jesus forcierte und dafür schließlich auch die Evangelien torquieren musste. Für den nationalsozialistischen Umgang mit der Geschichte waren derartige Umdeutungsversuche relativ typisch, bemühte man sich doch allenthalben darum, ‚germanische Spuren' auszumachen, respektive eine ‚deutsche Linie des Denkens und Fühlens' zu konstruieren,[111] um so vermeintliche Herrschafts- und Geltungsrechte des Völkischen behaupten und (pseudo-)historisch belegen zu können. Diesem Unternehmen arbeitete Rosenberg fleißig zu, indem er nicht nur Gestalten wie Meister Eckhart, Paracelsus, Kopernikus und Martin Luther zu nordisch-abendländischen Helden umdeutete, sondern auch gezielt die christliche Zentralfigur Jesus als einen arischen und antisemitischen Propheten präsentierte. Jesus müsse antisemitisch eingestellt gewesen sein, so Rosenbergs Argument, weil er sich gegen die jüdisch-geistliche Elite gestellt und eine gegen die Juden gerichtete Religion begründet habe.[112] Belege für sein Vorhaben, „die Gestalt Jesu aller jüdischer Rassenmerkmale [zu] entkleide[n]",[113] sucht Rosenberg unter anderem in der europäischen Kunstgeschichte: „[B]ei allen Großen [Malern, K.M.] des nordischen Abendlandes ist Jesus schlank, hoch, blond, steilstirnig, schmalköpfig."[114] Von solchen, auf Scheinevidenzen beruhenden Argumentationen wimmelt es geradezu in Rosenbergs Weltanschauungsschrift und die angeführten Beispiele sollen nur schlaglichtartig veranschaulichen, weshalb es zu den vielstimmigen Protesten

---

108 Ebd., [531] u. [710].
109 Ebd., [75].
110 Vgl. Frank-Lothar Kroll: Utopie als Ideologie (1998), S. 140. Hierzu allgemeiner Martin Leutzsch: Karrieren des arischen Jesus (2012).
111 Vgl. Lutz Danneberg: Deutsche Linie und Deutsche Wissenschaft [FHEH-Preprint-Version, 04.07.2012].
112 Vgl. Alfred Rosenberg: Der Mythus des 20. Jahrhunderts (1934), [229].
113 Ebd., [616].
114 Ebd., [414].

von Seiten der Gläubigen und der Kirche kam und worauf sich die Kritik im Wesentlichen bezog – nämlich auf Rosenbergs angriffslustige Behauptungen wie auch auf seine fadenscheinigen Begründungen.

Die Reaktionen aus den Reihen beider Konfessionen waren dabei keineswegs homogen und auch handelte es sich nicht ausschließlich nur um NS-kritische Stimmen. Neben den Akteuren, die die Unvereinbarkeit christlichen Glaubens und nationalsozialistischer Weltanschauung proklamierten,[115] ging es vielen Debattenbeteiligten darum, den Vorwurf auszuhebeln, das Christentum sei NS-inkompatibel oder ‚undeutsch'.[116] Nicht zuletzt gab es auch genügend kirchliche Stimmen, die sich auf die Seite Rosenbergs stellten, seine Ideen begrüßten und an der religionsphilosophischen und institutionellen Synthese von Christentum und Nationalsozialismus weiterarbeiteten.[117] Gerade in den Reihen der sich schon vor 1933 formierenden Glaubensbewegung der ‚Deutschen Christen' erntete der *Mythus* weitgehend großen Beifall und verhalf der Gruppierung zu neuer Legitimation.[118] Auch die dezidiert katholische Auseinandersetzung

---

115 Beispielhaft Jacob Nötges: Nationalsozialismus und Katholizismus (1931); Paul Simon: Der Mythus des 20. Jahrhunderts (1934); ders.: Mythos oder Religion (1924); Michael Schäffler (=Alois Dempf): Die Glaubensnot der deutschen Katholiken (1934); Michael von Faulhaber: Zeitfragen und Zeitaufgaben (⁸1935); ders.: Judentum, Christentum, Germanentum (1933); Otto Kuß, Erich Kleineidam: Die Kirche in der Zeitenwende (1934); Johannes Baptista Sproll: Die Kirche Jesu Christi (1937); Alfred Delp: Zur Auseinandersetzung zwischen der katholischen Religion und den neuheidnischen Bestrebungen (1936); Erhard Schlund: Orientierung (1931); Anton Scharnagl: Völkische Weltanschauung und wir Katholiken (1932). Vgl. dazu Lucia Scherzberg: Katholizismus und völkische Religion (2012), S. 299–311; auch Raimund Baumgärtner: Weltanschauungskampf im Dritten Reich (1977), S. 168–199.
116 Etwa Anton Stonner: Germanentum und Christentum (1933); Konrad Algermissen: Germanentum und Christentum (1934).
117 Vgl. Lucia Scherzberg: Katholizismus und völkische Religion (2012), S. 312–318; siehe hierzu auch Wolfgang Frenske: Wie Jesus zum „Arier" wurde (2005); Annette Göhres (Hg.): Als Jesus arisch wurde (2003); Martin Leutzsch: Karrieren des arischen Jesus zwischen 1918 und 1945 (2012) Wolfgang Altgeld: Rassistische Ideologie und völkische Religiosität (2009). Beispielhaft zu nennen sind unter den Brückenbauversuchen: Helmut Lothar: Neugermanische Religion und Christentum (1934); Alois Hudal: Die Grundlagen des Nationalsozialismus (1936); Hugo Koch: Rosenberg und die Bibel (1935); Karl Adam: Jesus, der Christus, und wir Deutsche. In: Wissenschaft und Weisheit 19 (1943), S. 73–103; Josef Lortz: Katholischer Zugang zum Nationalsozialismus (1933): Der Reformationsforscher Lortz „hatte in seinem Buch als Gemeinsamkeiten, die dem deutschen Katholizismus „eine von innen kommende Zustimmung zum Nationalismus" erlaubten, nicht allein die Gegnerschaft zum „Bolschewismus", „Liberalismus, der „öffentlichen Unsittlichkeit", der „Gottlosenbewegung" gesehen, sondern auch zum „Relativismus" (S. 9).
118 In einer evangelischen Zeitschrift aus der Zeit heißt es: „Wir alle wissen, dass Rosenberg der geistige Vater der ‚Deutschen Glaubensbewegung' ist" (Licht und Leben 50 [1934], S. 721).

mit dem *Mythus* gestaltete sich keineswegs einheitlich. Hierzu liegen etliche einschlägige Studien vor, an denen ich mich im Folgenden orientieren werde.[119] Dabei interessiert vor allem die katholische Kritik bis zum Jahr 1934, also dem Jahr der Indizierung und der Publikation von Daniel Feulings Rezension.

4.4.2 Richtigstellungen – ‚katholische' und ‚nationalsozialistische' Wissenschaftspraxis

Zu den bekanntesten und profundesten Publikationen gegen Rosenbergs Weltanschauungstext von katholischer Seite zählen die anonym publizierten *Studien zum Mythus des XX. Jahrhunderts*.[120] Initiiert vom Kirchenhistoriker Wilhelm Neuss (1890–1965), der das umstrittene Buch schon im Sommer 1933 auf Veranlassung studentischer Fachschaften gelesen und es kurz darauf bei der Kölner Kurie angezeigt hatte,[121] machten sich etliche Bonner Theologen, darunter auch der *Hochland*-Mitarbeiter und Kulturhistoriker Alois Dempf daran,[122] Rosenbergs Thesen und Argumente einer wissenschaftlichen Prüfung zu unterziehen und zu widerlegen. Die Erwiderung sollte vor allem über den pseudowissenschaftlichen Charakter sowie die unzureichende Methodik des Buches aufklären.[123] Man hoffte, Rosenberg würde daraufhin seine Schrift zurückziehen.[124]

Trotz der heftigen Angriffe auf die Kirche und ihre Glaubensgrundsätze gaben sich die Bonner Theologen besonnen und verzichteten auf offensichtliche *ad hominem*-Argumente sowie auf jegliche Formen der Polemik, die nicht auf die Sache bezogen waren. Das Autorenkollektiv verfolgte ausdrücklich keine ‚Zersetzungsstrategie', sondern eine nüchterne, sachliche, auf thetische Widerlegung angelegte Auseinandersetzung. Da die kritischen *Studien* aber eine

---

Vgl. dazu allgemeiner Ernst Piper: „Der Nationalsozialismus steht über allen Bekenntnissen" (2012), S. 351; zum Hintergrund vgl. auch Holger Arning: Die Macht des Heils und das Unheil der Macht (2008).
119 Zuvorderst an Raimund Baumgärtner: Weltanschauungskampf im Dritten Reich (1977) und Dominik Burkard: Häresie und Mythus des 20. Jahrhunderts (2005).
120 Vgl. Ernst Piper: Alfred Rosenberg (2005), S. 197; auch Paul Simons: Mythos oder Religion (1934) wird zu den gründlichsten Auseinandersetzungen gezählt, etwa von Knut Backhaus: „In das Gebiet der Aufgeklärten siegreich eingefallen!" (2001), S. 16.
121 Vgl. Raimund Baumgärtner: Weltanschauungskampf im Dritten Reich 1977, S. 154.
122 Vgl. Vincent Berning, Hans Maier: Alois Dempf (1992), S. 17.
123 Vgl. Lucia Scherzberg: Katholizismus und völkische Religion (2012), S. 300.
124 Die Auseinandersetzung kulminerte gar in einem entsprechenden Appell an den Chef-Ideologen Rosenberg. Vgl. Ernst Piper: Alfred Rosenberg (2005), S. 197.

durchaus heikle Angelegenheit darstellten, d.h. zensurrelevant waren und vorausgegangene Beschlagnahmungen die Autoren bereits für die Risiken sensibilisiert hatten, machte man von Artikel 4 des Reichskonkordats Gebrauch, das dem Klerus erlaubte, „Anweisungen, Verordnungen, Hirtenbriefe, amtliche Diözesanblätter und sonstige die geistliche Leitung der Gläubigen betreffende Verfügungen, die von den kirchlichen Behörden im Rahmen ihrer Zuständigkeit erlassen werden [...], ungehindert [zu] veröffentlich[en]".[125] Im Oktober 1934 wurden die *Studien* daher als „Amtliche Beilage" des erzbischöflichen Amtsblatts herausgegeben. Auf den ersten Seiten findet sich eine Erklärung, in der das Bonner Autorenkollektiv, das sich aus Spezialisten verschiedener Disziplinen zusammensetzte, über Absicht und Vorgehen der Arbeit recht unaufgeregt Auskunft gibt:

> Wohl das für den unkundigen Leser eindrucksvolle, weil scheinbar auf einer Fülle von Tatsachen aufgebaute Stück der Darstellung von R[osenberg] ist das Bild, das er von der katholischen Kirche und ihrer Geschichte entwirft. Er zeichnet es zwar nicht im Zusammenhange; sondern gewisse Grundanschauungen und -urteile kehren an den verschiedensten Stellen immer wieder, während manche Einzelheiten verstreut in die zahlreichen Kapitel des Buches hineinverwoben sind. Aber zusammengehalten durch die leidenschaftliche Abneigung des Autors gegen die Kirche, vereinigen sich die Grundanschauungen [...] zu einem grell beleuchteten Bilde [...]. Wir wollen zunächst versuchen, aus den verschiedenen Stellen das Gesamtbild aufzubauen, und zwar, um sicher zu sein, daß wir nicht übertreiben, möglichst mit R[osenberg]s eigenen Worten. Wir ordnen dabei nach der geschichtlichen Folge der Dinge und glauben, daß es der Uebersichtlichkeit dient, wenn wir die übliche Einteilung in christliches Altertum, Mittelalter und Neuzeit beibehalten. Indem wir also zunächst zusammenstellen, was R[osenberg] zu je einer von diesen Epochen mitteilt, lassen wir dem Teilbilde sofort die Untersuchung über die Richtigkeit der Angaben folgen.[126]

Die allgemeine, sowohl stilistische als auch inhaltliche Kritik an Rosenbergs Darstellung – das Buch sei voller Inkohärenzen, Redundanzen und von fragwürdiger Selektivität – nehmen die Autoren zum Anlass, um die Ausführungen systematisch und chronologisch zu sortieren. Erst in geordneter Form ließen sich Rosenbergs Thesen und Argumente einer fairen wissenschaftlichen Prü-

---

125 Konkordat zwischen dem Heiligen Stuhl und dem Deutschen Reich, 20. Juli 1933, zit. n. einem online zugänglichen Faksimile: https://www.1000dokumente.de/index.html?c=dokument_de&dokument=0127_kon&object=facsimile&pimage=2&v=100&nav=&l=de (02.09.2020).
126 O.V.: Studien zum Mythus des XX. Jahrhunderts (1934), S. 1.

fung unterziehen und gegebenenfalls richtigstellen.[127] Dazu wollte man sich auch an Rosenbergs Wortlaut halten, um keine womöglich karikaturistisch wirkende Verzerrung zu riskieren. Im Inhaltsverzeichnis der 120 Seiten starken Erwiderungsschrift zeichnet sich dieses Vorhaben eindrücklich ab. In drei größere Kapitel gegliedert, die wiederum in thematische Abschnitte unterteilt sind, erfolgt die Auseinandersetzung etappenweise in jeweils zwei Unterkapiteln, die einmal „Das Bild bei R[osenberg]" darstellen und dieses anschließend der „Prüfung" anheimgeben.[128] Auffallend ist die identische Strukturierung dieser beiden Unterkapitel, die in einem ersten Schritt ausgewählte Exzerpte aus Rosenbergs Ansichten wiedergeben und sie im zweiten Schritt kommentieren. Die Art dieser Auseinandersetzung erinnert in Teilen an Brechts Technik der ‚Richtigstellung', wie er sie gerade einmal ein Jahr später in seiner antifaschistischen Rezeptionsanweisung „Über die Wiederherstellung der Wahrheit" (1935) vorlegen wird (vgl. Kap. 2.3.2). Eine von Brechts Absichten bestand darin, wie zu erinnern ist, zu zeigen, dass der dargebotene Argumentationszusammenhang einen propagandistisch genutzten Schein von Plausibilität und Folgerichtigkeit erzeugt, den der Kommentator Schritt zu Schritt zu destruieren habe. Die Bonner Theologen gehen etwas anders vor, sie binden sich nicht an die ihnen inkohärent, redundant, selektiv und unsystematisch erscheinende Textur von Rosenbergs Mythus, deren propagandistische und persuasive Funktion sie offensichtlich durchschauen. Stattdessen stellen sie ihrem Kommentar eine nach Gesichtspunkten eigens geordnete Exzerptcollage aus Rosenbergs Buch voran, einen Text also, der von der originalen Darstellungslogik abweicht und eine eigene, systematisch und chronologisch angelegte Ordnung besitzt. Hierzu lediglich ein Beispiel zur Veranschaulichung:[129]

Im ersten Kapitel der Studien zum Mythus des XX. Jahrhunderts, das sich dem christlichen Altertum in der Darstellung Rosenbergs widmet, begutachten die Verfasser dessen über den Mythus verstreute Ausführungen zum ‚Chrestosmythos'. Es handelt sich hierbei um ein für den christlichen Glauben besonders delikates Thema, weil in besagtem Mythos die Glaubwürdigkeit der Evangelien und die Gottessohnschaft Jesu in Zweifel gezogen werden. Ihrer Auseinandersetzungen schicken die Bonner Theologen das selbstverpflichtende Gebot voraus, „allen inneren Zorn" und „alle Empfindungen des Herzens" zu-

---

127 Explizit wird in den ‚Studien zum Mythus des XX. Jahrhunderts' von „Richtigstellungen" gesprochen, vgl. S. 71–79.
128 O.V.: Studien zum Mythus des XX. Jahrhunderts (1934), S. V–VII.
129 Zu Form und Inhalt der Studien vgl. Raimund Baumgärtner: Weltanschauungskampf im Dritten Reich (1977), S. 155–168.

rückzuhalten und stattdessen „ganz ruhig die Angaben [zu prüfen], aus denen sich R[osenberg]s Bild zusammensetzt".[130] Die Verfasser scheuen demnach nicht davor zurück, die persönliche, sowohl kognitive wie auch emotive Betroffenheit ausdrücklich zu deklarieren, um sie schließlich ostentativ zurückzunehmen. Ganz nach den Grundsätzen der *methodus polemica*,[131] also im Sinne einer methodisch angeleiteten Widerlegungskunst, beanspruchen die Kritiker für ihre Prüfung offenkundig eine Position wissenschaftlicher Neutralität und Voraussetzungslosigkeit, lassen ihre Leser allerdings durch die *refutatio* vermeintlicher Befangenheit zugleich wissen, dass sie sich dennoch als Personen betroffen fühlen. Der Widerspruch präsentiert sich entsprechend sachlich und lakonisch, wenngleich nicht ohne Vehemenz:

> R[osenberg] schreibt: ‚In Kleinasien übten die Römer ein straffes Regiment aus und trieben unerbittlich ihre Steuern ein; in der unterdrückten Bevölkerung entstand folglich die Hoffnung auf einen Sklavenführer und Befreier. Das war die Legende vom Chrestos. Von Kleinasien gelangte dieser Chrestosmythos nach Palästina, wurde lebhaft aufgegriffen, mit dem jüdischen Messiasgedanken verbunden und schließlich auf die Persönlichkeit Jesu übertragen.' In Wirklichkeit hat in Kleinasien die Chrestoslegende gar nicht existiert. Damit fällt auch diese ganze Theorie von der Entstehung des Christentums in sich zusammen!

Dem Verfasser des *Mythus* wird an dieser Stelle nicht nur Ungenauigkeit in Detailfragen vorgeworfen, sondern auch generell unterstellt, seine „ganze Theorie" auf falschen Annahmen aufzubauen – ein verheerendes Urteil. Gefällt wird es aber von Experten, die den entscheidenden quellenkritischen Nachweis erbringen können: Rosenberg habe seine These „aus der kargen Notiz des Römers Sueton" entwickelt, die aber nicht nachgewiesen werde und zudem nach neuestem Erkenntnisstand „die Zusammenhänge nicht einmal" treffe.[132] „Die Richtigstellung dieser völlig falschen Behauptung"[133] erfolgt anschließend unter Bezugnahme auf kirchengeschichtliche Forschung und nach Maßgabe wissenschaftlicher Standards, also mit dem Nachweis der genutzten Quellen. Durch diese Kontrastierung gelingt es den Bonner Autoren nicht nur, Rosenbergs Irrtümer aufzudecken, sondern vor allem eine signifikante Differenz der wissenschaftlichen ‚Stile' zugunsten der katholischen Theologie sichtbar werden zu lassen. Denn während Rosenberg sich mit bloßen Behauptungen zufrieden zu geben scheint, auf wissenschaftlich valide Belege jedenfalls vielerorts verzich-

---

130 O.V.: Studien zum Mythus des XX. Jahrhunderts (1934), S. 5.
131 Vgl. Michael Multhammer: Verteidigung als Angriff (2015), S. 3.
132 O.V.: Studien zum Mythus des XX. Jahrhunderts (1934), S. 6.
133 Ebd., S. 77.

tet, findet sich besagte wissenschaftliche Validität in der Gegendarstellung der Bonner Theologen ausreichend exemplifiziert. Weil Rosenberg in seinem Mythus ausdrücklich gegen die ‚römische Wissenschaft' polemisiert hatte, sich selber aber „auf dem sicheren Boden wissenschaftlicher Erkenntnis" stehend glaubte,[134] könnte man den offenbar auf Devianz setzenden *Studien* vielfach Momente performativer Gegenwehr nachweisen.

Die Konfrontation der divergierenden Wissenschaftsstile, des ‚katholischen' einerseits und des ‚nationalsozialistischen' andererseits, muss dabei in einem größeren Problemkontext betrachtet werden. Denn einerseits war noch bis in die ersten Dekaden des 20. Jahrhunderts die im Zuge des Kulturkampfes entstandene Vorstellung verbreitet, der Katholik sei wissenschaftsunfähig, weil er dem Dogma verpflichtet sei.[135] Andererseits kam es in der Zeit des Nationalsozialismus vielfach zu vehementen und programmatischen Absagen an eine Wissenschaftsauffassung, die sich auf objektive, voraussetzungslose und universal gültige Aussagen und Wissensansprüche verpflichtete – eine Absage, die auch Rosenberg gemeinsam mit etlichen weiteren NS-Ideologen vielerorts proklamierte.[136] Die im 19. Jahrhundert entfachte Diskussion, inwiefern moderne, also objektive, weltanschauungsneutrale und voraussetzungslose Wissenschaft mit den katholischen Glaubenslehren vereinbar sei,[137] entzündete sich an der konfliktreichen Berufung des katholischen Historikers und späteren NSDAP-Mitgliedes Martin Spahn (1875–1945) an die Universität Straßburg im Jahr 1901.[138] Katholischen Akademikern gereichte der grundsätzliche Dogmatismus-Verdacht oftmals zum Nachteil der wissenschaftlichen Karriere. Der zu neuen Kräften gelangte deutsche Kulturkatholizismus des ausgehenden 19. und frühen 20. Jahrhunderts reagierte auf diesen misslichen Umstand mit weitreichenden Bemühungen, katholische Religion und Wissenschaft sowohl in der Theorie als auch in der Praxis wieder zusammenzuführen. Das Konzept einer genuin ‚katholischen Wissenschaft' kam dabei allerdings nicht zustande. Vielmehr konkurrierten zunächst verschiedene Vorstellungen miteinander, was eine katholische Wissenschaftsauffassung überhaupt auszeichnen solle. Die diskurs-

---

134 Raimund Baumgärtner: Weltanschauungskampf im Dritten Reich (1977), S. 166.
135 Vgl. Heribert Raab: Katholische Wissenschaft (1987), S. 62.
136 Vgl. Andrea Albrecht, Lutz Danneberg, Alexandra Skowronski: „Zwischenvölkisches Verstehen" (2020), S. 39–41.
137 Vgl. Lutz Danneberg: Wissenschaftsbegriff und epistemischer Relativismus im Nationalsozialismus [FHEH-Preprint-Version 04.07.2012], S. 29–30.; beispielhaft hierfür Friedrich Paulsen: Katholizismus und Wissenschaft (1908); Ludwig Wahrmund: Katholische Weltanschauung und freie Wissenschaft (1908).
138 Siehe hierzu Christoph Weber: Der Fall Spahn (1980).

mächtigsten Vorschläge fanden in der 1876 gegründeten *Görres-Gesellschaft* einerseits und dem 1912 entstandenen *Katholischen Akademikerverband* (KAV) andererseits eine entsprechende institutionalisierte Vertretung.[139] Beiden Organisationen waren der Wunsch nach nationaler und gesellschaftlicher Integration sowie „die Besetzung von intellektuellen und gesellschaftlichen Machtpositionen" gemein,[140] indes vertraten die Vereinigungen divergierende Auffassungen im Hinblick auf das Verhältnis von Wissenschaft und Dogma. Während es sich der KAV zum Ziel machte, ein eigenständiges, katholisches Wissenschaftsverständnis zu etablieren, wonach wissenschaftliche Erkenntnis sich an der kirchlichen Autorität orientieren müsse,[141] nahm die Görres-Gesellschaft bis zu ihrer Auflösung 1941 einen weitaus liberaleren Standpunkt ein. Man berief sich auf die programmatische Definition Georg von Hertlings (1843–1919), des ersten und langjährigen Präsidenten der katholischen Wissenschaftsgesellschaft, der auf dem internationalen Katholiken-Kongress im Jahre 1887 proklamierte, dass mit ‚katholischer Wissenschaft' die „Wissenschaft katholischer Gelehrte[r]" gemeint sei,

> welche in allen rein wissenschaftlichen Fragen keine andere Regeln kennen als die des allgemein wissenschaftlichen Verfahrens, welche aber überall da, wo unbeschadet dieser Regeln der Standpunkt des Forschers seinen Ausdruck finden kann oder finden muß, ungescheut die Fahne ihrer aus übernatürlichem Grund stammenden Glaubensüberzeugung aufpflanzen, fest durchdrungen von dem Satze, daß zwischen Glauben und Wissen kein Widerspruch möglich ist, solange der Glaube wirklicher, auf göttlicher Offenbarung ruhender Glaube und das Wissen wirkliches, vor keiner kritischen Prüfung zurückschreckendes, aber auch keiner grundlosen Behauptung Raum verstattendes Wissen ist.[142]

---

139 Vgl. Otto Weiß: Kulturkatholizismus (2014), S. 38–42.
140 Guido Müller: Der Katholische Akademikerverband (1997), S. 553.
141 So forderte Franz Xaver Münch, Sekretär des katholischen Akademikerverbandes, in dem Artikel „Religion und Geistigkeit" (1932), der in der *Kölnischen Volkszeitung* erschien: „Unser Bund hat bei den verschiedensten Gelegenheiten auf die geradezu grundlegende Bedeutung eines katholischen Wissenschaftsbegriffs für die Gesamtheit des deutschen Katholizismus hingewiesen. Eine katholische Wissenschaft, die in der Forschung Gnade und Offenbarung eliminieren zu müssen glaubt und krampfhaft den Beweis zu führen sich bemüht, dass sich das Denken des Gläubigen nicht von dem des Ungläubigen unterscheiden dürfe – wird nie die Basis einer neuen schöpferischen katholischen Geistigkeit werden." Siehe hierzu Otto Weiß: Kulturkatholizismus (2014), S. 161–164.
142 Adolf Dyroff (Hg.): Reden, Ansprachen und Vorträge des Grafen von Hertling (1929), S. 25–26. Zit. n. Heribert Raab: Katholische Wissenschaft (1987), S. 89. Siehe hierzu auch Georg von Hertling: Das Princip des Katholizismus und die Wissenschaft (1899). Heinrich Finke, der seit 1924 als Präsident der GG amtierte, griff 1932 in seiner Schrift *Internationale Wissenschaftsbe-*

Mit dieser Forderung rückte Hertling in unmittelbare Nähe zu traditionellen Auffassungen einer voraussetzungslosen, wertfreien, universal gültigen und an der Sache orientierten Wissenschaft, der zahlreiche NS-Ideologen, wie etwa Alfred Rosenberg, mit Skepsis und Ablehnung begegneten. Obgleich im Nationalsozialismus, wie Lutz Danneberg und Wilhelm Schernus feststellen, „zu keinem Zeitpunkt ein Wissenschaftsbegriff inhaltlich bestimmt [wurde, K.M.], der aufgrund seiner Herkunft oder seiner Anerkennung auch nur zeitweilig autoritativen Status genossen hätte",[143] gab es durchaus unterschiedliche, konkurrierende Wissenschaftskonzepte, die dem „Wissenschaftsbedürfnis" des Nationalsozialismus Rechnung tragen sollten.[144]

Auch Rosenberg beteiligte sich eifrig an der Theorie und Praxis nationalsozialistischer Wissenschaftspolitik und lancierte vielerorts eigene Vorstellungen zu einer arteigenen, ‚heroischen Wissenschaft', die er als „eine Folge des Blutes" charakterisierte und auf „[d]ie Idee der Innergesetzlichkeit und der Eigengesetzlichkeit" verpflichtete.[145] Im *Mythus* gab er sich überzeugt, dass wissenschaftliches Denken von rassischen und kulturellen Bedingungen abhänge: „Das was wir heute ‚die Wissenschaft' nennen, ist ureigenste, germanische Rassenschöpfung, sie ist nicht irgendein technisches Ergebnis, sondern die Folge einer einzigartigen Form der Fragestellung an das Weltall."[146] Wie etliche NS-Ideologen ging Rosenberg von einer „spezifizierte[n] Standortgebundenheit des (wissenschaftlichen) Denkens"[147] aus und affirmierte in seiner Bekenntnis-

---

ziehungen der Görres-Gesellschaft auf Hertlings Definition zurück und betonte zudem, dass die GG nicht „prinzipiell katholische Wissenschaft, soweit der Begriff sinnvoll ist, in Deutschland pflegt, sondern alle Wissensgebiete unter den Katholiken Deutschlands mit Ausnahme gewisser theologischer Disziplinen zu umspannen sucht, so tritt doch in ihren Vorträgen und Arbeiten mehr das katholische und damit auch in gewissem Sinne das internationale Element stärker als anderswo hervor" (Heinrich Finke: Internationale Wissenschaftsbeziehungen der Görres-Gesellschaft [1932], S. 171–172.). Die unterschiedlichen Ausrichtungen von GG und KAV wurden 1932 von Martin Honecker, einem Mitglied der GG, wie folgt differenziert: „Jene [der KAV] wollen, daß in weltanschaulichen Dingen jeder Schritt des forschenden Katholiken allein aus der Glaubensüberzeugung heraus geschehe. Diese [GG] dagegen behaupten, daß der katholische Forscher auch hier einzelne Erkenntnisse und selbst ganze Erkenntnisprozesse zunächst ohne Anlehnung an die Glaubensprinzipien vollziehen könne, um dann freilich im Letzten, d.h. bei der Bildung der endgültigen Überzeugung, dem Glauben die ausschlaggebende Rolle zuzuweisen" (Martin Honecker: Katholizismus und Wissenschaft [1933], S. 48–49.).
143 Lutz Danneberg, Wilhelm Schernus: Der Streit um den Wissenschaftsbegriff (2003), S. 41.
144 Ebd.
145 Alfred Rosenberg: Der Mythus des 20. Jahrhunderts, [121].
146 Ebd.
147 Andrea Albrecht, Lutz Danneberg, Alexandra Skowronski: „Zwischenvölkisches Verstehen" (2020), S. 6.

schrift die im Nationalsozialismus verbreitete Vorstellung, dass wissenschaftliche Geltung an die ‚arteigene' Genese des Wissens geknüpft sei, Universalität und Transnationalität folglich abzulehnen seien.[148] Annahmen wie diese ließen ihn gar divergierende ‚Wissenschaften' unterscheiden, die er – in Analogie zu seinem Konzept der ‚Rassenseelen' – zueinander in Beziehung setzte.[149] Neben der „jüdische[n] Wissenschaft" gehörte für ihn dabei die „römische Wissenschaft" zu den „wütendsten Gegner[n]" der „germanische[n] Wissenschaft".[150] Es sei „das festgelegte willkürliche Zwangsglaubensgesetz der Kirche", das den „nordischen Forschungsgeist" seit alters her bedrohe und dabei selbst nur eine Pseudowissenschaft hervorbringen könne.[151] Den „Kampf des römisch-kirchlichen Systems gegen die germanische Wissenschaft"[152] meinte Rosenberg gar „bis auf den heutigen Tag", also bis in die Gegenwart der 1930er-Jahre, zu beobachten und unterstellte dem „feindliche[n] Zwangsglaubenssystem"[153] der katholischen Kirche in diesem Zusammenhang ein fortwährendes, expansives und arglistiges Machtstreben – gerade auch im Bereich der Wissenschaft. Konspirativ versucht er seine Leser davon zu überzeugen, dass „[d]as Heer römisch-kirchlicher Wissenschaftler […] nur den einen Zweck [verfolgt], die Naturwissenschaft, überhaupt alle Wissenschaft dem alten Aberglauben dienstbar zu machen, der durch Kopernikus ein für allemal zertrümmert worden ist".[154]

Die zahlreichen Vorwürfe Rosenbergs, die das Klischee des wissenschaftsunfähigen Katholiken maßlos prolongierten, führten die Bonner Theologen in ihrer Erwiderungsschrift performativ *ad absurdum*. Vor dem hier skizzierten Hintergrund ließen sich die *Studien* mit gutem Grund als kämpferische Streitschrift bezeichnen, denn gerade die dezidiert wissenschaftliche, also nüchtern-sachliche Darstellungsform lässt die Erwiderung zur gelehrten Polemik werden. Zumindest funktional muss den *Studien* der Status einer kämpferischen Streitschrift zukommen. Das Ziel, über den ‚pseudowissenschaftlichen' Charakter des *Mythus* aufzuklären, geht dabei unweigerlich mit der Absicht einer, NS-ideologische Prämissen aufzudecken, sie als Ursache für eine Depravierung wissenschaftlichen Denkens und Arbeitens bloßzustellen und sie schließlich vom Standpunkt katholischer Lehre und Überzeugung aus zu widerlegen. Die generellen Strategien der Bonner Theologen im Umgang mit dem ‚antirömi-

---

148 Vgl. ebd., S. 6.
149 Alfred Rosenberg: Der Mythus des 20. Jahrhunderts (1934), [121].
150 Ebd.
151 Ebd., [124].
152 Ebd., [121]
153 Ebd., [625].
154 Ebd.

schen' *Mythus*, etwa der Nachweis grober Recherchefehler, die Offenlegung einer abstrusen Argumentations- und Beweisführung, die Überführung in Sachen Quellenkenntnis sowie die Kritik an einem fahrlässigen Umgang mit wissenschaftlichen Standards, zielten also darauf, in dem von Rosenberg ausgerufenen „Kampf des römisch kirchlichen Systems gegen die germanische Wissenschaft"[155] der ‚katholischen Wissenschaft' zum ‚Sieg' zu verhelfen.

Unter den zahlreichen publizistischen Reaktionen auf Rosenbergs *Mythus des 20. Jahrhunderts* stellt der Bonner Versuch einer auf Sachebene geführten Polemik nur eine Variante kritischen Textumgangs dar. Beispielhaft soll noch eine ganz andere Form der Auseinandersetzung angeführt werden, nämlich die auf Entlarvung setzende, symptomatische Deutung des *Mythus* durch den antinazistischen Theologen Paul Simon (1882–1946). Beide Textumgangformen, Widerlegung und Entlarvung lassen sich schließlich für einen Vergleich mit Daniel Feulings Buchbesprechung heranziehen.

4.4.3 Paul Simons Entlarvung des *Mythus* als Dichtung

Im siebten Heft der Schriftenreihe *Der Christ in der Zeit*, die von der Akademischen Bonifatius-Einigung Paderborn 1934 als Reaktion auf die völkischen Umdeutungsversuche des Christentums eröffnet wurde, rekonstruiert der antinazistische Theologe und *Hochland*-Beiträger Paul Simon (1882–1946) unter der titelgebenden Fragestellung „Mythos oder Religion" die geistesgeschichtlichen Voraussetzungen der Rosenberg'schen *Mythus*. Anders als die Bonner Gruppe, verzichtet er auf die Prüfung und Richtigstellung einzelner Thesen; von einem philosophischen Standpunkt aus interessiert ihn vielmehr, um was für eine Art ‚Literatur' es sich beim *Mythus des 20. Jahrhunderts* handelt und aus welchen „geistesgeschichtlichen Wurzeln" sich das von Rosenberg dargestellte Weltanschauungssystem, das an die Stelle der Religion treten soll, speist. ‚Literatur' steht hier bereits deutlich als Oppositionsbegriff zur ‚Wissenschaft'; Rosenbergs Schrift wird gar nicht erst als wissenschaftlicher Beitrag anerkannt, sondern in den Bereich literarisierenden, rhetorisch instrumentierten Schrifttums eingemeindet. In diesem Sinne stellt Simon auch den propagandistischen Charakter von Rosenbergs Schrift heraus, die gerade für den Laien, so konstatiert er, „nicht nur interessant, sondern auch überzeugend wirken [muß]", weil sie scheinbar „wissenschaftliche Ergebnisse popularisiert".[156] In seine Überlegun-

---

155 Ebd., [121].
156 Paul Simon: Mythos oder Religion (1934), S. 41–42.

gen bezieht Simon so auch die Perspektive des Durchschnittslesers mit ein und weist – ganz unpolemisch – darauf hin, dass man demnach, wenngleich nicht unter wissenschaftlichen Gesichtspunkten, so doch unter dem Gesichtspunkt der Breitenwirkung „ein solches Buch [den Mythus des 20. Jahrhunderts, K.M.] nicht ernst genug nehmen kann".[157] Allerdings könne es nicht allein darum gehen, einzelne Behauptungen zu widerlegen und richtigzustellen. Das Charakteristische dieses „Typus von Literatur" erweise sich weniger im Blick auf die Richtigkeit oder Falschheit einzelner Wissensansprüche, sondern liege vor allem in seiner Funktion, eine spezifische Weltanschauung zu konstituieren, die sich an die Stelle wissenschaftlich-theologisch verbürgter Wahrheit zu setzen versucht. Entsprechend betont Simon:

> Selbst wenn alles falsch wäre an ihm [Rosenbergs Buch, K.M.], ist doch darauf hinzuweisen, daß durch die einheitliche geschlossene Betrachtungsweise aller Einzelheiten der Eindruck entstehen muß, daß von den bisherigen Geschichtsschreibern und Philosophen das Wesentliche übersehen worden ist.[158]

Weil alle Bereiche des Lebens einer zentralen Idee untergeordnet würden, nämlich der des Rassenkampfes, so klärt Simon auf, komme der Schrift erhebliche Evidenz und „den Urteilen eine gewisse Geschlossenheit" zu, und das ganz unabhängig davon – „[o]b sie richtig sind".[159] Um Rosenbergs eigentümliche, auf Scheinevidenz, Ganzheit und Persuasion angelegte Darstellung zu entkräften, unternimmt Simon auf über 100 Seiten eine „ausgreifende geistesgeschichtliche Analyse",[160] in der Topoi und Elemente der im *Mythus* dargelegten Denkvoraussetzungen identifiziert und nachgezeichnet werden. Innerhalb dieser Genealogie ‚antichristlicher Weltanschauungsnarrative', deren Kulminationspunkt Rosenbergs Buch bilden soll, werden Friedrich Nietzsche und Stefan George, denen jeweils ein Großkapitel zukommt, als wichtige Schlüsselfiguren identifiziert. Simon erzählt auf diese Weise die Geschichte von der sukzessiven Abschaffung der althergebrachten christlichen Religion und ihrer Ersetzung durch eine säkulare Ideologie – ein nicht nur in katholischen Kreisen in der Auseinandersetzung mit der Moderne weitverbreitetes Profanierungsnarrativ, das vor allem in dem von Eric Voegelin geprägten Ausdruck ‚politische Religion'

---

157 Ebd.
158 Ebd.
159 Ebd., S. 42.
160 Ebd.

diskutiert wurde.[161] Rosenbergs *Mythus* wird auf diese Weise um seine Originalität gebracht, zugleich aber gewinnt Simon auch ein Kriterium, an dem er die Schrift messen kann, und zwar die Frage, ob Rosenbergs *Mythus* im Zuge des fortgesetzten Säkularisationsprozesses die attackierte und verdrängte Religion tatsächlich angemessen ersetzen und das religiöse Bedürfnis der Menschen befriedigen kann. Sein Fazit ist unmissverständlich: Inhaltlich sei der *Mythus* „nichts anderes als ein naturalistischer Pantheismus, der in den verschiedensten Verkleidungen" auftrete und seine Leserschaft täusche, „unerhörter Realismus", „gläubiger metaphysischer Realismus" oder „Wirklichkeitsmetaphysik" zu sein.[162] Simons Ziel ist es daher, seine Leser zu ernüchtern und ihnen klarzumachen, dass das behandelte Buch weder eine Religion noch einen Mythos als Religionsersatz liefere. Es stelle stattdessen, so deutet Simon symptomatisch, „nur die Flucht vor der Religion [dar, K.M.], die unbequem wird, und der Versuch, hinter lyrischer Begeisterung den Mangel an Religion zu verbergen".[163]

Sich empathisch auf die Seite des Durchschnittslesers schlagend, entlarvt Simon Rosenbergs aufmerksamkeitsheischenden Weltanschauungstext als Täuschung und deutet ihn als Symptom eines weit über Rosenbergs Interessen hinausreichenden Säkularisierungsprozesses, vor dem Rosenberg selbst in einen fragwürdigen Mythus zu fliehen suche. Anders als bei den Bonner Theologen zielt Simons Auseinandersetzung weniger darauf, einzelne Fehler, Ungenauigkeiten oder Irrtümer des Autors aufzudecken, sondern Rosenbergs ihm selbst nicht transparenten Eskapismus herauszustellen, für den die Verschleierungs- und Suggestionsinteressen zum (zeittypischen) Signum werden.

Rosenbergs Darstellung wird von Simon dabei – kontraintentional, d.h. gegen die Kommunikationsabsichten des Autors – zur Dichtung herabgestuft sowie symptomatisch zu einem kompensatorisch-eskapistischen Unternehmen deklassiert, dem nicht mit wissenschaftlichem Eifer, sondern mit Glaubensfestigkeit begegnet werden müsse. Insbesondere in seiner Schlussbetrachtung, die in mancherlei Hinsicht als *confessio* gelesen werden kann, lässt Simon durchblicken, dass es wohl der effektivste Umgang sei, das fremdideologische Gebilde zum Anlass zu nehmen, um die eigene, divergente Grundeinstellung zu bekräftigen. Gegen den Prozess der Säkularisation helfe nur die Rückbesinnung

---

161 Siehe Eric Voegelin: Die Politischen Religionen (1939). Hierzu beispielsweise Hans Maier: ‚Politische Religionen' – Möglichkeiten und Grenzen eines Begriffs (1997) sowie ders.: Alfred Rosenbergs „Mythus des 20. Jahrhunderts" als politische Religion (1997).
162 Paul Simon: Mythos oder Religion (1934), S. 90.
163 Ebd., S. 91.

auf Sakralität und Religiosität; der Widerstand gegen Rosenbergs *Mythus* gestaltet sich so als Revision eines übergreifenden historischen und weltanschaulichen Prozesses.

Deutlicher drückt das der anonyme Rezensent im Dezemberheft des *Hochland* 1934 aus, der Simons „Mythos oder Religion" zustimmend und nahezu amüsiert bespricht:

> Fast zu leicht ist es Simon gemacht, des Gegners Schwächen aufzudecken, [...] eine Apologie aus dem Handgelenk, über die der Apologet selber ein wenig skeptisch denkt. Denn in der Tat, es gibt im Grunde nur eine Widerlegung und nur eine Bekämpfung der Feinde Christi: daß wir wieder ein innigeres Leben in der Gemeinschaft leben lernen, die in seinem Namen versammelt ist.[164]

Dem *Hochland*-Leser wird schließlich die Lektüre des apologetischen Textes mit der Begründung empfohlen, darin reichlich Rüstzeug für den ‚Kampf der Weltanschauungen' zu finden: „Wer die heutigen antichristlichen Thesen zu widerlegen hat, wird bei Simon die Fülle an Argumenten finden. Wer die Verantwortung für Seelen trägt, kann hier genug Geschosse wider die Zeit sammeln."[165] Daneben arbeitet der Rezensent, der sich als Mitglied einer Gemeinschaft der Unantastbaren inszeniert, in auffallender Weise jener Gruppenstabilisierung und Glaubensaffirmation zu, die Simon in seiner *vindicatio* als effektivste Verteidigungsstrategie ausstellt. Zwischen *Hochland*-Leserschaft und Paul Simon wird so ein doppeltes Band gespannt: Zum einen empfiehlt die Zeitschrift die Lektüre seines Textes, zum anderen nimmt es eine Anregung Simons explizit auf.

Wie Simons Analyse und die Bonner *Studien* hatten die meisten kritischen Auseinandersetzungen mit Rosenbergs *Mythus* apologetischen Charakter. Neben dezidiert wissenschaftlich und philosophisch argumentierenden Texten finden sich populärwissenschaftliche, seelsorgerliche, pädagogische oder homiletische Verteidigungsschriften.[166] Wenngleich sie sich im Hinblick auf den Adressatenbezug, stilistisch, darstellerisch, rhetorisch und thematisch unterscheiden, weisen sie gleichwohl wesentliche Gemeinsamkeiten auf: Es ging ihren Verfassern meist darum, den Leser über die Inkompatibilität von katholischem Dogma und der als Biologismus gescholtenen Rassenreligion aufzuklären. Der Angriff auf die Kirche wurde darüber hinaus zum Anlass genommen, die Bindekräfte der katholischen Glaubensgemeinschaft zu festigen. Man wollte den Le-

---

164 S.: Mythos oder Religion (1934/35), S. 279.
165 Ebd.
166 Vgl. Raimund Baumgärtner: Weltanschauungskampf im Dritten Reich (1977), S. 168–199.

ser vor der persuasiven und manipulativen Machart des Buches warnen und ihn schließlich für eine ablehnende Auseinandersetzung rüsten, was unter anderem bedeutete, ihn mit ausreichend Informationen gegen Rosenbergs Fehlaussagen und Irrtümer, aber auch mit einer hinter die Fassade des Textes dringende Analyse zu versorgen. Die Sorge um den womöglich nicht ausreichend informierten Leser war durchaus berechtigt, „weil sich mit Sicherheit nicht nur eine kleine Elite oder interessierte Gruppe, sondern eine große Zahl an Katholiken mit dem Problem des Besitzes bzw. der Lektüre des *Mythus* konfrontiert sah".[167] Ein Blick in die zahlreichen Gegenschriften verrät, dass der *Mythus* im katholischen Lager vielfach im Sinne Simons zum Anlass einer Glaubens- und Gewissensprobe genommen wurde. Auch Daniel Feulings Rezension, um die es im Folgenden gehen soll, forderte in apologetischer Absicht die *Hochland*-Leserschaft dazu auf, „diese tiefste Probe" zu machen.[168]

4.4.4 ‚Undoing'– Daniel Feulings thomistische Antwort auf Rosenbergs *Mythus*

Daniel Feuling gehört nicht zu den regelmäßig im *Hochland* publizierenden Autoren. Neben seiner Rezension „Um ein vielgelesenes Buch" lassen sich in dieser Zeitschrift nur noch zwei weitere Beiträge von ihm ausmachen.[169] Allerdings pflegte er intensiven Kontakt zu Personen, die dem *Hochland*-Kreis angehörten oder ihm nahestanden, etwa zu dem jesuitischen Philosophen Erich Przywara, mit dem er – gemeinsam mit Dietrich von Hildebrand und Paul Simon – die Henry Newman-Übersetzung Edith Steins herausgab. Überdies publizierte er noch bis in die 1940er-Jahre zahlreiche Bücher,[170] Aufsätze, Artikel und Buchbesprechungen[171] und konnte in der katholischen Literatur- und Zeitschriftenlandschaft als bekannt gelten. Die meisten seiner Beiträge finden sich in der

---

167 Dominik Burkard: Häresie und Mythus des 20. Jahrhunderts (2005), S. 162.
168 Daniel Feuling: Um ein vielgelesenes Buch (1933/34), S. 463. Im Folgenden unter Nennung der Seitenzahl im Fließtext angegeben.
169 Daniel Feuling: Pascals Intuition und der theologische Glaube (1921/22), S. 168–169.; ders.: Die Mysterien der Gottlosen 23 (1926), S. 334–351.
170 Bezeichnend ist, dass Feulings Hauptwerke, *Hauptfragen der Metaphysik* (1936), *Katholische Glaubenslehre* (1937) und *Das Leben der Seele* (1940) in die Jahre des ‚Dritten Reichs' fallen.
171 Vgl. hierzu die Bibliographie von Josef Kast und Johannes Schaber: Der Beuroner Benediktiner Daniel Feuling (2003), S. 197–201; auch bei Suso Mayer (Hg.): Beuroner Bibliographie (1963), S. 53–57.

Beuroner *Benediktinischen Monatsschrift*, die er in den Jahren 1921 und 1922 auch herausgab. Heute gilt der Autor und Theologe Feuling nahezu als vergessen, deshalb folgen ein paar biographische Eckdaten: Nach seiner Priesterweihe 1908, dem Studium der Philosophie und Theologie in Maria Laach, Rom und München sowie seiner Lehrtätigkeit an der Theologischen Hochschule der Benediktiner in Beuron folgte Feuling 1924 dem Ruf an die Universität Salzburg, die im Begriff war, den katholischen Universitätsgedanken wiederzubeleben, und dafür nach geeigneten Dozenten suchte.[172] Seit dem ausgehenden 19. Jahrhundert gab es viele Bemühungen, Institutionen katholischer Wissenschaft zu reaktivieren, um wieder Einfluss auf das kulturell-gesellschaftliche Leben zu gewinnen und sich des langlebigen Vorwurfes einer Unverträglichkeit von römischem Katholizismus und ‚wahrer Universität'[173] zu entledigen. Unterstützt vom regionalen Universitätsverein, dem katholischen Akademikerverband und der Görres-Gesellschaft, verschrieb sich auch Salzburg dem Projekt, eine internationale katholische Universität zu errichten.[174] Es sollte eine solide Ausbildungsstätte für all jene werden, „die ihr Wissen und ihre Bildung nach katholischen Grundsätzen in streng wissenschaftlicher Methode erweitern und vertiefen woll[t]en".[175] Daniel Feuling gab sich dieser Aufgabe, „aus Salzburg eine vorbildliche Stätte wissenschaftlichen Strebens zu machen", gänzlich hin.[176] Sein ehemaliger Kollege Thomas Michels erinnert sich, dass Feuling „zu der ersten Generation von Wissenschaftlern in der Beuroner Kongregation [gehörte], die [...] den Kontakt mit der säkularen Wissenschaft und Kunst nicht nur für erlaubt, sondern geradezu für geboten hielt".[177] Bis 1933 unterrichtete Feuling, seit 1929 als außerordentlicher Universitätsprofessor, in Salzburg christliche Philosophie und Fundamentaltheologie.[178] Hier lernte er auch den *Hochland*-Mitarbeiter Erich Przywara kennen. Neben Newman waren es insbesondere

---

172 Vgl. Josef Kast, Johannes Schaber: Der Beuroner Benediktiner Daniel Feuling (2003), S. 192–194.
173 Sinnbildlich in der Aussage des Jenaer Professors Karl Hermann Scheidler: „wahre Universitäten sind ewig mit dem römischen Katholizismus unverträglich" (zit. n. Heribert Raab: Katholische Wissenschaft [1987], S. 74–75.).
174 Vgl. Erika Weinzierl: Die Salzburger Hochschulwochen (1969), S. 339–340.; ferner dazu siehe Franz Ortner: Die Universität in Salzburg (1987); zeitgenössisch: Ludwig Stadler: Die deutsche katholische Universität (1928); Max Pietsch: „Die" Katholische Universität in Salzburg (1934).
175 Franz Padinger: Geschichte der Salzburger Hochschulwochen (1981), S. 25.
176 Josef Kast, Johannes Schaber: Der Beuroner Benediktiner Daniel Feuling (2003), S. 193.
177 Zit. n. ebd.
178 Vgl. ebd.

Thomas von Aquin und Max Scheler, die Feulings Denken nachhaltig prägten. Seine exzellente Kenntnis des Aquinaten[179] ermöglichte ihm gar die Teilnahme an den Tagungen der Société Thomiste in Juvisy (Frankreich) in den Jahren 1932, 1933 und 1935. Wie die Tagungsbände verraten, hielt Feuling 1932 und 1933 jeweils einen Vortrag zur phänomenologischen sowie christlichen Philosophie[180] und beteiligte sich auch sonst rege an den Tagungsdiskussionen, die das Verhältnis christlicher Philosophie zu den wissenschaftlichen und philosophischen Strömungen der Gegenwart ausloteten.[181]

Bereits dieses Kurzporträt des Benediktinermönchs, das für die Interpretation seiner Rezension im *Hochland* erste Koordinaten liefert, zeigt, dass Daniel Feuling sich bestens mit den theologischen, weltanschaulichen[182] und philosophischen Strömungen seiner Zeit auskannte und als katholischer Intellektueller gelten kann. Was sein intellektuelles Profil angeht, so lässt sich mit Benjamin Dahlke zusammenfassen, war Feuling, „ungeachtet aller Aufgeschlossenheit und intellektuellen Weite, [...] fest in der Neuscholastik verwurzelt" und empfand dies offenbar „auch nicht als Gegensatz".[183] Seine thomistische Position, wonach Glaube und Vernunft, gemäß der Formel *duplex ordo cognitionis*, miteinander vereinbar seien und der Mensch als geistiges Wesen betrachtet werden müsse, bildet sich nicht zuletzt in seiner Kritik an Rosenbergs *Mythus des 20. Jahrhunderts* ab.

Wie etliche andere kritische Auseinandersetzungen mit Rosenbergs Weltanschauungsschrift, weist auch Feulings Rezension wesentliche Merkmale christlicher Apologetik auf; sie lässt sich daher allgemeiner als Werbe- und Verteidigungsschrift beschreiben. *Vindicationes*, so der gängige Begriff, unter den solche Texte subsumiert werden, zielen vornehmlich darauf, durch logische Argumente und wissenschaftliche Beweisführung die eigene (oder fremde) Position im Kontext eines Angriffs zu verteidigen, zu rechtfertigen und zu legi-

---

179 Vgl. Johannes Schaber: Zwischen Theologie und Seelsorge (2003), S. 214–216.
180 Daniel Feuling: La mouvement phénoménologique: position historique, idées directrices, types principaux, (1932).
181 Vgl. Journées d'Études de la Société Thomiste II: Le philosophie chrétienne. Juvisi 11. Septembre 1933. Juvisy o.J.; Journées d'Études de la Société Thomiste III: Philosophie et Sciences. Louvain, 24. et 25 Septembre 1935. Juvisy o.J., hier S. 70–71 und 107–108. Exemplare seiner Vorträge schickte Feuling an Edmund Husserl, der seinerzeit großes Interesse an theologischen Fragen zeigte und positiv auf die Sendung reagierte. Vgl. Josef Kast, Johannes Schaber: Der Beuroner Benediktiner Daniel Feuling (2003), S. 195; vgl. dazu auch Ernst-Wolfgang Orth: Edmund Husserl. Briefwechsel (1996), S. 43: „Feuling" hier falsch geschrieben.
182 Vgl. dazu Daniel Feuling: Weltanschauung (1934).
183 Benjamin Dahlke: Die katholische Rezeption Karl Barths (2010), S. 104.

timieren.[184] Apologien stellen in der Regel responsive Texte dar, die in einer konkreten Situation „der öff[entlichen] Verfolgung u[nd] Anfechtung, der polit[ischen] Anklage, der eth[ischen] Anschwärzungen u[nd] der philosophisch-rel[igiösen] Infragestellung" verortet sind.[185] Weil anlassbezogen und interessegeleitet, lassen sie sich weder in Hinblick auf ihre Form und Thematik noch ihre Funktion oder Methodik festlegen. Je nach Wirkungsabsicht des Apologeten können bei der argumentativen Verteidigung weltanschaulicher, religiöser und philosophischer Überzeugungen unterschiedliche Darstellungs- und Argumentationsstrategien Anwendung finden. Von der sachbezogenen Widerlegung und ‚Rettung', also der Vindikation, über die Infragestellung einer weltanschaulichen Position bis hin zum expliziten Angriff *ad personam* bietet die Tradition apologetischer Schreibweisen ein weites Repertoire an Taktiken rhetorischer Ab- und Gegenwehr. Keineswegs aber lassen sich Texte dieser Art auf ihren defensiven Zweck reduzieren. Neben ihrer Eigenschaft, Angefochtenes zu verteidigen und dafür gegebenenfalls zum geistigen Angriff überzugehen,[186] kommt Apologien oftmals die Funktion zu, öffentlichkeitswirksam für bestimmte Inhalte und Überzeugungen zu *werben*. Sie lassen sich mitunter folglich einer engagierten Literatur zurechnen.

Auch Daniel Feuling macht in der Buchbesprechung von Rosenbergs *Mythus* von dieser Doppelfunktion apologetischer Schreibtradition, der polemischen Auseinandersetzung einerseits und der Werbung *pro domo* andererseits, Gebrauch. Bereits der Titel „Um ein vielgelesenes Buch" des sieben Druckseiten umfassenden Textes lässt aufhorchen, insinuiert er dem Leser doch, dass es im Folgenden um die Besprechung eines vermeintlichen ‚Bestsellers' gehen wird.[187] Und in der Tat wird dieser Vermutung gleich in den ersten Zeilen bestätigt:

> Als ‚eine Wertung der seelisch-geistigen Gestaltungskämpfe unserer Zeit' bietet sich das vielgelesene Buch ‚Der Mythos des 20. Jahrhunderts' erstmals 1930 erschienen, dem deutschen Volke an. Es will ein Ruf zu neuem Leben in Vertiefung sein. Es gilt in weiten Kreisen als das wahre Buch des neuen Lebens, als die Verkündigung der neuen Weltanschauung. Man sagt, es sei das Norm- und Grundbuch für die weltanschauliche Belehrung junger Führer in der Neuordnung der deutschen Dinge. (S. 457)

---

184 Vgl. Michael Multhammer: Verteidigung als Angriff (2015), S. 2.
185 Max Seckler: [Art.] ‚Apologie'. In: Lexikon für Theologie und Kirche (2009), Sp. 846. Zur Formen- und Funktionsvielfalt apologetischer Texte vgl. auch Michael Fiedrowicz: Apologie im frühen Christentum (2005), S. 18–26.
186 Vgl. Michael Multhammer (Hg.): Verteidigung als Angriff (2015).
187 Eine knappe Zusammenfassung zur zeitgenössischen Rezeption von Rosenbergs *Mythus* findet sich bei Christian Adam: Lesen unter Hitler (2010), S. 118–120.

Feuling nimmt, markiert durch das generische Indefinitpronomen und den konjunktivischen Stil, Distanz zu seinem Untersuchungsgegenstand auf, weist aber deutlich auf die Prominenz und Bedeutsamkeit hin, die das zu besprechende Buch für sich und seine Zeit in Anspruch nimmt und es deshalb wohl verdient, auch im *Hochland* rezensiert zu werden. Vor allem erscheint dem Rezensenten eine Auseinandersetzung mit dem ‚Norm- und Grundbuch' der ‚neuen Weltanschauung' aber deshalb unumgänglich, weil es eine katholische Stellungnahme geradezu herausfordere. Den Inhalt des Buches zu referieren, wie es für Rezensionen zu erwarten war, sieht Feuling jedoch nicht als seine Aufgabe an. Weder könne eine Auseinandersetzung dieser Art auf ein paar Seiten geleistet werden, noch sei der *Mythus* solcher Beschäftigung wert: „Keiner, der das Buch kennt, wird behaupten, daß es solchen Aufwand an Geistes- und Lebenskraft inhaltlich verdiente", polemisiert Feuling (S. 48). Dennoch möchte er „auf wenigen Seiten die Hauptsache [sagen]", was für ihn bedeutet, „auf die dem Christen und Katholiken wesentliche Seite des Werkes" zu sprechen zu kommen, nämlich „auf den mit Aufwand allen Affekts und aller Beredung geführten geistig-seelischen Kampf gegen die katholische Kirche und Wahrheit" (S. 458).

Von vornherein markiert Feuling seine in zwölf nummerierte Abschnitte gegliederte Rezension nicht als Widerlegung einzelner Thesen und Argumente von Rosenberg, sondern als frontale Replik auf einen als ebenso frontal verstandenen Angriff. Anders als in den *Studien* der Bonner Theologen gestaltet er seine Rezension also nicht als sachliche Richtigstellung und auch nicht als symptomatische Lektüre, wie das bei Paul Simon im weitesten Sinne der Fall ist. Stattdessen unternimmt er einen wagemutigen Konterangriff gegen die Anfeindungen Rosenbergs, um auf diese Weise die attackierte „katholische Kirche und Wahrheit" und damit seine eigenen Überzeugungen generell und fundamental zu verteidigen (ebd.). Der offen artikulierte Gegenschlag besteht einerseits darin, mit unterschiedlichen Darstellungstechniken und Argumentationsstrategien das Rezensionsobjekt zu traktieren und andererseits dessen Verfasser als Person bloßzustellen sowie dessen Denkstandort zu entwerten. Eindrücklich zeichnet sich dieser auf Disqualifikation ausgelegte Textumgang in den ersten drei Abschnitten ab, die als Präliminarien fungieren und nahezu ein Drittel der Buchbesprechung einnehmen. Hier findet sich zunächst ein kursorisch-paraphrasierender Überblick über den Aufbau und die äußere Form des *Mythus*, in dem das als „bunte[r] Wechsel" bezeichnete Neben- und Durcheinander von „Tatsachen, Erwähnungen, Verweise[n], Andeutungen aller Art, [...] Urteilsversuche[n], Vergleichungen, Identifizierungen, Gegensetzungen" in parodistisch-satirischer Absicht asyndetisch und nahezu kommentarlos aufgelistet wird. Feuling vertraut dabei auf die indirekte Selbstentlarvung der zusammengestellten Collage und belässt sie daher unkommentiert. Daran schließt sich eine explizite Disqualifizierung Rosenbergs an, die fortan auch den Grundton der Auseinandersetzung bestimmt. Deutlich polemisch informiert Feuling den *Hochland*-Leser über die Vermessenheit des NS-Ideologen, die sich darin zeige, eine überbordende, disziplinenübergreifende Themenvielfalt auf gerade einmal „600 Textseiten" behandeln zu wollen, und zwar „ohne jeglichen Nachweis [...] oder genaue Angabe der Fundstellen bei wissenschaftlich allgemein anerkannten Gelehrten" (S. 458). Noch schärfer wird Feuling, wenn er sich mit reichlich Sarkasmus über die „überraschende Mannigfaltigkeit" dieser „gewaltige[n] geistige[n] Arbeit" wundert. Voller Ironie lässt er dieser Feststellung die Frage folgen,

> welchen Ausmaßes an übermenschlicher Geistesmacht und universalster Wirklichkeitsschau in psychologischer, metaphysischer, historischer, anthropologischer, religionsgeschichtlicher, kirchengeschichtlicher, theologischer und dogmenhistorischer Gelehrsamkeit und Vertiefung derjenige sein mußte, der solches Werk wissend gewissenhaft schrieb. (S. 458)

Aufgrund des überzogenen Anspruchs zieht Feuling Rosenbergs Wahrheitsfähigkeit generell in Zweifel, und zwar ganz unabhängig von dessen konkreten Ausführungen. Bevor sich der *Hochland*-Leser ein konturiertes Bild von Gegenstand und Inhalt des Rezensionsgegenstandes machen kann, wird dessen Verfasser bereits so ridikülisiert, dass jegliche seiner Kommunikationsabsichten vom Rezensenten vereitelt werden. Die für eine Buchbesprechung erwartbare Kritik an den Inhalten und Thesen der besprochenen Publikation, wie bei den Bonner Theologen und auch bei Paul Simon noch zu beobachten war, wird auf diese Weise durch die Kritik an der Person, dem Autor Alfred Rosenberg, ersetzt.

Mit Karl Mannheim lässt sich diese Art des Textumgangs, wie in Kapitel 2.3.3 dieser Arbeit ausgeführt, als ‚zersetzend'[188] und in der Terminologie Ian Hackings als ‚undoing' bezeichnen.[189] Feuling bemüht sich in seiner Rezension weniger um eine „theoretische Widerlegung"[190] des *Mythus*, sondern darum, den ‚Denkstandort' des Verfassers Rosenberg zu entwerten und die von ihm artikulierten Ideen durch eine *ad hominem*-Argumentation in ihrer Wirksamkeit aufzulösen. Auch verzichtet er nachdrücklich darauf, den Autor durch Zitate

---

[188] Vgl. Karl Mannheim: Das Problem einer Soziologie des Wissens [1928]. In: Wissenssoziologie (1964), S. 315.
[189] Ian Hacking: Historical Ontology (2002), S. 57.
[190] Karl Mannheim: Das Problem einer Soziologie des Wissens [1928]. In: Wissenssoziologie (1964), S. 315.

oder Seitenverweise selbst zu Wort kommen lassen, damit „auf wenigen Seiten die Hauptsache gesagt werden könne" (S. 458) und beschränkt seine Besprechung stattdessen auf einzelne Aspekte, die „[u]nter dem Gesichtspunkte des christlichen und katholischen Seins, Glaubens und Lebens" der Kritik ausgesetzt werden sollen (S. 458–459.). Die aspektorientierte Besprechung soll dabei aber durchaus, wie Feuling deutlich macht, eine Gesamtbewertung des Buches leisten. Allein die Technik, resümierend zu paraphrasieren und eigene Schwerpunkte zu setzen, erlaubt dem Rezensenten, Rosenbergs Stimme weitgehend zum Schweigen zu bringen und stattdessen selbst Stimmhoheit und Kontrolle über die Auseinandersetzung zu behaupten. Behandelt werden schließlich die „agnostische, metaphysische und theologische Erkenntnisauffassung" Rosenbergs, seine „materialistisch bestimmte Lehre vom Sein und Wesen des Menschen", die „Überbetonung des Rassemäßigen", die im *Mythus* hervortretenden „radikal judenfeindlichen Grundeinstellung" in Bezug auf das Alte Testament, die verquere „Deutung und ‚Erklärung' des Christentums als eines wüsten Gemischs jüdisch-syrischer Gotteslehre" und schließlich Rosenbergs „Deutung [...] der katholischen Kirche in ihrer Totalwirklichkeit und Wesenheit als eines tief verderbten Systems barbarischer priesterlicher Gewaltherrschaft, Gewissensknechtung, Geistesverderbnis" (ebd.).

Jedem einzelnen dieser Punkte widmet Feuling einen eigenen, nummerierten Absatz, der jeweils in unterschiedlicher Weise als kritische Entgegnung präsentiert wird. Mal werden Dritte als autoritative Unterstützung der eigenen Position aufgerufen, mal verbittet sich Feuling „jegliche Erwiderung" (S. 459), stellt Sachverhalte richtig oder empfiehlt seinen Lesern für die „Widerlegung dieser Zerrdarstellung" spezifische Sachbücher sowie generell „zu jeder Seite eine Anzahl Seiten aus der wirklichen Glaubenslehre, Geschichte, Theologie, Philosophie zur sachlichen Ergänzung" (S. 462), quasi als Antidot zu lesen. Durchgehend aber wird die „völlige Unkenntnis des Verfassers" hervorgehoben und dem Leser deutlich gemacht, dass der zu besprechende Text aufgrund seines nicht-satisfaktionsfähigen Autors einer eingehenderen Sachauseinandersetzung eigentlich nicht wert sei.

Diese offene Demontage, die engagiert, aber sicherlich nicht ‚verdeckt' oder ‚esoterisch' genannt zu werden verdient, ist allerdings nur die eine Seite von Feulings apologetischer Auseinandersetzung. Denn während der Gegenangriff auf Rosenberg und dessen *Mythus* im *Hochland* in aller Offenheit erfolgt ist, fand die Kritik an der NS-Ideologie in seinen theologischen Publikationen der späten 1930er-Jahren weitaus subtiler statt. Vor allem in der 1936 unter dem

Titel *Hauptfragen der Metaphysik. Einführung in das philosophische Leben* erschienenen Abhandlung, die zu seinen Hauptwerken gezählt werden kann,[191] nahm sich Feuling ganz ähnlichen Problemkomplexen an, wie er sie bereits in Auseinandersetzung mit Rosenbergs *Mythus* für die *Hochland*-Rezension anriss. Betrachtet man beide Texte im Verbund und berücksichtigt zudem Feulings Korrespondenzen aus dieser Zeit, so bilden sich für besagtes Hauptwerk punktuell esoterische Konturen ab. Deshalb nun ein kurzer Blick in die *Hauptfragen der Metaphysik*:

Wie dem Vorwort zu entnehmen ist, sah sich Feuling offenkundig in der Pflicht, dem Leser verständlich zu machen, inwiefern sein als „selbständige metaphysische Schau" ausgewiesenes Unterfangen von reiner Spekulation und Phantasterei abzugrenzen sei und einer traditionsbewährten theologischen Praxis zugeordnet werden könne.[192] In Anlehnung an Thomas von Aquins Definition der Mystik als der *cognitio dei experimentalis*, nach der sich zu der rational gewonnenen Erkenntnis eine erfahrungsmäßige zu gesellen habe, definiert Feuling die Metaphysik dabei als „Wissenschaft der Wahrheit" und „Weisheit [...] als Schau in Letztzusammenhängen" zugleich.[193] Die *contemplatio* generiert für ihn allerdings nicht einen exklusiven, allein auf individueller Erfahrung beruhenden Wissensanspruch, sondern stellt vielmehr einen spezifischen Erkenntnismodus dar, der sich produktiv oder konfirmativ auf den rationalen Denkprozess auswirke. Entsprechend erklärt er:

> Wer Metaphysik zu treiben sich entschließt, will nicht träumen, will nicht dichten, will sich auch nicht mit Vermutungen, Wahrscheinlichkeiten und Hypothesen endgültig zufrieden geben – so sehr er auf dem Wege oft genug zuerst nur träumen oder dichten, vermuten oder hypothetisch denken mag! –, er will wissen, er verlangt nach Wissenschaft. Wissenschaft aber ist begründete Erkenntnis der Wahrheit – begründet aus den Gründen des Seins und des Erkennens selbst.[194]

Im Sinne dieser Charakterisierung des ‚Metaphysikers' unterscheidet Feuling in seinem Vorwort zwei Lesergruppen, nämlich diejenigen, die „gleiche Bemühung auf sich genommen ha[ben]" und genannte ‚metaphysische Schau' „erfühlen" können, und die „philosophischen Kritiker", deren imaginativ antizipierte Skepsis er auszuhebeln versucht: „nie wird er [der Kritiker] zweifeln, daß

---

191 Vgl. Johannes Schaber: Zwischen Theologie und Seelsorge (2003), S. 216. Zu seinen weiteren Hauptwerken gehört die *Katholische Glaubenslehre* (1937) und *Das Leben der Seele* (1940).
192 Daniel Feuling: Hauptfragen der Metaphysik (1936), S. 32.
193 Ebd.
194 Ebd.

hier immer ganz aus der Sache und zu ihr gedacht wurde."[195] Nach Spuren irrationaler Visionsmystik sucht man in Feulings *Hauptfragen der Metaphysik* tatsächlich vergeblich. Die Kapitel sind stringent gegliedert, die Argumentation folgt neuscholastischen Normen, und wenngleich sich hin und wieder ein leicht hermetischer Charakter bemerkbar macht, bleibt die Beweisführung weitgehend rational. Insgesamt weckt das Buch den Eindruck großer Gelehrsamkeit. Der Verfasser beweist seine Expertise nicht nur auf dem Gebiet katholischer Fundamentaltheologie, sondern präsentiert zudem weitreichende Kenntnisse in der zeitgenössischen Philosophie. Bemerkenswert ist dabei, und zwar nicht nur in philosophiehistorischer, sondern auch in politischer Hinsicht, die kritische Würdigung der „Marburger Neukantianer", deren Überlegungen Feuling der Neuscholastik implementieren möchte:

> Hermann Cohen wie Ernst Cassirer haben auf das ehrlichste gesagt, daß sie die menschliche Erkenntnis vom kulturellen Schaffen des Menschen aus verstehen wollen; daß sie also alles Wissen und Erkennen als kulturelles Bilden von Gegenständen durch den Geist des Menschen deuten. [...] Viele Neuscholastiker, vor allem solche von heute und von gestern, sahen das zu wenig, was Kant und Cohen oder Eduard von Hartmann in ihrem Fragen oder ihrem Forschen einseitig zwar, doch tief bestimmte: den spezifischen Charakter moderner Wissenschaft, die Eigenart der kulturellen Dinglichkeit sowie die unsagbare Mannigfaltigkeit sinnlicher Erscheinungsweisen in ihrer fast unlöslichen Verstrickung in eine Mannigfaltigkeit von sekundären Relativitäten sehr unterschiedlicher Bedeutung.[196]

Die sich hier abzeichnende Bemühung, katholische Denk- und Philosophietradition unter den Bedingungen der Moderne zu rehabilitieren, was auch bedeutete, sie im philosophischen Feld diskursfähig werden zu lassen, also entsprechende Anschlussstellen zu markieren, entsprach dem generellen Bedürfnis katholischer Intellektueller, den Katholizismus für eine sich zunehmend säkularisierende Gesellschaft wieder zum Attraktor aufzuwerten. Dass Feuling dabei ausgerechnet auf Hermann Cohen (1842–1918) und Ernst Cassirer (1874–1945) zurückgreift, ist einigermaßen erstaunlich, denn eine namentliche und insbesondere würdigende Erwähnung dieser beiden jüdischen Denker war im Jahre 1936 alles andere als üblich.

Schon zeitlebens hatte sich der führende Kopf der Marburger Schule des Neukantianismus, Hermann Cohen, als bedeutender Repräsentant jüdischer wie kantianischer Philosophie mit dem grassierenden Antisemitismus und antisemitischen Attacken auseinandersetzen müssen, so etwa bereits im Kontext

---

195 Ebd., S. V. Vgl. dazu auch Daniel Feuling: Von Sinn und Grundweisen des mystischen Lebens (1936).
196 Daniel Feuling: Hauptfragen der Metaphysik (1936), S. 245.

des Berliner Antisemitismusstreits 1879–1881,[197] aber auch noch – hier unter Beteiligung seines Schülers Cassirer – im Umfeld des Ersten Weltkriegs.[198] Cohens politisches Engagement führte dazu, dass er in seinen letzten Lebensjahren sichtlich verbitterte. Für Cassirer, der sich wegen seines Judentums nur schwer akademisch etablieren, 1919 aber an der liberalen Universität Hamburg einen Lehrstuhl für Philosophie erhalten konnte, folgte auf die nationalsozialistische Machtübernahme eine Emigration nach England, seine Professur musste er somit aufgeben. Beide Philosophen standen in der zeitgenössischen Wahrnehmung – und zwar bereits vor der Machtübernahme durch die Nationalsozialisten – für eine verfemte, vermeintlich jüdisch-rationalistische Form des Philosophierens. Gemeinsam mit Einsteins Relativitätstheorie galt sie weiten Kreisen als abstraktes, ergo lebensfernes Konstrukt, das den weltanschaulichen Bedürfnissen der Zeit nicht gerecht werden könnte. Während des ‚Dritten Reichs' wurden derartige Ressentiments prolongiert und intensiviert. Vielfach äußerten sich NS-Philosophen despektierlich in Bezug auf den Neukantianismus, deklamierten vielfach, wie etwa Max Wundt (1879–1963) und Hans Alfred Grunsky (1902–1988), einen „Einbruch des Judentums in die Philosophie"[199] und wollten dabei insbesondere Cohen als *spiritus rector* einer als lebensfeindlich diffamierten Philosophieströmung identifizieren.

Von den Topoi und Klischees antisemitischer Diffamierungen, wie sie für die zeitgenössische NS-Phraseologie typisch waren,[200] hält sich Feuling in seinem Text auffällig fern. Stattdessen scheut er nicht davor zurück, die jüdischen Philosophen für sein eigenes Forschungsanliegen ernsthaft zu befragen. Wie das Zitat andeutet, interessiert sich Feuling in diesem Kontext für die kantianische und neukantianische Epistemologie – ein Thema, das er bei den Neukantianern, die Kants Lehre vom Apriori neu zu begründen und an die Erkenntnisse der modernen Wissenschaften, vor allem an die der Mathematik und Physik anzupassen versuchten,[201] auf instruktive Weise behandelt fand. Auch in der Besprechung des *Mythus* für das *Hochland* greift Feuling Kants Transzendentalphilosophie, die im Neuthomismus kontrovers diskutiert und rezipiert wur-

---

197 Vgl. Karsten Krieger: Der „Berliner Antisemitismusstreit" (2003).
198 Vgl. Ulrich Sieg: Geist und Gewalt (2013), S. 135–149.
199 Hans Alfred Grunsky: Der Einbruch des Judentums in die Philosophie (1937); Max Wundt: Das Judentum in der Philosophie (1937), S. 83.
200 Vgl. beispielhaft Raymund Schmidt: Das Judentum in der deutschen Philosophie (^{38}1939), S. 391–401.
201 Vgl. Helmut Holzhey, Wolfgang Röd: Die Philosophie des ausgehenden 19. und des 20. Jahrhunderts (2004), S. 45.

de,[202] als eigenen Punkt auf und führt sie – in fundamentaltheologischer Auslegung – gegen Rosenberg ins Feld. Von den in den *Hauptfragen der Metaphysik* lobend erwähnten Neukantianern ist hier allerdings nicht die Rede. Rosenberg, so bemängelt Feuling an besagter Stelle in seiner Rezension, habe die „kantische Vernunftkritik" seinem Denkgebäude „in ungetreuer Wiedergabe und ohne jeden Versuch der Neubegründung zugrunde" gelegt:

> Wenn aber keine echte Objekts-, Seins- und damit Seinsbegründungserkenntnis (d.i. Ursachwissen) im Bereich des Menschen liegt, dann freilich auch kein Wissen und Erweisen Gottes als des absoluten Grundes des relativen Weltseins. Das sah Kant, und er folgerte aus seinen Grundgedanken seine Leugnung einer metaphysischen Theologie, ebenso aber die Unberechtigtheit [sic] der Leugnung Gottes. So sehr diese kantische Kritik einer prinzipiensicheren philosophischen Erkenntnislehre widerspricht – Kant war weise genug, die Unentbehrlichkeit des Gottesglaubens im streng theistischen Begriffe zu bejahen und Gott als praktisch-philosophisch sicher zu bekennen. Der ‚Mythus' ist von solcher Besonnenheit unberührt: ihm ist der tiefste Seinsgedanke aller tiefen Menschheit, der Gedanke des Schöpfers der Welt, eine krasse Wahnidee, ein Zauberglaube jüdischer Herkunft [...]. Dem Philosophen und Theologen erübrigt zu derlei Oberflächlichkeiten, um nicht mehr zu sagen, jegliche Erwiderung. Wird aber Erwiderung gefordert, so werde ich sie in aller Fülle, doch in der Weise positiver Darlegung zu geben wissen. (S. 459)

Es kann nur spekuliert werden, ob Feuling mit dieser Stelle auch auf die Neukantianer anspielt, die, anders als Rosenberg, tatsächlich den ‚Versuch einer Neubegründung' kantscher Erkenntnistheorie und transzendentaler Logik unternommen und dabei, wie im Falle Cohens, für die monotheistische Gottesidee argumentiert hatten.[203] Eine ‚seriöse' Auseinandersetzung mit Rosenbergs Thesen erklärt Feuling aber auch in diesem Fall für obsolet. Stattdessen inszeniert er sich in der Rolle des fachkundigen Theologen und Philosophen und kündigt, ganz nach dem Vorbild christlicher Apologie, wie sie in der apostolischen Forderung, „jedem Rede und Antwort zu stehen, der nach Vernünftigkeit [...] fragt",[204] verlangt wird, eine ‚positiven Darlegung' des nur angerissenen Themas

---

202 Vgl. David Berger: In der Schule des hl. Thomas von Aquin (2005); allgemeiner Emerich Coreth: Christliche Philosophie im katholischen Denken, Bd. 2 (1990). Zur katholischen Kant-Rezeption vgl. Norbert Fischer (Hg.): Kant und der Katholizismus (2005); Zu den unterschiedlichen Erkenntnisidealen zeitgenössisch etwa Erich Przywara: Die Problematik der Neuscholastik (1928).
203 Helmut Holzhey, Wolfgang Röd: Die Philosophie des ausgehenden 19. und des 20. Jahrhunderts (2004), S. 56. Vgl. hierzu Cohens religionsphilosophische Schriften, insbesondere *Die Religion der Vernunft aus den Quellen des Judentums* (1918).
204 1. Petrus 3, 15. Vgl. hierzu Michael Fiedrowicz: Apologie im frühen Christentum (2000), v.a. S. 15–17.

an. Damit spielte er auf kein anderes Werk als just die *Hauptfragen der Metaphysik* an. Setzt man also die Rezension mit Feulings Hauptwerk in Beziehung, rückt es unweigerlich in den Kontext der Auseinandersetzung mit Rosenberg und lässt sich funktional als Widerlegung der im *Mythus* verkümmert vorliegenden Anthropologie und Erkenntnistheorie lesen – eine Widerlegung, für die Feuling bei den ins Exil vertriebenen Neukantianern Rat sucht. ‚Spuren' dieses hochpolitischen Debattenkontextes sind in den *Hauptfragen der Metaphysik* allerdings nur schwer zu finden. Wie jedoch aus Feulings Korrespondenzen hervorgeht, wies er bereits im April 1934 in einem Brief an Hildegard Seidel darauf hin, dass in der Buchbesprechung für das *Hochland* „manches größere Programm an[ge]deutet" werden sollte.[205] Aus dem Briefwechsel geht zudem hervor, dass Feuling, in Anbetracht des virulenten ideologischen Rassismus der Nationalsozialisten, mit seinem Buch *Hauptfragen der Metaphysik* darüber aufzuklären hoffte,

> warum nur die aristotelische thomistische Philosophie Geist und Materie gleicherweise betrachten könne und in der vollen Schau des Menschseins auch allein dem Rasseproblem wirklich gewachsen sei. Es geht dabei ganz und gar um den vollerfassten Satz: Anima forma corporis.[206]

Die explizite Referenz auf Rosenbergs *Mythus* bleibt in den *Hauptfragen der Metaphysik* jedoch, wie erwähnt, verborgen. Namentliche Erwähnung findet der nationalsozialistische Chefideologe jedenfalls nicht. Doch die mit der Rezension vertrauten *Hochland*-Leser sowie ein instruierter Kreis an Eingeweihten, wie etwa Feulings Korrespondenzpartner, konnten insbesondere das 80 Seiten starke Kapitel V. *Das Sein des Menschen* darauf beziehen. Hierin entwickelt Feuling eine aus dem Thomismus abgeleitete Anthropologie, deren Quintessenz er wie folgt zusammenfasst: „Seele und Geist, als reales substanziales Formprinzip gefaßt, sind vom Menschen und dessen Seinsmodi so verschieden, wie Seinsprinzipien von dem konkreten Seienden, das sie begründen, real verschieden sind."[207]

Weniger fachsprachlich, gleichsam in ‚exoterischer' Darstellung, deutet Feuling diesen Ansatz traditionalistischer Anthropologie auch in seine Rezension an, wenn er betont, „daß der Geist im Menschen das primäre Sein ist und daß der Geist als Wesensform oder Seele (forma corporis sagt ausdrücklich auch das Dogma) im Menschen das den Leib gestaltende, formende, bestimmende

---

205 Feuling an Hildegard Seidel, 23.04.1934 (Nachlass Feuling, Kloster Beuron).
206 Feuling an Hildegard Seidel, 14.11.1934 (Nachlass Feuling, Kloster Beuron).
207 Daniel Feuling: Hauptfragen der Metaphysik (1936), S. 523.

Prinzip ist" (S. 460). Mit dem Bekenntnis zum Primat von „Geist, Gemüt und Wille" spricht sich Feuling hier nicht nur in aller Offenheit gegen Rosenbergs rassenideologischen Chauvinismus aus, er desavouiert auch grundsätzlich und ausdrücklich das nationalsozialistische Kernideologem der Rassenreinheit:

> Geist, Gemüt und Wille erheben, ja überwinden Rasse und Rassenenge! Und Mischung der Rassen bringt nicht selten – wie z.B. die Geschichte der Kunst und Philosophie erkennen läßt – jene feine Amphimixis, die geradezu Bedingung zu höchster Geisteshaltung in Intellekt, Wille und Gemüt sein kann! (S. 460.)

Obwohl der Rezensent den folgenden Schluss nicht explizit zieht, lässt sich auch diese Passage als Invektive gegen Rosenberg als Person deuten: Die Mangelhaftigkeit des *Mythus* liefere nicht nur den Beweis dafür, dass die darin behauptete Superiorität der germanischen Rasse unzutreffend sei, sondern auch dafür, dass es dem Autor des *Mythus* an der „Bedingung zu höchster Geisteshaltung in Intellekt, Wille und Gemüt" mangele. Sucht man nach einer expliziteren Stelle, in der Rosenberg als Autor disqualifiziert wird, dann bietet sich Feulings „Gesamturteil" über den *Mythus* an; die auf ‚Zersetzung' zielende Rezension scheint darin jedenfalls einen Höhepunkt zu erreichen:

> Hier wurde etwas unternommen, wozu dem Verfasser jegliche Voraussetzung ermangelte. Hier spricht nicht Wahrheit, sondern krasse Dichtung und Entstellung. Deutsche wie katholische Wahrheitsliebe, deutsche, nicht nur katholische Wissenschaft, historische wie philosophische, lehnt solchen Mythus kategorisch ab. (S. 462)

Der polemische Ton dieses Zitats spricht im Grunde für sich und liefert, wenn man so will, Klartext. Unmissverständlich wird Rosenbergs Bekenntnisschrift eine grundsätzliche Absage erteilt, die sich aus einem vernichtenden Angriff auf den Verfasser ableitet. Das Urteil fällt der Rezensent dabei einerseits in der Rolle des katholischen und andererseits des deutschen Wissenschaftlers und Philosophen. Die Unterscheidung scheint Feuling vor allem deshalb aufzugreifen, um so eine gleich doppelte Deklassierung des *Mythus* vorzunehmen. Er greift damit aber auch die bis in die 1930er-Jahre fortgeführten Diskussionen um ein angemessenes Konzept katholischer Wissenschaft auf, an der er sich selber fleißig beteiligte, und zwar unter anderem in den *Hauptfragen der Metaphysik*.[208]

---

208 Diesem Anliegen lassen sich noch weitere Publikationen Feulings zuordnen: Daniel Feuling: Katholische Glaubenslehre (1937); ders.: Bildung und Frömmigkeit (1920); ders.: Eine aristotelisch-thomistische Philosophie (Josef Gredt) (1927); ders.: Lehren und Lernen. Festrede

Wie angemerkt, bemühte sich Feuling in seinem Hauptwerk sichtlich darum, die Metaphysik zu einer wissenschaftlichen Leit- und Fundamentaldisziplin aufzuwerten und ihr gleichsam das Definitionsmonopol für den Wissenschaftsbegriff anheim zu stellen: „Metaphysik allein gebiert und hütet echte Wissenschaft, Metaphysik allein gibt ihnen Sein, indem sie Wissenschaftlichkeit ermöglicht: Wissenschaftlichkeit in Begründung und in Systematik."[209] Die klassischen Normen wissenschaftlicher Erkenntnis führt er dabei parallel zu Ethik und Ästhetik.[210] An den Absolutheitsanspruch der ‚Wahrheitsforschung' erinnernd, ermahnt er den angehenden Metaphysiker entsprechend:

> Wer Metaphysik verstehen will, muß sich für alles öffnen, was es an Sein und Wahrheit, an Wissenschaften und Methoden, an Großem in der Welt des Schönen und des Guten, des Reinen und des Heiligen nur geben kann. Er muß, wenn er zum Ziel der metaphysischen Erkenntnis kommen will, das beste aller Leben zu leben sich bemühen.[211]

Neben die Prinzipien von Objektivität, Konsensualität und Intersubjektivität, die wissenschaftlichen Wissensansprüchen traditionellerweise epistemische Güte verleihen, gesellen sich bei Feuling so eine religiöse und ethische Fundierung dazu, die ihren Ursprung wohl im Absolutheitsanspruch des katholischen Glaubens- und Denksystems finden muss. Obgleich sich für die 1930er-Jahren kein einheitliches Konzept einer katholischen Wissenschaft in Deutschland ausmachen lässt, auf das Feuling sich hätte in seiner Buchbesprechung affirmativ beziehen können, spricht vieles dafür,[212] dass er der Wissenschaftsauffassung des *Katholischen Akademikerverbandes* nahestand und in Anlehnung daran, ähnlich wie sein Mitstreiter Paul Simon, ein standortgebundenes Wissenschaftskonzept, „gründend im Wissen um die Superiorität der ‚katholischen Idee'",[213] vertrat. In seiner gegen Rosenberg und dessen Wissenschaftspraxis gerichtete Rezension nutzt Feuling die Gelegenheit so auch, um ‚katholische Wissenschaft' als eigenständiges System mit entsprechendem Rationalitätsideal sichtbar zu machen. Die Differenzierung der Wissenschaften in „deutsch" und „katholisch" scheint dabei darauf zu zielen, einen Schulterschluss der etablierten, liberalen Wissenschaftsauffassungen gegen das rassen-

---

bei einer akademischen Thomasfeier. (1929); ders.: Zur Apologetik (1931); ders.: Glaubensleben als Glaubenswissenschaft. (1935); ders.: Laienwelt und katholische Theologie (1938).
209 Daniel Feuling: Hauptfragen der Metaphysik (1936), S. 342.
210 Ebd.
211 Ebd, S. 20.
212 So etwa seine Kooperation mit der Institution in Form von Veröffentlichungen, Vortragstätigkeiten und Korrespondenzen.
213 Otto Weiß: Kulturkatholizismus (2014), S. 164.

ideologisch imprägnierte Wissenschaftsverständnis Rosenbergs zu demonstrieren.

Dass Feuling aber nicht nur in der Rolle des Wissenschaftlers oder Intellektuellen, sondern auch in der Rolle des gläubigen Katholiken, insbesondere als „Priester und als Mönch" (S. 463) schreibt und urteilt, macht seine persönliche, bisweilen sentimentale *confessio* deutlich, mit der er die vielseits polemische, stellenweise aber auch sachliche Rezension abschließt. Auch hier die Tradition apologetischer Schreib- und Redeweisen wahrend, bezeugt er:

> Ich persönlich habe mich ernstlich gefragt, wie ich in der Erfahrung eines Menschenlebens bei unablässigem kritischen – manche meinten: überkritischen – Prüfen, Forschen und Erproben in allem Grundlegenden den christkatholischen Glauben und die Kirche, die sich katholisch und römisch nennt, erfahren habe, wie ich sie weiß und fühle. [...] Ich lebte diese Kirche in der Liturgie, in den heiligen Sakramenten, in der Kommunion und Buße, im Streben nach Verwirklichung ihrer hohen religiösen und sittlichen Ideale. Ich lebte meine Kirche, die katholische und römische, in mehr als einem Land und unter mehr als einem Volk – in Deutschland, Österreich und der Schweiz, in England, Irland, Belgien, Frankreich und zumal in Rom. (S. 463)

Der angedachte Nexus von Katholizismus und Wissenschaft findet hier eine bemerkenswerte Ausgestaltung: Die grenzüberschreitende Geltung wissenschaftlicher Wissensansprüche wird zum transnationalen Universalismus der katholischen Kirche parallelisiert.

Nicht nur in der Theorie, auch in der Praxis, so versucht der auslandskundige Feuling darzulegen, stelle der Katholizismus ein eindrückliches Beispiel einer völker- und länderübergreifenden *communio* dar. Die persönliche Bürgschaft für die Ehrbarkeit der katholischen Kirche, ihrer Lehre und ihres Glaubens bedient zuweilen ein esoterisches Denkmuster, hinter dem sich ein letztes, gewissermaßen schlagendes Argument gegen Rosenberg verbirgt. Der Autor des *Mythus*, so ließe sich das Argument explizieren, habe keinen Anteil an der länderübergreifenden Glaubensgemeinschaft der katholischen Kirche und ihrer „Wahrheitsliebe" und könne demgemäß auch keine Aussagen über ihr Innenleben treffen. Insbesondere die im *Mythus* breit thematisierte, germanisch umgedeutete Mystik und Eucharistie, die sich beide für den gläubigen Katholiken in der Glaubensgemeinschaft verwirklichten, mussten zu den nur im Kreis von Eingeweihten kommunizierbaren, explizierbaren oder diskursivierbaren Belangen gehören. Nicht nur in wissenschaftlichen, auch in religiösen Belangen, so bezweckt Feuling zu plausibilisieren, könne Rosenberg nicht mitreden. Seinen Appell an den christlich und katholisch apostrophierten Leser, „Antwort [...] aus seinem Leben selbst" zu geben, „vorausgesetzt nur dies, daß er mit seinem Glauben gut vertraut und in dieser Sache von Grund aus ehrlich ist" (S. 463), verbindet Feuling mit der Hoffnung, dieser habe die notwendigen widerstreitenden Reflexe und „das Zeugnis seiner Erfahrung im Gewissen", um der ‚Anklagerede' Rosenbergs die Stirn bieten zu können.

Abb. 12: Daniel Feuling in London im September 1936 mit dem Schimpansen Jackie (Nachlass Feuling, Kloster Beuron).

Nicht zuletzt fällt Feuling sein vernichtendes Urteil über den Mythus in der Rolle des geübten und urteilsfähigen Lesers. Wie aus seinen Veröffentlichungen und Manuskripten, aber auch aus seinen Korrespondenzen hervorgeht, verbrachte er viel Zeit damit, sich durch den Kanon europäischer Philosophie, Theologie und Literatur zu lesen. In einem Brief vom 18. Februar 1934 informiert Feuling seine Briefpartnerin Hildegard Seidel über das konkrete Repertoire seiner Lektüre und konstatiert, dass daran nicht zuletzt seine Fähigkeit, symptomatisch zu lesen, gereift sei:

> Seit etwa Neujahr ist mein Vermögen, gemäß dem Worte: Le stile c'est l'homme, aus der Schreibweise rasch den Menschen genau zu fassen, aufgebrochen und durch mannigfach tägliche Übung an Heiligen wie Augustin, Thomas, Catharina v. Siera, Canisius, die beiden Theresien, an Männern wie Wyclif, Hus, Luther, an Philosophen wie Aristoteles, Kant,

Hegel, Cohen, Natorp, an Historikern wie Leopold Ranke, Burckhardt, an Dichtern wie Goethe, Schiller, Annette Droste, Nietzsche mehr gewachsen und in etwa auch erprobt.[214]

Das behauptete Vermögen, vom Text auf Eigenschaften des Verfassers zu schließen, das Artefakt also zum Symptom für etwas anderes, Charakterologisches werden zu lassen, kam ihm sicherlich auch bei der ‚zersetzenden' Lektüre des *Mythus* zugute. Wie sein Rezensionsurteil andeutet, musste ihm Rosenberg nicht bloß als Dichter und Phantast erscheinen, sondern als ein Dilettant, der dem Irrtum weitaus mehr abgewinnen konnte als der Wahrheit – im sachlichen und emphatischen Sinne. Hierin teilte Feuling, wenngleich auf viel maliziösere Art und Weise, Paul Simons Einschätzung, dass es sich bei dem ‚NS-ideologischen Lehrbuch' bestenfalls um Dichtung, schlechtestenfalls um Stümperei handele.

4.5 Resümee und Ausblick

Sowohl Carl Muths Essay *Das Reich als Idee und Wirklichkeit* wie auch Feulings Rezension *Um ein vielgelesenes Buch* können als noch ‚unverdeckte' Auseinandersetzungen mit dem politischen und ideologischen Nationalsozialismus gelten und lassen sich unschwer einer engagierten Publizistik ‚unterm Hakenkreuz' zuordnen. Beide Autoren beteiligten sich mit der Feder an dem hitzig geführten ‚Kampf der Weltanschauungen', der zwischen der katholischen Kirche und dem sich ideologisch formierenden nationalsozialistischen Staat, respektive Alfred Rosenberg als dessen prominentem Repräsentanten, ausgetragen wurde.[215] Die Denunziation von Feulings Beitrag durch den *Völkischen Beobachter* und die Indizierung seines Textes durch die nationalsozialistische Pressezensur stellte eine Zäsur für das *Hochland* dar, dessen Redaktion dies zurecht als grundsätzliche Warnung verstand. Wie Karl Ackermann im Rekurs auf die Korrespondenz des Schriftleiters Friedrich Fuchs nachweist, konnte das wohl geplante Vorhaben, eine „systematische Kritik des Werkes [d.i. der *Mythus des 20. Jahrhunderts*, K.M.]" im *Hochland* zu veröffentlichen, die „den geschichtlichen und ideellen Gehalt [...] unter die kritische Lupe nähme und vor allem die Unmenge geschichtlicher Fehler und Mängel, Verzeichnungen und Verleum-

---

214 Daniel Feuling an Hildegard Seidel, Brief vom 18.02.1934 (Nachlass Feuling, Kloster Beuron).
215 Vgl. Raimund Baumgärtner: Weltanschauungskampf im Dritten Reich (1977); auch Rainer Bendel: Einführung (2002), S. 1.

dungen zusammenstellte",[216] aufgrund dieses „ernsten Zusammenstoß[es] mit der nationalsozialsozialistischen Pressezensur" nicht umgesetzt werden.[217] Dank eingehender Verhandlungen, die Fuchs mit den Behörden führte, war es immerhin möglich, die Einstellung des Augustheftes aufzuheben.[218] Den Abdruck expliziter Auseinandersetzungen mit Rosenbergs Bekenntnisschrift musste das Redaktionsteam des *Hochland* nach diesem Vorfall vermeiden und gab sich fortan auch insgesamt vorsichtiger. Gleichwohl: etliche Beiträge, insbesondere der Jahrgänge 31 (1933/34) und 32 (1934/35), beziehen sich indirekt auf diesen Debattenkontext.[219] Markiert ist dieser Bezug durch bestimmte Themen, wie etwa der Auseinandersetzung mit Meister Eckhart,[220] dem Alten Testament,[221] dem ‚Neuheidentum',[222] aber auch der Verhältnisbestimmung von Katholizismus, Nation und Wissenschaft.[223] Für den im *Hochland* unter verschärfter Zensur fortan zunehmend ‚verdeckt' und ‚esoterisch' ausgetragenen Weltanschauungskampf mit dem Nationalsozialismus mussten aber auch Begriffe wie ‚Universalismus', ‚Katholizismus', ‚katholische Wissenschaft' und ‚Reich' zu wichtigen Chiffren werden. Viele dieser Texte zielten, wie Muths und Feulings offen kritische Beiträge darauf, katholische Denktraditionen und Denker zu vindizieren, Missverständnisse sachlich richtigzustellen und das zur Diskussion stehende Deutungsmonopol zu behaupten, bzw. zurückzugewinnen, in dem man nazistische Gegenstimmen entwertete. Doch die explizite Erwähnung des ‚weltanschaulichen' Gegners blieb dabei aus und musste von dem kontextsensiblen und eingeweihten Leser hinzugedacht werden.

Zu einer solchen Sorte ‚esoterischer Publikationen' gehörte schließlich auch Feulings Abhandlung *Hauptfragen der Metaphysik*, die unter anderem auch als kritische Auseinandersetzung mit Alfred Rosenbergs *Mythus* angedacht war. Doch die ideologiekritische Stoßrichtung dieses Buches bleibt nahezu unbe-

---

216 M. Buchberger an Friedrich Fuchs, 25.08.1934, zit. n. Konrad Ackermann: Der Widerstand der Monatsschrift Hochland (1965), S. 112.
217 Ebd.
218 Vgl. ebd.
219 Vgl. Konrad Ackermann: Der Widerstand der Monatsschrift Hochland (1965), S. 113.
220 Alois Dempf: Meister Eckharts Verhängnis (1934/35), S. 28-42; Otto Karrer: Eckhart-Schrifttum und Historismus (1935/36), S. 374-376.
221 Joseph Bernhart: Um das Alte Testament (1934/35), S. 99-118.
222 Anton Hilckmann: Mittelmeerisches und nordisches Neuheidentum (1934/35), S. 376-380; Heinz Wild: Die Grundbegriffe der Deutschen Glaubensbewegung (1934), S. 412-422; Hans Ulrich Instinsky: Eine neue Stufe des Humanismus (1934), S. 464-467.
223 Friedrich Fuchs: Der Christ in der Zeit (1934/35), S. 481-487; Franz Baader [Wiederabdruck mit Aktualitätsbezug]: Über die Solidarität von Kirche, Wissenschaft und Kunst (1934/35), S. 382-383; Theodor Haecker: Analogia Trinitatis (1934/35), S. 499-510.

merkt und gewinnt erst in der Zusammenschau mit seiner Buchbesprechung im *Hochland* an Kontur. In der Tradition apologetischen Schreibens gestaltete Feuling seine Rezension sowohl in polemischer als auch in bekennender und werbender Absicht aus und realisierte einen ‚zersetzenden' Textumgang. Unverkennbar zeigt sich in seiner Buchbesprechung darüber hinaus der Einsatz für eine ‚katholische Wissenschaft', der er sich verpflichtet fühlte und um deren Aufwertung und öffentliche Anerkennung er sich grundsätzlich bemühte. In kritischer Auseinandersetzung mit Rosenbergs Wissenschaftspraxis konnte er dabei das ‚konfessionseigene' Wissenschaftsverständnis, dessen Normen (Objektivität, Sachlichkeit, Universalität und Transnationalität) er zu demonstrieren versuchte, als konkurrenzfähig präsentieren. Etliche katholische Theologen, wie sie im Umkreis des *Hochland* und des katholischen Akademikerverbands zu finden waren, dem auch Alois Dempf, Paul Simon und Daniel Feuling nahestanden, legten diese – ihrem Verständnis nach auch für die Wissenschaft geltende Bindung an das katholische Denk- und Glaubenssystem – als besondere Stärke aus, nicht zuletzt im Hinblick auf die Reize fremdideologischer Versuchungen.

Die Ablehnung des Rosenberg'schen *Mythus* im Besonderen und bestimmter Ideologeme des Nationalsozialismus im Allgemeinen, wie sie bei genannten Autoren zu finden ist, musste jedoch nicht in jedem Fall mit einer grundsätzlichen Ablehnung des NS-Regimes einhergehen. Vielleicht ist es bezeichnend, dass der einzige Brief in Feulings Nachlass, der sich unmittelbar auf seine *Hochland*-Rezension bezieht, von Ildefons von Herwegen (1874–1946) stammt, einem der wichtigsten Exponenten des KAV.[224] Der tendenziell nationalkonservativ gesinnte von Herwegen, der noch im Juli 1933 auf der soziologischen Sondertagung des KAV Hitlers Machtantritt hoffnungsvoll begrüßt und in einer Veröffentlichung aus dem Jahr 1934 zur „treuen Mitarbeit und zum opferbereiten Einsatz für das Wohl und Blühen unseres Vaterlandes aufgerufen" hatte,[225] dankt Feuling darin „wärmstens" für dessen „ausgezeichneten Aufsatz im Augustheft des ‚Hochland'".[226] Von einer kritischen Rezeption des *Mythus* lässt sich, und dafür ist von Herwegens Brief nur ein winziger Beleg unter vielen,[227] nicht ein generell kritisches Verhältnis zum Nationalsozialismus ableiten –

---

[224] Zu Ildefons von Herwegen vgl. Dagmar Pöpping: Abendland (2002); Alois Baumgartner: Sehnsucht nach Gemeinschaft (1977), S. 133–170; Guido Müller: Der Katholische Akademikerverband (1997), S. 551–576.
[225] Vgl. dazu Guido Müller: Der Katholische Akademikerverband (1997).
[226] Ildefons von Herwegen an Daniel Feuling, 06.08.1934 (Nachlass Feuling, Kloster Beuron).
[227] Vgl. Lucia Scherzberg: Katholizismus und völkische Religion (2012).

dafür liefert nicht zuletzt die parteiinterne Kritik an Rosenbergs Buch den Beweis.[228]

Nichtsdestoweniger zeichnet sich an dem in den ersten Jahren der NS-Herrschaft geführten ‚Kampf der Weltanschauungen' vielfach das nonkonformistische Engagement katholischer Intellektueller und Kulturproduzenten ab. Wie die dargelegten Analysen der Texte von Carl Muth, den Bonner Theologen, Paul Simon und Daniel Feuling deutlich machen, engagierten sie sich auf der einen Seite durch eine Kommunikation nach ‚Innen' für Aufklärung, apologetische Rüstung und konfessionelle Identitätsstabilisierung ihrer Leserschaft; in der Kommunikation nach ‚Außen' ging es ihnen auf der anderen Seite darum, konfessionseigene Denktraditionen, Konzepte, Topoi, Begrifflichkeiten, aber auch historische Figuren zu verteidigen, zu vindizieren und zu popularisieren – zunächst auf offenem, dann auf ‚verdecktem' Wege. Den allgemeinen Kurs ihres publizistischen Schaffens mussten sie dafür im Laufe der NS-Herrschaft nicht unbedingt ändern, ihre oftmals fach- und konfessionsspezifischen Publikationen gewannen aber gerade darin, esoterische Darstellungen zu sein, eine ideologiekritische Stoßrichtung bei gemeinschaftsstabilisierender Funktion.

Die hier behandelten Texte liefern für derlei Phänomene nur Beispiele. Wie sich katholische Intellektuelle im Kontext des am *Mythus* entzündeten Deutungskampfes engagierten und inwiefern sie dafür auf Strategien esoterischer Kommunikation zurückgriffen, ließe sich durch etliche weitere Beispiele ergänzen. Aufschlussreich wäre in diesem Zusammenhang etwa die Rezeption Meister Eckharts im ‚Dritten Reich'. Wie mittlerweile bekannt ist, laborierte die nationalsozialistische Weltanschauungsindustrie an einer ‚deutschen Linie des Denkens und Fühlens',[229] in die auch etliche dezidiert katholische Denker eingespannt werden sollten. Rosenbergs populärwissenschaftlich ausgerichteter *Mythus* arbeitete mit seiner NS-konformen Rezeption des ‚Meisters' diesem Großprojekt zu und situierte so den Katholizismus in eine gewisse Konkurrenzsituation. Die Debatte um die richtige Interpretation des spätmittelalterlichen Philosophen und Mystikers wurde breit ausgetragen und an ihr beteiligte sich nicht nur die Gelehrten-, sondern auch die Laienwelt.[230] Aus dem der Kulturzeitschrift *Hochland* nahestehenden Autorenkreis war es vor allem Alois Dempf, der sich um eine adäquate Deutung des ‚Meisters' bemühte und sie sowohl in fach-

---

228 Siehe hierzu Ernst Piper: Alfred Rosenberg (2005), S. 186–188.
229 Siehe hierzu das DFG-Projekt „Internationale akademische Beziehungen Deutschlands von 1933 bis 1945": http://ns-wissenschaft.fheh.org/?page_id=173 (28.10.2021).
230 Vgl. Ingeborg Degenhardt: Studien zum Wandel des Eckhartbildes (1967), S. 255–256.

lichen wie auch auf populären Darstellungsformen lancierte.²³¹ Der von Rosenbergs Buch befeuerte ‚Kampf der Weltanschauungen' verlieh seinen lang geplanten Eckhart-Publikationen gegenwartspolitische Schärfe, sodass sie sich punktuell als Generalinvektiven gegen den NS-Ideologen lesen ließen. 1934 veröffentlichte Dempf beispielsweise die Einleitung seiner ‚Einführung in das Werk des Meisters'²³² unter dem dramatisierenden Titel *Meister Eckharts Verhängnis*. Ohne Rosenberg namentlich zu erwähnen, musste dem informierten *Hochland*-Leser klar sein, dass es sich dabei auch um eine ‚esoterische' Mythus-Kritik handelte. Denn Dempf eröffnete seine Einleitung mit der Feststellung, dass „Meister Eckhart [...] jetzt schon beinahe dreißig Jahre in Mode bei Leuten [ist], die ihn gar nicht verstehen können, ja völlig mißverstehen müssen".²³³ Die von Dempf erwähnte Zeitspanne von ‚dreißig Jahren' gab den Hinweis für den kritischen Hintersinn der Publikation. Dafür musste man jedoch wissen, dass sich Rosenberg bei seiner Umdeutung des katholischen Mystikers zum antidogmatischen, kirchenfeindlichen und „größte[n] Apostel der Germanen" maßgeblich auf die Eckhartdarstellung Hermann Büttners stützte.²³⁴ Mit dem Ziel, einen an die Lage der Zeit akkommodierten Denker und Weltdeuter zu installieren, hatte Büttner Eckharts *Schriften und Predigten* ohne jegliche philologische Ambition in neuhochdeutsche Sprache übertragen und in zwei Bänden (1903, 1909) herausgegeben. „Was Eckehart in einer fremden Sprache geredet hat – denn das deutsch des 14. Jahrhunderts ist dem 20. Jahrhundert eine fremde Sprache", erklärt Büttner im Vorwort des ersten Bandes, „das soll sie vor einem neuen Menschenkreise und unter dessen Sprachbedingungen aufs Neue reden, es dem Sinne und Gefühl zu unmittelbarer Aneignung darbieten".²³⁵ Der Popularisierung des auf die Bedürfnisse der Gegenwart zugeschnittenen, aber fehlgedeuteten Mystikers war damit erfolgreich Tür und Tor geöffnet worden. Ganz im Zeichen der Zeit entwarf Büttner das Bild eines antiklerikalen, freigeistigen ‚Eckhart', der zum Erneuerer der germanischen Religion der Zukunft berufen werden sollte.²³⁶ Der Einfluss, den sein Eckhartbild gesellschaftlich ausübte, war fatal. Es erschien, wie Ingeborg Degenhardt treffend bemerkt, „geradezu wie eine Denkschablone, der man überall, wo Eckhart diskutiert wurde, in wissenschaftlichen und halbwissenschaftlichen Kreisen, auf dem Katheder oder im

---

231 Etwa in Alois Dempf: Meister Eckhart. (1934); ders. (Hg.): Vom inwendigen Reichtum (1937).
232 Alois Dempf: Meister Eckhart (1934).
233 Alois Dempf: Meister Eckharts Verhängnis (1934/35), S. 28.
234 Alfred Rosenberg: Mythus (⁵1933), S. 2.
235 Meister Eckehart. Schriften und Predigten (1903), S. XI.
236 Vgl. Ingeborg Degenhardt: Studien zum Wandel des Eckhartbildes (1967), S. 261.

Salon, begegnen konnte".[237] Auch Rosenberg las Büttners Ausgabe mit Begeisterung, warb in seinem *Mythus* für die Lektüre[238] und übernahm ganz ungeniert ganze Passagen im Wortlaut.[239] Auf Rosenbergs verzerrende Eckhart-Rezeption reagierte Dempf, ähnlich wie Feuling, mit einer Gegendarstellung, die als ‚Richtigstellung' fungieren sollte.[240] Wenngleich er darin keine explizite Kritik an Rosenberg übte, konnte er gewiss darauf vertrauen, dass der um den ‚Kampf der Weltanschauungen' wissende Leser ‚zwischen den Zeilen' lesen würde.

---

237 Ebd., S. 255.
238 Vgl. Alfred Rosenberg: Mythus des 20. Jahrhunderts (1934), [221]: Büttners Eckhartbuch gehöre „als erste Schrift in jedes deutsche Haus".
239 Vgl. Ingeborg Degenhardt: Studien zum Wandel des Eckhartbildes (1967), S. 262.
240 Vgl. Alois Dempf: Meister Eckhart (1934), S. 4.

5 ‚Katholische Literatur' als Medium esoterischer Kommunikation?

Im Zentrum der folgenden Ausführungen steht die Frage, welche Rolle die literarischen Beiträge, die im *Hochland* unter den restriktiven literaturpolitischen Bedingungen des ‚Dritten Reichs' erschienen sind, für den ‚literarischen Katholizismus' und seine Autorinnen und Autoren spielten. In literatur- und kulturhistorischer Perspektive interessieren vor allem Formen und Funktionen dissidenter literarischer Kommunikation, die anhand von zwei Fallstudien exemplarisch rekonstruiert werden. Es handelt sich dabei zum einen um Werner Bergengruens Erzählung „Die Aussätzige" (1940), die als Auszug seines Romans *Am Himmel wie auf Erden* (1940) im *Hochland* vorabgedruckt wurde, sowie zum anderen um die ebenfalls im *Hochland* publizierten „Tagebuchblätter" (1940), die einen Auszug aus Theodor Haeckers *in toto* erst *postum* 1947 veröffentlichtem Diarium *Tag- und Nachtbücher* darstellen.

5.1 Literarischer Katholizismus im *Hochland*

25 Jahre nachdem die katholische Kulturzeitschrift *Hochland* aus der Taufe gehoben wurde, zog ihr Gründer Carl Muth eine erste Bilanz: Im Jubiläumsjahrgang 1927 erschien seine Antwort auf die Frage, ob und inwiefern die Umsetzung des 1898 so enthusiastisch formulierten Kulturprogramms gelungen sei. In dem damals unter dem bezeichnenden Titel *Steht die katholische Belletristik auf der Höhe der Zeit? Eine Gewissensfrage* erschienenen Heftchen – auch bekannt als *Veremundus-Schrift* – artikulierte der reformkatholische Muth die Notwendigkeit, eine sowohl zeitgemäße, den literarästhetischen Innovationen der Moderne Genüge leistende, als auch genuin katholische, also sich auf außerästhetisch-religiöse Maßstäbe verpflichtende Literatur zu etablieren. Dem Plädoyer ging die provokante Diagnose eines literarisch rückständigen Katholizismus voraus, dem der Verfasser Engherzigkeit, Moderneangst, Dogmatismus und Prüderie attestierte. Als Therapeutikum, das auch der kulturprotestantischen Polemik des ‚Catholica non leguntur' (Katholisches wird nicht gelesen) Einhalt gebieten sollte,[1] schwebte dem Publizisten die Vision einer umfassenden Kulturzeitschrift vor. Im Sinne einer Plattform geistig-religiösen Austausches sollte die ersehnte Kulturrevue die notwendigen Voraussetzungen für die Wiederbelebung eines gesellschaftsrelevanten Kulturkatholizismus und insbesondere für

---

1 Vgl. Peter J. Brenner: „Catholica non leguntur" (2007), S. 291.

die Ausbildung einer konkurrenzfähigen ‚Höhenkunst' aus dem Geiste der Heimatkunst schaffen.² Mit der Gründung der Zeitschrift *Hochland* im Jahre 1903 nahm Muths Idee schließlich konkrete Gestalt an.³

Die Ziele und Absichten des publizistischen Großunternehmens, die sich verstreut in seinen um die Jahrhundertwende verfassten Programmschriften finden lassen, werden in der 1927 gezogenen Bilanz resümierend rekapituliert und können in vier wesentlichen Punkten zusammengefasst werden: *Erstens* sollte die Zeitschrift als „Form kollektiver Geistesarbeit"⁴ zur Sammelstelle einer katholisch-intellektuellen Elite werden, die *zweitens* in bildender Funktion auf das katholische Milieu rückwirken und dieses artikulationsfähig machen, also kulturell aufwerten sollte. *Drittens* hatte Muth die Hoffnung, sein *Hochland* könne als Förderstelle einer katholischen Literaturproduktion nationalpädagogische Wirkungskraft entfalten und so *viertens* unter katholischen Schriftstellern die Fähigkeit ausbilden, die sogenannte ‚ästhetische Moderne' aktiv mitzugestalten. Aus dem bilanzierenden Rechenschaftsbericht, der sich in weiten Teilen als Werbetext liest, geht hervor, dass der für die Gründung der Zeitschrift maßgebliche „Bereich des Kulturell-Ästhetischen"⁵ auch noch Jahrzehnte später für das Profil des Periodikums von Bedeutung war. Nicht zufällig platzierte man die unter dem Titel „Romane, Novellen, Gedichte" geführte Rubrik, die, obgleich in den Jahren 1933 bis 1941 reduziert, bis zum Verbot der Zeitschrift aber beibehalten wurde, im Inhaltsverzeichnis durchgehend an erster Stelle. Weitaus bemerkenswerter ist allerdings, dass Carl Muth das kulturelle, religiöse und ästhetische Programm seines *Hochland*-Projekts, ungeachtet der tiefgreifenden ästhetischen, historischen und gesellschaftspolitischen Entwicklungen und Umbrüche in den ersten Dekaden des 20. Jahrhunderts, kaum einer Änderung unterzog, sondern mit großer Konstanz für seine bereits unter den Bedingungen des Kaiserreichs formulierten Vorstellungen eintrat.

---

2 Vgl. Karlheinz Rossbach: Heimatkunst der frühen Moderne (2000), S. 301. Siehe auch Maria Cristina Giacomin: Zwischen katholischem Milieu und Nation (2009), S. 77–143.
3 Zur Geschichte der Zeitschriftengründung vgl. insbesondere Maria Cristina Giacomin: Ein „goldener Mittelweg" zwischen Kirche und moderner Welt? (2018); auch dies.: Zwischen katholischem Milieu und Nation (2009); Elke Egger: Catholica non Leguntur (1993); Gilbert Merlio: Carl Muth et la revue „Hochland" (2006); Winfried Becker: Karl Muth und das Hochland (2009); Harald Bäumler: Mit Muth ins Hochland (2009); auch Clemens Bauer: Carl Muhts und des Hochland Weg. In: HL 59 (1967), S. 234–247.
4 Carl Muth: Bilanz (1927), S. 1.
5 In der Forschungsliteratur zum *Hochland* wurde darauf bereits mehrfach hingewiesen, siehe insbesondere Friedrich Vollhardt: *Hochland*-Konstellationen (2008), S. 68.

An diese Ausgangsbeobachtung lassen sich eine ganze Reihe interessanter Fragen anschließen, die in der umfangreichen Forschungsliteratur zum *Hochland* bereits weiträumig resonierten: Welche Art von Literatur wird in der kulturkatholisch-konservativen Zeitschrift abgedruckt?[6] Welche Autorinnen und Autoren publizieren hier? Inwiefern orientieren sie sich an Carl Muths enthusiastisch formulierten poetologischen Überlegungen?[7] Und kann, wie Thomas Pittrof in seinem programmatischen Beitrag zum „Literarische[n] Katholizismus als Forschungsaufgabe" betont, noch allgemeiner danach gefragt werden, welche Bedeutung die im *Hochland* kultivierte Literatur für den vornehmlich „an den Phänomenen der historischen Avantgarden orientierten Modernebegriff[]" einnimmt?[8] Lässt sich die von Carl Muth in seinem Journal geförderte Literatur möglicherweise als eine deutsche Spielform des *Renouveau catholique* deuten?[9] Wie lässt sich ferner der strukturelle Wertungskonflikt von Ethik und Ästhetik einschätzen, dem sich eine weltanschaulich gebundene Kunstproduktion, wie sie Muth vorschwebte, ausgesetzt sah? Und schließlich: Wie lassen sich vor diesem Hintergrund die belletristischen und in einem weiter gefassten Sinne literarischen Beiträge bewerten, die in den von Zensurmaßnahmen bestimmten Jahren 1933–1941 erscheinen?

Mir geht es im Folgenden vornehmlich um die Auseinandersetzung mit der letzten Frage, die in der Forschungsliteratur bislang nur unzureichend Beachtung fand.[10] Im Zusammenhang mit dem eigentümlichen Zeitschriftenprofil wurden die während des ‚Dritten Reiches' erschienenen, genuin literarischen

---

6 Vgl. Martha Körling: Die literarische Arbeit der Zeitschrift Hochland (1958); Anton Wilhelm Hüffer: Karl Muth als Literaturkritiker (1959); Maria Cristina Giacomin: Zwischen katholischem Milieu und Nation (2009); Elke Egger: Catholica non Leguntur 1993; Peter J. Brenner: „Catholica non leguntur" (2007); Manfred Weitlauff: ‚Modernismus litterarius' (1988).
7 Vgl. hierzu Martha Körling: Die literarische Arbeit der Zeitschrift Hochland (1958); Friedrich Vollhardt: Hochland-Konstellationen (2008); Winfried Becker: Karl Muth und das Hochland (2009).
8 Thomas Pittrof: Literarischer Katholizismus als Forschungsaufgabe (2007), S. 375; vgl. hierzu insbesondere auch ders.: Drei Thesen zur modernitätshistorischen Einordnung des Hochland (2018); ferner Manfred Weitlauff: ‚Modernismus litterarius' (1988); Maria Cristina Giacomin: Ein „goldener Mittelweg" zwischen Kirche und moderner Welt? (2018).
9 Vgl. hierzu Wilhelm Kühlmann, Roman Luckscheiter (Hg.): Moderne und Antimoderne (2008).
10 Die einschlägige, in mancherlei Hinsicht allerdings überholte Studie Karl Ackermanns: Der Widerstand der Monatsschrift Hochland (1965) fokussiert das Gesamtprofil der Zeitschrift während des ‚Dritten Reichs'. Die literarischen Beiträge nehmen hierin allerdings eine nur marginale Rolle ein.

Beiträge so gut wie gar nicht in den Blick genommen.[11] Dabei bot das *Hochland* gerade in den Jahren der nationalsozialistischen Gewaltherrschaft für viele katholische und oftmals prominente Autorinnen und Autoren der ‚Inneren Emigration', wie etwa Reinhold Schneider, Werner Bergengruen, Stefan Andres, Gertrud von Le Fort oder Theodor Haecker, eine geeignete Publikationsplattform „konfessioneller Dichtung".[12] Als religiös bestimmtes Denk- bzw. Wertekollektiv zeichneten sich die in Rede stehenden, konfessionell gebundenen Schriftstellerinnen und Schriftsteller nicht selten dadurch aus, das sie christliche, humanistische und zuweilen auch nationalkonservative und monarchistisch-traditionalistische Werte in ihre Literaturproduktion einbezogen. Ihre Publikationen können jedenfalls als vielstimmiger und vielfältiger Ausdruck eines ästhetisch-literarischen Stils rekonstruiert werden, der in signifikantem Zusammenhang zum weltanschaulichen Bekenntnis stand. Obgleich sie sich dabei, in den Worten Friedrich Vollhardts, nicht unbedingt „von den Entwürfen und Ideen inspirieren l[ie]ßen, die Muth vor dem Ersten Weltkrieg in einigen programmatischen Schriften entwickelte",[13] kann behauptet werden, dass sie von der Schriftleitung des *Hochland* gefördert wurden und so die literarästhetischen Konturen der Zeitschrift in den Jahren des Nationalsozialismus maßgeblich prägten. Die Präsenz dieser Autorengruppe trug mitunter dazu bei, dass Muths Journal als mehr oder minder NS-distanziertes Publikationsorgan rezipiert wurde.[14]

Interessanter als den Einflüssen der poetologischen Überlegungen Carl Muths nachzuspüren und sie mit den *Hochland*-Publikationen abzugleichen, um zu eruieren, wie weit Programm und Praxis konvergierten, erscheint mir deshalb eine andere Frage zu sein, die sich nur induktiv beantworten lässt. Welche Rolle spielte die Zeitschrift während der restriktiven Literaturpolitik des ‚Dritten Reichs' für die Ausgestaltung und das Überdauern des ‚literarischen Katholizismus'? Ruft man sich noch einmal in Erinnerung, dass unter ‚literari-

---

11 In dem jüngst veröffentlichten, einschlägigen Sammelband von Thomas Pittrof zu Carl Muth und dem *Hochland* (Thomas Pittrof: Drei Thesen zur modernitätshistorischen Einordnung des Hochland [2018]) gibt es zwar einen Beitrag zu den Veröffentlichungsjahren 1933–1941, dieser kommt allerdings ganz ohne eine Auseinandersetzung mit den literarästhetischen Publikationen der behandelten Zeit aus.
12 Gerhard Ringshausen: Der christliche Protest (2012).
13 Friedrich Vollhardt: *Hochland*-Konstellationen (2008), S. 69.
14 Erwin Rotermund, Heidrun Ehrke-Rotermund: Der Kampf und die deutsche Seele (2007), S. 201 zählen das *Hochland* zu den wichtigsten Zeitschriften, in denen die ‚verdeckte Schreibweise' praktiziert wurde.

schem Katholizismus' ein „literarische[s] Sub-System[] und eine[] Lese-, Schreib-, Verlags- und Zeitschriftenkultur" zu verstehen ist,

> dessen/deren Vertreter in ehemals oder aktuell katholisch, traditionalistisch oder modernistisch definierten Frage- und Diskurszusammenhängen denken, schreiben, argumentieren, symbolisieren und sich in überwiegender Anzahl, jedoch durchaus verschiedener Färbung und Intensität dazu im Rahmen ihrer persönlichen Wertorientierung reflektiert bekennen,[15]

dann muss sich das *Hochland* als eines der relevantesten Publikationsorgane des Kulturkatholizismus im 20. Jahrhundert an diesem Programm messen lassen. Dabei ist immer wieder zu lesen, dass das „Dilemma des *Hochland*-Unternehmens" darin auszumachen sei,[16] dass die Zeitschrift „[a]ngesichts der Herausforderungen der literarischen Moderne (vom Naturalismus bis zum Expressionismus) [...] nicht fähig [war], ihre Versprechen einzulösen".[17] Mit solcherlei, sicherlich nicht falschen, aber alleinig an den literarischen Avantgarden ausgerichteten Einschätzungen verstellt man sich allerdings einen differenzierten Blick auf die „Fülle der literarischen Erscheinungen" und die gesteigerte Komplexität, die das moderne „Literatursystem[] bis zur ‚Unübersichtlichkeit'" treiben.[18] Gerade der sich in den ersten Dekaden des 20. Jahrhunderts „vom kirchlichen Autoritätsdruck" emanzipierende ‚literarische Katholizismus' kann als literarisches Teilsystem über die ‚Ambivalenz' der Moderne, auch über die Ambivalenz der literarischen Moderne aufklären.[19] Gewiss liegen die „Aporien des literarischen Katholizismus" darin,[20] der ästhetischen Moderne einerseits ebenbürtig begegnen zu wollen, d.h. modernistischen Ansprüchen und formalästhetischen Maßstäben Priorität einzuräumen, andererseits aber eine genuin katholische Literaturproduktion zu befördern, die zwar keine Gesinnungsästhetik sein, aber gezielt ethisch-religiöse Bildungsarbeit verrichten sollte.[21] Diese *prima facie* aporetisch erscheinende Spannung zwischen ästheti-

---

15 Zit. n. Thomas Pittrof: Literarischer Katholizismus als Forschungsaufgabe (2007), S. 376.
16 Maria Cristina Giacomin: „Wiederbegegnung von Kirche und Kultur"? (2014), S. 78.
17 Ebd.
18 Wilhelm Haefs: Einleitung (2009), S. 20.
19 Vgl. ebd. Haefs plädiert in seiner *Einleitung zur Sozialgeschichte einer Literatur 1933 bis 1945* für die literarhistorische Verwendung des – der Geschichtswissenschaft entlehnten – Begriffs der ‚ambivalente Moderne', S. 18.
20 Friedrich Vollhardt: *Hochland*-Konstellationen (2008), S. 67.
21 Vgl. Maria Cristina Giacomin: Zwischen katholischem Milieu und Nation (2009), S. 391: „Die Begegnung mit der literarischen Moderne setzte die Bereitschaft voraus, sich in seiner Weltdeutung und in seinen Werthaltungen selbst in Frage stellen zu lassen. Dazu aber war das

scher Autonomie und religiöser Heteronomie ist jedoch nicht unbedingt ‚unmodern', sondern sie lässt sich unter dem Gesichtspunkt ‚engagierter Kunstproduktion' als intrinsischer Bestandteil der Modernebewegungen werten.[22] Dies, so meine Einschätzung, kann für etliche genuin literarische Beiträge, die im *Hochland* während des ‚Dritten Reichs' erschienen sind, geltend gemacht werden und den Blick auf eine reflektierte,[23] aber spezifischen Normen und Werten zugewandte Auseinandersetzung mit der literarischen Moderne öffnen.

Dafür, dass zumindest einige *Hochland*-Autoren als engagierte Schriftsteller im eingangs definierten Sinne gelten können, habe ich bereits in der Einleitung argumentiert und im vorangegangenen Kapitel mit Muth und Feuling auch erste Beispiele aus dem *Hochland*-Umfeld geliefert. Auch die im Folgenden fokussierten Autoren können punktuell als Produzenten einer stellungnehmenden und sich auf ein bestimmtes, moralisch gebundenes Wertesystem verpflichtenden Literatur gelten, die Anspruch auf Weltdeutung erhebt und somit ‚etwas will',[24] das vom *status quo* Abstand nimmt. Zu berücksichtigen ist dabei, dass die Machtübernahme der Nationalsozialisten 1933 eine, wenngleich nicht „alles", so doch vieles „verändernde Zäsur" markiert, die mit weitreichenden Konsequenzen für das Sozialsystem Literatur im Allgemeinen und auch der katholisch ausgerichteten Literatur im Besonderen einherging.[25] Die im *Hochland* während der NS-Diktatur abgedruckten literarischen Texte müssen daher als ‚beherrschte Literatur' (Lämmert) verstanden werden. Während man in den ersten Jahren des NS-Regimes im *Hochland* noch relativ offen Kritik üben konnte, verschärfte sich spätestens ab 1935 mit dem Inkrafttreten des Schriftleitergesetzes und der zunehmenden Presselenkung die Lage. In manchen der im Folgenden rekonstruierten Fällen hat man es dementsprechend faktisch mit Texten zu tun, die sich kritisch zur aktualen NS-Herrschaft positionieren, diese Position aber klandestin kommunizieren. Um die Eigentümlichkeiten dieser Art von Literatur angemessen beurteilen zu können, reicht zumindest, so meine Einschätzung, weder eine bloß ‚modernehistorische' noch eine lediglich politisch wertende Perspek-

---

katholische Hochland nicht bereit. Daraus ergibt sich das Bild einer Zeitschrift, die sowohl einen formalästhetischen als auch einen thematischen Konservatismus an den Tag legt, der nur im Vergleich mit der Tendenzliteratur des katholischen Milieus als fortschrittlicher und ‚welthaltiger' angesehen werden kann."
22 Vgl. Helmuth Kiesel: Geschichte der literarischen Moderne (^{4}2016), S. 267–272.
23 Zum Begriff der ‚reflektierten Moderne' vgl. Helmuth Kiesel: Geschichte der literarischen Moderne (2004), S. 299–303. Allgemeiner ders. und Sabina Becker: Literarische Moderne. Begriff und Phänomen (2007).
24 Vgl. Jean Paul Sartre: Was ist Literatur? (1958), S. 163.
25 Wilhelm Haefs: Nationalsozialismus und Exil (2009), S. 13.

tive aus. Vielmehr lässt sich aus der Rekonstruktion der Kommunikationsbedingungen, unter denen die entsprechenden Texte produziert und rezipiert wurden, ein Einblick in eine spezifische Form schriftstellerischen ‚Engagements' gewinnen und damit ein aufschlussreiches Schlaglicht auf die Gestaltungen des literarischen Katholizismus im *Hochland* während des ‚Dritten Reichs' werfen.

Um dies zu demonstrieren, gehe ich von der wiederholt zu lesenden Einschätzung aus, die den Nationalsozialismus „ablehnende Position"[26] des *Hochland* sei nur für einen „Kreis von Eingeweihten" erkennbar gewesen,[27] ein Kreis, für den die Zeitschrift weniger einen „Aktivierungsraum" als vielmehr einen „Zufluchtsort in der Abwendung von der unseligen Gegenwart" bot.[28] Diese Charakterisierung entspricht jener allgemeineren Beschreibung, wie sie für die ‚Literarische Innere Emigration' vielfach erstellt worden ist: Man beobachtet biographisch oder thematisch einen „Rückzug" ins Private,[29] in die Idylle, ins Erbauliche, ins Irrationale und bewertet sie entsprechend als das Gegenteil politischer und damit auch als das Gegenteil engagierter Dichtung.[30] Tatsächlich scheint es sehr plausibel, dass in einer ‚Netzwerkzeitschrift', wie sie Carl Muth von Anfang an im Sinn hatte und auch in seinen öffentlichen Äußerungen, etwa seiner „Bilanz", bestätigte, esoterisch, also im ‚Kreis von Eingeweihten', kommuniziert worden ist. Dass sich diese Form der Kommunikation zwischen 1933 und 1941 in einer bloß eskapistischen und konsolatorischen Funktion erschöpfte, darf bezweifelt werden. Selbstverständlich kann und soll dem *Hochland* im Folgenden keine globale Funktion dissidenter Publizität zugeschrieben werden, lokal aber lassen sich sehr wohl Beobachtungen aggregieren und auf induktivem Wege auswerten, die Dissidenz markieren. Im Rahmen dieses Kapitels werden daher einige literarische Beiträge des *Hochland* während des ‚Dritten Reiches' in exemplarischer Absicht und im Kontext der eingeschränkten Kommunikationsbedingungen auf ihre Formen und Funktionen hin untersucht. Fallbeispielartig kann dabei veranschaulicht werden, dass sich in Bezug auf bestimmte Textgruppen legaler und nonkonformer Veröffentlichungen ein esoterischer Kommunikationstypus ausmachen lässt, dessen Spezifikum darin besteht, dass er von Denk- und Gesinnungsgemeinschaften einer

---

26 Norbert Frei: Journalismus im Dritten Reich (1989), S. 68.
27 Hans Günther Hockerts: Abstand oder Widerstand? (2018), S. 429.
28 Ebd., S. 442.
29 Marcin Gołaszewski, Magdalena Kardach, Leonore Krenzlin: Im Reich und außerhalb (2016), S. 2.
30 Vgl. etwa Ralf Schnell: Literarische Innere Emigration (1976), S. 10–15.

jeweils bestimmten weltanschaulichen Couleur bedingt und praktiziert wurde, denen die Publikation oftmals als Mittel zur Selbstverständigung – auch, aber nicht nur – über ihr publizistisches Engagement diente. Beim esoterischen Schreiben, wie ich es im Blick habe, handelt es sich, wie im zweiten Kapitel der Arbeit eingehend dargelegt, nicht allein um ein Phänomen, das sich, wie das von Heidrun Ehrke-Rotermund und Erwin Rotermund charakterisierte ‚verdeckte Schreiben', an spezifischen Textmerkmalen festmachen ließe. Esoterische Kommunikation in dem von mir dargelegten Sinne ist vielmehr ein Funktionsprinzip, bei dem jenseits der Einzeltextmanifestationen auch extratextuelle Kontexte, also etwa spezifische Netzwerke und soziale Institutionen sowie an sie geknüpfte Textumgangspraktiken auf der Produktions- wie der Rezeptionsseite zum Tragen kommen. Das Kapitel gliedert sich wie folgt:

Nach einer kurzen Analyse der wichtigsten Argumente der anfänglich angeführten „Bilanz" von Carl Muth, in der über das „Programm, das Ziel, das Gewollte" des *Hochland*-Projekts Rechenschaft abgelegt wird (5.2), gebe ich, flankiert von Karl Schaezlers einschlägigem Bericht über das *Hochland* im Nationalsozialismus, einen groben Überblick über die in diesem Zeitraum erschienenen literarischen Beiträge (5.3). Anhand zweier konkreter Textbeispiele, der Erzählung „Die Aussätzige (1940) von Werner Bergengruen und Theodor Haeckers ebenfalls 1940 publizierten „Tagebuchblättern", wird anschließend rekonstruiert, auf welche Weise gerade im Medium ‚katholischer Literatur' dissidente Kommunikation unter Zensurbedingungen realisiert wurde. Da es sich in beiden Fällen um die Veröffentlichung eines Textauszugs handelt und dieser fragmentarische Charakter auch für den Leser deklariert wurde, ist eine Auseinandersetzung mit dem Gesamttext unumgänglich, d.h. auch der infratextuelle Kontext zu berücksichtigen. Die Relation zwischen Textauszug und Gesamttext ist einer der textuell nicht sichtbaren, gleichwohl für die Rezeption entscheidenden Faktoren. Im Falle Bergengruens wird es entsprechend darum gehen, seinen historischen Roman *Am Himmel wie auf Erden*, der gemeinhin als oppositioneller Camouflagetext und als wichtiges Dokument der literarischen ‚Inneren Emigration' gilt,[31] ins Verhältnis zum Kapitelextrakt zu setzen (5.4). Durch eine kontextualisierende Analyse des Romans sowie die Rekonstruktion von Produktions- und Rezeptionsseite können bisherige Einschätzungen, die sich in der Forschungsliteratur zu *Am Himmel wie auf Erden* einerseits und zu Bergengruen als repräsentativem Schriftsteller der ‚Inneren Emigration' andererseits finden, differenziert werden. Am Beispiel von Theodor Haeckers „Tagebuchblättern" (1940) wird anschließend dargelegt (5.5), wie die zunächst etwas kryptisch

---

31   Vgl. Alf Mentzer, Hans Sarkowicz: Schriftsteller im Nationalsozialismus (2011), S. 122.

erscheinende Publikation im Zusammenhang mit den sprachphilosophischen Überlegungen des Autors zu einer katholischen Literaturproduktion einerseits und den vielfältigen und gattungstranszendierenden Funktionen seines Diariums andererseits einen esoterischen Textsinn gewinnen konnte, der in der Auszugspublikation verankert ist, darin aber bei weitem nicht aufgeht. Um dies zu zeigen, sind weitreichende Kontextualisierungen notwendig, die unter anderem Haeckers Auseinandersetzung mit dem satirischen Schreiben einbegreifen. Ein Resümee (5.6) bündelt die Ergebnisse und gibt in einer vorsichtigen Generalisierung der Befunde einen Ausblick auf die Invarianten und Kontinuitäten des ‚literarischen Katholizismus' im *Hochland*.

5.2 Kein „Advent einer großen katholischen Dichtung". Carl Muths „Bilanz"

Der als „Bilanz/Eine Umschau aus Anlaß des 25. Jahrganges" titulierte Aufsatz, der 1927 den *Hochland*-Jahrgang eröffnet, ist in sieben Kapitel gegliedert, die jeweils durch Asteriske voneinander abgetrennt sind. Muth leitet seinen Text mit der durch Hegels Geschichtsphilosophie inspirierten Behauptung ein, dass „[j]ede einseitige Bewegung" „notwendig rückläufig" sei und sich der „Fortschritt zum Guten" nur in der Wechselwirkung von Irrtum und Erkenntnis entfalten könne.[32] Mit der nahezu sentimental anmutenden Frage, ob das sich aus dem „Hin und Her" von „Hoffnung und Furcht" ergebende menschliche Leid irgendwie zu überwinden sei,[33] greift Muth das eigentliche Thema seines Textes auf: Es geht ihm angesichts des Zeitenwandels um eine „Bilanz und Inventur" seines nunmehr 25 Jahre währenden publizistischen Engagements. Dazu verknüpft er allgemeine medientheoretische Überlegungen mit dem konkreten Programm des *Hochland*. In dem als Einleitung fungierenden ersten Kapitel nimmt er zunächst eine allgemeine Charakterisierung des Publikationsformats ‚Zeitschrift' vor, das er als ein strukturell dialogisches und pluralistisches Medium bestimmt:

> Das Wesen der periodischen Veröffentlichung [...] ist nicht monologisch, es ist auf den Dialog berechnet, und der Mehrstimmigkeit einer Erörterung zu gleicher Zeit oder mit geringen Pausen steht nicht nur nichts im Wege, sie wird vielmehr als ein Zeichen der inneren Lebendigkeit begrüßt und von den Lesern begehrt. Der Wunsch eines Schreibenden, es möchten sich aus dem Leserkreis Stimmen zu seinen Darlegungen erheben, ist eine fast

---

32 Carl Muth: Bilanz (1927), S. 1.
33 Ebd.

regelmäßige Erscheinung, sie beweist, wie gerne auch der geistige Mensch in der Gemeinschaft lebt.³⁴

Von anderen Medien, wie etwa dem Buch oder dem Kunstwerk, unterscheide sich das Periodikum also vornehmlich dadurch, dass es der „Form kollektiver Geistesarbeit"³⁵ entspreche und damit die notorische Vereinzelung des ‚Geistesmenschen', also des Intellektuellen aufhebe. Gerade durch ihre Eigenschaft, ein „Organ des kollektiven Denkens" zu sein, weise die Zeitschrift eine strukturelle Ähnlichkeit („wahlverwandte Einrichtung") zu dem wesenhaft gemeinschaftlichen und ganzheitlich ausgerichteten Katholizismus auf, argumentiert Muth.³⁶ Einheit stelle sich allerdings nicht allein durch die kollektive Anlage des Mediums ein. Das einheitsstiftende Moment und damit den Garanten gegen eine negativ gesetzte „babylonische Sprachverwirrung", wie sie der Verfasser etlichen zeitgenössischen Journalen attestiert, erhalte das Publikationsorgan vielmehr durch eine „besonders geartete Leitung" und durch die Verpflichtung der Autoren auf „gemeinsame[] geistige Grundlagen".³⁷ Erst aus der weltanschaulichen Bindung des Autoren- und Herausgeberkollektivs resultiere so ein vorteilhafter Unterschied zu der lediglich „Richtung", aber nicht „Einheit" besitzenden säkularen Presse. Ohne näher zu präzisieren, was damit konkret gemeint ist – für Muth scheint „der Unterschied [...] in die Augen" zu springen –, kontrastiert er:

> Richtung schafft wohl auch Einheit, aber nicht Einheit im Mannigfaltigen, sondern Einheit im Einseitigen. Richtung haben ist eine Sache der Disziplin, Einheit bewähren ist ein Fußen auf gemeinsamen geistigen Grundlagen.³⁸

Es sei also das umfassende Denk- und Glaubensgebäude des Katholizismus, das dem Stimmenpluralismus eine Gemeinsamkeit stiftende Rahmung gebe, ohne das „kollektive Weiterdenken" politisch, ideologisch, disziplinär oder anderweitig auf eine ‚Einheit im Einseitigen' zu beschränken.³⁹ Offenbar bemüht sich Muth hier auch um eine Rechtfertigung für die Themenweite seiner Monatsschrift, die dem Titel nach „alle Gebiete des Wissens, der Literatur und Kunst" abdecken sollte. Doch es scheint ihm auch allgemeiner darum zu gehen, den Katholizismus als Weltanschauung auf dem zeittypischen „Markt der Heilsleh-

---

34 Ebd., S. 2.
35 Ebd.
36 Ebd.
37 Ebd.
38 Ebd., S. 3.
39 Ebd.

ren" zu behaupten.⁴⁰ Vorgestellt wird dabei weniger der Katholizismus als Religion, sondern vielmehr seine integrative, ökumenische, universalistische und insbesondere aneignende Struktur, die Muth schließlich im Besonderen für die Gebiete von Kunst und Kultur in Anschlag bringt. So konstatiert er in metaphorischer Sprache, dass der „ökumenische Charakter katholischen Wesens" sich gerade darin auszeichne, „alles heimzuholen und zusammenzuschließen und dienend zu machen entweder im Inneren des Heiligtums oder an dem Fialen- und Wasserspeierkranz der Außenseiten".⁴¹ Nicht zufällig ruft Muth das traditionsreiche Bild des Kirchenbaus samt Innen- und Außenseite auf, um die behauptete „Einheit im Mannigfaltigen" bildhaft zur Geltung zu bringen.⁴² Damit spielte er auf ein funktional differenziertes Ordnungssystem an, das als Analogon der paulinischen Körper-Metapher assoziiert werden konnte, die bekanntlich das maßgebliche Bild für die ekklesiologische Vorstellung eines *corpus mysticum* stellte. Das Bild des Kirchenbaus bildete hierfür das artifizielle Pendant. Denn die Metapher beschreibt in diesem Zusammenhang, anders als das organologische Bild, nicht die ‚lebendige' Beziehung der gläubigen Glieder zum Haupt Christus, sondern die Relation kultureller Erscheinungen zum ‚heiligen' Ideal. Von diesem Bild macht Muth vor allem Gebrauch, um den Abdruck ‚nicht-katholischer' Literatur in seiner Zeitschrift, etwa der Texte von „Kierkegaard, Strindberg, Tolstoi, Morgenstern, Lagarde, Nietzsche, Keller, Shaw, Unamuno und so viele[n] anderen" zu rechtfertigen.⁴³ Es komme seiner Auffassung nach nämlich nicht so sehr darauf an, ob die besagte Literatur in jedem Punkt mit der katholischen Lehre übereinstimme. Vielmehr sei von Bedeutung, „unter welchem Aspekt und von welchem Punkte aus man solchen Erscheinungen sich nähert". Der universalistisch denkende Katholik, mahnt Muth, müsse zumindest „auch solche Männer, die ihm innerlich nicht wesensgleich sind, in sein Weltbild geistig einordnen" und „alle Erscheinungen im Bereich des Geistes ernst" nehmen.⁴⁴ Mehr noch, es sei grundsätzlich nach dem augustinischen Leitsatz vorzugehen: „Bei wem wir nur immer etwas finden, was christlich und wahr ist, mag der Mann selbst auch verkehrt und trügerisch sein, da unterscheiden wir das Schlechte, welches er selbst hat, und das Wahre, das er nicht als sein eigenes hat."⁴⁵

---

40 Friedrich Vollhardt: *Hochland*-Konstellationen (2008), S. 79. Vgl. dazu auch Ulrich Linse: Säkularisierung oder neue Religiosität? (1997), S. 117–141.
41 Carl Muth: Bilanz (1927), S. 8.
42 Ebd.
43 Ebd.
44 Ebd.
45 Ebd.

Zeilen wie diese scheinen ganz im Zeichen von Muths programmatischen Integrationsbemühungen zu stehen, den deutschen Kulturkatholizismus aus einer konfessionalistischen Enge herauszuführen und ihn für gemeinkulturelle Angelegenheiten zu öffnen. Dieses Anliegen bestätigte er auch noch 25 Jahre nach der Ersterscheinung der Zeitschrift. Das *Hochland* sollte also weiterhin einem universal-integrativen Anliegen verpflichtet bleiben, und zwar in thematischer wie auch konzeptioneller Hinsicht. Nur so meinte Muth, den angestrebten pluralistischen Dialog der Einheit und das „kollektive[] Weiterdenken" ermöglichen zu können.[46]

Neben diesen programmatischen Überlegungen, die flankiert sind von Reflexionen zu einer Literaturrezeption vom Standpunkt katholischer Überzeugung, kommt Muth in seiner „Bilanz" auch auf das Wesen katholischer Dichtung zu sprechen – ein Thema,[47] mit dem er sich als Literaturkritiker, Kulturdiagnostiker und Mentor zahlreicher Schriftsteller bereits einen Namen gemacht hatte.[48] Wie in seiner 1909 veröffentlichten Streitschrift *Wiedergeburt der Dichtung aus dem religiösen Erlebnis. Gedanken zur Psychologie des katholischen Literaturschaffens* (1909) wird auch in der „Bilanz" die genuin katholische Dichtung durch ihre Eigenschaft charakterisiert, einer „sinnkräftige[n] poetische[n] Vorstellungswelt" zu entstammen,[49] deren schöpferische Quelle das Mysterium religiösen Erlebens sei. Obgleich oder gerade weil Muth die Produktion schöngeistiger Literatur damit unbedingt an die Religion rückbindet, hält er am Anspruch der Authentizität fest: Die literarische Ausgestaltung des von Subjektivität und Individualität getragenen ‚religiösen Erlebnisses' stelle geradezu das Gegenteil aller Tendenzdichtung dar, wie sie einer didaktisierenden und moralisierenden christlichen Literatur zum Vorwurf zu machen sei.[50] In diesem Sinne wiederholt Muth in seiner „Bilanz" die Kritik an einem engagierten Kunstverständnis im strengen Sinne:

---

46 Ebd., S. 3.
47 Carl Muth hatte selbst zwar keine tragfähige Poetik einer katholischen Literatur ausgearbeitet, allerdings tauchen in seinen programmatischen Schriften, insbesondere in *Die Wiedergeburt der Dichtung aus dem religiösen Erlebnis* (1909) sowie in *Schöpfer und Magier* (1935), weitreichende poetologische Reflexionen auf.
48 Hierzu Anton Wilhelm Hüffer: Karl Muth als Literaturkritiker (1959).
49 Carl Muth: Bilanz (1927), S. 17.
50 Vgl. Maria Christina Giacomin: Ein „goldener Mittelweg" zwischen Kirche und moderner Welt? (2018), S. 37, die in Carl Muths „literaturästhetische[m] Konzept" „eine klare Aufwertung" der „Kategorien wie Autonomie, Formbewusstsein, Geschichte, Realismus, Individualität und Subjektivität" erkennt.

> Aber auch von einem noch so entschiedenen christlichen Standpunkt aus darf man die Kunst nicht ihrem Wesen, das Schau, Liebe und Begeisterung ist, entfremden, indem man sie mit didaktischen Zwecken belastet. Sie hat keine solchen Zwecke, sie ist die frei geborene Tochter der Natur [...].[51]

Seinem Plädoyer für eine autonome religiöse Kunst stellt Muth jedoch eine wesentliche Bedingung nach, die er der für seine kunsttheoretischen Überlegungen bedeutsamen Ästhetik des katholischen Theologen und Philosophen Martin Deutingers entnimmt.[52] Der traditionellen Vorstellung folgend, nach der das Wahre, Schöne und Gute notwendigerweise zusammengehörten, legt Muth die Begriffe religiös aus und hält fest: „in der wahren Kunst [kann] das sittlich Gute an sich nicht beleidigt werden [...], da beide in ihrem Grunde derselben Quelle entströmen".[53] Besagte Quelle der „wahren Kunst" stellt für Muth jedoch – und auch hier folgt er Deutinger – die Religion als sittlich-moralisches Zentrum dar.[54]

Für die Bestimmung einer spezifisch „katholischen Literatur", wiewohl Muth die Möglichkeit einer hierfür anwendbaren „unfehlbaren Methode" ironisch reflektiert,[55] erscheint ihm demgemäß insbesondere die Persönlichkeit des Kunstschaffenden bedeutsam zu sein. Bedeutsamer jedenfalls als die sich in Stoff, Thema und Gestaltung äußernde Verpflichtung des literarischen Werkes auf ein konfessionseigenes, aber durch die Person womöglich nicht vollwertig gedecktes Wertesystem. Dem katholischen Dichter, der, wie es an anderer Stelle heißt, „de[n] günstigste[n] Standpunkt für eine wahrhaft dichterische und künstlerische Weltbetrachtung" besitze,[56] seien in Bezug auf seine Kunstproduktion somit zunächst keine Schranken gesetzt. Auch wenn dies bedeute, dass

> das einzelne Werk [...] vielleicht nicht in allewege dem katholischen Ideal [entspricht], es ist kein einwandfrei katholisches Werk, aber sein Schöpfer ist katholisch, will es sein,

---

51 Carl Muth: Bilanz (1927), S. 11.
52 1915 hatte Carl Muth Deutingers Schrift *Über das Verhältnis der Poesie zur Religion* herausgegeben. Zum Einfluss Deutingers auf Carl Muth vgl. zeitgenössisch Max Ettlinger: Die Ästhetik Martin Deutingers (1914), S. 166; ders.: Deutinger und Muth als Künder des religiösen Urgrundes (1927); siehe hierzu insbesondere auch Ludwig Stockinger: Romantik und Katholizismus (1989), S. 212–226.
53 Carl Muth: Bilanz (1927), S. 16.
54 Maria Cristina Giacomin: Zwischen katholischem Milieu und Nation (2009), S. 53.
55 Carl Muth: Bilanz (1927), S. 15.
56 Carl Muth: Die litterarischen Aufgaben der deutschen Katholiken (1899), S. 11.

trachtet, es immer vollkommener zu werden, und gibt sich ehrlich in jedem Augenblick als das, was er ist.⁵⁷

Es ist folglich vor allem die Tugend der Beharrlichkeit – in der katholischen Theologie auch als Gnadengabe (*gratia perseverantiae*) gedeutet –, die den katholischen Dichter auszeichne und ihn trotz seiner Fehlbarkeit Anerkennung verdienen lässt. Muth bemüht sich mit seinen Ausführungen sichtlich darum, möglichen Bedenken gegenüber modernistischen und nicht-katholischen Schriftstellern, die er auf Seiten kirchentreuer Leser vermutet, entgegenzuwirken. Bekanntlich wurde das *Hochland* im Zuge des sogenannten ‚katholischen Literaturstreits' des Relativismus und Ästhetizismus bezichtigt und im Jahr 1911 von Rom aus diesen Gründen indiziert. Wenngleich das „Indizierungsdekret nicht promulgiert" wurde,⁵⁸ da sich innerhalb des Episkopats etliche Unterstützer des *Hochland*-Projekts fanden, blieb das Verhältnis der Zeitschrift zur kirchlichen Hierarchie fortan angespannt.⁵⁹ In seiner „Bilanz" versichert Muth nunmehr ein weiteres Mal, dass er dem von der Kirche unterdrückt geglaubten „künstlerischen Trieb unter den deutschen Katholiken" auch weiterhin, also noch im Jahre 1927, „freie Bahn [...] schaffen" möchte.⁶⁰ Dezidiert katholische Dichter zu fördern und sie gegen die binnenkatholische Kritik zu verteidigen, so macht der Schriftleiter in der Rolle des Mentors deutlich, gehörten von Anfang an zu den wesentlichen Zielen seines *Hochland*-Projekts.⁶¹

Trotz dieser positiven Einschätzung muss der bilanzierende Publizist einräumen, dass das ambitionierte Programm bislang nur bedingt umgesetzt werden konnte: Der von ihm vielfach beschworene katholische Dichtertypus und der damit schon in den frühen Programmschriften verkündete „Advent einer großen katholischen Dichtung" blieb, so stellt Muth letztlich ernüchtert fest,

---

57 Carl Muth: Bilanz (1927), S. 16. Zu berücksichtigen ist dabei, dass ‚katholisch' für Muth weniger eine Konfession, noch weniger die kirchliche Institution, sondern vor allem eine Weltanschauung bedeutet, die im ursprünglichen Sinne des Wortes ‚umfassend' ist. Vgl. Friedrich Vollhardt: *Hochland*-Konstellationen (2008), hier S. 79–90, und Otto Weiß: Der katholische Modernismus (1998), S. 107–139, hier S. 121. Maria Cristina Giacomin: Ein „goldener Mittelweg" zwischen Kirche und moderner Welt? (2018), S. 38 bezeichnete Muths literarästhetisches Konzept als „idealrealistisch", weil sich darin „katholische[] Idealität und moderne[r] Realismus" verbinden.
58 Vgl. Otto Weiß: Kulturkatholizismus (2014), S. 62.
59 Zum katholischen Literaturstreit: Ernst Hanisch: Der katholische Literaturstreit (1974), S. 125–160; Otto Weiss: Der Modernismus in Deutschland (1995), S. 457–473; Manfred Weitlauff: ‚Modernismus litterarius' (1988).
60 Carl Muth: Bilanz (1927), S. 10.
61 Vgl. ebd.

aus. Dennoch beschließt er seinen Beitrag mit einem etwas pathetisch anmutenden Optimismus und in der Hoffnung, die nächsten Jahre könnten den ersehnten Durchbruch doch noch bringen: „Ist auch das Große selbst nicht erschienen, so haben wir doch die Adventstimmung im Herzen bewahrt [...]" (ebd., S. 23). Der hier offenkundig artikulierte Wunsch, einer literarischen Renaissance aus katholischem Geist zuarbeiten zu können, musste spätestens 1933, als die Nationalsozialisten die Macht übernommen hatten und sukzessive eine totalitäre Diktatur installierten, in der die Literaturproduktion unter ‚Aufsicht' gestellt wurde, fallengelassen werden. Obgleich Muths elitäres Literaturverständnis den Ausschluss (partei- und tages-)politische Literatur im engeren Sinne implizierte und das *Hochland* in dieser Hinsicht wenig zu befürchten hatte, waren sich Herausgeber und Redakteure über die Gefährdung des Programms in der neuen Herrschaftssituation bewusst, erst recht, nachdem Daniel Feulings gegen Rosenbergs *Mythus* gerichtete Polemik das Parteiamt Anstoß hatte nehmen lassen (vgl. Kapitel 4.4). Wie also sah schließlich das literarische Programm der Zeitschrift während des Nationalsozialismus aus?

5.3 Literarische Beiträge im *Hochland* zwischen 1933 und 1941

In seinem retrospektiv verfassten und ungemein aufschlussreichen Bericht aus dem Jahr 1964 bezeugt Karl Schaezler (1900–1980), langjähriger Mitarbeiter und von 1960–1966 Chefredakteur des *Hochland*, dass man sich „Ende 1933" im „engere[n] ‚*Hochland*-Kreis'" darüber einig war, das Journal dürfe „nach seiner ganzen Geschichte und seiner Zielsetzung jetzt keinesfalls schweigen [...]".[62] Diese Zielsetzung, so betont Schaezler, hatte Muth ja bereits im ersten Heft deutlich gemacht, zugleich aber vorsichtig gemahnt: „sie [Die Zeitschrift *Hochland*, K.M.] solle vor allem aufbauend und erst an zweiter Stelle kritisch sein."[63] Obgleich man dem Zeitschriftenprofil treu bleiben wollte, was unter anderem bedeutete, keine Tagespolitik zu behandeln,[64] dabei aber durchaus das ‚Gebot der Stunde' erkannte, bemühte man sich, wie Schaezler betont, dennoch das eine mit dem anderen zu verbinden: Für die Redaktion bedeutete dies vor allem, sich „den elementaren Grundfragen zu[zuwenden], [u]m sie für das hic et nunc möglichst fruchtbar zu machen". Hierfür bildete man, so erinnert sich Schaezler, „in unserem Kreis die Fähigkeit aus, ständig sozusagen ‚mit doppel-

---

62 Karl Schaezler: Das ‚Hochland' und der Nationalsozialismus (1964/65), S. 222–223.
63 Ebd.
64 Vgl. Carl Muth: Ein Vorwort zu ‚Hochland' (1903/04), S. 5–7.

tem Boden' zu arbeiten".⁶⁵ Neben dem Rückgriff auf Techniken camouflierten Schreibens – als wichtigste Mittel erwähnt er die „Analogie", die Parallelisierung durch „historische Darstellungen", die „Zitierung", die „Satire" und den Entwurf „lebendige[r] Leitbilder" – setzte man vor allem auf „die langjährigen Leser", die „daran gewohnt sein konnten, sich selber ihr Urteil zu bilden".⁶⁶ Schenkt man Schaezlers Bericht Glauben, hatten Redaktion und Mitarbeiter berechtigte Gründe anzunehmen, ihre Leserschaft würde – auch oder gerade unter den politisch verschärften Bedingungen – in aller Selbstständigkeit kritisch und ‚standortgebunden' lesen, weil das *Hochland* sich bis dahin bereits zu einer profilbewussten Institution etabliert hatte. Auch sei es von Anfang an ein wesentliches Ziel des *Hochland*-Unternehmens gewesen, „[d]as Urteil seiner Leser zu bilden" und, wie Schaezler Carl Muth zitiert, deren „geistige Sehkraft [zu] schärf[en]",⁶⁷ ein Anliegen, auf das man unter veränderten politischen Bedingungen aufbauen könne.

Schaezlers Auskunft ist, obgleich es sich natürlich um eine retrospektive sowie parteiliche und damit kritisch zu beäugende Berichterstattung handelt, besonders beachtenswert, weil sich damit die immer wieder zu lesende Einschätzung, es gebe einen ‚Kreis an Eingeweihten', für den die oppositionelle Haltung der Zeitschrift erkennbar gewesen ist, gleichermaßen stützen wie problematisieren lässt: Wer gehörte zu diesem Kreis? War er auf die Redakteure und die Mitarbeiter reduziert oder waren auch die zahlreichen *Hochland*-Abonnenten eingerechnet, von denen man sogar im Ausland noch etwa 600 zählte?⁶⁸ Und welche Bedeutung nimmt dabei der Umstand ein, „daß die Hefte mehrmals weitergegeben wurden und somit um ein Vielfaches mehr Leser als Abonnenten erreichten"?⁶⁹ Gewiss lassen sich diese Fragen nur fallweise beantworten. Gleichwohl weisen sie auf Möglichkeitsräume für unterschiedliche Formen esoterischer Kommunikation hin, die im Rahmen der *Hochland*-Publizistik zwischen 1933 und 1941 offen waren. Inwiefern galt dies nun auch für die dezidiert literarischen Beiträge?

In Schaezlers Bericht scheinen sie tendenziell aus dem Bereich des Engagements ausgenommen zu sein, wenn es heißt, dass es in diesen zumeist fiktionalen Texten „nicht mehr um kritische Auseinandersetzung" ging, sondern um

---

65 Karl Schaezler: Das ‚Hochland' und der Nationalsozialismus (1964/65), S. 226.
66 Ebd., S. 226–227.
67 Ebd., S. 226.
68 Vgl. Hans Günther Hockerts: Abstand oder Widerstand? (2018), S. 463. Diesen Hinweis zu den Auslands-Abonnenten entnimmt Hockerts einem „internen Vermerk" im Archiv des Kösel-Verlags.
69 Karl Schaezler: Das ‚Hochland' und der Nationalsozialismus (1964), S. 228.

„geistige[s] Aufbauen und Ausbauen" sowie darum, „Trost zu spenden", „die Hoffnung auf den Sieg des Wahren zu stärken" und das „christlich-abendländische[] Erbe[]" zu bewahren.[70] Dennoch versichert er, dass diese Beiträge „keinesfalls [als] ein Zurückweichen vor den Aufgaben der Zeit" zu betrachten seien, wenngleich ihre Veröffentlichung „auch weniger gefährlich war und insofern die Fortführung unseres Wirkens ermöglichen half".[71] Literatur konnte also der Theorie nach gerade wegen ihrer vermeintlichen Harmlosigkeit eine besondere Aufgabe für das *Hochland*-Engagement erfüllen. Wie aber gestaltete sich dies in der Praxis?

Wirft man einen Blick auf die *Hochland*-Rubrik *Romane, Novellen, Gedichte* für den Zeitraum zwischen 1933 bis 1941, so fällt zunächst auf, dass sie im Laufe der 1930er-Jahre an Umfang verliert. Enthält der erste Band des 31. Jahrgangs (Oktober 1933 bis März 1934) beispielsweise noch 14 im engeren Sinne belletristische Beiträge, so zählt der 36. Jahrgang (zweiter Band, April 1938 bis September 1939) nur noch fünf. Im Durchschnitt kamen auf ein Monatsheft zwei bis drei Texte sogenannter ‚schöner Literatur'. Auch im Vergleich zu den anderen Rubriken, nämlich *II. Religion, Philosophie, Geschichte, Bildungswesen* sowie *III. Literatur Kunst Musik* und *VII. Besprochene Bücher und Zeitschriften* als stärkste Sektionen, *IV. Biographisches, V. Naturwissenschaft, Medizin, Länder- und Völkerkunde* und *VI. Kunstbeilagen* als deutlich schmalere Sektionen, bilden die genuin literarischen Beiträge eine eher kleine Abteilung. Auffallend ist zudem die Zunahme lyrischer Texte ab 1935, die nicht zuletzt auf einen Wechsel in der Schriftleitung zurückzuführen ist. Nachdem sich Friedrich Fuchs, der 1932 bis 1935 das Amt des Hauptschriftleiters bekleidete, mit Carl Muth überworfen hatte,[72] übernahm der lyrikbegeisterte Franz Josef Schöningh (1902–1960) das redaktionelle Steuer und betraute den Theologen Theodor Abele mit der Aufgabe, „das lyrische Referat des Hochlands zu übernehmen".[73] Ein klares, etwa an bestimmten innerästhetischen Kriterien orientiertes Konzept der in diesem Zeitraum erschienenen Literatur lässt sich kaum ableiten. Tendenziell kann aber behauptet werden, dass der literarische Diskurs der Zeitschrift – wie schon vor 1933 – vornehmlich „im Zeichen von Religion, vor allem von einem universal

---

70 Ebd., S. 230.
71 Ebd.
72 Hierzu Otto Weiß: ‚Hochland'-Kämpfe (2014) und Sylvia Brockstieger, Cornelia Rémi: Hochland-Korrespondenzen (2014). Ist man lange Zeit davon ausgegangen, dass es politische Gründe waren, die den Konflikt zwischen Muth und Fuchs bedingten, konnte Weiß zeigen, dass es in der Auseinandersetzung hauptsächlich um Persönliches ging. Mitunter spielte auch der tendenziell unpolitische Kurs der Zeitschrift nach 1933 eine Rolle bei der Auseinandersetzung.
73 Zit. n. Knud von Harbou: Wege und Abwege (2013), S. 82.

verstandenen, ‚objektiven' Katholizismus" stand.[74] Neben religiöser und mystisch-romantischer Natur- und Heimatlyrik finden sich immer wieder historische und legendarische Erzählungen, die kirchengeschichtliche Stoffe aufgreifen und/oder in Symbolen der katholischen Kirchenwelt kommunizieren. Vielfach lassen sich zudem unterhaltungsliterarische Beiträge ausmachen, mitunter im medientypischen Format des Fortsetzungsromans.[75] Hin und wieder konnte man Autobiographisches entdecken. Es publizierten sowohl nichtnationalsozialistische Autoren, wie etwa Albrecht Goes, Konrad Weiß, Gertrud von Le Fort, Erika Mitterer, Emil Barth, Ruth Schaumann, Willy Arndt, der antinazistischen Psychologe Gustav Kafka, Stefan Andres, Reinhold Schneider und Werner Bergengruen, als auch (katholische) NS-konforme Schriftsteller wie Eduard Koelwel, Richard Billinger, Hans Friedrich Blunck und Josef Weinheber, Agnes Miegel, Julius Zerzer und Hans Egon Holthusen.[76]

Abgedruckt wurden zudem zeitgenössisch produzierte Beiträge, sondern auch Texte der älteren und jüngeren deutschen Literatur wie der Weltliteratur. Nach Maßgabe des Zeitschriftenprofils und ganz im Sinne der von Muth dargelegten Überlegungen zu einer adaptiven katholischen Literaturrezeption finden sich etwa Texte von Matthias Claudius, Clemens Brentano, Emanuel Geibel, Thomas Morus, Karl Immermann, Bartolomé de Torres Raharo, Lope die Vega, Gerard Manley Hopkins, Alexander Puschkin, Eugen Gagarin, Gilbert Keith Chesterton, Jonathan Swift, Willa Cather und Selma Lagerlöf. Gar Dichter des von den Nationalsozialisten verfemten Expressionismus, wie Georg Trakl, konnten im *Hochland* nach 1933 noch ihren Platz finden. Im Abdruck solcher ‚älterer' und internationaler Texte, deren Autorinnen und Autoren von den Zensoren schlecht belangt werden konnten, weil sie entweder nicht mehr lebten oder im Ausland waren, lässt sich fallweise eine Strategie nonkonformer Publizistik ausmachen, weil die ‚fremde Autorenstimme' für die Immunisierung kritischer Aussagegehalte gegebenenfalls den entsprechenden Schutz bot. Nicht die Verfasser, sondern die Herausgeber hatten dabei die Verantwortung für den Abdruck zu tragen. Insgesamt stellten jedoch, so muss resümiert werden, literarische Beiträge, die gegenwartspolitische Fragen indirekt adressierten,[77] eher die

---

74 Maria Cristina Giacomin: Zwischen katholischem Milieu und Nation (2009), S. 295.
75 Etwa Ruth Schaumann: Der Major (1934/35); Leo Weismantel: Der entweihte Maurer (1935/36); Arthur Maximilian Miller: Die Hammerschmiede (1937/38).
76 Die Inhaltsverzeichnisse der *Hochland*-Jahresbände sind mittlerweile über den Katalog der Universitätsbibliothek Eichstätt-Ingolstadt online zugänglich: https://nbn-resolving.org/urn:nbn:de:bvb:824-31-ba-2940-4 (04.05.2022).
77 Siehe hierzu Karl Ackermann: Der Widerstand der Monatsschrift Hochland (1965), S. 175–182.

Ausnahme dar, sodass man nur im selteneren Fall die zwischen 1933 und 1945 hier platzierten Texte als ‚oppositionelle' Literatur bezeichnen kann.[78]

Sucht man hingegen nicht nach Extremen, sondern fokussiert Resilienz und Dissidenz mittlerer Lage, wird man leichter fündig. In diesen Fällen ist man allerdings bei der Festlegung tatsächlich stattgefundener, NS-kritischer Lektüren auf weitreichende Kontextualisierungen angewiesen. Eine nur am Text orientierte Suche nach nonkonformistischen Aussagen würde zumindest verkennen, dass Motive, Zwecke und Funktionen am bloßen Textmaterial in der Regel nicht abzulesen sind. Um also tatsächlich evaluieren zu können, inwiefern es sich bei einem Beitrag um einen Zeitkritik kommunizierenden Text gehandelt hat, wird man nicht umhinkönnen, sich den Einzelfall genauer anzusehen und dabei die Produktions- wie die Rezeptionsseite berücksichtigen müssen. Wie und unter welchen Bedingungen gerade ‚unscheinbare' und damit ‚wenig gefährliche' Beiträge zu einem wichtigen Medium Dissidenz anzeigender literarischer Verständigung werden konnten, soll im Folgenden am Beispiel von Werner Bergengruens Roman *Am Himmel wie auf Erden*, der 1940 auszugsweise im *Hochland* abgedruckt wurde, rekonstruiert werden.

5.4 Bergengruens *Am Himmel wie auf Erden*. Ein historischer Roman zwischen Konformismus und Dissens

5.4.1 Parallelen und Zweideutigkeiten

Obwohl Werner Bergengruen anfänglich nicht beabsichtigte, mit seinem 1940 in der Hanseatischen Verlagsanstalt veröffentlichten historischen Roman *Am Himmel wie auf Erden* einen Camouflagetext zu schreiben, der seinen Dissens zur nationalsozialistischen Weltanschauung ‚verdeckt' zum Ausdruck bringen sollte, stellte er – schenkt man seinen 1961 gemachten Bekundungen Glauben – während des Schreibprozesses fest, wie sich „die deutsche Realität der Konzeption" auf unheimliche Weise anglich.[79] Bergengruen arbeitete damals, Ende der 1930er-Jahre, an einer Erzählung, die sich um die ‚Berliner Flutpanik' des Jahres 1524 drehen sollte, in der die frühneuzeitliche Gesellschaft die vom Astrologen und Mathematiker Johannes Carion vorhergesagte Flutkatastrophe mit Schrecken erwartete.

---

78 Vgl. Anders Friedrich Denk: Regimekritische Literatur im Dritten Reich (1996), S. 11–33, der in diesem Zusammenhang durchaus von ‚regimekritischer Literatur' sprechen würde.
79 Werner Bergengruen: Schreibtischerinnerungen (1961), S. 91.

Bereits 1931 wurde Bergengruen zu diesem Sujet über einen Artikel inspiriert und entwarf daraufhin den Plan, einen Roman zu verfassen, in dem „die Verwirrung einer ganzen Stadt durch alle Stände und Schichten der Einwohnerschaft" ins Bild gebracht werden sollte.[80] Das Buch würde, so Bergengruens Idee, die „jedem Einzelnen, aber auch der Menschheit als Ganzem stets aufs neue sich stellende Aufgabe sichtbar" machen, „durch die Anfechtung und Angst den Weg zur Klarheit zu finden".[81] Sehr ausführlich, und nicht ohne apologetische Untertöne, informiert er in seinen nachträglichen Aufzeichnungen aus dem Jahr 1961 darüber, wie der Alltag ‚unterm Hakenkreuz' ihm geradezu den Vergleich zu dem historischen Material aufdrängte, wie sich also die alltäglichen Sorgen und Ängste im ‚Dritten Reich' und während des zweiten Weltkrieges auf seine literarische Arbeit auswirkten: „Die Parallelen also boten sich, ich habe sie aufgegriffen und unterstrichen, nicht nur die zwischen Wasser- und Bombenfurcht, sondern auch die zwischen dem Berliner Zustand des Jahres 1524 und dem Allgemeinzustand des Dritten Reiches."[82]

Im Zentrum der heterodiegetisch und weitgehend chronologisch erzählten historischen Handlung, die individuelles und kollektives Schicksal verwebt, steht die historisch verbürgte Figur des Johann(es) Carion, auch Nägelin oder latinisiert Caryophyllus, im Roman zumeist kurz als Carion bezeichnet. Als Astrologe und Mathematiker verdingt sich der gelehrte Protagonist als Berater des Kurfürsten Joachim I. an dessen Hof. Für den 15. Juli 1524 prognostiziert er eine Flutkatastrophe, die sich in den Brandenburger Städten Berlin und Kölln ereignen soll. Obwohl diese Voraussage vom Kurfürsten, der auch seinen Kammerjunker Ellnhofen einweiht, unter strengste Geheimhaltung gestellt wird, sickert sie als Gerücht durch und verbreitet sich in der heterogenen Gesellschaft, die neben der deutschen auch die wendische Bevölkerungsgruppe umfasst; jüdische Gruppen sind hingegen schon vor langer Zeit aus den besagten Städten vertrieben worden. Infolge der Gerüchte um die bevorstehende Flutkatastrophe gerät die strenge frühneuzeitliche Gesellschaftsordnung aus den Fugen. Weil der Kurfürst anarchische Zustände befürchtet, sieht er sich dazu veranlasst, seine autokratische Herrschaft zu verschärfen und unter anderem Ausreiseverbote zu erlassen, deren Missachtung er eisern, etwa mit Todesurteilen, ahndet. Neben der erwarteten Naturkatastrophe und der staatlichen Repression versetzt der zeitgleich grassierende Aussatz die Bevölkerung in Furcht. Denn auch den Erkrankten, die zum Gemeinschutze außerhalb der Stadtmauern in Isolation

---

80 Ebd.
81 Ebd., S. 41.
82 Ebd., S. 92.

leben, ist der angeblich bevorstehende Weltuntergang zu Ohren gekommen, sodass sie nun, angeführt von der als Hexe und Magierin inszenierten Worschula, ins Zentrum der Städte drängen. Von der damit einhergehenden Ansteckungsgefahr ist bald auch Carion betroffen, als ihn sein ehemaliger Student in böser Absicht zu infizieren gedenkt. Die angekündigte Flut sowie die gesellschaftlichen Wirren treiben den Kurfürsten schließlich dazu, seine Herrschaft preiszugeben und auf den Tempelhofer Berg zu fliehen, um dort persönlich Schutz zu suchen. Die erwartete Naturkatastrophe bleibt jedoch aus und zieht als unschädliches Unwetter vorüber. Carion hingegen bleibt ob seiner Erkrankung in Ungewissheit, so dass der Plot auf individualgeschichtlicher Ebene offenbleibt. Anders auf politikgeschichtlicher Ebene: Gemeinsam mit dem für seine konspirativen Predigten inhaftierten Franziskanermönch Meinhard und dem Kutscher Juro, der sich nach einem tödlichen Unfall als ‚heimlicher' König der Wenden entpuppt, gelingt es Carion, den Kurfürsten an seine Pflichten zu erinnern und damit auch die Gesellschaft, d.h. ihre alte Ordnung wieder zu restituieren.

Die vielfachen Selbstkommentare des Autors zu Entstehung, Aussageabsicht und Rezeption seiner letzten großen Veröffentlichung im ‚Dritten Reich' hat man in der Forschung mehrfach zum Anlass genommen, um die von Bergengruen behaupteten ‚Parallelen' zwischen Historischem und Gegenwärtigem herauszuarbeiten. Abgesehen von einigen immanenten[83] biographisch und theologisch perspektivierten Interpretationen[84] wurde Bergengruens Roman in der literaturwissenschaftlichen Forschung entsprechend im Wesentlichen unter zwei Gesichtspunkten diskutiert: *Erstens* in seiner Funktion als camouflierter Text und,[85] damit eng verbunden, *zweitens* als Paradebeispiel für die Literatur der ‚Inneren Emigration'.[86] Tendenziell kam man zunächst darin überein, dass

---

[83] Siehe Peter Meier: Die Romane Werner Bergengruens (1967), S. 53–129; Peter Baumann: Die Romane Werner Bergengruens (1954), S. 45–68; Hanna-Barbara Gerl-Falkowvitz: Magie und Erlösung (1996); Helga Kaufmann: Das Problem der Furcht im Werk Werner Bergengruens (1984).
[84] Ulrich Hoppe: Zwischen Atum und Mohrenland (2007).
[85] Hierzu Armin Arnold: Die Wahrheit hinter der historischen Kulisse (1983); Simon Ward: Werner Bergengruens ‚Am Himmel wie auf Erden' (2001); Hans-Rüdiger Schwab: Werner Bergengruen (2004); Anna Mrozewska: Werner Bergengruens ‚Am Himmel wie auf Erden' (2009); Erwin Rotermund: Verklärung und Kritik (2013).
[86] Günter Wirth: Literarische Geschichtsdeutung im Umfeld der ‚Inneren Emigration' (1998); Ralf Georg Czapla: Römische Reichsidee versus preußischer Staatsgedanke (2011); Alphons Hämmerle: Heile Welt (1989); Joel Pottier: Der Widerstand der deutschen christlichen Dichter (1996).

es sich um eine NS-kritische Veröffentlichung handele, die, wie es Hermann Kurzke prononciert, „ein bedeutendes Zeugnis der innere[n] Emigration"[87] darstelle. Die literarische Auseinandersetzung mit der Wendenfrage deutete man beispielsweise „als wohlwollende Parteinahme für diese in Preußen in der Minderheit lebende slawische Gruppe"[88] und erkannte darin eine „entschieden[e] Front gegen die nationalsozialistische Rassenpolitik"[89] sowie „die Solidarisierung des Dichters mit den Ausgegrenzten und Verfolgten".[90] In einer jüngeren Veröffentlichung zum Thema wird ferner angemerkt, dass die explizite Thematisierung „gesellschaftliche[r] Exklusion" nicht nur einem dramaturgischen Zweck diene, sondern grundsätzlicher als „weltanschauliche Positionierung des Autors" gelesen werden könne.[91] Erwin Rotermund macht zudem darauf aufmerksam, dass der im Roman erstellte Entwurf eines „ideale[n], christlich-geistige[n] Preußen[s]" in scharfem Gegensatz zu den Leitbildern nationalsozialistischer und völkischer Herrschaftskonzeption stehe, man es also mit einem typischen Fall einer Literatur der ‚Zwischenreiche und Gegenwelten' zu tun habe. Entsprechend plädiert Erwin Rotermund, ganz im Sinn des eigenen Forschungsprogramms, dafür, das „Buch als ein Werk der ‚verdeckten Schreibweise' im Dritten Reich'" zu behandeln.[92] Es zeige im Rahmen jener vielfältigen „Formen der Entgegensetzung" nicht nur „ideelle[] Konkurrenz" oder „partielle Kritik", sondern „grundsätzliche Opposition" an.[93] Dagegen argumentiert Katja Bergman in der Absicht, Bergengruens im ‚Dritten Reich' veröffentlichte Texte von der Zuordnung des literarhistorisch vagen Begriffs ‚Innere Emigration' zu lösen. Man könne Bergengruen, „wie es für die Inneren Emigranten typisch sein soll", keinerlei „oppositionelle Camouflage' oder ‚Verschlüsselungstendenzen'" unterstellen. Seine „metaphorischen Räume", so konstatiert Bergmann, seien „kein verdeckter Code mit exklusiven Entschlüsselungsmanualen für Esoteriker, Eingeweihte oder Partisanen im Untergrund". Im Gegenteil entziehe sich Bergengruens „poetische Sprache", die die „Transzendenz in der Immanenz verständlich zu machen" suche, von vornherein simplifizierenden Entschlüsselungsversuchen.[94] Bergmann versucht dabei zu plausibilisieren, dass seine im

---

87 Hermann Kurzke: Heidnisches Urgestein (1990), S. 250.
88 Ebd., S. 178.
89 Ebd., S. 250.
90 Günter Wirth: Literarische Geschichtsdeutung im Umfeld der ‚Inneren Emigration' (1998), S. 39.
91 Ralf Georg Czapla: Römische Reichsidee versus preußischer Staatsgedanke (2011), S. 172.
92 Erwin Rotermund: Verklärung und Kritik (2013), S. 618.
93 Ebd.
94 Katja Bergmann: Werner Bergengruen und die ‚Innere Emigration' (2012), S. 350.

Nationalsozialismus veröffentlichten historischen Romane weniger auf „historische Bestände" zurückgriffen, als vielmehr „auf ein spekulativ-transzendentes Weltgefüge".[95] Daher seien sie auch nicht unter dem Gesichtspunkt einer ‚verdeckten Schreibweise' zu betrachten, sondern müssten stattdessen im Kontext von Bergengruens poetologischem „Transzendenzprogramm" gedeutet werden.[96] Bergmanns Einschätzung beruht auf nachvollziehbaren Textbeobachtungen. Durchaus lassen sich kritische Nachfragen in Bezug auf die ubiquitäre Behandlung Bergengruens als typischem Repräsentanten der ‚Inneren Emigration' formulieren.[97] Richtig ist zudem, dass mit einer einfachen Entschlüsselungstechnik weder zu vermeintlich nonkonformistischen Gehalten seiner während des Nationalsozialismus publizierten Texten vorzudringen ist, noch damit deren formalästhetischen Besonderheiten Rechnung getragen werden kann. Dies gilt jedoch sicherlich nicht nur für Bergengruens im ‚Dritten Reich' produzierte Literatur, sondern für etliche Texte sogenannter ‚Innerer Emigranten'. Von der Forschung ist diesem Umstand mittlerweile, zumindest punktuell Rechnung getragen worden.[98] Annette Schmollinger hat beispielsweise bereits in ihrer 1999 erschienenen Vergleichsstudie zur ‚Deutsche[n] Literatur im Exil und der Inneren Emigration' betont, „dass es immer noch zu simplifizierend gedacht ist, wenn man in der besonderen Gestaltung der historischen Romane in der Inneren Emigration nur die Camouflage zu entdecken glaubt und dahinter nur eine Anprangerung der damaligen Verhältnisse vermutet".[99] Ähnliche Beobachtungen wurden auch für *Am Himmel wie auf Erden* formuliert. So lassen

---

95 Ebd., S. 334.
96 Ebd.
97 In seiner Funktion eines Repräsentanten der ‚Inneren Emigration' findet Bergengruen unter anderem Behandlung bei Günter Wirth: Literarische Geschichtsdeutung im Umfeld der ‚Inneren Emigration' (1998); Simon Ward: Werner Bergengruens ‚Am Himmel wie auf Erden' (2001); Erwin Rotermund: Verklärung und Kritik (2013); ders., Heidrun Ehrke-Rotermund: Zwischenreiche und Gegenwelten (1999); Joel Pottier: Der Widerstand der deutschen christlichen Dichter (1996); Wolfgang Brekle: Schriftsteller im antifaschistischen Widerstand (1990); Hermann Kurzke: Heidnisches Urgestein (1988); Georg Guntermann: ‚Der spanische Rosenstock' als Versteck? (2012); Armin Arnold: Die Wahrheit hinter der historischen Kulisse (1983); Ralf Schnell: Literarische Innere Emigration (1976); Alf Mentzer, Hans Sarkowicz: Schriftsteller im Nationalsozialismus (2011); H. R. Klieneberger: The christian writers of the inner emigration (1968).
98 Hierzu beispielsweise Moritz Baßler, Hubert Roland, Jörg Schuster (Hg.): Poetologien deutschsprachiger Literatur 1930–1960 (2016); Marcin Golaszewski, Magdalena Kardach, Leonore Krenzlin (Hg.): Zwischen innerer Emigration und Exil (2016); Erwin Rotermund: Melancholische Literatur von Melancholikern? (2012).
99 Annette Schmollinger: „Intra muros et extra" (1999), S. 103.

sich in der übersichtlichen Forschungsliteratur zu Bergengruens historischem Roman in diesem Sinne auch kritische Stimmen ausmachen. Dass es sich bei besagtem Text um einen ‚oppositionellen Roman' von parabolischem Charakter handle, wird beispielsweise in einem einschlägigen Aufsatz Ralf Georg Czaplas angezweifelt. Anhand einer textnahen Analyse zeigt Czapla, wie die Frage nach Prädestination, Schicksal und Freiheit des Menschen, die Bergengruen gemäß seiner katholischen Gesinnung fatalistisch beantworte, den eigentlichen Angelpunkt des Romans bilde.[100] In erster Linie finde in *Am Himmel wie auf Erden* „das Thema der Furcht des Menschen in einer existentiellen Grenzsituation" Behandlung, dem der „ultramontane[] Katholik Bergengruen" die „didaktisch-paränetische Quintessenz" gegenüberstelle, „dass der Mensch sein Schicksal nicht bestimmen kann, sondern dass alles, was ihm widerfährt, Gottes Wille ist."[101] Das dem Roman vorangestellte Motto ‚Fürchtet Euch nicht' könne demgemäß gar „als Aufforderung eines Schriftstellers" verstanden werden, „dessen namhafteste Kollegen sich bereits im Exil befanden, an seine Leser, es ihm gleichzutun in seinem Gehorsam gegenüber dem Machtapparat des Staates".[102] Ähnlich skeptisch bewertet Czapla in Übereinstimmung mit Günther Wirth die Funktion der Figur Worschula, die als abergläubische, dämonenhafte und zugleich wendische „Gegenspielerin" des rational und nüchtern agierenden Wissenschaftlers Carion bzw. des Kurfürsten „und des von ihm repräsentierten Ordo" installiert werde.[103] Bergengruens Darstellung lasse in diesem Punkt „jegliche Angemessenheit vermissen" und dürfte, so Czapla, „wohl kaum dazu geeignet sein, den Leser für die Marginalisierung der Wenden im kurfürstlichen Staat zu sensibilisieren, geschweige denn Klischees auszuräumen, wie sie im NS-Staat gegenüber Minderheiten gepflegt wurden".[104] Entsprechend rechnet Czapla mit der als ‚naiv' empfundenen Einschätzung Hermann Kurzkes ab,[105] der Roman beziehe „entschieden Front gegen die nationalsozialistische Rassenpolitik".[106] Auch Günther Wirth sieht die Probleme, die die Figur Worschula

---

100 Vgl. Ralf Georg Czapla: Römische Reichsidee versus preußischer Staatsgedanke (2011), S. 188.
101 Ebd., S. 170–171.
102 Ebd., S. 190.
103 Günter Wirth: Literarische Geschichtsdeutung im Umfeld der ‚Inneren Emigration' (1998), S. 39.
104 Ralf Georg Czapla: Römische Reichsidee versus preußischer Staatsgedanke (2011), S. 186.
105 Ebd.
106 Hermann Kurzke: Heidnisches Urgestein (1990), S. 250. Kurzkes Einschätzung wird noch im Lexikon von Hans Sarkowicz und Alf Mentzer: Schriftsteller im Nationalsozialismus (2011), S. 121–122, affirmativ zitiert.

mit sich bringt, findet in ihr sogar Charakteristika repräsentiert, „die sich nicht nur seit jeher mit den Hexen verbanden, sondern von den Ideologen des Dritten Reiches auch auf die Juden übertragen wurden: dass sie Kinder schlachteten, in deren Blut badeten und Brunnen verunreinigten."[107]

Für eine gewisse Skepsis im Hinblick auf den ‚oppositionellen Gehalt' des Romans sorgt zudem Bergengruens generell ambivalente Darstellung der sorbischen Kulturwelt, die einerseits als Faszinosum erscheint, andererseits aber der im Roman als ‚abendländisch-deutsch' ausgewiesenen Kultur sichtlich unterlegen bleibt. Bergengruen klärte über die hinter dieser kulturellen Hierarchisierung stehenden Erzählabsicht nicht erst 1961 in seinen vielfach herangezogenen *Schreibtischerinnerungen* auf, sondern erklärte bereits in dem 1940 veröffentlichten Epitext „Genesis eines Romans", dass „[i]n der Bedrohung der Doppelstadt und ihrer Umgebung" „ein letztes Aufbegehren der wendischen Sumpf- und Wasserlandschaft und ihrer Dämonen gegen die unabwendbare Einschmelzung des Landes in die abendländische, christliche, deutsche Welt" zu erblicken sei.[108] Und weiter heißt es: „Diese Einschmelzung vollendet und besiegelt sich im Zeichen des alten, universalen, theologisch fundierten Reichsgedankens, wie ihn gleich den besten deutschen Geistern der alten Jahrhunderte auch Carion vertreten hat."[109] Auf kulturelle „Einschmelzung" aber setzten zeitgenössisch auch die Nationalsozialisten, die den sorbischen ‚Stamm' zwar als germanisch identifizierten, ihn aber etwa in der Sprachenpolitik zur Assimilation an die nordisch-germanische Mehrheitskultur zu drängen versuchten.[110] Hinzu kommt die im Einschmelzungsnarrativ angelegte Teleologisierung, die Carion als Übergangsfigur auf dem deutschen Weg zum Reich stilisiert. *Am Himmel wie auf Erden* weist daher Eigenschaften auf, die eine gewisse Kompatibilität mit der NS-konformen Dichtung der Zeit anzeigen. Denn gerade das Genre des historischen Romans nationalsozialistischer und völkischer Provenienz zielte auf die Legitimation ‚deutschen Wesens' und der ‚deutschen Welt' gegenüber vermeintlich minderwertigeren Kulturen ab und präsentierte hierfür nicht selten eine komplexitätsreduzierende, antagonistisch gestaltete Schematisierung und Phasierung der Geschichte, wie sie auch in Bergengruens paraboli-

---

107 Ebd., S. 181.
108 Werner Bergengruen: Schreibtischerinnerungen (1961), S. 57.
109 Ebd.
110 Vgl. zum Assimilationsdruck, den die Nationalsozialisten auf die (als germanischer Stamm geltenden) Wenden/Sorben ausübten, Egbert Jahn: Integration oder Assimilation ethnischer Minderheiten (2014).

schem Roman zum Tragen kommt.[111] Es gibt jedenfalls gute Gründe dafür, dass der Roman in der Forschung nicht nur als systemkritischer Camouflagetext behandelt, sondern zuweilen auch zu einer „‚verwendbaren Literatur' im Sinne der NS-Ideologie" gezählt wurde.[112]

Der Text weist im Hinblick auf Aussagegehalt und Funktion, so kann unter Berücksichtigung der in der Forschungsliteratur divergierenden Einschätzungen, wie sie hier dargelegt wurden festgehalten werden, gewisse Zweideutigkeiten auf, die sich nicht unter dem Gesichtspunkt literarischer Tarnung auflösen lassen. Selbst wenn man in dem erwähnten Kommentar „Genesis eines Romans" eine textuell ausgelagerte, also epitextuelle Absicherungsstrategie erkennen möchte, die wider besseren Wissens auf der Konformität des Romans insistiert, liefert der Roman selbst ausreichend ‚problematische Stellen'. Wie also ist der Roman mit seinen ‚Zweideutigkeiten' zu bewerten? Und welche Funktionen kommen dann der einerseits nonkonformistischen, andererseits aber dennoch an eine NS-konforme Dichtung anschlussfähigen Veröffentlichung zu?

Diesen Fragen möchte ich im Folgenden nachgehen und dafür einen Blick auf die zeitgenössische Rezeption von *Am Himmel wie auf Erden* werfen, der die skizzierten Dissonanzen einen Schritt weit aufzuhellen im Stande ist. Anhand diverser Rezeptionszeugnisse kann einerseits gezeigt werden, wie das Buch schon von seinen ersten Lesern sehr unterschiedlich gedeutet wurde. Andererseits können besagte Zeugnisse darüber aufklären, unter welchen spezifischen Bedingungen Bergengruens Roman tatsächlich als ‚regimekritischer' Text rezipiert werden konnte. Bedingungen, die sich mitunter aus einer esoterischen Rezeptionshaltung speisen konnten.

5.4.2 Die zeitgenössische Rezeption von *Am Himmel wie auf Erden*

Die für seinen schriftstellerischen Erfolg unumgängliche partielle Akkommodation an den nationalsozialistischen Literaturbetrieb rechtfertigte Bergengruen im Nachhinein als ergriffene Chance, auf diesem Wege auch ‚dissidentes Ge-

---

111 Vgl. Bettina Hey'l: Der historische Roman (2009), S. 332; auch Walter Delabar: Zur Dialektik des Modernen in der Literatur im Dritten Reich (2007), S. 392; zum historischen Roman im Nationalsozialismus siehe auch allgemein Wolfgang Wippermann: Geschichte und Ideologie im historischen Roman des Dritten Reiches (1976), S. 9–43.
112 Ralf Georg Czapla: Römische Reichsidee versus preußischer Staatsgedanke (2011), S. 186. Siehe auch den dortigen Verweis auf Frank Westenfelder: Genese, Problematik und Wirkung nationalsozialistischer Literatur (1989).

dankengut' einem weiten Publikum zugänglich gemacht zu haben. *Am Himmel wie auf Erden* wollte er zwar in jedem Fall als NS-kritische Publikation verstanden wissen, differenzierte allerdings in seinen Aufzeichnungen aus dem Jahr 1961 die „Wirkungsmöglichkeiten" des Romans nach unterschiedlichen Lesergruppen:

> An wen wandten sich nun diese Bücher, wen sollten sie erreichen, wen erreichten sie? Welche Gruppierungen gab es unter den Deutschen? Eine oberflächliche Meinung nahm damals und nimmt vielleicht heute noch an, die Nation habe aus Nationalsozialisten und Antinationalsozialisten bestanden. Das trifft nicht zu. Vielmehr haben diese beiden Gruppen nur die äußersten Flügelformationen gebildet. Das Gros in der Mitte, die weit überwiegende Mehrheit, setzte sich aus Menschen einer dritten Kategorie, nämlich aus den Nichtnationalsozialisten zusammen. [...] An alle drei Kategorien richtete sich der Appell meiner Romane, auch an die Nationalsozialisten [...]. Es versteht sich, daß hier die Wirkungsmöglichkeiten am bescheidensten waren.[113]

Sieht man einmal davon ab, dass die meisten ‚Antinationalsozialisten' der Verfolgung ausgesetzt waren und Deutschland bestenfalls verlassen hatten,[114] und ignoriert man ferner, dass es Bergengruen an dieser Stelle weniger um eine Strukturierung von Lesergruppen im soziologischen Sinne zu gehen scheint, sondern eher – und zwar vor dem Hintergrund der Schulddebatte – um eine moralisierende Aufteilung der Gesellschaft im ‚Dritten Reich' in, etwas salopp ausgedrückt, die ‚Guten', die ‚Bösen' und die ‚Mutlosen', so ist sein Hinweis auf die Heterogenität des Lesepublikums dennoch berechtigt. Es wäre zu einfach, es in NS-konforme und NS-kritische Leser zu dichotomisieren. Daher korreliert das hier zum Ausdruck gebrachte Problembewusstsein des während des Nationalsozialismus produzierenden Autors mit dem von Eberhart Lämmert herausgestellten philologischen Problem, die Rezeption der ‚beherrschten Prosa' im ‚Dritten Reich' „nach verschiedenen Leserkreisen" zu sortieren.[115]

Anders als die Forschung es für das ‚verdeckte Schreiben' zumeist behauptet, teilt Bergengruen seine Adressatenschaft nicht in nur zwei Gruppen auf – also jener, der ein ‚Aufdecken' des kritischen Aussagesinns gelingt, und jener, der sich lediglich ein ‚Oberflächensinn' erschließt –, sondern setzt in einer breiten Leserschaft graduell divergierende Resonanzräume voraus. Die sich im Hinblick auf die Literaturproduktion im ‚Dritten Reich' als heuristisch fruchtbar erwiesene Grobeinteilung in „nationalsozialistisch", „antinationalsozialistisch"

---

113   Werner Bergengruen: Schreibtischerinnerungen (1961), S. 205–207.
114   Vgl. zur Unterscheidung von ‚Nicht-Nazis' und ‚Anti-Nazis' auch Ernst Loewy: Literatur unterm Hakenkreuz (1969), S. 270.
115   Eberhart Lämmert: Beherrschte Prosa (1975), S. 411.

und „nichtnationalistisch" verschiebt der Autor dabei bewusst auf die Rezeptionsseite und delegiert damit auch die Verantwortung über das entsprechende Wirkungspotential seines Buches an die zeitgenössische Leserschaft. Nimmt man die nachträglichen Behauptungen ernst, so rechnete Bergengruen also von vornherein mit divergierenden politischen Ansichten und weltanschaulichen Einstellungen. Er reagierte darauf mit der Strategie, den Roman strukturell auf eine Mehrfachadressierung hin anzulegen oder zumindest ausreichend Anschlussstellen für die erwartet diversen Lesergruppen zu schaffen.

Wirft man einen Blick auf die zeitgenössischen Rezensionen zu dem gleichermaßen kurzlebigen wie erfolgreichen Roman *Am Himmel wie auf Erden*,[116] die Bergengruen akribisch gesammelt hat und die daher in seinem Nachlass zu finden sind, dann zeichnet sich ab, inwiefern ihm eine solche ‚Mehrfachadressierung' gelungen ist. Das Buch wurde in zahlreichen Zeitungen, Zeitschriften und Literaturjournalen, gar in Radiosendungen nahezu ausschließlich positiv besprochen, zuweilen überschwänglich als „Dichtung von hohem Rang",[117] als „das bedeutendste Buch unter den schöngeistigen Werken der letzten Jahre",[118] als „Meisterwerk nach Sprache und dichterischer Kraft, Fabel und Komposition"[119] oder als das „Beste[], was in den letzten Jahren an geschichtlichen Romanen erschienen ist",[120] gelobt. Für manch einen Rezensenten stellte die Veröffentlichung gar einen „Höhepunkt der nach klassischer Gesetzmäßigkeit strebenden Sonderart deutscher Romankunst" dar.[121] NS-konforme Rezensenten sprachen sich vielzählig für „angelegentlichste Förderung und Verbreitung"[122] und ihre „nachdrückliche Empfehlung"[123] aus. Sie würdigten Bergengruen als den „bedeutsamsten Erzähler[] unseres heutigen Schrifttums"[124] und stellten ihn „in eine Reihe mit den großen epischen Begabungen des Nordens".[125] Etliche Pressestimmen präsentierten den Roman als ein vorzeigbares und konkurrenz-

---

116 Obwohl das Buch infolge einer Negativbesprechung und Anzeige in Rosenbergs Bücherkunde 1941 verboten wurde, verkaufte es sich in der einjährigen Laufzeit sechzigtausendmal. Vgl. Wolfgang Brekle: Schriftsteller im antifaschistischen Widerstand (1985), S. 182; Albert J. Hofstetter: Werner Bergengruen im Dritten Reich (1968), S. 41.
117 Hansulrich Röhl: Im Banne der Furcht (1941), o.S.
118 F.J.: An den Leser. In: Deutsches Volkstum, 05. Mai 1941.
119 F.l.: Weihnachtsbücherschau (1940), S. 135–137.
120 Hansulrich Röhl: Im Banne der Furcht (1941), o.S.
121 Günther Sawatzki: Berliner Sintflut-Panik. In: Berliner Lokal-Anzeiger, 29.11.1941, o.S.
122 Ebd.
123 o.V.: Romane und Novellen. In: Leipziger Neueste Nachrichten, 06.12.1941, o.S.
124 Ebd.
125 Erich Müller: [Rez.] Werner Bergengruen: Am Himmel wie auf Erden. In: Deutsches Adelsblatt (1941), o.S.

fähiges Beispiel volkhafter Dichtung, wiesen dabei beispielsweise auf „de[n] völkischen Gegensatz zwischen den deutschen Herren und den wendischen Fischern und Bauern" hin,[126] pointierten das „Verantwortungsgefühl des Führertums"[127] oder stellten „die beherrschte Haltung der Vertreter der germanischen Welt" gegenüber der „Dämonie wendischen Blutes" heraus.[128]

Andere wiederum bemerkten umgekehrt die mit Sym- und Empathie gestaltete Darstellung der Wenden.[129] Der völkisch eingestellte Historiker Fritz Curschmann (1874–1946), der den Roman 1942 größtenteils positiv in den *Forschungen zur brandenburgischen und preussischen Geschichte* besprach, meinte darin gar „deutschfeindliche Auffassungen" ausgedrückt zu finden und hielt es für „wirklich bedenklich, wenn die Autorität eines angesehenen Schriftstellers" solcherlei „Wunschbilder" vor dem Hintergrund des Krieges, den er als einen „Kampf[] der deutsch-slawischen Gegensätze" deutete, „zu begünstigen scheint".[130] In vielen Rezensionen spielte die ‚Wendenfrage' allerdings überhaupt keine Rolle. Stattdessen zog man vielfach Vergleiche zu Bergengruens *Der Großtyrann und das Gericht* oder kam auf das Motto („Fürchtet Euch nicht") des Romans zu sprechen, das man als das „eigentliche Thema" deutete.[131] Nonkonforme Rezensenten, wie Joachim Günther,[132] warnten dabei explizit vor einer fatalistischen Fehldeutung des Mottos, das „zwar als Verheißung und Resultat

---

126 Hasso Härlen: [Rez.] Am Himmel wie auf Erden. In: Die Neue Literatur, Dezember 1940, o.S.; ähnlich auch A. E. Günther: ‚Fürchtet euch nicht!' (1941), insbesondere S. 133: „Wohl aus baltischem Erinnern hat es der Dichter verstanden, das vom Deutschtum überwältigte und schon der Aufsaugung nahe Volk der Wenden in seiner Einbettung in den von der Natur im verliehenen, von dem Herrenvolk aber bestimmten Raum zu schildern."
127 Heinz Fuhrmann: [Rez.] Am Himmel wie auf Erden, (1941), o.S.
128 O.V.: Romane und Novellen. Werner Bergengruen: Am Himmel wie auf Erden (1941), o.S. Vgl. überdies die positive Besprechung von Wilhelm Gall: Werner Bergengruen, Am Himmel wie auf Erden (1940), o.S.; auch A. E. Günther: ‚Fürchtet euch nicht!' (1941).
129 Etwa Otto Freiherr von Taube: Werner Bergengruen. Am Himmel wie auf Erden (1940).
130 Fritz Curschmann: Historischer Roman und Geschichte. In: Forschungen zur brandenburgischen und preussischen Geschichte 45 (1942), S. 152–171, zit. n. Armin Arnold: Die Wahrheit hinter der historischen Kulisse (1983), S. 4. Bergengruen kommentiert hierzu in seinen Schreibtischerinnerungen (1961), S. 194–195.: „Nur aus Gewissenhaftigkeit und Objektivität, der Vollständigkeit halber fühlte er [Curschmann, K.M.] sich verpflichtet, die ‚deutschfeindliche Tendenz' nicht zu verschweigen."
131 Etwa Jörg Lampe: Der Mensch unter dem Verhängnis. In: Neues Wiener Tagblatt, 11. November 1940, o.S.
132 Nach anfänglicher Begeisterung für den Nationalsozialismus entwickelte Günther in den 1930er Jahren eine distanziert bis kritische Haltung zum nationalsozialistischen Regime und schrieb immer wieder oppositionelle Artikel für diverse Zeitschriften. Siehe hierzu Erwin Rotermund/Heidrun Ehrke-Rotermund: Zwischenreiche und Gegenwelten (1999), S. 455–463.

über diesem ganzen Werk" stehe, „niemals aber den Sinn haben darf: ‚Ergebt euch leichtfertigen Hoffnungen und fröhlichen Täuschungen eurer selbst.'"[133] Und auch insgesamt konnte man in der Rezension Günthers, die in der *Europäischen Revue* erschien, hin und wieder zeitkritische Töne vernehmen. Ähnliches lässt sich für die Besprechung des Romans im *Hochland* feststellen. Auch hier nahm man die Veröffentlichung des der Zeitschrift nahestehenden Schriftstellers zum Anlass, um im Zeichen inhärenter Herrschaftskritik auf die „drakonischen Mittel[]" der absolutistischen Herrschaft hinzuweisen; en passant erwähnte man dabei auch die in der „Gewitterschwüle noch einmal aufflammende Hoffnung des sterbenden wendischen Volkes".[134] NS-distanzierte Rezensenten stellten zudem hin und wieder die humanistische und wissenschaftliche Gesinnung der Hauptfigur heraus.[135]

Nahezu durchgehend betonte man daneben die „dichterische Kraft"[136] und das schriftstellerische Geschick Bergengruens und wies in diesem Zusammenhang des Öfteren auf den klassizistischen Charakter des Werkes hin, das, wie es der NS-konforme Kunstkritiker Jörg Lampe paradoxal ausdrückte, „von zeitloser Gültigkeit" sei und deshalb „der Gegenwart besonders nahe" stehe.[137] Dass der „aufgeschlossene Leser Vergleiche zur großen Gegenwart finden" könne,[138] so der nationalsozialistische Lyriker Hansulrich Röhl, wurde bemerkenswerterweise sowohl in gleichgeschalteten Zeitungen und Zeitschriften wie auch in moderateren Journalen, etwa der *Europäischen Revue*, der *Kölner Zeitung* oder dem *Hochland* positiv angemerkt. Unabhängig von der politischen Gesinnung der Rezensenten war man sich also vielzählig darin einig, dass der Roman einen überzeitlichen und folglich auch für die Gegenwart adaptierbaren Aktualitätswert besäße. Oftmals wurde hierfür die Universalität des Themas angeführt. Bergengruen habe, so etwa Wolfgang Höpker in den *Münchner Neuesten Nachrichten*, ein „ewige[s] Menschenproblem" zur literarischen Gestaltung gebracht,

---

133 Joachim Günther: Erzählerische Dichtungen (1941), S. 203.
134 F.l.: Weihnachtsbücherschau. In: Hochland (1940), S. 135.
135 Vgl. Joachim Günther: Erzählerische Dichtungen. In: Europäische Revue, März 1941, S. 201–203; O.V.: Neue Romane. In: Weltstimmen, Dezember 1940, S. 101–106, hier S. 102; Emil Staiger: Deutsche Erzähler. In: Neue Zürcher Zeitung, 24.11.1940.
136 Werner Deuters: [Rez.] Am Himmel wie auf Erden. In: Der Deutsche Kaufmann, 11.09.1941, o.S.
137 Jörg Lampe: Der Mensch unter dem Verhängnis. Bergengruens neuer Roman. In: Neues Wiener Tagblatt, 11.11.1940.
138 Hansulrich Röhl: Im Banne der Furcht (1941), o.S.

nämlich das der „Furcht und ihrer Ueberwindung".[139] „Es gilt", so schreibt Gertrud Papendick in der *Königsberger Allgemeinen Zeitung* in ähnlichen Worten, „heute und immer –, die Furcht zu überwinden".[140]

Während die meisten Stimmen der Zeit eine allgemeine, kreatürliche Furcht als das überzeitlich aktuelle Thema des Buches identifizierten, gegenwartsrelevante Analogien damit also nur recht vage bestimmten, liegt eine besondere Rezension vor, in der ebenjene Universalität des Themas recht konkret in die Gegenwart gespiegelt wird und damit sehr wahrscheinlich zur zeitkritischen Sensibilisierung des Lesers beitragen sollte. Sie stammt von dem Schweizer Germanisten und Bekannten Bergengruens Emil Staiger (1908–1987). Den frisch erschienenen Roman bespricht Staiger 1940 für die *Neue Zürcher Zeitung* und verweist dabei auf die vielen Hinweise des Autors, die Romanhandlung, die er als „urbildliches Geschehen" deutet, mit der vom Krieg gezeichneten Gegenwart in Beziehung zu bringen:

> Bergengruen weiß sehr wohl und versäumt nicht, je und je darauf hinzuweisen, daß der Anlaß, der die Furcht auslöst, vollkommen gleichgültig ist, daß die Sintflut mit jedem beliebigen drohenden Schrecken vertauscht werden könnte. Was er schildert, will als urbildliches Geschehen verstanden sein, das abläuft nach Gesetzen, die mit dem Menschen selber gegeben sind. So wird kein Leser übersehen, wie sehr dies Buch die Zeit angeht, uns alle, die wir in gefahrumwitterte Zonen verschlagen sind, die jeder Tag, ja jeder Schritt an das Bedrohliche erinnert. Wir glauben die Stimmung dieser Menschen zu kennen, die jede Wolke voll Sorge betrachten, vor jeder Pfütze erschrecken, nach Bodenerhebungen Ausschau halten, Bretter sammeln und Kähne zimmern, die wähnen, das Schicksal werde wohl noch mit sich reden lassen, und es sei nicht möglich, daß so viel schön geordnetes Leben zugrunde gehe.[141]

Unverblümt stellt Staiger die Legitimität einer identifikatorischen, wenn man so möchte, applikativen Lesart heraus und zieht Vergleiche zwischen der im Roman dargelegten Gefühlslage der frühneuzeitlichen Gesellschaft, die voller Furcht die Flutkatastrophe erwartet, und der zeitgenössischen Leserschaft, die sich angesichts des wütenden Krieges in einer ähnlich prekären Lage befand. Die Analogie zur Gegenwart des Jahres 1940 macht Staiger dabei in dem Verhältnis ‚des Menschen' zu einer existentiell bedrohlichen und mithin urbildli-

---

139 Wolfgang Höpker: Roman von der menschlichen Furcht (1940), o.S; ähnlich G. M. Vonau: [Rez.] Am Himmel wie auf Erden. In: Kassler Neueste Nachrichten, 23./24.11.1940; Jörg Lampe: Der Mensch unter dem Verhängnis (1940); Ronald Loesch: Besprechung für das Literaturblatt der Frankfurter Zeitung (1940), o.S.
140 Gertrud Papendick: Von der Furcht und ihrer Überwindung. In: Königsberger Allgemeine Zeitung, 07.12.1940, o.S.
141 Emil Staiger: Deutsche Erzähler (1940).

chen Situation aus, unter die sich sowohl das historische Geschehen um die Flutkatastrophe als auch das gegenwärtige Geschehen in Mitteleuropa subsumieren ließen. Doch der Schweizer Germanist belässt es nicht bei dem bloßen Hinweis auf das zeitlos aktuelle, an einem anthropologisch-archetypischen Phänomen laborierende Thema, sondern spielt gekonnt auf die zeitgeschichtlichen Umstände an, die dem Roman seine eigentliche und tagesaktuelle Brisanz verleihen. Und durchwegs erweist er sich dabei als verlässlicher Interpret, so etwa wenn er seine Leserschaft wissen lässt, dass die vorgenommene kritisch-aktualisierende Interpretation keineswegs überdehnt sei, sondern man im Buch selber, aus dem er abschließend zitiert, den entscheidenden Hinweis finde. Ganz in der Manier eines guten Germanisten lässt er seiner Lesart denn auch den entscheidenden Textbeleg folgen:

> Wer sich in diese Welt vertieft, wer sich von der kühnen und sicheren Hand des Dichters leiten läßt, wird nicht erstaunt sein, am Ende zu lesen: „Dieses Buch wurde begonnen im Sommer 1931 und beendet im Sommer 1940, während der Konjunktion des Jupiter und des Saturn."[142]

Der im Roman erst auf der letzten Seite gegebene textgenetische Hinweis, nämlich Bergengruens Auskunft über den Entstehungszeitraum seines Buches, der von der gleichen Sternenkonstellation regiert wird wie die astrologische Prophezeiung Carions, wird von Staiger so als zentraler Lektüreschlüssel gewertet und seiner Leserschaft in dieser Funktion auch nahegelegt. Was genau dieser Hinweis erschließt, ist allerdings weniger offensichtlich, denn welche Gehalte in welcher Weise analogiebildend zur Gegenwart zu lesen sind, konkretisiert Staiger nicht, wohl auch im Bewusstsein darüber, seinen Freund damit unter Umständen in Gefahr bringen zu können. Staigers Buchbesprechung, die von einem nicht-nationalsozialistischen Standpunkt aus erfolgte und eine tendenziell zeitkritische Lesart des Buches präsentiert, stellte jedoch in der hier stichprobenartig dargelegten Fülle der Rezensionen eher die Ausnahme dar. Nichtsdestoweniger sollte deutlich geworden sein, dass es auf der Rezeptionsseite eine divergierende Vielstimmigkeit gegenüber dem Roman *Am Himmel wie auf Erden* gab. Wie aber ist dieser Befund zu bewerten?

Die Diskrepanzen lassen sich meines Erachtens nicht auf eine allgemeine literarische Polysemie hinausführen, sondern wie folgt plausibilisieren: Bergengruen war als gut vernetzter Autor sehr geschickt darin, diverse mediale Kanäle mit einem differenzierten Textsortenrepertoire zu bespielen und sich auf diese Weise seinen schriftstellerischen Erfolg zu sichern. Neben seinen vermeintlich

---

142 Ebd.

nonkonformistischen Texten lassen sich zahlreiche Veröffentlichungen ausmachen, die sich problemlos und ohne jeden Anschein von Dissidenz in die literarische Landschaft des ‚Dritten Reichs' fügten. Hierzu können seine unterhaltsamen Erzählungen, wie sie beispielsweise in dem Band *Die Schnur um den Hals* (1935) zu finden sind, seine Kinder- und Reisebücher, die Dichterbiographie zu E.T.A. Hoffmann (1939) sowie etliche seiner nichtliterarischen Artikel und Essays gezählt werden. Bergengruens weitreichende publizistische Präsenz in unzähligen zeitgenössischen und zu weiten Teilen gleichgeschalteten Journalen ermöglichte es ihm, diverse Erwartungen unterschiedlicher Lesergruppen – so auch die der vermeintlichen Zensurstellen – zugleich zu erfüllen. Auf diesem Wege konnte er für das eigene literarische Werk werben und zugleich gruppenspezifisch auf die Rezeption seiner Buchveröffentlichungen Einfluss, ja sogar etwaiger nationalsozialistischer Kritik den Wind aus den Segeln nehmen.

Auch für seinen Roman *Am Himmel wie auf Erden* wusste Bergengruen von dieser mehrdimensionalen Publikationsstrategie Gebrauch zu machen: Der Romanveröffentlichung ließ er zahlreiche Begleittexte sowie medienspezifische Leseproben vorausgehen und folgen, die er wohldurchdacht im Zeitschriftenspektrum des ‚Dritten Reiches' platzierte. So findet sich beispielsweise in der NS-konformen *Monatsschrift für das deutsche Geistesleben* 1940 ein Textauszug aus dem Roman, und zwar das Kapitel ‚Waldgespräch', in dem es um die Einweihung des Kammerjunkers Ellnhofen in die Ediktpolitik des Kurfürsten geht; eingeleitet wird diese Leseprobe durch einen von völkischen Tönen bestimmten Beitrag A. E. Günthers.[143] Fast zeitgleich wird auch die Zeitschrift *Hochland* bedacht, allerdings mit einem anderen, auf das *Hochland*-Publikum abgestimmten Auszug aus *Am Himmel wie auf Erden*. Unter dem im Roman nicht vorkommenden Titel „Die Aussätzige" findet sich in dem kulturkatholischen Journal ein Abdruck, das dem Roman-Kapitel über den Aussätzigenhof *St. Peter und St. Georg* entstammt.

Im Folgenden soll dieser im *Hochland* publizierte Romanauszug im Zentrum stehen. Dabei werde ich darlegen, dass den *Hochland*-Abonnenten im Allgemeinen und dem Freundeskreis Bergengruens im Besonderen ein Textabschnitt offeriert wurde, der auf eindeutige Weise Zeit- und Gesellschaftskritik indiziert und somit zugleich eine kritische Lesart für den Roman insgesamt nahelegt. Ferner wird zu zeigen sein, wie die Mehrfachverwertung des über 600 Seiten zählenden Buches es Bergengruen einerseits erlaubte, seinen schriftstellerischen Erfolg im ‚Dritten Reich' zu sichern, also auch die für die Zensur verant-

---

143 Werner Bergengruen: Waldgespräch (1940). Dazu der Beitrag von A. E. Günthers: „Fürchtet euch nicht!" (1940).

wortlichen Parteiämter zu kalmieren. Sein Selbstverständnis als dissidenter Autor wurde dadurch andererseits nicht wesentlich beeinträchtigt. Im Gegenteil diente ihm das publizistische Engagement für ein tendenziell NS-distanziertes Journal wie das *Hochland*, das mit seinem privaten und esoterischen Engagement gegen den Nationalsozialismus verquickt war, als Selbstversicherung der eigenen Nonkonformität.

5.4.3 „Die Aussätzige" (1940) als Leseprobe im *Hochland*

1940 erschien im 37. Jahrgang des *Hochland* die siebenseitige Erzählung „Die Aussätzige" von Werner Bergengruen. Mit Reinhold Schneiders Erzählung „Francisco de Xavier"[144] bildete sie den literarischen Teil des Septemberhefts. Zwar behauptete die Erzählung im Rahmen der Zeitschrift Selbständigkeit, doch in einer dem Autorennamen nachgestellten Anmerkung konnte der Leser erfahren, dass es sich bei besagtem Text um einen Auszug aus Bergengruens „in Kürze bei der Hanseatischen Verlagsanstalt erscheinende[m] Roman ‚Am Himmel wie auf Erden'" handle.[145] Zudem schickte die Redaktion eine kurze Einführung in das Handlungsgeschehen des Romans voraus, um die Leserschaft über den Gesamtkontext zu informieren und so den Leseeinstieg zu erleichtern:

> Doktor Carion lebt als Hofgelehrter und astrologischer Berater beim brandenburgischen Kurfürsten Joachim I. Seine wendische Haushälterin, die alte Worschula, ist am Aussatz erkrankt und soll jetzt in den Aussätzigenhof zu St. Georg oder, wie das Volk sagt, zu den Guten Leuten gebracht werden. An ihrer Stelle ist ihre Enkelin Duschka als Magd ins Carionsche Haus gekommen. Die Vorgänge ereignen sich im Sommer 1524, während eine düstere, den Untergang der Städte Berlin und Kölln ankündigende Prophezeiung sich auszubreiten beginnt. (S. 499)

Mit diesen Hinweisen wurden die Leser nicht nur über den allgemeinen Inhalt, das zentrale Personal und den Schauplatz des noch nicht verfügbaren Romans aufgeklärt, sondern auch mit der Erwartung konfrontiert, es handele sich bei dem nachfolgenden Text um den Ausschnitt eines historischen Romans, in dessen Zentrum der deutsche Astrologe, Historiker und Mathematiker Johannes Carion als historische Figur stehe. Wie aber bereits der Titel, unter den der Auszug gestellt ist (und der im Roman als Kapitelüberschrift *nicht* vorkommt), in-

---

144 Reinhold Schneider: Francisco de Xavier (1939/40).
145 Werner Bergengruen: Die Aussätzige (1940), S. 499. Im Folgenden unter Angabe der Seitenzahl im Fließtext.

sinuiert, geht es in der abgedruckten Episode nicht um Carion, sondern um dessen ehemalige Haushälterin, die an Aussatz erkrankte Sorbin Worschula. Detailliert wird in dem abgedruckten Auszug der Hergang ihrer „Aussegnung" aus der ‚Gemeinschaft der Gesunden' erzählt und dabei ein bedrückendes sowie streckenweise trostloses Szenario geschildert: Der in einer „modrig und tot" riechenden Kirche als Messe abgehaltenen Zeremonie wohnen schaulustige statt mitfühlende „deutsche Bauern" bei, die das Gesehene „hernach in ihre Dörfer zu tragen" gedenken. Anwesend sind auch „tuschelnde[] alte[] Weiber von jener Art, die sich gewohnheitsmäßig bei allen Aussegnungen, Begräbnissen, Kindtaufen, Hinrichtungen und Hochzeiten einstell[en]". Sie alle dürfen Zeugen werden, wie die Erkrankte in einem „käfigartige[n] Holzverschlag" die Insignien „ihres neuen Standes" empfängt, darunter ein „schwarze[s] Gewand mit den aufgenähten weißen Händen aus Wolle", „Handschuhe" und ein „Almosenkörbchen" (S. 500–501). Während der Priester dabei „vom Aussatz des Moses und vom Aussatz der Mirjam und vom Aussatz des syrischen Ritters und Kriegsobersten Naaman", aber auch „von den Aussätzigen, die durch Christus geheilt wurden" (S. 501), spricht, interessieren sich die Anwesenden stärker für die allmähliche Verhüllung der Erkrankten, die im Rahmen der Zeremonie hinter ihrer neuen und dunklen Standeskleidung zu verschwinden scheint. Nur Carion, ihrer Enkelin Duschka und einigen Wenden, die „von der Aussegnung einer Frau ihres Volkes gehört und sich eingefunden" hatten und zwischendurch ein „wendisches Lied" anstimmen, dessen Melodie „voll einer unendlichen Trauer" ist (S. 502), geht diese „düstere Feierlichkeit" (S. 501) nahe. Sie mündet in der Einkehr der Erkrankten im „Aussätzigenhof St. Georg", der erstaunlicherweise aber „keineswegs einen abstoßenden Anblick" bietet, sondern „an der Selbstverständlichkeit der Welt unbefangen teilzunehmen" scheint (S. 503). Den von Mitleid erfüllten Carion lässt ein kurzer Einblick in die Welt der Kranken allerdings mit „Zerrissenheit des Herzens" und dem Eindruck zurück, „ein Untergang der Welt sei ihrem Fortbestand vorzuziehen" (S. 505). Mit diesem Satz bricht die kurze Erzählung ab.

Anders als es Karl Schaezler in seinem nachträglichen Bericht zu den belletristischen *Hochland*-Publikationen während des ‚Dritten Reichs' behauptete,[146] ist Bergengruens Erzählung weder Hoffnung noch Trost zu entnehmen. Auch liefert das historische Geschehen, anders als man dies der Literatur der ‚Inneren Emigration' oftmals attestierte, keinen geeigneten Imaginationsraum für eskapistische Tagträume. Doch handelt es sich bei diesem Text auch nicht um eine offensichtlich auf Systemkritik angelegte Literatur. Welche Lesarten boten sich

---

146 Vgl. Karl Schaezler: Das ‚Hochland' und der Nationalsozialismus (1964), S. 230.

also den Lesern des *Hochland*, die Bergengruens Roman *Am Himmel wie auf Erden* zu diesem Zeitpunkt noch nicht kennen konnten, im Herbst des Jahres 1940 für dieses Romanfragment an? Diese Frage ist sicherlich nur unter Bezugnahme weitreichender Kontexte zu Autor, Textsorte, Publikationsort und Netzwerk zu klären, denen im Folgenden nachgegangen wird.

5.4.4 Bergengruen als ‚katholischer Autor'

Im Allgemeinen ist davon auszugehen, dass die *Hochland*-Leserschaft annehmen konnte, dass der Abdruck von „Die Aussätzige" in Einklang mit dem Profil eines während des Nationalsozialismus tendenziell dissident kommunizierenden, katholischen Publikationsorgans stand. Wie bereits dargelegt, reagierte die kulturkatholische Zeitschrift auf politische und gesellschaftliche Entwicklungen von einem bildungskatholischen Standpunkt aus und bot den literarisch interessierten Abonnenten vornehmlich religiöse Belletristik sowie Unterhaltungsliteratur. Auch der nationalkonservativ gesinnte Autor Bergengruen, der während des Nationalsozialismus außerordentliche schriftstellerische Erfolge verzeichnen konnte,[147] war dem *Hochland*-Leser zum Zeitpunkt der in Rede stehenden Veröffentlichung als mehr oder minder ‚nonkonformer', insbesondere jedoch als konfessionell gebundener Autor gut bekannt.

Noch bevor Bergengruen regelmäßig für das *Hochland* publizierte, rezensierte man ihn in der zeitschrifteneigenen Literaturkritik, und zwar ausschließlich positiv. Großes Lob fand beispielsweise der breit rezipierte Roman *Der Großtyrann und das Gericht* (1935), mit dem Bergengruen, obgleich er „von manchen Zeitgenossen als Widerstandsliteratur verstanden wurde",[148] in den 1930er-Jahren „der Durchbruch in der literarischen Öffentlichkeit" gelang.[149] Eugen Gottlob Winkler wertete diesen Text ein Jahr nach Erscheinen im Juniheft 1936 als „im höchsten Sinne moralisch" und als „dichterisch [...] sehr große[s] und ergreifendes Buch".[150] Wie aus einem Schreiben der *Hochland*-Redaktion hervorgeht, hatte Bergengruen das Romantyposkript zum *Großtyrann* sogar Anfang des Jahres 1935 an das *Hochland* in der Hoffnung geschickt, die Zeitschrift würde einen Abschnitt daraus publizieren. Karl Schaezler, der damals in der Redaktion tätig war, lehnte allerdings ab, und zwar mit der Begründung,

---

147 Alf Mentzer, Hans Sarkowicz: Schriftsteller im Nationalsozialismus (2011), S. 121.
148 Ebd.
149 Wilhelm Haefs: Werner Bergengruen (1989), S. 407.
150 Eugen Gottlob Winkler: Erzählende Literatur (1935/36), S. 265.

dass man trotz „grossem Interesse" sich nicht „zu seiner Veröffentlichung [...] entschliessen" könne, weil der Text „bei der Aufteilung in so viele Fortsetzungen allzusehr einbüssen würde".[151] Womöglich war die segmentierte Publikation der *Hochland*-Redaktion aber auch politisch zu heikel. Dennoch bot Schaezler Bergengruen an, das Buch im hauseigenen Kösel-Verlag erscheinen zu lassen. *Der Großtyrann und das Gericht* erschien schließlich aber bei der Hanseatischen Verlagsanstalt und wurde bekanntlich zu einem großen Erfolg. Dass Bergengruen in den ersten Jahren der nationalsozialistischen Herrschaft erfolgreich reüssieren konnte, hing zum einen an seiner schon vor 1933 zutage getretenen nationalkonservativen Haltung und zum anderen an seinen anfänglichen und weitreichenden Akkommodationen an das faschistische Regime. Im April 1933 zählte man ihn zu jenen „Deutschen Dichtern", denen man auf Kosten liberaler und linker Schriftsteller, die man fortan auf der „schwarzen Liste des volksfremden Schrifttums" führte, „nun endlich ein breiteres Echo in Schule und Volkstum" einräumen wollte.[152] Im Mai 1933 übernahm er den Vorstandbeisitz im gleichgeschalteten Schutzverband deutscher Schriftsteller, dem er bereits seit 1930 angehörte. Es folgten Lesungen auf Veranstaltungen der Hitler-Jugend, bei dem die Anwesenden Bergengruens Texten, etwa seinem ‚Erinnerungsbuch' *Deutschen Reise* (1934),[153] „[s]tille und innige Deutung des deutschen Landes und seiner Menschen" entnehmen konnten.[154] Noch im Oktober 1936 beteiligte sich Bergengruen am Treffen der deutschen Kriegsdichter und unterzeichnete im Anschluss daran ein „Gelöbnis-Telegramm an Adolf Hitler", in dem zu lesen war:

> Die als Gäste der Reichshauptstadt zu einem Treffen in Berlin vereinten Dichter des Kriegs entbieten ihrem Führer und Reichskanzler im Gedenken der Kameradschaft der Front und Dankbarkeit für die Wiedergewinnung deutscher Wehrhaftigkeit das Gelöbnis unwandelbarer Treue.[155]

Gleichwohl wurde Bergengruen im März 1937, vor allem aufgrund seiner Ehe mit der Jüdin Charlotte Hensel, aus der Reichsschrifttumskammer (RSK) ausgeschlossen. Auf Vermittlung seines Verlegers Benno Ziegler (Hanseatische Ver-

---

151 Karl Schaezler (Redaktion der Monatsschrift *Hochland*) an Werner Bergengruen, 13. Februar 1935 (BSB, Ana 593.B.III).
152 O.V.: Die Scheidung der Geister (1933), o.S.
153 Hierzu vgl. Ralf Georg Czapla: Römische Reichsidee versus preußischer Staatsgedanke (2011).
154 O.V.: Junge Generation und Dichtung. In: Deutsche Bühnenkorrespondenz München, Nr. 27, 06.04.1935.
155 Alf Mentzer, Hans Sarkowicz: Schriftsteller im Nationalsozialismus (2011), S. 36–37.

lagsanstalt) konnte er jedoch eine „jederzeit widerrufliche Sondergenehmigung" erwirken, die es ihm erlaubte, weiterhin zu publizieren.[156] Dieser Zäsur vorausgegangen war eine zunehmende innere Distanzierung vom Nationalsozialismus: Ende 1935 war Bergengruen zum Katholizismus konvertiert.[157] Wenngleich seine Entscheidung zum Übertritt schon lange vorher feststand und die Beweggründe hierfür keineswegs politischer, sondern vielmehr persönlicher Art waren, förderte die offizielle Zugehörigkeit zur katholischen Kirche seine NS-kritische Haltung und nahm auch erheblichen Einfluss auf seine literarische Produktion. Seine Publikationen waren fortan oftmals dezidiert christlich ausgerichtet. Auch dieser Umstand mag für den Ausschluss aus der RSK eine Rolle gespielt haben.[158]

Einige Monate nach seiner Konversion zog Bergengruen 1936 mit seiner Familie aus Berlin nach München, wo er bis 1942 in nächster Nachbarschaft zu Carl Muth lebte,[159] zu dem er eine freundschaftliche Beziehung entwickelte.

---

156 Vgl. N. Luise Hackelsberger: Das Wort als Waffe (2003), S. 109.
157 Auskunft über Bergengruens Beweggründe zur Konversion gibt Hans Bänziger: Werner Bergengruen (1961), S. 93–95. Bergengruens Übertritt zum katholischen Glauben erfolgte allerdings, nicht wie Bänziger annimmt, im März 1936, sondern schon 1935. Auch bleiben Bänzigers Ausführungen hierzu vage. Es seien, so Bänziger, „die Argumente des Künstlers", der Gefallen gefunden hatte an den „mittelalterlichen Idealen". Hinzu käme das Bedürfnis eines ‚Exilanten' nach „einer überall geltenden und allgemeinen Heimat des Glaubens", die einen „weltumspannenden Organismus" in den Mittelpunkt des Glaubens stellte. Auch Boris Schilmar: Nation – Abendland – Reich (2012), S. 130–131., reißt das Thema in seiner Untersuchung zu den Europadiskursen im Umfeld der ‚Inneren Emigration' an und stellt fest, dass „[d]ie Gründe für seinen [d.i. Bergengruens, K.M.] Übertritt zum Katholizismus […] eine eigne Untersuchung wert" wären. Er weist allerdings darauf hin, „dass seine [Bergengruens] gesamte weltanschauliche Grundhaltung so deutlich auf das katholische Weltbild zulief, dass die Konversion kaum mehr überraschen konnte". In seinen autobiographischen Aufzeichnungen gibt Bergengruen vermehrt Auskunft über die Gründe seines Übertritts zur katholischen Kirche: Es sei „die Besiegelung eines mir längst natürlich gewordenen Zustandes", behauptet er und betont, dass er im Grunde schon „immer eine anima naturaliter catholica gewesen" sei. Seine Konversion sei entsprechend „kein Bruch gewesen und nichts Gewaltsames, sondern etwas vollkommen Organisches und Natürliches". In einem Brief aus dem Jahr 1959 bekennt er auf die Frage nach den Gründen seines Übertritts, „daß ich kein Systematiker bin und mich auf die Sprache der Abstraktion wenig verstehe. Was zu mir – und vielleicht auch aus mir – spricht, ist die Sprache der Anschauung, des Bildes, der Gestalt und des Symbols. Und so möchte ich glauben, mein ganzes Oeuvre beantworte Ihre Frage deutlicher, als ich selber es vermöchte." Siehe hierzu Werner Bergengruen: Dichtergehäuse (1966), S. 347–363.
158 Vgl. Erwin Rotermund, Heidrun Ehrke-Rotermund: Zwischenreiche und Gegenwelten (1999), S. 267.
159 „unsere Sollner Häuser standen nicht mehr als einige Minuten voneinander entfernt", erinnert sich Bergengruen in: Erinnerungen an Carl Muth (1953/54), S. 75.

Fortan schrieb er regelmäßig für dessen Journal. Im Mai 1937, also zwei Monate nach seinem Ausschluss aus der RSK,[160] erschien im *Hochland* der erste literarische Beitrag aus seiner Münchner Zeit, die religiöse Erzählung „Die Verheißung. Nach einer alten Legende", der sich eine deutliche „Parteinahme für das Christentum"[161] entnehmen lässt und die in auffälliger Weise Bilder, Metaphern und Symbole der katholischen Theologie und Kirchenwelt aufgreift. In der Tradition christlicher Heiligenlegenden lässt Bergengruen hier einen namenlosen intradiegetischen Erzähler, der sich in Konstantinopel als Hafenarbeiter verdingt, eine wundersame Begebenheit bezeugen, die sich während der Eroberung der Stadt durch die Osmanen ereignet habe. Das damit eingeleitete Ende des Byzantinischen Reiches und einer ‚christlichen Herrschaft' ist auf der ersten Erzählebene längst besiegelt. Als Kind habe dieser Hafenarbeiter, so erfährt man aus der umfangreichen Binnenerzählung, allerdings gesehen, wie ein mit den Christusinsignien ausgestatteter Priester während der Belagerung durch die Kirchenmauern hindurch in einen „heimlichen Raum" aufgenommen wurde, „bis zu dem die Entweihung nicht hat vordringen können, ein Raum, darin alle Heiligkeit sich aufbewahrt bis an den Tag, da sie wieder wird offenbar werden [...]".[162] In diesem, hinter den sichtbaren Mauern der Kirche befindlichen Raum sei „der Tempel der Göttlichen Weisheit noch immer eine christliche Kirche und ein großes Heiligtum der Länder".[163]

Im Rückblick zählte Bergengruen diese Veröffentlichung zu seinen „politische[n] Novellen"[164] und spielte damit sehr wahrscheinlich auf den sich 1936

---

160 Die Einschätzung, dass diese Publikation, in der sich eine „Parteinahme für das Christentum" abbildet, zum Ausschluss des Autors beigetragen habe (vgl. Erwin Rotermund, Heidrun Ehrke-Rotermund: Zwischenreiche und Gegenwelten [1999], S. 270), ist nicht zutreffend. In einem Brief an Reinhold Schneider vom 23. April 1937 versichert Bergengruen, dass er den Ausschluss „so gut überstanden [habe], wie ich es nicht zu hoffen gewagt hätte. [...] Es klingt vielleicht vermessen, aber es ist so, daß ich mich genesen fühle, arbeitsfreudig und arbeitskräftig". Luise Hackelsberger (Hg.): Werner Bergengruen. Reinhold Schneider. Briefwechsel (1966), S. 44.
161 Erwin Rotermund, Heidrun Ehrke-Rotermund: Zwischenreiche und Gegenwelten (1999), S. 270.
162 Werner Bergengruen: Die Verheißung (1937), S. 116.
163 Ebd.
164 Werner Bergengruen: Schreibtischerinnerungen (1961), S. 143. Weiter heißt es über diese Novelle: „Aber die Menschen, [...] empfanden in diesem Lobpreis des Überdauern und Aufforderung, den Mut nicht sinken zu lassen, eine Verheißung, es werde möglich sein, die gefährdete, die fast schon vernichtete seelische und geistige Substanz über die furchtbare Winternacht hinweg für eine neue Zukunft aufzubewahren." Vgl. hierzu auch Erwin Rotermund, Heidrun Ehrke-Rotermund: Zwischenreiche und Gegenwelten (1999), S. 265–275. Rotermund macht

verschärfenden Kirchenkampf an,[165] vor dessen Hintergrund sich „Die Verheißung" in der Tat als eine religionspolitische Stellungnahme lesen lässt. Im März 1937, also zwei Monate vor Erscheinen der Erzählung im *Hochland*, wurde von den Kanzeln der katholischen Gemeinden in Deutschland die heimlich ins Land gebrachte Enzyklika *Mit brennender Sorge* des Papst Pius XI. verlesen. Nachdem die Nationalsozialisten im Zuge ihrer Gleichschaltungsmaßnahmen vielfach gegen das 1933 abgeschlossene Reichskonkordat, das der Kirche Freiräume in Religionsausübung und Bildungsarbeit garantierte, verstoßen hatten, verurteilte das Kirchenoberhaupt nicht nur die betrügerische Herrschaftspraxis der Nationalsozialisten, sondern auch ihre auf Rassismus und ‚Neuheidentum' gründende Ideologie aufs Schärfste. Dabei mahnte das Schreiben die Gemeinden, der Kirche und ihren Dogmen treu zu bleiben: Gegen die „geistige Tempelschändung" des Nationalsozialismus sollten sich die Gläubigen der Pflicht bewusst werden, ihre „Verantwortung von der der Gegenseite klar zu scheiden, [ihr] Gewissen von jeder schuldhaften Mitwirkung an solchem Verhängnis und Verderbnis freizuhalten" sowie „der physischen Gewalt der Kirchenbedränger die Unbedingtheit eines innigen Glaubens, die Unverwüstlichkeit einer ewigkeitssicheren Hoffnung, die bezwingende Allgewalt einer tatstarken Liebe entgegenzustellen".[166] In Bergengruens legendarisch gestalteter Erzählung findet dieser hochpolitische Kontext eine literarische Verarbeitung. Selbst die Textsorte mag in diesem Zusammenhang bezeichnend sein, gehörten Legenden doch zu jenem Korpus dezidiert religiöser und erbaulicher Literatur, wie sie im katholischen Milieu noch bis ins 20. Jahrhundert massenhaft und mitunter zum Zwecke kultureller und konfessioneller Identitätskonfirmation gelesen wurden. Womöglich lässt sich „Die Verheißung" in diesem Sinne auch als selbstreferentieller Text deuten: In seiner Funktion, Medium konfessioneller Selbstverständigung zu sein, sollte er womöglich dazu beitragen, den thematisierten „heimliche[n] Raum", in dem das *corpus Christi mysticum* als *ecclesia invisibilis* weiterexistiert, auch ganz praktisch aufrecht zu erhalten und so trotz der fremdideologischen ‚Tempelschändung' der Nationalsozialisten klandestin am „Tempel der Göttlichen Weisheit" weiterzubauen. Ob sich Bergengruen bei der Aus-

---

unter Einbezug eines Egodokumentes von Theoderich Kampmann darauf aufmerksam, dass die Erzählung „im vertrauten Kreise von Gleichgesinnten" gelesen wurde.
165 Vgl. Werner Bergengruen: Schriftstellerexistenz in der Diktatur (2005), S. 173.
166 Pius XI: Enyzklika „Mit Brennender Sorge". An die Erzbischöfe und Bischöfe Deutschlands und die anderen Oberhirten, die in Frieden und Gemeinschaft mit dem apostolischen Stuhl leben, über die Lage der katholischen Kirche im Deutschen Reich. Vom 14. März 1937. Zit. n. http://www.vatican.va/content/pius-xi/de/encyclicals/documents/hf_p-xi_enc_14031937_mit-brennender-sorge.html (28.10.2021).

gestaltung seiner legendarischen Erzählung von den im *Hochland*-Kreis verkehrenden Theologen, die in den 1930er-Jahren vielfach ekklesiologische Beiträge veröffentlichten, inspirieren ließ,[167] kann nicht mit Sicherheit gesagt werden. Das Konzept einer ‚unsichtbaren Kirche' „als eschatologische Größe, als Leib Christi",[168] wie es beispielsweise Dietrich Bonhoeffer in seiner 1927 publizierten Dissertation aufgriff, war keinesfalls neu und wurde noch in den 1930er-Jahren innerhalb der theologischen Disziplinen immer wieder diskutiert.[169] Sehr wahrscheinlich ist allerdings, dass die in Solln bei München geschriebene Erzählung[170] insgesamt von Bergengruens Austausch mit dem *Hochland*-Kreis geprägt war und sie sein Profil als ‚christlicher' Dichter schärften. Entsprechend folgten weitere Publikationen für die Monatsschrift, darunter vor allem religiöse Gedichte.

Damit soll deutlich geworden sein, dass Bergengruen im Jahr 1940, als „Die Aussätzige" erschien, in Muths Zeitschrift den Ruf eines katholischen und dem Nationalsozialismus nicht affirmativ gegenüberstehenden Autors innehatte, was nicht zuletzt auch den parteiamtlichen Stellen auffiel, die ihn, wie aus einem für das Reichsministerium für Volksaufklärung und Propaganda verfassten Gesamturteil desselben Jahres hervorgeht, als „konfessionell stark gebunden" und „politisch nicht zuverlässig" kategorisierten.[171]

5.4.5 Historisches Erzählen als ‚verdecktes Erzählen'?

Wie meine Ausführungen zum Autor und seinem Verhältnis zum *Hochland* vermuten lassen, stellte der Autorname Werner Bergengruen für den *Hochland*-Leser einen ersten sogenannten ‚Stolperstein' dar, der – folgt man der von Ehrke-Rotermund/Rotermund charakterisierten ‚Hermeneutik der verdeckten Schreibweise'[172] – Anlass für eine ‚aufdeckende' Lektüre des Romanauszugs

---

167 Siehe hierzu Karl Ackermann: Der Widerstand der Monatsschrift Hochland (1965), S. 137–164.
168 Zit. n. Dietrich Bonhoeffer: Sanctorum communio (1989), S. 87.
169 Siehe hierzu Ulrich Kühn: Deus absconditus – ecclesia abscondita (2001); Lucia Scherzberg: Grenzen und Risiken des Gemeinschaftsdenkens (2008); Lucia Scherzberg: Liturgie als Erlebnis (2010).
170 Vgl. Erwin Rotermund, Heidrun Ehrke-Rotermund: Zwischenreiche und Gegenwelten (1999), S. 270.
171 Zit. n. Werner Bergengruen: Schriftstellerexistenz in der Diktatur (2005), S. 252.
172 Vgl. Erwin Rotermund, Heidrun Ehrke-Rotermund: Zwischenreiche und Gegenwelten (1999).

„Die Aussätzige" gegeben haben und den Leser anhalten konnte, nach einem ‚zwischen den Zeilen' vermittelten Sinn zu fahnden. Was aber genau steht in der besagten Veröffentlichung von 1940 ‚zwischen den Zeilen'? Lässt sich Bergengruens biographisch mehr oder minder verbürgte oppositionelle Haltung tatsächlich im Text wiederfinden? Handelt es sich also bei der Erzählung um eine ‚verdeckte' Form nonkonformen Schreibens, wie sie Ehrke-Rotermund /Rotermund für eine Vielzahl von im ‚Dritten Reich' publizierten Texten angewandt finden möchten? Und welche Möglichkeiten hatte der *Hochland*-Leser, um zu einer aktualisierenden Lektüre und dem vermeintlich nonkonformistischen Aussagegehalt vorzudringen?

Neben der Kenntnis von Zeitschrift und Autor konnte der damalige *Hochland*-Leser zunächst den indirekten redaktionellen Hinweis, der abgedruckte Ausschnitt entstamme einem historischen Roman, für eine analogiebildende Lektüre belasten. Mit dem gattungstypischen Angebot, historische Szenarien auf der Stoff-, Figuren-, Handlungs- oder Wertungsebene in einen zeitgeschichtlichen Deutungsbereich zu überführen, stellte der historische Roman während des ‚Dritten Reichs', wie auch bereits in der Zeit der Weimarer Republik, ein für alle politischen und ideologischen Lager beliebtes Genre dar[173] und bot in dieser Funktion auch den Autoren der ‚Inneren Emigration' ein geeignetes Medium ‚verdeckten Schreibens'.[174] Die Konjunktur historischer Dichtungen[175] während des ‚Dritten Reiches' war zudem von Gattungsdiskussionen begleitet, die um Formen und Funktionen dieser Textsorte kreisen und bis in die 1920er-Jahre zurückreichten.[176] An diesen Diskussionen beteiligte sich auch das *Hochland*

---

173 Vgl. Bettina Hey'l: Der historische Roman (2009), S. 311; ferner Annette Schmollinger: „Intra muros et extra" (1999), S. 82–83.
174 Vgl. Erwin Rotermund, Heidrun Ehrke-Rotermund: Zwischenreiche und Gegenwelten (1999), S. 24; ferner Günter Scholdt: Geschichte als Ausweg? (2012), S. 101–123; John Klapper: Categories of the non-conformist (2014).
175 Vgl. Bettina Hey'l: Der historische Roman (2009), S. 311. Gerhart Schmidt spricht 1940 in einer Rezension zu Jochen Kleppers *Der Vater* abfällig gar von einer „seuchenartige[n] Verbreitung der sogenannten historischen Romane" (Gerhart Schmidt: Anmerkungen zum historischen Roman [1940], S. 132).
176 Vgl. beispielhaft von einem antifaschistischen Standpunkt aus Georg Lukács: Der Kampf zwischen Liberalismus und Demokratie (1974); Alfred Döblin: Der historische Roman und wir (1936); Lion Feuchtwanger: Vom Sinn und Unsinn des historischen Romans (1935); von einem konservativen oder katholischen Standpunkt aus: Otto Freiherr von Taube: Über Geschichte und Geschichtsdarstellungen (1936/37); Hermann Stresau: Der historische Roman (1936); Thomas Walt: Vom historischen Roman der Gegenwart (1928/29); von einem völkischen Standpunkt aus Gerhart Schmidt: Anmerkungen zum historischen Roman (1940); Erwin G. Kolbenheyer: Wie wurde der deutsche Roman Dichtung? (1936); Max Kullak: Heroische Weltanschau-

und argumentierte dabei für eine Dichtung im Stil des französischen *Renouveau Catholique*.[177] Heinrich Lützeler, der regelmäßig Literaturkritiken für Muth verfasste, verlangte beispielsweise solche Texte, „die nicht nur ein Wissen um eine bestimmte Zeit, sondern ein Wissen über die Zeit hinaus, ein Wesenswissen vermitteln", das im Idealfall die Immanenz transzendieren und „Geschichte als Auseinandersetzung Gottes und der Dämonen" zu begreifen habe.[178] Unter den zahlreichen Möglichkeiten, dem historischen Roman einen Gegenwartsbezug zu entlocken, plädierte Lützeler also für eine universale, wenn man so möchte, ‚metaphysische' Problemstellung, die auf jede geschichtliche Epoche übertragbar sein müsse – ganz ähnlich wollte auch Staiger in Bergengruens Roman ‚Urbildliches' erkennen. Bemerkenswerterweise gehen Werner Bergengruens gattungstheoretische Reflexionen, wie er sie sowohl in zeitgenössischen Artikeln[179] als auch nach 1945 angestellt hat, in eine ähnliche Richtung.[180] Im Oktober 1940 veröffentlichte er in der gleichgeschalteten Literaturzeitschrift *Die Literatur. Monatsschrift für Literaturfreunde* den Artikel „Genesis eines Romans", in dem er ausführlich über die Entstehungsgeschichte seines jüngsten Werks *Am Himmel wie auf Erden* informierte. Hierbei äußert er sich zur ‚Aktualität' seines Buches wie folgt:

> Wohl mag es uns auf den ersten Blick schwerfallen, in der tollhäusigen Welt jener Tage die gleiche zu erkennen, in der auch wir unser Leben zu führen gehalten sind. Nun, dem Menschen widerfahre, was da will und zu welchen Zeiten es sein mag. Die Geschehnisse tragen das Kleid ihrer Jahrhunderte, aber die den Geschehnissen antwortenden Empfindungen und Leidenschaften der Menschen bleiben sich gleich. [...] Und so werden wir auch in den Vorgängen entfernter Tage, ihrer Realität unbeschadet, gleichnishafte Abbilder des ganzen menschlichen Zustandes und aller Seelenbewegung unter den Menschen erblicken müssen. So betrachtet, ist alles aktuell, selbst das Abgelegenste, und es ist nur die Voraussetzung, daß der Dichter, der sich seiner bemächtigt, die Kraft habe, diese Aktualität sichtbar zu machen und die Herzen mit ihr zu rühren.[181]

Ganz im Sinne der klassischen aristotelischen Unterscheidung, Dichtung habe im Gegensatz zur Geschichtsschreibung das ‚Allgemeine' und nicht das ‚Beson-

---

ung im geschichtlichen Roman der Gegenwart (1934); Bernt von Heiseler: Segen und Unsegen des historischen Romans (1935).
177 Zum Einfluss des Renouveau Catholique auf die deutsche Literatur vgl. Wilhelm Kühlmann, Roman Luckscheiter (Hg.): Moderne und Antimoderne (2008).
178 Heinrich Lützeler: Historische Romane (1932/33), S. 460.
179 Etwa Werner Bergengruen: Die Stunde des Christentums: Eine deutsche Besinnung (1937); ders.: Gedanken über christliche Dichtung (1941); ders.: Genesis eines Romans (1940).
180 Vgl. Werner Bergengruen: Schreibtischerinnerungen (1961), S. 98–119.
181 Werner Bergengruen: Genesis eines Romans (1940), S. 218.

dere' darzustellen, rechnet Bergengruen seinen ‚historischen Roman' der ersten Kategorie zu und marginalisiert dabei den historischen Stoff zur epischen Kulisse, zum „Kleid" der „Jahrhunderte".[182] Anders als es der exilierte Alfred Döblin wenige Jahre zuvor für den historischen Roman forderte,[183] wollte Bergengruen weniger die gesellschaftliche Wirklichkeit transparent werden lassen, sondern weitaus allgemeiner „Abbilder des ganzen menschlichen Zustandes" darstellen. Nicht die „Spezialgeschichtserstattung aus der persönlichen und gesellschaftlichen Realität",[184] wie Döblin verlangte, sollte den Gegenwartsbezug ermöglichen, sondern die Universalität des Themas. Es ist also das historisch Invariante, anthropologisch Universale, das Urbildliche, das Bergengruen literarisch zu gestalten suchte und sich dafür, wie er es 1961 ausdrückt, der „Geschichte als [...] einer Landschaft epischer Schauplätze" bediente.[185]

Demnach schienen die zahlreichen Rezensenten, die in Bergengruens Roman eine Fabel über die kreatürliche Furcht des Menschen erkennen wollten, die allgemeinen Absichten des Verfassers durchaus verstanden zu haben. Dessen ungeachtet, dass Bergengruen durch seinen Begleittext die textsortenspezifischen Aktualisierungspotentiale auf ein allgemeines Minimum reduziert, lässt er es sich nicht nehmen, auch explizit auf die Aktualität seines Buches zu verweisen und die Pflicht des Schriftstellers zu betonen, das allgemeine ‚Aktuelle' selbst im ‚Abgelegensten' sichtbar zu machen. Ob er hoffte, hierdurch den Zensoren zuvorzukommen, mögliche Angriffsflächen zu verringern und Missverständnissen vorzubeugen, ist nicht definitiv zu sagen, aber doch recht wahrscheinlich.[186] Auffallend ist in diesem Zusammenhang jedenfalls, dass er sich darum bemühte, das eigene Buch von Willibalds Alexis Roman *Der Werwolf* (1848) abzugrenzen, in dem ebenfalls die frühneuzeitliche Flutpanik eine literarische Verarbeitung fand. Hatte der revolutionär-republikanische Schriftsteller des 19. Jahrhunderts, wie Bergengruen beanstandet, aus Carion einen „boshafte[n] und rachsüchtige[n] Krüppel jüdischer Herkunft" gemacht, so konnten seine eigenen Recherchen ans Licht bringen, dass es sich bei dem Astrologen „in Wirklichkeit" um einen „vornehme[n], weltoffene[n] Humanist[en]" gehan-

---

182 In seinen 1961 veröffentlichten, nachträglichen Reflexionen will Bergengruen sogar keines seiner im ‚Dritten Reich' publizierten Bücher als ‚historischen Roman' im strengeren Sinne gelten lassen, denn ihm sei es darin „nicht um eine geschichtliche Problematik, sondern um eine, die allen Zeiten gemeinsam ist", gegangen. Werner Bergengruen: Schreibtischerinnerungen 1961, S. 210–211.
183 Vgl. Alfred Döblin: Der historische Roman und wir (1936).
184 Ebd., S. 64.
185 Werner Bergengruen: Schreibtischerinnerungen (1961), S. 120.
186 Vgl. Armin Arnold: Die Wahrheit hinter der historischen Kulisse (1983), S. 6.

delt habe.[187] In der Tat entsprach Bergengruens Carion-Darstellung in dieser Hinsicht weitgehend den erreichbaren historischen Fakten, wenngleich er den Gelehrten tendenziell katholisierte, idealisierte und nobilitierte, ihm etwa eine medizinische Profession hinzudichtete und dessen ausschweifende Seite weitgehend ignorierte. Der historische Johannes Carion war nämlich ein leidenschaftlicher Trinker und verstarb recht unrühmlich bei einem Zechgelage.[188] Aber entscheidender ist an dieser Stelle, dass der ausholende Textkommentar durch die Absetzung von Willibald Alexis zur Eigenwerbung für ein ‚gut recherchiertes' Buch avanciert und mithin zur Immunisierung gegen die Zensur beitragen konnte. Seinen Lesern gibt Bergengruen dabei expliziten Einblick in seine Quellen, zu denen nicht nur Carions eigene Schriften gehörten, wie etwa die *Weltchronik* (1533),[189] sondern auch die *Miszellaneen* des Melanchthon-Forschers Georg Theodor Strobel.[190] Im Wesentlichen stützte sich Bergengruen bei seinen Recherchen aber, so zumindest die Auskunft in den Schreibtischerinnerungen 1961, auf „die Mitteilung des Alberliner Gymnasialrektors und Chronisten Peter Hafftiz" (1525–1601),[191] und damit auf die Aufzeichnungen eines Zeitzeugen. Dessen Bericht gilt mittlerweile als wenig verlässliche Quelle.[192]

Welches Gewicht die historischen Quellen in Bergengruens Roman tatsächlich eingenommen haben, soll hier aber nicht weiter interessieren. Wichtiger ist der Umstand, dass aktualisierende Lesarten, wie Bergengruen sie in *Genesis eines Romans* in einer anthropologisch-existentiellen Betrachtungsweise im Blick auf eine ‚Universalität der Themen' vorschlägt,[193] keineswegs ‚verdeckt' geschriebenen Texten vorbehalten, also mehr oder minder konspirativ waren, sondern zeitgenössisch zu den üblichen Gattungserwartungen gehörten, die man mit der Lektüre eines historischen Romans verband. Hinzu kommt, dass Bergengruen solche Lesarten für seinen Roman autoritativ bestätigte. Es ist also durchaus anzunehmen, dass die als Ausschnitt eines solchen Genres deklarierte Erzählung „Die Aussätzige", die gerade einmal einen Monat vor Bergengruens

---

187 Werner Bergengruen: Genesis eines Romans (1940), S. 216.
188 Zu Bergengruens Carion-Bild vgl. Ralf Georg Czapla: Römische Reichsidee versus preußischer Staatsgedanke (2011), S. 175–177.
189 Bergengruen griff dabei auf das *Corpus Reformatorum* (1889) zurück, in dem Carions Weltchronik abgedruckt war. Vgl. Werner Bergengruen: Schreibtischerinnerungen (1961), S. 51.
190 Georg Theodor Strobel: Miszellaneen literarischen Inhalts (1779–1782).
191 Werner Bergengruen: Schreibtischerinnerungen (1961), S. 51.
192 Vgl. Elke Osterloh (Hg.): Himmelszeichen und Erdenwege (1999), S. 297.
193 Hierzu John Klapper: Categories of the non-conformist (2014), S. 165.

epitextuellem Kommentar erschienen war, auf die zeitgenössische Gegenwart hin gelesen wurde, auch von etwaigen Zensoren.

Gleichwohl: In der *Hochland*-Veröffentlichung scheint sich Bergengruens schon zeitgenössisch konstatierte Absicht, in seinem Roman *Am Himmel wie auf Erden* „gleichnishafte Abbilder des ganzen menschlichen Zustandes" zu präsentierten, nur bedingt abzubilden. Statt auf einen bloß ‚überzeitlichen Sinn' abzuheben, evoziert die als Auszug publizierte Erzählung vielmehr Bilder und Vergleiche, die die zeitgeschichtlichen Gräuel recht konkret in die Vergangenheit zu spiegeln wagen. Schon das Sujet in „Die Aussätzige" konnte Anlass für den Verdacht geben, dass es sich um einen zeit- und gesellschaftskritischen Beitrag handelte. Nimmt man die vielfach – nicht zuletzt von Bergengruen selbst – gemachte Behauptung ernst, in den Jahren der NS-Herrschaft sei ‚monomanisch' gelesen und „[d]ie leiseste Andeutung [...] verstanden" worden,[194] unterstellt den Rezipienten also die Neigung, zeitkontextsensibel und analogiebildend interpretiert zu haben, dann lag es nahe, dass sich, wie der Verfasser es retrospektiv 1961 behauptete, „[d]ie Vergleichbarkeit zwischen dem Aussätzigenspital und de[n] Konzentrationslager[n]" aufdrängte.[195]

Über die Existenz der Arbeits- und Internierungslager wusste man 1940, als bereits unzählige Menschen dorthin deportiert worden waren, in großen Teilen der deutschen Bevölkerung Bescheid. Dass zu diesem Zeitpunkt auch die ersten Massenmorde begangen wurden und die Internierungslager sukzessive zu Folter- und Vernichtungsstätten ausgebaut wurden, stand bis dato zwar noch unter strengster Geheimhaltung, drang aber spätestens seit 1941 vermehrt an die Öffentlichkeit und wurde alsbald zum ‚offenen Geheimnis'.[196] Gesellschaftliche Ausgrenzungen, Ächtung, Verfolgung und Deportation – Themen, die in der *Hochland*-Publikation aufgegriffen sind – gehörten jedoch schon seit Längerem in den ‚Alltag unterm Hakenkreuz'. Bergengruens Erzählung, insbesondere die Stigmatisierung Worschulas konnten vor diesem Hintergrund unschwer auf die gesellschaftspolitischen Verhältnisse in Deutschland und die Lage der Juden übertragen werden. Dazu trugen auch der innertextlich gezogene Vergleich der ‚Aussätzigen' mit den jüdischen Gestalten des Alten Testamentes, mit Moses und seiner Schwester Mirjam, sowie den ebenfalls jüdischen Aussätzigen des Neuen Testaments bei (vgl. S. 501). Sehr konkret werden in der Erzählung zudem die Insignien der Aussätzigen beschrieben, die stark an das Zwangskenn-

---

194 Vgl. Werner Bergengruen: Schreibtischerinnerungen (1961), S. 200–201.
195 Ebd., S. 92.
196 Vgl. Frank Bajohr, Dieter Pohl: Der Holocaust als offenes Geheimnis (2006), S. 55–64; dazu auch Peter Longerich: „Davon haben wir nichts gewusst!" (2006).

zeichen des Judensterns erinnern, das von allen, die rechtlich als Juden gegolten haben, seit 1935 sichtbar zu tragen war. Zusammengenommen scheinen Autor und die *Hochland*-Redakteure ihren Lesern damit einen deutlichen Wink zu geben, die aus der ‚Gemeinschaft der Gesunden' Ausgestoßenen mit den während der nationalsozialistischen Diktatur verfolgten, deportierten, inhaftierten und ermordeten europäischen Juden ‚gleichnishaft' zu assoziieren.

Parallelitäten zur Gegenwart drängten sich aber nicht nur auf der Figurenebene, sondern auch auf der Ebene von Schauplatz, Handlung und Wertung auf: Der von Schaulust und Hohn, aber auch Mitleid begleitete Ausschluss der wendischen Bürgerin Worschula aufgrund ihrer unheilbaren und ansteckenden Krankheit findet bezeichnenderweise in Berlin statt. Anwesend ist ein sozialer Querschnitt der Stadtbewohner: Geistliche, Intellektuelle, Bauern, Landbesitzer, Ausländische (Wenden), einfache Männer, Frauen und Kinder. In den ‚neuen Stand' gesetzt, in dem die erkrankte Sorbin kaum mehr menschlich, sondern als „etwas Schwarzes und Verhülltes" erscheint (S. 501), muss sie fortan außerhalb der Stadtmauern mit anderen Todgeweihten ihr Leben fristen. Mühelos konnte der zeitgenössische Leser diese Passagen zeitkontextsensibel und situationsadäquat auf die gesellschaftspolitische Gegenwart übertragen, etwa Analogiebezüge zur historischen Ghettoisierung und Internierung der jüdischen Bevölkerung herstellen. Auch der erzählerisch präsentierte Umgang der frühneuzeitlichen Gesellschaft mit den ‚Ausgestoßenen' ließ sich mit den Reaktionen der deutschen Bevölkerung auf die politische und rassenideologische Diskriminierung missliebiger Personen assoziieren, die sich, wie in Bergengruens Erzählung, zwischen „aktiver Zustimmung, Zurückhaltung und kritischer Distanz" bewegten.[197] Eine kritisch-aktualisierende Lektüre lag jedenfalls nahe. Das *tertium comparationis* des entsprechenden Analogieschlusses bildete dabei die unter den Augen vieler Schaulustiger vollzogene gesellschaftliche Ächtung und Exklusion einer stigmatisierten Person aufgrund eines ‚Makels', den sie selbst nicht verantworten konnte. In der Erzählung gipfelt die Trostlosigkeit der tragischen Begebenheit in dem ersten Dialog zwischen Carion und der Aussätzigen: „‚Helfe Dir Gott, Worschula!' sagte Carion erschüttert. ‚Gott hilft nicht', antwortete sie. Ihre Stimme klang heiser und zerstört" (S. 500). Der hierin aufgegriffenen Theodizee, die nach 1945 eine wesentliche Problemstellung der ‚Holocaust-Theologie' darstellen wird,[198] mündet am Ende der Erzählung, wenn Carion den Entschluss fasst, dass „ein Untergang der Welt ihrem Fortbestand vorzuziehen" sei (S. 505), in einen verzweifelten Nihilismus. In Anbetracht des Sujets und

---

197 Frank Bajohr, Dieter Pohl: Der Holocaust als offenes Geheimnis (2006), S. 53.
198 Siehe hierzu Manfred Görg, Michael Langer (Hg.): Als Gott weinte (1997).

seines Aktualisierungspotentials erscheint dies als eine durchaus nachvollziehbare Haltung, die sich auch dem Leser als Deutungsangebot für die von Repression, Krieg, Verfolgung und systematischem Mord gezeichnete Gegenwart präsentiert.

Damit lässt sich der Text weder als gleichnishaftes Abbild überzeitlicher anthropologischer Phänomene deuten noch jener ‚Trostliteratur' zurechnen, der man im belletristischen Teil der Zeitschrift in den Jahren zwischen 1933 und 1941 Platz einräumen wollte. Stattdessen muss der im *Hochland* publizierte Romanauszug aus Bergengruens *Am Himmel wie auf Erden* als ein auf Zeit- und Gesellschaftskritik angelegtes Zeugnis der literarischen ‚Inneren Emigration' gedeutet werden. Wie dargelegt konnte der zeitgenössische *Hochland*-Leser ausreichend Indizien dafür finden, dass es sich bei der Erzählung *Die Aussätzige* um eine ‚doppelbödige', also Systemkritik und Dissens anzeigende und somit auf die Gegenwart zu übertragende Veröffentlichung handelte.

5.4.6 Aufdeckendes Lesen für ‚Eingeweihte'. Bergengruens Netzwerk

Haben wir es also bei der Erzählung „Die Aussätzige" doch mit einem camouflierten Text eines ‚Inneren Emigranten' zu tun, der – gestützt auf das in seiner Leserschaft vorhandene Wissen über den Autor, den Publikationskontext, die Gattungserwartung und das Sujet – ‚verdeckte' NS-kritische Botschaften über soziale Exklusion und Diskriminierung kommuniziert? Dafür können, wie dargelegt, gute Gründe angeführt werden. Einige wenige Textpassagen scheinen sich solch einer ‚aufdeckenden Lesart' allerdings kaum zu fügen. Etwas quer zu dem tendenziell düsteren Sujet liegt beispielsweise die positive Beschreibung des Aussätzigenhofes, vor allem aber die Charakterisierung der darin lebenden Gemeinschaft der ‚Ausgeschiedenen' (vgl. S. 501). Den ‚Übergang' Worschulas in ihren neuen Stand kommentiert die heterodiegetische und nicht in Frage gestellte Erzählinstanz wie folgt:

> Es war, als sei er [der Aussätzige, K.M.] mit dem Anlegen dieser Verhüllung bereits aus der Gemeinschaft der miteinander im Schutze der gleichen Stadtmauern Lebenden und miteinander durch mannigfache Angelegenheiten Verknüpften hinausgetreten und hinübergegangen in jene andere Gemeinschaft, deren Glieder wiederum untereinander durch mannigfache Angelegenheiten verbunden waren, des Schutzes der Stadtmauern aber nicht bedurften, denn Gott selber beschützte sie ja durch ihre wunderbare Krankheit. (S. 501)

Nur mit Zynismus ließe sich eine derartige Charakterisierung der Krankheit als gottgegebenes Wunder der skizzierten analogiebildenden Interpretation zuordnen. Gewiss muss ein fiktionaler Text, der zudem textsortenspezifisch einer

Stoffbindung unterliegt, sich keineswegs der Logik ‚simplifizierender Entschlüsselungen' unterordnen. Nicht jedes Detail also muss sich in die Aktualität übertragen lassen. Zudem mochte der Hinweis, dass es sich bei dem Beitrag lediglich um einen Auszug handelt, darüber aufgeklärt haben, dass etwaige Ungereimtheiten dem fragmentarischen Charakter geschuldet sein könnten und sich durch den übergreifenden, noch unbekannten Textzusammenhang auflösen ließen. Anstatt die applikative Deutungshypothese also aufgrund der Unstimmigkeit zwischen Textauszug und aktuellem Kontext für obsolet zu erklären, könnte ein Leser seinen Zweifel bis auf weiteres sistieren. Auf der Seite des Autors und seines Herausgebers erfolgt durch die De- und anschließende Neukontextualisierung des Textes im *Hochland* ein ‚Reframing', das die Priorisierung eines spezifischen Interpretationskontextes, nämlich der gesellschaftspolitischen Gegenwart, nachdrücklich nahezulegen scheint. Um dem ‚aufdeckenden' *Hochland*-Leser Irritationen zu ersparen, hätte man die zitierte Passage ohne Weiteres aus dem Auszug tilgen können. Sie besitzt jedenfalls das Potential, die aktualisierende Deutungshypothese zu unterminieren, zumal es sich bei der in Rede stehenden Textstelle um eine Wertung der heterodiegetischen und nullfokalisierten Erzählinstanz handelt, die gleichsam von einem gottähnlichen Standpunkt aus der unheilbaren und zum Gemeinschaftsausschluss führenden Krankheit einen positiven Sinn abringt.

Wie also ist diese ‚Ungereimtheit' zu bewerten? Kann man hierin womöglich eine ‚Absicherungstaktik' im Sinne Ehrke-Rotermunds/Rotermunds ausmachen, die die im Text nahegelegte zeitkritische Leseart in Zweifel ziehen und den Text so vor der Zensur schützen sollte? Dafür scheint das ‚Mischungsverhältnis' von konformen und nicht-konformen Elementen in „Die Aussätzige" zu unausgeglichen. Eher noch lässt sich das positive Urteil des Erzählers, das in drastischem Kontrast zu der Verbitterung der Figur Carion steht, als ein vom Autor für den Abdruck bewusst in Kauf genommener ‚Stolperstein' deuten, der einen ‚esoterischen Textsinn' indizieren kann, einen Sinn also, der an der Textoberfläche und in den unmittelbaren Analogsetzungen der skizzierten Art nicht aufgeht, sondern weit über die Grenzen des Textes ausgreift.

Dass die Evaluation von Interpretationshypothesen dieser Art voraussetzungsreich und auf Spekulationen angewiesen waren und sind, steht außer Frage. Dennoch ist es heuristisch fruchtbar, solch einer Hypothese in der Rekonstruktion tentativ nachzugehen, um zu eruieren, wie ein zeitgenössischer Leser, der auf die Detektion esoterischer Gehalte eingestellt war, den Text gelesen und wie der Autor diese Sinnsuche zu kontrollieren versucht haben könnte. Angenommen also, Bergengruens *Hochland*-Publikation besitzt tatsächlich einen esoterischen Textsinn: Wie ließe er sich auflösen? Und welche Funktionen könnten ihm dabei zugekommen sein?

Hierfür können Bergengruens autobiographische Schriften aus den 1960er-Jahren einen ersten wichtigen Hinweis liefern. Wie bereits erwähnt, finden sich darin weitreichende Ausführungen des Autors über die Bedingungen seiner Literaturproduktion während des ‚Dritten Reichs'. Bedacht wird von ihm dabei auch das philologische Problem, das man gewärtigt, wenn man dissidente Kommunikationssituationen nachträglich zu rekonstruieren versucht. Interpretatorische Inferenzen, die uns heute als spekulativ, weil nur schwer belegbar, erscheinen mögen, konnten bestimmten Zeitgenossen, wie Bergengruen konstatiert, als zwingend erscheinen. In diesem Sinn imaginiert er 1961 eine „unterirdische Literaturgeschichte":

> Vielleicht wird eine künftige Generation einmal die unterirdische Literaturgeschichte des Dritten Reiches schreiben. In ihr würde es sich zu handeln haben um alle diejenigen dichterischen Schöpfungen, die im Geheimen oder auch unter den blinden Augen eines Systems [...] der Verzweiflung zu wehren und den Geist des Widerstandes und der Zuversicht aufrecht zu erhalten suchten. Aber eine solche Publikation würde es nicht leicht haben [...] denn vielen der Schöpfungen, an die ich hier denke, wird man es bei einem oberflächlichen Blick kaum anmerken, welche Rolle ihnen unter den damaligen Umständen zufallen mußte.[199]

Als Beispiele für diese Formen oberflächlich unkritischer, jedenfalls ‚unverdächtiger' Texte mit einem ‚geheimen' Hintersinn nennt Bergengruen gewidmete Textfassungen, Abschriften oder Drucke, die man vervielfältigt an Freunde und Vertraute weitergereicht hatte. Praktisch eingebettet sei diese Textdistribution in „halböffentliche Veranstaltungen" und „Zusammenkünfte" gewesen, „in privaten, oft zahlenmäßig gar nicht einmal so eng begrenzten Kreisen, die auch mancher persönlichen Aussprache Raum gaben".[200]

Nimmt man derlei Behauptungen ernst, lassen sich besagte Kommunikationsformen in der Tat nur schlecht unter den Begriff des ‚verdeckten Schreibens' rubrizieren. Es ist in Bergengruens Darstellung jedenfalls nicht von solchen Texten die Rede, die durch spezifische Verschlüsselungsoperationen zur oppositionellen Camouflageliteratur avancieren. Bei den hier aufgezählten Fällen handelt es sich vielmehr um Formen heterodoxer Verständigung, die sich aus der engen Verschränkung von persönlicher Nahkommunikation (mündlich basierte Vermittlung) und textlich vermittelter Fernkommunikation ergeben.

---

199 Werner Bergengruen: Dichtergehäuse (1966), S. 211.
200 Ebd., S. 152.

Dieses Ensemble kommunikativer Praktiken hatte ich, wie in Kapitel 2.6 näher ausgeführt, als esoterisch bezeichnet. Die Voraussetzungen für die Teilhabe am esoterischen Textverstehen konnten dabei auf unterschiedliche Weise gegeben sein. Handelte es sich um einen werkextern, also jenseits des Primärtextes verhandelten Textsinn, so musste der Bedeutungsgehalt strukturell exklusiv sein. Mündliche Interpretationshinweise, handschriftliche Widmungen, Markierungen im Text, aber auch persönlich weitergereichte und womöglich mündlich kommentierte und auf diese Weise esoterisch ‚gerahmte' Texte konnten beispielsweise als Formen einer textexternen Initiation fungieren. Dem ‚Werk' konnte in diesem Fall ein von seinem gemeinverständlichen Bedeutungsgehalt eigenständiger oder priorisierter Sinn zugewiesen werden, der als ‚esoterisch' zu bezeichnen wäre, weil er sich ausschließlich dem extratextuell eingeweihten Interpreten eröffnete. Nur ein Beispiel am Rande: Bergengruen hat 1942 ein mir vorliegendes Exemplar seines Romans *Am Himmel wie auf Erden* mit der Widmung „Denn das Kennzeichen des Lebendigen ist seine Bedrohtheit" versehen und zudem die entsprechende Seite annotiert, der das Zitat aus seinem Buch entnommen ist. Dem Empfänger des Buchs – es handelt sich sehr wahrscheinlich um den ns-kritisch eingestellten Historiker und Pädagogen Robert-Hermann Tenbrock (1908–1995) – war auf diese Weise ein exklusiver peritextueller Lese- und Interpretationshinweis gegeben, der auch seine Gesamtlektüre beeinflussen musste.

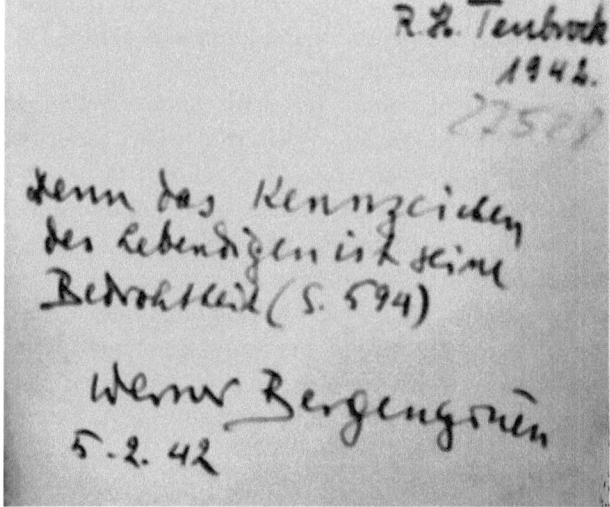

Abb. 13: Für Robert-Hermann Tenbrock, der seit 1939 als Nachrichtenoffizier tätig war, mochte Bergengruens Widmung eine esoterische Lesart des Buches eröffnen. Aus Tenbrocks Exemplar von Werner Bergengruen: Am Himmel wie auf Erden. Hamburg 1940.

Der vom Nahverhältnis der Buchgabe abhängige Hinweis ist an das individuelle Buchexemplar und dessen stark limitierte Leserschaft gebunden – der Beleg für dieses intime Autor-Leser-Verhältnis hat sich allerdings nur durch Zufall erhalten. Über Nahverhältnisse vermittelte, also lokal und material codierte Autor-Leser-Beziehungen sind interpersonell ausweitbar. Verhältnisse dieser Art konnten sich daher zu Lese- und ‚Denkkollektiven' entwickeln, die esoterische Kommunikationssituationen auch jenseits lokal mündlicher Absprachen oder privater, aber material manifestierter Vereinbarungen prolongierten. Die Teilhabe am esoterischen Textverstehen war in diesem Fall nicht unbedingt mehr strukturell, sondern vor allem funktional limitiert, weil der esoterische Textsinn dann von einer Denkstilähnlichkeit zwischen Autor und Leser abhängig war, die an gruppenspezifische Praktiken oder an milieuspezifische Sozialisationsprozesse gebunden ist. Zwar sind die denkstilkonstitutiven Praktiken, Überzeugungen und Wissensbestände im Prinzip universell zugänglich. Doch in der Praxis kann die Ausprägung partikularer ‚Denk- Gesinnungs- und/oder Überzeugungsgemeinschaften' durchaus mit einer Limitation der Partizipationsmöglichkeiten einhergehen, lässt sich doch das Spektrum gruppenspezifischer Kommunikation keineswegs beliebig ausweiten. Für die Detektion und Rekonstruktion solch esoterischer, sich am literarischen Text allein nicht auszumachender Kommunikationsformen und Kommunikationsvoraussetzungen ist man auf eine Form der Spurensuche angewiesen, die über die herkömmliche Textanalyse hinausgreift und esoterisch kommunizierende ‚Lese- und Denkgemeinschaften' als Zirkel oder personelle Netzwerke und informelle soziale Organisationsformen sichtbar zu machen versucht.

Vor diesem Hintergrund lohnt es sich, einen genaueren Blick auf Werner Bergengruens Verhältnis zum *Hochland*-Kreis zu werfen. In der Forschung ist immer wieder zu lesen, dass Bergengruen regelmäßig „im Kreis um das ‚Hochland' mit Theodor Haecker, Alois Dempf, Franz Schöningh, Max Stefl und Hans Scholl, der damals im Hause Muth [...] dessen umfängliche Bibliothek zu ordnen übernommen hatte", verkehrte.[201] Gelegenheiten für den informellen Meinungsaustausch hat es also zu Genüge gegeben. Zu diesem Kreis gehörten noch weitere *Hochland*-Mitarbeiter, wie Wilhelm Hausenstein, der Kultursoziologie Alfred von Martin, der für die *Frankfurter Zeitung* schreibende Max von Brück, der Humorist, Satiriker und Karl-Kraus-Verehrer Sigismund von Radecki, der katho-

---

[201] Hackelsberger: Werner Bergengruen, Carl Muth und der Kreis um die Zeitschrift ‚Hochland' im Dritten Reich (2003), S. 110. Zum Verhältnis des *Hochland*-Kreises zu Hans Scholl jüngst Robert M. Zoske: Flamme sein! (2018), der den lange Zeit behaupteten Einfluss Muths auf Scholl relativiert.

lische Theologe Joseph Bernhart sowie schließlich der Schriftsteller Reinhold Schneider. Man traf sich in unterschiedlichen personellen Konstellationen regelmäßig im Café Heck am Odeonsplatz, im Café Lenbach,[202] dem Café Hehr oder im Weinhaus ‚Schwarzwälder' in München.[203] Curt Hohoff, der diesen Zusammenkünften hin und wieder beiwohnte, erinnert sich, dass man hier „offen reden [konnte]" und dass „[d]ie Gedanken und Gespräche [...] damals in jeder Gesellschaft, wo man sich sicher fühlte, um Adolf Hitler [kreisten]".[204] Und Hugo Ott weist in seinen Studien zur ‚Weißen Rose' darauf hin, dass sich in München „ein fester Stammtisch Gleichgesinnter" etablierte, bei dem „die meisten auch Mitarbeiter der katholischen Monatsschrift ‚Hochland'" waren. Hier ist, so heißt es weiter, „alles beredet worden [...], das Hochpolitische so gut wie die Münchner Lokalpolitik, vor allem aber die geistige Entwicklung – durch die Zeiten der Weimarer Republik und dann seit dem Jahr 1933".[205]

Auch in den Korrespondenzen des *Hochland*-Kreises finden besagte Zusammenkünfte vielfach Erwähnung. Daraus geht zum Beispiel hervor, dass auch Dolf Sternberger hin und wieder „jenem unvergesslichen Stammtisch",[206] wie er sich in einem Brief an Alois Dempf erinnert, beiwohnte. Man traf sich unter anderem zu mehrtägigen Ausflügen, organisierte „Männerwochenende[n]" und lud dafür, wie Franz Josef Schöningh am 25. Januar 1935 an Alois Dempf schreibt, „nette harmlose Leute" ein, „die – Sie verstehn schon – richtig stehn".[207] Kurzum, man pflegte intensiven face-to-face-Kontakt. In seinen *Erinnerungen an Carl Muth* (1953) berichtet auch Bergengruen von unzähligen Treffen mit der Gruppe um das kulturkatholische Journal, bei denen viel diskutiert und dabei auch „das mutmaßliche Schicksal des Hochlands [erwogen]" wurde.[208]

Einen wichtigen Kontakt bildete für Bergengruen in diesem Zusammenhang sein Schriftstellerkollege und Freund Reinhold Schneider. Abgesehen von der

---

202 Vgl. Alfred von Martin an Max Stefl, 14.11.1942 (Nachlass Max Stefl, Monacensia).
203 Vgl. Knud von Harbou: Wege und Abwege (2013), S. 83.
204 Curt Hohoff: Unter den Fischen (1982), S. 234–235.
205 Zit. n. Knud von Harbou: Wege und Abwege (2013), S. 83–84. Original: Hugo Ott: Die Weiße Rose (2004), S. 5–6.
206 Dolf Sternberger an Alois Dempf, 21.11.1945 (Nachlass Alois Dempf, BSB). Sternberger wendet sich an Dempf, „[i]n Erinnerung an unserer Münchner Begegnung, die wohl etwa vier Jahre zurückliegt", mit der Bitte, er möge ihm, auf Anregung von Karl Jaspers, „einen kritischen Bericht einer die antifaschistischen und nichtfaschistischen Entwicklungen in Italien" für seine Zeitschrift *Die Wandlung* zukommen lassen.
207 Franz Josef Schöningh an Alois Dempf, 25.01.1935 (Nachlass Alois Dempf, BSB).
208 Werner Bergengruen: Erinnerungen an Carl Muth (1953), S. 76.

wechselseitigen Zuneigung war beiden Autoren eine signifikante Verbindung von weltanschaulichem Bekenntnis zum Katholizismus und ästhetisch-literarischem Stil eigen. Wie aus ihrer regen und langjährigen Korrespondenz hervorgeht,[209] widmeten sie einander Texte, verschickten sich gegenseitig Manuskripte mit Interpretationshinweisen und tauschten sich in diesem Zusammenhang immer wieder angeregt über private, theologische, philosophische sowie politische Themen der Zeit aus. Diese intime Form der Kommunikation beschränkte sich aber nicht auf den privaten Schriftverkehr, sondern weitete sich auch auf ihre Publikationen aus. Ein anschauliches Beispiel gibt Reinhold Schneiders erster, 1939 im Insel-Verlag erschienener und von regimekritischen Tönen bestimmter Gedichtband *Sonette*, der drei Auflagen erleben sollte und darüber hinaus auch ‚illegal' vervielfältigt wurde.[210] Das Gedicht „Das Licht über der Tiefe. Für Werner Bergengruen" ist öffentlich dem Freund gewidmet. Kurz nachdem die Anthologie auf dem Buchmarkt erhältlich war, schreibt Bergengruen an Schneider am 13. Dezember 1939:

> Sie wissen vielleicht nicht, welche große und tiefe Freude Sie mir mit Ihren Sonetten gemacht haben! Seit Sie mir vor nun beinah zwei Jahren das Manuskriptexemplar schenkten, hat mich der Wunsch nie verlassen, diese Kostbarkeit möchte über einen begrenzten Freundeskreis hinausgelangen. Das geschieht nun, und ich möchte die Erschütterung, die davon in freilich nur Einzelnen, aber in sehr vielen Einzelnen bewirkt wird, hoch anschlagen. Es hat mich ergriffen und bewegt, daß mein Name über einem der Sonette steht, und gerade über diesem. Als Sie es mir damals aus Bonn schickten, war ich betroffen von der Sicherheit, mit der es mir die eigene seelische Situation deutete.[211]

Im Januar 1938 hatte Schneider seine damals unveröffentlichten Gedichte Bergengruen zukommen lassen, der ihm daraufhin versicherte, dass es nicht nur „die Kostbarkeit und Schönheit" seiner Lyrik sei, die ihn tief bewege, sondern

---

209 Eine abgedruckte Auswahl der Korrespondenz findet sich bei N. Luise Hackeslberger-Bergengruen (Hg.): Briefwechsel (1966); Zahlreiche Briefe Bergengruens an Schneider befinden sich in Schneiders Nachlass, der in der Badischen Landesbibliothek unter der Signatur K 2875 zu finden ist. An dieser Stelle bedanke ich mich recht herzlich bei Luca Victoria Sieber, die das entsprechende Konvolut durchgesehen hat. Schneiders Briefe an Bergengruen sind unter der Signatur Ana 593 in der Bayrischen Staatsbibliothek zu finden.
210 Vgl. Christoph Perels: Nachwort (1981), S. 415.
211 Werner Bergengruen an Reinhold Schneider, 13.12.1939, zit. n. N. Luise Hackelsberger (Hg.): Briefwechsel (1966), S. 52. Aus dem förmlichen „Sie" entwickelte sich im Laufe Ihres Briefwechsels das freundschaftliche „Du". Nach dem Krieg schrieben sich Schneider und Bergengruen regelmäßig mit „mein Lieber", „lieber Freund", „lieber, verehrter Freund" und „Lieberchen" an. Vgl. N. Luise Hackelsberger (Hg.): Briefwechsel (1966), S. 59–144.

der sich darin ausdrückende „Beweis eines freundschaftlichen Vertrauens."²¹² Wertete Bergengruen die ihm im Rahmen der intimen Kommunikation zugesandten und – wie aus dem Brief hervorgeht – im engeren Freundeskreis zirkulierten Gedichte betroffen als Zeugnis freundschaftlich gleicher Gesinnung, so nimmt er deren Veröffentlichung erneut zum Anlass für applikative Interpretationen und betont eine ‚tiefendimensionale' Verbundenheit zu dem Schriftstellerkollegen. Das ihm gewidmete Sonett bezieht er dabei auf seine aktuelle, von Krankheit und Depression bestimmte Situation und lässt seinen Freund Schneider, einen Vers seines Gedichtes aufgreifend, in demselben Brief wissen:

> das Wort ‚dem Himmel fern und näher den Dämonen' hat im letzten halben Jahr über weitaus den meisten meiner Stunden stehen können. Ihre Sonette sind ein Gefäß großen Trostes, wie es all Ihr Werk und Ihr bloßes Vorhandensein ist. [...] Ich weiß, daß Ihr Leben schwer ist, und ich glaube, das Ihre berührt sich mit dem meinen in einer Tiefendimension, von der unser beider Bewußtsein nichts weiß.²¹³

Bergengruen scheint hier eine vorsprachliche Erfahrung des Gemeinsamen artikulieren zu wollen. Die als ‚tiefendimensional' attribuierte Verbundenheit zwischen den beiden Schriftstellern scheint seiner Auffassung nach das individuell explizierbare Bewusstsein ebenso zu transzendieren wie die private Nahkommunikation. Aus dem Brief geht zumindest hervor, dass sich für Bergengruen bei der Lektüre, also der literarisch vermittelten Fernkommunikation eine Erfahrung geteilter, womöglich sprachlich nicht manifestierbarer Übereinstimmung eingestellt hat, die auf einem verwandten Denkstil, der Zugehörigkeit zu einer Denkgemeinschaft beruhen mag.

Auch im Allgemeinen lässt sich die Korrespondenz dieser beiden repräsentativen Schriftsteller der ‚Inneren Emigration' als belastbares Zeugnis dafür anführen, wie esoterische Kommunikationssituationen sich auf der Grundlage eines Zugehörigkeitsbewusstseins entfalten konnten. Stabilisiert und kultiviert wurde diese Form des Einverständnisses zudem institutionell, nämlich durch die Zugehörigkeit beider Autoren zur katholischen Kirche sowie durch ihr publizistisches Engagement für dieselben Zeitschriften, also das *Hochland*, *Die weißen Blätter* oder den *Eckart*, zu deren Personennetzwerken sie fest gehörten. Wenngleich die Rekonstruktion solcherlei Kommunikationsnetzwerke eine Herausforderung darstellt, bleibt zunächst festzuhalten, dass überlieferte

---

212 Werner Bergengruen an Reinhold Schneider, 12.01.1938, zit. n. N. Luise Hackelsberger (Hg.): Briefwechsel (1966), S. 47.
213 Werner Bergengruen an Reinhold Schneider, 13.12.1939, zit. n. N. Luise Hackelsberger (Hg.): Briefwechsel (1966), S. 52.

Stimmen zu Textumgangsformen und Deutungspraktiken wie die von Bergengruen und Schneider durchaus nach Spuren esoterischer Verständigung befragt werden können. Bergengruens und Schneiders Briefwechsel, der hier lediglich punktuell Behandlung finden kann, lässt in diesem Sinne einen Einblick in die behauptete Verschränkung von literarisch vermittelter Fern- und privater Nahkommunikation zu und kann exemplarisch über „nicht-öffentliche Formen der Netzwerkbildung"[214] Auskunft geben – einer notwendigen Bedingung esoterischer Kommunikation. Wenngleich die Ränder dieser sich über Institutionen, Bekanntschaften und persönliche Kontakte ergebenden Netzwerke nicht scharf zu ziehen sind und der darin kultivierte intellektuelle Raum keineswegs homogen war, so lassen sich doch, wie Walter Schmitz dies in Bezug auf Reinhold Schneiders intellektuelles Umfeld feststellt, durchaus „stabile[] Koordinaten" ausmachen, „an denen sich die Kommunikation in diesem Feld [...] orientiert", nämlich ein „[p]olitisch-gesellschaftlicher Konservativismus und [das] Christentum".[215] Für die Verbindung zwischen Schneider und Bergengruen gilt jedenfalls, dass sie, wie es N. Luise Hackelsberger-Bergengruen formuliert, „Bundesgenossen in mehr als einem Sinne" waren.[216] Sie schrieben für dieselben Periodika, teilten Konfession, Freundeskreis und eine nationalkonservative wie moderneskeptische Haltung, schöpften für ihr schriftstellerisches Schaffen aus ähnlichen Ideenreservoirs und engagierten sich dabei, wenngleich auf unterschiedliche Weise, für eine Dichtung aus katholischem Geist.[217]

In ihrem Briefwechsel findet sich schließlich auch ein wichtiger Hinweis für den mutmaßlich esoterischen Textsinn des von Werner Bergengruen im *Hochland* veröffentlichten Romanfragments. Denn nur kurz nachdem „Die Aussätzige" im *Hochland* erschienen war, schreibt Reinhold Schneider am 2. Oktober 1940 sichtlich enthusiasmiert an seinen Freund in München:

---

214 Daniel Morat: Techniken der Verschwiegenheit (2004), S. 158.
215 Walter Schmitz: Reinhold Schneider. Geschichtspoetik und Reichsidee (2010), S. 278.
216 Luise Hackelsberger-Bergengruen: Werner Bergengruen. Reinhold Schneider. Briefwechsel (1966), S. 147.
217 „Beide betrachten sie den Dichter als Beauftragten, jeder freilich auf seine Weise. Bergengruen verwahrt sich immer wieder entschieden gegen jede Art von Tendenzliteratur. Der Dichter soll, so sagt er, die Menschen daran erinnern, ‚daß es Dinge gibt, die um ihrer selbst willen aufgenommen werden wollen und sollen, außerhalb jedes menschlichen Zweckdenkens, es sei nun politischer, wirtschaftlicher oder moralischer Natur [...]'. Anders sieht Schneider den Auftrag des Dichters, dessen Werk ihm ohne Ethos nicht denkbar ist. Der christliche Dichter ist Beauftragter, Verkünder im Dienste des verborgenen Gottes und steht in einem ‚ehernen Soll'" (ebd., S. 148).

eben lese ich mit Freude das im „Hochland" abgedruckte Kapitel Ihres neuen Romans: das grosse Bild der alten Ordnung wird so recht deutlich an der Art, wie eine aus der Gemeinschaft herausgehobene Erscheinung noch innerhalb dieser Ordnung an ihre Stelle gewiesen und in ihr gewissermassen bewahrt wurde. Ich freue mich sehr auf das Buch und hoffe auch es anzeigen zu können.[218]

Mit dem ‚grossen Bild der alten Ordnung' spielt Schneider auf die für Bergengruens, aber auch sein eigenes Denken und schriftstellerisches Schaffen fundamentale Vorstellung einer allgemeingültigen Gesellschaftsordnung an, wie sie seit dem 19. Jahrhundert im Rahmen des sogenannten ‚Reichs-Diskurses' im Allgemeinen und von den katholischen Intellektuellen des *Hochland* insbesondere in der 1920er und 1930er-Jahren im Besonderen diskutiert wurde (siehe Kapitel 4.2).[219] „Wie bei vielen konservativen Autoren der ersten Jahrhunderthälfte [des 20. Jh.] erscheint auch bei Bergengruen das ‚Reich' im Licht einer idealen, historisch und zugleich zeitlich-allgemeingültigen Ordnungsnorm", konstatiert Frank-Lothar Kroll treffend.[220] Bereits 1932 bekannte Bergengruen, dass Europa „keine größere Idee hervorgebracht [habe], als die de[s] römischen Reiches", das für ihn eine „Vorform des Gottesreiches" darstellte.[221] Und auch für Schneider stellte die „Reichsvision" als gemeinschaftsgenerierende, sinnstiftende und gesellschaftsordnende Utopie einen wichtigen Fluchtpunkt in Denken und Schreiben dar.[222] In Bezug auf den Gesamtzusammenhang des Romans *Am Himmel wie auf Erden* lag, wie im Folgenden zu zeigen sein wird, Reinhold Schneiders Lesart Bergengruens Intention durchaus nahe. Im Zusammenhang mit der *Hochland*-Publikation stellte sie aber das Ergebnis einer esoterischen Interpretation dar.

5.4.7 Das „Transzendenzprogramm" des Romans

Nachdem der 621 Seiten umfassende Roman Bergengruens Ende 1940 erschienen war, bot der Autor in einem weiteren Epitext eine Interpretation für die darin thematisierten ‚Aussätzigen' an, die sich mit Reinhold Schneiders Lesart deckte. Im Januar 1941 informierte er in dem Aufsatz „Die guten Leute", der in

---

218 Reinhold Schneider an Werner Bergengruen, 2. Oktober 1940 (BSB, Ana 593).
219 Vgl. Walter Schmitz: Geschichtspoetik und Reichsidee (2010).
220 Frank-Lothar Kroll: Geschichtserfahrung und Gegenwartsdeutung bei Werner Bergengruen (1996), S. 57.
221 Werner Bergengruen: Baedeker des Herzens (1932), S. 252.
222 Vgl. Walter Schmitz: Reinhold Schneider. Geschichtspoetik und Reichsidee (2010).

der weitgehend akkommodierten und sich für die Belange des sogenannten ‚Deutschen Christentums' einsetzenden Zeitschrift *Eckart* (die seit 1934 den Untertitel *Dichtung, Volkstum, Glaube* führte) erschien,[223] über die den unheilbar Erkrankten zugedachte Rolle in seinem Werk. Ihn habe, so bezeugt er, „[b]ei allen Einblicken in das Leben der Guten Leute [das sind die Aussätzigen, K.M.]", vor allem die Einsicht bewegt,

> daß auch diese auf eine so furchtbare Weise Ausgestoßenen nicht gänzlich ausgestoßen waren. Die alte Zeit kannte eine sichere Gemeinschaft der Menschen, die ja für ihr Bewußtsein mit der Gemeinschaft der Gläubigen identisch war. Diese Gemeinschaft mit ihren Ordnungen umfaßte so sehr die Ganzheit des Lebens, daß sie mit allen anderen Ständen, auch den der Aussätzigen umschloß und ihm seinen Ort anwies, fest des Glaubens, niemand und nichts auf Erden vermöge je aus der von oben her bestimmten Gesetzlichkeit des Weltgefüges auszuscheiden.[224]

Auch dieses Interpretationsangebot ließ sich, sofern man die sogenannten ‚guten Leute' mit den während des nationalsozialistischen Gewaltregimes Ausgestoßenen, Diskriminierten und Verfolgten assoziierte, kritisch auf die zeitgenössische Gegenwart beziehen. Das integrative Gesellschaftsmodell des ‚alten Reiches' konnte dabei als Idealbild und Kontrastfolie zu dem auf Exklusion (und letztlich Extermination) angelegten nationalsozialistischen Konzept der ‚Volksgemeinschaft' gedeutet werden. Im Sinne dieser höheren, gottgegebenen Ordnung deutete auch Schneider den ‚Aussatz', den Bergengruen in Auszug und Roman als ‚wunderbare Krankheit' behandelt, als Teil einer ‚sicheren Gemeinschaft der Menschen'. Eine solche Deutung kommt gewiss ohne jeden Zynismus aus. Doch anders als der Roman legt die *Hochland*-Veröffentlichung diesen Kontext nicht nahe: Nicht die ‚schützende Funktion' der binnenstrukturierten, aber integrativen alten Gesellschaftsordnung wurde hier in den Fokus gerückt, sondern das bereits titular angezeigte Einzelschicksal der am Aussatz erkrankten Worschula und das damit einhergehende Elend, zu dem die Hauptfigur Carion kein adäquates Verhältnis zu finden weiß. Statt der Präsentation eines gesellschaftlichen Leitbildes, das als „ideelle Konkurrenz"[225] zur aktuell-politischen Herrschaftssituation gedeutet werden konnte, thematisiert die *Hochland*-Publikation, schon allein aufgrund der Textauswahl, weitaus konkreter die Betroffenheit des einzelnen Menschen angesichts eines nicht abwendba-

---

223 Vgl. hierzu allgemein Rolf Stöver: Protestantische Kultur zwischen Kaiserreich und Stalingrad (1982).
224 Werner Bergengruen: Die Guten Leute (1941), S. 10.
225 Erwin Rotermund: Verklärung und Kritik (2013), S. 618.

ren Leides. Assoziierte man das Leid der Aussätzigen mit dem Leid der verfolgten Juden, wurde nicht das *Sacrum Imperium*, also die katholisch konnotierte Reichsidee, sondern die Theodizee zur zentralen Deutungsfolie.

Zusammengenommen offerierte Bergengruen also, wie man annehmen kann, mit Kalkül, zwei unterschiedliche, gar miteinander konkurrierende Lesarten der im Roman behandelten ‚Aussätzigen': einmal *qua* Romanauszug im *Hochland* und einmal *qua* Epitext im *Eckart*. Beiden Deutungen allerdings war eine gegenwartskritische Stoßrichtung eigen, die nicht zuletzt mit Bergengruens weltanschaulichem Standort zusammenhing. Inwieweit aber findet diese Einschätzung auch durch den Roman *Am Himmel wie auf Erden* Bestätigung? Lässt sich das 1940 publizierte und in den zeitgenössischen Medien durchwegs positiv rezipierte Buch tatsächlich als ‚katholisch' beschreiben und gar gegenwartskritisch ausmünzen? Gehen hier also weltanschauliche Dissidenz und literarischer Ausdruck eine für Katholiken sichtbare Synthese ein?

Wie dargelegt, endet der im *Hochland* abgedruckte Romanauszug mit Carions tiefem Zweifel darüber, wie eine Welt des Leids und des Schreckens theologisch zu rechtfertigen sei und wie sich der Einzelne dazu angemessen verhalten könne. Was in der *Hochland*-Publikation offen bleiben muss und, wenn man so will, als ‚Cliffhanger' installiert ist, fungiert im Roman als Episode eines wichtigen dramatischen Erzählbogens, nämlich der Figurenentwicklung Carions, der aus einem Zustand des Zweifels und der existentiellen Sorge zu einer Haltung der Gelassenheit und des Gottvertrauens durchdringt. Der dem Buch als Motto vorangestellte biblische Appell „Fürchtet Euch nicht" gibt in diesem Sinne auch die Devise von *Am Himmel wie auf Erden* aus: Der Mensch hat zur Überwindung seiner kreatürlichen Furcht in Gott zu vertrauen. Oder wie Bergengruen es retrospektiv formulierte:

> Die Erzählung sollte die Verwirrung einer ganzen Stadt durch alle Stände und Schichten der Einwohnerschaft schildern und hierbei die jedem Einzelnen, aber auch der Menschheit als Ganzem stets aufs neue sich stellende Aufgabe sichtbar machen: durch die Anfechtung und Angst den Weg zur Klarheit zu finden.[226]

Carion besteht diese Glaubensprobe, seine vorbildliche Entwicklung wird im Abschlusskapitel, das den Titel des Romans trägt, besiegelt. Nachdem die vorhergesagte Flutkatastrophe wider Erwarten glimpflich verlaufen ist, weiß Carion auch seine Angst vor dem Aussatz zu überwinden, die, wie der ‚allwissende' Erzähler kommentiert, „viel härter war als jene vor der Wässerung, denn es

---

[226] Werner Bergengruen: Schreibtischerinnerungen (1961), S. 41.

fehlte ihr der Trost des allgemeinen, von Zahllosen gleichmäßig geteilten Schicksals":

> Die Bedrohung durch die Flut hatte mit dem Sanktheinrichstage geendet, die Bedrohung durch die Krankheit aber konnte nicht früher enden als mit seinem Tode, und so war sein ganzes künftiges Leben von ihr beschattet. Doch auch jetzt fühlte er sich nicht versucht, horoskopisch der eigenen Zukunft nachzuforschen. Blickte er in einem solchen Sinne auf die Monate vor dem Sanktheinrichstage zurück, so meinte er sie zu erkennen als eine Zeit der Übung und Vorbereitung auf diese letzte zu überwindende Furcht. Zum Leben im Geiste, wie er es bisher geführt, trat jetzt das Leben im Gehorsam, das Leben vor dem Angesicht des Schicksals.[227]

Weil Carion, wie es Günther Wirth ausdrückt, der „Versuchung[,] das Verhüllte und Verborgene des göttlichen Ratschlusses eigenmächtig zu enthüllen", zu widerstehen weiß, kann er „im Vertrauen" ebendarauf der Devise und dem Motto des Romans „Fürchtet Euch nicht" Folge leisten.[228] Der hier als Bewältigungsangebot offerierte ‚Fatalismus' hat in der Forschung, wie schon erwähnt, hin und wieder Kritik auf den Plan gerufen. Das Motto beinhalte, wie Ralf Czapla meint, eine bedenkliche Tendenz, weil es, wie oben bereits zitiert, als die „Aufforderung" zum „Gehorsam gegenüber dem Machtapparat des Staates" gewertet werden müsse.[229] Bei genauerer Beobachtung muss jedoch festgestellt werden, dass der von Carion endgültig als Haltung angenommene ‚Gehorsam' gerade nicht auf die weltliche Herrschaft des Kurfürsten und damit auf den Staat bezogen ist, sondern auf die göttliche ‚Ordnung des Weltgefüges', die in der erzählten Welt von *Am Himmel wie auf Erden* als transzendenter Hintergrund stets präsent ist. Die Vorstellung einer göttlichen Ordnung von überzeitlicher Gültigkeit, einer Schöpfungsordnung Gottes, lässt sich dabei, wie schon aus Reinhold Schneiders postalischem Interpretationsansatz zum Romanfragments hervorging, als weltanschaulicher Kern der Erzählung herausschälen. Auch in dem immer wieder als Schlüsselstelle ausgemachten Kapitel ‚Der Zweifler und seine Gäste', das sich als katholische Spielform des platonischen Symposiums präsentiert, lässt Bergengruen seine Hauptfigur auf die Frage des Bischofs Blankenfelde, „[w]elche Unerschütterbarkeiten [...] die Welt noch zu bieten [habe]?", antworten:

> Diejenigen, [...] welche nicht in den menschlichen Einrichtungen gegründet sind, sondern in der Ordnung des Weltgefüges: Empfängnis und Geburt, Wachstum, Abnahme und Tod,

---

227 Werner Bergengruen: Am Himmel wie auf Erden (1940), S. 616.
228 Günter Wirth: Literarische Geschichtsdeutung (1998), S. 42–43.
229 Ralf Georg Czapla: Römische Reichsidee versus preußischer Staatsgedanke (2011), S. 190.

Jahreszeiten und Gestirne. All dieses verhält sich unveränderbar, und ich möchte allen Verstörungen zum Trotz auch das menschliche Gewissen hierzu rechnen.[230]

Das Vertrauen auf die Konstante des ‚menschlichen Gewissens' markiert in Carions Bekenntnis mithin ein essenzielles Moment des katholischen Weltverhältnisses. Anders als im Protestantismus geht die katholische Lehre im Anschluss an Thomas von Aquins Unterscheidung zwischen *conscientia* (Bewusstseinsinstanz) und *synteresis* (göttlicher Funken der praktischen Vernunft) von der unbedingten Fähigkeit des Menschen aus, zwischen ‚gut' und ‚böse' unterscheiden und im Sinne des ‚Guten' handeln zu können.[231] Dem Wandel unterworfen sind hingegen in Carions Weltauffassung die ‚menschlichen Einrichtungen', zu denen auch das im Roman durchaus kritisch dargestellte kurfürstliche Regime gezählt werden muss. Zwar erscheint Carion, wie es an anderer Stelle heißt, das „Heilige Römische Reich Deutscher Nationen [...] als Abbild des Gottes- und des Sternenreiches", das „in die Harmonie des Kosmos eingegründet" und damit von ewiger Gültigkeit sei.[232] Dieses wird allerdings erst zum Ende des Romans restituiert. Die im Zuge der Flutpanik ausgebrochene Anarchie erweist sich dabei als vorübergehende Krise, in der die Entsprechung von der Ordnung des Himmels und der Ordnung der Erde – gemäß der Bitte im Paternoster – durch weltliche Faktoren temporär aus der Balance geraten ist. Das bereits im Titel annoncierte Verhältnis zwischen einer festen und ewigen Ordnung, die beispielhaft im Firmament (Himmel) ins Bild gesetzt wird, auf der einen und einer wandelbaren, der Geschichte und menschlichen Fehlbarkeiten unterworfenen Welt (Erde) auf der anderen Seite liefert damit gewissermaßen die beiden Pole für die, wie Günther Wirth es treffend formuliert, „als analogia entis gemeinte und auf den Deus absconditus hin orientierte Erzählung".[233]

Dass Bergengruens katholisch imprägnierte Weltsicht und die damit einhergehende, durchwegs konservative Geschichtsauffassung für seine literarische Produktion, nicht nur zwischen 1933 und 1945, sondern auch darüber hinaus, eine zentrale Rolle spielte, ist bereits vielfach bemerkt und behandelt worden.[234] Nicht selten hat man in diesem Zusammenhang betont, dass sich die

---

230 Werner Bergengruen: Am Himmel wie auf Erden (1940), S. 320.
231 Vgl. Konrad Hilpert: Gewissen (2009), S. 622.
232 Werner Bergengruen: Am Himmel wie auf Erden (1940), S. 258.
233 Vgl. Günther Wirth: Literarische Geschichtsdeutung (1998), S. 43.
234 Siehe hierzu Armin Arnold: Die Wahrheit hinter der historischen Kulisse (1983); Alphons Hämmerle: Heile Welt (1989); Hans Bänziger: Das Menschenbild bei Werner Bergengruen (1996); Hanna-Barbara Gerl-Falkovitz: Magie und Erlösung (1996); Frank-Lothar Kroll: Geschichtserfahrung und Gegenwartsdeutung bei Werner Bergengruen (1996); Günter Wirth:

in seinem Œuvre präsentierte konservative Zeitkritik aus einer christlich-humanistischen Werteorientierung speiste, die sich mit einer „aristokratischen Haltung [und einer] positive[n] Einstellung zur monarchischen Staatsform" verschränkte.[235] Kritische Gegenwartsdeutungen hingen bei Bergengruen jedenfalls aufs Engste mit einem weltanschaulichen Konservatismus zusammen, der auch sein Geschichtsverständnis bestimmte. Frank-Lothar Kroll fasst dieses in drei Punkten zusammen: Geschichte besitze in Bergengruens Auffassung „Gleichnischarakter", sei „Abbild höherer Ordnungen" und ließe sich, so hält es Bergengruen in seinem Journal 1943 selber fest, „nur als Ganzes betrachten, in ihr wie in der Natur waltet ein verborgener Zieltrieb".[236] Ein solch teleologisches Geschichtsmodell, das in seinen literarischen Texten immer wieder durchscheint, brachte dem katholischen Autor den Vorwurf ein, eine völlig realitätsferne ‚heile Welt' heraufzubeschwören,[237] ins Metaphysische zu flüchten und einer fatalistischen Haltung zu erliegen – ein Vorwurf, mit dem sich etliche ‚innere Emigranten', die nicht selten konservativ eingestellt waren, bereits vor, aber vor allem dann nach 1945 konfrontiert sahen.[238] Interessanterweise wird im Roman *Am Himmel wie auf Erden* ebendieses Thema, nämlich die Grundspannung zwischen sicherem Wissen und Vertrauen sowie die sich hieraus für den Einzelnen im Allgemeinen und den Intellektuellen im Besonderen ergebende Verantwortung reflektiert. Die Auseinandersetzung mit dem Ineinanderwirken von *causa prima* und *causa secunda*, der menschengewirkten Geschichte und dem gottgewirkten Heilsgeschehen, erfolgt dabei im Rahmen eines Sujets, in das die großen Themen der Zeit, wie Repression und autoritative Herrschaft, das Verhältnis zwischen Geist und Macht, Massenhysterie und Denunziantentum sowie die Frage der Emigration eingeflochten werden. Sogar die Zensur und das damit einhergehende Phänomen ‚verdeckter Kommunikation' finden hierin

---

Literarische Geschichtsdeutung (1998); Helmuth Kiesel: Denken auf Leben und Tod (2004); Ulrich Hoppe: Zwischen Atum und Mohrenland (2007); Frank-Lothar Kroll: Werner Bergengruens Tagebuchaufzeichnungen (2007); Anna Mrożewska: Naturrechtsmotive in der Literatur (2007); Richard Faber: Streit um Rom (2010); Ralf Georg Czapla: Römische Reichsidee versus preußischer Staatsgedanke (2011); Katja Bergmann: Werner Bergengruen und die ‚Innere Emigration' (2012); Boris Schilmar: Nation – Abendland – Reich (2012).
235 Frank-Lothar Kroll: Geschichtserfahrung und Gegenwartsdeutung bei Werner Bergengruen (1996), S. 56.
236 Werner Bergengruen: Schriftstellerexistenz in der Diktatur (2005), S. 40.
237 Jüngst etwa von Thomas Stangl: Der Goethe der Fünfzigerjahre (2017).
238 Vgl. etwa Hugo Aust: Der historische Roman (1994), S. 135; ferner Ralf Schnell: Literarische Innere Emigration (1976), S. 153; Friedrich Denk: Regimekritische Literatur im Dritten Reich (1996); Hans Bernhard Moeller: Literatur zur Zeit des Faschismus (1988), S. 345.

Behandlung.²³⁹ So wird das Verbot des Kurfürsten, die bevorstehende Katastrophe zum Gesprächsgegenstand zu machen, von der Bevölkerung durch eine „verhüllte" und „zwinkernde Redeweise" umgangen, in der so manch einer „eine große Geschicklichkeit erlangte[]".²⁴⁰ Bergengruen lässt seinen Erzähler recht genau darüber Auskunft geben, wie sich in der von der Flut bedrohten Doppelstadt Berlin-Kölln „vielfach [...] die Übung [einbürgerte], daß man allem Gegenwärtigen und für die nächste Zukunft Erwarteten so redete, als spräche man von der Vergangenheit".²⁴¹ Das während des Nationalsozialismus unter nonkonformen Autoren weit verbreitete Mittel, durch historische Analogien, meist in kritischer Absicht, über die Gegenwart zu schreiben, findet somit auch in *Am Himmel wie auf Erden* eine explizite literarische Verarbeitung – nach Leo Strauss müsste dieser Umstand bereits einen deutlichen Hinweis für die Detektion eines ‚esoterischen Textsinns' geben.²⁴² Hierzu erläuterte Bergengruen 1961, dass er auf diese Weise zumindest die allenthalben konspirative Stimmung im ‚Dritten Reich' einfangen und zur Anschauung bringen wollte, in der „kein Verbot [...] dem heimlichen Geflüster wehren, keine drohende oder beschwichtigende Verlautbarung die Macht des allgegenwärtigen Gerüchts brechen [konnte]. Man verständigte sich in Anspielungen, ohne Zutun bildeten sich Solidaritäten, Sodalitäten der Bedrohten."²⁴³

Im Roman weiß insbesondere die Figur des Franziskanermönchs Meinhard, ein katholischer Geistlicher also, von dieser ‚verdeckten Redeweise' Gebrauch zu machen. In seinen öffentlichen Predigten wagt er es, auf die bevorstehende Sintflut und die vom Kurfürsten verübte Hinrichtung des Kammerdieners Ellnhofen anzuspielen und so indirekt Kritik an der Tyrannis auszuüben. Um den Geistlichen vor der ihm hierfür drohenden Todesstrafe zu schützen, mildert der mit der Berichterstattung beauftragte Bischof Blankenfelde gegenüber dem Kurfürsten etliche „Anspielungen" und „Wendungen" ab – Bergengruens Verfahren, den Lesern Staatskritik in zwei unterschiedlichen Graden der Direktheit beziehungsweise ‚Verdecktheit' zu präsentieren. Die Verhaftung Meinhards wegen subversiver Tätigkeiten wird letztlich jedoch nicht verhindert.²⁴⁴ Carion hingegen meidet jegliches „Unheilsgerede".²⁴⁵ Anders als der offensichtlich oppositionelle Franziskanermönch agiert er stattdessen, insbesondere nachdem

---

239 Vgl. dazu auch Armin Arnold: Die Wahrheit hinter den Kulissen (1983), S. 7–8.
240 Werner Bergengruen: Am Himmel wie auf Erden (1940), S. 284.
241 Ebd.
242 Leo Strauss: Persecution and the art of writing (1941), S. 496.
243 Werner Bergengruen: Schreibtischerinnerungen (1961), S. 92.
244 Vgl. ebd., S. 409–415.
245 Werner Bergengruen: Am Himmel wie auf Erden (1940), S. 151.

er sich gegen ein Exil im italienischen Mantua entschieden hat, im Hintergrund. So knüpft er individuelle Beziehungen zu allen gesellschaftlichen Schichten und vermittelt zwischen den zentralen Figuren des Romans, ohne je das Verantwortungsbewusstsein für und ein reflexives Verhältnis zu seiner Zeit aufzugeben. An die Stelle der Tagespolitik treten dabei in der Diskussion mit den Machthabern und den Geistlichen geschichtsphilosophische Fragen. Von Bergengruen als ein „mit größter Sympathie gezeichnete[r] Vertreter der *nobilitas litteraria*", repräsentiert Carion dabei stets, wie Erwin Rotermund treffend feststellt, ein anderes „Staatsideal als das in diesem Werk kritisch dargestellte".[246] Dass Carion als handelnder und verantwortungsbewusster Charakter in Szene gesetzt wird, zeigt sich vor allem in seiner Rolle als Berater des Kurfürsten. Er ist es auch, der – in Begleitung des Franziskanermönchs Meinhard – dem vor Furcht geflohenen Kurfürsten ins ‚Gewissen' reden und ihn dazu bewegen kann, in sein Regierungsamt zurückzukehren, die Verantwortung für den Staat wieder zu übernehmen und damit die als Idealbild präsentierte Ordnung im Säkularen wiederherzustellen.

Carion stellt damit, so kann festgehalten werden, eine wichtige Reflexionsfigur des Autors und mitunter gar die Identifikationsfigur für seine Leser dar; er repräsentiert die im Roman durchgängig affirmierte Haltung eines gleichermaßen gläubigen Katholiken wie vernünftigen Gelehrten, der seine Glaubenszweifel und Ängste erfolgreich überwinden kann. Die individuelle als auch die kollektive *restitutio in integrum* ergibt sich schließlich auch nicht von alleine, sondern aus einem gottgefälligen Zusammenspiel gewissenhaften menschlichen Handelns mit den höheren Naturgewalten. Es mag in diesem Zusammenhange bezeichnend sein, dass die durch Carion und Meinhard repräsentierte Allianz von Gelehrtentum und Kirche zur Wiederherstellung der ‚heilen Welt' beiträgt – ein Anliegen, dass sich zahlreiche katholische Intellektuelle in der ersten Hälfte des 20. Jahrhunderts programmatisch auf die Fahne schrieben (siehe Kapitel 4.5).[247]

Eine derartige, wenn man so möchte, ‚katholisch' grundierte politische Utopie, wie sie Bergengruen in *Am Himmel wie auf Erden* stellenweise präsentiert, konnte im antiklerikalen Klima des ‚Dritten Reiches' durchaus Anstoß erregen, hielt das nationalsozialistische Regime den Katholizismus doch schon früh für „einen der gefährlichsten Gegner für den Staat", wie es in einem Bericht der Gestapo 1935 heißt.[248] Obwohl der Roman überwiegend positive Resonanzen

---

246 Erwin Rotermund: Verklärung und Kritik (2013), S. 617.
247 Siehe hierzu Otto Weiß: Kulturkatholizismus (2014).
248 Zit. n. Anselm Faust, Bernd Rusinek: Lageberichte rheinischer Gestapostellen (2014), S. 1.

erhielt, wurde er 1942, nachdem bereits über 60 000 Exemplare verkauft worden waren, verboten. Gründe für die Einstufung der Veröffentlichung als ‚uneingeschränkt unerwünscht' gab es ausreichend. Bereits 1940 hatten die nationalsozialistischen Parteiämter Bergengruen zu den Autoren „eines geistigen und literarischen Zwischenreiches" gezählt, die, wie es in dem *Jahresbericht des Hauptlektorats ‚Schöngeistiges Schrifttum'* heißt, „eine anspruchsvolle Darstellung mit zweifelhafter ‚innerer Haltung und Gesinnung' [verbinden]".[249] Besonders „bedenklich" erschien den Zensurstellen in diesem Zusammenhang die Vagheit dieser Texte, über die, so heißt es weiter,

> der weitaus größte Teil unserer Buchbesprecher nicht in der Lage ist, [...] zuverlässige Urteile zu fällen. Es ist geradezu erstaunlich, wie kritiklos die Werke dieser Autoren von den meisten Buchbesprechern hingenommen werden und was man an Lob und Anerkennung über sie leider auch in nationalsozialistischen Zeitungen zu lesen bekommt.[250]

Trotz des umfassenden Lobes, das der Roman *Am Himmel wie auf Erden* also von Seiten der nationalsozialistischen bzw. gleichgeschalteten Presse erhielt, kam man schließlich doch zu der Einschätzung, besagten Text besser aus dem Verkehr zu ziehen. Bergengruen aber konnte über die möglichen Gründe für das Buchverbot nur spekulieren und machte das sich seit Kriegsbeginn verschärfte „Klima", das Analogien evozierende Sujet und schließlich den christlichen Unterton seiner Erzählung hierfür verantwortlich.[251]

Vor dem Hintergrund dieser Erörterungen möchte ich noch einmal fragen: Kann *Am Himmel wie auf Erden* als weltanschaulich gebundener und in diesem, weitesten Sinne als ‚engagierter' Text verstanden werden? Bergengruen würde eine solche Einschätzung missfallen. Eine sich literarisch abzeichnende „Parteilichkeit und Animosität des Autors" war ihm, glaubt man den nachträglichen Reflexionen, zuwider.[252] Weder beabsichtigte er mit seinem Roman tendenziöse Erbauungsliteratur noch ein politisches Buch zu schreiben – ja, nicht einmal einen historischen Roman im strengen Sinne: „[K]ann denn Gottvater Partei nehmen, dieser Prototyp des Autors?", fragt Bergengruen an derselben Stelle ironisch. Und möglicherweise drückt sich gerade in dieser rhetorischen Frage auch seine Parteilichkeit aus. Denn mit dem *Ordo*-Gedanken, dem Konzept

---

[249] Erwin Rotermund, Heidrun Ehrke-Rotermund: Zwischenreiche und Gegenwelten (1999), S. 268–269.
[250] Jahresbericht 1940 des Hauptlektorats ‚Schöngeistiges Schrifttum' (1941), S. 8. Zit. n. Jan-Pieter Barbian: Literaturpolitik im ‚Dritten Reich' (1995), S. 289–290.
[251] Vgl. Werner Bergengruen: Schreibtischerinnerungen (1961), S. 193.
[252] Ebd., S. 118.

eines unerschütterlichen menschlichen Gewissens sowie den frommen Protagonisten des Romans weben sich Elemente katholischer Weltanschauung in die dargestellte Welt ein, die nicht nur, wie schon aus Reinhold Schneiders Interpretation des Romanfragments hervorging, zu dessen Verständnis von entscheidender Bedeutung sind, sondern auch Anlass dazu geben und gegeben haben, den Text als ‚konfessionell' und gegebenenfalls als nonkonformistisch zu lesen.

Allein der Umstand, dass die Hauptfigur eines 1940 erschienenen Buches als bedeutender Wissenschaftler und gläubiger Katholik zugleich dargestellt wurde, hätte missbilligend aufgefasst werden können. Denn die nationalsozialistische Religionspolitik zielte seit 1933 darauf, den kirchlichen Einfluss sukzessive zurückzudrängen und das öffentliche Leben zu ‚entkonfessionalisieren'. Nachdem sich das NS-Regime stabilisiert hatte, verschärften sich die politischen Maßnahmen gegen den Katholizismus zur politischen Aggression – gekontert durch christliche Proteste.[253] Dabei ging es vor allem um die Verfolgung opponierender Geistlicher, verstärkte Repressionen gegen konfessionelle Praktiken sowie die Schwächung institutioneller Strukturen, wie etwa die bis 1940 vollzogene Zerschlagung des katholischen Presse- und Verbandswesens.[254] Ein katholisch grundierter Roman konnte daher per se als Politikum aufgefasst werden. Bergengruen war über diese Umstände bestens informiert und offenbar darum bemüht, seinen Text, trotz der zahlreichen konfessionellen Untertöne, nicht als ‚christliche Dichtung' zu präsentieren. So gestalten sich die Bezüge zum Christentum hier weniger explizit als beispielsweise in seiner Erzählung *Die Verheißung* oder seiner religiösen Lyrik, die er auf verschlungenen Wegen illegal in die Öffentlichkeit brachte.[255] Indes verpflichtete er auch *Am Himmel wie auf Erden* auf ein „Transzendenzprogramm", das sich in dem Ausgriff „auf ein spekulativ-transzendentes Weltgefüge" realisieren sollte.[256]

Und in der Tat wurde der Text bereits zeitgenössisch als „eine Apologie des Reichsgedankens in seiner mittelalterlichen Prägung" gelesen.[257] Vielfach stellten Stimmen, insbesondere aus dem kirchlichen Pressewesen, den theologischen Gehalt des Romans heraus, attestierten ihm und seinem Autor beispielsweise eine „religiöse und psychologische Grundhaltung",[258] identifizierten eine

---

253 Vgl. Dietmar Süß: Nationalsozialistische Religionspolitik (2011), S. 52–58.
254 Vgl. ebd. S. 57–58.
255 Vgl. Katja Bergmann: Werner Bergengruen und die ‚Innere Emigration' (2012), 334.
256 Ebd.
257 Erich Müller: [Rez.] Werner Bergengruen, Am Himmel wie auf Erden. In: Deutsches Adelsblatt (1941), o.S.
258 Anneliese Hewig: Bücher. In: Der Quäker, August 1941, S. 127–128.

„religiöse Besinnung",[259] setzten das Motto in Bezug zur neutestamentlichen Lehre und stellten Vergleiche zwischen dem historischen Sujet und der „biblischen Sintflut" an.[260] Es sei „der Autor selbst", so heißt es beispielsweise in einer Besprechung des Stuttgarter NS-Kuriers etwas polemisch, „der wie ein kleiner Gott dem Menschenspiel, das er anstiftet, Anfang und Ziel setzt und sehr aufmerksam zuschaut".[261] Und in den monarchistisch ausgerichteten *Weissen Blättern* konnte man 1943 lesen, dass sich in dem Buch eine „ruhige[] Zuversicht auf Gottes Erbarmen im trostvollen Glauben an die irdische Unsterblichkeit und Sendung eines heiligen deutschen Reiches" ausdrücke.[262]

Die religiösen Elemente des Romans, an denen sich die Zensurstellen hätten stören können, ließen sich allerdings auch unschwer und entschärfend auf die Glaubens- und Vorstellungswelt der frühneuzeitliche Gesellschaft beziehen, die den geschichtlichen Kontext bildete. So marginalisierte beispielsweise Hellmuth Langenbucher in Rosenbergs *Bücherkunde* die Thematik des Romans als ein „psychologische[s] Problem", dargestellt am „Sonderfall des spätmittelalterlichen Menschen".[263] Einige Rezensenten meinten sogar die Überwindung der „Finsternis mittelalterlicher Denkungsweise" als Thema auszumachen,[264] deuteten den Reichsgedanken im Sinne der nationalsozialistischen Expansionsidee und lasen das Buch in antikatholischer Stoßrichtung.[265]

Wenngleich Bergengruens Text also vor dem Hintergrund der nationalsozialistischen antichristlichen Religionspolitik sowie im Hinblick auf die zahlreichen Analogien zur Gegenwart oppositionelle Stoßkraft gewinnen konnte und von vielen Lesern in dieser Weise auch rezipiert worden sein mag, bot der Roman zugleich weitreichende Anschlussstellen für NS-konforme Lesarten. In diesem Sinne teilte er – zumindest ansatzweise – ein ähnliches Schicksal wie viele andere historische Romane sogenannter christlicher ‚Innerer Emigranten', die auf Beifall in der nationalsozialistischen Kritik stießen und fallweise zur

---

259 Ronald Loesch: Besprechung für das Literaturblatt der Frankfurter Zeitung (1940).
260 Hubertus Kraft Graf von Strachwitz: Briefe an jedermann 15 (1941), S. 3. Vgl. auch die Besprechung im *Hochland*. Vgl. des Weiteren Hedwig Winnecke: ‚Am Himmel wie auf Erden' (1941), S. 48: „aller Furcht enthoben weiß durch die Geborgenheit in Gottes Gnade."
261 Herbert Georg Göpfert: Am Himmel wie auf Erden (1940).
262 Anton Ritthalter: Ursünde des Menschengeschlechts. In: Weisse Blätter 12 (1943), S. 18–26, zit. n. Maria Theodora von dem Bottlenberg-Landsberg: Die Weissen Blätter (2012), S. 319.
263 Hellmuth Langenbucher: Die Neuerscheinungen im Herbst 1940. In: Bücherkunde 8 (1941), S. 11.
264 Heinz Fuhrmann: [Rez.] ‚Am Himmel wie auf Erden'. In: Hamburger Tageblatt, 05.10.1941, o.S.
265 Ebd.

„antikatholischen Propaganda" umgedeutet werden konnten.[266] Von einer Vereinnahmung kann man im Falle von *Am Himmel wie auf Erden* allerdings nicht sprechen. Vielmehr hatte der Autor seinen Text ganz bewusst auf eine breite, diverse politische und weltanschauliche Positionen umfassende Leserschaft angelegt. Seine Bemühungen, den Roman – in Form von Epitexten oder Leseproben – in etlichen, auch gleichgeschalteten Journalen des ‚Dritten Reichs' zu präsentieren, geben in diesem Sinne entscheidende Hinweise für sein Interesse, auf die Rezeption einzuwirken und dabei verschiedenen Lesekreisen unterschiedliche Deutungsangebote zu offerieren. Allgemeiner zeichnet sich darin die Verhaltensstrategie eines tendenziell dissidenten Autors ab, der sich mithilfe seines Renommees und eines taktierenden publizistischen Engagements erfolgreich in den Literaturbetrieb des ‚Dritten Reichs' eingliedern konnte. Hierfür musste Bergengruen weder bei der Textproduktion größere Abstriche machen noch sein Buch im Sinne einer ‚Poetik der verdeckten Schreibweise' modifizieren. Seine ‚schöngeistige Dichtung', zu der er auch *Am Himmel wir auf Erden* zählte, konnte er stattdessen ohne größeren Verzicht im Sinne des eigenen poetologischen Programms, das darin bestand, die „Totalität der Welt, ‚visibilium omnium et invisibilium'" literarisch auszugestalten,[267] umzusetzen.

5.4.8 Ergebnis und Ausblick

Sein „Transzendenzprogramm" verfolgte Bergengruen auch nach 1945, zunächst sehr erfolgreich, weiter. Mittlerweile gilt er, wie es jüngst polemisch heißt, als „zu Recht vergessen" – so zumindest der Titel einer Rubrik der Zeitschrift *Volltext*, unter dem Thomas Stangl einen kursorischen Überblick über den Dichter und sein Werk gibt.[268] Bergengruens Konversion zum Katholizismus, die „für ihn persönlich – gerade auch in der Konfrontation mit der Nazi-Herrschaft – eine Rettung gewesen sein mag, hatte auf seine Literatur [...] eine fatale Wirkung",[269] urteilt Stangl. Naiv und unzeitgemäß erscheint ihm Bergengruens „Sucht nach Sinn und Unversehrtheit" sowie „nach einer heilen Welt der Wörter". Doch dahinter möchte Stangl den „verrückte[n], kaum einzugestehende[n] Wunsch oder gar Glaube[n]" ausmachen, „durch Schreiben die Welt

---

266 So etwa im Falle Stefan Andres' Novelle *El Greco malt den Großinquisitor* (1937). Siehe hierzu Karl Eibl: Selbstbewahrung im Reiche Luzifers? (1987).
267 Werner Bergengruen: Schreibtischerinnerungen (1961), S. 106.
268 Thomas Stangl: Der Goethe der Fünfzigerjahre (2017), S. 26.
269 Ebd.

oder etwas von der Welt zu retten".²⁷⁰ Weil ebendiese Vorstellung, also nicht die Flucht in die Innerlichkeit, auch in Zeiten der NS-Herrschaft ein wesentliches Anliegen der literarischen Produktion Bergengruens war, verlangt eine Auseinandersetzung mit dem aus der Mode gekommenen Autor, wie bereits dargelegt, einen die bloßen Texterzeugnisse transzendierenden Blick auf sein schriftstellerisches Engagement.

Was Stangl zum formalästhetischen Innovationshemmer erklärt, nämlich Bergengruens ethisch-religiöse und poetologische Verpflichtung auf eine das Metaphysische formal und thematisch einbegreifende ‚klassische Dichtung', rückte den Autor in seiner Schaffenszeit ‚unterm Hakenkreuz' nicht zuletzt in die Nähe von Überlegungen, wie sie Max von Brück zum ‚katholischen Roman' 1935 im *Hochland* angestellt hatte. In seinem Artikel „Gibt es einen katholischen Roman?" diskutierte Brück Charakteristika eines solchen Genres und polemisierte dabei gegen die Massen sogenannter Erbauungsliteratur, „jene[] Schnellbekehrungsromane, in denen der Held auf der fünften Seite katholisch wird und ihm dann nicht mehr viel zu tun übrig scheint". Statt den ‚katholischen Roman' als Genre oder Sonderform zu definieren und auf den Typ eines positiven Entwicklungs-, Bildungs- oder Charakterromans festzuschreiben, plädierte Brück für einen weiten Romanbegriff, in dem auch katholische Spielformen und Varianten ihren Platz finden müssten. Solcherlei Varianten lägen etwa dann vor, wenn der

> Darstellungshintergrund die katholische Welt, eine totale Welt [ist], worin das Walten von Natur und Übernatur, Natur und Gnade, Gesetz und Freiheit, Sünde und Sühne enthalten ist. Der Mensch als zentraler Gegenstand der Darstellung reicht dadurch in weitere Höhen und Tiefen und gewinnt damit an Fülle.²⁷¹

Bergengruens *Am Himmel wie auf Erden* konnte einer solchen Konzeption katholischer Weltbildung Genüge tun. Das historische ‚setting' schien zwar genuin frühneuzeitlich zu sein, doch die Geltung des katholischen Darstellungshintergrunds reichte weit darüber hinaus bis in die Gegenwart. In diesem Sinne zögerte man im *Hochland* auch nicht, den Roman noch 1940 im Rahmen der ‚Weihnachtsbücherschau' „als ein Meisterwerk nach Sprache und dichterischer Kraft, Fabel und Komposition" zu würdigen und den Autor Bergengruen, den man in eine Reihe mit Gertrud von le Fort stellte, als „großen christlichen Epiker" auszuzeichnen.²⁷²

---

270 Ebd., S. 30.
271 Max von Brück: Gibt es einen katholischen Roman? (1935), S. 183–184.
272 Ebd., S. 184.

Auch wenn sich Bergengruen, der schon als renommierter Schriftsteller für das *Hochland* zu schreiben begonnen hatte, nicht erst von Carl Muths poetologischen Reflexionen inspirieren ließ; sowohl seine kleineren Publikationen für dessen Journal wie auch die dort als Romanauszug präsente Erzählung *Die Aussätzige* sind Texte, die für Muths Vorstellung einer ‚großen katholischen Dichtung' ausgesprochen anschlussfähig waren. Muth jedenfalls, der als rigoroser Literaturkritiker galt, schätzte den Roman *Am Himmel wie auf Erden*, den er bereits als Manuskript von seinem Nachbarn Bergengruen erhalten hatte, sehr. Auch bemühte er sich darum, wie Bergengruen amüsiert erinnert, den damals Mitte Vierzigjährigen und nach München gezogenen Autor unter seine Fittiche zu nehmen, um ihn „seiner pädagogischen Passion" auszusetzen.[273] Offenkundig erkannte Muth in dem während des Nationalsozialismus erfolgreichen katholischen Autor Potenzial für den von ihm erhofften ‚Advent einer katholischen Dichtung'.

Doch welche Funktionen können, davon abgesehen, dem tendenziell auf Dissidenz angelegten, aber nicht unbedingt einem ‚verdeckten Schreiben' im strengen Sinne zuzurechnenden Roman zugeschrieben werden? Eine *erste* konsolatorische Funktion kann gewiss in der Aufforderung und Devise ausgemacht werden, sich ‚nicht zu fürchten', was letztlich bedeutete, sich im Alltag der Zwangsherrschaft und existentieller Sorge innere Zuversicht zu bewahren, auszuharren und dem nationalsozialistischen Terrorapparat zumindest im Privaten und Persönlichen zu wehren.[274]

Eine *zweite* Funktion bestand darin, den Leser in ein reflexives Verhältnis zu den Themen der Zeit zu setzen. Davon geben, wie gesehen, die vielfachen Rezensionen Zeugnis. Die im Roman vollzogene Auseinandersetzung mit der Idee gerechter Herrschaft, dem Umgang mit gesellschaftlichen Randgruppen (Worschula, die Wenden) und existentieller Bedrohung, aber auch mit den Risiken offener Opposition (Meinhard) sowie der prekären Rolle des Intellektuellen (Carion), spannte jedenfalls einen zeitrelevanten Reflexionsraumes auf. Insbesondere für die in Deutschland gebliebenen ‚Intellektuellen' konnten Figuren wie der Franziskanermönch Meinhard, vor allem aber der Gelehrte Carion zur Identifikation, Spiegelung und/oder Selbstbefragung herangezogen werden. Exemplarisch wurden an ihnen Verhaltensmuster zur Darstellung gebracht, zu denen man sich – gewissermaßen als Betroffener – kritisch oder affirmativ ins Verhältnis setzen konnte. Dabei liegt nahe, dass sich Bergengruen mit seinem frühneuzeitlichen Gelehrten, der, wie es auf den ersten Seiten des Romans cha-

---

273 Vgl. Werner Bergengruen: Erinnerungen an Carl Muth (1953/54), S. 78–79.
274 Siehe hierzu auch Werner Bergengruen: Schreibtischerinnerungen (1961), S. 127–145.

rakterisierend heißt, „kein Marktschreier" sein wollte,[275] *nolens volens* als ‚Innerer Emigrant' und katholischer Intellektueller auf idealisierende Weise selbst porträtiert. Es verwundert daher auch nicht, dass er in der Retrospektive den Roman als Beleg für seine innere Opposition nutzt.

Es sollte zudem deutlich geworden sein, auf welche Weise Bergengruens letzte große Veröffentlichung im ‚Dritten Reich' für einen mehr oder minder großen Kreis an Gleichgesinnten zum Medium der Selbstverständigung werden konnte. Hierin kann *drittens* eine weitere Funktion des Romans ausgemacht werden. Unter den Bedingungen einer totalitären Diktatur legte das Buch in gewissem Sinne einen Kommunikationskanal frei, in dem zum ‚Überzeugungssystem' des Nationalsozialismus opponierende, respektive konkurrierende Weltanschauungen, nämlich der Katholizismus einerseits und eine konservative Herrschaftsauffassung andererseits, ventiliert, reflektiert und selbstverständlich auch affirmiert werden konnten. Auf diese Weise mögen sich, wie es Bergengruen behauptete, „Solidaritäten, Sodalitäten der Bedrohten" gebildet haben.[276] Im Kontext des personellen Netzwerks des *Hochland*-Kreises, in das er eingebunden war, lassen sich für die von Katja Bergmann behaupteten, nur schwer zu ‚decouvrierenden' ‚metaphorischen Räume' in Bergengruens Dichtung also auch esoterische Funktionen im oben dargelegten Sinne ausmachen. Die ‚unterirdische' Rezeption von *Am Himmel wie auf Erden* deutet zumindest darauf hin, dass sich in Form von personeller Nahkommunikation und weltanschaulichem Konsens fallweise durchaus ‚exklusive Entschlüsselungsmanuale für Eingeweihte' in heterodoxer Stoßrichtung zum Regime haben einstellen und ausbilden konnten.

Dass diese Netzwerke nicht mit dem Ende des ‚Dritten Reiches' abbrachen, sondern in konservativer und mitunter besorgniserregend antidemokratischer Stoßrichtung auch nach 1945 weiterkultiviert wurden, lässt sich ebenfalls anhand etlicher ego-dokumentarischer und anderweitiger Zeugnisse belegen. Als Funktion ist dies aber nicht mehr dem Roman *Im Himmel wie auf Erden* allein zuzuschreiben. Im Kontext der jungen Bundesrepublik konnten die während des ‚Dritten Reichs' – oftmals in antinazistischer Absicht – etablierten Formen, Praktiken und Funktionen esoterischer Kommunikation jedenfalls weiterhin konspirativ zum Tragen kommen. Heterodox verhielt man sich nun aber nicht zum nationalsozialistischen ‚Gewaltregime', sondern zu den Werten der wiedererrichteten Demokratie. So bekennt sich Bergengruen in seinem Tagebuch der Nachkriegsjahre explizit zur elitären Praxis esoterischer Verständigung und

---

275 Werner Bergengruen: Am Himmel wie auf Erden (1940), S. 17.
276 Werner Bergengruen: Schreibtischerinnerungen (1961), S. 92.

charakterisiert sie als zeitübergreifend geeignetes Mittel, um auserlesene und exklusiv zugängliche Kommunikationsräume zu errichten, in denen sich intime Leserschaften von Gleichgesinnten verständigen und von Andersdenkenden abgrenzen können. 1948 notiert er hierzu:

> Der esoterische Zug, der allem höheren Leben eigen ist, gewinnt in unserem Zeitalter an Bedeutung. Ja, er ist defensiverweise genötigt, seinen Wirksamkeitsbereich zu erweitern. Einen Pöbel hat es zu allen Zeiten gegeben. [...] Man kann über ihn [den Pöbel, K.M.] und über alle mit seiner Existenz verbundenen Probleme, das heißt *also*: über die wichtigsten politischen, sozialen, die Bildung betreffenden Dinge, nicht mehr so reden, als wäre man unter sich, allenfalls noch beim schwarzen Kaffee. [...] Auch hier wie auf so vielen Gebieten im Zeitalter der allgemeinen Freiheiten muß sich also ein Code der Verständigung entwickeln, ähnlich dem, der sich unter dem Druck diktatorischer Herrschaftssysteme herauszubilden pflegt.[277]

Elitäre Exklusivität gegenüber dem „Pöbel" meint Bergengruen, der im Nachkriegsdeutschland als „Goethe der 50er Jahre" gefeiert wurde,[278] also auch in mehr oder minder ‚liberalen' und demokratischen Zeiten grundsätzlich noch beanspruchen zu können. Das Zitat deutet zugleich darauf hin, dass er seinen mit der NS-Ideologie in Teilen kompatiblen Konservatismus in der jungen Bundesrepublik nicht mehr in jeder Hinsicht für salonfähig hielt. Die esoterische Sphäre konservativer Verbundenheit konnte er jedenfalls nicht mehr gleichermaßen wie noch vor 1945 in die Gesellschaft der 1950er-Jahre übertragen, denn man sei ja nicht mehr „unter sich" und müsse entsprechend einen neuen „Code der Verständigung" entwickeln. Ob sich solch ein ‚Code' tatsächlich herausbilden konnte, welche konkreten Formen er angenommen hat und welche Funktionen ihm dabei zugekommen sind, könnte gewiss Stoff für weitere Studien bilden.[279] Ganz im Sinne der Leitthese dieser Arbeit, vermag der Blick auf den Nexus von Engagement und Esoterik auch unter diesem Gesichtspunkt das Verhältnis und das Verhalten nicht-nationalsozialistischer Intellektueller zum und im ‚Dritten Reich' neu zu perspektivieren. Mitunter könnte die Doppelperspektive dabei ein Licht auf das ungetrübte Selbstverständnis der im nationalsozialistischen Deutschland gebliebenen ‚geistigen Eliten' nach 1945 werfen,[280] deren Netzwerke und Kommunikationsformen die Zäsuren erstaunlich bruchlos überdauerten.

---

277 Werner Bergengruen: Schriftstellerexistenz in der Diktatur (2005), S. 192–193.
278 Zit. n. Thomas Stangl: Der Goethe der Fünfzigerjahre (2017), S. 26.
279 Siehe hierzu etwa Daniel Morat: Techniken der Verschwiegenheit (2004).
280 Siehe hierzu Ingo Držečnik: Intellektuelle im ‚Dritten Reich' (2000) und Frank-Lothar Kroll: Intellektueller Widerstand im Dritten Reich (2012).

5.5 Theodor Haeckers „Tagebuchblätter" (1940)

Neben Bergengruens Romanauszug „Die Aussätzige" finden sich in der 1940 erschienenen 37. Ausgabe des *Hochland* auch Auszüge aus dem zeitgenössischen Tagebuch des katholischen Essayisten, Kulturkritikers und Kierkegaard-Interpreten Theodor Haecker (1879–1945).[281] Der Titel „Tagebuchblätter", unter dem die im aphoristischen Stil gehaltenen, sechs Seiten umfassenden Reflexionen als eigenständiger Beitrag zusammengefasst sind, verraten den diarischen Entstehungsort. Doch die sonst für die Textsorte üblichen Datumsangaben fehlen, und auch inhaltlich lassen sich die paragraphenförmigen Notate, die von jeglichen tagespolitischen Belangen vollkommen losgelöst zu sein scheinen, kaum referenzialisieren. Darüber hinaus erschwert die Abwesenheit eines themenanzeigenden Titels oder Mottos eine inhaltliche Synthetisierung der nur lose verbunden erscheinenden Segmente. Allein der durch eine Initiale graphisch herausgehobene erste Absatz, verstanden als Einführung, startet in medias res mit einer kontemplativen Reflexion, lässt aber nur vage Vermutungen über Inhalt und Form der nachfolgenden Notate zu:

> Variationen ein und desselben Themas, die der Natur so zahllos, so glücklich, so überraschend, so vollkommen gelingen, daß sie die Langeweile des *semper idem* durch das unerwartete *idem per aliud* übertönen, fallen der bewußten Kunst des Menschen überaus schwer; sie sind selten und am ehesten noch in der Musik zu finden. An zwei Klippen muß die Kunst der Variation vorbei: Das Thema darf in seiner Urform weder zu deutlich noch zu undeutlich auftreten. Also: die Variation muß als solche etwas im tiefen Sinne Neues und Überraschendes sein. Auf der anderen Seite muß das Thema in seiner Identität (vom Kenner natürlich, vom Sachkenner!) unmittelbar erschaut (gehört) und nicht bloß mühselig erschlossen werden.[282]

Was aber ist das Thema des aphoristischen Arrangements, das Haecker 1940 publizieren lässt und das er dem „Sachkenner" als eine „Variation" ein und „desselben Themas" anbietet? In den nachfolgenden Kurzreflexionen, so lässt sich allgemein feststellen, meditiert ein zurückhaltendes diarisches Ich über

---

281 Zu Theodor Haeckers Leben und Werk vgl. Bernhard Hanssler, Hinrich Siefken (Hg.): Theodor Haecker. Leben und Werk. (1995); Hinrich Siefken: Leben und Werk des christlichen Essayisten Theodor Haecker. Eine Einführung (2001); eine gute Einführung in Haeckers Werk findet sich bei Florian Mayr: Theodor Haecker. Eine Einführung in sein Werk (1994); zu Haecker im ‚Dritten Reich' siehe Hildegard K. Vieregg: Theodor Haecker. Christliche Existenz im totalitären Staat (2009); Hinrich Siefken: Totalitäre Erfahrungen aus der Sicht eines christlichen Essayisten (2003); zu Theodor Haeckers Verhältnis zum Judentum vgl. Sönke Zankel: Theodor Haecker und die Juden (2006).
282 Theodor Haecker: Tagebuchblätter (1940/41), S. 470.

fundamentaltheologische, komiktheoretische, philosophische und ekklesiologische Angelegenheiten, wie das Verhältnis von Heils- und Weltgeschichte, von göttlicher Vorsehung und freiem Willen, von Dogma und Offenbarung sowie vom Wesen und der Funktion satirischen Spottes. Dabei reflektiert es auch immer wieder die Möglichkeit eines diesen Spannungen ausgesetzten, aber redlichen Denkens und Schreibens. Das angekündigte ‚semper idem' bleibt jedoch unausgesprochen – ohne auch nur mit einem Wort den Verdacht zu wecken, es handele sich dabei um etwas von zeitkritischem Charakter.

Gleichwohl: Für den *Hochland*-Leser im Allgemeinen und den engeren *Hochland*-Kreis im Besonderen musste der Autorname ein Signal sein. Haecker gehörte seit den 1920er-Jahren zum engen Freundeskreis Carl Muths und veröffentlichte regelmäßig kulturkritische, geschichtsphilosophische und theologische Beiträge in dessen Kulturzeitschrift, die sich nicht selten direkt auf zeitgenössische, tagespolitische Ereignisse bezogen.[283] Das Leben, Schaffen und personelle Netzwerk des Kulturkritikers Haecker wurden bereits mehrfach in etlichen einschlägigen Beiträgen rekonstruiert und lassen sich hier in aller Kürze zusammenfassen:[284] Nach seiner Konversion zum Katholizismus 1921, die er im Zuge seiner Auseinandersetzung mit den Werken John Henry Newmans vollzog, debütierte er 1923 im *Hochland* mit dem programmatischen Essay „Christentum und Kultur" und entwickelte sich bald, mit einer treffenden Formulierung von Otto Weiß, zu einem „der markantesten Vertreter des deutschen Katholizismus".[285] Zu öffentlicher Bekanntheit war Haecker allerdings bereits Jahre früher gelangt. Im Laufe des ersten Weltkriegs reüssierte er mit zahlreichen satirischen Beiträgen, die sich gegen die chauvinistische Kriegstreiberei richteten und in der von seinem Freund Ludwig von Ficker begründeten Zeitschrift *Der Brenner* erschienen. Die Texte brachten ihm die Anerkennung seines großen Vorbildes Karl Kraus ein, der Haecker 1914 als „de[n] einzige[n] Mann im heutigen Deutschland, der polemischen Mut und polemischen Ausdruck findet", würdigte.[286] Als seine gesellschaftskritischen Texte schließlich in dem Essayband *Satire und Polemik* 1922 als Sammlung publiziert wurden, war Haeckers Ruf als scharfzüngiger Provokateur und sarkastischer Zeitdiagnostiker

---

283 Siehe hierzu die von Eva Dambacher zusammengestellte Bibliographie Haeckers Veröffentlichungen in Hinfrich Siefken, Bernhard Hanssler (Hg.): Theodor Haecker: Leben und Werk (1995), S. 284–291.
284 Siehe die Forschungsliteratur in Anmerkung 282.
285 Otto Weiß: Kulturkatholizismus (2014), S. 136.
286 Karl Kraus: Notizen (1914), S. 57.

längst besiegelt.[287] Muth, der Haeckers kulturkritische Essays mit Begeisterung gelesen hatte, rezensierte den Band unverzüglich und positiv in seinem Journal, setzte sich daraufhin mit dem 1921 zum katholischen Glauben übergetretenen Kulturkritiker in Verbindung und konnte ihn schließlich als seinen Mitarbeiter gewinnen. Fortan schrieb Haecker regelmäßig für das *Hochland* und prägte dessen Profil maßgeblich mit. Mit dem Kreis um Muth einte ihn insbesondere eine kultur- und gesellschaftskritische Haltung, die dem mehr oder minder liberalen Zeitgeist der Weimarer Republik eine ‚katholische Weltanschauung' entgegenstellen wollte.[288] Die konservative Stoßrichtung der sich in seinen Beiträgen realisierten Zeitkritik behielt Haecker auch nach 1933 bei, verband sie aber nun mit einer dezidiert NS-kritischen Haltung.

Dass der im katholischen Milieu Münchens gut vernetzte Schriftsteller, Übersetzer und autodidaktische Theologe zu seinen Lebzeiten in kritischer Opposition zum Nationalsozialismus und seinen Ideologemen stand, war weder für seinen Bekannten- und Freundeskreis noch für die *Hochland*-Abonnenten ein Geheimnis. Sogar im Ausland rezipierte man den „katholische[n] deutschen Schriftsteller Theodor Häcker" als nonkonformistische Stimme, „die im Jahre 1933 mit wirklichem Mut unbekümmert in das grosse deutsche Schweigen hineingesprochen habe[]".[289] Noch vor der Machtübernahme durch die Nationalsozialisten formulierte er in seinem zentralen Werk *Vergil – Vater des Abendlandes* (1931) scharfe Kritik an der nationalsozialistischen Weltanschauung, gegen die er eine humanistisch-christliche Weltanschauung, die sich seiner Auffassung nach in Vergil bereits vorbildlich präfigurierte, setzte. Unter anderem wird in dieser kulturkritischen Darstellung das Hakenkreuz, wie bereits in Carl Muths Wiedergabe zitiert (vgl. Kapitel 4.2), als Karikatur und Schwindel des Kreuzes und „als letzte deutsche Schmach" bezeichnet.[290] Haeckers antifaschistische Polemik erschien in gekürzter Version auch als Aufsatz unter dem Titel „Betrachtungen über Vergil, Vater des Abendlandes" (1932) im November-Heft der

---

287 Vgl. Hinrich Siefken: Leben und Werk des christlichen Essayisten Theodor Haecker (2001), S. 25–26.
288 Vgl. Reinhard Richter: Nationales Denken im Katholizismus der Weimarer Republik (2000), S. 159.
289 Ludwig Marcuse: Die Erhebung der Christen (1934), S. 350.
290 Theodor Haecker: Betrachtungen über Vergil (1932), S. 30–31. Der Veröffentlichung ging Haeckers als Buch im Hegner-Verlag 1931 veröffentlichter Essay „Vergil, Vater des Abendlandes" voraus, in dem er Vergil zum Verkünder eines „messianischen und eschatologischen Reichs" stilisiert hatte. Der Brenner-Aufsatz kann als „wütende Polemik" auf das „aufziehende Reich der Nazis" gelesen werden. Hierzu Patrick Eiden-Offe: Das Reich der Demokratie (2011), S. 112–120.

Zeitschrift *Der Brenner*. Das Heft verschickte Haecker sowohl an einen erlesenen Kreis von Freunden und Bekannten als auch an weitere Personen der zeitgenössischen Öffentlichkeit – eine Form der Netzwerkpflege, um die er sich auch nach der Machtübernahme weiter bemühte.[291] Neben den Theologen Karl Barth und Paul Simon, den Schriftstellern Rudolf Borchardt, Paul Ernst und Friedrich Reck-Malleczewen erreichte die Schrift zudem auch NS-konforme Denker wir Alfred Baeumler und Emanuel Hirsch,[292] denen Haecker allerdings weder persönlich noch politisch nahestand. Insgesamt rief die Publikation „Betrachtungen über Vergil" divergierende Reaktionen hervor. Während Borchardt in einem Leserbrief an die Redaktion des *Brenner* den Abdruck des Textes in kritischer Absicht „als eine frivole Verantwortungslosigkeit" bezeichnete und Haecker „fragmentarische[] Erkenntnisse", die Darstellung gefährlicher „Halbwahrheiten" und „Beweisbeugung" unterstellte, lobte ihn Hermann Hesse in einer Rezension als den „exakteste[n] und intransigenteste[n] deutsche[n] Katholik[en] von heute".[293] Hermann Broch benannte 1945 einen Roman nach ihm,[294] und, wie gesehen, nutzte Carl Muth ein Zitat aus Haeckers Vergil-Studien, um in seinem Beitrag „Das Reich als Idee und Wirklichkeit" (1933), kritisch auf die nationalsozialistische Machtübernahme zu reagieren.[295]

Da Haeckers antinazistische Haltung auffiel, ereilten ihn im ‚Dritten Reich' Hausdurchsuchungen und Redeverbote. Trotz dieser Sanktionen veröffentlichte er weitere christlich-humanistisch geprägte und von gegenwartskritischen Tönen bestimmte Texte, wie etwa *Was ist der Mensch?* (1933), *Der Christ und die Geschichte* (1935), *Über das Wesen des menschlichen Geistes* (1936) und *Schöpfer und Schöpfung* (1935), die ausschnittsweise auch im *Hochland* erschienen. Nachdem ihm 1938 die Erlaubnis zu selbstständigen Veröffentlichungen entzogen wurde, widmete er sich vermehrt dem Tagebuchschreiben, übersetzte außerdem Schriften von Sören Kierkegaard und John Henry Newman und setzte seine Arbeit für Muths Journal fort.[296] Ein besonderes Zeugnis seiner oppositio-

---

291 Zu Theodor Haecker als Autor der Zeitschrift Brenner vgl. Walter Methlagl: Theodor Haecker und der Brenner (1978); Allan Janik: Haecker, Kierkegaard and the Early Brenner (1984).
292 Vgl. Hinrich Siefken: Theodor Haecker 1879–1945 (1989), S. 46.
293 Hermann Hesse: Der geistige Kampf um das Reich. In: Neueste Zeitung. Abendausgabe der Innsbrucker Nachrichten, 12.01.1933, S. 1. Zit. n. Hinrich Siefken: Theodor Haecker 1879–1945 (1989), S. 46.
294 Hermann Broch: Der Tod des Vergil (1945).
295 Siehe hierzu das Kapitel 4.3.
296 Dass Haecker im Frühjahr 1938 aus der Reichsschrifttumskammer ausgeschlossen wurde, konnte zwar bislang nicht nachgewiesen werden, scheint aber im Hinblick auf den Aktenvor-

nellen Haltung dem Nationalsozialismus gegenüber findet sich in dem 1940 veröffentlichten Beitrag „Tagebuchblätter", und dies obgleich sie als scheinbar unpolitische Notate daherkommen.

Im Folgenden werde ich darlegen, inwiefern neben dem Autornamen sowohl der Titel „Tagebuchblätter" als auch die hochstilisierte Form der Notate für den regelmäßigen *Hochland*-Leser, vor allem aber für den eingeweihten Leser, wie er in Haeckers Freundes- und Bekanntenkreis zu suchen ist, zu ‚Stolpersteinen' im Sinne Leo Strauss' werden konnten. Um zu zeigen, wie einer scheinbar unpolitischen Publikation ein kritischer, esoterischer Hintersinn zuwachsen konnte, bedarf es jedoch weitreichender Rekonstruktionen. Zunächst ist dafür auf Theodor Haeckers sprachkritische Reflexionen einzugehen, wie er sie in dem Essay „Der katholische Schriftsteller und die Sprache" (1927) auf programmatische Weise anstellte (5.5.1). In diesem Kontext sind auch Haeckers Überlegungen zum satirischen Schreiben unter den Bedingungen konfessioneller Bindung relevant, die über einige Eigentümlichkeiten seiner Diaristik Aufschluss geben. Zu berücksichtigen sind des Weiteren die erst postum erschienenen *Tag- und Nachtbücher*, denen die im *Hochland* publizierten „Tagebuchblätter" als Vorabdruck entnommen sind (5.5.2). Eine Auseinandersetzung mit der eigentümlichen gattungstranszendierenden Form des Diariums sowie dessen weitreichenden Funktionen wird schließlich Auskunft über den mutmaßlich ‚esoterischen Textsinn' der *Hochland*-Publikation geben (5.5.2–5.5.3).

5.5.1 Katholische Autorschaft und satirisches Schreiben. Zu Haeckers *Satire und Polemik* (1922) und „Der katholische Schriftsteller und die Sprache" (1927)

Wie Carl Muth setzte sich auch Theodor Haecker in zahlreichen Texten seines Œuvres mit der Frage auseinander, was es für die eigene Literaturproduktion bedeutet, katholisches Bekenntnis und schriftstellerisches Schaffen miteinander zu verbinden. In programmatischer Absicht erfolgte diese Auseinandersetzung in dem Essay „Der katholische Schriftsteller und die Sprache. Mit einem Exkurs zu Satire und Polemik". Nicht zufällig erschien der Essay 1927 – also zum 25. Jubiläum der Zeitschrift *Hochland* – in der unter dem Titel *Wiederbe-*

---

gang eine sehr plausible Erklärung zu sein. Zumindest bewarb er sich im November 1938 um eine erneute Aufnahme. Vgl. Hinrich Siefken: Totalitäre Erfahrungen aus der Sicht eines christlichen Essayisten (2003), S. 124.

gegnung von Kirche und Kultur in Deutschland stehenden Festschrift für Carl Muth.[297] Für den erst einige Jahre zuvor zum katholischen Glauben konvertierten Haecker stellten die spekulativ-sprachphilosophischen Überlegungen eine erste Standortbestimmung seines neu formierten schriftstellerischen Selbstverständnisses dar.[298] Hier reflektierte er zudem die Funktionen satirischen Schreibens, das er an sein neugewonnenes Profil als christlicher Autor anpassen wollte. Insbesondere in dem angehängten „Exkurs zu Satire und Polemik" zeichnet sich die Absicht ab, das Verhältnis von satirischer Kritik und christlicher Moral auszuloten.

Dass Haecker dieses Thema stark bewegte, hing nicht zuletzt mit der eigenen Werkbiographie zusammen. In den 1910er und 1920er-Jahren veröffentlichte er zahlreiche satirische Beiträge für die avantgardistische Kulturzeitschrift *Der Brenner* und machte sich damit in der Öffentlichkeit einen Namen als scharfzüngiger Polemiker. Seine hierin geäußerte Kritik war breit gefächert, richtete sich aber insbesondere gegen den zeitgenössischen Kultur- und Literaturbetrieb. Vielfach griff Haecker dabei unverblümt Schriftstellerkollegen wie Thomas Mann, Stefan George, Max Scheler oder Oswald Spengler an, wetterte in konservativer Stoßrichtung gegen die als dekadent begriffene Gesellschaft und richtete seine Kritik hin und wieder auch gegen die Politik, insbesondere gegen die Kriegstreiberei der 1910er-Jahre. Nach seinem Übertritt zum katholischen Glauben im Jahr 1921 entwickelte Haecker aber zunehmend Zweifel an seiner „Rolle als Satiriker[]".[299] Nachweislich schlugen sich diese Zweifel in der *Vorrede* zu dem Band *Satire und Polemik* (1922) nieder, der die im *Brenner* veröffentlichten Aufsätze versammelte.[300] Dies führte in der Forschung zu der Annahme, dass Haeckers Übertritt zum katholischen Glauben mit einer Abkehr vom satirischen Schreiben einherging und dass die 1922 veröffentlichte Anthologie *Satire*

---

297 Nachdem Muth im Juni 1921 den gemeinsamen Freund Max Stefl in der Münchener Staatsbibliothek besucht, erfährt er von der Konversion Haeckers und seiner Kierkegaard-Übersetzung und zeigt Interesse an dem Schriftsteller. Haeckers 1922 im Brenner-Verlag erscheinende Essaysammlung *Satire und Polemik* rezensiert er schließlich in der eigenen Zeitschrift im Oktober-Heft 1922 (Jg. 20, S. 95–100). Daraufhin besucht Haecker im Oktober Carl Muth in der Redaktion des *Hochland* und wird offiziell zur Mitarbeit eingeladen.
298 Vgl. Florian Mayr: Theodor Haecker. Eine Einführung in sein Werk (1994), S. 12.
299 Hinrich Siefken: Theodor Haecker und die Satire 1913–1945 (1995), S. 238.
300 Zu Haeckers Auseinandersetzung mit der Satire allgemein siehe Hinrich Siefken: Theodor Haecker und die Satire (1995), S. 238; Torsten Voß: „Heilige Scheiße" (2018); ders.: Polemik und Grobianismen wider den Ungeist? (2017).

und Polemik dafür die entsprechende Zäsur markiere.[301] Dem kann nur bedingt zugestimmt werden. Vielmehr setzte hier, wie im Folgenden zu plausibilisieren ist, eine grundsätzliche und die literarische Produktion Haeckers bestimmende Reflexion ein, die von der Frage bestimmt war, wie die Satire im Spannungsfeld von katholischem Bekenntnis und ethisch verpflichtender Zeitkritik einzuordnen sei.[302] Dafür lohnt ein genauer Blick in besagte „Vorrede": In Form eines typischen Bekehrungsnarrativs, ornamentiert mit einer leitmotivisch eingesetzten johanneischen Lichtmetaphorik, deutet Haecker die „sieben Jahre", in denen seine satirischen Texte entstanden seien, als „Jahre der Finsternis, in die nur von ferne, aber immer stärker ein Licht leuchtete, das nicht von dieser Welt ist".[303] Im Beichtton bekennt der sich selbst als „zoon polemikon" charakterisierende Verfasser,[304] dass er damals „im Zorn, im Grimm [und] im Groll" geschrieben habe, getrieben von der Verzweiflung am kulturellen Verfall seines Landes. Allerdings – und das scheint die gewissenserforschende Rechtfertigung zu sein – sei es nicht der Hass gewesen, der ihn zur erbarmungslosen Polemik gedrängt habe, sondern vielmehr „die Lust am Ausdruck", die er als das „einzige [...] Glück des Schriftstellers" adelt.[305] Vor allem jedoch habe er damals „der klare Spiegel" für eine „verzerrte[] Welt" sein wollen, „kein Zerrspiegel, bei Gott nicht, aber zurückwerfend den Fluch eher als den Segen, das Sichtbare mehr als das Unsichtbare".[306]

Die so bestimmte „Aufgabe des Satirikers", die Haecker – eigener Auskunft nach – besten Gewissens hatte ernst nehmen wollen, sei auch, ungeachtet der hinzugekommenen „Wandlung und der transzendenten Sicherheit", in sein neugewonnenes Selbstverständnis als katholischer Autor integrierbar. Das in den Schlusssätzen formulierte Resümee suggeriert unter Vorbehalt eine grundsätzliche Kontinuität des Autors, der, sich ethisch und ästhetisch treu bleibend, nun Glaubensgewissheit gefunden habe:

---

301 Dafür argumentiert etwa Hinrich Siefken: Theodor Haecker und die Satire (1995); eine ähnliche Einschätzung findet sich auch bei Edward Timms: Der Satiriker und der Christ (1986), S. 85.
302 Vgl. Theodor Haecker: Über Humor und Satire (1928); hierzu Walter Methlagl: Theodor Haecker und der Brenner (1978), S. 214; Eugen Blessing: Theodor Haecker (1959); Hinrich Siefken: Der Schriftsteller Theodor Haecker und die Satire (1986).
303 Theodor Haecker: Satire und Polemik (1961), S. 11.
304 Ebd.
305 Ebd., S. 12–14.
306 Ebd., S. 14–15.

> Nicht sehr vieles hätte ich heute zu ändern. In ästhetischen Dingen weniger als nichts, aber auch in ethischen nicht vieles; der subjektive Maßstab alles Ethischen ist der Charakter, und nach ihm habe ich in jenen Zeiten mit Leidenschaft gesucht. Die einzige wesentliche und prinzipielle Wandlung – von Zweifel zu Gewißheit – habe ich in religiös-theologischen Fragen deutlich anzugeben. Ist etwas in diesem Buch, das Zweifel ausdrückt an der Autorität der katholischen Kirche in allen Fragen der Lehre und Sitten oder ihren dogmatischen Sätzen in Wort oder Geist entgegen ist, so ist es wie nicht geschrieben [...].[307]

Wenngleich Haecker also keinen Grund sah, seine frühen satirischen Texte, abgesehen von etwaigen Ausdrücken des Zweifels, zu revidieren, sich sogar, wie es an gleicher Stelle heißt, ganz „offen" zu den „Sätze[n] [s]einer zeitlichen Vergangenheit" bekennt, fühlte er sich offenbar – das machen die vielfachen apologetischen Töne und Beteuerungen der Vorrede deutlich – dazu veranlasst, Rechenschaft über die früheren Verlautbarungen abzulegen. Sehr wahrscheinlich fürchtete er, die Wiederauflage der Texte könnte von der katholischen Kultur-, Glaubens- und Kirchenwelt missgünstig aufgenommen werden. Denn in der Tat hatte er vor seiner Konversion stellenweise gegen den Papst polemisiert oder sich als „Ketzer [...] unter den Ketzern" bezeichnet.[308] Nun aber bemühte er sich um Anschluss und Ansehen bei der zeitgenössischen katholischen Intelligenz, die ihn nicht als halt- und lieblosen Spötter kennenlernen sollte, sondern als einen „mit uralt ehrlichen Waffen" kämpfenden ‚Wahrheitssucher', als den er sich in der *Vorrede* stilisierte.[309] Die satirisch kultivierten Affekte, Zorn, Hass und Ekel, schienen ihm mit dem Gebot der christlichen Nächstenliebe zu konfligieren – Überlegungen, mit denen sich Haecker in eine längere, bis spätestens ins 17. Jahrhundert zurückreichende Diskussion einreihte, in der die Bedingungen der Zulässigkeit satirischer Darstellungsformen ventiliert wurden.[310]

Wenngleich satirische Schreib- und Redeweisen zu allen Zeiten in der christlichen Glaubens- und Kirchenwelt praktiziert wurden, lassen sich in den dichtungstheoretischen Auseinandersetzungen mit der Satire beizeiten kritische Stimmen ausmachen, die, wie etwa Johann Burckhardt Mencke dies 1722 ausdrückte, in der Satire eine „unchristliche Schreib-Art"[311] zu erblicken glaubten.[312] Wie Klaus Lazarowicz in seinen *Vorstudien zu einer Geschichte der deutschen*

---

307 Ebd., S. 17.
308 Ebd., S. 84.
309 Ebd., S. 13.
310 Vgl. Edward Timms: Der Satiriker und der Christ (1986), S. 85.
311 Zit. n. Klaus Lazarowicz: Verkehrte Welt (1963), S. 1.
312 Ebd., Edward Timms: Der Satiriker und der Christ – ein unvereinbarer Gegensatz? (1986), S. 85, weist darauf hin, dass „[i]n der Rezeptionsgeschichte der europäischen Satire [...] eine grundlegende Analyse des Verhältnisses zwischen Satire und Christentum" allerdings fehle.

Satire darlegt, setzten sich nahezu „alle Satiriker im 18. Jahrhundert" mit der Frage auseinander, „ob es erlaubt sei, seinen Nächsten zu schelten oder zu verspotten". „Satiriker oder Herausgeber von Satiren" meinten sich in diesem Zusammenhang mit einer „Rechtfertigungsschrift gegen die eigenen Gewissensskrupel, gegen eingebildete oder ausdrücklich erhobene Angriffe von außen verteidigen zu müssen".[313] Es sei insbesondere der – im Dunstkreis christlicher Kultur auch internalisierte – Vorwurf gewesen, sich ein Richteramt anzumaßen, „das im Grunde Gott allein sich vorbehalten habe und dessen Verwaltung er nur mit den Geistlichen und den Vertretern der weltlichen Obrigkeit teilt",[314] gegen den sich der Satiriker verantworten musste. Haecker greift in der „Vorrede" auf diesen satirekritischen Topos zurück, wenn er gesteht: „Als ob ich alles wüßte, und wenn ich alles wüßte, als ob ich alles sagen könnte, wie es war und wie es ist. Das Ganze weiß doch nur Gott, und wenn es um das Ganze geht, dann habe ich alle Schriftstellerei vergessen."[315] Die „Vorrede" in *Satire und Polemik* scheint aber weder darauf zu zielen, die älteren, paratextuell als „satirisch" ausgewiesenen Veröffentlichungen zu unterminieren, noch findet sich darin eine Abkehr vom satirischen Schreiben artikuliert. Vielmehr ist Haecker sichtlich darum bemüht, den Texten in der eigenen Werkbiographie einen angemessenen Platz zuzuweisen. Vor allem aber liest sich das Vorwort als offenes Bekenntnis zum Katholizismus und kündigt mithin das Ringen um eine Verhältnisbestimmung von katholischer Autorschaft und säkularer Gesellschaft an, die Theodor Haeckers künftige Literaturproduktion stets begleiten wird.[316]

Programmatisch setzte er diese Überlegungen in dem Essay „Der katholische Schriftsteller und die Sprache" (1927) fort, der bezeichnenderweise, so der Untertitel, auch einen „Exkurs über Humor und Satire" enthält und als eine, wenn man so möchte, „Poetik des literarischen Katholizismus" gelesen werden kann.[317] Auffallend ist, dass der für Muths Festschrift publizierte Essay in vier relativ selbstständige Textteile gegliedert ist, die in den späteren Aufsatzsammlungen als eigenständige Essays aufgenommen werden.[318] Von besonderem Interesse für die Frage nach Haeckers Verhältnis zu satirischen Schreibweisen ist dabei der fiktiv gestaltete Dialog zwischen den Figurentypen des ‚Satirikers' und des ‚Freundes', der den abschließenden, pointierten Part des Beitrags bil-

---

313 Klaus Lazarowicz: Verkehrte Welt (1963), S. 2.
314 Ebd.
315 Theodor Haecker: Satire und Polemik (1961), S. 16.
316 Vgl. Torsten Voß: Polemik und Grobianismen wider den Ungeist? (2017), S. 104.
317 Vgl. Ebd.
318 Vgl. Theodor Haecker: Christentum und Kultur (1927); ders: Opuscula (1949).

det und in dramatischer Darstellung die Möglichkeiten und Grenzen christlicher Satire reflektiert.

Doch zunächst zu den übrigen Teilen des Aufsatzes, die für Haeckers literarisches und religiöses Selbstverständnis ebenfalls aufschlussreich sind: Im den ersten beiden Abschnitten, die als Prolegomena fungieren, setzt sich Haecker mit dem Wesen und den Funktionen der Sprache auseinander und stellt dabei vier spekulative Grundthesen auf, die dem katholischen Schriftsteller wie auch dem Dichter selbstverständlich sein müssten: *Erstens* habe die Sprache wesenhaft „Teil am Logos, an der Wahrheit [und] an der Erkenntnis".[319] *Zweitens* sei Sprache mit dem Phänomen der Schönheit verbunden, ohne auf sie reduziert werden zu können.[320] Ihren Höhepunkt erreiche die Sprache *drittens* in literarischen Formen, die Schönheit und Wahrheit miteinander verbinden.[321] Sprache realisiere sich schließlich *viertens* im Rahmen kollektiven Denkens, etwa der Kirchen- oder Volksgemeinschaft (der Ausdruck ‚Volksgemeinschaft' ist zu dieser Zeit noch nicht notwendig völkisch oder rechtsnational konnotiert).[322] Für den katholischen Schriftsteller gelte vor diesem Hintergrund, wie Haecker es normativ formuliert,

> daß die Sprache jenseits aller subjektiven und praktischen Kundgabe in das Reich der Wahrheit, der absoluten, objektiven Wahrheit reicht und das geistig-sinnliche Organ für deren Vermittlung in der Erkenntnis ist. Kein katholischer Schriftsteller kann diese These preisgeben, ohne sich selbst und seinen Glauben aufzugeben. Und mit ihr ist das Maß der Würde der Sprache gegeben, das unendlich ist. Die Sprache gehört zum Denken, wie der Leib, der lebendige Leib, zur Seele, das Denken aber ist im letzten um der Wahrheit und des Seins willen da – und also auch die Sprache um der wahren Sache willen.[323]

Die hier zum Ausdruck gebrachte wahrheitstheoretische Konzeption, die der traditionellen Definition von Wahrheit als *adaequatio rei et intellectus* entspricht, wird, wie es Florian Mayr formuliert, „um ein Element personalen Wahrheitsvollzuges ergänzt [...], so daß zu der Relation zwischen Begriff und Sache [...] noch [...] eine lebendige Relation der Person zu diesen objektiven Wahrheiten, welche dann die ganze Wahrheit ist",[324] hinzutrete. Nach Haeckers Auffassung hat der katholische Schriftsteller über seinen Glauben Anteil an dem ‚objektiven Allgemeinen' und vermag somit im Medium der wahrheitsför-

---

[319] Theodor Haecker: Der katholische Schriftsteller und die Sprache (1927), S. 153.
[320] Vgl. ebd., S. 154.
[321] Vgl. ebd., S. 155–156.
[322] Vgl. ebd., S. 157.
[323] Theodor Haecker: Der katholische Schriftsteller und die Sprache (1927), S. 152.
[324] Florian Mayr: Theodor Haecker. Eine Einführung in sein Werk (1994), S. 12.

dernden Sprache „die Schöpfung Gottes durchsichtig" zu machen.[325] Diese zweifellos einer vormodernen Sprachtheorie[326] verhafteten Annahmen liefern Haecker die Basis, um die Satire, als deren Repräsentanten er den von ihm geschätzten Karl Kraus heranzitiert, als „Rächerin" der Sprache einzuführen.[327] Für eine sich unter dem Zwang der Zeit zurückziehende Dichtung des Wahren und Schönen begreift Haecker die Satire somit als „rettende Rüstung".[328] Satirisches Schreiben stellt seiner Auffassung nach daher vor allem eine Form der Sprachkritik dar.[329]

Umgesetzt, also in der Interpretationspraxis erprobt, werden derlei Überlegungen im dritten, sich explizit als zeitgenössische Kulturkritik präsentierenden Essayteil. Polemisiert wird darin vor allem gegen Stefan George, die nach Haeckers Auffassung zu Unrecht gefeierten Kultfigur des deutschen Literaturbetriebs. Insbesondere dessen ästhetisierender Katholizismus, seine amoralische Verpflichtung auf das Prinzip *l'art pour l'art* und das von ihm repräsentierte Dichterverständnis eines *poeta vates* werden zum Objekt des satirischen Angriffs. Ganz im Sinne von Haeckers „These", dass die Satire die Rächerin der Sprache sei und „Humor ein Kriterium, das nicht versagt", unterzieht er, offenbar provoziert durch das „gequälte[] und amusische[] Buchstabieren" von „George und seiner Schule", dessen Lyrik einer verlachenden Sprachkritik:

> Man hätte mich nicht reizen sollen, nun auch noch meine These zu beweisen durch Zitieren Georgescher Verse, und zwar im Original sogar, nicht in englischer Übersetzung; denn die Atmosphäre meines Essays hat, wenn nichts anderes, so doch die simple Kraft eines Scheidewassers: das Echte nicht anzugreifen, das Unechte aber zu zersetzen und aufzulösen. Ich frage den Kundigen: Tritt nicht in seine Anschauung die Platonische Idee selber des Albumverses, wenn er Verse liest wie diese?

> Ob ein sturm auch eben tose
> Und ein lied vom winter pfeife:
> Sieh, es keimt noch manche rose.
> Noch bedarf das korn die reife.
> Spenden nicht die kühlen finger
> Leise lust mit ihrem froste?
> Sei verjährter fahrten singer,

---

325 Vgl. Theodor Haecker: Der katholische Schriftsteller und die Sprache (1927), S. 153.
326 Torsten Voß: Polemik und Grobianismen wieder den Ungeist? (2017), S. 104, erkennt in Haeckers sprachphilosophischen Überlegungen „Anleihen an die romantische Sprachtheorie".
327 Theodor Haecker: Der katholische Schriftsteller und die Sprache (1927), S. 156.
328 Ebd.
329 Vgl. auch Hinrich Siefken: Theodor Haecker und die Satire (1995), S. 239.

daß der klangdraht uns nicht roste!³³⁰

Stefan Georges 1891 im Gedichtband *Pilgerfahrten* publiziertes Gedicht „Lass der Trauer Kleid und Miene" wird von Haecker hier in bloßstellender Absicht zunächst in der Manier von Karl Kraus' vernichtendem Zitieren ausgestellt und mit Hilfe eines sarkastischen Kommentars zum ‚Beleg' für schlechte, prätentiöse Lyrik. Das Zitierte wird in der Folge einem passagenweise vorgehenden ‚Crosswriting'³³¹ ausgesetzt und parodiert, um vor allem den ‚kundigen' Leser von der „erschlagenden Banalität" der lyrischen Einfälle Georges zu überzeugen.³³² Eine Reihe von rhetorischen Fragen, die er mit den Zitatpassagen montiert, werden dabei zum Anlass für die demontierende Analyse, der ein vernichtendes Urteil folgt:

> Was gehört zu dieser Idee? Die Schiefheit des Ausdruckes infolge der Verwaschenheit der Bilder, und so pfeift denn ein soeben tosender Sturm ein Lied vom Winter. Was gehört zu dieser Idee? Die magenverderbende Sentimentalität und Süßigkeit, und siehe, es keimt noch manche Rose. Was gehört zu dieser Idee? Die gigantische Herz und Hirn erschlagende Banalität, und noch bedarf das Korn der Reife. Aber der Selbstverrat wäre nicht vollkommen ohne die zweite Strophe [...]. Wohl wahr, hier kommt kein normaler Albumdichter mit. Nie wird er es wagen, Singer anstatt Sänger zu sagen, vielmehr zu singen, wo es dieser so viele gibt und jenen überhaupt nicht. Selbst auf den Sänger wird er, wenn er auch länger sich besinnen muß, einen Reim finden. Und daß er Klangdraht für Saite schriebe, wo ihn nicht einmal ein Reim dazu zwingt, wie der Finger den Sänger zum Singer, ist vollständig ausgeschlossen, selbst wenn er ein über alles normale Maß hinaus alyrisches Ohr hätte. Was ist hier geschehen? Humorloses ist geschehen. Hier hat ein, was Denk- und Sprachgabe anlangt, geborener Albumdichter es nicht sein wollen, weil er als Mensch in Wille und Vorstellung ohne Zweifel mehr ist, sondern sich zu etwas anderem schrauben wollen.³³³

Zum Satireobjekt wird damit nicht nur Georges Dichtung, die Haecker zum kitschigen Blendwerk herabstuft, sondern auch der Dichter George, der im Rückschluss als untalentierter, in ‚Denk- und Sprachgabe geborener Albumdichter' karikiert wird. Das lyrische Arrangement deutet Haecker dabei als Ausdruck eines prätentiösen, von „Zucht, Anstrengung und Absicht"³³⁴ bestimmten und entsprechend ‚falschen' Sprachverhältnisses, das es nicht nur zu kritisieren,

---

330 Theodor Haecker: Der katholische Schriftsteller und die Sprache (1927), S. 170.
331 Karl Riha: Kritik, Satire, Parodie (1992), S. 221.
332 Theodor Haecker: Der katholische Schriftsteller und die Sprache (1927), S. 170.
333 Ebd., S. 171.
334 Ebd., S. 169.

sondern überdies zu „zersetzen und aufzulösen" gelte.³³⁵ In den angeführten Gedichtzeilen erblickt der Sprachkritiker Haecker vor allem eine forcierte Sprecherhaltung, die er symptomatisch deutet und auf bestimmte Charaktereigenschaften des Dichters George, nämlich dessen „komische Humorlosigkeit" zurückführt.³³⁶ Es ist nach Haeckers Auffassung also Georges dichterischer Ausdruck, der sein persönliches Laster, nämlich eine unangemessene Prahlerei, verrät und dem diskreditierenden Verlachen preisgegeben werden kann. Die satirische Kritik speist sich dabei unverkennbar aus Haeckers vorangegangenen Überlegungen zum Verhältnis von Sprache, Wahrheit und Bedeutung. Seine sprachtheoretischen Reflexionen werden, satiretheoretisch ausgedrückt, als jener „Wertehorizont" installiert, „vor dessen Hintergrund der attackierte Sachverhalt sich erst als angriffswürdig verstehen und darstellen lässt".³³⁷ Stefan George fungiert dabei aber lediglich als *exemplum* für einen allgemeineren Missstand, und zwar die Amoralität einer ästhetizistischen Sprachauffassung, die so zum eigentlichen Ziel von Haeckers satirischer Auseinandersetzung wird.³³⁸ Mithin wertet er in modernekritischer Absicht die gesamte literarische Avantgarde als „geschickte Gerber" ab: Sie hätten der ‚lebendigen Sprache', die von ihm als Medium der Erkenntnis gedacht wird, die Haut abgezogen und müssten fortan lächerlich verkleidet wirken.³³⁹

Mit welchem Interesse aber schreibt Theodor Haecker gegen Stefan George und den literarischen Ästhetizismus an? Die ‚aggressive Entstellung' zielt jedenfalls weder auf Korrektur noch darauf, die Attackierten vom eigenen, katholischen ‚Wertehorizont' zu überzeugen. Jedwede Verbindung mit dem sich ebenfalls – zumindest ansatzweise – katholisch und konservativ gebärdenden³⁴⁰ George-Kreis wird vielmehr dementiert und *ad absurdum* geführt. Stattdessen setzt Haecker auf die explizite Abgrenzung zu einem als unzureichend aufgefassten Sprach- und Literaturverständnis, dem er – ethisch gesprochen – anmaßende und – theologisch gesprochen – blasphemische Züge attestiert:

> Was der westliche Humor schlechthin nicht duldet, ist eben das Georgesche Laster: eine trockene Hieromanie im Profanen, eine Göttliches auf Menschliches nivellierende sakrale

---

335 Ebd., S. 170.
336 Ebd., S. 171.
337 Vgl. Carlos Spoerhase: Methodenskizze (2020), S. 308.
338 Vgl. ebd., S. 4.
339 Vgl. Theodor Haecker: Der katholische Schriftsteller und die Sprache (1927), S. 169.
340 Vgl. Wolfgang Braungart: Ästhetischer Katholizismus (2012).

Tonart, dort, wo sie leicht auch sakrilegisch wird, ein Priestertum, dessen Gott nur eine Kreatur oder eine ‚Idee' ist, und dessen Vertreter eben deshalb komisch sind.[341]

Von Haecker unter religiösen Gesichtspunkten beäugt, wird Georges ‚Humorlosigkeit' als allgemeinere Unsitte gewertet und dessen Dichtungsverständnis gegen sein eigenes prophetisches Gebaren als dezidiert profan deklassiert. Wie der Publikationskontext von „Der katholische Schriftsteller und die Sprache" nahelegt – in der Festschrift für Carl Muth publizieren namhafte katholische Intellektuelle, etwa Josef Nadler, Philipp Funk, Alois Dempf, Herman Hefele, Anton Meyer und Carl Schmitt – schreibt Haecker dabei für eine katholische Bildungselite, die er als ‚Kundige' adressiert und als Allianz gegen Georges katholisierenden Ästhetizismus, also für die eigene Sache zu gewinnen sucht.[342]

Mit der satirischen Kritik an George lässt sich schließlich die thematische Brücke zum letzten und stilistisch auffälligsten Teil des Essays schlagen, in dem das Verhältnis von Satire und katholischer Autorschaft in einem dramatischen Dialog reflektiert wird. In typenhaft festgelegten Gesprächsrollen diskutieren hier ein *Freund* und ein *Satiriker* vor dem Hintergrund eines allgemeinen christlichen Einverständnisses das „Dilemma des christlichen Schriftstellers, unter dem Zwang der Zeit satirisch schreiben zu müssen".[343] Gleich die einleitende These des *Freundes*, dass es unmöglich sei, Christ und Satiriker zugleich zu sein, provoziert eine vehemente Entgegnung des persönlich betroffenen *Satirikers*, der seine Ausdrucksform als allgemeine „Gabe und als Kunst" verteidigt.[344] Die Hauptargumente des sich besonnen und versöhnlich gebärdenden *Freundes* gegen die Kompatibilität von christlicher Überzeugung und satirischer Rede beziehen sich im Wesentlichen auf den der Satire notwendigerweise vorausgehenden und in der Rezeption gespiegelten Negativaffekt, und zwar die destruktive Geste des satirischen Objektbezugs. Während der *Freund* diesen noch zu Beginn des Dialogs als Menschenhass entlarven möchte, mildern sich die Bezeichnungen für das Welt- und Objektverhältnis des Satirikers ab und werden schließlich auf eine eingeschränkte, weil verzweifelt Form der Liebe zurückgeführt: „ja, so ist es, man kann nicht sagen, daß dem echten Satiriker die Liebe fehle, im Gegenteil, er liebt verzweifelt",[345] gesteht der *Freund*, wirft seinem Dialogpartner aber dennoch vor, keinen Glauben und keine Hoffnung zu besit-

---

341 Theodor Haecker: Der katholische Schriftsteller und die Sprache (1927), S. 172.
342 Vgl. Carlos Spoerhase: Methodenskizze (2020); auch Jörg Schönert: Theorie der (literarischen) Satire (2011), S. 9.
343 Hinrich Siefken: Theodor Haecker und die Satire (1995), S. 256.
344 Theodor Haecker: Der katholische Schriftsteller und die Sprache (1927), S. 182.
345 Ebd., S. 186.

zen und „einen unvergänglichen Akzent auf vergängliche Übel" zu legen.[346] Weil der Satiriker also eine sündige Welt für die eigene Existenz vorauszusetzen hat, sei er, nach Einschätzung des *Freundes*, „der Mensch, der Heimweh hat, keiner mehr als er. Er ist immer Platoniker, ein Mann der Erinnerung; einmal, vor Ewigkeiten, war er wo anders, wo es schön war, nun kennt er seine Heimat nur mehr vom Heimweh, er ist ein Liebender der Erinnerung".[347] Auch *der Satiriker* übernimmt im Laufe seiner Apologie einige Thesen des Dialogpartners und flicht sie in die eigene Argumentation ein: Auch ihm erscheint eine die Liebe unterschlagende Satire, wie er sie „Gönnern", „Feinschmeckern" und „Skeptikern" unterstellt, verachtenswert. Doch gebe es daneben durchaus die ‚aufrichtige' Satire und den „Satiriker mit Liebe", als den er sich selber versteht.[348] Dieser finde in der Sprache das geeignete Mittel, um Missstände aufzudecken und so einem höheren, heiligen Zweck zu dienen. Auf die Frage des *Satirikers*, ob dem *Freund* denn nichts fehlen würde, wenn es eine solche Kunst nicht mehr gäbe, weiß der Dialogpartner schließlich keine Antwort.

Den im Laufe der Aussprache vorgebrachten Vorwürfen sowie der Andeutung des *Freundes*, die Satire sei ein wirkungsloses Mittel und der Satiriker ein zum Gebet unfähiger Zweifler, wird schließlich im letzten Redepart des *Satirikers* nicht nur heftig widersprochen, sie werden auch in Form eines Bittgebets performativ *ad absurdum* geführt:

> *Der Satiriker*: [...] Ich kümmere mich einen Schmarren um Ihre Definition. Was geht das mich an, wie Sie sich im Abstrakten einen Satiriker vorstellen. Nämlich, daß er nicht glauben und hoffen könne, wenn vielleicht einer ist, der sowohl glaubt wie hofft. Ich bin in meinem Elemente. Wollen Sie behaupten, daß ein Soldat – und ein Satiriker ist wie ein Soldat, wie ein Mann, der eine Waffe zu führen hat – wiewohl er gerade im Kriege ist, nicht glauben und hoffen könne, daß einmal Friede werde, sein Amt und seine Waffe um des Friedens willen sind? Noch mehr, noch mehr! Oh, jetzt weiß ich, worum es geht. Wollen Sie vielleicht behaupten, daß heute ein Satiriker sein müsse wie ein Heide; daß er heute nicht beten könne: Quis dabit ori meo custodiam, et super labia mea signaculum certium, ut non cadam ab ipsis et lingua mea perdat me? Domine pater, et dominator vitae meae ne derelinquas me in consilio eorum: nec sinas me cadere in illis; daß er nicht in jedem Augenblick seiner Unrast Rast finden könne bei dem Ewig-Unveränderlichen?[349]

---

346 Ebd., S. 188.
347 Ebd., S. 189.
348 Ebd.
349 Ebd., S. 193–194. Haecker lässt seinen ‚Satiriker' Verse aus dem Alten Testament zitieren, aus dem Buch Jesus Sirach 22,33 bis 23, 1: „Könnte doch ein Schloss an meinen Mund gelegt und ein Siegel fest auf meine Lippen gedrückt werden, damit ich nicht zu Fall komme und

Auf die Aufrichtigkeit des *Satirikers*, der in seinem zitierten Gebet, das dem apokryphen Buch des Jesus Sirach entnommen ist, darum bittet, dass er durch seine Worte nicht zu Fall kommen möge, kann der *Freund* in der abschließenden Replik nur mit segnenden Worten und der Gewissensfrage reagieren: „ich kann nicht in Ihr Gewissen sehen, ob Sie nüchtern reden oder wie ein Schwärmer [...]. Meinen und verantworten Sie es wirklich, dann möge Gott Sie segnen und Ihre Waffe [...]."[350] Die offenbleibende Gewissensfrage, über die nur Gott entscheiden könne, bildet so den finalen Konsens des Gesprächs.

Um anhand des fiktiven Dialogs Haeckers Verhältnis zur Satire zu bestimmen, gibt es unterschiedliche Möglichkeiten: Entweder man nivelliert den Unterschied zwischen innerer und äußerer Kommunikationsebene und erkennt in einer der Figuren einen „textimmanenten Agenten des Autors",[351] was impliziert, die Textaussage mit einer Teilproposition der Gesprächsfiktion zu identifizieren.[352] Der Dialog müsste demnach notwendigerweise zu einem Pseudo-Dialog regredieren, der für die als Sprachrohr ausgewählte Figur lediglich das passende Sujet liefert. Für diese Deutung würde, außer dem außertextuellen Umstand, dass sich der Autor im Laufe seiner Arbeit von einer speziellen Form satirischen Schreiben zu distanzieren scheint, wenig sprechen. So verstanden, müsste der *Satiriker* das frühere ‚alter ego' des Autors repräsentieren, während der wohlwollende *Freund* als das aktuelle, reifere Autor-Ich zu dechiffrieren wäre.[353] Für die Argumentationsüberlegenheit einer der beiden Figuren gibt es innertextlich allerdings keine Indizien, vielmehr gestaltet sich der Gesprächsverlauf im Sinne einer wechselseitig-kooperativen Mäeutik. Inszeniert wird vornehmlich ein Ideal mündlicher Wechselrede,[354] in der die Textaussage nicht einfach mit einer Aussage der Gesprächsfiktion gleichgesetzt wird, sondern aus ihrer Gesamtheit zu abstrahieren ist. In der Bilanz wird die Satire schließlich zur ‚Gewissenssache'. Für die These, dass Haecker die Rolle des ‚gottesfürchtigen

---

meine Zunge mich nicht verdirbt! Herr, Vater und Herrscher über mein Leben, verlass mich nicht, wenn sie mich verführen wollen, und lass mich durch sie nicht zu Fall kommen."
350 Ebd. S. 194.
351 Bernd Häsner: Der Dialog (2002), S. 16.
352 Für eine solche Lesart argumentiert beispielsweise Edward Timms: Der Satiriker und der Christ (1986), S. 86.
353 Wenn ich es richtig sehe, tendiert Hinrich Siefken zu dieser Interpretation, vgl. Hinrich Siefken: Theodor Haecker und die Satire (1995), S. 256–258.
354 Damit reiht er sich in die lange abendländische Dialog-Tradition ein. Der Dialog spielt auch in Haeckers katholischem Denksystem eine wichtige Rolle. Siehe hierzu etwa Florian Mayr: Theodor Haecker. Eine Einführung in sein Werk (1994), S. 12.

Satirikers' nicht grundsätzlich abwertet,[355] sondern sie ostentativ in sein Selbstverständnis als katholischer Autor integriert, findet sich zudem in dem der Gesprächsfiktion vorgeordneten Motto ein weiterer Hinweis. Es stammt aus den Predigten des prominenten Katholiken John Henry Newman, der, selbst konvertiert, bei Haeckers Entschluss zum Konfessionswechsel eine entscheidende Rolle spielte: „Human nature remains what it was, though it has been baptized, the proverbs, the satires, the pictures, of which it was the subject in heathen times have their point still. Newman." Das Zitat nimmt gewissermaßen die positive Antwort, für die in dem fiktiven Dialog diskutierte Frage vorweg, ob ein Schriftsteller zugleich Christ und Satiriker sein könne.

Die aspektorientierte Rekonstruktion und Analyse der Überlegungen Haeckers zum Verhältnis von Katholizismus und Satire sollten deutlich machen, dass er sich keineswegs, wie in der Forschung stellenweise angenommen, nach seiner Konversion zum Katholizismus vom satirischen Schreiben abwandte. Obgleich Haecker „die Sorge um diesen Zug seines Werkes, der am Ende seines Lebens noch die *Tag- und Nachtbücher* prägte, nicht losgeworden" ist,[356] wie Hinrich Siefken dies ausdrückt, prägte ein satirischer Stil sein schriftstellerisches Profil auch weiterhin. Mehr noch, er bemühte sich sichtlich darum, diesen Stil im Zusammenhang seiner wahrheitstheoretischen, poetologischen und sprachphilosophischen Reflexionen zu profilieren und reflektierte dabei vor allem, wie die Satire im Spannungsfeld von katholischem Bekenntnis und ethisch verpflichtender Zeitkritik einzuordnen ist.[357] Das Ideal, das die Wirklichkeit ‚verlachenswert' erscheinen lässt, ergibt sich für den Konvertierten nun allerdings aus seinem in den 1920er-Jahren gewonnenen katholischen Weltbild. Der christliche Satiriker erscheint ihm fortan als „der Mensch, der Heimweh hat".[358] Im Beschreibungsmodell satirischer Schreibweise ausgedrückt, ist es also das ‚paradiesische Ideal' oder, in antiker Nomenklatur, das Wissen um die urbildlichen Ideen, das in Haeckers Überlegungen zu einem absoluten ‚Wertehorizont' avanciert und die „satirische Aggression" gegen davon abweichende Normen rechtfertigt.[359]

Resümierend lässt sich also festhalten: Machte Haecker in seinen früheren satirischen Essays vor kaum einem Gegenstandsbereich Halt, so gab er sich

---

355 Theodor Haecker: Sören Kierkegaard und die Philosophie der Innerlichkeit (1913), S. 45.
356 Hinrich Siefken: Theodor Haecker und die Satire (1995), S. 238.
357 Vgl. Theodor Haecker: Über Humor und Satire (1928); hierzu Walter Methlagl: Theodor Haecker und der Brenner (1978), S. 214; Eugen Blessing: Theodor Haecker (1959); Hinrich Siefken: Der Schriftsteller Theodor Haecker und die Satire (1986).
358 Theodor Haecker: Der katholische Schriftsteller und die Sprache (1927), S. 189.
359 Jörg Schönert: Theorie der (literarischen) Satire (2011), S. 9.

nach seiner Konversion zurückhaltender. Noch gänzlich unverhohlen wetterte er in seinen frühen kulturkritischen Essays sowohl gegen die Kriegstreiberei als auch den Versailler Vertrag, den italienischen Faschismus und das Papsttum, den modernen Literaturbetrieb und den politischen Journalismus der Weimarer Republik, dabei auch in bedenklicher Weise gegen den „jüdischen Liberalismus und dessen kulturzerstörerische Nivellierung".[360] Dem 1922 erschienenen Essayband *Satire und Polemik*, der besagte Veröffentlichungen versammelte, stellte er, kurz davor zum katholischen Glauben übergetreten, ein Vorwort voran, aus dem deutlich hervorgeht, dass er „seiner satirischen Begabung" zwar „strenge Zügel" anzulegen glaubte,[361] sich von einem satirischen Stil aber keineswegs verabschieden wollte. Stattdessen nahm er, wie aus dem 1927 erschienenen Beitrag „Der katholische Schriftsteller und die Sprache" hervorgeht, eine Neubestimmung der Satire im Rahmen seines neugewonnenen Selbstverständnisses als katholischer Schriftsteller vor. Von Zeitgenossen wurde er fortan als *religiöser* Satiriker wahrgenommen. Kurt Tucholsky beispielsweise charakterisierte Haecker 1931 in der *Weltbühne* entsprechend polemisch als einen sich „unter dem Lärm der donnernden Moralpauken" verbergenden „kleine[n] Mann", den er zu jener „Sorte Literaten" zählt, die „sich erst religiös sichern müssen, bevor sie loshacken". Dabei unterstellte er ihm – ebenfalls polemisierend – die „geheime Wonne, dem andern aber ordentlich eins zu versetzen" und dies „durch Moralinsäure [...] und durch eine verfälschte Himmelssüßigkeit [zu legalisieren], die nach Sacharin schmeckt und durchaus von dieser Erde stammt".[362]

Der ‚geheimen Wonne' des provokativen Angriffs, aber auch der theoretischen Auseinandersetzung mit den Möglichkeiten, Funktionen und Grenzen des Spotts ging Haecker auch noch unter nationalsozialistischer Herrschaft

---

360 Theodor Haecker: Satire und Polemik (1922), S. 46. Zu Theodor Haeckers ambivalentem Verhältnis zum Judentum vgl. Sönke Zankel: Theodor Haecker und die Juden (2006), der insbesondere Haeckers 1927 im *Hochland* abgedruckten Artikel *Zur europäischen Judenfrage* auf antijüdisches Gedankengut hin untersucht. Für seine Übersetzung von Hillaire Bellocs Buch *Die Juden* (1927) verfasste Haecker ein Vorwort, in dem er versuchte, Bellocs Werk einer eigenen Deutung zu unterziehen und mit der zeitgenössisch ubiquitären Ansicht, Kommunismus und Kapitalismus seien eine jüdische Erfindung, aufzuräumen. Seinen Aufsatz schloss er mit dem umgedeuteten Belloc-Zitat „Friede sei Israel", das ihm die Kritik Alfred Bäumlers einbrachte, der den Konvertiten brieflich darüber belehren wollte, dass die ‚Judenfrage' „nicht vom katholischen, sondern vom völkisch-nationalen Standpunkte her zu lösen" sei (Hinrich Siefken: Leben und Werk des christlichen Essayisten Theodor Haecker [2001], S. 29).
361 Hinrich Siefken: Theodor Haecker und die Satire (1995), S. 240.
362 Peter Panter (=Kurt Tucholsky): So verschieden ist es im menschlichen Leben (1931), S. 542–543.

nach. Doch die existentiell erschwerten Publikationsbedingungen während des ‚Dritten Reichs' zwangen ihn dazu, „seine sarkastische Kulturkritik und intransigente Haltung" in mehr oder minder private Ausdrucksformen,[363] wie Tagebücher, halböffentlichen Vorträge, Briefe und in die Gespräche unter Vertrauten zu überführen. Davon geben die in den Kriegsjahren geführten, postum publizierten *Tag- und Nachtbücher* eindrückliches Zeugnis. Die darin immer wieder als Thema aufleuchtende Beschäftigung mit den Bedingungen und Chancen satirischer Gesellschaftskritik, nicht zuletzt unter den Bedingungen der NS-Diktatur, fand schließlich auch, wenngleich in etwas kryptischer Form, Eingang in die 1940 im *Hochland* publizierten „Tagebuchblätter".

5.5.2 Die *Tag- und Nachtbücher* (1939–1945)

Als Theodor Haeckers Tagebuch 1947 im Kösel-Verlag unter dem Titel *Tag- und Nachtbücher* veröffentlicht wurde, reagierten ehemalige Bekannte des Autors mit einer gewissen Enttäuschung. So etwa der Schriftsteller und Germanist Adolf von Grolman (1888–1973),[364] der die von Heinrich Wild zusammengestellte Nachlass-Ausgabe wie folgt kommentierte:

> Die Aufzeichnungen Theodor Haeckers sind, darüber besteht kein Zweifel, weittragender und schwerer als das, was in dem vorliegenden Auswahlband geboten wird. Ich habe sehr oft mit Haecker sämtliche Probleme, die in den Tag- und Nachtbüchern angeschnitten sind, durchgesprochen und weiß, daß Haecker sehr viel radikaler noch dachte, als es möglich war, selbst es in diesen mutigen Blättern niederzulegen.[365]

Dass Haecker seit 1939 an einem zeitkritischen Tagebuch arbeitete und es als Grundlage für „Vorträge in systemkritischen Kreisen"[366] sowie als Materialsammlung für seine zwischen 1939 und 1945 veröffentlichten Texte verwendete, stellte für viele seiner Freunde und Bekannte kein Geheimnis dar. Einige dieser Texte erschienen auch im *Hochland*, wie etwa „Christentum und Kunst, Gedanken zu einer Metaphysik des Fühlens" (1940), „Dialog vom Wunderbaren und vom Nichts" (1941) sowie die schließlich 1940 veröffentlichten *Tagebuchblät-*

---

363 Otto Weiß: Kulturkatholizismus (2014), S. 136.
364 Zu Adolf Grolman vgl. Franz Littmann, Jürgen Oppermann, Hansgeorg Schmidt-Bergmann: „In den verwilderten Gärten der Dichtung und Poesie" (2014).
365 Zit. n. Hinrich Siefken: Bemerkungen des Herausgebers (1989), S. 246.
366 Lothar Bluhm: Das Tagebuch zum Dritten Reich (1991), S. 87.

ter.³⁶⁷ Im sogenannten ‚Haecker-Kreis',³⁶⁸ der sich regelmäßig im Münchner Café Anast, den Redaktionsräumlichkeiten des Schreiber-Verlags oder bei Carl Muth zu Hause traf,³⁶⁹ diskutierte Haecker „mit zuverlässigen Freunden Themenbereiche", wie sich der Sohn des damals amtierenden Verlegers Ferdinand Schreibers erinnert, die er in seinen Tag- und Nachtbüchern zur „endgültigen Formulierung" brachte.³⁷⁰ Die Kunde über seine diaristische und mitunter subversive Tätigkeit war jedenfalls in bestimmten Kreisen verbreitet. Dies belegt beispielsweise auch ein Eintrag des ebenfalls in München verkehrenden Autors Friedrich Reck-Malleczewen, der wie Haecker konvertiert war und ebenfalls ein zeit- und ideologiekritisches Diarium führte, das postum unter dem Titel *Tagebuch eines Verzweifelten* publiziert und als wichtiges Dokument der literarischen ‚inneren Emigration' rezipiert wurde.³⁷¹ Am 9. September 1937 vermerkt Reck-Malleczewen, dass „bei dem Theologen Theodor Haecker, der über diese Zeit ein Journal führt", eine Hausdurchsuchung durchgeführt wurde. „Meine Freunde", so fährt er fort, „nehmen diesen Fall zur Veranlassung, mich zu warnen."³⁷²

Wie die Erinnerungen seiner Zeitgenossen,³⁷³ aber auch anderweitige Zeugnisse deutlich machen,³⁷⁴ reichte die personelle Vernetzung Haeckers weit und erlaubte vielfach private Kommunikationsräume, die sich mit seiner literarischöffentlichen Kommunikation verschränken konnten. Noch in den letzten Kriegsjahren, als das *Hochland* bereits verboten und dem Hegner-Verlag, in dem Haecker oftmals veröffentlichte, das Papier zur geplanten Neuauflage seiner Werke verweigert worden war, gelang es ihm – durch Vermittlung von Gertrud von le Fort – Kontakt zum Colmarer Alsatia-Verlag aufzunehmen. Hier konnten selbst noch zur Zeit der Besatzung dissidente Texte durch Direktbestellungen vertrieben werden, sodass „auf diese Weise eine kleine Öffentlichkeit weiter zu

---

367 Das Diarium lieferte auch die Materialgrundlage für das postum erschienene Fragment *Der Buckel Kierkegaards* (1947).
368 Vgl. hierzu Gerhard Schreiber: Meiner Erinnerungen an Theodor Haecker (1995), insbesondere S. 184–187. Vgl. auch Curt Hohoff: Theodor Haecker. Eine Erinnerung (1995), S. 157; Irene Straub: Erinnerungen an meinen Vater Theodor Haecker (1995), S. 173.
369 Vgl. Hildegard K. Vieregg: Theodor Haecker (2009), S. 126.
370 Gerhard Schreiber: Meiner Erinnerungen an Theodor Haecker (1989), S. 186.
371 Vgl. hierzu Kristina Mateescu: „mit dem Stempel der Illegalität auf der Stirn" (2017).
372 Friedrich Reck-Malleczewen: Tagebuch eines Verzweifelten (1994), S. 47.
373 Vgl. etwa die Abteilung „Erinnerungen und Würdigungen" in Bernhard Hanssler und Hinrich Siefken: Theodor Haecker: Leben und Werk (1995), S. 143–220.
374 Das geht aus den im DLA Marbach befindlichen Korrespondenzen Haeckers hervor. Eine Auswahl hieraus findet sich ebenfalls bei Bernhard Hanssler und Hinrich Siefken: Theodor Haecker: Leben und Werk (1995), S. 87–140.

erreichen" war.[375] Hinzu kam, dass Haeckers NS-kritischen Veröffentlichungen vielfach weitergereicht wurden und in Abschriften sogar noch im Ausland kursierten.[376] Kleinere Kreise konnte er zudem durch vielfach veranstaltete Leseabende erreichen. Es ist bekannt, dass Haecker beispielsweise im Kreis um die Widerstandsgruppe der Weißen Rose aus seinen bereits veröffentlichten Texten vorgelesen hat.[377]

Wie in der Forschung mittlerweile berichtigt worden ist,[378] bildeten auch die nach 1945 veröffentlichten *Tag- und Nachtbücher*[379] mehr als nur das private Ego-Dokument eines ‚vollkommen isolierten'[380] und „zum Verstummen [...] [g]ezwungenen" ‚Inneren Emigranten'.[381] Neben den aus dem Diarium zwischen 1939 und 1945 ausgelagerten Publikationen finden sich zudem deutliche textinterne Hinweise, die auf eine bewusst anvisierte Adressatenschaft hindeuten. Bereits die auffällige Ästhetisierung des Diariums, das in einem hochstilisierten, aphoristischen Schreibduktus gehalten und mit dialogischen Arrangements und fiktiven Rollendialogen durchsetzt ist, lässt vermuten, dass der Text nicht, wie es für ein privates bzw. ‚authentisches' Tagebuch der Fall wäre, auf therapeutische, religiöse oder identitätswahrende Funktionen beschränkt werden kann. Stellenweise gesteht der Diarist sogar explizit ein, für ein Publikum zu

---

375 Hinrich Siefken: Totalitäre Erfahrungen aus der Sicht eines christlichen Essayisten (2003), S. 145. Zur Tätigkeit des Alsatia-Verlags in den Jahren 1933 bis 1945 siehe etwa Jean-Jacques Ritter, Lucien Sittler: Ein Elsässer im Widerstand gegen den Nationalsozialismus (1982).
376 Vgl. Theodor Haecker an Richard Seewald, 17.10.1943: „Ein furchtbares Korn von Liebe zu Gott und zu den Menschen ist vielleicht in meinen Büchern, weil sie sie sich abschreiben und sich schicken in den Steppen Rußlands und anderswo und irgendwo sich ein völlig zerlesenes Exemplar von ‚Schönheit' findet; zu kaufen sind ja die Bücher längst nicht mehr" (zit. n. Hinrich Siefken: Theodor Haecker und die Satire [1995], S. 260).
377 Vgl. Inge Aicher-Scholl: Erinnerungen an Theodor Haecker (1995), S. 161–163. Siehe hierzu allgemein Hildegard Vieregg: Theodor Haecker und die Weiße Rose (2001); Hinrich Siefken: Vom Bild des Menschen (1993). Eine differenzierte, den Einfluss des *Hochland*-Kreises auf die studentische Widerstandsgruppe relativierende Untersuchung findet sich bei Robert M. Zoske: Flamme sein! (2018), insbesondere S. 131.
378 Zu Theodor Haeckers *Tag- und Nachtbüchern* siehe Gérard Imhoff: Theodor Haeckers Kulturkritik (1996); ders.: Theodor Haecker zeit-, bzw. unzeitgemäße Betrachtungen (1996); Hinrich Siefken: The diarist Theodor Haecker (1988); Guido Bee: „Die kleine Hure, die heute in Deutschland Geschichte heißt" (2010); Lothar Bluhm: Das Tagebuch zum Dritten Reich (1999), S. 85–95; zu den veralteten, mittlerweile von der Forschung revidierte Einschätzungen zu Haeckers Tagebüchern können gezählt werden Zoran Konstantinović: Das reine diarische Ich (1981) sowie Katrin Masser: Theodor Haecker. Literatur in theologischer Fragestellung (1986).
379 Theodor Haecker: Tag- und Nachtbücher 1939–1945 (1989).
380 Zoran Konstantinović: Das reine diarische Ich (1981), S. 231.
381 Eugen Blessing: Theodor Haecker. Gestalt und Werk (1959), S. 230.

schreiben. Einige Monate nachdem 1940 Auszüge seines Tagebuchs im *Hochland* abgedruckt worden sind, notiert Haecker beispielsweise:

> Möchtest du eigentlich, daß jemand liest, was du da Nacht für Nacht – du schreibst immer nur nachts, hast du jemals etwas bei Tag niedergeschrieben? – möchtest du eigentlich, daß das jemand liest? – du überraschst mich durch diese Frage; ich habe sie mir bewußt noch nie gestellt, ich schreibe sozusagen, weil ich Leser bin und immer von meinem Schreiben profitiere. Aber jetzt, da ich gefragt werde, muß ich gestehen: Wer schreibt, will gelesen werden und nicht bloß von mir.[382]

Gewiss, der Eintrag ist inszeniert; das macht vor allem die Verwunderung des antwortenden Ichs deutlich, das scheinbar zum ersten Mal über die Frage einer möglichen Leserschaft nachdenkt und diese dann – man könnte meinen rückwirkend – positiv beantwortet. Und natürlich ist auch zu berücksichtigen, dass der Einbezug eines ‚imaginären Publikums', der die Literarisierung des Textes bedingt, wie auch die Spaltung eines diarischen Ichs in Schreiber und Leser für ein Schriftstellertagebuch nicht untypisch sind.[383] Doch Passagen wie diese weisen auch darauf hin, dass Haecker auf lange Sicht die Publikation seines Diariums sehr wahrscheinlich vorsah,[384] es also, in der Formulierung Lothar Bluhms, „von Anfang an auf eine spätere Veröffentlichung nach einem erwarteten Zusammenbruch des nationalsozialistischen Systems hin angelegt" hat.[385] Keineswegs stellen die *Tag- und Nachtbücher* also die „Kristallisation eines reinen Ich" dar, das im Tagebuchschreiben die „letzte Möglichkeit eigener dialogischer Existenz" erblickt.[386] Vielmehr sind sie als ein auf Öffentlichkeit angelegtes Dokument zu behandeln, in das „ein diffuses, nicht näher eingrenzbares und vorerst unerreichbares Publikum" einbezogen ist.[387]

Noch ein weiterer Kontext ist in Bezug auf die den *Tag- und Nachtbüchern* inhärente Wirkungsästhetik von Relevanz, und zwar die gattungsinterne Rezeption der Tagebücher Sören Kierkegaards. Diese hatte Haecker 1923 für den Brenner-Verlag übersetzt und sich bei der Abfassung der eigenen Einträge maß-

---

382 Theodor Haecker: Tag- und Nachtbücher (1989), S. 139.
383 Siehe beispielsweise Michael Maurer: Poetik des Tagebuchs (2012), S. 85.
384 Vgl. Hinrich Siefken: Bemerkung des Herausgebers. In: Tag- und Nachtbücher (1989), S. 245.
385 Vgl. Lothar Bluhm: Das Tagebuch zum Dritten Reich (1999), S. 86.
386 Etwa bei Zoran Konstantinović: Das reine diarische Ich (1981); Karin Masser: Theodor Haecker – Literatur in theologischer Fragestellung (1986); jüngst noch bei Torsten Voß: Polemik und Grobianismen wider den Ungeist? (2017).
387 Guido Bee: „Die kleine Hure, die heute in Deutschland Geschichte heißt" (2010), S. 207.

geblich daran orientiert.[388] Als 1941 eine weitere Ausgabe der Tagebücher im Hegner-Verlag erscheinen sollte, trug Haecker ein 10-seitiges Vorwort bei, in dem er sich bemühte, den ‚nordischen Philosophen' einerseits gegen nationalsozialistische Umdeutungen zu verteidigen, wie sie etwa von dem Theologen Emanuel Hirsch und dem NS-Ideologen Alfred Baeumler vorgenommen worden sind,[389] und ihn andererseits als christlich-abendländischen Schriftsteller zu stilisieren. Das Porträt, das er dabei von seinem Lieblingsautor und dessen diarischem Werk zeichnet, liest sich in weiten Teilen als Selbstbeschreibung:

> Die Tagebücher Kierkegaards sind formell die Tagebücher eines Schriftstellers, ja man kann fast sagen: *des* Schriftstellers. Ich verstehe unter einem Schriftsteller in diesem qualifizierten Sinne, unter *dem* Schriftsteller, sagen wir unter dem totalen Schriftsteller, den es selten gibt, auch nicht immer geben kann, einen, der alles, was er ist und weiß, alles, was ihn brennt, und sein eigenes, dem antwortendes Feuer hineinreißt in das, was er schreibt, in das *geschriebene* Wort, wissend von dessen Eigenart, ein eigenes Leben zu führen und zu bleiben – litera scripta manet – , aufzustehen gegen ihn oder für ihn, zu zeugen für ihn oder gegen ihn und sein Leben.[390]

Vergleicht man die beiden Diarien, so ist die Ähnlichkeiten unverkennbar. In nahezu epigonischem Eifer übernimmt Theodor Haecker den aphoristischen Stil, die Gebetsformeln und die dialogische Struktur von Kierkegaard. Beiden Tagebüchern eignet ein religiöser Grundtenor und beide Diaristen artikulieren in programmatischer Absicht und zeitkritischer Haltung die Hoffnung, ihre Gesellschaft möge die im Zuge der Säkularisierung zerrütteten religiösen Substanzen zurückgewinnen.[391] Es kann daher angenommen werden, dass Haecker im Rahmen seiner früheren Übersetzungsarbeit eine Schreibpraxis eingeübt hatte, die er für sein während des Nationalsozialismus geschriebenes Journal fruchtbar machen konnte. Die Übernahme des aphoristischen Tagebuchstils bot sich zudem auch aus pragmatischer Sicht an, eigneten sich die einzelnen und relativ geschlossenen Reflexionen doch hervorragend für Auslagerungen, als Vortragsmaterial und für weitere Textproduktionen. Ohne Weiteres ließen sie aus dem Zusammenhang herausnehmen und anschließend in veränderter Reihenfolge und neuem Arrangement miteinander in Beziehung bringen, wie dies

---

[388] Sören Kierkegaard: Die Tagebücher (1923).
[389] Vgl. Martin Kiefhaber: Christentum als Korrektiv (1997), S. 20–21.; Keisuke Yoshida: Der Schatten der Kierkegaard-Renaissance (2015).
[390] Theodor Haecker: Vorwort (1941), S. 16–17.
[391] Vgl. Gustav René Hocke: Europäische Tagebücher aus vier Jahrhunderten (1991), S. 423–424.

letztendlich auch in der *Hochland*-Publikation von 1940 realisiert und im Titel *Tagebuchblätter* angezeigt wurde.

Man würde aber einem Fehlschluss unterliegen, wenn man davon ausginge, dass die einzelnen Meditationen auch im Tagebuch in ihrer Abfolge austauschbar seien.[392] Die für den Aphorismus geltende „kotextuelle Isolation"[393] trifft für die Einträge in den *Tag- und Nachtbüchern* nur im weitesten Sinne zu, da sie sich nicht selten in Form von These und Replik aufeinander beziehen. Hier standen die Reflexionen sowohl innertextlich als auch referenziell in dem sinnvoll-ursprünglichen Zusammenhang, der seine Ordnung aus der segmentierten Entstehung bezieht. Erst die Ereignisse des Tages, die in der Datumsangabe symbolisch verdichtet sind, lösten die Reflexionen aus, ja wurden mitunter, zum Ausgangspunkt der Gegenwartskritik, die Haecker nicht nur auf inhaltlicher, sondern auch auf sprachlicher Ebene vorgenommen hat.

Doch welche „Themenbereiche", die Haecker nach Auskunft etlicher Zeitzeugen auch in systemkritischen Kreisen mündlich besprach und in seinem Tagebuch zur „endgültigen Formulierung" brachte,[394] finden hier Behandlung? Im Allgemeinen kann festgestellt werden, dass neben den vielfältigen Reflexionen zu Theologie, Philosophie, Kultur, Geschichte und Politik vor allem die von Haecker „konstatierte politische und moralische Verrottung in Deutschland"[395] ein wichtiges Zentrum der Einträge bildet. Wie etliche dissidente und oppositionelle Autoren, die ihre Tagebücher unter dem Eindruck des Nationalsozialismus schrieben, etwa Erich Kästner, Friedrich Kellner, Victor Klemperer und Friedrich Reck-Malleczewen, beanspruchte auch Haecker, kritischer Chronist des ‚Dritten Reiches' zu sein. Am 1. Januar 1941 hält er dazu fest: „Ich habe die Nebenaufgabe dafür zu sorgen, daß gewisse Ankündigungen nicht vergessen werden. Auf die Geschichtsschreiber kann man sich heutzutage nicht so ohne weiteres verlassen, auf das Gedächtnis der Zeitgenossen überhaupt nicht."[396] Seine Einträge lassen sich entsprechend zu großen Teilen als Kommentare zum konkreten Zeitgeschehen lesen. Vielfach enthalten sie auch polemische Kritik am Nationalsozialismus. Wenn auch nicht auf den ersten Blick sichtbar, durch die referenzialisierende Datumsangabe aber nachvollziehbar, werden die Tagesereignisse dabei im aphoristischen Stil reflektiert und bilden oftmals den

---

392 So beispielsweise Lothar Bluhm: Das Tagebuch zum Dritten Reich (1991), S. 90.
393 Harald Fricke: Aphorismus (1984), S. 10.
394 Lothar Bluhm: Das Tagebuch zum Dritten Reich (1999), S. 86.
395 Ebd. Hier auch allgemeiner zu Haeckers konservativer Zeitdiagnose: S. 92–95.
396 Theodor Haecker: Tag- und Nachtbücher (1989), S. 147.

Ausgangspunkt einer – mitunter satirischen – Gegenwartskritik. Hierfür ein paar wenige Beispiele:

In seinen Aufzeichnungen reagiert Haecker des Öfteren auf gleichgeschaltete Radiobeiträge und artikuliert dabei mehrfach den Schrecken über „[d]ie Stimme des Deutschlandsenders", [397] die als „Höllenstimme"[398] charakterisiert wird. Aus ihrem „unmenschliche[n]" Klang möchte der Diarist quasi symptomatisch, oder wie er es formuliert, „typisch, repräsentativ, die geistige Ausgestorbenheit eines ganzen Volkes" heraushören.[399] Fallweise provozieren ihn die Ansagen der durch das Radio tönenden „Automatenstimme" zur Widerrede,[400] für die das Tagebuch zum entsprechenden Medium wird. So reagiert er beispielsweise in einem Eintrag vom 19. Mai 1940 auf einen Radiobericht, in dem der Elan der deutschen Soldaten gelobt und ihr „Schwung und [...] Kampfgeist [...], als sie Holland und Belgien überrannten, [...] mit der Wucht der französischen Soldaten der Revolution" verglichen wird: „[D]ie Ideen der französ. Revolution [...] seien heute vergreist, jung seien die Ideen des Nationalsozialismus",[401] so paraphrasiert Haecker den Radiobeitrag, um ihn schließlich mit reichlich Ironie und Zynismus richtigzustellen:

> Es ist seltsam, was alles gesagt werden kann in solchen Zeiten und es scheint, daß es, wenigstens in Beziehung auf die *Wahrheit*, vollständig gleichgiltig [sic] ist, *was* gesagt wird. Sehen wir zu: die Ideen der franz. Revolution waren: Freiheit, Gleichheit, Brüderlichkeit. Das waren dem Christentum gestohlene und teilweise vergiftete und verfälschte Ideen. Aber sie waren an sich, mit Recht und durchaus verständlich und menschlich, begeisternde Ideen. Was sind nun die Ideen des Nationalsozialismus? Ohne allen Zweifel: genau das Gegenteil. *Un*gleichheit, nicht Gleichheit, denn die ganze Bewegung geht aus von einem Essay Gobineaus über die Ungleichheit der Rassen. *Un*freiheit, nicht Freiheit, denn einer, der Führer, bestimmt alles, auch die Wissenschaft, die Kunst und vor allem das erste im Menschen, die Religion und den Glauben. *Un*brüderlichkeit, denn es gibt *eine* Rasse, die *allen* andern überlegen ist und diesen jedenfalls keine Brüderlichkeit erweisen kann, es gibt sogar Völker wie die Juden und die Polen, die rassenmäßig gegenüber dem Arier Untermenschen sind, also jedenfalls keine Brüder. Das sind also die Ideen, die wir den Völkern und der Welt bringen. Sie werden vor Begeisterung sich nicht mehr auskennen. Aber auch, daß unsere Soldaten aus Begeisterung für diese Ideen so gute Soldaten sind, ist eine phantastische Behauptung.[402]

---

397 Ebd., S. 21.
398 Ebd., S. 23.
399 Ebd., S. 21.
400 Ebd., S. 61.
401 Ebd.
402 Ebd., S. 61–62.

Kontraintentional legt Haecker den Radiokommentar als eine auf Manipulation abzielende Fehldeutung der ‚Ideale der französischen Revolution' aus und wertet ihn schließlich auf ironische Weise zur ‚phantastischen Behauptung' ab. Während es sich in diesem Fall eher um eine mit Polemik gespickte Richtigstellung nationalsozialistischer Propaganda handelt, gestaltet sich die Widerrede in anderen Einträgen weitaus satirischer. So gibt Haecker am Neujahrsabend des Jahres 1940 die eifrige Kriegsbereitschaft des deutschen Volkes der Lächerlichkeit preis, indem er sie bis zur Absurdität bagatellisiert und damit die Verstiegenheit der jubelnden Massen entlarvt. Stilistisch macht er dabei Anleihen bei der von Karl Kraus vielfach eingesetzten Technik des ‚akustischen Zitats':

> Radio. Gebrüll der SA. Die Hölle über Deutschland. Sie „marschieren", sie trommeln, sie brüllen. Immer fort: Wir marschieren, wir marschieren, wir siegen, wir marschieren, wir marschieren, wir siegen, wir marschieren, wir marschieren – jetzt hören sie auf – Nein: jetzt marschieren sie wieder, auch die Weiber: wir marschieren, wir marschieren. Jetzt blasen sie Fanfaren! Oh Schmach ohne Ende! Sie blasen Fanfaren! Und jetzt: Gib mir deine Hand, denn wir fahren (Gebimmel), denn wir fahren (Gebimmel) gegen Engelland (Gebimmel) gegen Engelland (ahoi). Warum fliehen die Sterne? Fragen harmlos Astronomen. – Noch eine Minute vor Mitternacht. Haltet aus, haltet aus! im Sturmgebraus! 12 Uhr ein Gedicht, Verse eines Idioten, Glockenschläge, 12 natürlich und dann eine unsägliche Blasphemie, der Mißbrauch einer Kirchenglocke (vielleicht Straßburg?), von welcher Kathedrale keine Messe gelesen werden darf. Schluß mit dem Kriegerlied. Finis 1940.[403]

Ganz im Sinne des von Haecker konstatierten Selbstverständnisses, Chronist des ‚Dritten Reichs' zu sein, gibt er hier das Gehörte isochronisch wieder. Die kurzen Anfangs-, Zwischen- und Schlusskommentare lassen das als ‚Radiozitat' notierte „Kriegerlied" zum Beleg für die konstatierte „Hölle über Deutschland" werden. Unmarkiert zitiert wird dabei unter anderem aus dem von Hermann Löns 1910 getexteten und 1939 von Herms Niel vertonten *Matrosen-* oder *Englandlied*, mit dem gegen die Briten mobil gemacht wurde. Und aus dem von Ludwig Bauer stammenden Soldatenlied *O Deutschland hoch in Ehren* (1859) notiert Haecker die Refrain-Zeile „Haltet aus im Sturmgebraus!". Die von Haecker bruchstückhaft festgehaltenen Liedtexte amalgamieren also gleich mehrere Soldaten- und Kampflieder. Bekanntlich war im ‚Dritten Reich' der Einsatz propagandistischer „Massenlieder", vor allem zu besonderen Anlässen, Usus.[404] Dem Diaristen geht es aber sichtlich nicht um nüchterne Dokumentation. Stattdessen will er die Massenlieder als repetitive Phrasen karikieren und sie

---

[403] Ebd., S. 145–146.
[404] Siehe hierzu Alfred Roth: Das nationalsozialistische Massenlied (1993); auch Eberhard Frommann: Die Lieder der NS-Zeit (1999).

schließlich als Symptom eines hohlen Fanatismus bloßstellen. Im Kontrast zu den Klängen der Kirchenglocken erscheint ihm das ‚Gebrüll der SA' letztlich als primitive Blasphemie. Ähnlich zynisch kommentiert Haecker einen Monat vorher, in einem Eintrag vom 11. November 1940, den für die ‚Opfer' der Bewegung des ersten Weltkrieges und des aktuellen Krieges abgehaltenen Gedenktag. Anders als im Neujahrseintrag bleibt hier die „Höllenstimme der deutschen Sendung" nicht anonym,[405] sondern wird explizit mit den NS-Funktionären Walter von Brauchitsch (1881–1948) und Baldur von Schirach (1907–1974) identifiziert:

> Immer wieder erschrecke ich vor den Stimmen der Deutschen. Es ist furchtbar. Sie verraten alles, sie schreien das Böse aus sich. Noch furchtbarer freilich ist, daß es nicht gehört wird. Heute habe ich die Stimme des Generalfeldmarschalls v. Brauchitsch vor Langemarck gehört. Es ist furchtbar. Wüst und leer schnarrte diese Stimme Dinge, die wüst und leer sind: eine teuflische Totenbeschwörung im Namen des ‚Führers' und der nationalsozialistischen Weltanschauung. Freilich übertraf ihn noch ein auserlesener Teufelsdreck, die Stimme des Herrn Baldur v. Schirach, Statthalter von Wien und Führer der deutschen Jugend. Der Schmelz dieser schmalzenen Stimme eines ekelerregenden Strichjungen beendete dieses deutsche Requiem.[406]

Einträge wie diese geben einerseits einen Eindruck von der Radikalität, die Adolf Grolman und andere Zeitgenossen Theodor Haecker im Hinblick auf seine Ablehnung dem Nationalsozialismus gegenüber bescheinigten, andererseits machen sie deutlich, wie sich Haeckers polemischer Stil, etwa in Form von satirischer Kritik oder als Hasstiraden auf zentrale Akteure des Nationalsozialismus, in dem Ego-Dokument fortsetzte.

5.5.3 Die „Tagebuchblätter" als esoterische Publikation?

Inwiefern aber zeichnen sich die polemischen Elemente der Haecker'schen Diaristik auch in der fragmentarischen *Hochland*-Veröffentlichung von 1940 ab? Wenn überhaupt, sind davon nur Spuren enthalten. Bei eingeweihten Lesern, von denen es, wie oben ausgeführt, einige gegeben hat, konnte Haecker aber auf ein entsprechendes Sensorium für solcherlei Untertöne vertrauen. Es liegt nahe, dass etwa Carl Muth, der sich nicht nur im ständigen Austausch mit Theodor Haecker befand, sondern auch Manuskriptfassungen aus dessen zeitkriti-

---

[405] Theodor Haecker: Tag- und Nachtbücher (1989), S. 123.
[406] Ebd., S. 119.

schem Diarium besaß,[407] nicht umhin konnte, einige der publizierten Aphorismen mit seinem Wissen über den Gesamttext zu assoziieren und auf diese Weise Bezüge zu Haeckers NS-Kritik herauszulesen. So etwa bei der folgenden Reflexion, die als Anspielung auf die von Haecker des Öfteren thematisierten ‚Automatenstimme' der nationalsozialistischen Propaganda gedeutet werden konnte:

> Manche Worte gelöst von der Stimmung, aus der sie kamen, und der Stimme, die sie gesagt, verlieren die Hälfte ihrer Kraft und Bedeutung. Wohl ist manchem Dichter die Gabe gegeben, die Stimmung wieder zum Leben zu wecken, aber die Stimme, die holde oder entsetzliche, ist ihm versagt, sie kann er nicht sagen. Der künftige Geschichtsschreiber hat durch die Schallplatte für die heutige europäische Geschichte eine Quelle ersten Ranges, die früher nur der zeitgenössische Historiker hatte, wenn er die agierenden Personen selber hören konnte.[408]

Während dem ‚nicht-eingeweihten' Leser solcherlei Passagen unverdächtig und vollkommen unspezifisch erscheinen mussten, konnten Muth sowie das Redaktionsteam des *Hochland*, das zum ‚Haecker-Kreis' gehörte und naheliegenderweise Absprachen mit dem Verfasser getroffen hatte, den Aphorismus – ganz im Sinne des Autors – mit der nationalsozialistischen Propagandamaschinerie in Verbindung bringen. Im Zusammenhang der *Tag- und Nachtbücher* stammt die besagte Passage aus einem Eintrag vom 2. Mai 1940. Nur wenige Seiten weiter wünscht sich Haecker, wieder in seiner Rolle als Chronist des ‚Dritten Reiches', „eine Schallplatte", um den propagandistischen Schrecken des Nationalsozialismus zu späteren Demonstrationszwecken ausreichend konservieren zu können.[409] An anderer Stelle in seinen *Tag- und Nachtbüchern*, etwa am 18. Februar 1941, hält Haecker dann weitaus expliziter fest:

> Der Zwiespalt meiner Gefühle, wenn ich die Stimme des Deutschen Ansagers höre. (Hoffentlich gibt es Wachsplatten für künftige Historiker!) Ein großer Haß auf diese unsägliche Häßlichkeit des Geistes, auf diese auserwählte Häßlichkeit, und eine große Genugtuung,

---

407 Vgl. Werner Bergengruen: Erinnerungen an Carl Muth (1953/54).
408 Theodor Haecker: Tagebuchblätter (1940), S. 475. An anderer Stelle in seinen Tag- und Nachtbüchern, am 18. Februar 1941, hält Haecker weitaus expliziter fest: „Der Zwiespalt meiner Gefühle, wenn ich die Stimme des Deutschen Ansagers höre. (Hoffentlich gibt es Wachsplatten für künftige Historiker!) Ein großer Haß auf diese unsägliche Häßlichkeit des Geistes, auf diese auserwählte Häßlichkeit, und eine große Genugtuung, daß sie tot und ohne Zukunft ist. Es ist die verheißungsloseste, toteste Totengräberstimme."
409 Theodor Haecker: Tag- und Nachtbücher (1989), S. 61.

daß sie tot und ohne Zukunft ist. Es ist die verheißungsloseste, toteste Totengräberstimme.[410]

Inwiefern die Einträge tatsächlich miteinander in Verbindung gebracht wurden und wer genau zu dem Kreis von ‚Eingeweihten' gehörte, kann in letzter Konsequenz nur vermutet werden, muss also spekulativ bleiben. Für eine in diesem Rahmen stattgefundene esoterische Verständigung gibt es aber – wie bereits ausgeführt – belastbare Hinweise. Ein weiterer Hinweis findet sich in der ersten Ausgabe des *Hochland* nach dem Krieg, die im November 1946 erscheint. Unter dem Titel „Politische Prophetie. Aus den Tag- und Nachtbüchern von Theodor Haecker" stellte das personell nur wenig veränderte Redaktionsteam weitere Einträge auszugsweise und ohne Kommentar, allerdings mit Datumsangabe, zusammen.[411] Diese Aphorismen lassen sich in Teilen als Fortsetzung und Ergänzung zu der Veröffentlichung von 1940 lesen, so etwa in Bezug auf Haeckers zeitdiagnostische und komiktheoretische Reflexionen. In der Zusammenstellung von 1940 lesen sich einige Aphorismen kryptisch, weil kontextlos, als allgemeine Überlegungen zum Wesen menschlichen Humors. Haecker meditiert hier vor allem über die Grenzen, die der Komik als Bewältigungsmittel gesetzt sind:

> ‚Etwas komisch nehmen' – darunter versteht man im allgemeinen: etwas nicht ernst nehmen. Mit Recht wohl! Aber hier sind Gefahren. Es gibt viele ernste Dinge, die komisch sind. Oder sagen wir besser: sie haben eine komische Seite. Das kommt daher: Alles Falsche hat etwas Komisches. Das sieht nicht jeder; wer die Gabe hat, kann es darstellen. Aber er soll das eine nicht vergessen, daß das Falsche eine sehr ernste Sache ist und also durch Komik, die die Sachen leicht, nicht ernst nimmt, allein nicht erledigt werden kann [...].[412]

Weitaus existentieller und auf das einleitende „semper idem" der aphoristischen Zusammenstellung anspielend, greift Haecker dieses Thema in einem anderen Aphorismus auf, der ebenfalls in die Sammlung von 1940 eingegangenen ist. Hier stehen die komiktheoretischen Reflexionen aber im Zusammenhang mit Überlegungen zu einem fatalistischen Weltverhältnis, wie Haecker es in Nietzsches zyklischer Geschichtsbetrachtung ausmachen möchte. Auch in

---

410 Ebd., S. 170.
411 Carl Muth war im November 1944 verstorben. Franz Josef Schöningh, der bereits seit 1939 als Hauptschriftleiter amtierte, engagierte sich für die Wiederbelebung der Zeitschrift nach dem Krieg und zeichnete nun zusätzlich als Herausgeber. Karl Schaezler, der seit 1925 zu den wichtigsten *Hochland*-Redakteuren gehörte, wurde Mitglied der Schriftleitung.
412 Theodor Haecker: Tagebuchblätter (1940), S. 471.

diesem Fall beurteilt Haecker den ‚Spott' als eine nur unzureichende Verteidigungstaktik gegen das ‚Falsche', nämlich den Nihilismus:

> ‚Die Wiederkehr des Gleichen' – psychologisch ist es gerade die Angst vor einer Wiederholung, die einen menschlichen Geist fasziniert, hypnotisiert, so daß er sich, um zur Ruhe zu kommen, in diesen Abgrund des Sinnlosen stürzt. Ein höllisches Jasagen zum Entsetzlichen. Ich dachte einmal leichtsinnig, diese Sache könne mit Spott abgetan werden. Aber Spott versagt hier. Überhaupt, die Welt ist tiefer; der Spott reicht nicht tief. Er ist eine Form des Rationalismus, der auch nicht tief ist.[413]

Während der Aussagegehalt dieser Aphorismen in der Publikation aus dem Jahr 1940 nicht über Allgemeines hinausreicht, stehen die hier ausgedrückten Überlegungen im Gesamtkontext der *Tag- und Nachtbücher*, aber auch im Zusammenhang seiner Veröffentlichungen aus den 1930er-Jahren, ganz im Zeichen der umfassenden Beschäftigung Haeckers mit der Frage nach den geistigen Voraussetzungen des Nationalsozialismus, die er in der Philosophie Nietzsches, der Musik Richard Wagners und der antisemitischen Ideologie Houston Stuart Chamberlains suchte.[414] Dem ‚Spott' als Mittel der Weltanschauungskritik schreibt er nun, belehrt durch die eigenen Erfahrungen im ‚Dritten Reich', nur begrenzte Wirkungskraft zu.[415] Inwiefern ‚Das Lachen des Menschen der nationalsozialistischen Schreckensherrschaft gewachsen sei' – ein Thema, das in den *Tag- und Nachtbüchern* immer wieder ventiliert wird, die *Hochland*-Publikation *Tagebuchblätter* von 1940 allerdings nur andeutet –, wird in der aphoristischen Zusammenstellung von 1946 schließlich mehr oder minder ‚aufgelöst' bzw. konkretisiert:

---

413 Ebd., S. 470.
414 „Nietzsche, Richard Wagner und Houston Stuart Chamberlain sind [...] die hauptsächlichsten Verursacher des heutigen deutschen Geisteszustandes. Sie sind die Beweger der Täter und Untäter. Wagner, als Musiker, ist noch der unschuldigste, die unreine Begleitmusik." Theodor Haecker: Tag- und Nachtbücher (1989), S. 92. Vgl. hierzu auch Lothar Bluhm: Das Tagebuch zum Dritten Reich (1999), S. 92.
415 Wie Hinrich Siefken im Kommentar zu den *Tag- und Nachtbüchern* anmerkt, könnte sich der hier von Haecker artikulierte Irrtum („Ich dachte einmal") auf eine Stelle in seinem Buch *Schöpfer und Schöpfung* (1934) beziehen, in dem er sich mit der Theodizee auseinandersetzt und „Nietzsche gegen Scheler ausspielt", siehe Theodor Haecker: Tag- und Nachtbücher (1989), S. 265. In *Schöpfer und Schöpfung* (1949), S. 90, heißt es: „Und das ist das Lachen der Götter, die zu diesem Leben gehören: daß das Leben ja weitergeht – ewig und ewig gleichermaßen. Nietzsche ist viel geistiger und vornehmer als Scheler, der in seiner Triebbefangenheit gar nicht bis zum Ende des Tragischen und seinem Umschlag ins Komische gelangt ist."

Dieser Mensch [Adolf Hitler] spielt kein kleines Spiel. Täuschen wir uns nicht selber! Sogar ein so großes Spiel, daß kein geringeres Wort ihn erreicht als das des Psalmisten: Der Herr lacht ihrer. Den Menschen verginge es oder wird es vergehen, wenn es nicht in das Lachen des Wahnsinns zerbricht. Das Lachen des Menschen ist dem nicht gewachsen. ‚Gott lacht ihrer'. Dazu kommt noch, daß Deutschland wahrlich nicht das Land ist, in welchem das Lächerliche tötet, im Gegenteil, das Lächerliche macht es nur stur. [1939][416]

Gegen Hitlers ‚großes und lächerliches Spiel', so müsste man reformulieren, könnte das ‚menschliche Lachen' zwar nur wenig ausrichten, dafür aber das ‚Lachen Gottes', das Theodor Haecker 1939 – quasi ‚prophetisch' – als Gewissheit über ein unausweichliches Ende des ‚Dritten Reiches' deutete. Vor dem Hintergrund seiner Auseinandersetzung mit den Bedingungen und Möglichkeiten satirischer Zeitkritik lesen sich die komiktheoretischen Reflexionen in den Beiträgen von 1940 und 1946, aber auch in den *Tag- und Nachtbüchern* als Bilanz eines desillusionierten Schriftstellers und Intellektuellen, dessen Invektiven gegen die nationalsozialistische Ideologie, wie sie in etlichen seiner veröffentlichten Essays der frühen 1930er-Jahre und schließlich noch in seinem Diarium zu finden waren, nichts ausrichten konnten. Nur individuell blieb der Spott für den ‚Inneren Emigranten' Haecker in Theorie und Praxis von zentraler Bedeutung. Anders als es die ausgedünnte *Hochland*-Veröffentlichung von 1940 nahelegt, die bereits im Titel („Tagebuchblätter") auf ihren Auswahlcharakter verweist, enthielten viele Einträge des Tagebuchs, wie gezeigt, polemisierende Hasstiraden auf den Nationalsozialismus und vielfach karikierende Charakterisierungen seiner Akteure. Und auch insgesamt widmete sich Haecker in seinen *Tag- und Nachtbüchern* einer kritischen Auseinandersetzung mit dem Nationalsozialismus.

Der eingeweihte, also über diese Kontexte Bescheid wissende Leser mochte das ‚semper idem' der 1940 veröffentlichten Reflexionen, die die Funktionen und Grenzen des menschlichen Spotts behandelten, in diese Richtung als ‚verdeckten' Kommentar eines Satirikers zum Zeitgeschehen deuten und damit weitaus mehr in die losen Aphorismen hineinlesen, als gemeinverständlich war. Wohnte der Leser den privaten Lesungen Haeckers bei oder stand mit ihm anderweitig in Kontakt, konnte er die verschriftlichten und publizierten Tagebuch-Fragmente zudem selbständig um anderweitig von Haecker Gelesenes oder Gehörtes ergänzen. Doch eine solche esoterische Auseinandersetzung war auf einen intimen Kreis von Freunden und Gleichgesinnten beschränkt, weil sie die Kenntnis vom subversiven Gehalt des Haecker'schen Diariums und seiner generellen NS-kritischen Haltung voraussetzte.

---

416 Theodor Haecker: Politische Prophetie (1946/47), S. 38.

Davon abgesehen, konnte der aphoristischen Zusammenstellung von 1940 noch ein weiterer, wenn man so möchte, funktional esoterischer Textsinn zukommen, der sich, wie im Folgenden auszuführen sein wird, aus dem eigentümlichen aphoristischen Stil des Beitrags ergab. Denn Haeckers schriftstellerisches Engagement während des ‚Dritten Reichs' beschränkte sich nicht allein auf die Selbstverständigung im privaten Kreis. Die formal-stilistischen Eigenheiten der „Tagebuchblätter" liefern dafür den entscheidenden Hinweis: Das Thema des aphoristischen Arrangements, so lässt sich noch einmal der erste, als Einführung fungierende Aphorismus paraphrasieren, zeige sich, wie Haecker konstatiert, lediglich dem „Kenner", dem „Sachkenner". Es müsse von diesem „unmittelbar erschaut (gehört) und nicht bloß mühselig erschlossen werden".[417] Worin also bestand besagte ‚Sachkenntnis', die dem Leser das Thema des Beitrags erschließen sollte?

Die religiös konnotierten Reflexionen legen nahe, dass Haecker einen gebildeten Leser voraussetzte, der sich nicht nur in theologischen, philosophischen und kunsttheoretischen Belangen im Allgemeinen auskannte, sondern auch mit dem (sprach)philosophischen und weltanschaulichen Standpunkt des Verfassers vertraut war und sich zudem in der katholischen Denk- und Vorstellungswelt beheimatet fühlte. Denn zwischen der hochstilisierten Diktion der Fragmente und Haeckers in diversen Zusammenhängen lancierten poetologischen und sprachkritischen Überlegungen bestand eine enge Verbindung. In seinem wenige Jahre vor der *Hochland*-Veröffentlichung erschienenen Büchlein *Der Geist des Menschen und die Wahrheit* (1937), dem eine Aphorismensammlung anhing, hatte Haecker sich überzeugt gegeben, dass es nur einen „philosophischen", nicht aber einen „lyrischen, epischen [oder] wissenschaftlichen Aphorismus" geben könne. Diesen bestimmte er programmatisch als „die philosophischste Gattung der Sprachkunst, die ‚abgegrenzte', die ‚abgetrennte' – die erwählte", die „wie jede Kunst einem Gesetz der Form" unterworfen und deren „kardinale Bedingung" die „philosophische Erkenntnis" sei.[418] Dies ist im Zusammenhang der Publikation von 1940 deshalb von Bedeutung, weil Haecker den Aphorismus devianzästhetisch als eine „Gattung der Sprachkunst" konzeptualisierte, die sich durch die „Erwählung" von dem als Zumutung empfundenen Denken und der Alltagssprache des ‚Dritten Reichs' absetzte.[419] Demgemäß hielt er im Spätsommer 1940, also ungefähr zur selben Zeit, als im *Hochland*

---

417 Theodor Haecker: Tagebuchblätter (1940), S. 470.
418 Theodor Haecker: Aphorismen (1961), S. 461–462.
419 Ebd.

seine aphoristischen „Tagebuchblätter" veröffentlicht wurden, in seinem Tagebuch fest:

> Tyrannen müssen eine leichtverständliche Sprache und Literatur wünschen, denn nichts schwächt das Denken mehr, und ein geschwächtes Denken brauchen sie als stärkste Unterstützung ihrer Gewalt. Wenn das Ideal und das Gebot ist, leichtverständlich zu schreiben, ist jeder, der schwer verständlich schreibt, eo ipso verdächtig.[420]

Typisch für einen ‚Inneren Emigranten' wurde Haeckers hochstilisiertes Diarium so auch ganz praktisch zu einem Ort der eigenen Weltbildwahrung. Denn die aphoristischen Meditationen – es handelt sich genaugenommen nicht um Aphorismen im strengen Sinne[421] – bildeten im Allgemeinen eine Diktion, die mit Haeckers katholischen und dissidenten, auf Kohärenz und Geschlossenheit fundierten Ordnungsvorstellungen korrespondierte und seinem Denken eine geeignete Ausdrucksform verlieh. In Anlehnung an seine poetologische Überzeugung, wie er sie unter anderem in „Der katholische Schriftsteller und die Sprache" darlegte, dass nämlich Inhalt und Form nicht zu trennen, sondern unweigerlich aufeinander bezogen seien, deutete er demgemäß auch die propagandistischen Phrasen des Nationalsozialismus symptomatisch als ‚wüste und leere Stimmen', die ‚wüste und leere Dinge' behaupten – eine Steigerung zu seiner Kritik an den leeren Phrasen der Weimarer Republik. Der aphoristische Schreibduktus avancierte dabei zum sprachlichen Ausdruck einer weltanschaulichen Dissidenz gegenüber der „Diktatur der Simplifizierung",[422] vor allem, weil es ein strukturell auf nachsinnende Rezeption angelegtes literarisches Verfahren darstellt. Das in der aphoristischen Zusammenstellung von 1940 als Thema angekündigte ‚semper idem', das ein kleiner Kreis an Eingeweihten, als Haeckers zeitdiagnostische und geschichtsphilosophische Auseinandersetzung mit dem ‚Dritten Reich' übersetzen konnte, kultivierte für den nachdenklichen *Hochland*-Leser und Haecker-Kenner eine standortgebundene und mitunter nonkonformistische Reflexion. Wenn es etwa in der Auswahl von 1940 heißt: „Das sind mir die rechten Denker, die den Menschen nicht nur etwas, sondern überhaupt: zu denken geben,"[423] dann wurde inhaltlich vorweggenommen, auf

---

420 Theodor Haecker: Tag- und Nachtbücher (1989), S. 107.
421 Wenngleich Haecker seine Einträge explizit als Aphorismen bezeichnete, erfüllen sie nicht alle gattungstypischen Merkmale, zu denen, nach Harald Fricke: Aphorismus (1994), S. 7–24, etwa kotextuelle Isolation, Prosaform, Nichtfiktionalität, Konzision, Einzelsatz, Sprachliche Pointe u.a. zählen.
422 Florian Mayr: Theodor Haecker. Eine Einführung in sein Werk (1994), S. 69.
423 Theodor Haecker: Tagebuchblätter (1940), S. 743.

was die für den Aphorismus charakteristische ‚poetische Leerstelle' zielt: eine Reflexionsleistung des Lesers, die über die Aussagen, die der Text macht, weit hinausgeht.[424] Diese Reflexion wird bei Haecker in gewissem Sinne teleologisch bestimmt, wenn er sich selbst, an anderer Stelle, als einen „Aphoristiker" bezeichnet, „der das System voraussetzt",[425] und damit gewissermaßen ein ‚richtiges Denken' im Sinn hat, das er gleichermaßen auch von dem der Deutung fähigen „Kenner" erwartet. Ein weiterer, esoterischer Textsinn des aphoristischen Arrangements von 1940 lässt sich also in der Kultivierung und Affirmation eines Denkens ausmachen, das einem ‚System', nämlich der katholischen Weltanschauung, verpflichtet war.

Hinrich Siefkens Einschätzung, dass die *Tag- und Nachtbücher* ‚nicht einfach zu lesen seien' und ihr Verständnis die Vertrautheit mit Haeckers kulturkritischen, philosophischen und theologischen Position voraussetzt, ist vor diesem Hintergrund beizupflichten.[426] Dessen war sich der katholische Schriftsteller und Diarist wohl bewusst. An seinen Freund, den Maler Richard Seewald,[427] der ebenfalls für das *Hochland* arbeitete, schrieb Haecker im Oktober 1943 demgemäß:

> Meine gelehrten Leser behaupten immer bedauernd, meine Bücher seien zu schwer, und woher fällt ihnen nicht ein. Aber meine Schwierigkeiten hindern jüngere Leute nicht und viele gar nicht gelehrte Freunde auch nicht, mich sehr wohl zu verstehen und das richtet mich manchmal wieder auf aus dem Gefühl des Nichts und des Umsonsts meines Lebens.[428]

Mit den ‚jüngeren Leuten' spielt der Absender mit großer Wahrscheinlichkeit auf die Studentengruppe rund um die ‚Weiße Rose' an. Einige Monate zuvor, im Februar 1943 hatte Hans Scholl den Schriftsteller, dessen Bücher *Schöpfer und Schöpfung*, *Christentum und Kultur* sowie die Aphorismensammlung in *Der Geist des Menschen und die Wahrheit* er bereits kannte,[429] ein letztes Mal eingeladen, in seinem Freundeskreis vorzulesen.[430] Willi Graf, ebenfalls Mitglieder der studentischen Widerstandsgruppe, hielt hierzu, am 4. Februar 1943, also nur weni-

---

424 Harald Fricke: Aphorismus (1984), S. 9.
425 Nachlass Theodor Haecker, Deutsches Literaturarchiv Marbach, zit. n. Hinrich Siefken: The diarist Theodor Haecker (1988), S. 127.
426 Vgl. ebd.
427 Hierzu weiterführend der Beitrag von Hinrich Siefken: Theodor Haecker und Richard Seewald (1995).
428 Zit. n. Hinrich Siefken: Theodor Haecker und die Satire (1995), S. 260.
429 Vgl. Robert M. Zoske: Sehnsucht nach dem Lichte (2014), S. 444.
430 Vgl. Robert M. Zoske: Flamme sein! (2018), S. 126–130.

ge Wochen vor der Verhaftung und Ermordung von Hans und Sophie Scholl durch die Nationalsozialisten, in seinem Tagebuch fest: „Um 16 Uhr treffen wir uns: Häcker liest den ersten Teil aus seinem ‚Schöpfer und Schöpfung'. Über zwei Stunden spricht er, ich habe manches Besondere verstanden und gehört."[431] Wie Robert M. Zoske in seinen Untersuchungen zur Weißen Rose jüngst dargelegt hat, war Hans Scholl von der Rigorosität des von Haecker in seinen Büchern vertretenen „geschlossene[n] Weltbild[es]" fasziniert.[432] In seinem Exemplar von *Christentum und Kultur* strich er jene Passagen an, in denen Haecker „die Einheit der Gesinnung" fordert,[433] wobei außer Frage steht, dass damit ein katholisches Weltbild gemeint war. „Hans Scholl dürfte", so Zoskes Einschätzung, „die Stelle angestrichen haben, weil er seine vielfältigen Ideen, Gedanken und Gefühle ordnen [...] wollte." Dabei sei es vor allem „Haeckers Ablehnung von Pluralität und Relativität, die vermeintliche Eindeutigkeit und rigorose Ausschließlichkeit des Publizisten" gewesen, die „Hans Scholl in dieser Lebensphase der Selbstfindung angesprochen haben".[434] Zur ‚kundigen' Leserschaft der von Haecker im ‚Dritten Reich' veröffentlichten Texte gehörte somit aller Wahrscheinlichkeit nach auch die Gruppe rund um Hans und Sophie Scholl. Inwiefern sie dessen Beitrag „Tagebuchblätter" im *Hochland* kannten und ob er bei den gemeinsamen Leseabenden in deren Freundeskreis aus den *Tag- und Nachtbüchern* vorgelesen hatte, bleibt nur zu vermuten. Anzunehmen ist jedoch, dass er sich hier, also im privaten Gespräch „mit derselben Schärfe" gegen den Nationalsozialismus positionierte,[435] wie in seinem Diarium.

5.5.4 „[I]m Verborgenen zu leben und auf dem Markte zu stehen"

Resümierend kann festgehalten werden, dass für Haeckers Nah- und Fernkommunikation der in den 1920er-Jahren gewonnene katholische Glaube, den er seinem schriftstellerischen Profil implementierte, die entscheidende Grundlage bildete. Zwischen 1933 und 1945 war sein Name im literarischen Katholizismus, aber auch darüber hinaus zum Symbol eines nonkonformen Gesinnungsbekenntnisses geworden. Im Rahmen und im Blick auf solcherlei Denkgemeinschaften verfasste er seine Texte, die, wie dargelegt, auch in esoterischer Funk-

---

431 Willi Graf: Briefe und Aufzeichnungen (1994), S. 104.
432 Robert M. Zoske: Flamme sein! (2018), S. 126.
433 Theodor Haecker: Christentum und Kultur (1927), S. 46.
434 Robert M. Zoske: Flamme sein! (2018), S. 130.
435 Vgl. Robert M. Zoske: Sehnsucht nach dem Lichte (2014), S. 421.

tion zum Tragen kommen konnten. Gleichwohl war es nicht nur die Herausbildung einer exklusiven Leserschaft, die ihn in diesem Zusammenhang reizte, vor allem war er an der Konservierung katholischer Religiosität interessiert, die er als Kontrastposition und Selbstbehauptung, aber auch in aufklärerischer Absicht, auf öffentlichen und privaten Wegen, literarisch zu artikulieren versuchte. Unter nationalsozialistischer Herrschaft mochte er hierfür in seinen aphoristisch gehaltenen *Tag- und Nachtbücher* das geeignete Mittel und die entsprechende Darstellungsform gefunden haben. Das Diarium erlaubte ihm nicht zuletzt die Integration diverser, bereits vor 1933 praktizierter Schreibweisen. Hier konnte er seine verschiedenen Autorrollen, die vom Theologen und Philosophen über den Sprach- und Kulturkritiker bis zum Satiriker reichten, versammeln.

Wenngleich seine Rolle als Satiriker, wie er sie in den 1920er und auch noch Anfang der 1930er-Jahre öffentlichkeitswirksam eingenommen hatte, im Laufe der nationalsozialistischen Diktatur verblasste, hatte er sie keineswegs gänzlich aufgegeben. Aus dem „frühen Satiriker" war jedenfalls nicht der reine „Diarist geworden",[436] sondern ein ‚Innerer Emigrant' im besten Sinne der Bezeichnung, der die Adäquatheit sowie die Möglichkeiten seiner Ausdrucksmittel, endlich auch seine Verantwortung als Schriftsteller vor dem Hintergrund der persönlichen und gesellschaftspolitischen Entwicklung stets mitreflektierte. Für die eigene Literaturproduktion ‚unterm Hakenkreuz' hoffte er dabei dieselbe Wirkung erzielen zu können, die er den Tagebüchern Kierkegaards entnahm, wenn er seinem Freund Paul Zechmeister, wie dieser 1946 berichtete, ein Exemplar der 1941 neu aufgelegten Übersetzung mit den Worten überreichte, dass man „mit diesem Buche das Kommende überstehen" könne.[437] Dafür nutzte er nicht nur öffentliche, sondern ebenso halböffentliche und private Kommunikationsräume. Aus dem „Wunsch, im Verborgenen zu leben und auf dem Markte zu stehen",[438] wie Haecker im Dezember 1940 seinem Tagebuch anvertraute, ergab sich schließlich eine ambivalente, zwischen Engagement und Esoterik changierende Schriftstellerexistenz.

---

[436] Hinrich Siefken: Theodor Haecker und die Satire (1995), S. 260.
[437] Ebd., S. 301.
[438] Theodor Haecker: Tag- und Nachtbücher (1989), S. 139.

5.6 Katholische Literatur in esoterischer Funktion. Ein Resümee

Am Anfang des Kapitels stand die Frage, welche Rolle die Zeitschrift *Hochland* für die Autoren des literarischen Katholizismus während des ‚Dritten Reichs' spielte. Die vorangegangenen Ausführungen zielten dabei nicht darauf, dem kulturkatholischen Publikationsorgan den von Konrad Ackermann in den 1960er-Jahren behaupteten Status eines ‚geistigen Widerstands' zuzuschreiben – seine Einschätzung gilt mittlerweile, und dies zu Recht, als revidiert. Jenseits derartiger Wertungsfragen interessierten vielmehr die konkreten Funktionsmechanismen literarisch dissidenter Kommunikation in den eingeschränkten Handlungs- und Schreibräumen des ‚Dritten Reiches'. Die allgemeine Einschätzung, dass „den Künstlern der Inneren Emigration nur zwei Möglichkeiten übrig[blieben]", eine nonkonformistische Literatur zu produzieren, nämlich entweder

> irgendwelche regimekritischen Tendenzen so stark zu verschlüsseln, daß sie von den stets wachsamen Augen der NS-Zensoren übersehen wurden, oder von vornherein darauf zu verzichten, an die Öffentlichkeit zu treten und mit ihren im Geheimen geschriebenen [...] Werken auf die Zeit nach dem Zusammenbruch des Dritten Reichs zu warten[,][439]

muss dabei relativiert werden. Wie die Auseinandersetzung mit Werner Bergengruen und Theodor Haecker exemplarisch gezeigt hat, lassen sich ganz unterschiedliche Kommunikationspraktiken der Nonkonformität für die im Nationalsozialismus erschienene Literatur rekonstruieren. Wenngleich ‚verdeckt' zu schreiben, also seine Texte durch bestimmte Darstellungsverfahren vor der Zensur zu immunisieren, eine plausible Möglichkeit nonkonformer Literaturproduktion darstellte, so ist anzunehmen, dass eine Vielzahl der auf Widerspruch und NS-Kritik angelegten Texte eine weitaus voraussetzungsreichere Genese und Rezeption durchlaufen haben, als sie die ‚Poetik und Hermeneutik der verdeckten Schreibweise' nahelegt. Auch das Konstrukt eines ‚idealen Lesers', wie es Ehrke-Rotermund/ Rotermund konzipieren, so unverzichtbar es für die Literaturproduzenten auch gewesen sein mag, verstellt den Blick auf den konkreten Leser, beispielsweise den *Hochland*-Abonnenten, den konspirativen Briefpartner, den eingeweihten Schriftstellerkollegen, das Mitglied des sich regelmäßig treffenden Lesekreises oder den privaten Freund und Bekannten.

Weder Werner Bergengruen noch Theodor Haecker, beide wichtige Repräsentanten der ‚Inneren Emigration', griffen beim Abfassen ihrer Texte auf Ver-

---

[439] Jost Hermand: Kultur in finsteren Zeiten (2010), S. 177.

schlüsselungstechniken im strengen Sinne zurück. Stattdessen konnten sie auf eine Leserschaft setzen, die mit den von ihnen aufgerufenen Wissensbeständen, literarischen Traditionen sowie den autor-, konfessions-, milieu- und kulturspezifisch konnotierten Metaphern, Symbolen Begriffen und Argumentationen vertraut waren. Denn obgleich die Nationalsozialisten seit der Machtübernahme restriktiv in die öffentliche Kommunikation eingriffen, boten die vielfach bereits vor 1933 installierten personellen und institutionellen Netzwerke und kommunikativen Milieus immer noch einen Rahmen für öffentliche, halböffentliche und private Kommunikation, die, wie gezeigt werden konnte, das publizistische Engagement nonkonformistischer Autoren entscheidend prägten. Theodor Haecker und Werner Bergengruen profitierten in diesem Sinne von den Lesern des kulturkatholischen Milieus, dessen „weltanschaulich bedingte Auseinandersetzung" mit dem Nationalsozialismus spezifisch konfessionell motiviert war und das in besonderer Weise im *Hochland* kristallisierte.[440] In Muths Journal fanden sie also nicht nur eine geeignete Publikationsplattform, sondern auch ein geeignetes Netzwerk, mit dem sich esoterische Kommunikationsräume ausbilden und kultivieren ließen. Katholische Schriftsteller wie Werner Bergengruen und Theodor Haecker waren jedenfalls nicht isoliert, sondern personell und institutionell eng vernetzt, sie reichten sich Manuskripte oder publizierte Texte mit Leseanweisungen weiter, widmeten Texte, profitierten von Publikationsaufträgen des *Hochland* und seines Netzwerkes, bildeten Zitations- und Rezensionskartelle und besprachen in Form privater Zusammenkünfte Inhalte, die nicht unbedingt in ihre Texte Eingang fanden, darin für die Dabeigewesenen aber ‚Spuren' hinterlassen konnten. Sie praktizierten also gerade unter den Bedingungen von Zensur eine mehr oder minder exklusive Kommunikation, die zwischen öffentlichem und privatem Raum angesiedelt war. Absichten und Funktionen solcherlei Kommunikationsformen konnten sich dabei, wie an den Beispielen gezeigt, unterscheiden. Während es Haecker beispielsweise um die Protektion und Konservierung bestimmter Denk- und Schreibformen zu gehen schien, die er als Ausdruck einer geschlossenen, antimodernen, aber auch antinazistischen Weltsicht begriff, war Bergengruen weitaus stärker an dem eigenen schriftstellerischen Erfolg und der Anerkennung durch ein breites und heterogenes Publikum interessiert. Eine dezidiert dissidente Kommunikation begrenzte er auf die weltanschauliche Selbstverständigung unter Gleichgesinnten, die er durch ein kalkuliertes Publikationsmanagement zu stabilisieren suchte. Beide Schriftsteller hofften so, auf je eigene Weise, auch unter den pre-

---

[440] Christoph Kösters: Katholisches Milieu und Nationalsozialismus (2009), S. 165.

kären Umständen diktatorischer Herrschaft Wirkungsräume offenzuhalten, in denen ihr Dissens dem NS gegenüber zutage treten konnte.

6 Schreiben und Lesen im Spiegel von Romantik und Gegenwart. Die Intellektuellenbiographien von Alois Dempf und Alfred von Martin

6.1 Der ‚Streit um die Romantik' im *Hochland*

„Es ist noch nicht lange her", heißt es in einer 1926 erschienenen Rezension zu Carl Schmitts prominent gewordener *Politischen Romantik* (1925),

> da war es die übliche Vorstellung, daß die Romantik etwas Katholisches an sich trage und der Verstärkung und Ausbreitung des Katholizismus zustatten gekommen sei. Im einzelnen gingen die Ansichten in der Schätzung des katholischen Maßes der Romantik auseinander. Jedenfalls aber dachte niemand daran, sie als etwas dem Katholizismus Schädliches oder für ihn Unerfreuliches anzusehen.[1]

Mit Schmitt, so der in den zeitgenössischen Historiker-Kreisen nicht ganz unbekannte Verfasser Georg von Below,[2] zeichne sich nicht nur ein Wandel in der katholischen Romantik-Rezeption ab, sondern entbrenne auch ein – so der Titel seiner Rezension – „Streit um die Deutung der Romantik", der die fachdisziplinären Grenzen der Literaturhistorie sowie der Rechts- und Geschichtswissenschaft überschreite.[3] Dass sich innerhalb dieses Deutungsstreites auch „spezifisch katholische Kreise" behaupten,[4] scheint für den Rezensenten zunächst im Wesen der Sache zu liegen: Er bemerkt, dass die jüngeren Forschungsergebnisse zur deutschen Romantik, die den protestantischen Charakter dieser Bewegung herausgestellt hätten,[5] gewissermaßen eine katholische Stellungnahme

---

[1] Georg von Below: Zum Streit um die Deutung der Romantik (1926), S. 154.
[2] Georg von Below gilt als Vertreter einer konservativen, die Soziologie und Kulturgeschichte ablehnenden, Staats- und Politikgeschichte. Siehe hierzu Otto Gerhard Oexle: Ein politischer Historiker (1988).
[3] Below nimmt die Rezension in diesem Sinne auch zum Anlass, um zum zeitgenössischen Methoden- und Deutungsstreit Stellung zu beziehen. Er hofft dabei, durch eine „Aufwertung der Romantik" wichtige Energiereserven für die Aufwertung der konservativen Staats- und Politikgeschichte freizulegen und diese gegen die sich neu etablierende Soziologie und Kulturgeschichte, samt der naturalistischen und positivistischen Methode zu mobilisieren.
[4] Georg von Below: Zum Streit um die Deutung der Romantik (1926), S. 136.
[5] Below führt hierfür seine eigenen Studien *Die deutsche Geschichtsschreibung von den Befreiungskriegen bis zu unseren Tagen, Geschichte und Kulturgeschichte* (1916) sowie die Arbeit Richard Samuels *Die poetische Staats- und Geschichtsauffassung Friedrich von Hardenbergs* (1925) als Beleg an.

herausforderten. Wer allerdings, neben dem Wortführer Carl Schmitt, zu jener behaupteten und als ‚katholisch' etikettierten Gruppe gehöre, die sich, folgt man Below, durch eine vermeintlich kritische Romantik-Rezeption auszeichne, wird nicht weiter ausgeführt. Der einzige Hinweis findet sich in einer Fußnote, die einen in der Kulturzeitschrift *Hochland* erschienenen Aufsatz des Juristen und Sozialhistorikers Alfred von Martin (1882–1972) mit dem Titel „Romantischer Katholizismus und katholische Romantik" nennt. Folgt man dieser Spur, so stellt man fest, dass Carl Schmitts rezeptionsstarke Studie im Rahmen der „moderne[n] Wiederentdeckung der Romantik" nicht nur im Allgemeinen für frischen Wind sorgte,[6] sondern sich zugleich in einen schon länger schwelenden Diskussionszusammenhang katholischer Provenienz einklinkte,[7] der sich der strittigen Verhältnisbestimmung von Katholizität und Romantik widmete und seinen Niederschlag maßgeblich im Umfeld der Kulturzeitschrift *Hochland* fand. Nicht zufällig veröffentlicht Schmitt hier 1924 unter dem definitorischen Titel „Romantik" das Vorwort zur zweiten Auflage seiner *Politischen Romantik*,[8] auf die besagter Alfred von Martin im Folgeband antwortet und bemerkt, dass Schmitts These, die einen „Trennungsstrich" zwischen Romantik und Katholizität ziehe, keineswegs innovativ sei, sondern sich schon in der programmatischen Schrift" (1909) des *Hochland*-Gründers und Herausgebers Carl Muth finden lasse.[9]

Im Allgemeinen erkennt von Martin in Schmitts antiromantischer und antiprotestantischer Position die Verteidigung eines „bestimmten Weltanschauungsideal[s]", und zwar das der sogenannten „katholischen Klassik",[10] zu deren

---

6 Karl Heinz Bohrer: Die Kritik der Romantik (1989), S. 25. Zur Romantik-Rezeption und Romantik-Forschung in der ersten Hälfte des 20. Jahrhunderts siehe auch etwa Stefan Gerber: „Romantik" – Zur Historisierung eines politisch-ästhetischen Begriffs (2014); Gerhart Hoffmeister: Forschungsgeschichte (2003); Ralf Klausnitzer: Zentrum oder Peripherie (2008); Karl Robert Mandelkow: Vom Kaiserreich zur neuen Bundesrepublik (2001); Ralf Klausnitzer: Zentrum oder Peripherie (2008).
7 Vgl. Ludwig Stockinger: Romantik und Katholizismus (1989), S. 218–224; Manfred Dahlheimer: Carl Schmitt und der deutsche Katholizismus (1998), S. 56–82; Stefan Gerber: „Romantik" – Zur Historisierung eines politisch-ästhetischen Begriffs (2014), S. 61.
8 Es ist Schmitts erste Veröffentlichung im *Hochland*. Vgl. dazu Manfred Dahlheimer: Carl Schmitt und der deutsche Katholizismus (1998), vor allem S. 436–442; vgl. auch Reinhard Mehring: Carl Schmitt. Aufstieg und Fall. (2009), S. 149–150.
9 Alfred von Martin: Romantischer Katholizismus und katholische Romantik (1925), S. 315.
10 Ebd., S. 316.

Verteidiger er neben Carl Muth, den Literaturhistoriker Hermann Hefele,[11] den Romanisten Hermann Platz,[12] die Theologen Romano Guardini[13] und Abt Ildefons Herwegen[14] sowie schließlich auch Carl Schmitt zählt.[15] Und in der Tat stellte Carl Muths Schrift, deren Titel sich an Wilhelm Diltheys 1905 erschienene Aufsatzsammlung *Das Erlebnis und die Dichtung* anlehnt, in diesem Zusammenhang eine wichtige Referenz dar. Diltheys „geistesgeschichtliches Forschungsprogramm" hatte bekanntlich für die „intensive[] Romantikrezeption nach 1900" entsprechende Standards gesetzt und dabei einer Epochendeutung Vorschub geleistet,[16] in der die kulturhistorische Bewegung „als Muster einer kulturellen deutschen Identität" begriffen wurde.[17] Muth knüpfte in seiner Schrift explizit an Diltheys Ideen an, wertete den Begriff des Erlebnisses aber um, indem er „das subjektive religiöse Erlebnis an die ‚objektive Welt der christlichen Offenbarungstatsachen', an den ‚Inhalt des christlichen Glaubensleben'" band, und lotete das Verhältnis von Katholizismus und Romantik programmatisch unter dem Gesichtspunkt der Kunstproduktion aus.[18] Seine Bemühungen dienten dabei in erster Linie seinem Lebensprojekt, die althergebrachte Religion ein weiteres Mal als tragfähige Ressource einer Kulturbewegung zu aktualisieren.[19]

Dass also gerade ‚spezifisch katholische Kreise' nicht umhin konnten, auf die Renaissance der Romantik zu Beginn des 20. Jahrhunderts und das damit verbundene Bedürfnis der Öffentlichkeit nach einer ‚ganzheitlichen', in der Romantik wurzelnden Weltdeutung zu reagieren, lag nahe, denn vielfach witterten sie darin eine Chance, der zeittypischen Sinnkrise eine spezifisch katholi-

---

11 Hermann Hefele: Der Katholizismus in Deutschland (1919), S. 26 hatte, ähnlich wie Schmitt, die Romantik als protestantisches Phänomen, nämlich „als die vollendete Reife des Gedankens der Reformation" gedeutet.
12 Vermutlich bezieht sich Alfred von Martin dabei auf das ein Jahr zuvor erschienene Buch von Hermann Platz: Deutschland – Frankreich und die Idee des Abendlandes (1924).
13 Hier sehr wahrscheinlich Romano Guardini: Vom Geist der Liturgie (1918) gemeint.
14 Ildefons Herwegen: Das Kunstprinzip in der Liturgie (1912).
15 Vgl. Alfred von Martin: Romantischer Katholizismus (1926), S. 316.
16 Ralf Klausnitzer: Umwertung der deutschen Romantik? (2003), S. 189.
17 Detlef Kremer: [Art.] ‚Romantik' (2003), S. 331.
18 Maria Giacomin: Zwischen katholischem Milieu und Nation (2009), S. 56–57.
19 Vgl. Carl Muth: Die Wiedergeburt der Dichtung aus dem religiösen Erlebnis (1909), S. 78–91. Wie Maria Giacomin: Zwischen katholischem Milieu und Nation (2009), S. 56–57 ausführt, besetzte Muth „den Begriff ‚Erlebnis' neu: Während Diltheys Ansatz zu Entdogmatisierung und Relativismus führte, band Muth das subjektive religiöse Erlebnis an die ‚objektive Welt der christlichen Offenbarungstatsachen', an den ‚Inhalt des christlichen Glaubensleben'".

sche Antwort zu geben.[20] Insbesondere dem aufkommenden Mystizismus der Neoromantik, die das Objektivitätspostulat des Naturalismus verabschieden wollte, sollte dabei die ‚Objektivität' eines positiven Christentums entgegengestellt werden, die im Umfeld des *Hochland*-Kreises vielfach mit dem Begriff ‚Klassik' assoziiert worden ist.[21]

Mit Carl Schmitts *Politischer Romantik* erreichte die Romantik-Kontroverse Mitte der 1920er-Jahre einen ersten Höhepunkt. Doch auch während des ‚Dritten Reichs' stellte das Paradigma ‚Romantik' noch einen wichtigen politisch-intellektuellen Reflexionsraum für allgemeinere Debatten dar, der von unterschiedlichen Akteuren zur Prozessierung aktueller Themen und Probleme genutzt wurde.[22] Das kommunikative Netzwerk der Zeitschrift *Hochland* blieb daran weiterhin maßgeblich beteiligt. Episodisch bildeten sich hier signifikante Rezeptionskulturen aus, die als ideologischer Deutungskampf, insbesondere im Kontrast zu dem von einem völkischen Standpunkt aus geprägten Romantikbild der Nationalsozialisten, ausgetragen wurden. Im Folgenden wird es allerdings nicht darum gehen, die Vielzahl an Texten mit Romantikbezug, von denen im *Hochland* zwischen 1933 und 1941 etliche erscheinen, auszuwerten und eine zeitschriftenspezifische ‚Romantik-Rezeption' während des Nationalsozialismus darzulegen.[23] Vielmehr werde ich beispielhaft einige wenige Debattenstränge

---

20 Paradigmatisch dafür ist insbesondere Max Scheler: Soziologische Neuorientierung und die Aufgaben der Katholiken nach dem Kriege (1915/16).
21 Jakob Overman bezieht sich kritisch auf den Optimismus der modernistischen Katholiken im Hinblick auf die neuromantische Wende: Jakob Overman: Zum Streit um die Romantik (1911), S. 171.
22 Vgl. Christian Roques: Die umstrittene Romantik (2007), S. 106. Siehe hierzu vor allem Ralf Klausnitzer: Blaue Blume unterm Hakenkreuz (1999); ders.: Umwertung der deutschen Romantik? (2003).
23 Folgende Texte lassen sich einer solchen ‚Romantik-Rezeption' zuordnen: Bergengruen, Werner: E.T.A. Hoffmann (1939); Bosch, Prof. Dr. Karl: Friedrich Schlegels Gestalt in der neuen Forschung (1933); Bosch, Karl: Friedrich Schlegels Konversion (1933/34); Buchheim, Dr. Karl: Die Thronbesteigung der Romantik (1939/1940); Fl: [Rez.] Clemens Brentano. Unbekannte Briefe (1939/40); ders.: Die Thronbesteigung der Romantik (1939/40); Haneberg, Daniel Bonifaz: Görres und die Dichtkunst (1936); Görres, Joseph: Neujahrspredigt des verneinenden Geistes (1933/34); Schöning, Franz Josef: [Rez.] Görres spricht zu unserer Zeit (1933/34); Mann, Otto: Friedrich Schlegels Konversion (1933); Meißinger, Karl August: "Romantikerbriefe" (1938/39); ders.: Neue Romantikerbriefe (1936/37); Körner, Josef: Friedrich Schlegel. Neue philosophische Schriften (1935); Meißinger, Karl August: Neue Romantikerbriefe (Schlegelkreis) (1937); ders.: Die Gestalt Friedrich Schlegels (1935); Schnabel, Franz: Böhmen, das Reich und die deutsche Romantik (1938/39); Voßler, Karl: Zu einer europäischen Literaturgeschichte der Gegenwart (1939/40); Wasmuth, Ewald: Von der Wahrheit und Unwahrheit der Biographie (1938/39).

und zugehörige Rezeptionsprofile im Umfeld des *Hochland* diskutieren, die im Blick auf die für meine Arbeit zentralen Formen und Funktionen nonkonformistischer Verständigung katholischer Intellektueller im ‚Dritten Reich' einschlägig sind. Der allgemeine Romantik-Diskurs interessiert hier also vornehmlich in seiner kontextbildenden Funktion für eine auf Zeitkritik oder Dissidenz gemünzte literarische Kommunikation. Damit ist nicht gesagt, dass sich im ‚Umfeld' des *Hochland* nicht auch Texte ausmachen ließen, die eine völkisch grundierte Argumentation aufweisen oder als NS-konform zu bewerten sind. Ähnlich wie im Falle der ‚Reichs-Debatte' kam es auch im ‚Streit um die Romantik' neben weltanschaulichen Friktionen zu zahlreichen Akkommodationen sowie semantischen und konzeptionellen Überlappungen zwischen nationalsozialistischer und ‚katholischer' Rezeptionskultur (siehe Kapitel 4.1–4.3). Doch gerade diese Gemengelage machte eine Stellungnahme zur Romantik auch für NS-kritisch eingestellte Autoren attraktiv.

Im Folgenden wird es also um die Frage gehen, wie die *Hochland*-Autoren das virulente Paradigma ‚Romantik' in dissidenter Absicht bemühten. Dies möchte ich beispielhaft anhand von zwei Texten, dem engagierten Dichterporträt *Görres spricht zu unserer Zeit* (1933) von Alois Dempf und der antinazistischen Studie *Nietzsche und Burckhardt* (1941) von Alfred von Martin, rekonstruieren. Dempfs und von Martins Intellektuellenbiographien lassen sich, so meine These, als signifikante Beispiele einer esoterisch-engagierten Wissenschaftsprosa im ‚Dritten Reich' beschreiben (6.4). Vorausgeschickt ist eine allgemeine Bestandsaufnahme zur Romantik-Rezeption in der ersten Hälfte des 20. Jahrhunderts (6.1.1), zugeschnitten auf die bereits erwähnte Programmschrift *Die Wiedergeburt der Dichtung aus dem religiösen Erlebnis* von Carl Muth (6.1.2), mit deren Hilfe sich Tendenzen einer Rezeptionskultur des *Hochland* konturieren lassen. Damit ist der Horizont für die beiden Fallstudien aufgespannt, die zum einen um Alois Dempfs Görres-Bild (6.2) und zum anderen um Alfred von Martins Nietzsche- und Burckhardt-Bilder (6.3) arrangiert sind. In beiden Fällen ist der Rückgriff auf die historische Kulturbewegung der Romantik und der Umgang mit romantischen Kerntheoremen sowie der Romantik-Rezeption in der ersten Hälfte des 20. Jahrhunderts aufschlussreich für die im Umkreis der katholischen Kulturzeitschrift artikulierten Formen der Dissidenz.

6.1.1 Romantik-Rezeption und deutscher Katholizismus

In der ersten Hälfte des 20. Jahrhunderts erfuhr das ‚Paradigma Romantik' eine starke „Aufmerksamkeitskonjunktur".[24] Unter dem unscharfen Sammelbegriff ‚Neuromantik' erhielt der epochenspezifische Paradigmenwechsel von einer sich am wissenschaftlichen Wahrheitsbegriff orientierenden, naturalistischen Literatur zu einem neuen Mystizismus, der dem Relativismus der ausdifferenzierten und spezialisierten Denksysteme zwar synkretistische, aber attraktive Synthesen unter lebensphilosophischen, religiösen oder kunstreligiösen Vorzeichen entgegenstellte, nicht nur in die Literaturgeschichten Einzug.[25] Vielmehr reichte der Rekurs auf die Romantik und die ihr entlehnten synkretistischen Synthesen weit über die Literatur hinaus und lieferte im Sinne eines modernen Ideologems, wie es Christian Roques für die sogenannte ‚politische Romantik' treffend bemerkte, einen entscheidenden „politisch-intellektuellen Hintergrund zu viel allgemeineren Debatten",[26] vor dem sich divergierende „Romantik-Identitäten" herausbildeten.[27]

Obgleich eine Klassifizierung der jeweiligen Positionen, so Roques zutreffende Befürchtung, angesichts der unzureichenden, oftmals dichotomisch angelegten Ordnungsmuster, wie links vs. rechts, konservativ vs. progressiv, modern vs. antimodern, wenig ertragreich ist, um die zahlreichen Aspekte der Auseinandersetzungen adäquat zu fassen,[28] lassen sich so dennoch bestimmte Leitfiguren ausfindig machen, die zumindest heuristisch eine erste thematische Sortierung dieser Auseinandersetzung um den Status der Romantik für die zeitgenössische Gegenwart anleiten können. Neben der politischen Romantik, die mit Carl Schmitt,[29] mit dessen Schüler Jacob Baxa,[30] mit Othmar Spann,[31] Hans

---

24 Ralf Klausnitzer: Zentrum oder Peripherie (2008), S. 552.
25 Vgl. Jürgen Viering: [Art.] ‚Neuromantik' (2000); Wolfang Braungart, Gotthard Fuchs und Manfred Koch (Hg.): Ästhetische und religiöse Erfahrungen der Jahrhundertwenden (1997); Karl Robert Mandelkow: Vom Kaiserreich zur Neuen Bundesrepublik (1996), insbesondere S. 344–346; Justus Ulbricht: Neuromantik: Ein Rettungsversuch der Moderne mit Nietzsche (2004).
26 Ebd.
27 Vgl. ebd., S. 139.
28 Vgl. Christian Roques: Die umstrittene Romantik (2007), S. 108.
29 Carl Schmitt: Politische Romantik (1919).
30 Siehe Jacob Baxa (Hg.): Gesellschaft und Staat im Spiegel deutscher Romantik (1924).
31 Vgl. seine Vorlesungen zu Adam Müllers Staatsdenken: Der wahre Staat (1972).

Freyer, aber auch mit Karl Mannheim[32] in Verbindung gebracht wird und zuweilen als „Symptom der Moderne" Behandlung findet,[33] sind beispielsweise mit der deutsch-jüdischen Romantik-Rezeption bei Walter Benjamin, Martin Buber, Gershom Sholem,[34] Käte Hamburger und Hannah Arendt,[35] der esoterischen Neuromantik rund um den Eugen Diederichs-Verlag[36] und schließlich der hegemonialen und zugleich inhomogenen völkischen Adaption im Kulturbetrieb des Nationalsozialismus[37] einige wesentliche Positionen des Spektrums benannt.

Die umfassende Romantik-Renaissance im 20. Jahrhundert stellte weder eine ‚Naturgewalt' dar noch kehrte hier ein ‚Typus' wieder. Vielmehr wurde die Bewegung von bestimmten Protagonisten des kulturellen und wissenschaftlichen Feldes, also von Schriftstellern, Publizisten, Intellektuellen, Verlegern und Wissenschaftlern mit jeweils ganz unterschiedlichen Interessen und Agenden, getragen und gefördert. Eine ordnende Erfassung der Beteiligten soll nicht von den Überschneidungen und den vielfältigen Wechselverhältnissen ablenken, sondern Aufschluss über die Komplexität von divergierenden Adaptions- und Rezeptionsformen geben, vor denen spezifische Profile erst sichtbar werden. Wichtige Vorarbeiten dazu bilden die materialgesättigten Studien Ralf Klausnitzers,[38] der die „Bedingungen und Realisationsformen" für die romantische Wende im frühen 20. Jahrhundert präzise rekonstruiert hat, um die wichtigsten „Wandlungen in der literarisch-kulturellen wie in der wissenschaftlichen Wahrnehmung dieser Kulturepoche" zu skizzieren.[39] Klausnitzer macht darauf aufmerksam, dass es oftmals Randfiguren waren, die „zu zentralen Protagonisten avancier[t]en" und sich an den „signifikanten Verschiebungen in der uni-

---

32 Dazu Christian Roques: Die umstrittene Romantik (2007), der Carl Schmitts ‚Politische Romantik' (1919) und Karl Mannheims Aufsatz ‚Das konservative Denken' (1927) als entscheidende Pole der dynamischen Debatte konstruiert.
33 Matthias Schöning: Politische Romantik als Symptom der Moderne (2006).
34 Siehe hierzu Heinz Brüggemann und Günter Oesterle (Hg.): Walter Benjamin und die romantische Moderne (2009).
35 Siehe hierzu etwa Andrea Albrecht: Käte Hamburgers Novalis-Deutung (2015).
36 Siehe beispielhaft Klaus Lichtblau: Der Eugen Diederichs Verlag und die neuromantische Bewegung der Jahrhundertwende (1999); Peer Kösling: „Universalität der Welterfassung" (1999).
37 Siehe hierzu Ralf Klausnitzer: Blaue Blume unterm Hakenkreuz (1999).
38 Ralf Klausnitzer: Blaue Blume unterm Hakenkreuz (1999); ders.: Opposition zur „Stählernen Romantik"? Der Klages-Kreis im Dritten Reich (1999); ders.: Umwertung der deutschen Romantik? (2003); ders.: Zentrum oder Peripherie (2008); ders.: „Geistvolles Gezwerg" oder Europa-Botschafter der deutschen Romantik? (2010).
39 Ralf Klausnitzer: Zentrum oder Peripherie (2008), S. 552–553.

versitären wie der außeruniversitären Romantikrezeption" beteiligten.[40] Seine Untersuchungen erlauben dabei nicht nur einen umfassenden Einblick in die Komplexität der von Faszination getragenen Wiederentdeckung der Romantik, sondern klären zugleich darüber auf, dass die 1933 ideologisch und programmatisch motivierte ‚Umwertung der Romantik' nicht allein den politischen Umwälzungen geschuldet, sondern hauptsächlich auf sukzessive Veränderungen im Wissenschafts- und Bildungssystem zurückzuführen war, die wesentlich früher ihren Ausgang nahmen.[41] Den hohen Attraktivitätsgrad der Romantik für die deutsche Gesellschaft des frühen 20. Jahrhunderts schreibt Klausnitzer dabei, ähnlich wie Christian Roques, „den mehrfach dimensionierten Möglichkeiten der Analogisierung und Spiegelung" zu, „in und mit denen die Wahrnehmung gegenwärtiger Problemlagen historisch verlängert und in der so aufgefundenen Vergangenheit nicht nur die Ursprünge aktueller Dispositionen, sondern auch Beschreibungsformen und Lösungsstrategien entdeckt werden sollen".[42]

Dass das romantische Paradigma als „grundlegendes Ideologem" von unterschiedlichsten Akteuren diskursiv instrumentalisiert wurde,[43] um auf aktuelle Themen und Probleme zu reagieren, bildet für meine Untersuchung eine wichtige Vorannahme. Dies gilt auch für die konfessionsgebundene Auseinandersetzung, die ebenso wenig homogen oder voraussetzungslos verlaufen ist.[44] Es ist bereits vielfach nachgezeichnet worden, wie die Romantik im frühen 20. Jahrhundert gerade im deutschen Katholizismus auf unterschiedliche Weise, ob nun als politische Theorie, Kunstideal oder als Moderne-Metapher, eine zentrale Rolle spielte. Als wichtigste Überblicksdarstellung zum Themenkomplex Romantik und Katholizismus ist nach wie vor Ludwig Stockingers gleichnamige Habilitationsschrift *Romantik und Katholizismus. Untersuchungen zur Ästhetik der „katholischen Literatur" und zu ihren Anfängen bei Joseph von Eichendorff* aus dem Jahr 1988 anzuführen, in der plausibel dargelegt wird, dass „die katholische Romantikdiskussion eng mit den theologischen Debatten im neu entbrannten Kampf zwischen neuscholastischer und idealistischer Theologie verzahnt war".[45] Stockinger prononciert gar einen

---

40 Ebd.
41 Vgl. Ralf Klausnitzer: Umwertung der deutschen Romantik? (2003), S. 186–189.
42 Ralf Klausnitzer: „Geistvolles Gezwerg" oder Europabotschafter der deutschen Romantik? (2019), S. 556.
43 Christian Roques: Die umstrittene Romantik (2007), S. 107.
44 Vgl. Ralf Klausnitzer: Zentrum oder Peripherie (2008), S. 552.
45 Ludwig Stockinger: Romantik und Katholizismus (1988), S. 148.

speziellen katholischen Diskurs über die Romantik in der innerkirchlichen Debatte über die Frage einer ‚katholischen Literatur', die um die Mitte des 19. Jahrhunderts einsetzte, zwischen 1890 und 1914 ihren Höhepunkt erreichte und in der romantikkritischen Haltung des Katholizismus der zwanziger Jahre mündete.[46]

Inwiefern die Romantik-Rezeption im deutschen Katholizismus des frühen 20. Jahrhunderts nicht nur in der Kunsttheorie und der damit zusammenhängenden innerkirchlichen Debatte eine Rolle spielte, sondern sich in den Bereich der politischen Theorie ausdehnte, arbeitet unter anderem Manfred Dahlheimer in seiner umfassenden Untersuchung zu *Carl Schmitt und der deutsche Katholizismus 1888–1936* heraus.[47] Mit Dahlheimer lässt sich festhalten, dass das verstärkte Interesse an romantischen Gesellschaftslehren und ihren Exponenten wie Joseph Görres[48] und Adam Müller[49] während der Weimarer Republik nicht nur dem politischen Konservatismus, sondern auch dem politischen Katholizismus zentrale Stichworte und Konzepte lieferte. Romantische Topoi, wie die Vorstellung eines sozialen Organismus und eines am christlich-mittelalterlichen Ständestaat orientierten Gesellschafts- und Staatsmodelles, ließen sich dabei ohne Weiteres mit der katholischen Soziallehre in Beziehung bringen.[50]

Im Falle des hier interessierenden Autorenkreises um die Zeitschrift *Hochland* ist allerdings zu berücksichtigen, dass man es selten mit „parteipolitisch aktiven Katholiken" zu tun hat, sondern primär mit Schriftstellern und Kulturschaffenden, die sich, gemäß Carl Muths Programmschriften, auf das kulturelle und religiöse Leben konzentrierten.[51] Nichtsdestoweniger beteiligte sich Muths Zeitschrift wesentlich an der Politisierung und Emanzipation des kulturkatholischen Milieus während des Ersten Weltkrieges und insbesondere in der Zeit der Weimarer Republik, die den Katholizismus in den 1920er-Jahren zu einem wichtigen Faktor des öffentlichen und politischen Lebens werden ließ.[52] Wie Richard

---

46 Ebd.
47 Manfred Dahlheimer: Carl Schmitt und der deutsche Katholizismus (1998).
48 Vgl. dazu Florian Krobb: „Seher und Rufer zu nationalem Selbstbewußtsein" (2010).
49 Um die Popularisierung Müllers war insbesondere Schmitts Schüler Jakob Baxa bemüht, vgl. dazu Christian Roques: Die umstrittene Romantik (2007), S. 106.
50 Vgl. Manfred Dahlheimer: Carl Schmitt und der deutsche Katholizismus (1998), S. 60–64; vgl. hierzu beispielsweise Gabriele Clemens: Martin Spahn und der Rechtskatholizismus in der Weimarer Republik (1983), vor allem S. 64–191.
51 Manfred Dahlheimer: Carl Schmitt und der deutsche Katholizismus (1998), S. 66. Vgl. auch Felix Dirsch: Das „Hochland" (2003); Friedrich Vollhardt: *Hochland*-Konstellationen (2008); Maria Cristina Giacomin: Zwischen katholischem Milieu und Nation (2009); Manfred Weitlauff: „Modernismus litterarius" (1988).
52 Vgl. Richard van Dülmen: Katholischer Konservatismus (1973), S. 269.

Dülmen bereits in seiner einschlägigen Arbeit aus den 1970er-Jahren nachweisen konnte, scheint eine klare Trennung zwischen politischem und religiöskulturellem Katholizismus in Anbetracht der personellen (und konfessionellen) Vielfalt der *Hochland*-Beiträger, wenig aussichtsreich. Die dezidiert bildungskatholische Ausrichtung des Journals erlaubte und motivierte die Thematisierung auch gesellschaftspolitischer Belange, die nicht selten unter kulturellen und religiösen, respektive weltanschaulichen Gesichtspunkten verhandelt wurden.[53] Daraus erklärt sich unter anderem, warum sich das *Hochland* während der Weimarer Republik unter dem Einfluss Max Schelers, der zeitweise zum intellektuellen Aushängeschild der Zeitschrift avancierte,[54] fallweise sogar zum „Verteidiger der Demokratie" entwickeln konnte.[55]

Im Allgemeinen muss die Zeitschrift, wie bereits in der Forschung aufgearbeitet, als Publikationsplattform eines christlichen Intellektuellenmilieus verstanden werden, in dem zwar vornehmlich, aber nicht ausschließlich katholische Autoren publizierten, die über ihre religiösen Interessen hinaus durchaus parteipolitisch aktiv sein konnten; der Kulturphilosoph Alois Dempf ist dafür ein gutes Beispiel. Da die Tagespolitik gemäß der frühen Programmatiken Muths, der als langjähriger Schriftleiter über das Profil seiner Zeitschrift wachte, explizit aus dem Zeitschriftendiskurs ausgeschlossen wurde, waren „politische Wirkungen" allerdings „von spezifisch kulturellen Deutungsmustern abhängig", wie es Felix Dirsch formuliert.[56] An die Stelle etwaiger tages- oder parteipolitischer Verlautbarungen traten kulturell und religiös reflektierte Stellungnahmen zur Gegenwart. Im Rahmen eines so verstandenen, kulturell und gesellschaftspolitisch reflektierten Bildungskatholizismus erfolgte im *Hochland* auch die Auseinandersetzung mit der Romantik. Obgleich dabei, allein schon der disziplinären Vielfalt wegen, keineswegs Einstimmigkeit herrschte, lassen sich für einige *Hochland*-Autoren zumindest Argumentationsallianzen identifizieren, die in weiten Teilen mit der Bindung an ein konservatives, oftmals dezidiert katholisches Werte- und Denksystem zusammenhängen.

Leitlinien für einen ‚*Hochland*-spezifischen' Zugriff auf das ‚Paradigma Romantik', wie er sich vor 1933 entfaltete, können, sofern davon überhaupt die Rede sein kann, aus Carl Muths poetologisch argumentierender Programm-

---

53 Vgl. ebd. S. 262.
54 Paradigmatisch dafür ist insbesondere Max Schelers wohl prominentester *Hochland*-Beitrag: Soziologische Neuorientierung und die Aufgaben der Katholiken nach dem Kriege (1915/16).
55 Vgl. Richard van Dülmen: Katholischer Konservatismus (1973), S. 271.
56 Felix Dirsch: Das „Hochland" (2003), S. 55.

schrift *Die Wiedergeburt der Dichtung aus dem religiösen Erlebnis* (1909) extrahiert werden. Carl Muths Text ist insofern erhellend, als er in der zeitschriftennahen Auseinandersetzung mit der Romantik immer wieder als wichtige Referenz herangezogen wurde. So griffen auch Alfred von Martin und Alois Dempf, die sich an den Diskussionen um die Verhältnisbestimmung von Katholizismus und Romantik im Rahmen von Muths Journal beteiligten, in ihren nonkonformen Publikationen während des ‚Dritten Reiches' auf Denkfiguren zurück, die in diesem Diskussionszusammenhang entwickelt wurden. Im Folgenden soll es also darum gehen, Muths Überlegungen zur ‚Romantik', wie er sie in seinem prominenten Essay *Die Wiedergeburt der Dichtung aus dem religiösen Erlebnis* (1909) formulierte, nachzuzeichnen.

6.1.2 Romantisches versus klassisches Kunstideal: Carl Muths
Die Wiedergeburt der Dichtung aus dem religiösen Erlebnis (1909)

Vor dem Hintergrund des „katholischen Literaturstreits",[57] in dem sich das reformkatholisch positionierte *Hochland* und sein Herausgeber gegen die Angriffe und die ‚Modernismus'-Vorwürfe des traditionalistischen Flügels verteidigen mussten, führte Carl Muth in Anlehnung an frühere Programmschriften seine Überlegungen zum Verhältnis von Katholizismus und Literatur in seinem kunstphilosophischen Essay *Die Wiedergeburt der Dichtung aus dem religiösen Erlebnis* (1909) fort. Muth reagierte damit nicht zuletzt auf die vielfachen Kritiken des österreichischen Kulturphilosophen Richard von Kralik (1852–1934), der das *Hochland*-Unternehmen, respektive die Forderung „nach einer modernen, ästhetisch hochstehenden Literatur der Katholiken", des Relativismus und Ästhetizismus bezichtigte.[58] Der österreichische Schriftsteller Kralik verlangte stattdessen eine dezidiert konfessionell gebundene Literatur, die sich an den Normen der Kirche und am „Kulturprogramm der Romantik" orientieren sollte.[59] Als Exponent der katholischen Schriftstellervereinigung *Gralbund* rief er in diesem Zusammenhang die Zeitschrift *Der Gral* ins Leben, die sich dem zeitgenössischen Integralismus verpflichtete und als österreichische Gegengründung

---

[57] Siehe hierzu Manfred Weitlauff: „Modernismus litterarius" (1988); Maria Cristina Giacomin: Zwischen katholischem Milieu und Nation (2009), S. 61–75, hier finden sich auch weitere Literaturhinweise zum Thema, vgl. insbesondere S. 61; jüngst Maria Cristina Giacomin: Ein „goldener Mittelweg" zwischen Kirche und moderner Welt? (2018), S. 58–63.
[58] Otto Weiss: Kulturkatholizismus (2014), S. 50.
[59] Richard Volpers: Das Kulturprogramm der Romanik und Richard von Kralik (1912) Zit. n. Otto Weiss: Kulturkatholizismus (2014), S. 53.

zum *Hochland* verstand.⁶⁰ Das Verhältnis einer modernen katholischen Literaturproduktion zur Romantik wurde also, wenn man so möchte, zum Lackmustest eines binnenkatholischen Literaturstreits. Der Bezug auf die Romantik ist in diesem Zusammenhang aber auch deshalb von zentraler Bedeutung, weil sie – nicht zuletzt vor dem Hintergrund der neuromantischen Wende – zu einer wichtigen Chiffre im innerkonfessionellen Deutungsstreit um die Moderne avancierte.⁶¹

Insbesondere im achten Kapitel von *Die Wiedergeburt der Dichtung aus dem religiösen Erlebnis*, das unter dem Titel „Klassisch oder romantisch?" steht, greift Muth diesen Diskussionszusammenhang auf und bemüht sich um eine zeitgemäße Verhältnisbestimmung von christlicher Dichtung und klassischem sowie romantischem Kunstideal. Die nicht wenig suggestive, das besagte Kapitel einleitende Frage, ob es „geschichtlicher Zufall oder tieferer Zusammenhang" sei, dass man „romantische und christliche Dichtung als wesenhaft zusammengehörig" ansehe,⁶² liefert nicht nur den Ausgangspunkt der Erörterung, sondern zugleich auch ihren polemischen Kontext. Der Verfasser richtet sich unter Bezugnahme auf Friedrich Schlegel und dessen Idee einer romantischen Universalpoesie explizit gegen die „in weiten katholischen Kreisen" vertretene Auffassung, dass sich „in der Romantik" „Christentum und Katholizismus zum ersten Male des christlichen Kunstideals bewußt geworden" seien und dass dementsprechend das „Ideal der romantischen Poesie" zugleich das „Ideal der absolut christlichen Poesie" sei.⁶³ Während Muth seinen Kritikern, in erster Linie dem explizit angesprochenen Gralbund-Kreis um Richard von Kralik, vorwirft, durch die „Gleichsetzung der Romantik mit dem Katholizismus" die Begriffe unnötigerweise zu verwirren⁶⁴ und ein unzeitgemäßes Kunstideal zu verabsolutieren, folglich Epigonentum zu befördern,⁶⁵ plädiert er für eine differenziertere Verwendung: Das Epochenphänomen, also die historisch zu situierende Kulturbewegung, die sich in einer bestimmten Form und einem spezifischen Kunstideal Ausdruck verliehen habe (Romantik als Form), soll

---

60 Vgl. Otto Weiß: Kulturkatholizismus (2014), S. 53.
61 Vgl. Ludwig Stockinger: Romantik und Katholizismus. (1988), v.a. S. 194–268, auch Maria Cristina Giacomin: Zwischen katholischem Milieu und Nation (2009), S. 61 und Felix Dirsch: Das „Hochland" (2003), S. 51.
62 Carl Muth: Die Wiedergeburt der Dichtung aus dem religiösen Erlebnis (1909), S. 78.
63 Ebd.
64 Ebd., S. 90.
65 Einen ähnlichen Vorwurf erhebt Muth gemeinsam mit Theodor Haecker gegen Stefan George und die neuromantische Bewegung, vgl. die Theodor Haecker gewidmete Streitschrift Muths *Schöpfer und Magier* (1935). Siehe hierzu auch Kapitel 5.5.1 der vorliegenden Arbeit.

demnach von einer allgemeinen geistesgeschichtlichen Energie, die als überzeitliche progressive Kraft gedeutet wird (Romantik als Prinzip), unterschieden werden.[66] Habe der Katholizismus zwar eine „ideelle[] Anziehungskraft" auf die historische Romantik ausüben können,[67] so Muth, gelte dies keinesfalls auch *vice versa*. Weder die romantische Weltanschauung noch deren Kunstideal ließen sich mit dem identifizieren, was gemeinhin als ‚katholisch' bezeichnet werden könne. Stattdessen müsse „die in der Romantik aufgetauchte katholische Bewegung" umgekehrt als „eine Annäherung der Literatur an den Katholizismus" gedeutet werden.[68] Diese Umkehrung stellt ein geschicktes Argument gegen Kralik und für den Katholizismus als Ressource anspruchsvoller Literaturproduktion dar. Gerade weil sich die katholische Religion in ihrer Funktion als weltanschauliches Ordnungssystem der Säkularisierung zu großen Teilen verschlossen habe, sei sie zum Attraktor für etliche Dichter der Romantik geworden, deren zahlreiche Konversionen dafür den entscheidenden Beleg zu erbringen scheinen. Nach Muth habe der Katholizismus also eine romantische Kunstproduktion attrahiert und befördert, das romantische Weltgefühl im Gegenzug aber nicht den Katholizismus beeinflussen können.

Lässt sich für Muth demnach einerseits eine klare, nämlich ideologische Trennungslinie zwischen Katholizismus und Romantik ziehen, räumt er der ‚romantischen Kunstproduktion', d.h. einer modernistischen Kunstproduktion, andererseits eine indikatorische wie auch eine katalysatorische Funktion ein. Die „ideelle[] Anziehungskraft des Katholizismus" hofft Muth dabei ein weiteres Mal,[69] nämlich für die Gegenwart, zur Wirkung bringen zu können. Auffallend daran ist, dass er, in ähnlicher Weise, wie es bereits Ricarda Huch in ihren Romantikstudien,[70] vorgenommen hatte, für ein verwandtschaftliches Verhältnis der zeitgenössischen geistigen Situation zu der um 1800 argumentiert. Indes begreift er, weniger wohlwollend als Huch, die von der Lebensphilosophie gezeichnete Gegenwart als defizitär: „in unserer Gegenwart sehen wir den romantischen Charakter aufs höchste entwickelt. Wir erleben den ganzen Jammer der romantischen Stimmung und fangen gerade deshalb an, sie von innen heraus zu überwinden".[71] Muth bleibt jedoch nicht bei der zeittypischen Kulturkritik stehen, sondern deutet die missliche Lage als Vorspiel für „eine neue klassische

---

66 Vgl. Carl Muth: Die Wiedergeburt der Dichtung aus dem religiösen Erlebnis (1909), S. 90.
67 Ebd., S. 2.
68 Ebd., S. 1.
69 Ebd., S. 2.
70 Vgl. Ricarda Huch: Blütezeit der Romantik (1899); dies.: Ausbreitung und Verfall (1902).
71 Carl Muth: Die Wiedergeburt der Dichtung aus dem religiösen Erlebnis (1909), S. 85.

Periode", die selbstredend eine klassische Literatur hervorbringen werde, idealerweise aus ‚katholischem Geist'. Denn gerade von der positiven Religion erhofft sich Muth die Institutionalisierung eines klassischen Kunstideals, das in der Lage sei, „den ganzen Jammer der romantischen Stimmung" zu überwinden:

> Zwischen der klassischen Dichtung und der Religion besteht ein gleich tiefes inneres Verhältnis, aber nicht das der Weggemeinschaft und des Zielstrebens, sondern der Erreichung des Zustands. Die klassische Kunst sucht die Verheißung der Religion gleichnisweise vorwegzunehmen und als möglich zu zeigen, was nach christlichem Glauben im Jenseits wirklich und ewig sein wird. So ist sie in viel höherem Grade eine Bürgschaft des künftigen Schauens als die romantische Kunst, die nur den Weg und das Ziel, aber nicht in gleichem Maße Ankunft und Zustand kennt.[72]

Indirekt argumentiert Muth hier gegen Hegels Kunstformenlehre, wie er sie in seinen Vorlesungen über die Ästhetik dargelegt hat und wie sie wirkmächtig in den ästhetischen Diskursen des 19. Jahrhunderts resonierte. Bekanntlich unterschied Hegel darin zwischen der symbolischen, der klassischen und der romantischen Kunstform, die er als „drei Verhältnisse der Idee zu ihrer Gestalt im Gebiete der Kunst" begriff und drei verschiedenen Kulturepochen zuordnete,[73] nämlich der orientalischen, der griechisch-römischen und schließlich der christlichen. Während Hegel die Kunstschönheit in der klassischen Antike vollendet sah, die romantische, also christliche Kunst hingegen als „Abwertung des sinnlich Erscheinenden" bewertete,[74] argumentiert Muth stattdessen für ein klassisches Kunstideal, das gerade durch eine dezidiert katholische Literaturproduktion zur Anschauung gelangen könne. Wenn er damit einerseits das von Kralik und dem Gralbund verabsolutierte ‚romantische Kunstideal' verabschiedet, so erkennt Muth andererseits im ahistorisch konzipierten romantischen Prinzip, sofern es als „religiöses Erlebnis" begriffen wird,[75] Aktivierungsener-

---

72 Ebd., S. 89.
73 Georg Wilhelm Friedrich Hegel: Vorlesungen über die Ästhetik (1970), S. 114.
74 Stephanie Over: Die Abwertung des sinnlich Erscheinenden (2005), S. 58.
75 Maria Cristina Giacomin und Ludwig Stockinger gehen von einem „überaus amivalent[en]" Verhältnis Muths zur Romantik aus: „Er verfolgte das Ziel, katholisch-romantische Tradition und klassizistisches Kunstideal in seine Poetik zu integrieren und musste dabei all jene Aspekte der Romantik ablehnen, ‚die sich dem klassizistischen ausgerichteten bürgerlichen Literaturkanon nicht einfügten'" (Maria Cristina Giacomin: Zwischen katholischem Milieu und Nation [2009], S. 59). Und Stockinger spricht im Hinblick auf Muths Literaturverständnis von unüberwindlichen Aporien: „So fordert er [d.i. Muth] von katholischen Autoren Werke, ‚in denen das subjektiv gläubige Gefühl mit der objektiven Schönheit der göttlichen Weltordnung sich in einer konkret gestalteten Handlung rein künstlerisch verschmolzen zeigt', er erklärt die

gien zur Wiederbelebung der Dichtung. Nicht ohne ironischen Bezug auf Kraliks ‚romantisches Kulturprogramm' betont er:

> Wenn man aber dennoch im Ernst auf den Spuren der Romantik ins Land der Kunst einzuziehen hofft, so habe man wenigstens den Mut, das tiefste und befruchtendste Lebenselement der Romantik [...] vorzubereiten durch die unbesorgte und freiheitsmutige Pflege des mystischen Lebens, durch jene tragende Gottinnigkeit und Liebessehnsucht, sie jenseits der dürren Formeln des Verstandes sieghaft wie im Feuerflug Welt und Leben ergreift und poetisch meistert.[76]

Mit dem Anliegen, das ‚mystische Leben' zu pflegen, das als Gegensatz zu Abstraktion, Rationalismus, Spezialistentum und Relativismus zur wesentlichen Inspirationsquelle künstlerischen Schaffens erhoben wird, bewegt sich Muths Poetologie nur scheinbar im ideologischen Fahrwasser der neoromantischen Wende, in der ebenfalls ein moderner, an die als gegenaufklärerisch verstandene Romantik anknüpfender Mystizismus zur Neubelebung des literarischen Lebens das Fundament bilden sollte. Insbesondere der Eugen-Diederichs-Verlag, die bekannteste Publikationsplattform der neuromantischen Bewegung um 1900, machte es sich zur Aufgabe, die „hochmittelalterliche Spiritualität des 13. und 14. Jahrhunderts als explizites Vorbild für die Renaissance einer konfessionslosen modernen Religiosität der Innerlichkeit in der Gegenwart" zu installieren.[77] Programmatisch war dabei auch die Abgrenzung und Überwindung von jeglichem Intellektualismus, der die Abstraktion der Wesensschau vorzöge.[78] Die Idee des „mystischen Lebens" ist bei Muth allerdings eindeutig in eine dezidiert katholische Tradition eingelassen und wird folglich, jenseits der „individualistische[n] und subjektivistische[n] Lebensstimmung",[79] gegen die er sich wendet, nicht einem gnostisch-esoterischen Spiritualismus, sondern dem katholischen Universalismus, also der von Muth bezeichneten „objektive[n] Welt der christlichen Offenbarungstatsachen",[80] zugerechnet. Eine so verstandene ‚Mystik' als Ressource dichterischer Inspiration entspricht der traditionellen Vorstellung der Gottesschau, einer voraussetzungsreichen Kontemplation also,

---

Gestaltung der poetischen Welt in Form des Erlebnisses zur Norm, er lehnt deswegen die allegorische Darstellung dogmatischer Lehrbegriffe ab, und er verteidigt den Realismus gegen die neuromantischen Stilreaktionen" (Ludwig Stockinger: Romantik und Katholizismus [1988], S. 204).

76 Vgl. Carl Muth: Die Wiedergeburt der Dichtung aus dem religiösen Erlebnis (1909), S. 90.
77 Klaus Lichtblau: Der Eugen Diederichs Verlag (1999), S. 67.
78 Ebd. S. 68.
79 Carl Muth: Die Wiedergeburt der Dichtung aus dem religiösen Erlebnis (1909), S. 5.
80 Ebd., S. 5–6.

die subjektivistischer Eindimensionalität und Wirklichkeitsinstrumentalisierung strukturell widerstrebt.[81] Auch in diesem Fall ist es, wie schon in der Zeit der historischen Romantik, also nicht der Katholizismus, der sich an seine Interessenten und Verkünder akkommodiert, sondern es sind für Muth die Dichter, die in der universalen Schau, die der Katholizismus ihnen anbietet, den geeigneten Standpunkt für eine ‚klassische' Literaturproduktion finden. In allgemeiner Anlehnung an Martin Deutingers Ästhetik, die ebenfalls die christliche Religion zur Quelle der Kunst erhebt,[82] plädiert Muth in seinen als „Hochlandprogramm"[83] ausgewiesenen dichtungstheoretischen Überlegungen also insbesondere für einen „Katholizismus als Weltanschauung".[84] Dem bloß ‚ästhetischen Katholizismus',[85] den er insbesondere in seiner späteren Auseinandersetzung mit Stefan George als partikularistisches Religionssurrogat scharf kritisieren sollte,[86] setzt Muth somit eine klassische Literatur aus katholischem Geist entgegen, die sich, gemäß des konfessionellen Selbstverständnisses, durch Ganzheitlichkeit, respektive Vollendung auszeichnen müsse und damit sowohl formalästhetischen als auch außerästhetischen Kriterien zu entsprechen habe.

Eine unter diesen Prämissen gegebene, zunächst gängig erscheinende und an Hegels Kunstformenlehre erinnernde Definition des Klassischen und Romantischen birgt so schließlich weitreichende Implikationen, die auf den ersten Blick möglicherweise nicht ersichtlich sind:

> Fassen wir den Begriff des Klassischen als die vollständige und restlose Übereinstimmung und Gleichsetzung von Inhalt und Form, von Seelischem und Sinnlichem, so ergibt sich für die romantische Kunst immer der Nachteil, daß entweder der Inhalt die Form sprengt, oder diese nicht ausreicht, den Inhalt zu umschließen.[87]

Für Muth steht die Romantik also einerseits „dem christlichen Gefühl von der Unzulänglichkeit alles Irdischen näher als die klassische Kunst", doch habe andererseits gerade die höchste Kunst die Aufgabe, „alles Verlangen zum Schweigen zu bringen und uns für Augenblicke in jenen Zustand seliger Geister zu versetzten, die, ganz in der Anschauung und Erkenntnis des Objekts verlo-

---

81 Vgl. Josef Sudbrack u.a.: [Art.] ‚Mystik' (2009).
82 Vgl. Martin Deutinger: Über das Verhältnis der Poesie zur Religion (1915).
83 Carl Muth: Die Wiedergeburt der Dichtung aus dem religiösen Erlebnis (1909), S. 28.
84 Ebd., S. 27. Vgl. hierzu auch Friedrich Vollhardt: Hochland-Konstellationen (2008), S. 79.
85 Siehe hierzu Wolfgang Braungart: Ästhetischer Katholizismus (1997).
86 Vgl. Carl Muth: Schöpfer und Magier (1935).
87 Carl Muth: Die Wiedergeburt der Dichtung aus dem religiösen Erlebnis (1909), S. 82.

ren, kein Begehren kennen."[88] Es fällt auf, wie Muth Hegels Vorstellungen imitiert, aber hinsichtlich der Wertung umkodiert und so eine weitere, kaum innovative Typisierung der Begrifflichkeiten ‚klassisch' und ‚romantisch' vornimmt. Dem klassischen Charakter wird dabei in Anlehnung an Schillers Begriff der ‚schönen Seele' Sittlichkeit als wesentliche Charaktereigenschaft zugeschrieben, der ‚romantische Charakter' hingegen – in Anlehnung an Ricarda Huch[89] – als ‚unruhige' Seele, also defizitär gedeutet.[90]

Ausgehend von diesen Ausführungen lassen sich resümierend fünf unterschiedliche Verwendungsweisen der Begriffe ‚Romantik/romantisch' in Muths kultur- und dichtungsphilosophischer Bekenntnisschrift *Die Wiedergeburt der Dichtung aus dem religiösen Erlebnis* festhalten: Fragt der Verfasser zunächst nach dem adäquaten Kunstideal einer dezidiert christlichen Literaturproduktion, das er nicht als ‚romantisch', sondern als ‚klassisch' zu bestimmen sucht (Romantik als Terminus ästhetischer Wertung/überzeitlicher Stilbegriff), ist er doch zugleich darum bemüht, die Erbschaft der historisch zu verortenden Kulturbewegung der Romantik (als literarhistorisches Epochenphänomen) im Hinblick auf ihre kulturelle Wirkungskraft für die eigenen Reihen fruchtbar zu machen (Romantik als Energiereserve). Weiter werden den jeweiligen Kunstidealen charakteristische Welthaltungen zugeordnet (Romantik als überhistorischer Wesensbegriff), die schließlich seine kritische Zeitdiagnose anleiten. Die Romantik firmiert in diesem Zusammenhang als Chiffre für eine an religiöser Orientierung Ungenügen leidenden Moderne, der eine spezifische Weltanschauung (Romantik als Weltanschauung), und zwar die der „ungebundenste[n] Subjektivität", entspreche,[91] die wiederum der katholischen Weltanschauung diametral entgegenstehe. Damit sind auch zentrale Koordinaten für die Romantik-Rezeption im intellektuellen Umfeld des *Hochland* gesetzt, die sich wesentlich um die allgegenwärtige Frage nach dem Wesen und der Erbschaft der Literatur- und Kulturbewegung des späten 18. und frühen 19. Jahrhunderts drehte und einem klassischen Kunst- wie auch Weltanschauungsideal, das man mit dem katholischen Christentum in Verbindung brachte, eine Vorrangstellung gegenüber dem romantischen einräumte.

Zu einer solchen „Phalanx der katholischen Klassik",[92] wie Manfred Dahlheimer den affirmativen Bezug einer ganzen Reihe katholischer Intellektueller

---

88 Ebd., S. 83.
89 Vgl. Ricarda Huch: Die Romantik (1951), S. 112–141.
90 Carl Muth: Die Wiedergeburt der Dichtung aus dem religiösen Erlebnis (1909), S. 84–85.
91 Ebd., S. 79.
92 Vgl. Manfred Dahlheimer: Carl Schmitt und der deutsche Katholizismus (1998), S. 67.

auf diese Chiffren bezeichnet, zählten, wie bereits erwähnt, auch der transdisziplinär orientierte Kulturphilosoph Alois Dempf sowie der Soziologe Alfred von Martin. Beide rekurrierten in ihren Intellektuellenbiographien auf die von Muth präludierte und im *Hochland* fortgeführte Diskussion um die richtige Verhältnisbestimmung von Katholizismus und Romantik und ließen darin ihre eigenen Positionen in zeitkritischer Absicht sichtbar werden. Sowohl Alois Dempfs *Görres spricht zu unserer Zeit* als auch Alfred von Martins Doppelbiographie *Nietzsche und Burckhardt*, um die es im Folgenden gehen soll, stellen aufschlussreiche Fallbeispiele für standortgebundene und hoch voraussetzungsreiche Auseinandersetzungen mit der Romantik während des Nationalsozialismus dar, die sich als Dissidenz anzeigende Literaturproduktionen rekonstruieren lassen.

6.2 Alois Dempfs Intellektuellenbiographie *Görres spricht zu unserer Zeit* (1933)

Wenn auf dem deutschen Büchermarkt im Sommer 1933 ein Buch mit dem Titel *Görres spricht zu unserer Zeit* erscheint, drängt sich nahezu unweigerlich die Frage auf, was der vor fast einem Jahrhundert verstorbene, katholische Publizist Joseph Görres (1776–1848) der deutschen Leserschaft der frühen 1930er-Jahre denn noch zu sagen haben könnte. Der Hinweis auf den Verfasser Alois Dempf (1891–1982), der sich in den 1920er-Jahren als Kulturphilosoph, Neuscholastiker und katholischer Intellektueller in der akademischen Welt und dem katholischen Bildungsmilieu einen Namen gemacht hatte, sowie ein Blick in Klappentext, Inhaltsverzeichnis und Vorwort wecken vage Vorstellungen von Inhalt und Absicht: Gezeichnet wird das Portrait des Publizisten Joseph Görres (1776–1848), der vor dem Hintergrund der gesellschaftspolitischen Wirren und Richtungskämpfe seiner Zeit, also den Befreiungskämpfen, der Restauration und dem Vormärz, unterschiedliche Lebensformen und Weltanschauungen durchläuft, die Dempf im Inhaltsverzeichnis als *vita utopica*, *vita activa* und *vita contemplativa* indiziert. Diese Phasen sollen nach Auskunft des Verfassers nicht gleichwertig nebeneinandergestellt, sondern als Durchgangsstationen einer fortschreitenden geistig-geistlichen Entwicklung begriffen werden, die ihren positiven Höhepunkt und Abschluss in der *vita contemplativa* findet. Bereits der Klappentext macht deutlich, dass die geistige Entwicklungsgeschichte von Görres in der Darstellung Dempfs normativ zu lesen ist:

> In schöpferischer Auseinandersetzung mit der Zeit ist Görres vom Aufklärer und Romantiker zum konservativen Publizisten und christlichen Philosophen herangereift; über drei Weltaspekte führt dieser Weg: über den Geist, die Politik, die Mystik. Zu seiner endgülti-

gen Form gereift, hat Görres nicht nur für seine und nicht nur für unsere Zeit, sondern für eine weite Zukunft grundlegende Gedanken und Erkenntnisse über den Staat, die Geschichte, das Wesen des Politischen und über den Zusammenhang der menschlichen Dinge überhaupt gefunden. Die Lehre dieser von dem Kulturphilosophen Dempf mit kenntnisreicher Hingabe geschilderten Entwicklungsstadien des Mannes Görres und seines Werkes ist für die Gegenwart: daß vollmenschliches Leben nur aus einer entschiedenen, religiösen Weltanschauung möglich ist![93]

Folgt man dieser knappen Inhaltsangabe, scheint Joseph Görres in Dempfs *Görres spricht zu unserer Zeit* als Reflexionsfigur in vorbildgebender und orientierungsstiftender Funktion installiert zu werden und folglich in zweifacher Hinsicht von aktuellem Wert zu sein: Zum einen betreffs seiner Lehre und zum anderen in Bezug auf seine religiöse Weltsicht.

Alois Dempfs Text bewegt sich damit, so ist es auch in der Forschungsliteratur zu lesen, im Fahrwasser einer „exklusiven Inanspruchnahme",[94] wie sie in der orthodoxen katholischen Görres-Rezeption der Weimarer Republik vorherrschte. Hier wurde „die Wertparität seiner nationalen und seiner christlichen Schriften zu Gunsten der Spätschriften" korrigiert „und die Haltung des späten katholischen Görres zum Maßstab für die Beurteilung der Gegenwart" sowie seines Gesamtwerks gesetzt.[95] Damit ist angedeutet, dass der Name ‚Görres' in den ersten Dekaden des 20. Jahrhundert selten in historisierender Weise gebraucht wurde, sondern vielmehr zu jenem „Invokationsvokabular" gehörte, das angesichts ideologischer und politischer Richtungskämpfe wiederholt und kontrovers „zur politisch wirksamen Mobilisierung von Gegenwartsinteressen" bemüht wurde.[96] Die Görres-Rezeption des katholischen Lagers, die keinesfalls einheitlich ausfiel,[97] bildet dabei lediglich ein Beispiel für die während der Weimarer Republik und im ‚Dritten Reich' ubiquitär statthabende ideologische Zurichtung von romantischen Denkern und Konzepten zum Zweck politischer und weltanschaulicher Behauptung.[98] Dass gezielte Leserlenkung und rhetorische Strategien, also spezifische Darstellungsverfahren, hierfür eine nicht unwichtige Rolle spielten, rechtfertigt, derlei nicht-belletristische Texte auch literaturwissenschaftlich zu untersuchen. So auch die nur wenige Monate nach der nationalsozialistischen Machtübernahme erschienene Intellektuellenbiographie aus der Feder Alois Dempfs.

---

[93] Alois Dempf: Görres spricht zu unserer Zeit (1933), o.S.
[94] Florian Krobb: „Seher und Rufer zu nationalem Selbstbewußtsein" (2010), S. 147.
[95] Ebd., S. 151.
[96] Ebd., S. 141.
[97] Ebd., S. 147–149.
[98] Vgl. Ralf Klausnitzer: Blaue Blume unterm Hakenkreuz (1999), S. 211.

Zur Görres-Rezeption in der Weimarer Republik und im ‚Dritten Reich' liegen einige wenige, einschlägige Studien vor,[99] in denen unter anderem „die Inanspruchnahme von Görres in der publizistischen Öffentlichkeit" als Desiderat markiert wurde.[100] Wenngleich die nachfolgende Untersuchung nicht den Anspruch erheben wird, dieses Desiderat zu beheben, so versteht sie sich zumindest als Beitrag zu diesem Themenkomplex. Am Beispiel von Dempfs 1933 sowie 1936 in zweiter, unbearbeiteter Auflage erschienener Görres-Biographie gehe ich im Folgenden der Frage nach, auf welche Weise die historische Gestalt Joseph Görres als Reflexionsfigur lanciert wird und welche Funktionen der aktualisierende Rückgriff im Sinne einer auf Zeitkritik gemünzten literarischen Kommunikation einnimmt.

Dabei werde ich argumentieren, dass die geistesgeschichtlich angelegte Biographie *Görres spricht zu unserer Zeit* diversen Anliegen des Verfassers zugleich Rechnung tragen sollte. Zunächst muss sie als Realisationsform eines allgemeineren katholischen Kulturprogramms gelesen werden, wie Dempf es bereits in den 1920er-Jahren auf offiziellen und inoffiziellen Kanälen angekündigt, beworben und verfolgt hatte (6.2.1), so auch beispielsweise in seinem *Hochland*-Beitrag „Das Erbe der Romantik und das jeweils Klassische" (6.2.2). Wie zahlreiche katholische Intellektuelle in der Zeit, beteiligte sich auch Dempf mit seinem Görres-Buch an der Pflege und Weiterführung traditioneller, mitunter dezidiert katholischer Denktraditionen. Den von weltanschaulichen Gegensätzen bestimmten Lebenslauf seiner Hauptfigur Görres, der sich vom Romantiker über den Staatsmann zum gläubigen Katholiken entwickelte, nimmt Dempf dabei zur Vorlage, um dessen Lehre in die Darstellungsform einer *Summa* zu bringen,[101] sie also zu systematisieren und schließlich im Kontext der Summenliteratur einem ‚Schrifttum christlicher Klassik' zuzuführen, dessen Kanonisierung er programmatisch voranzutreiben gedachte (6.2.3). Dempf engagierte sich so für die Pflege einer traditionellen, in seiner Auffassung ‚universalkatholischen' Wissenschaftstradition und ihrer Darstellungsformen.

---

99 Zur Görres-Rezeption in der Weimarer Republik siehe den bereits zitierten Florian Krobb: „Seher und Rufer zu nationalem Selbstbewußtsein" (2010); Für das ‚Dritte Reich' siehe Ralf Klausnitzer: Blaue Blume unterm Hakenkreuz (1999), hier findet sich auch eine Kurzbibliographie zu den zwischen 1933 und 1945 erschienenen Titeln mit Görres-Bezug.
100 Florian Krobb: „Seher und Rufer zu nationalem Selbstbewußtsein" (2010), S. 141.
101 Darunter ist in der scholastischen Tradition die „dialektische Argumentationsführung und Systematisierung eines Stoffels mittels Begriffshierarchien" gemeint, also eine systematische Darstellung eines bestimmten Themengebiets. Siehe Ruedi Imbach: [Art.] „Summa, Summenliteratur, Summenkommentare" (2006); allgemeiner hierzu vgl. Ulrich Gottfried Leinsle: Einführung in die scholastische Theologie. Paderborn (1995), S. 50–61.

Den katholischen Publizisten des 19. Jahrhunderts installierte er aber nicht nur als ‚christlichen Philosophen', sondern funktionalisierte ihn darüber hinaus zu einer aktuellen Stimme, mit der man sowohl in weltanschaulichen als auch in politischen, sozial- und staatsphilosophischen Fragen der Gegenwart Deutungshoheit beanspruchen konnte. Im Besonderen gibt die Veröffentlichung mithin Auskunft über Dempfs Doppelrolle als Wissenschaftler und katholischer Intellektueller (6.2.5). Sie lässt sich jedenfalls als engagiertes Pendant zu einem genuin wissenschaftlichen Artikel über die ‚Kulturphilosophie' lesen, den Dempf 1932 in dem von Alfred Baeumler und Manfred Schröter herausgegebenen *Handbuch für Philosophie* veröffentlicht hatte (6.2.4). *Görres sprich zu unserer Zeit* richtet sich zwar ebenfalls an ein akademisches Publikum, scheint aber im Besonderen den Typus des katholischen Intellektuellen zu adressieren, wie er etwa im Katholischen Akademikerverband, der Görres-Gesellschaft, im Autoren-Kreis um das *Hochland* sowie dem ‚Werl-Soester Kreis' zu finden war – Institutionen, denen Dempf nahestand.

Vor dem Hintergrund des politischen Umbruchs Anfang der 1930er-Jahre und den 1933 wieder aufgenommenen Verhandlungen zum Abschluss eines Staatskirchenvertrags zwischen dem Heiligen Stuhl und dem Deutschen Reich muss die Intellektuellenbiographie als durchaus politisches, Dissidenz zum Nationalsozialismus anzeigendes Buch verstanden werden. Denn Dempf argumentiert hierin mit Görres einerseits für das Primat der Kirche vor dem Staat und andererseits für das Gesellschaftskonzept einer ‚berufsständischen Ordnung' und damit schließlich gegen die sich sukzessive etablierende nationalsozialistische Diktatur. Der adressierten katholischen Bildungselite, die sich zum Zeitpunkt der Veröffentlichung in einer Phase der politischen und weltanschaulichen Richtungskämpfe befand, also ideologisch unschlüssig war, modellierte Dempf den populären Publizisten des 19. Jahrhunderts zu einem Vorbild katholischer Intellektualität und offerierte damit ein anschauliches, weil historisch verbürgtes Orientierungsangebot.

6.2.1 Wiederbelebung der *philosophia perennis*. Das esoterische und exoterische Kulturprogramm Alois Dempfs in den 1920er-Jahren

Im Zuge des Wiedererstarkens des deutschen Katholizismus, der seine kulturelle Inferiorität im Laufe der ersten Dekaden des 20. Jahrhunderts überwunden hatte, engagierten sich zahlreiche katholische Kulturschaffende und Institutionen für die Pflege und Popularisierung konfessions- und traditionseigenen Gedankenguts.[102] Alois Dempf (1891–1983) kann hier als namhafter Exponent gelten. Als Mitglied des Katholischen Akademikerverbands, Schüler des katholischen Theologen und Philosophen Hermann Schell und langjähriger Autor der Zeitschriften *Hochland* und *Abendland* war Dempf mit dem katholischen Bildungsmilieu der Weimarer Republik, „das sich über eine verdichtete Binnenkommunikation konstituierte",[103] gut vernetzt. Aber auch darüber hinaus erlangte er in der akademischen Welt der 1920er-Jahre mit seinen wissenssoziologischen und kulturphilosophischen Arbeiten, wie etwa *Weltgeschichte als Tat und Gemeinschaft* (1924), *Die Hauptform mittelalterlicher Weltanschauung* (1925), *Das Unendliche in der mittelalterlichen Metaphysik und in der Kantischen Dialektik* (1926), *Ethik des Mittealters* (1927), *Sacrum Imperium* (1929) und der *Metaphysik des Mittelalters* (1930) an Ansehen und etablierte sich zunehmend als bedeutender Neuscholastiker und Kulturphilosoph.

Dempfs Biographie sowie sein Profil als nonkonformer Schriftsteller während des Nationalsozialismus können als bekannt gelten,[104] sodass hier nur auf die wesentlichen Stationen seines akademischen Werdegangs hingewiesen werden soll. Schon während seines Philosophiestudiums in München setzte sich Dempf intensiv mit den Werken Thomas von Aquins und den Klassikern der politischen Philosophie auseinander. 1921 promovierte er mit einer Arbeit zum *Wertgedanken in der Aristotelischen Ethik und Politik* bei Hans Meyer und Clemens Baeumker. Öffentliches Ansehen brachte ihm seine 1924 publizierte geisteswissenschaftliche Studie *Die Hauptform mittelalterlicher Weltanschauung. Eine geisteswissenschaftliche Studie über die Summa*, die als wissenssoziologische Arbeit über das Mittelalter rezipiert wurde. Nachdem sein Versuch, in München akademisch Fuß zu fassen, gescheitert war, habilitierte er sich 1926 in Bonn, wo er sich fortan als Privatdozent betätigte, zum Thema *Das Unendliche in der mittelalterlichen Metaphysik und in der Kantischen Dialektik*. Hierin beschäftigt sich Dempf mit der „überraschende[n] Übereinstimmung von Thomas [von Aquin] und Kant in der kosmologischen Antinomienlehre".[105] Die lang ersehnte Professur erhielt er allerdings erst 1937 mit dem Ruf an die Universität

---
102 Vgl. hierzu allgemein Otto Weiss: Kulturkatholizismus (2014).
103 Hans Manfred Bock: Der „Abendland"-Kreis und Hermann Platz (2006), S. 364.
104 Siehe Cornelius Zehetner: Alois Dempf. Selbstkritik der Philosophie und Annäherung an den Menschen (2009); Berning, Vincent, und Hans Maier (Hg.), Alois Dempf 1891–1982 (1992); Walter Böhm: A. Dempfs „Selbstkritik der Philosophie" (1960); Hans-Paul Höpfner: Die Universität Bonn im Dritten Reich (1999); Hermann Krings: Alois Dempf. Ein Nachruf (1983); Hans Maier: Der politische Alois Dempf (1993); Rainer Specht: Laudatio für Alois Dempf (1982).
105 Alois Dempf: Alois Dempf (1975), S. 39.

Wien, wo er die Nachfolge des Logischen Empiristen Moritz Schlick antrat. Nur ein Jahr später, kurz nach der Annexion Österreichs durch die Nationalsozialisten, wurde Dempf, der sich schon früh und vielfach kritisch gegen den Nationalsozialismus positioniert hatte, seines Amtes enthoben und arbeitete in den folgenden Jahren als Privatgelehrter. Bis zum Publikationsverbot 1938 veröffentlichte er noch zahlreiche Texte, in denen er sich um die Pflege, Rehabilitation und Popularisierung christlicher Denktraditionen bemühte – der wissenschaftsprogrammatischen Devise seines publizistischen Schaffens. Seine dezidiert wissenschaftlichen Veröffentlichungen[106] zielten dabei vor allem auf die geistesgeschichtliche Detektion und Weiterentwicklung einer *philosophia perennis*,[107] die er mit der zeitgenössischen Philosophie, den *errores perennes* konfrontierte.[108] Bereits in seiner Studie *Die Hauptform mittelalterlicher Weltanschauung*, die als „Untersuchung des systematischen Weltbildes einer vergangenen Epoche" ein vorbildliches Beispiel für die „Einheitlichkeit der Weltanschauung" darstellen sollte,[109] hob Dempf hervor, dass die Hauptaufgabe der Philosophie, ihr „höchste[r] Ehrenkranz", darin bestehe, ein „universale[s] Weltbild" zu erschließen.[110] Als entsprechende Darstellungsform schwebte ihm hierfür die ‚Summa' scholastischer Tradition vor, die es, so heißt es weiter, „in irgendeiner Form, eines umfassenden beschreibenden und normativen Gesamtsystems",[111] ‚wiederzuerobern' gelte. Neben den explizit wissenschaftlichen und systematisch angelegten Arbeiten veröffentlichte Dempf auch Texte, die demselben Anliegen verpflichtet waren, sich aber nicht ausschließlich an ein Fachpublikum richteten. Hier sind beispielsweise seine Görres-Biographie (1933), die *Mystiker-Miniaturen* (1934),[112] die im Hegner-Verlag erschienene „Kierkegaard-Kritik"[113] *Kierkegaards Folgen* (1935) sowie die Textsammlung *Vom inwendigen Reichtum. Texte unbekannter Mystiker aus dem Kreise Eckharts* (1937) zu nennen.

---

106 In den 1930er-Jahren sind das: Metaphysik des Mittelalters (1930); Meister Eckhart. Eine Einführung in sein Werk (1934); Johannes Eriugena und die Metaphysik der Karolingerzeit (1934); Der augustinische Exemplarismus Bonaventuras (1936); Religionsphilosophie (1937); Christliche Philosophie. Der Mensch zwischen Gott und der Welt (1938).
107 Vgl. Alois Dempf: Vorwort (1935); auch Alois Dempf: Die Antithese (1937/38), vor allem S. 31; Alois Dempf: Sacrum Imperium (1929), S. VIII.; Alois Dempf: Die Hauptformen mittelalterlicher Weltanschauung (1924).
108 Vgl. Alois Dempf: Vorwort (1935). Hierzu auch Lutz Danneberg: Wissenschaftsauffassung und epistemischer Relativismus im Nationalsozialismus [FHEH-Preprint-Version 04.07.2012].
109 Alois Dempf: Die Hauptform mittelalterlicher Weltanschauung (1924), S. 2.
110 Ebd., S. 176.
111 Ebd.
112 Alois Dempf (Hg.): Mystiker-Miniaturen. (1934).
113 Alois Dempf: Kierkegaards Folgen (1935), S. 9.

Cum grano salis können auch die zahlreichen Artikel und Aufsätze, die er in diversen Zeitschriften bis in die späten 1930er-Jahre platzierte,[114] dazu gezählt werden.

Bemerkenswerterweise lassen sich Dempfs Pläne für das Großprojekt, eine katholisch-christliche Kultur- und Philosophietraditionen zu befördern, bis in die frühen 1920er-Jahre zurückverfolgen. Und er lancierte sie nicht nur auf öffentlichen, sondern auch auf esoterischen Kanälen. Dafür liefert ein unveröffentlichtes und undatiertes Dokument, das er aller Wahrscheinlichkeit nach ebenfalls in den 1920er-Jahren unter dem Titel „Vertrauliche Denkschrift. Von der Möglichkeit einer deutschen Thomasbewegung" der *Hochland*-Redaktion zukommen ließ, einen entscheidenden Beleg.[115] Das 17-seitige Typoskript liest sich in weiten Teilen wie ein Antrag, in jedem Fall aber wie ein kulturpolitisches Programm. Zeittypisch konstatiert Dempf darin eine „Öffentlichkeitskrisis und Bildungskrisis [...] seit dem Weltkrieg und der Revolution", auf die der wiedererstarkte deutsche Katholizismus ‚klärend' reagieren müsse. „Für den katholischen Geist in Deutschland, den universalen" stelle sich insbesondere „die Aufgabe der friedlichen Auseinandersetzung mit dem deutschen Geist der Gegenwart."[116] Dies könne aber nicht „die Angelegenheit eines exklusiven Kreises" sein, sondern müsse „ein weithin sichtbares geistiges Werk werden", an dem sich sowohl katholische Kleriker, Gelehrte als auch Laien zu beteiligen haben. Dieses Großunternehmen betreffe in erster Linie die „Verbreitung der thomistischen Theologie und Philosophie", weil für Dempf nur eine „thomistische Formung" im Stande sei, den in „tausend und abertausend Einzelresultaten" zersplitterten „gegenwärtigen deutschen Geist" systematisch zu bändigen. Dempf erinnert in diesem Zuge an den Mangel, dass weder die Schriften Thomas von Aquins noch die „seit dreissig Jahren bekannten lateinischen Schriften Meister Eckhardts" angemessen herausgegeben seien.[117] Gerade die vielfältigen Ressourcen an geisteswissenschaftlichen Theorien und Methoden würden allerdings die besten Voraussetzungen bilden, um die katholischen Klassiker für eine systematisierende Philosophie der Gegenwart fruchtbar zu machen. Dempf sieht jedenfalls die „geistige Voraussetzung in Deutschland [dafür, K.M.] besser

---

114 Für das *Hochland* etwa Alois Dempf: Die Antithese (1937/38); ders.: Das Dritte Reich (1931/32); ders.: Meister Eckharts Verhängnis (1934/35); ders.: Um den deutschen Thomas (1934/35); ders.: Begegnungen der Konfessionen? (1935/36).
115 Alois Dempf: Vertrauliche Denkschrift. Von der Möglichkeit einer deutschen Thomasbewegung, o.D. befindet sich als 17-seitiges Typoskript im Nachlass von Carl Muth unter der Sektion ‚Redaktionspapiere' (BSB, Ana 390).
116 Ebd., S. 6.
117 Ebd., S. 19.

als jemals gegeben".[118] Bevor man jedoch, so räumt er ein, „mit diesem schwierigen Werk an die grössere Oeffentlichkeit" herantreten könne, müssten zunächst „die wichtigsten Voraussetzungen für einen durchgreifenden Erfolg geschaffen" werden. Dies schließe sowohl „eine stille Vorbereitungszeit von einigen Jahren" und die Notwendigkeit einer „esoterischen streng wissenschaftlichen Arbeitsgemeinschaft" als auch ein „exoterisch[] publizistische[s] Vorbereitungswerk" mit ein.[119] Hierfür unterbreitet Dempf einige konkrete Vorschläge, etwa die Wiederauflage, Übersetzung und Popularisierung traditioneller Klassiker wie Augustinus, Anselm von Canterbury und Bonaventura oder die Herausgabe eines lateinisch-deutschen Wörterbuchs. Ziel des Großprojekts sei, so Dempfs programmatische Formulierung, die „lebendige Erneuerung einer wirklich umfassenden christlichen Philosophie".[120]

Die im Rahmen einer intimen Kommunikationssituation situierte „Vertrauliche Denkschrift", deren Aussagen auch in der Zeit des Nationalsozialismus für Dempf noch Geltung haben, geben Auskunft über den esoterischen Hintergrund seines ‚exoterischen Vorbereitungswerks',[121] das nicht zuletzt im *Hochland* zu finden ist, unter anderem in seinem Beitrag „Das Erbe der Romantik und das jeweils Klassische" (1925).

6.2.2 Jenseits von Rationalismus und Historismus. Dempfs Auseinandersetzung mit der Romantik im *Hochland*

Dempfs Anliegen, eine „neue Synthese" zu finden, „welche die griechisch-lateinische Antike, den Universalismus des germanisch-lateinischen Mittelalters, der Spätscholastik, der Renaissance und der Spätromantik, aber auch [...] des Deutschen Idealismus kritisch auf[]arbeiten" sollte, mit dem Ziel die philosophia perennis dynamisch weiterzuentwickeln,[122] bildet sich auch in seinem *Hochland*-Aufsatz „Das Erbe der Romantik und das jeweils Klassische" ab. Bereits dessen signifikanter Titel, in dem die Romantik als historisch verortbare Epoche einem relativ begriffenen Klassikkonzept strukturell entgegengesetzt wird, lässt Verbindungsstellen zu seinem wissenschaftsprogrammatischem

---

118 Ebd., S. 17.
119 Ebd.
120 Ebd., S. 23.
121 Hierzu gehört unter anderem der im *Hochland* erschienene Beitrag von Alois Dempf: Das Verhängnis der deutschen Kultur (1924/25), S. 477–480.
122 Vincent Berning und Hans Maier (Hg.): Alois Dempf (1992), S. 49.

Leitthema vermuten. Doch gehen seine Ausführungen darin wesentlich über diesen Aussageaspekt hinaus. Die einleitenden Bemerkungen, in denen das Vorhaben durch eine ‚Schatzkammer-Metaphorik' bildlich vorweggenommen wird, machen deutlich, dass es Dempf überdies darum ging, vor dem Hintergrund der zeitgenössisch florierenden und sich ebenfalls der Idee von Ganzheitlichkeit verpflichtenden Lebensphilosophie, Möglichkeiten und Methoden einer alternativ verfahrenden Kulturgeschichte des Christentums auszuloten:

> Da ich von den Schönheiten des christlichen Schrifttums reden will, von unserm eigensten geistigen und religiösen Erbe, möchte ich mitten in die Schatzkammern unserer zwei Jahrtausende führen und ein Kleinod nach dem andern ehrfurchtsvoll und froh in die Hände nehmen und aufweisen, was wir durch eine neue Kulturanschauung an ihnen neu zu sehen gelernt haben.[123]

In offenbar selbstreflexiver Absicht ruft der katholische Philosoph damit kurzerhand sein eigenes kulturphilosophisches Programm auf den Plan, das eine *longue durée* ausweisen und, wie der Titel nahelegt, an das Erbe der Romantik anknüpfen soll. Von außerordentlicher Virulenz erscheint ihm dieses Vorhaben in Anbetracht der antirationalistisch ausgerichteten Kulturanschauung der Gegenwart, die nicht nur „daran ist, den Historismus zu überwinden und statt der lediglich gelehrten und abstrakten Geschichtsbetrachtung in eine lebensfördernde Fühlung mit der Tradition zu treten",[124] sondern sich auch wesentlich durch das symptomatische Bedürfnis nach Gemeinschaft, Ganzheitlichkeit und Lebensweisheit auszeichne und folglich Ähnlichkeiten zum Weltverhältnis der Romantik aufweise. Dabei macht Dempf klar, dass er sich weniger mit dem Wesen und dem „großen Problem der Romantik überhaupt" befassen könne, wie es etwa die zeitgenössischen Literaturhistoriker Josef Nadler und insbesondere Fritz Strich, dessen typisierende Methodik er mäßig kritisiert, bereits vorgenommen haben.[125] Vielmehr interessiert ihn der „wissenschaftliche Romantismus der sogenannten historischen Schule", „dessen Arbeitsfrüchte" er im Klima der aktuellen Kulturanschauung reifen sieht und die die Gegenwart mit einem neuen Begriff des Klassischen zu beerben im Stande sei.[126] In einem kursorischen ideengeschichtlichen Abriss, der größtenteils Erich Rothackers Narrativ in seiner *Einleitung in die Geisteswissenschaften* (1920) folgt,[127] versucht

---

123 Alois Dempf: Das Erbe der Romantik (1925), S. 573.
124 Ebd.
125 Vgl. ebd.
126 Ebd., S. 574–575.
127 Namentlich erwähnt und auch zitiert ebd. S. 579–580.

Dempf sodann zu plausibilisieren, wie der wissenschaftliche Romantismus, also die historische Schule rund um Friedrich Schlegel, Wilhelm Humboldt, Johann Gottfried Herder, Friedrich August Wolf und insbesondere Friedrich Carl von Savigny, samt ihrer Leitbegriffe ‚Leben', ‚Geist' und ‚Volksseele', durch eine Phase von Rationalismus und relativistischem Historismus im 19. Jahrhundert verschüttet worden sei und nun wieder im Zuge der akuten geisteswissenschaftlichen Wende, die als „begrüßenswerte[] Hinwendung zur lebensvollen Gemeinschaft, zu den objektiven Mächten, zum Willens- und Gefühlsmäßigen" gewertet wird,[128] zum Tragen komme. Diese Wende zu einer ‚lebensphilosophischen Kulturanschauung' begreift Dempf dabei als Chance und Gelegenheit, die gärenden Fragen nach dem spannungsvollen Verhältnis von Persönlichkeit und Gemeinschaft, die seiner Ansicht nach von den unterschiedlichen Schulen im 19. Jahrhundert, wie dem spekulativen Idealismus, der historischen Schule, dem Positivismus und der politischen Historie nur unzureichend beantwortet worden seien, erneut aufzugreifen:

> Was ist unter diesen Gesichtspunkten das Wesentliche der neuen Kulturanschauung? Was sind heute schon gesicherte Resultate? Das Wesentliche ist eine Testamentseröffnung der Romantik durch reicher, viel reicher gewordene Erben. Nachdem zu Ende des 19. Jahrhunderts jener merkwürdige Bruch mit der Überlieferung der romantisch-historischen Schule eingetreten war, kommt nun mit dem 20. Jahrhundert eine neue antirationalistische Welle, die ihr wieder kongenial ist. Die großen Gelehrtenpersönlichkeiten eines Dilthey und Wilhelm Scherer, die fast allein noch den Zusammenhang mit der alten Schule repräsentieren, kommen nun zu einer mannigfaltigen Wirkung, so bei Lamprecht, Nadler, ja auch ohne daß dieser es weiß oder zugeben will, bei Spengler. Reifer geworden ist vor allem die Geschichtswissenschaft durch die ungeheure Arbeitsleistung des historischen Jahrhunderts, das kritisch ein Riesenmaterial für eine vertiefte Geschichtsanschauung erarbeitet hat. So wird die Geschichte selber, besonders von der Soziologie her und von den vergleichenden Einzeldisziplinen des Rechts, der Verfassung, der Wirtschaft, der Kunst, der Religion hingedrängt auf das gemeinschaftliche und gesellschaftliche Zusammenwirken der Kulturzweige im Ganzen der Kulturgeschichte. Man braucht hier nur an Namen wie Delbrück, Max Weber, Troeltsch, Tönnies zu erinnern.[129]

Die sich aus dieser dialektischen Ablösung der geschichts- und geisteswissenschaftlichen Strömungen ergebende Entwicklung, in der das Erbe der Romantik tradiert und weiterentwickelt worden sei, schaffe schließlich, so die Folgerung, die Bedingungen für eine „sachgerechte Geschichts- und Kulturphilosophie",[130] also eine *alle* Aspekte des kulturellen Lebens berücksichtigende und zugleich

---
128 Ebd., S. 580.
129 Ebd.
130 Ebd., S. 581.

Allgemeingültigkeit beanspruchende, „universale Kulturanschauung".[131] Diese sei, sofern sie „objektiv die Form, den echten Stil der verschiedenen Kulturen und Zeiten zu erkennen" beansprucht,[132] allerdings „nicht mehr romantisch im literarischen Sinne",[133] sondern – was zunächst überraschen mag – prononciert klassisch. Für den an dem katholischen *ordo*-Gedanken, respektive einer normativen Metaphysik festhaltenden christlichen Philosophen kann eine derartige Kulturanschauung,[134] so wird Dempf es einige Jahre später in seinem Handbuch-Artikel zur „Kulturphilosophie" (1931) formulieren, „freilich nur vom universalen Standpunkt aus" möglich sein.[135]

Ungeachtet der katholisierenden Untertöne, argumentiert Dempf im *Hochland*-Aufsatz für ein recht modernes, nämlich relatives und damit zunächst undogmatisches Klassik-Konzept,[136] das ganz allgemein als „die Übereinstimmung von Form und Gehalt" definiert wird.[137] Es soll jedenfalls nicht mehr wie noch in der *Querelle des anciens et des modernes* an die „für absolut gehaltenen griechisch-römische Kunstformen" gebunden, sondern abstrahiert werden, da die antike Kultur lediglich „eine individuelle unter anderen Kulturen" darstelle.[138] Aus der historisch situierten und damit konzeptionell unterschiedenen Romantik wird also ein Klassik-Begriff als Erbschaftsaspekt abgeleitet, der aus

---

131 Ebd. Zur Unterscheidung von Kulturphilosophie und Kulturanschauung: Alois Dempf: ‚Kulturphilosophie' (1931), S. 3: „Wir haben eine Menge Kulturphilosophien, die aber alle nur Kulturanschauungen sind, weil wir d i e Kulturphilosophie noch nicht haben. Es wird ja auch erst bewußt seit 200 Jahren um sie gekämpft. Davon waren zudem die ersten hundert Jahre die Blütezeit der Geschichtsphilosophie und die letzten hundert Jahre die der Soziologie. [...] Kulturphilosophie kann heute in erster Linie Kulturkritik und Weltanschauungskritik sein, eine kritische Geschichte der verschiedenen Kulturanschauungen, die auch für die praktische Kulturkunde eine wissenschaftliche Grundlage schaffen könnte." Seinem grundsätzlichen Anliegen, eine „universale Kulturanschauung" zu etablieren, verleiht Dempf auch hier Ausdruck: „Es gibt beinah schon eine objektive Kulturwissenschaft. Meisterschaft in der Weltanschauungskritik ist schon unser Schulbegriff von Philosophie. So sehen wir alle Bedingtheiten der Kulturrichtungen und Kulturziele. Ihr Nebeneinander und Nacheinander sieht man freilich nur vom universalen Standpunkt aus. Sollte da nicht die Zusammenschau der Kulturkräfte im Ganzen der Kultur und der neue Mut zur Leitung des Kulturganzen unser Weltbegriff von Kulturphilosophie sein?"
132 Alois Dempf: Das Erbe der Romantik (1925), S. 581.
133 Ebd.
134 Vgl. zu Dempfs Intellektuellenbiographie Vincent Berning und Hans Maier (Hg.): Alois Dempf (1992).
135 Alois Dempf: ‚Kulturphilosophie' (1931), S. 4.
136 Vgl. Alois Dempf: Das Erbe der Romantik (1925), S. 582.
137 Ebd., S.581.
138 Ebd.

der Perspektive einer universalen Kulturanschauung immer nur von relativer, d.h. zeit- und kulturbedingter Form sein kann. Die sich durch die ausdifferenzierten Systeme ergebende Disziplinenvielfalt wird in diesem Zusammenhang ebenfalls nicht als Manko der Moderne abgetan, sondern als willkommene Gelegenheit gewertet. Dempf erkennt zumindest im Methodenpluralismus der ausdifferenzierten Geisteswissenschaft nicht nur das notwendige Instrumentarium für eine solide Kulturgeschichtsschreibung im Allgemeinen, sondern auch die Chance, die Moderne mit der christlichen Denktradition zu versöhnen.[139] Seine ideen- und wissenschaftsgeschichtliche Bestandsaufnahme bildet sodann auch den Hintergrund, vor dem Dempf das eigene wissenschaftsprogrammatisches Anliegen, und zwar den Übertrag bisheriger Theorien und Methoden der Kulturgeschichtsschreibung auf eine christliche Kulturphilosophie, platziert. Blieb der Kulturbegriff dabei zunächst auf nationale Einheiten bezogen („Nur wo alle Lebensäußerungen als Einheit des Volkes, als einheitlicher Lebensstil begriffen sind, ist das Wesen einer Kultur erkannt"[140]), weitet Dempf ihn in Anbetracht umfassender Gemeinschaftsformen, wie er sie im ‚christlichen Abendland' detektiert finden möchte, aus und offeriert in diesem Zuge eine Minimaldefinition von ‚Kultur':

> Kultur ist nicht nur wachsende Selbstgestaltung des Volksgeistes. Die Individualität der Völker wird auch mitbestimmt durch den Geist der großen Persönlichkeiten, durch objektive Ideen, durch Volksschicksale und die ganze Mannigfaltigkeit der jeweiligen soziologischen Verhältnisse. Besonders spätere abhängige Kulturen, die von vorausgegangenen mancherlei objektives Kulturgut, wenn auch in Umprägung, übernehmen, sind nicht reine Selbstgestaltung. Kann man sie darum nicht eigentliche Kulturen nennen? Doch nur, wenn man den Kulturbegriff fälschlich auf autonom erwachsene Kulturen im romantischen Sinne einschränkt. In Wirklichkeit liegt eine Kultur überall da vor, wo die Hauptelemente des Kulturlebens in einheitlicher, entwicklungsgesetzlicher Weise zusammenwirken und einen einheitlichen Lebensstil erzeugen.[141]

Wesentlicher als die hypostasierte ‚Reinheit', Autochtonie und Abgeschlossenheit kultureller Gemeinschaften ist demnach die gemeinschaftliche Entwicklung und Produktivität, die zu sozialer Kohäsion und Kohärenz, ausgedrückt in einem „einheitlichen Lebensstil", führe. Doch wie hat man sich die kulturellen, gemeinschaftsstiftenden Kräfte der Kultur, die Emergenzen dieser Art unterstützen, konkret vorzustellen? Für den Philosophen und Philologen Dempf ist es naheliegend, dass diese Kräfte in der schriftlichen Überlieferung zu suchen

---

139 Vgl. ebd., S. 582.
140 Ebd.
141 Ebd., S. 584.

sind. Ein klassisches Schrifttum der Christenheit, das gleichsam das erforderliche Material der in Angriff zu nehmenden und integrativ fungierenden christlichen Geistes- und Kulturgeschichte stellen muss, erkennt er dabei insbesondere in den mittelalterlichen Literaturformen der Exegese, der Summa und der Apologie, aber auch in den Heiligenlegenden. Diese, so sein bildungspolitisches Plädoyer, wie er es bereits in der „Vertraulichen Denkschrift" propagiert hatte, könnten nicht nur „der Krisis unserer gesamten Kultur" ein sittliches Fundament entgegensetzen,[142] sondern überdies einen völkerverbindenden Bildungsstoff liefern, der ein transnationales Gemeinschaftsmodell denkbar werden lasse.[143]

In der Vermittlung des klassisch mittelalterlichen Schrifttums möchte Dempf, der sich gekonnt als Materialkenner und traditionsbewusster ‚Schriftgelehrter' inszeniert und damit Expertise beansprucht, neben dem wesentlich durch Gemeinschaft bestimmten Kulturkonzept ein weiteres Moment des romantischen Erbes ausmachen. Das „romantische Dogma von der absoluten Norm des Mittelalters" lehnt er dabei dezidiert als ein „unechtes, formalistisches, ästhetizistisches Bildungsideal" im Sinne eines bloßen „Klassizismus" ab, müsse es doch „eine Bildungsschicht, die das mechanische Wissen der antiken Formen und Mythologie besitzt, vom Volke absonder[n] und in eine künstliche Geisteswelt einschließ[en]".[144] Stattdessen sei das Mittelalter nüchtern als „nur mehr eine Epoche der großen Geschichte der zwei christlichen Jahrtausende" anzusehen und erhalte erst durch die Rekonstruktion und den Nachvollzug der „bestimmten Geistesformen dieser Epoche" – wie sie Dempf etwa mit seiner zeitgleich erschienenen Studie *Die Hauptform mittelalterlicher Weltanschauung* geleistet hat – aktuelle Bedeutsamkeit.[145]

Die Frage nach dem „jeweils Klassischen", so macht Dempf deutlich, ziele jedenfalls weder auf die Monumentalisierung einer Epoche noch auf deren Renaissance, sondern auf „die natürliche Wahrhaftigkeit des ihm entsprechenden Bildungsideals",[146] das transhistorisch emergiere. Die Prüfung des Ideals müsste allerdings, dies kann aus seinen Überlegungen abgeleitet werden, dem ‚Schriftgelehrten' obliegen, als den er sich durchwegs präsentiert. Diesem käme nämlich am ehesten die Kompetenz zu, das adäquate Bildungsideal einer Epoche zu evaluieren und für die Tradierung zu formatieren. In diesem Sinne kann auch

---

142 Ebd. S. 586.
143 Vgl. ebd., S. 588.
144 Ebd., S. 588.
145 Ebd., S. 587.
146 Ebd.

die Pointe des Textes erschlossen werden: Indem Dempf das romantische Erbe auf die Frage nach einem verbindlichen Bildungsideal und dem damit zusammenhängenden tragenden Gemeinschaftsmodell für die Gegenwart zuschneidet, muss die ‚Testamentseröffnung' mithin auch jenen Erben zukommen, die darauf eine traditionsbewusste Antwort zu geben im Stande sind. Unverkennbar ist damit die weltanschauliche Parteinahme für jene Aspekte, die seinem eigenen kulturpolitischen Interesse Rechnung tragen.

Es fällt auf, dass der Text argumentative Überschneidungen mit Carl Muths Überlegungen in *Die Wiedergeburt der Dichtung aus dem religiösen Erlebnis* aufweist. Vor allem die Vorstellung eines dezidiert ‚klassisch' verstandenen Christentums, das mit dem universalen Weltanschauungssystem des Katholizismus identifiziert wird, erinnert an Muths Programmatik. Und wie Muth grenzt auch Dempf den Katholizismus von anderen Denksystemen, insbesondere von allen Formen „romantisch-ästhetische[r] Synkretism[en]" ab, um ihn als vielversprechendes,[147] weil Synthese gewährleistendes Weltanschauungsangebot in Stellung zu bringen. Dabei gewinnt Dempf, ebenfalls wie Muth, der Romantik durchaus auch positive Seiten ab. Während der *Hochland*-Gründer aus einer poetologischen Perspektive die Romantik als kulturelle Energiereserve für das Kunstschaffen aufwertet, betont Dempf als Kulturhistoriker den unschätzbaren Wert des romantischen Erbes und konstruiert zugleich, im Sinne einer eklektischen Filiation, eigene Traditionsstränge. Wenn er dabei in seiner Doppelrolle als Philosoph und katholischer Intellektueller stellenweise für ein bestimmtes, abendländisches Gemeinschaftskonzept plädiert, so steht dies einerseits im Zusammenhang seiner grundsätzlichen Bemühungen, eine modernetaugliche Metaphysik zu erarbeiten,[148] die, so formulierte er es bereits in seinem Aufsatz „Die deutsche Idee" (1915), „der Schlüssel zu einer einheitlich erfaßten Kulturordnung der Völker auf dem Wege zu einer übernationalen Weltkultur" sein müsse.[149] Andererseits lassen sich derlei Stellen auch durchaus als Bekenntnis zum politischen Katholizismus der Weimarer Republik lesen, für den sich Dempf bekanntlich engagierte.[150]

Sicherlich blieben bei dieser offenkundig konfessionell eingefärbten und damit notwendigerweise selektiven Auseinandersetzung mit der Romantik, die die restaurativen Momente der wirkungsstarken Kultur- und Literaturbewegung

---

147 Ebd., S. 588.
148 Vgl. Vincent Berning und Hans Maier (Hg.): Alois Dempf (1992), S. 49.
149 Zit. n. ebd.
150 Vgl. insbesondere Alois Dempf: Demokratie und Partei im politischen Katholizismus (1932).

den innovativen Momenten vorzieht, wesentliche Aspekte ausgespart.[151] Doch gerade an dieser selektiven Rezeption zeichnet sich ein mehr oder minder spezifisches Diskurs-Profil ab, das sich im Zusammenhang der damals allgegenwärtigen Beschäftigung mit der Romantik herausbildete, der auch das *Hochland*, insbesondere im 22. und 23. Jahrgang mit Carl Schmitts Artikel zur „Romantik" und Alfred von Martins Entgegnung,[152] besonderen Platz einräumte. Den Rückgriff auf die in den Geisteswissenschaften, der Politik und der Kultur diskutierten Fragen nach dem Wesen der Romantik nutzte Dempf dabei, um ein allgemeineres kultur- und bildungspolitisches Programm zu lancieren, das er auch noch während des ‚Dritten Reiches' verfolgte. Wie seine Publikationen aus den 1930er-Jahren anzeigen, setzte er sich auch unter den veränderten politischen Bedingungen im Nationalsozialismus für die „lebendige Erneuerung einer wirklich umfassenden christlichen Philosophie" ein,[153] wie er sie in seiner „Vertraulichen Denkschrift" auf esoterischem Wege gefordert und in diversen Veröffentlichungen, so auch dem hier besprochenen *Hochland*-Aufsatz angekündigt hatte. Eine besondere literarische Realisation dieser Unternehmung stellt sein 1933 erschienenes Intellektuellenporträt *Görres spricht zu unserer Zeit* dar.

6.2.3 Görres' Leben und Denken als „katholische Summa des 19. Jahrhunderts"

Knapp zehn Jahre nach der Veröffentlichung seines Aufsatzes „Das Erbe der Romantik und das jeweils Klassische", erinnerte Dempf im Novemberheft des Jahres 1934 der Zeitschrift *Hochland* an die eigenen wissenschafts-, kultur-, und bildungsprogrammatischen Überlegungen, die er nun, in der von unterschiedlichen Akteuren in Angriff genommene Herausgabe der Werke Thomas von Aquins, zur Verwirklichung gebracht sah. Im Besonderen begrüßte er, dass die „deutschen Katholiken" sich mit diesem in Angriff genommenen Projekt nun endlich an die „Wiedereroberung ihres großen Erbes" trauen würden:[154]

> Plötzlich ist der Bann gebrochen, man wagt sich an deutsche Thomas-Übersetzungen! Vor zehn Jahren schon wurde in dieser Zeitschrift gefordert, das klassische Schrifttum der

---

151 Zur allgemeinen, einseitigen Romantik-Rezeption im 20. Jahrhundert: Karl Heinz Bohrer: Die Modernität der Romantik (1988).
152 Carl Schmitt: Romantik (1924/25); Alfred von Martin: Romantischer Katholizismus und katholische Romantik (1924/26).
153 Alois Dempf: Vertrauliche Denkschrift o. D., S. 23 (BSB, Ana 390).
154 Alois Dempf: Um den deutschen Thomas (1934/35), S. 175.

Christenheit solle endlich in deutscher Sprache zugänglich gemacht werden, vor allem das Hauptwerk der katholischen Theologie, die Summa theologica des Aquinaten, solle als Ganzes erschlossen werden. Damit war zunächst ein Überblick von mäßigem Umfang gemeint, die Heraushebung des geistigen Ganzen, des Systems selbst [...].[155]

Beides, „eine Übersetzung des ganzen Werkes" sowie die ‚Heraushebung des geistigen Ganzen', also eine allgemeine Einführung in die thomistische Philosophie, sei in den vermehrten Bemühungen „Um den deutschen Thomas" – so auch der Titel der Rezension – geleistet. Zu den maßgeblichen Publikationen dieses Großprojekts zählt Dempf die vom Katholischen Akademikerverband seit 1933 herausgegebene *Deutsche Thomasausgabe*, die von Joseph Bernhart projektierte Auswahl der *Summe der Theologie* und schließlich auch die Übersetzung der *Quaestiones disputatae de veritate* durch Edith Stein.[156] Für die „sorgfältige Arbeit" der jüdisch-katholischen Nonne hat Dempf besonders viel Lob übrig.[157] Sie habe sich nämlich dem „philosophische[n] Hauptwerk des Meisters" gewidmet, „das noch dazu am meisten unserer eigenen modernen Betrachtungsweise entgegenkommt, handelt es doch von der Erkenntnis, dem philosophischen Hauptthema der letzten Zeit".[158] Begrüßenswert sei Steins Übersetzung auch, weil sie damit den „Zugang zu einem der schwierigsten Werke der mittelalterlichen Philosophie" erleichtert habe, das nun auch als die „Hauptquelle der Geistphilosophie Meister Eckharts" gelesen werden könne.[159] Gerade in Anbetracht der „Tragikomödie der Mißdeutungen Meister Eckharts" – und damit spielt Dempf auf die idiosynkratische Fehlinterpretation Alfred Rosenbergs in dessen *Mythus des 20. Jahrhunderts* an – müsse Steins Übersetzung gewürdigt werden. Der „Lehrerfolg" durch eine „noch so glücklich erleichterte[] Lektüre der thomistischen Erkenntnismetaphysik" sei damit aber keineswegs garantiert, wie Dempf eindringlich mahnt. Denn ein „erfolgreiche[s] Thomas-Studium[]" sei generell mit großen „Schwierigkeiten" verbunden, könne nicht leichtfertig vorgenommen werden und erfordere ernsthafte „Schüler der thomistischen Philosophie", die bereit seien, sich „im Geiste des Aquinaten [als] selbständig Denkendende" heranbilden zu lassen.[160] Während die als ‚selbstständig

---

155 Ebd., S. 178.
156 Ebd. Alois Dempf gehörte zu den wichtigen philosophischen Weggefährten Edith Steins und wies in mehreren Rezensionen auf ihre Verdienste als Übersetzerin des Aquinaten hin. Siehe hierzu Thomas Bahne: Person und Kommunikation (2014), S. 146–153.
157 Alois Dempf: Um den deutschen Thomas (1934/35), S. 176.
158 Ebd.
159 Ebd.
160 Schon in früheren Arbeiten hatte sich Dempf mit dem Aquinaten und dessen philosophischem System intensiv beschäftigt, so etwa in Die Hauptform mittelalterlicher Weltanschauung

Denkenden' bezeichnete Gruppe an dieser Stelle etwas vage bleibt, gewinnt sie unter Berücksichtigung der „Vertraulichen Denkschrift" an Profil, denn sehr wahrscheinlich identifizierte Dempf sie mit der darin erwähnten ‚esoterischen streng wissenschaftlichen Arbeitsgemeinschaft', von der er sich die „Wiedereroberung einer Summe in irgendeiner Form, eines umfassenden beschreibenden und normativen Gesamtsystems" erhoffte. Schüler und Lehrer einer so verstandenen Neuscholastik sollten der „in Einzelfächer" zersplitterten Philosophie entgegenwirken und einem ‚universalen Weltbild' Vorschub leisten,[161] wie er es auch ganz öffentlich in seinem Buch *Hauptformen der mittelalterlichen Weltanschauung* (1924) gefordert hatte. Zu den Aufgaben dieser Arbeitsgemeinschaft gehörte aber auch, wie erwähnt, ein ‚exoterisch publizistisches Vorbereitungswerk', das die nötigen Voraussetzungen und Sensibilitäten für das Großunternehmen, katholische Denk- und Philosophietraditionen zu aktualisieren und weiterzuentwickeln, schaffen sollte. Dempfs Intellektuellenbiographie *Görres spricht zu unserer Zeit* lässt sich dabei als eine spezifische Form dieses exoterisch publizistischen Vorbereitungswerkes deuten. Warum ausgerechnet der katholische Publizist Joseph Görres und dessen bekanntlich disparate philosophische Einsichten hierfür das geeignete Material stellen sollten, erläutert Dempf in den Schlussbetrachtungen seiner Görres-Biographie wie folgt:

> Das Werk des Meisters [d.i. Joseph Görres] hat zunächst seinen Rang und Wert für sich selbst. Es ist mit einem Wort gesagt eine katholische Summa des 19. Jahrhunderts. Wer die unermeßliche Bedeutung einer klar durchgestalteten ganzen Lebenslehre für die wahre Sicherheit des Lebens aus dem hohen Mittelalter kennt, weiß, was für ein praktischer Lebenswert eine solche Lehre selber wiederum ist. Wir ringen heute darum, uns besonders die Summa und das System des Aquinaten zu vergegenwärtigen und fruchtbar für unser Leben zu machen. Wer sich ehrlich darum bemüht hat, kennt die Schwierigkeiten, wieder ganz in die Sprache und Denkweise vor sechs Jahrhunderten hineinzukommen und durch sie hindurch den unvergänglichen Gehalt der klassischen christlichen Weltanschauung zu erfassen. Es kann natürlich keine Rede davon sein, daß etwa dies vorbildliche und offizielle System der philosophia perennis durch das von Görres ersetzt werden könnte. Aber es ist doch von unabsehbarem Wert, daß uns durch ein System, dessen Sprache und Denkweise uns um ein halbes Jahrtausend näher liegt, überhaupt Art und Weise einer totalen Weltanschauung näher gebracht wird.[162]

Görres' ‚Lebenslehre' sei also angesichts kürzerer Vermittlungswege einfacher zu reaktualisieren als die thomistische Philosophie, der Dempf das ‚offizielle

---

(1925); Das Unendliche in der mittelalterlichen Metaphysik (1926); Die Ethik des Mittelalters (1927) und in Sacrum Imperium (1929).
161 Alois Dempf: Die Hauptformen mittelalterlicher Weltanschauung (1924), S. 176.
162 Alois Dempf: Görres spricht zu unserer Zeit (1933), S. 218.

System der philosophia perennis' vorbehält, leiste aber im Kleinen Ähnliches, nämlich die Darlegung einer ‚klassisch christlichen Weltanschauung'. Just in dieser Funktion könne das Lebenswerk der historischen Figur Görres als eine ‚Summa des 19. Jahrhunderts' verstanden werden. Bekanntlich diente die in der scholastischen Tradition verwendete Systemform der ‚summa' der Organisation eines möglichst umfangreichen Wissensstoffs zum Zweck der Lehre, aber auch der Unterweisung.[163] In seiner Darstellung bemühte sich Dempf, den *Denker und sein Werk* – so auch der Untertitel von *Görres spricht zu unserer Zeit* – in dieser ‚Systemform', also in einer geschlossenen Gesamtheit zu präsentieren. Wie aber ließen sich die disparaten philosophischen Einsichten des Naturphilosophen, katholischen Publizisten und christlichen Mystikers zu einem kohärenten System bündeln?

Bereits im Vorwort von *Görres spricht zu unserer Zeit* begründet Dempf seine Auseinandersetzung mit der persönlichen Interessensgenese. Dabei berichtet er über die großen Schwierigkeiten, vor die er sich gestellt sah, das theoretische Werk des katholischen Denkers und Publizisten richtig zu verstehen, gehöre Görres doch „zu den zwar klar schreibenden, aber schwer verständlichen Philosophen".[164] Ein Studium seiner Schriften erfordere deshalb besonderen Eifer, methodische Weite und empathische Hingabe – auch wenn man zu meinen glaube, den in der „Literaturgeschichte" allgegenwärtigen Görres, „längst [zu] kennen". Es gelte stattdessen den neuzeitlichen Denker „regelrecht und mühsam förmlich für sich neu zu entdecken, wenn man ihn lebendig erfassen und ganz würdigen will". Wie Leo Strauss, der seine esoterischen Relektüren namhafter Philosophen als elitären und exklusiven Dialog mit den großen Geistern vergangener Zeiten begriff, unterzieht auch Dempf die Werke von Görres einer Relektüre, um so der „geheimnisvolle[n] Philosophie" des katholischen Denkers auf den Grund kommen. Um Görres' verborgene „Lebensphilosophie aus tiefchristlichem Geist" zu verstehen, müssten sowohl der Denker, also die intellektuelle Persönlichkeit Joseph Görres, als auch sein Werk gleichzeitig in den Blick genommen und vom Kenner zusammengeführt werden. Ziel der Studie, die als kongeniale Gesamtschau präsentiert wird, sei es schließlich „ein ganzes Görresbild" zu entwerfen und die vielfache „Metamorphosen" des Philosophen und Publizisten nicht nur chronologisch zu dokumentieren, sondern sie gleichsam zu einem stimmigen Ganzen zu vereinen.[165] Dazu konstatiert Dempf:

---

163 [Art.] ‚Summe', in: Wörterbuch der philosophischen Begriffe (2013), S. 642.
164 Alois Dempf: Görres spricht zu unserer Zeit (1933), S. V.
165 Ebd. S. VII.

> Wir brauchen ein ganzes Görresbild, auch auf die Gefahr hin, daß dabei Einzelheiten noch ungelöst bleiben müssen. Dieser erste Versuch, dies philosophisch zu leisten, ist sich genau aller Schwächen und Lücken bewußt; aber man kann doch schon sehen, wie Görres eben dadurch, daß er die Irrgänge der Aufklärung und Romantik ganz zu Ende gegangen ist und so sie innerlich überwunden hat, auch weiterhin ebenso konsequent hineingewachsen ist in die christliche Philosophie. Und eben das ist das Vorbildliche für uns zur Heilung von unsern eigenen Zeitirrungen.[166]

Wie das erste Personalpronomen Plural markiert, schreibt Dempf im Namen der „deutschen Katholiken", die er im Vorwort auch ausdrücklich anspricht. Die einzelnen Lebensstationen Görres' will er dieser Leserschaft in einer integralen Entwicklungsgeschichte präsentieren, in der denkerische und biographische Brüche und Diskontinuitäten von vornherein ausgeschlossen sind. Der Leser soll gerade in der dialektischen Aufhebung der ‚Irrgänge', die schließlich ihren Zielpunkt in einer ‚christlichen Philosophie' erreicht, ‚das Vorbildliche' von Görres' Leben und Denken entdecken. Dempf konstruiert dafür ein teleologisch angelegtes Drei-Phasen-Modell, das bereits im Inhaltsverzeichnis in den Kapiteln *vita utopica*, *vita activa* und *vita contemplativa* sichtbar wird. Görres' Leben und Denken werden dabei weitgehend chronologisch geordnet: Er entwickelt sich vom Revolutionsanhänger, Aufklärer und volkskonservativen Romantiker (*vita utopica*) zu dem die Restauration vorantreibenden Publizisten (*vita actica*) und schließlich zum christlichen Mystiker und Verteidiger der katholischen Kirche (*vita contemplativa*). Seine in den ersten beiden Phasen erworbenen, disparaten Fähigkeiten und Einsichten in die Kultur, Politik und Gesellschaft kulminieren selbstkritisch in der letzten Phase, der *vita contemplativa*, und werden hier zu einer abschließenden Synthese geführt. Erst in der katholischen Spätphase seines Denkens und Wirkens erkennt Dempf ‚das Vorbildliche' der historischen Figur für die Gegenwart.[167] Dem ‚ganzen Görresbild' entspricht eine ganzheitliche, „klare und entschiedene Weltanschauung", in der die zunächst verabsolutierten Lebensmächte von „Geist", so in der *vita utopica*, und „Politik", so in der *vita activa*, erst in der *vita contemplativa* ins richtige Verhältnis gebracht werden.[168] So kann Dempf auch am Ende seiner Ausführungen, im letzten, bilanzierenden Kapitel, kurzerhand resümieren:

---

166 Ebd.
167 Ebd., S. 218. Wörtlich, wieder den Leserkreis eingrenzend: „Wer die unermeßliche Bedeutung einer klar durchgestalteten ganzen Lebenslehre für die wahre Sicherheit des Lebens aus dem hohen Mittelalter kennt, weiß, was für ein praktischer Lebenswert eine solche Lehre selber wiederum ist."
168 Ebd., S. VII.

> Es ist nicht ganz leicht, das Werk und die Gestalt von Görres zu verstehen, aber wenn man sie einmal verstanden hat, ist es leicht, in ein paar Worten den Sinn seines Lebens anzugeben: Görres hat die totale Weltanschauung durchdacht und gelebt. Die Bedeutung dieses Lebens ist also eine doppelte, eine theoretische und eine praktische, ein vorbildliches kontemplatives Leben und die Praxis eines Lebensvorbildes selbst.[169]

Die ‚totale Weltanschauung' findet sich freilich erst in Dempfs systematisierender Gesamtschau präsentiert, in der beide ‚Bedeutungen' des Görres'schen Lebens, die praktische und theoretische Seite, in ergänzender Darstellung zusammenfinden. Es bedarf dieser ‚Beobachtung zweiter Stufe', um Totalität sichtbar werden zu lassen, denn erst in der umfassenden Rekonstruktion und Synthetisierung der geistigen Entwicklung des katholischen Publizisten, wie Dempf sie mit seiner Intellektuellenbiographie vornimmt, wird Görres' Werk – so die Auszeichnung des Verfassers – zu „eine[r] katholische[n] Summa des 19. Jahrhunderts".[170]

Auf diese Weise rückte Dempf sowohl das Gesamtwerk des katholischen Publizisten als auch seinen eigenen Text in eine scholastische Tradition und forcierte damit schließlich eine *invented tradition* (Eric Hobsbawm) mit katholischem Profil. Die exklusive Erbschaftsusurpation nahm er dabei an einer historischen Gestalt vor, die bereits seit den 1920er-Jahren eine ubiquitäre Reflexionsfigur für politische und weltanschauliche Inanspruchnahmen darstellte. Paradigmatisch plädierte etwa Robert Stein im Vorwort des 1934 erschienenen, zweiten Bandes der Görres-Gesamtausgabe, an der man seit 1926 im Auftrag der Görres-Gesellschaft arbeitete, für „die Fruchtbarmachung" des wirkmächtigen Denkers „für uns heutige Menschen" und sprach sich so auch gegen dessen Historisierung aus.[171] Interessanterweise verwies Stein dabei exemplarisch auf Dempfs Darstellung, in der er eine „vermittelnde Versöhnung der Gegensätze ‚für die Gegenwart'" zu erkennen meinte.[172] Indes weist Dempfs Darstellung des Görres'schen Denkens und Wirkens – jenseits der offenkundigen Absicht, ihn für bestimmte Gegenwartsinteressen, auf die noch einzugehen sein wird, zu funktionalisieren – durchaus historisierende Tendenzen auf. Görres wird darin eben nicht zum „Führer des Volkes"[173] oder als „Vollender des völkischen Auf-

---

169 Ebd., S. 218.
170 Ebd.
171 Zit. n. Ralf Klausnitzer: Blaue Blume unterm Hakenkreuz (1999), S. 522.
172 Ebd.
173 Wilhelm Schellberg: Joseph von Görres. Führer des Volkes (1922).

bruchs" stilisiert,[174] wie dies in der zeitgenössischen Rezeption oft der Fall war. Stattdessen trieb Dempf ein wissenschaftliches Interesse an, das darin bestand, „den größten Führer des deutschen Katholizismus im 19. Jahrhundert hoffentlich recht zu verstehen".[175] Auch die Anlage der Intellektuellenbiographie zeugt von diesem hermeneutischen Anliegen. Bereits im Vorwort macht Dempf klar, dass es die Absicht seiner Studie sei, „der geheimnisvollen Philosophie" – und damit war das Spätwerk Görres', also seine *christliche Mystik* (1836–1842) gemeint – des „schwer verständlichen Philosophen" „auf den Grund zu kommen".[176] Und obgleich er bei der Rekonstruktion dieser Philosophie auf eine Auseinandersetzung mit der Forschungsliteratur verzichtet, ist Dempf eine intensive Beschäftigung mit den „wichtigen Schriften des Meisters", die er wohl, wie er im Vorwort versichert, tatsächlich „schön ordentlich der Reihe nach, wie sie entstanden sind", studiert hat, zu attestieren.[177]

Neben seinen exegetischen Expertise und den weitreichenden philosophiehistorischen und historischen Kenntnissen, die er seinen Analysen stets zur Seite stellt, ist zudem sein Bemühen um die Zusammenführung der vielfältigen geisteswissenschaftlichen Methoden seiner Zeit zu betonen. Dempf versäumt es jedenfalls nicht, eigene Kenntnisse auf diesem Gebiet zu demonstrieren. Seine Leser lässt er – ebenfalls im Vorwort – wissen, wo er sich für die Auseinandersetzung mit dem ‚schwer verständlichen Philosophen Görres' methodische Hilfe geholt hat, nämlich bei der Weltanschauungskritik eines Dilthey und Rothacker ebenso wie bei der neuscholastischen Dialektik eines Romano Guardini und eines Erich Przywara. Aber auch die „Ideologieforschung und Wissenssoziologie" eines Max Weber und Max Scheler lässt er nicht unerwähnt, findet für deren Verdienste sogar besonders lobende Worte. Allen „lebenden und verstorbenen Meistern" spricht er geradezu ostentativ Dank aus „für die Weisungen und Verfahren, die er von ihnen gelernt hat und die erst alle miteinander es ihm ermöglicht haben",[178] das geistige Porträt von Joseph Görres zu zeichnen.

Solcherlei Mühen wusste insbesondere die Görres-Gesellschaft zu schätzen, die es sich zum Ziel gesetzt hatte, katholische Wissenschaftstraditionen im Allgemeinen und das Andenken an ihren Namensgeber im Besonderen zu pflegen. Nachdem Dempfs Studie 1936 ein zweites Mal unverändert aufgelegt wurde,

---

174 Hertha von Ferber: Das Volkstumserlebnis des Joseph Görres (1938), S. 2. Zit. n. Florian Krobb: „Seher und Rufer zu nationalem Selbstbewußtsein" (2010), S. 153.
175 Alois Dempf: Görres spricht zu unserer Zeit (1933), S. X.
176 Ebd., S. V.
177 Ebd., S. VI.
178 Ebd., S. X.

forderte der Rezensent Heinrich Fels im *Philosophischen Jahrbuch der Görres-Gesellschaft* eine eingehendere Lektüre des Buches: „So mühsam Dempf sich in Görres hineingearbeitet hat, so mühsam muß auch sein Buch studiert werden",[179] stellt er fest und verspricht dabei zugleich, dass sich die Mühe unbedingt lohnen werde.[180] Was allerdings sollte das Intellektuellenporträt für den nicht nur an der Person Görres interessierten, sondern auch zeitsensiblen Leser leisten?

6.2.4 Görres als Gewährsmann einer ‚berufsständischen Ordnung'

Im Vorwort seines *Görres*-Buchs legt Dempf offen, dass er den Entschluss, sich eingehender mit Görres zu beschäftigen, im Rahmen einer anderen Arbeit getroffen habe. Während er an einem Beitrag für das von Alfred Baeumler und Manfred Schröter herausgegebene Handbuch der Philosophie zum Lemma ‚Kulturphilosophie' schrieb, sei ihm klar geworden, dass sich „eine bestimmte Kulturphilosophie, wenigstens für den gläubigen Christen, als die einzig richtige heraus[stellte]". In besagtem Artikel habe er sie unter dem Stichwort „volkskonservativ[e] Kulturanschauung" behandelt. „[I]m Gegensatz zum legitimistischen, dynastischen, restaurativen oder romantischen Konservatismus", so erklärt er, sei eine solche Kulturanschauung „auf die Erhaltung der Volksgemeinschaft gerichtet[]."[181] Mit und an Görres ließe sich diese Kulturanschauung und ihre Funktion nun anschaulich machen.

Dempfs Deklaration verdeutlicht, dass *Görres spricht zu unserer Zeit* nicht nur eine schlichte Intellektuellenbiographie, sondern ein durchaus parteiisches und politisches Buch sein sollte, in dem Görres zum Repräsentanten einer bestimmten und als verbindlich gewerteten Kulturanschauung erhoben wurde. Wenngleich das von Dempf propagierte Modell einer ‚volkskonservativen Kulturanschauung' begrifflich und konzeptuell an den völkischen sowie nationalsozialistischen Sprachgebrauch anschließt, gab der explizite Rekurs auf den Handbuchartikel von 1932 den entscheidenden Hinweis auf eine strenge definitorische Festlegung. Dort hatte Dempf in dem Unterkapitel „Zu den staatsphilosophischen Kulturanschauungen der Gegenwart" diverse Modelle gegenwärtiger Kultur- und Weltanschauung unterschieden und besagten ‚Volkskonservatismus' nicht nur als „kritische[n] Universalismus" eingeführt, sondern ihn

---

179 Heinrich Fels: [Rez] Görres spricht zu unserer Zeit (1937), S. 138.
180 Vgl. ebd.
181 Alois Dempf: Görres spricht zu unserer Zeit (1933), S. VI.

zudem dezidiert und meliorativ von völkischen, faschistischen und bolschewistischen Kulturanschauungen sowie Staats- und Gesellschaftsmodellen abgegrenzt.[182] Das favorisierte konservative Kulturmodell setzte Dempf bezeichnenderweise an das Ende seiner Ausführungen, um es als Realutopie und positive Überwindung der vorhergehend dargestellten Kultur- und Gesellschaftsmodelle ins Feld zu führen. Bereits hier liest sich die entsprechende Charakterisierung tendenziell parteiisch:

> Die konservative Gegenposition gegen die lauten Hauptströmungen der Gegenwart ist in einer paradoxen Lage: Der neue Konservatismus muß erst ähnlich wie sein Vorläufer im 19. Jahrhundert sozialreformerisch eine erst kommende Ordnung als die natürliche Lebensordnung ‚konservieren', er muß schöpferisch sein [...]. Die Überwindung des liberalen, sozialistischen und imperialistischen Soziologismus liegt nicht in der klassenlosen Gesellschaft oder gar im völkerlosen Internationalismus, sondern in der Ständegemeinschaft der Berufe im völkischen Gesamtwerk, in der Bundesordnung der Völker und in der Gemeinschaft des abendländischen Kulturwerks. Der kritische Universalismus ist hierarchisch, weil er alle Stände und Kulturvölker in der Rangordnung ihres Berufs zum Gesamtwerk der Kultur anerkennt.[183]

Das hier von Dempf dargelegte Konzept einer ‚berufsständischen Ordnung' gehört in den Kontext korporatistischer Ordnungsvorstellungen, wie sie im politischen Katholizismus der Zwischenkriegszeit vielfach ventiliert wurden. Mit Jonas Hagedorn lassen sich dabei drei Ausprägungen unterscheiden, und zwar die universalistische, die sozialistische und die solidaristische.[184] Als bekanntester Vertreter eines universalistischen Korporatismuskonzepts gilt der Ständeideologe und Sozialphilosoph Othmar Spann (1878–1950), der im Rahmen einer ideologischen Ganzheitslehre, wie er sie in seiner Hauptschrift *Der wahre Staat* (1921) lancierte, eine elitäre und hierarchische, auf Ausgliederung angelegte Staats- und Gesellschaftstheorie entwarf, die eine ständestaatliche Umstrukturierung der Gesellschaft auf der Grundlage eines organologischen Denkmodells vorsah.[185] Maßgeblichen Einfluss übte Spann, der als ein geistiger Wegbereiter des Austrofaschismus gelten kann,[186] bekanntlich auf den Katholischen Akademikerverband aus, der sich in weiten Teilen seinen Ideen verpflich-

---

182 Alois Dempf: ‚Kulturphilosophie' (1934), S. 106–109.
183 Ebd., S. 108.
184 Vgl. Jonas Hagedorn: Kapitalismuskritische Richtungen im deutschen Katholizismus der Zwischenkriegszeit (2016).
185 Vgl. Mohammed Rassem: Othmar Spann (1990), S. 95–96.
186 Vgl. Ernst Klee: Das Personenlexikon zum Dritten Reich (2005), S. 589. Zu Othmar Spann allgemeiner vgl. Walter Becher: Der Blick aufs Ganze. Das Weltbild Othmar Spanns (1985); zu seiner politischen Philosophie beispielsweise Mohammed Rassem: Othmar Spann (1990).

tete.[187] Dempf gehörte zwar dem Katholischen Akademikerverband an, stand Spanns staatsphilosophischen Vorstellungen jedoch skeptisch gegenüber. Auch den sozialistischen Ordnungsideen des linkspolitischen Katholizismus, wie sie beispielsweise im *Roten Blatt der katholischen Sozialisten* kursierten,[188] hing Dempf nicht an. Zusammen mit weiteren katholischen Intellektuellen, wie etwa Herman Hefele, Theodor Haecker, Romano Guardini, Hermann Platz, die dem *Hochland* nahestanden und sich in den 1920er-Jahren in diversen Zirkeln organisierten, engagierte er sich stattdessen vor allem für die sogenannte ‚Abendland-Idee', die auf „die Erneuerung der mit der Reformation und dem Säkularisierungsprozeß verlorengegangenen Einheit des christlichen Abendlandes" zielte.[189] Dabei stellte er sich als Befürworter eines ‚solidaristischen Korporatismus' dezidiert hinter die parlamentarische Demokratie, die er in seinem Aufsatz „Demokratie und Partei im politischen Katholizismus" (1932) von einem antiliberalen Standpunkt aus beherzt verteidigte.[190] Ideell stand der ‚solidaristische Korporatismus' der Zentrumspartei nahe und wurde „1931 mit der Enzyklika *Quadragesimo anno* päpstlich approbiert".[191] An der katholischen Soziallehre orientiert, forderte dieser Gesellschaftsentwurf eine ‚berufsständische Ordnung', in der sich Interessensverbände zusammenschließen und nach dem Prinzip der Selbstregulierung, wenngleich unter staatlicher Aufsicht, organisieren sollten.[192]

Dempf nutzte nun die Publikationsgelegenheit, um im Rahmen seines Artikels zur Kulturphilosophie für dieses realhistorisch noch nicht in Erscheinung getretene Gesellschaftsmodell einer „natürliche[n] Lebensordnung" zu wer-

---

187 Vgl. etwa Alois Baumgartner: Sehnsucht nach Gemeinschaft (1977), S. 30–33; Klaus Breuning: Die Vision des Reiches (1969), S. 55–58; Dagmar Pöpping: Abendland. Christliche Akademiker und eine Utopie der Antimoderne (2002), hier insbesondere S. 116–119; Reinhard Richter: Nationales Denken im Katholizismus der Weimarer Republik (2000), S. 170–173.
188 Es handelte sich hierbei um ein wichtiges Publikationsorgan des katholischen Sozialismus, das von 1929 bis 1930 erschien, und ab 1931 bis 1933 mit der evangelischen Zeitschrift für Religion und Sozialismus zusammengelegt wurde. Siehe hierzu Klaus Kreppel: Feuer und Wasser (1971).
189 Reinhard Richter: Nationales Denken im Katholizismus der Weimarer Republik (2000), S. 147.
190 Alois Dempf: Demokratie und Partei im politischen Katholizismus (1932). Siehe hierzu Michael Hollerich: Catholic Anti-Liberalism in Weimar (2012).
191 Jonas Hagedorn: Oswald von Nell-Breuning SJ (2016), S. 464.
192 Vgl. Oswald Nell-Breuning: Um den berufsständischen Gedanken (1932). Siehe hierzu Jonas Hagedorn: Kapitalismuskritische Richtungen im Katholizismus (2016), S. 129. Zu den Ideen einer berufsständischen Ordnung Anfang der 1930er Jahre siehe Heinrich Bußhoff: Berufsständisches Gedankengut zu Beginn der 30er Jahre (1966).

ben.[193] Wenn er dabei mit dem Hinweis einleitet, dass für eine kulturelle und gesellschaftliche Umstrukturierung nicht nur „der Staatsmann" gefragt sei, sondern auch „der Kulturkritiker [...], der Philosoph, der Religionsstifter und der Ethiker",[194] dann meinte er damit sicherlich auch sich selbst. Es sei, so heißt es weiter, die spezifische Aufgabe der Intellektuellen, dass sie „die richtige, kulturpolitische Entscheidung philosophisch aufzuzeigen" haben, auch für sie gelte im Zusammenhang politischer Urteilsfindung das „sapere aude!"[195] Damit reformulierte Dempf indirekt den eigenen kulturpolitischen Auftrag, dem er sowohl vor als auch nach 1933 publizistisch nachging, so auch in *Görres spricht zu unserer Zeit*.

Was also im Handbuchartikel zur ‚Kulturphilosophie' im Rahmen einer auf Expertenkultur gemünzten Kommunikation anklingt, erhält in der Intellektuellenbiographie eine entsprechende Explikation, und zwar unter dezidiert normativen Vorzeichen. Anders als in seinem Handbuchartikel richtet sich Dempf in seinem Görres-Buch weniger an die wissenschaftliche Öffentlichkeit, sondern primär an das katholische Bildungsmilieu, das er auch durchgehend und ausdrücklich adressiert. Die Komplexität des Sachgegenstandes und die elaborierte Form der Behandlung schränkte den Leserkreis jedenfalls auf einen gebildeten Leserkreis ein. Denn um Görres' Lebenswerk in der Rekonstruktion Dempfs nachvollziehen zu können, benötigte man nicht nur eine geisteswissenschaftliche Grundausbildung, sondern darüber hinaus weitreichende Kenntnisse in Philosophie und Theologie. Für den katholischen Durchschnittsleser musste die systematische Darstellung der geistigen Entwicklung des Publizisten Görres, die in Anbetracht seiner realhistorisch vielfachen weltanschaulichen Brüche große Synthetisierungsbemühungen auf Seiten seines Biographen erforderlich machte, jedenfalls eine intellektuelle Hürde darstellen. Es ist daher anzunehmen, dass Dempf ganz bewusst eine katholische Bildungselite anvisierte, die er, wie bereits in seiner vertraulichen Programmschrift angekündigt, als weltanschaulich gebundenes, esoterisch/exoterisch kommunizierendes Denkkollektiv zusammenführen wollte.[196] Interessierte Adressaten und potentielle Mitstreiter konnte er dabei auch im Konkreten voraussetzen, stand er doch mit diversen, konfessionell gebundenen Institutionen in regem Kontakt, die seine kulturpolitischen Anliegen teilten. Neben dem *Hochland*-Kreis, der Görres-Gesellschaft und dem Katholischen Akademikerverband, von dem sich Dempf nach 1933

---

193 Alois Dempf: [Art.] „Kulturphilosophie" (1934), S. 142.
194 Ebd., S. 4.
195 Ebd.
196 Alois Dempf: Vertrauliche Denkschrift, o. D., S. 21 (BSB, Ana 390).

jedoch distanzierte, sorgten zudem private Kontakte und Gruppen, wie etwa der sogenannte ‚Werl-Soester Kreis' für einen regelmäßigen Austausch mit der katholischen Intelligenz, an die er sich mit seiner Veröffentlichung nun richten konnte.[197] Diese mehr oder minder klar umrissene Lesergruppe vor Augen, konnte Dempf über sein Ansinnen, den Denker und Publizisten Joseph Görres als Vorbild zu installieren und dessen Philosophie einer christlichen Denktradition einzuverleiben, relativ offen Auskunft geben. Nachdrücklich fordert er im Vorwort seine Leser dazu auf, das eigene konfessionelle Traditionsbewusstsein und weltanschauliches Urteilsvermögen, das in der politischen Umbruchszeit der 1930er-Jahre besonders gefragt sei, zu schärfen:

> wir deutschen Katholiken kennen unsere großen Männer und Meister viel zu wenig, und – man kann sich nicht gewissenhaft genug an alle erprobten Methoden halten. Das besonders für unsere Kulturpolitik wahrhaft verhängnisvolle Unglück, daß die Tradition zu den großen deutschen katholischen Philosophen des frühen 19. Jahrhunderts abgerissen ist, kommt hauptsächlich von unserem Versagen im selbstständigen Philosophieren. Wir haben uns zu sehr auf die geschichtlichen Einzelheiten eingelassen und über dem Riesenfleiß der philosophiegeschichtlichen Forschung den Mut zur eigenen Überschau über die Geschichte, den Mut zur Synthese und zum System verloren.[198]

Dempf tritt hier offenkundig als Teil einer kulturell-religiösen Gemeinschaft auf, der er neben mangelnden Kenntnissen der eigenen Denktraditionen die Unfähigkeit zum konfessionsbewussten Philosophieren unterstellt. In der Doppelrolle des Philosophen und katholischen Intellektuellen verspricht er seinen Lesern anschließend, diesem ‚kulturpolitischen Unglück' durch die Systematisierung der Philosophie Joseph Görres' entgegenzuwirken.[199] Gerade von Görres könne man den „Mut zur eigenen Überschau über die Geschichte" sowie den „Mut zur Synthese und zum System" lernen. Der Leser könne sich darüber hinaus aber auch in Fragen des weltanschaulichen und politischen Urteils an dessen „geis-

---

197 Siehe hierzu Alois Dempf: Fortschrittliche Intelligenz nach dem Ersten Weltkrieg (1969). Im Werl-Soester- Kreis, zu dem namhafte Theologen und Philosophen wie Theodor Abele, Peter Wust, Romano Guardini und Hermann Platz, aber auch die Politikerin Helene Weber gehörten, „wurde die Situation der Zeit besonders nach der Machtergreifung Hitlers besprochen und Gegeninitiativen ins Auge gefaßt", wie Vincent Berning prägnant zusammenfasst. Siehe Vincent Berning und Hans Maier (Hg.): Alois Dempf (1992), S. 113.
198 Alois Dempf: Görres spricht zu unserer Zeit (1933), S. VII.
199 Nicht zuletzt das Erscheinen des Textes im traditionell ausgerichteten Herder-Verlag mag dafür einen Hinweis geben. Siehe zum Herder Verlag Hans Bücker (Hg.): Der Verlag Herder. Ein Bericht über Programm und Zielsetzung, Geschichte und internationale Tätigkeit eines deutschen Verlagshauses (1968); o.V.: Der deutsche Katholizismus in Deutschland und der Verlag Herder (1951).

tige[r] Gestalt" schulen. Und dies sei, wie Dempf hervorhebt, in Anbetracht der aktuellen Lage, die „mit äußerster Entschlossenheit auf eine klare und entschiedene Weltanschauung hin[drängt]", besonders geraten.[200] Ein exzellentes Beispiel weltanschaulicher Reife biete Görres vor allem deshalb, weil er im Lauf seiner geistigen Entwicklung diverse Denksysteme, wie „die Irrgänge der Aufklärung und Romantik", konsequent durchlaufen sei und sie „innerlich überwunden" habe, um schließlich zu einer universalen „christlichen Philosophie" vorzudringen.[201] Aktuell sei Görres darüber hinaus auch in zeitdiagnostischer und politischer Hinsicht, weil er eine „Staatsphilosophie" ausgearbeitet habe, die „aus einer der unsern verblüffend nah verwandten Lage erwachsen" sei.[202] In dieser „Krisenlehre des Staatslebens" erblickt Dempf, der sich nicht nur als belesener Biograph, sondern auch hellsichtiger Zeitdiagnostiker erweist, „de[n] einzige[n] Schlüssel für das ganze Denken von Görres".[203] Im Sinne des Titels lässt Dempf *seinen* Görres – denn offenbar handelt es sich dabei, wie erwähnt, um eine exklusive Erbschaftsusurpation und *invented tradition* mit katholischem Profil – also gleich in mehrfacher Hinsicht zur Gegenwart ‚sprechen'. Er spricht *erstens* als Lehrer einer christlichen Philosophie, *zweitens* als Politiker und Verkünder einer gegenwartspolitisch relevanten Staatslehre und *drittens* als Vorbild in ethischen und weltanschaulichen Fragen.

Doch in welcher konkreten Absicht funktionalisiert Dempf den Publizisten und Mystiker Joseph Görres zu einem Sprachrohr für religiöse, staats- und kulturphilosophische sowie politische Belange? Dempfs Bemühungen müssen vor dem Hintergrund der politischen Ereignisse der ersten Hälfte des Jahres 1933 im Allgemeinen und der Situation zahlreicher katholischer Intellektueller im Besonderen gelesen werden. Nach Hitlers Machtantritt im Januar hatte sich der deutsche Katholizismus in ein Verhältnis zum Nationalsozialismus zu setzen. Die anfängliche Skepsis auf Seiten des Episkopats, des politischen Katholizismus und des katholischen Milieus versuchte Hitler in den ersten Monaten nach seinem Regierungsantritt bekanntlich durch kirchenfreundliche Avancen abzubauen, was ihm in weiten Teilen auch gelang.[204] Im März 1933 stimmte die Zentrumspartei dessen Ermächtigungsgesetz zu, verhalf der NSDAP so zur erforderlichen Zwei-Drittel-Mehrheit und ermöglichte damit den Ausbau der national-

---

200 Alois Dempf: Görres spricht zu unserer Zeit (1933), S. VII.
201 Ebd.
202 Ebd.
203 Ebd.
204 Vgl. Heinz Hürten: Der Aufstieg des Nationalsozialismus und die katholische Kirche (2011), S. 27–34.

sozialistischen Diktatur.²⁰⁵ Parallel hierzu liefen die Verhandlungen über einen Staatskirchenvertrag, der das rechtliche Verhältnis zwischen dem Deutschen Reich und dem Heiligen Stuhl regeln sollte und schließlich im Juli desselben Jahres, nur wenige Wochen nachdem sich die Zentrumspartei selber aufgelöst hatte, abgeschlossen wurde. Im Klima des politischen Umbruchs hatte sich auch die katholische Intelligenz zu den neuen Machthabern, insbesondere zu den geistigen und weltanschaulichen Grundlagen des Nationalsozialismus, die in den ersten Monaten des Jahres 1933 noch keinesfalls scharf konturiert waren, zu positionieren. Während etliche katholische Intellektuelle auch weiterhin skeptisch blieben, hofften andere darauf, ihren öffentlichen Einfluss unter dem sich antimodern und konservativ gerierenden neuen Regime ausweiten zu können.²⁰⁶ Paradigmatisch für die Brückenbauversuche der katholischen Bildungselite zum Nationalsozialismus ist die ‚Dritte soziologische Sondertagung des Katholischen Akademikerverbandes Deutschlands' (KAV),²⁰⁷ die – zeitgleich zu den Reichskonkordatsbeschlüssen – im Juli 1933 unter dem Titel *Das nationale Problem im Katholizismus, die Neuordnung von Gesellschaft und Staat im Lichte des Reichsgedankens* in Maria Laach stattfand und Möglichkeiten einer Integration der katholisch-akademischen Elite in den nationalsozialistischen Staat erörtern sollte. Unter Anwesenheit wichtiger politischer, wirtschaftlicher und akademischer Funktionäre bemühten sich einige Vertreter des KAV in diesem Rahmen,²⁰⁸ den neuen Machthabern die Bereitschaft zur „Mitarbeit am Aufbau des neuen Deutschland" zu signalisieren und dabei gleichzeitig eigene Gestaltungsideen einzubringen.²⁰⁹ Etliche andere Mitglieder des KAV, so auch Dempf, distanzierten sich von solcherlei offensichtlichen Annäherungsversuchen und markierten stattdessen die in ihren Augen nicht zu überwindenden ideologischen Fronten. Den Flirt der katholischen Bildungselite mit dem Nationalsozialismus auf der berüchtigten Tagung in Maria Laach sowie den Abschluss des Reichskonkordats kritisierte Dempf wenige Zeit später unter Pseudonym in seiner antinazistischen Mahnschrift *Die Glaubensnot der deutschen Katholiken* (1934) aufs Schärfste.²¹⁰ Hierauf wird noch zurückzukommen sein, steht die Schrift doch in engem Zusammenhang zu *Görres spricht zu unserer Zeit*.

---

205 Vgl. ebd.
206 Vgl. Rudolf Morsey: Ermächtigungsgesetz und Reichskonkordat (2011), S. 39–47.
207 Vgl. Guido Müller: Der „Katholische Akademikerverband" (1997), S. 557.
208 Vgl. Dagmar Pöpping: Abendland (2002), S. 172.
209 So berichtet der Westdeutsche Beobachter (Köln) am 26.7.1933. Zit. n. Guido Müller: Der „Katholische Akademikerverband" (1997), S. 560.
210 Michael Schäffler [d. i. Alois Dempf]: Die Glaubensnot der deutschen Katholiken (1934), S. 232–233.

Unter Berücksichtigung des spannungsreichen politischen Klimas im Jahr 1933, das dem katholischem Intellektuellenmilieu eine Positionsnahme abverlangte, kann Dempfs Görres-Biographie als Ruf zur konfessionellen, weltanschaulichen, kulturellen und politischen Selbstbesinnung gedeutet werden. Konkreter nahm er den katholischen Publizisten des 19. Jahrhunderts in den Dienst, um für die berufsständische Ordnung im Allgemeinen sowie ein bestimmtes Verhältnis von Kirche und Staat im Besonderen zu werben. Wie bereits in seinem Beitrag zur „Kulturphilosophie" argumentiert Dempf darin unter allgemeiner Bezugnahme auf die jüngsten politischen Ereignisse, und zwar das Ende der Weimarer Republik und die Machtübernahme durch die Nationalsozialisten, für ein parlamentarisches System und ein allgemeines Verfassungsrecht. Dies allerdings unter der Patronage des Gewährsmannes Görres. Dass Dempf in *Görres spricht zu unserer Zeit* nicht ‚Klartext' spricht, ist jedoch nicht auf eine ‚Verdeckungsabsicht' zurückzuführen. Stattdessen muss der Text als exoterische Schrift verstanden werden, die sich gezielt an den ‚deutschen Katholizismus' richtete, bei dessen Vertretern Dempf nicht nur spezifische Wissensbestände, sondern auch eine Sensibilität für die eigene prekäre Lage voraussetzen konnte. Nach Ansichten Dempfs, bot sich der geistige Werdegang von Görres zur anschaulichen Aufklärung über die politische Lage der 1930er-Jahre deshalb besonders gut an, weil dieser in einer ähnlichen Situation des gesellschaftspolitischen Umbruchs gewesen sei und sich während der Befreiungskriege als Publizist für eine politische Lösung engagiert habe, „mit der die politische Spannung der Zeit, die von Konservativismus und Liberalismus ausgeglichen werden konnte".[211] Die Frage nach dem rechten Verhältnis von ‚Ordnung und Freiheit' lässt Dempf in seiner Darstellung dabei zum eigentlichen Angelpunkt werden. In den drei Phasen seines Denkens und Wirkens, also der *vita utopica*, der *vita activa* und der *vita contemplativa*, sei dieser allgemeine, von Görres in seiner Entwicklung stets mitreflektierte Gegensatz jeweils unterschiedlich bestimmt und mit jeweils unterschiedlichen Inhalten gefüllt worden. In seiner *vita utopica* habe sich der junge Görres zur „Jünglingsutopie der Demokratie aller Aufgeklärten im Staat und der Demokratie der aufgeklärten Völker" bekannt.[212] Die Spannung zwischen den Extremen von Despotismus und Republikanismus habe er zu dieser Zeit mit der aufklärerischen Idee des geschichtsmächtigen menschlichen Geistes aufzulösen versucht und sich auf die Seite einer republikanischen Staatsordnung gestellt. Eingeleitet durch die Enttäuschung über „die Katastrophe der Revolution und des Demokratismus", die

---
211 Alois Dempf: Görres spricht zu unserer Zeit (1933), S. 107.
212 Ebd., S. 6.

Diktatur Napoleons und schließlich dessen Sturz, lässt Dempf seinen Görres in die nächste Phase, die *vita activa* eintreten.[213] Nun habe sich der Publizist im Rahmen der Restauration für eine Großdeutsche Lösung engagiert und sich dabei zum vorbildlichen Europäer entwickelt, der bedeutende staatsphilosophische Schriften wie *Deutschland und die Revolution* (1819) und *Europa und die Revolution* (1821) verfasste. Die „politischen Spannungen der Zeit", also insbesondere die „von Konservativismus und Liberalismus",[214] habe er fortan in grundlegenderen, nämlich weltanschaulichen Kategorien zu denken begonnen. Nunmehr bezog er sie auf „die Grundgegensätze des Lebens", etwa den Gegensatz von „Glaube[n] und Wissen", sowie auf zwei generell unterschiedliche Weltbilder, nämlich das theozentrische und das anthropozentrische, ohne sie zu einer eindeutigen Synthese zusammengeführt zu haben.[215]

Nach Dempfs Auffassung gelangt Görres' zeitdiagnostische Kritik- und Urteilskraft damit zu einer ersten Reife. Denn erst durch dessen denkerisch erworbene Fähigkeit, zugleich politische und weltanschauliche Faktoren bei der Urteilsfindung zu berücksichtigen, sei es ihm gelungen, sowohl die politische Mitte als auch das rechte „Maß des Urteils über die Zeit" finden.[216] Komplettiert wird diese geistige und weltanschauliche Entwicklung, in der Auffassung Dempfs, allerdings erst in der letzten Phase seines Wirkens, der *vita contemplativa*. Gänzlich zum politischen Publizisten herangereift, sei Görres hier zum Verteidiger des Katholizismus und der Kirche geworden. Als Philosoph hingegen gelangte er im Zuge der eigenen religiösen Wende zu einem universalistischen Weltbild und vermochte nun auch moralische und heilsgeschichtliche Kategorien einzubeziehen. Vor allem aber konnte er durch die Zuhilfenahme eines hierarchischen Ordnungsprinzips die sein bisheriges Denken bestimmende dialektische Denkweise überwinden, die, wie Dempf betont, „nichts Anderes und nichts Geringeres ist als die Hegelsche".[217] Den „abstrakten und unversöhnlichen Gegensatz von Einheit und Vielheit, Universalismus und Individualismus, Despotismus und Anarchie" musste Görres fortan nicht „im höheren Dritten versöhnen", sondern konnte ihn, und zwar im Rahmen einer heilsgeschichtlichen Betrachtungsweise, vertikal statt horizontal denken. Es sei schließlich „die Scheidung zwischen Gut und bös [sic], zwischen den häretischen Absolutismen und der ewigen Ordnung [...]", die ihm den rechten Blick

---

213 Ebd., S. 14.
214 Ebd., S. 107.
215 Ebd., S. 109.
216 Ebd., S. 112.
217 Ebd., S. 25.

auf die Dinge öffnete und nunmehr jegliches – auch das politische – Urteil formte.[218] Das kontemplative Leben des alten Görres, ein „Leben aus dem Glauben und aus der Idee für das Volk", wird von Dempf allerdings weniger „als stille Betrachtung und Versenkung in die Gottgeheimnisse" gedeutet,[219] sondern vielmehr im Sinne eines „mächtige[n] Geisteskampf[es] um die Eroberung der vollen katholischen Welt- und Geschichtsanschauung".[220] Görres habe sich also zum katholischen Intellektuellen *par excellence* entwickelt. Dessen „philosophische, d.h. ganzheitliche, und die theologische, d.h. erst recht eine aus einem einzigen, ewigen Grund abgeleitete Geschichtsanschauung",[221] gelte es sodann – und dies muss als Aufruf an die anvisierte Leserschaft verstanden werden – als ein geistiges Erbe zu betrachten, zu pflegen und fortzuführen. Bereits in der wissenssoziologischen Studie *Sacrum Imperium. Geschichts- und Staatsphilosophie des Mittelalters und der politischen Renaissance* (1929) hatte Dempf dargelegt, dass Geschichte nicht nur als immanente „Gemeinschaftsbewegung", sondern auch als etwas „Übermenschliches" begriffen werden müsse, vor allem dann, wenn sich das geschichtliche Subjekt ethisch binde. Nach Dempfs Auffassung kann jedoch „erst die eindeutige Erkenntnis vom Gotteswillen mit der Geschichte [...] der menschlichen Freiheit die Kraft, zeitbestimmend im vollen Sinn zu werden", sichern.[222] Görres habe diese „eindeutige Erkenntnis" in seiner *vita contemplativa* gewonnen und sei so zum Verteidiger der Kirche geworden. Auch hierin sollte sich die katholische Bildungselite, die vielfach den Abschluss des Reichskonkordats befürwortete, ein Beispiel nehmen, also die kirchlichen Handlungsräume gegen die Machtansprüche des nationalsozialistischen Staats verteidigen.

Dempfs philosophisch angelegte Görres-Biographie erhält vor diesem Hintergrund eine deutliche tagespolitische Stoßrichtung, wenngleich die politischen Aussageabsichten nicht in derselben Deutlichkeit expliziert werden, wie etwa in seinen explizit antifaschistischen Texten. Vergleicht man *Görres spricht zu unserer Zeit* mit der von Dempf unter dem Pseudonym Michael Schäffler herausgegebenen, illegal verbreiteten und dezidiert antinazistischen Kampfschrift *Die Glaubensnot der deutschen Katholiken* (1934), lassen sich aber erstaunliche Übereinstimmungen ausmachen. Nachdem der Staatskirchenvertrag zwischen dem ‚Deutschen Reich' und dem Heiligen Stuhl bereits abgeschlossen war, stell-

---

218 Ebd.
219 Ebd., S. 22.
220 Ebd.
221 Ebd., S. VII.
222 Alois Dempf: Sacrum Imperium (1929), S. 1–4.

te der darüber offensichtlich empörte Dempf darin „dem deutschen Katholizismus" „die Diagnose" und hoffte,²²³ über den „cäsaropapistischen Charakter des Nationalsozialismus", Hitlers „rein taktische[] Benutzung der Religion für seine Machtzwecke" und die „Unvereinbarkeit vom Christentum und nordischem Rasseglauben" aufzuklären.²²⁴ Ganz unverhohlen kritisierte er dabei die vielfachen Kollaborationsbeziehungen der beiden Kirchen mit dem neuen Regime und verlieh seiner Sorge darüber Ausdruck, dass „die direktive Propaganda und Suggestivkraft des Nationalsozialismus", gegen den „[e]in guter Teil des katholisches Volkes" zwar „stand gehalten" habe,²²⁵ in Zukunft zur schweren Herausforderung werden müsse. Weite Teile des deutschen Katholizismus seien von Hitlers Beschwichtigungen schon hinters Licht geführt worden, nicht zuletzt, weil sie es „verlernt" hätten, „die Gefahren des Zeitgeistes zu durchschauen".²²⁶ Um die politische Lage im Allgemeinen und den Nationalsozialismus sowie seine weltanschaulichen Grundlagen richtig einzuschätzen, plädiert Dempf darin in aller Dringlichkeit für eine Besinnung auf die katholischen Bildungsbestände und Traditionen, die er seiner Leserschaft als Ressourcen der politischen und weltanschaulichen Urteilsbildung empfiehlt:

> Wie kann man sich gegenüber den neuen Tatsachen eine neue politische Meinung bilden? Das geht den deutschen Katholiken ganz besonders an. Der Lutheraner mag sich nach seiner Staatsanschauung mit einer Obrigkeit abfinden, die [...] ein Regime der herrschenden Rasse und nicht ein Rechtsstaat ist. Der Katholik aber hat mindestens seit Thomas von Aquin, ja schon seit dem hl. Kirchenlehrer Augustinus eine überlieferte Lehre vom Staat, die ihn genau unterscheiden läßt zwischen dem irdischen Staat an sich, wo der rechtmäßigen Obrigkeit Gehorsam gebührt, und der Civitas diaboli, dem Weltreich des Hochmuts und der Herrschsucht, dem er sein unbedingtes Nein entgegensetzt. Der mündige Katholik muß sich also eine politische Überzeugung bilden, wie er sich zu seinem Staat zu verhalten hat.²²⁷

Im Gegensatz zu dem (politisch) flexiblen Protestanten, so greift Dempf ein etabliertes katholisches Ressentiment auf, besitze der Katholik ein stabiles Fundament, und zwar die traditionellen Staats- und Gesellschaftslehren der ‚Kirchenlehrer', die ihm zur politischen Kritikfähigkeit und Standhaftigkeit verhel-

---

223 Alois Dempf: Die Glaubensnot der Katholiken (1934), zit. n. Vincent Berning: Alois Dempf (1992), S. 242.
224 Ebd., S. 201 und 204.
225 Ebd., S. 211.
226 Ebd., S. 240.
227 Ebd., S. 207.

fen könnten. Gerade in Fragen der politischen Meinungsbildung, fordert Dempf, müssten diese Wissensbestände aktiviert werden.

Es lässt sich also festhalten: Dempf ging seinem bereits in den 1920er-Jahren formulierten Kulturprogramm, dem das Plädoyer für eine an der katholischen Gelehrtentradition orientierte Bildung eignete, auch unter den veränderten politischen Bedingungen Anfang der 1930er-Jahre mit diversen, auf unterschiedliche Leserschaften zugeschnittenen Publikationen nach. Sowohl seine wissenschaftlichen als auch konfessionell und dezidiert politisch gefärbten Schriften, wie sie hier beispielhaft in dem Artikel zur Kulturphilosophie, der Intellektuellenbiographie *Görres spricht zu unserer Zeit* und der Streitschrift *Die Glaubensnot der Katholiken* vergleichend Behandlung fanden, waren von einem antifaschistischen Standpunkt aus formuliert, der, je nach Schreibanlass und Textsorte, mal weniger und mal deutlicher hervortrat. Insbesondere in seinen, ein katholisches Publikum adressierenden Schriften, also dem Görres-Buch und der Streitschrift, gewinnt Dempfs Nonkonformismus an Profil. Beide, am Beginn der nationalsozialistischen Herrschaft erschienenen Texte zeigen die Absicht des Verfassers, den Leser zu politischer Mündigkeit und Dissidenz zu bewegen, und zwar vom Standpunkt katholischer Weltanschauung aus. Während sich Dempf in *Die Glaubensnot der deutschen Katholiken* unter Pseudonym an den katholischen Durchschnittsleser richtet und diesen sehr konkret dazu aufruft, sich gegen den Nationalsozialismus zu engagieren, stellt er sich in seiner Görres-Biographie hinter die Autorität Joseph Görres', um anschaulich, aber voraussetzungsreich über das Verhältnis von Politik, Religion und Moral zu reflektieren und die anvisierte Leserschaft, nämlich die katholischen Intellektuellen, an ihre Verantwortung zu erinnern.

6.2.5 Zwischen Gelehrtendiskurs und Popularisierungsbemühungen

Wie komplex eine über die Darstellungsform der Intellektuellenbiographie ablaufende, auf Heterodoxie zielende literarische Kommunikation sein kann, die ganz ohne ‚verdecktes Schreiben' auskommt, dafür sollte die Auseinandersetzung mit *Görres spricht zu unserer Zeit* ein Beispiel liefern. Dempfs teleologisch arrangiertes geistesgeschichtliches Porträt, das durchaus faktenkundig geschrieben ist, erhebt unverkennbar zeitgenössische weltanschauliche Geltungsansprüche, wenn es für das „Primat des religiösen auch im politischen Leben"[228] votiert. Vor dem Hintergrund der Ereignisse der frühen 1930er-Jahre muss es vor

---

228 Florian Krobb: „Seher und Rufer zu nationalem Selbstbewußtsein" (2010), S. 152.

allem als politische Auseinandersetzung mit den politischen, ideologischen und gesellschaftlichen Umbrüchen, insbesondere aber als Einspruch gegen das Reichskonkordat gedeutet werden. Wie Florian Krobb prägnant zusammenfasst, ruft Dempf, „[w]ährend Hitler bereits im Begriff ist, Staat und Verfassung von Weimar zu liquidieren und das totalitäre System der NS-Diktatur zu errichten, [...] noch einmal mit Görres den Vorrang der Religion und ihrer Schutzmacht, der Kirche, in die Ordnung der Öffentlichkeit zurück" (ebd.). Gleichwohl leistet der mit erstaunlich „intellektueller Breite" (ebd.) verfasste und komplex gestaltete Text weitaus mehr als eine bloße Verteidigung der katholischen Kirche. Indem Dempf den intellektuellen Werdegang Görres', und zwar in dem Doppelprofil des politischen Publizisten und Philosophen, nicht nur entwicklungsgeschichtlich anlegt, sondern auch wertet, werden bestimmte kultur-, geschichts- und staatsphilosophische Auffassungen, die sich nicht bewährt haben, entweder als Irrtümer abgetan oder als Durchgangsstationen dialektisch weiterentwickelt. Zu diesen Irrtümern rechnet Dempf, in Übereinstimmung mit der orthodoxen Görres-Forschung, neben dessen Begeisterung für die Revolution und den Demokratismus auch den „Grundirrtum des totalen Staates".[229] Anhand eines anschaulichen, weil historischen Falles kann Dempf auf diese Weise einerseits über das prinzipiell vielschichtige, aber vor allem aktuelle Zusammenspiel von Politik, Ideologie, Kultur und Religion aufklären und sich dabei andererseits mit Görres als Autorität für ein bestimmtes Verhältnis dieser gesell-schaftskonstituierenden Kräfte aussprechen. Im Besonderen wird Görres dabei zum Gewährsmann einer ‚berufsständischen Ordnung' – ein Gesellschaftskonzept, das Dempf vielerorts propagierte. Görres' Staatslehre salviert Dempf dabei als feststehendes, positives Resultat. Mehr noch, er nobilitiert sie gemäß seinem Kulturprogramm, wie er es in „Das Erbe der Romantik und das jeweils Klassische" darlegte, zum ‚klassischen Schrifttum des Christentums'.

Ferner lässt er seinen Görres zur „Leitgestalt eines kämpferischen Katholizismus" (ebd.) avancieren und unterbreitet damit der 1933 ideologisch uneinigen, wenn nicht in weiten Teilen verunsicherten Bildungselite des deutschen Katholizismus ein grundsätzliches Orientierungsangebot. Nicht zuletzt zeugt *Görres spricht zu unserer Zeit* von Dempfs Engagement für eine „systematisch geordnete Darstellung philosophischen Wissens".[230] Hierfür hoffte er die Gattung der ‚Summa' belasten zu können, die im Zuge seines allgemeinen Behar-

---

229 Alois Dempf: Görres spricht zu unserer Zeit (1933), S. 221.
230 Lutz Danneberg: Wissenschaftsauffassung und epistemischer Relativismus im Nationalsozialismus [FHEH-Preprint-Version 04.07.2012].

rens auf eine *philosophia perennis* reaktualisiert werden sollte. Solcherlei Bemühungen, die Dempf wissenschaftsprogrammatisch schon vor 1933 ins Auge gefasst hatte, stellen ihn schließlich in die Reihe jener „kleinen Schar katholischer Philosophen", die zum „neuen Wissenschaftskonzept und den Versuchen präsentistischer Ausdeutungen" nationalsozialistischer Provenienz Distanz halten konnten.[231] Auch der Kultursoziologe Alfred von Martin, um den es im Folgenden gehen soll, lässt sich zu jener kleinen Gruppe an im ‚Dritten Reich' publizistisch tätigen, aber dezidiert nonkonformistischen Wissenschaftlern zählen.

6.3 Alfred von Martins geistesgeschichtliche Doppelbiographie *Nietzsche und Burckhardt*

Im Vorwort zur zweiten Auflage seiner 1942 erstmals veröffentlichten und 1947 erneut herausgegebenen ‚Burckhardt-Studie' *Die Religion Jacob Burckhardts. Eine Studie zum Thema Humanismus und Christentum*, die in der Erstausgabe noch *Die Religion in Jacob Burckhardts Leben und Denken* hieß, stellt der Kulturhistoriker und Soziologe Alfred von Martin (1882–1979) bedauernd fest, dass es „anscheinend [...] manchem schwer gefallen" sei, „die Anlage des Buches richtig zu verstehen und seine Absichten zu erkennen, obwohl der Untertitel einen klaren Hinweis gab und die Überschrift des zweiten Teils sofort deutlich machte, daß in ihm ‚die Hauptprobleme' behandelt seien".[232] Missverstanden wähnte sich der Verfasser dabei nicht nur in seinem wissenschaftlichen, sondern vor allem in seinem politischen Anliegen, also in dem, was die sozialhistorisch perspektivierte Arbeit „über das wissenschaftliche Anliegen hinaus [...] in die Zeit hineinrufen wollte".[233] Die antinazistische „Tendenz", die von Martin seiner Studie gegeben zu haben insistierte, sei eigentlich „unschwer zu erkennen" gewesen, denn dafür hätten genügend innertextliche, aber auch kontextuelle Hinweise vorgelegen.[234] Von Martin war jedenfalls fest davon ausgegangen, dass „sein neues Burckhardtbuch" in Kenntnis der 1941 ebenfalls im Reinhard-Verlag erschienenen Studie *Nietzsche und Burckhardt* ([1]1941, [2]1942, [3]1945, [4]1947) gelesen werde und damit „in der Richtung einer Ergänzung der ethischen Op-

---

231 Ebd.
232 Alfred von Martin: Die Religion Jacob Burckhardts (1947), S. 7.
233 Ebd.
234 Ebd., S. 7–8.

position gegen den Geist oder vielmehr Ungeist des ‚dritten Reiches' durch die religiös-kirchliche".[235]

Im Unterschied zu seiner unverstanden gebliebenen Burckhardt-Studie war die geistesgeschichtlich angelegte Doppelbiographie *Nietzsche und Burckhardt* in der Tat bereits zeitgenössisch als kritische Auseinandersetzung mit dem Nationalsozialismus rezipiert und entsprechend auch von der NS-konformen Presse denunziert worden. Nahezu sarkastisch hebt von Martin in der Retrospektive von 1947 hervor, dass die Gestapo die regimekritische Absicht seines zweiten ‚Burckhardtbuches' in diesem Sinne „sehr viel besser" verstanden habe „als zahlreiche anderweite Leser und Rezensenten",[236] weshalb es schließlich auch im März 1943 beschlagnahmt und verboten worden sei.

Anders fällt von Martins Urteil im Hinblick auf *Nietzsche und Burckhardt* aus. Im Nachwort der vierten und vermehrten Auflage, die ebenfalls 1947 erscheint, weist er positiv auf die Rezeption während der NS-Zeit hin und konstatiert, dass der Studie die „stärkste ‚Aktualität'" „von Feind und Freund zuerkannt" worden sei und dass „unter den Freunden, außer etlichen beherzten deutschen, vor allem die schweizerischen Zeitungen und Zeitschriften" den dissidenten Aussagegehalt erkannt hätten.[237] Insbesondere lobt er die Courage einiger Rezensenten, die sich nicht gescheut hätten, in ihren Besprechungen ausdrücklich auf den zeitkritischen Charakter der Veröffentlichung hinzuweisen: „[T]reffend" habe etwa „das Wort Joseph Bernharts" die Aussageabsicht des Buchs artikuliert, dass es nämlich, so zitiert von Martin den ihm befreundeten katholischen Theologen, Religionswissenschaftler und *Hochland*-Autor Bernhart, „zur Entscheidung in einer Alternative [zwinge]".[238] Auch für Rudolf Pechels „mutigen Artikel",[239] der das Buch unter dem Titel „Burckhard oder Nietzsche?" besprochen hatte, findet von Martin lobende Worte. Das Lob bezieht sich dabei auf eine ausgedehnte Rezension, mit der der Herausgeber der *Deutschen Rundschau* 1941 auf die erste Ausgabe der Doppelbiographie reagiert hatte. Pechel fasst hier von Martins Vorhaben folgendermaßen zusammen:

> In dem postumen Verfahren Burckhardt c/a Nietzsche oder besser Nietzsche-Anhänger c/a Burckhardt, in dem es doch nicht nur um das Verhältnis zweier bedeutender Menschen zueinander geht, sondern um sehr viel mehr, um den unüberbrückbaren Gegensatz zweier menschlicher und geistiger Typen, zweier Seins- und Betrachtungsweisen, zweier

---

235 Ebd.
236 Alfred von Martin: Die Religion Jacob Burckhardts (1947), S. 8.
237 Alfred von Martin: Nietzsche und Burckhardt (1947), S. 291.
238 Ebd.
239 Ebd.

geistiger Welten, hat ein neuer Sachverständiger zu einem Gutachten, das wohl die Kraft und Endgültigkeit eines Urteils hat, das Wort genommen. [...] Alfred von Martin geht das Problem mit dem Rüstzeug genauster Kenntnis und unbestechlicher philosophischer Schulung an. So wird sein Buch zu einem Dokument von großer Bedeutung, da es an dem Verhältnis Burckhardt – Nietzsche die Problematik der Beziehungen zwischen zwei geistigen, einander entgegengesetzten und sich gegenseitig ausschließenden Welten deutlich macht und zur allgemeinen Problematik menschlicher Beziehungen überhaupt einen wesenhaften Beitrag liefert.[240]

Pechel, der schon während der Zeit des Nationalsozialismus, wie es Volker Mauersberger etwas emphatisch, aber nicht unzutreffend formuliert, „zum Symbol eines Publizisten geworden [war], der auch unter dem Zwang totalitärer Verhältnisse den öffentlichen Widerspruch gewagt und durchfochten hat",[241] unterstreicht in seiner Rezension vor allem Alfred von Martins Absicht, seinen Lesern ein Werturteil zu vermitteln. Wie bereits der bezeichnende Titel der Buchbesprechung *Burckhardt oder Nietzsche* insinuiert, sieht der Rezensent in der geistesgeschichtlichen Studie eine ‚Entscheidungssituation' Kierkegaard'scher Prägung charakterisiert, die auf einem Konflikt zwischen den weltanschaulichen Grundhaltungen der in Jacob Burckhardt und Friedrich Nietzsche repräsentierten Typen beruht. Auch den Aktualitätswert, den von Martin dieser Entscheidungssituation zuschreibt, erkennt Pechel und pointiert mit dem letzten Satz der Buchbesprechung: „Das Bekenntnis zu Burckhardt oder Nietzsche scheidet auch heute die Geister."[242] Auf welcher Seite dabei die Sympathien des Autors, wie auch die des Rezensenten liegen, verheimlicht Pechel nicht, sondern lässt seine Leser wissen, dass der Autor den humanistischen Burckhardt „mit starkem innerem Beteiligtsein und in verehrender Liebe" porträtiert habe. Nichtsdestoweniger habe Alfred von Martin auch „das Phänomen Nietzsche in seiner Ganzheit mit vorbildlicher Klarheit und Schärfe" gefasst und „ohne jede Parteilichkeit und ohne den Versuch, aus Einzeläußerungen ein zweckbestimmtes Bild unter Verschweigung mancher Züge und Verniedlichung anderer hinzustellen, den Menschen und Denker Nietzsche mit seinem Widerspruch" gezeichnet.[243] Entgegen Pechels wohlwollender Einschätzung, Alfred von Martin habe eine objektive, also nicht ‚zweckbestimmte', tendenziöse

---

240 Rudolf Pechel: Burckhardt oder Nietzsche (1941), S. 86.
241 Volker Mauersberger: „Zwischen den Zeilen"? (2007), S. 175. Zu Pechels Strategien publizistischen Widerstands vgl. Rudolf Pechel: Zwischen den Zeilen (1948); Erwin Rotermund: Tarnung und Absicherung in Rudolf Pechels Aufsatz „Sibirien" (1987); Heidrun Ehrke-Rotermund: Hitler – ein Massenbetrüger (2012).
242 Rudolf Pechel: Burckhardt oder Nietzsche (1941), S. 93.
243 Ebd., S. 87.

Nietzsche-Interpretation geleistet, räumt von Martin bereits im Vorwort der ersten Auflage ein, dass das Erkenntnisinteresse seiner Studie zwangsläufig zu einem ganz bestimmten Bild von Nietzsche führen müsse, weil dieses aus der Perspektive Jacob Burckhardts gezeichnet werden solle. Dennoch versichert er, und hierauf scheint sich denn auch Pechel zu beziehen, am Objektivitätspostulat festgehalten zu haben und seinen Lesern so die wissenschaftliche „Vertretbarkeit dieses Nietzschebildes" garantieren zu können.[244]

In besagter Problemorientierung manifestiert sich gleichsam die Eigentümlichkeit der mit ‚Beteiligung' und einem durchaus zweckbestimmten Interesse geschriebenen Doppelbiographie von Martins. Nicht nur mit diesem Buch, auch generell lassen sich die im ‚Dritten Reich' publizierten Texte des Autors einer nonkonformistischen und ‚engagierten' Wissenschaftsprosa zuordnen. Engagiert ist die Studie zu Nietzsche und Burckhardt, weil sich in der Art der Darstellung die freiwillige, weltanschauliche Selbstbindung des Verfassers abbildet; wissenschaftlich, weil sie entsprechenden Ansprüchen dabei in Gänze Genüge leistet. Von Martin orientierte sich nämlich trotz der vermeintlichen Parteinahme für Jacob Burckhardt an einem liberalen Wissenschaftsideal, das man in der Zeit mit den Schlagworten ‚Voraussetzungslosigkeit', ‚Universalität', ‚Wertfreiheit' und ‚Objektivität' in Verbindung brachte. Diese Art der, wenn man so möchte, ‚doppelten Freiheit', also der freiwilligen Selbstbindung einerseits, der Absage an eine ideologisch an den Nationalsozialismus akkommodierte Wissenschaft andererseits, lässt sich vermutlich auch mit dem Motto in Beziehung setzen, das Pechel seiner Rezension voranstellt: „Seht ihn nur an – Niemandem war er untertan!"[245] Es handelt sich dabei um ein Zitat Nietzsches, das in seinem ursprünglichen Kontext auf Schopenhauer bezogen war, im kotextuellen Zusammenhang der Rezension aber wahrscheinlich direkt auf den Verfasser von *Nietzsche und Burckhardt* zielt.[246]

Weil sich von Martin durch Leser wie Pechel in seinen dissidenten Mitteilungsabsichten verstanden gefunden hatte, ist die eingangs zitierte Enttäuschung über die ausbleibende, positive Reaktion auf sein ebenso regimekritisch intendiertes Buch *Die Religion in Jacob Burckhardts Leben und Denken* (1942) nachvollziehbar. Dass es sich bei beiden ‚Burckhard-Büchern' von Martins um regimekritische Texte und „geistesgeschichtlich orientierte Auseinanderset-

---

244 Alfred von Martin: Nietzsche und Burckhardt (1941), S. 8.
245 Ebd.
246 Es lässt sich aber auch unschwer auf Pechel selbst beziehen, der es sich nicht nehmen lässt, süffisant aus von Martins Buch zu zitieren und ganz explizit auf den Aktualitätswert hinzuweisen.

zung[en] mit dem Dritten Reich"[247] handelt, ist in der Forschung bereits konsensuell festgestellt worden.[248] In Anbetracht der von Repression bestimmten Kulturpolitik im nationalsozialistischen Gewaltstaat, der eine ‚offene Rede' vereitelte und jede Art der Literaturproduktion unter Aufsicht stellte, hoffte von Martin, so kann bereits vorweggenommen werden, sich durch wissenschaftliche Akribie und ein der Soziologie entlehntes typologisches Darstellungsverfahren vor den parteiamtlichen Zensurstellen schützen zu können, ohne dafür den oppositionellen Aussagegehalt aufgeben zu müssen. Eine dezidiert literaturwissenschaftliche Untersuchung, die die Darstellungsform und die ‚Gemachtheit' dieser Texte in die Analyse einbezieht, liegt meines Wissens, bisher nicht vor. Dabei stellen von Martins Studien ausgezeichnete Beispiele für die Funktionsmechanismen ‚verdeckten Schreibens' und ‚aufdeckenden Lesens' im weitesten Sinne dar und lassen sich gewinnbringend in das Formen- und Funktionsspektrum heterodox kommunizierender Literatur im ‚Dritten Reich' integrieren. Darüber hinaus geben Alfred von Martins NS-kritische Publikationen fallbeispielartig Aufschluss über die spezifische „Nutzung akademischer Nischen", die nonkonforme Wissenschaftler bekanntlich gegen die „Zumutungen nationalsozialistischer Wissenschaftsideologie" hin und wieder zu Kommunikationsräumen der Dissidenz umfunktionieren konnten.[249] Damit bedient die folgende Auseinandersetzung letztlich auch ein wissenschaftshistorisches Interesse: Von Martin stand „in der Nachfolge Max Webers und Karl Mannheims, aber auch Werner Sombarts und Hans Barons";[250] in seinen Arbeiten entwickelte er eine kultursoziologische Perspektive der *intellectual history* weiter, die durch die Vertreibung bedeutender Sozialwissenschaftler zur Zeit des Nationalsozialismus abrupt und weitgehend unterbrochen wurde. Erst in den letzten Jahren hat das Werk des, wie es in einem 2016 erschienen Sammelband heißt, „zu Unrecht vergessene[n] Jurist[en], Historiker[s] und Soziologe[n] Alfred von Martin" wieder neue Aufmerksam auf sich ziehen können.[251] Von dieser ‚Wiederentdeckung'

---

247 Hubert Treiber: Alfred von Martins „Nietzsche und Burckhardt" (2013), S. 96.
248 Vgl. etwa Margret Funke-Schmitt-Rink: Martin, Alfred von (1984); Dirk Käsler: [Art.] Martin, Alfred von (1990); Volker Kruse: Historisch-soziologische Zeitdiagnosen nach 1945 (1994); Rainer Lepsius: Alfred von Martin (1979).
249 Frank-Lothar Kroll: Kultur, Bildung und Wissenschaft im 20. Jahrhundert (2003), S. 27.
250 Richard Faber und Christine Holste: Vorwort (2016), S. VII.
251 Hans-Harald Müller: Verhandlungen über eine Rezension aus dem ‚Dritten Reich' (2018), S. 138. Hierzu gezählt werden kann beispielsweise Richard Faber und Perdita Ladewig: Gesellschaft und Humanität. Der Kultursoziologe Alfred von Martin (2013). Auch die Wiederauflage seiner Publikationen in der Reihe *Klassiker der Sozialwissenschaften*: Alfred von Martin: Sozio-

des lange Zeit vernachlässigten Kultursoziologen profitiert die nachfolgende Studie und nutzt sie für eine spezifische Auseinandersetzung mit seinen Texten. Mir wird es im Folgenden vor allem darum gehen, von Martins antinazistische Studie *Nietzsche und Burckhardt* in den Fokus zu rücken und sie auf ihren NS-kritischen Aussagegehalt sowie die zugehörigen Darstellungsverfahren und Funktionen zu untersuchen. Im Einzelnen wird sich der Gang der Untersuchung wie folgt gestalten:

Weil Alfred von Martin für die Konzeption der beiden Gegenfiguren Nietzsche und Burckhardt auf Begrifflichkeiten und Denkfiguren des Romantikdiskurses zurückgreift, wie er sich unter anderem im *Hochland* entfaltete (vgl. Kapitel 6.1), wird es nach einigen kurzen Hinweisen zu seinem akademischen und intellektuellen Profil (6.3.1) zunächst darum gehen, anhand einiger ausgewählter Texte seine frühe Auseinandersetzung mit der Romantik zu rekonstruieren (6.3.2). Dabei wird gezeigt, dass von Martin in den 1920er-Jahren einen kultursoziologischen Ansatz zur Beurteilung der Romantik als ‚geistiges Gebilde‘ lanciert und dabei auch zu einer differenzierten Einschätzung des ‚romantischen Typus‘ gelangt. In *Nietzsche und Burckhardt* wird diese Perspektive allerdings dahingehend modifiziert, dass Nietzsche zum Repräsentanten einer negativ bewerteten ‚romantischen Weltanschauung‘ stilisiert wird, die von Martin in modernekritischer Stoßrichtung und in Anlehnung an Carl Schmitt als gefährliche ‚Standpunktlosigkeit‘ charakterisiert. Nietzsches Weltsicht wie auch sein Denkstil, die von Martin im Allgemeinen einem „heroischen Nihilismus" zuordnet,[252] werden dabei mit der Ideologie des Nationalsozialismus identifiziert (6.3.4). Burckhardt hingegen wird als Repräsentant einer christlich-humanistischen, ‚klassischen Weltanschauung‘ präsentiert und auf diese Weise einer humanistisch gesinnten Leserschaft im Allgemeinen sowie der „Phalanx der katholischen Klassik"[253] im Besonderen als Identifikationsfigur angeboten. Von Martin passt zu diesem Zweck seine an der Soziologie geschulte Typologie, wie er sie in etlichen seiner kultursoziologischen Arbeiten bemühte, einem „bestimmtgerichteten Erkenntniswollen" an,[254] das ihm nicht nur eigene Werturteile erlaubt, sondern diese auch vom Leser einfordert. In diesem Zusammenhang werde ich dafür argumentieren, dass von Martins Typologie in *Nietzsche*

---

logie der Renaissance und weitere Schriften (2016); Alfred von Martin: Die Krisis des bürgerlichen Menschen (2019), zeugt von besagtem vermehrtem Interesse an dem Kultursoziologen.
252 Richard Faber: Christlicher Humanismus versus Heroischer Nihilismus (2013). Diesen Begriff prägte Alfred von Martin im Besonderen in seiner Studie zu Ernst Jünger: Alfred von Martin: Der heroische Nihilismus und seine Überwindung (1948).
253 Vgl. Manfred Dahlheimer: Carl Schmitt und der deutsche Katholizismus (1998), S. 67.
254 Alfred von Martin: Soziologie der Renaissance (2016), S. 7.

und Burckhardt kultursoziologischer Provenienz ist und deshalb kaum, wie in der Forschung behauptet, in das aus der Theologie stammende „Interpretationsschema der Figuraldeutung" passt (6.3.3).[255] Im Bewusstsein um die Verantwortung des Intellektuellen im Zeitalter der „Tyrannis"[256] ergreift von Martin im Rahmen der typologischen Figurengestaltung unmissverständlich Partei für die humanistische Weltanschauung Jacob Burckhardts. Den Kulturhistoriker früher Stunde modelliert er ferner zum prototypischen Repräsentanten vorbildhaften Denkens und Urteilens, ja lässt ihn gleichsam zum Spiegelbild des eigenen wissenschaftlichen Engagements werden. Mit der pejorativen Charakterisierung Nietzsches als „typisch romantische[m] Denker"[257] ist dagegen von Martins Kritik an einer ideologisch an den Nationalsozialismus akkommodierten Wissenschaft verschränkt.

Da Jacob Burckhardt partiell als judenfeindlich, der adversativ platzierte Nietzsche aber partiell als Philosemit galt, kam von Martin nicht umhin, sich auch zu den problematischen Aspekten seiner Identifikationsfigur und damit zum nationalsozialistischen Kernideologem ‚Antisemitismus' zu verhalten (6.3.5). Anders ließ sich jedenfalls schlecht „über das rein wissenschaftliche [...] Anliegen hinaus"[258] „gegen die nationalsozialistische Weltanschauung" eindeutig Stellung beziehen,[259] wie er sein Anliegen nachträglich formulierte. Unter Hinzunahme weiterer, vor allem biographischer Kontexte wird es also in diesem Zusammenhang darum gehen, Alfred von Martins Stellung zum Judentum zu evaluieren und vor diesem Hintergrund spezifische Argumentationsstrategien in den Blick zu nehmen, die der Verfasser einsetzt, um Burckhardts historisch verbürgte Antipathie dem Judentum gegenüber zu entkräften. Dabei wird auch von Martins kritische Auseinandersetzung mit dem jüdischen Ökonomen Edgar Salin eine Rolle spielen.

Neben diesen inhaltsbezogenen Aspekten gilt das besondere Interesse der nachfolgenden Untersuchung den darstellerisch originellen Strategien zur ‚verdeckten' Vermittlung nonkonformer Gehalte in *Nietzsche und Burckhardt*: Hier spielt neben dem typisierenden Verfahren vor allem der voluminöse Anmerkungsapparat eine signifikante Rolle (6.3.6). Es folgt die Rekonstruktion der zeitgenössischen Rezeption des Buchs (6.3.7), die darüber aufklären kann, in-

---

255 Hubert Treiber: Alfred von Martins „Nietzsche und Burckhardt" – erneut gelesen (2013), S. 94.
256 Alfred von Martin: Nietzsche und Burckhardt (1947), S. 291.
257 Ebd., S. 36.
258 Ebd., S. 7.
259 Alfred von Martin: Nietzsche und Burckhardt (1947), S. 291.

wiefern von Martins kritische Kommunikationsabsichten verstanden wurden und welchen Beitrag die antinazistische Studie für die Initiation nonkonformer Kommunikationssituationen leisten konnte. Nach diesen aspektorientierten Kontextualisierungen können abschließend die an von Martins Doppelbiographie und ihrer Rezeption angestellten Überlegungen resümiert und mit einem Ausblick abgeschlossen werden (6.3.8).

6.3.1 Alfred von Martin als Schüler Karl Mannheims und Max Webers

Im Anschluss an sein Jura- und Geschichtsstudium, die Promotion und schließlich Habilitation im Fach Geschichte an der Universität Frankfurt etablierte sich Alfred von Martin im Laufe der 1920er-Jahren in der akademischen Welt als Kulturhistoriker und Soziologe.[260] Nachdem er einige Jahre an der Universität München als außerordentlicher Professor Geschichte gelehrt hatte, wurde er 1931 zum Honorarprofessor und Direktor des Soziologischen Seminars an der Universität Göttingen ernannt, ließ sich aber bereits ein Jahr später angesichts der sich zuspitzenden politischen Lage und aus Gegnerschaft zum Nationalsozialismus langfristig beurlauben.[261] Das Leben als Privatgelehrter konnte von Martin, der finanziell gut gestellt war, zunächst angemessen bestreiten, und er blieb in seiner ‚inneren Emigration' auch wissenschaftlich aktiv: In den Jahren des Nationalsozialismus gelang es ihm, einige Artikel, Rezensionen sowie die beiden umfangreichen geistesgeschichtlichen Studien *Nietzsche und Burckhardt* (1941) sowie *Die Religion in Jacob Burckhardts Leben und Denken* (1942) zu verfassen und, teils innerhalb, teils außerhalb Deutschlands, zu veröffentlichen. Kurz nachdem er Göttingen 1932 verlassen hatte, zog von Martin nach München und intensivierte dort seine Beziehungen zum Personennetzwerk um die Zeitschrift *Hochland*, für die er bereits in den 1920er-Jahren fleißig geschrieben hatte. Unter dem Einfluss des *Hochland*-Kreises konvertierte er schließlich auch, nachdem er sich lange schon für die Ökumene eingesetzt hatte, 1940 zum Ka-

---

[260] Eine relativ ausführliche Kurzbiographie Alfred von Martins findet sich bei Perdita Ladwig: Das Renaissancebild deutscher Historiker 1898–1933 (2004), S. 202–277, hier auch eine ausführliche Personalbibliographie; siehe ferner zu von Martin Volker Kruse: Historisch-soziologische Zeitdiagnosen nach 1945 (1994), S. 100–108; Mario Rainer Lepsius: Alfred von Martin (1979), S. 826–828; Anikó Szabó: Vertreibung, Rückkehr, Wiedergutmachung (2017), v. a. S. 25–26; Richard Faber, Perdita Ladwig (Hg.): Gesellschaft und Humanität (2013).
[261] Vgl. Michael Neumann: Über den Versuch, ein Fach zu verhindern (1998), S. 461; Anikó Szabó: Vertreibung, Rückkehr, Wiedergutmachung (2000), S. 119.

tholizismus.²⁶² Die renommierte Kulturzeitschrift hatte von Martin bereits während der Weimarer Republik Visibilität im katholischen Intellektuellenmilieu verschafft. Im ‚Dritten Reich' konnte er darauf aufbauen und seine Leserschaft nun mit seinen nonkonformen Publikationen beliefern. Rainer Lepsius hat in diesem Zusammenhang moniert, dass „der Name von Martins" selten im Zusammenhang mit dem *Hochland*-Kreis fällt, obwohl er fest dazugehörte. Auch seine Beziehung zur Widerstandsgruppe der *Weißen Rose,* der er gemäß seiner „menschenrechtlichen Orientierung" geistig viel nähergestanden habe als Carl Muth oder Theodor Haecker, sei über diese Zeitschrift vermittelt gewesen.²⁶³ In der Tat umfasst von Martins publizistisches Engagement für das *Hochland* einen Zeitraum von 40 Jahren, der von der Weimarer Republik über das ‚Dritte Reich' bis in die Bundesrepublik reicht. Gerade angesichts der politischen Umbrüche des kurzen 20. Jahrhunderts erscheint eine derartige Publikationskontinuität erstaunlich, lässt sich aber für viele ‚Hochländer' ausmachen. Sie liefert gleichsam ein wichtiges Indiz für die Stabilität und Resilienz des personellen Netzwerks, das hinter dieser Publikationsinstitution stand und den entsprechenden Akteuren während des Nationalsozialismus den nötigen Resonanzraum für eine heterodoxe Verständigung bot.

Seine Forschung widmete von Martin in erster Linie kultur- und intellektuellensoziologischen Fragen. Eine Vielzahl seiner Studien beschäftigt sich mit der mentalitätsgeschichtlichen Begründung epochaler Übergänge im Allgemeinen und der kulturellen Entwicklung bürgerlicher Gesellschaften im Besonderen. Bereits in seiner geschichtswissenschaftlichen Habilitationsschrift, die sich am Beispiel des Renaissancehumanisten Coluccio Salutati mit dem „humanistischen Lebensideal" auseinandersetzt,²⁶⁴ zeichnet sich von Martins wissenssoziologisches Forschungsinteresse ab, und spätestens mit seinen Beiträgen²⁶⁵ im *Handwörterbuch der Soziologie* und der gemeinhin als ‚Hauptwerk'²⁶⁶ rezipierten *Soziologie der Renaissance* (1932) wurde er von der zeitgenössischen akademischen Öffentlichkeit als soziologisch arbeitender Kulturhistoriker wahrgenom-

---

262 Vgl. Richard Faber und Perdita Ladwigs: Interview mit M. Rainer Lepsius (2013), S. 22. Von Martins Sympathie für den katholischen Glauben war allerdings schon älter und zeigt sich bereits in seiner Dissertation zu Coluccio Salutati. Siehe hierzu auch Perdita Ladwig: Das Renaissancebild deutscher Historiker (2004), S. 244.
263 Vgl. Richard Faber und Perdita Ladwig: Gesellschaft und Humanität (2013), S. 22.
264 Alfred von Martin: Coluccio Salutati (1916).
265 Alfred von Martin: Kultursoziologie des Mittelalters (1931); ders.: Kultursoziologie der Renaissance (1931).
266 Richard Faber und Christine Holste: Vorwort (2016), S. VII.

men und anerkannt.[267] Wie Manfred Lauermann in seinen weitreichenden Rekonstruktionen zum wissenschaftsgeschichtlichen Kontext der *Soziologie der Renaissance* zeigen konnte, bewegte sich Alfred von Martin im Feld der noch jungen Soziologie und orientierte sich dabei maßgeblich an Größen wie Max Scheler, Max Weber und insbesondere an Karl Mannheims innovativer „Theorietechnik", also dessen methodologischen Grundlegungen zur ‚Weltanschauungsanalyse'.[268] Davon zeugen nicht nur von Martins Arbeiten. Auch in seinen Korrespondenzen finden sich hierfür einige Belege. So geht aus einem Schreiben, mit dem von Martin 1930 seine akademische Beurlaubung beantragte,[269] hervor, dass er sich intensiv mit den, wie es dort heißt, „stark im Flusse befindlichen Methoden" der Soziologie auseinandergesetzt hat.[270] Der Universität München, an der er seit 1924 als außerordentlicher Professor lehrte, versicherte er dabei, dass er das Forschungssemester nutzen wolle, um „an die eigentliche Verbindung soziologischer u. historischer Methoden bzw. an die Fruchtbarmachung der Soziologie für meine eigene historische Arbeit herangehen" zu können. „Von besonderer Wichtigkeit für eine soziologische Unterbauung der Geistesgeschichte", so führt er weiter aus, „sind mir hier die Anregungen Karl Mannheims, für die allgemeine Kultursoziologie Alfred Webers".[271]

Es ist davon auszugehen, dass von Martin Mannheims Beiträge aus den 1920er-Jahren, wie etwa *Das konservative Denken* (1927), *Ideologie und Utopie* (1929), die *Beiträge zur Theorie der Weltanschauungs-Interpretation* (1921/22), *Das Problem der Generationen* (1928) sowie den wegweisenden Artikel „Das Problem einer Soziologie des Wissens" (1924/25), kannte und daraus vielfache Anregungen erhielt. Wie von Martin in dem zitierten Antragsschreiben andeutet, hatte die Kultursoziologie in den frühen 1920er-Jahren „noch kein eigenes wissenschaftliches Profil besessen".[272] Dass sich aus den eklektischen Anfangsversuchen zur Begründung einer kultursoziologischen Methode eine „eigen-

---

267 Zu Alfred von Martins „Wandel zum Soziologen" vgl. Manfred Lauermann: Die Geburt der Soziologie aus dem Geiste der Renaissance (2013), v. a. S. 156–160; allgemein zum akademischen Werdegang von Martins: Perdita Ladwig: Das Renaissancebild deutscher Historiker (2004), S. 202–277.
268 Manfred Lauermann: Die Geburt der Soziologie aus dem Geiste der Renaissance (2013), S. 159–160.
269 Zwei Jahre später lässt sich von Martin erneut, nun längerfristig, von der Universität Göttingen beurlauben und zieht zurück nach München. Vgl. Anikó Szabó: Vertreibung, Rückkehr, Wiedergutmachung (2000), S. 119.
270 Zit. n. Perdita Ladwig: Das Renaissancebild deutscher Historiker (2004), S. 261.
271 Zit. n. ebd.
272 Amalia Barboza und Klaus Lichtblau: Einleitung (2009), S. 12.

ständige wissenschaftliche Disziplin" entwickelte, war in weitem Maße den methodischen Innovationen Mannheims zu verdanken.[273] Von Martin war sich dieser zentralen Rolle des Philosophen bewusst, wenn er die *Soziologie der Renaissance* in der ersten Auflage „Karl Mannheim, dem Meister historisch-soziologischen Denkens und Forschens"[274] widmet. Die Widmung kann als bemerkenswerte Auszeichnung verstanden werden, denn „[n]icht für wenige galt Mannheim", so Lauermanns treffende Formulierung, „als Marxist, als Haupt der berühmten ‚jüdischen Sekte', wie Gundolf ironisch Soziologen zu nennen pflegte".[275] Es ist daher alles andere als selbstverständlich, dass von Martin, der ein feines Gespür für das instruktive Potential der jungen Disziplin hatte, sowohl vor als auch nach 1933,[276] d. h. nachdem Karl Mannheim aus rassenideologischen Gründen zur Emigration gezwungen wurde, den jüdischen Soziologen ausdrücklich würdigte. Hervorzuheben ist in diesem Zusammenhang sein Artikel „Zur Soziologie der Gegenwart", der 1937 im *Archiv für Kulturgeschichte* erschien. Hier lobt von Martin ostentativ „die Arbeiten deutscher Schüler des jetzt in London wirkenden Soziologen Karl Mannheim" und stellt die „historische Fruchtbarkeit Mannheimscher ‚Wissenssoziologie'" positiv heraus – ein im Jahre 1937 nicht ungefährliches Unterfangen. Ja, von Martin nahm sogar das Risiko auf sich, sich in diesem Überblicksartikel selbst als Mannheim-Schüler zu präsentieren, denn offenkundig nutzte er das Analyseraster des emigrierten Mannheim, um eine Diagnose der zeitgenössischen Soziologie vorzulegen. Überdies scheute er nicht davor zurück, dabei auch explizit kritisch auf die nationalsozialistisch akkommodierte Soziologie Bezug zu nehmen, die er mit den überwiegend NS-konformen Soziologen Werner Sombart[277] und dem aka-

---

273 Ebd.
274 Alfred von Martin: Soziologie der Renaissance (1932), Titelei. In der zweiten, vermehrten Auflage aus dem Jahr 1949 sowie der dritten Auflage von 1974 ist die Widmung herausgenommen. Vgl. hierzu Richard Faber, Christine Holste: Vorwort (2016), S. XVII.
275 Manfred Lauermann: Die Geburt der Soziologie aus dem Geiste der Renaissance (2013), S. 159.
276 Siehe auch Alfred von Martin: Soziologie als Resignation und Mission (1930), S. 20–25.
277 Der Staats- und Sozialwissenschaftler Werner Sombart gilt mitunter als Anhänger der Konservativen Revolution. In seiner Schrift *Deutscher Sozialismus* (1934) bekannte er sich ausdrücklich zum Nationalsozialismus und hoffte, mit seinen Ideen über die Vorzüge des Führerstaats Einfluss auf die NS-Politik nehmen zu können. Seine wissenschaftlichen Versuche, sich dem NS-Regime anzudienen, scheiterten allerdings. Es folgte eine Distanzierung zum ‚Hitlerregime', zu dem sein Verhältnis fortan ambivalent blieb. Dennoch konnte Sombart bis 1938 an verschiedenen deutschen Universitäten unterrichten. Manche Stimmen wollen in ihm einen „sozialreaktionären Wegbereiter des Nationalsozialismus" erkennen. (Bernhard vom

demischen Nachfolger Mannheims, Heinz Marr,[278] als entsprechenden Repräsentanten in Verbindung brachte.[279] Im Anhang des Bandes *Geist und Gesellschaft* (1948), einer Wiederherausgabe etlicher soziologischer Aufsätze von Martins aus der Zeit vor 1945, kommentiert der Verfasser den Publikationsvorgang der – doch ungewöhnlichen – Publikation von 1937 retrospektiv wie folgt:

> Der Aufsatz erschien 1937 im 27. Band des „Archivs für Kulturgeschichte". Die (durchgängig mit roter Tinte geschriebenen) „Korrekturen", mit denen der Verfasser das Manuskript von dem damaligen Schriftleiter der genannten Zeitschrift, Herrn Dr. Herbert Schönebaum, zunächst einmal zurückerhielt, waren ein Dokument unserer damaligen „Kultur". Obenan stand der Satz: „Der Aufsatz enthält zuviel Lob der (jüdischen) Soziologie Mannheims und kann so nicht veröffentlicht werden"; aber zum Beispiel auch Alfred Weber hatte nach dieser Ansicht zu viel Lob erhalten. Im Einzelnen waren alle diejenigen Stellen, die als „politisch untragbar" galten, dick an- oder ausgestrichen. Da der Herausgeber des „Archivs für Kulturgeschichte", Herr Geheimrat Goetz, sich auf die Seite des Verfassers stellte, konnte das Meiste durchgebracht werden – gelegentlich derart, daß der Verfasser sich einen kleinen Scherz erlaubte (der dann für Ernst genommen wurde): wie wenn er eine besonders schwarz (oder vielmehr rot) angekreidete Stelle rettete durch Hinzufügung des Vermerks: „(Man denke an den Bolschewismus!)".[280]

Brocke [Hg.]: Sombarts „Moderner Kapitalismus" [1987], S. 59). Zu Werner Sombarts Verhältnis zum Nationalsozialismus siehe auch Fritz Reheis: Zurück zum Gottesgnadentum (2000).
278 Seit 1926 lehrte Heinz Marr als außerordentlicher Professor für Soziologie und Sozialpolitik an der Universität Frankfurt. Karrieristisch orientiert bemühte er sich nach der Machtübernahme der Nationalsozialisten um wissenschaftliche Anerkennung im neuen Staat und war dafür zu weitreichenden Akkommodationen bereit. Als er in den 1930er-Jahren zum Direktor des Soziologischen Seminars in Frankfurt ernannt wurde, damit also die Nachfolge des ins Exil vertriebenen Karl Mannheims antrat, übernahm er zugleich etliche Doktoranden Mannheims. Klingemann: Sozialwissenschaften in Frankfurt während der NS-Zeit (1990), S. 103–106 bezeichnet Marr „als Außenstehende[n]", der gegenüber dem Nationalsozialismus bereit zur „loyale[n] Mitarbeit" war, dabei jedoch weiterhin „eigene[] Positionen" vertreten habe.
279 Alfred von Martin: Zur Soziologie der Gegenwart (1937), S. 106–107.
280 Alfred von Martin: Geist und Gesellschaft (1948), S. 254–255. Der ironische „Vermerk: ‚(Man denke an den Bolschewismus!)'" findet sich tatsächlich in jenem Abschnitt, in dem sich Alfred von Martin mit Karl Mannheims soziologischem Ansatz auseinandersetzt. In Alfred von Martin: Zur Soziologie der Gegenwart (1937), S. 106 heißt es: „Max Webers fruchtbar weiterwirkende historisch-soziologische Grundfragestellung nach den soziologischen Ursachen jenes großen Rationalisierungsprozesses, der die abendländische Neuzeit charakterisiert, erscheint nun bei Mannheim zugespitzt auf die aktuelle Problematik der Gegenwartssituation. Auch für ihn bleibt die letztlich entscheidende idealtypische Linie der im Zuge befindlichen Entwicklung die Vollendung des gesellschaftlichen Sieges des rationalen Prinzips, also die sich zwangsläufig durchsetzende Tendenz zur Planung. Diese langfristige Prognose hindert ihn aber nicht – und das unterscheidet ihn grundlegend von Tönnies –, auch die ‚irrationale Kom-

Hier ist nicht der Ort, um näher auf diesen bemerkenswerten Text einzugehen, der sich ohne Zweifel ebenfalls als Beispiel für ‚verdeckt' engagierte Wissenschaftsprosa heranziehen ließe. Es sollte nur deutlich gemacht werden, wie informiert und reflektiert sich Alfred von Martins kultursoziologische Forschungen an den Fragestellungen und Methoden der zeitgenössischen Soziologie orientierten und wie er dabei auch stets die politischen und gesellschaftlichen Verhältnisse der eigenen Zeit (kritisch) mitreflektierte.

Von Martins gesellschaftspolitische Sensibilität und wissenschaftliche Ernsthaftigkeit bildet sich nicht zuletzt auch in seiner typologisierenden Betrachtungsweise ab. Entgegen der Typologie-Konjunktur in der ersten Hälfte des 20. Jahrhunderts, die im Zeichen der Lebensphilosophie stand und als normativer Gegenentwurf zur positivistischen Detailforschung propagiert wurde, operierte von Martin induktiv und konstruierte im Anschluss an Max Weber repräsentative ‚Idealtypen', die zugleich historisch referenzialisierbar bleiben sollten. Neben Karl Mannheim stellte Max Weber, den von Martin 1932 als den „bis heute größten deutschen Soziologen" würdigte,[281] eine wichtige Referenzgröße dar, an der er sich zeitlebens orientieren und sich zu ihr auch immer wieder explizit ins Verhältnis setzen sollte.[282] Über die eigene *Methodologische Orientierung* informierte von Martin prägnant im Vorwort seiner mehrfach aufgelegten *Soziologie der Renaissance* (^{1}1932, ^{2}1949, ^{3}1974, ^{4}2016).[283] Gemäß dem Untertitel *Zur Physiognomik und Rhythmik bürgerlicher Kultur* grenzte er darin sein kultursoziologisches Erkenntnisinteresse von der herkömmlichen Historiographie ab. Dem Soziologen gehe es, wie Martin ausführt, weniger um den Ablauf „in dem streng chronologischen und genetischen Sinne des Historikers", als vielmehr um eine darunter liegende „Rhythmik", die im „strukturellen Typus bürgerli-

---

ponente' des sozialen und politischen Geschehens innerhalb der Massengesellschaft (auf die ja die gesamte Massenpsychologie seit Le Bon und die Massensoziologie längst hinwiesen) gebührend einzubeziehen, ja aus ihrer Untersuchung geradezu ein Hauptthema zu machen, wobei er zu dem wesentlichen Ergebnis gelangt, daß es da zunächst um die Herausbildung eines ‚funktionellen' und erst auf die Dauer auch um die eines ‚substanziellen' Rationalismus gehe. Die Verbindung von Irrationalismus mit funktionellem Rationalismus sieht er etwa gegeben, wenn die irrationalen Elemente ‚äußeren Gewaltdruckes' und ‚suggestiver' ‚Propaganda' mit ‚scharfer Kalkulation', also funktionell rational, gehandhabt werden."
281 Alfred von Martin: Soziologie der Renaissance (2016), S. 2.
282 Nach 1945 im Besonderen in Alfred von Martin: Ordnung und Freiheit (1956) sowie ders.: Soziologie. Die Hauptgebiete im Überblick (1956).
283 Vgl. Alfred von Martin: Vorwort (2016), S. XVIII. Den späteren und vermehrten Auflagen von 1949 und 1974 wird dieses Vorwort in Form eines 7,5 Seiten umfassenden Zusatztextes angehängt.

cher Kultur angelegt" sei.[284] Die dieser Rhythmik inhärente Verlaufsform beschreibt er dabei wie viele seiner Zeitgenossen metaphorisch als eine Kurve, „die mit einem steilen Aufstieg beginnt, um sich dann nach erreichtem Scheitelpunkt langsam abzuflachen".[285] Konzipiert ist diese Kurve bei von Martin im Sinne einer idealtypischen Verlaufsform, die „über die Erklärung eines einmaligen historischen Verlaufs hinausreichen[d]" etwas zum „Verständnis aller bürgerlichen Kultur, und so auch unserer heutigen noch" beitragen solle.[286] Intensiv studiert und illustriert hat von Martin diese Entwicklung am Beispiel des neuzeitlichen Bürgertums der Renaissance, dem er zu diesem Zweck „typische Sozialfiguren" zuordnet,[287] die gemäß den „wirtschaftlich, politisch und kulturell herrschenden Schichten" den „Geist der Zeit" repräsentieren und mit historisch verortbaren,[288] paradigmatischen Fällen, beispielsweise Francesco Petrarca, Coluccio Salutati oder Niccollò Machiavelli exemplifiziert werden sollen.[289] Die Sozialfiguren und ihre historischen Korrelate repräsentieren im Ansatz von Martins auch die „Altersstufen oder Generationsstufen" der Renaissancekultur, deren Entwicklung er im Rahmen einer „Psychologie des Bürgertums" denkt.[290] Neben dem offensichtlichen Einfluss Webers bildet sich in von Martins Vorgehen offenkundig der Einfluss der Mannheim'schen Analysetechnik ab, vor allem im Blick auf die Verwendung des Generationskonzepts. Mannheim hatte in seinem Aufsatz „Das Problem der Generationen" (1928) bekanntlich das Generationskonzept zur Entwicklung einer „dynamische[n] Typologie" gebraucht, um so die „unterschiedlich geistige[n] und kulturelle[n] Strömungen einer Zeit voneinander [...] unterscheiden und [sie] bestimmten sozialen Lagen zu[]rechnen" zu können.[291] Den Generationsbegriff nutzte Mannheim dabei, wie es Amalia Barboza und Klaus Lichtblau in der Einleitung zur Wiederauflage seiner *Schriften zur Wirtschafts- und Kultursoziologie* treffend zusammenfassen, „als eine Art

---

284 Vgl. Alfred von Martin: Soziologie der Renaissance (1932), S. VII.
285 Vgl. ebd. S. 63.
286 Alfred von Martin: Soziologie der Renaissance (1932), S. VII.
287 Hubert Treiber: Alfred von Martins „Nietzsche und Burckhardt" – erneut gelesen (2013), S. 83.
288 Richard Faber und Christine Holste: Vorwort (2016), S. VI. Vgl. auch Richard Faber: Christlicher Humanismus versus Heroischer Nihilismus (2013).
289 Bereits in seiner eigentlich geschichtswissenschaftlich orientierten Habilitationsschrift zu *Coluccio Salutati* verfährt von Martin auf Wegen der Wissenssoziologie und scheint damit „der normalen Geistesgeschichtsschreibung ein wesentliches Stück voraus" gewesen zu sein (Richard Faber und Christine Holste: Vorwort [2016], S. XII).
290 Alfred von Martin: Soziologie der Renaissance (1932), S. VII.
291 Amalia Barboza und Klaus Lichtblau: Einleitung (2009), S. 22.

chronologisches Lineal [...], um den Zustand des Konfliktes zwischen dem konservativen und dem liberalen Denkstil im Generationsverlauf messen zu können".²⁹² Von Martin machte von diesem Ansatz für seine eigenen kulturhistorischen Untersuchungen vielfach Gebrauch – nicht zuletzt auch in der Doppelbiographie *Nietzsche und Burckhardt*. Darauf komme ich zurück, gehe aber zunächst auf seine Auseinandersetzung mit Carl Schmitt und der zeitgenössischen katholischen Romantik-Rezeption ein. Wie zu zeigen sein wird, engagierte er sich dabei für eine methodisch kontrollierte Analyse der Kulturbewegung des 19. Jahrhunderts.

6.3.2 Auseinandersetzung mit der Romantik

Wie am Anfang dieses Kapitels ausgeführt, provozierte Carl Schmitts 1919 veröffentlichte *Politische Romantik* im katholischen Intellektuellenmilieu Deutschlands vielfache Reaktionen. In antimoderner Stoßrichtung hatte Schmitt darin die Romantik als „subjektivierten Occasionalismus" definiert,²⁹³ sie als entscheidende Durchgangsstation einer als Auflösungsprozess verstandenen Säkularisierung charakterisiert und sie in diesem Sinn in eine Reihe mit der Reformation im 16. Jahrhundert sowie der Französischen Revolution gestellt. Dabei unterstellte Schmitt der Romantik auch eine strukturelle Unverträglichkeit mit dem Katholizismus, den er als antiliberales Denksystem konturierte.²⁹⁴ Zu den vielen, dezidiert katholischen Stimmen, die auf Schmitts Thesen reagierten, kann auch die des Historikers, Publizisten und langjährigen Herausgebers des *Historischen Jahrbuchs der Görres-Gesellschaft* Philipp Funk gezählt werden. Kurz nachdem die zweite Auflage der *Politischen Romantik* 1925 erschienen war, kommentierte der für den intellektuellen Katholizismus repräsentative Funk nicht ohne Ironie und Polemik:²⁹⁵

> Er [Carl Schmitt] ist Staatsanwalt einer Art von Positivismus und seiner genialen Dialektik ist nicht leicht jemand gewachsen. Der arme Historiker kann sich da nur in sein Schne-

---

292 Ebd., S. 24.
293 Vgl. Carl Schmitt: Politische Romantik (²1925), S. 24.
294 Vgl. ebd., 34–49.
295 Vgl. auch Manfred Dahlheimer: Carl Schmitt und der deutsche Katholizismus (1998), S. 74–75.

ckenhaus zurückziehen mit der allgemeinen Verwahrung, daß das alles den Akten nicht gemäß ist. Eigentlich schlagen wird Schmitt nur ein ebenbürtiger Philosoph können.[296]

In seinem drei Jahre zuvor im *Hochland* veröffentlichten Aufsatz „Die Münchener Romantik" hatte Funk eine dezidiert katholische, gewissermaßen abseits von Berlin, Heidelberg und Jena stehende Romantik konstruiert und konnte entsprechend nicht umhin, Carl Schmitts prominenter Trennung von Romantik und Katholizismus zu widersprechen. Funk verfolgte mit seiner Literaturgeschichte einer ‚Münchener Romantik', die er als religiös-geistige Erneuerungsbewegung rund um den Theologen Johann Michael Sailer konzipierte, im Grunde die gleichen Interessen wie Carl Muth und Alois Dempf: Er hoffte, durch die Konstruktion einer ‚positiven Romantik' Anschlussstellen für konfessionseigene Kulturtraditionen freizulegen, die vor dem Hintergrund der zeitgenössisch erstarkten Lebensphilosophie an Aktualität gewinnen sollten. Demgemäß verschränkten sich zuweilen auch in seiner Darstellung historiographische Ansprüche mit weltanschaulichen Werturteilen. So attestierte er etwa der ins Auge gefassten, ‚positiven' katholischen Romantik eine „Ganzheit der Welterfassung",[297] in der sowohl rationale als auch irrationale Momente ihren angemessenen Platz finden könnten:

> Sie ist weder Literaturbewegung noch erschöpft sie sich in wissenschaftlicher Neuorientierung oder in politischer oder kirchenpolitischer Anregung. Sie ist ein im eigentlichsten Sinn vitaler Vorgang, ein Sichfinden, Sichreinigen des positiven Denkens und Schauens, des gläubigen Sinns in allen seinen Provinzen. Sie ist wesenhaft religiöser Vorgang, Religion so verstanden, wie sie verstanden sein will, als zentralste und universalste Lebensregung der Seele, nicht als eine dekorative Teilfunktion [...].[298]

Dass es Funk nicht um eine möglichst adäquate Erfassung des überaus komplexen kulturhistorischen Phänomens ging, sondern um „eine katholische Ehrenrettung der positiven Romantik", bemerkte Alfred von Martin 1929 treffend in seinem synoptisch angelegten ‚Literaturbericht' zur „Neueren Romantikliteratur". Kritisch führt er hierzu aus:

> Seine [Funks] Begriffsbildung stellt einen Rückfall dar in jenen Simplismus Georg v. Belows, der nie erkennen wollte, daß die bloße Definition einer Geistesbewegung als Reaktion gegen etwas, was abgewehrt werden soll (wie hier die Aufklärung), nur eine negative

---

[296] Philipp Funk: Literarischer Ratgeber für die Katholiken Deutschlands (1925/26), S. 98.
[297] Ebd., S. 559.
[298] Ebd., S. 548.

Bestimmtheit bedeutet, eine Schachtelkategorie, in der sich höchst Uneinheitliches, höchst Heterogenes zusammenfinden kann.²⁹⁹

Im Gegensatz zu Funk verteidigte von Martin in der Sammelrezension die relative Eigenständigkeit der in Rede stehenden, auf Kontradiktion angelegten Geistesströmungen und stimmte in diesem Punkt Carl Schmitt partiell zu:

> Die verschiedenen und verschiedenartigen Gegenbewegungen gegen die Aufklärung sind also weithin selbstständigen Ursprungs; danach und wegen der verschiedenartigen primär bestimmenden und dominierenden Tendenzen in ihnen muß man – ungeachtet der überall vorhandenen Berührungen – zwischen ihnen differenzieren. Diese Einsicht Carl Schmitts (der freilich für Funk umsonst geschrieben hat) hätte nicht wieder verlorengehen sollen. Funks Buch ermangelt aller Voraussetzungen begrifflicher Klärung.³⁰⁰

Schon einige Jahre zuvor hatte sich von Martin mit zahlreichen Publikationen in den prosperierenden, transdisziplinären Romantik-Diskurs der 1920er-Jahre eingeklinkt, um den zeitgenössischen, oft überstrapazierten Adaptionen, wie sie sich beispielhaft in Philipp Funks katholisierender Darstellung niederschlugen, eine profiliertere, sozialhistorische Perspektive entgegenzustellen. Zu den wichtigsten Publikationen Alfred von Martins, die sich mit der Romantik beschäftigen, können, in chronologischer Reihenfolge, „Das Wesen romantischer Religiosität" (1924), der bereits erwähnte Aufsatz „Romantischer Katholizismus und katholische Romantik" (1925), „Romantische Konversionen" (1928), „Petrarca und die Romantik der Renaissance" (1928) sowie besagte Sammelrezension „Neuere Romantikliteratur" (1929) in der *Historischen Zeitschrift* gezählt werden. Die in „Das Wesen romantischer Religiosität" aufgestellten Thesen, die mittels einer typologisierenden Betrachtungsweise das Verhältnis von Religion, respektive Katholizismus und Romantik bestimmen sollten, entsprechen im Wesentlichen auch dem Tenor der Folgeschriften. Als programmatische Reformulierung der eigenen ‚methodologischen Orientierung' finden sie sich in dem Artikel „Romantischer Katholizismus und katholische Romantik", der 1925 im *Hochland* erschienen und als unmittelbare Reaktion auf Carl Schmitts *Politische Romantik* zu lesen ist. Im November 1924 hatte Schmitt das Vorwort zur zweiten Auflage seiner Romantik-Studie ebenfalls im *Hochland* unter dem schlichten, aber definitorisch gemeinten Titel „Romantik" abdrucken lassen. Carl Muth, dem Carl Schmitts Thesen, in der Formulierung Manfred Dahlheimers, „als willkommene Unterstützung seiner ideellen Position im deutschen Katholizis-

---

299 Alfred von Martin: Neuere Romantikliteratur (1929), S. 368.
300 Ebd.

mus" erschienen waren,[301] bereitete schon einige Jahre vorher den Auftritt des Juristen in seinem Journal vor: „mehr als je", so konstatierte Muth 1920 in der ‚Weihnachtsbücherschau',

> stehen wir heute in einer Auseinandersetzung mit der Romantik, die, wie es den Anschein hat, zu ihrer Überwindung im Sinne einer Hinwendung zu einem neuen klassischen Ideal führt. Unter den Schriften, die dieser Aufgabe dienen, steht an erster Stelle die geistreiche und zugleich wissenschaftlich gediegene Abhandlung *Politische Romantik* von Dr. Carl Schmitt-Dorotic.[302]

Schmitts erste Veröffentlichung in der katholischen Kulturzeitschrift war dementsprechend in den bereits skizzierten Bezugskontext, der im Umkreis des *Hochland* ventilierten Idee einer ‚katholischen Klassik', eingespannt (siehe Kapitel 6.1). Auch Alfred von Martin konzipierte seine Antwort auf Schmitt unter Berücksichtigung dieses Diskussionszusammenhangs und reflektierte dabei, inwiefern das Ideologem ‚Romantik' zu weitaus allgemeineren, nämlich weltanschaulichen Debatten im diskursiven Klima der Weimarer Republik funktionalisiert wurde. Gemeinsam mit Carl Muth und Alois Dempf teilte er Carl Schmitts Auffassung von der Unvereinbarkeit katholischer und romantischer Weltanschauung und lobte demgemäß dessen Beitrag als „frische[n] Lufthauch" inmitten des „katholischen Apologetentum[s]".[303] Gleichwohl übte von Martin maßgeblich Kritik am methodischen Verfahren des politischen Philosophen. Sein Tadel bezog sich in erster Linie auf Schmitts Analyseraster und dessen Generalurteil. Wie aus „Romantischer Katholizismus und katholische Romantik" hervorgeht, bemängelte er, dass sich Schmitt zuungunsten der Romantik vornehmlich an moralisch-politischen Kategorien orientiert und den zeitgenössischen Konjunkturbegriff ‚Romantik' lediglich als „apriorische Begriffskategorie" in Dienst genommen habe.[304] In Schmitts Ausführungen konnte er daher keine Differenzierung oder gar Klärung des „kontroverse[n] Terminus" ‚Romantik' erkennen,[305] sondern beobachtete vielmehr eine verstärkte Polarisierung der sich lediglich in Oppositionen gestaltenden und vornehmlich politisch-weltanschaulichen Denkmustern entsprechenden Rezeption. Dagegen votierte von Martin für eine „adäquate Betrachtungsweise" und lancierte dafür das ei-

---

301 Manfred Dahlheimer: Carl Schmitt und der deutsche Katholizismus (1998), S. 551.
302 Carl Muth: Weihnachtsbücherschau (1920/21), S. 387.
303 Alfred von Martin: Romantischer Katholizismus (1925/26), S. 319.
304 Ebd., S. 318.
305 Ebd., S. 315.

gene Wissenschaftsprogramm.³⁰⁶ Nur durch eine radikale Historisierung sei, wie von Martin zu bedenken gibt, der von Schmitt und anderen betriebenen „Idolatrie" und der als „katholische[n] Kierkegaardianismus" bezeichneten Instrumentalisierung der ‚Romantik', die wiederum einen „Dezisionismus" im Schmitt'schen Sinne herausfordere,³⁰⁷ entgegenzuwirken. Die komplexe Kulturerscheinung müsse also jenseits eines ‚Freund-Feind-Schemas' beschrieben werden. Dafür schlägt von Martin vor, sowohl das ‚authentische' Lebensgefühl der Romantiker, also die Selbstdarstellungen („biographisch-psychologische Betrachtung"), wie auch die Romantik als „geistige[s] Gebilde" („ideologische Betrachtung") zu berücksichtigen.³⁰⁸ Eine solche umfassende Erschließung könne, wie er andeutet, nur durch eine soziologisch-historische Perspektive geleistet werden. Sein geschickt unterbreiteter Vorschlag, die beiden Betrachtungsarten, also die biographische und die ideologische, mithilfe eines typologisierenden Verfahrens miteinander zu verbinden, lässt sich unschwer als Plädoyer für eine kultursoziologische, wiederum an Mannheim und Weber geschulte Betrachtung lesen. Nahezu programmatisch hält von Martin fest: „Was also ‚Romantik' sei in irgend einem konkret-geschichtlichen Sinne […], wird sich immer danach richten, welche Figuren man als ‚Romantiker' gelten läßt."³⁰⁹ Damit greift er nicht zuletzt auch die von Ricarda Huch getroffene analytische Unterscheidung zwischen ‚romantischen Naturen' und ‚romantischen Ideen' auf, baut sie aber im Anschluss – das Verdienst ihrer Romantik-Studien ostentativ herausstellend – zu einer sozialhistorischen Typologie aus.³¹⁰ Die romantische Idee, das „Einsaugen des Objektiven in das Subjektive",³¹¹ charakterisiert er dabei mit Schmitt als geistesgeschichtliche Stufe des Säkularisierungsprozesses. Sie manifestiere sich in einer rein ästhetizistischen Weltanschauung, wie sie von Martin bei etlichen Romantikern, etwa Novalis und Ludwig Tieck, ausgedrückt sieht; mit dem Objektivitätsanspruch des Katholizismus sei die romantische Weltanschauung demnach nicht vereinbar. Gleichwohl attrahiere der Katholizismus ‚romantische Naturen', wie Muth bereits in seiner Programmschrift *Die Wiedergeburt der Dichtung aus dem religiösen Erlebnis* argumentiert hatte, weil er als Opposition und Protest zur Aufklärung er-

---

306 Ebd.
307 Ebd., S. 318.
308 Ebd.
309 Vgl. ebd., S. 317–318.
310 Ricarda Huch: Blütezeit der Romantik (1899); dies.: Ausbreitung und Verfall der Romantik (1902).
311 Alfred von Martin: Romantischer Katholizismus und katholische Romantik, (1925/26), S. 320.

scheine. Die vielfachen Konversionen der Romantiker zur katholischen Kirche seien folglich, so auch Alfred von Martins These, „weit mehr psychologisch motiviert, als in den Denkvoraussetzungen der Romantik begründet".[312] Während Romantiker wie Novalis und Ludwig Tieck als bestimmte „Typen romantischer Religiosität" nur „peripherische Beziehungen zum Katholizismus" gehabt, also mit der Religion niemals Ernst gemacht hätten, könne man bei Friedrich Schlegel einen tatsächlichen „Standpunktwechsel" hin zum Katholizismus beobachten. Entsprechend sei Schlegel nach seiner Konversion nicht mehr als Romantiker im strengen Sinne anzusehen, weil sich in ihm eine andere, nicht-romantische „Weltanschauung [...] historisch verpuppt" habe.[313] Anders liege der Fall bei Joseph von Eichendorff, der es nach von Martins Auffassung „nicht nötig" hatte, „sich zu wandeln: denn er war der geborene und gewachsene Katholik".[314] Demgemäß gehört er für von Martin „in die Geschichte der poetischen Romantik, nicht aber in die der Romantik als einer selbstständigen geistigen Bewegung". Eichendorff sei schließlich auch ein gutes Beispiel für eine „wirklich katholische, also einem objektiv gegebenen Höheren untergeordnete und einem von da aus bedingten festen System der Werte eingeordnete ‚Romantik'".[315]

Aus dieser Unterscheidung der unterschiedlichen ‚Romantiker-Typen' ergibt sich die titelgebende Unterscheidung zwischen einem negativ gewerteten, alle Bereiche des Lebens ästhetisierenden, romantischen Katholizismus auf der einen und einer katholischen Romantik, die das ‚Primat des Ethischen vor dem Ästhetischen' gelten lasse,[316] auf der anderen Seite. Eichendorff und der konvertierte Friedrich Schlegel müssten, nach von Martin, als Beispiele für den letzten Fall, Brentano, Ludwig Tieck und Novalis für den ersten gelten.

Wenngleich von Martin, in Anlehnung an Schmitts These vom ‚subjektivierten Occasionalismus', die romantische Weltanschauung mit Relativismus, Ästhetizismus und Standpunktlosigkeit gleichsetzt, bemüht er sich dennoch um begriffliche Klärung und einen differenzierten Ansatz, in dem analytisch zwischen einer ideologischen und einer biographisch-psychologischen Betrachtung unterschieden wird. Und hierin lässt sich schließlich auch seine generelle Kritik an der katholischen Romantik-Rezeption ausmachen: Bisher hätten etliche und vornehmlich dem Katholizismus nahestehende Denker im Zeichen

---

312 Ebd., S. 323.
313 Ebd., S. 317.
314 Ebd., S. 323.
315 Ebd.
316 Ebd., S. 332.

eines „bestimmte[n] Weltanschauungsideal[s]", nämlich dem „der neuen katholischen Klassik", hauptsächlich Ideologiekritik betrieben[317] – von Martin zählt Carl Muth, den Maria Laacher Benediktinermönch Ildefons Herwegen,[318] den Literaturhistoriker Hermann Hefele[319] und als jüngstes Beispiel den Juristen Carl Schmitt dazu. Die Romantik müsse aber vielmehr als bestimmte ‚geistesgeschichtliche Situation' betrachtet und folglich historisiert werden. Um die methodisch kontrollierte Erschließung der komplexen Kulturbewegung des 19. Jahrhunderts zu gewährleisten, pointiert von Martin noch einmal seinen Vorschlag, die historischen Romantiker als repräsentative Sozialfiguren zu modellieren. Nur so ließen sich eine ausreichend differenzierte Perspektive gewinnen und die vielfachen terminologischen Wirren unterbinden.[320] Bei aller Kritik an der romantischen Weltanschauung, die auch von Martin als Relativismus und Ästhetizismus deutet, gesteht er ihr als „subjektivistischer Bewegung" aber dennoch „das Verdienst" zu, den Katholizismus zu „Weitherzigkeit" und „Aufgeschlossenheit" bewegen und ihn so vor Erstarrung schützen zu können. In diesem Sinne rät er denn auch den zahlreichen Anhängern der ‚katholischen Klassik':

> Gewiß haben jene neuesten Chorführer recht, welche nicht müde werden zu betonen, daß der Katholizismus Klassik sei. Aber es gibt auch eine starre und tote Klassik; und es gibt auch einen starren und innerlich toten Katholizismus. Da dient denn ein Teilchen Romantik nur zum Guten.[321]

Jenseits des akademischen Interesses am Thema, so macht diese Passage deutlich, nutzt Alfred von Martin, der zum Zeitpunkt der Publikation noch ein mit dem Katholizismus sympathisierender Protestant war, hier offenkundig die Gelegenheit, um sich an die deutschen Katholiken zu wenden und gegen einen starren Dogmatismus und für ein bestimmtes Maß an Offenheit und Progressivität zu plädieren. Er berücksichtigt jedenfalls in seinem für das *Hochland* verfassten Artikel die religiös interessierte Leserschaft sowie den spezifischen Richtungsstreit, in den zahlreiche katholische Intellektuelle bei der Verhältnisbestimmung von Katholizismus und Romantik involviert waren.

---

317 Diese suche nämlich „nur nachträglich die *exempla*" und liege etwa bei „Strich und Hefele" vor (ebd. S. 318).
318 Vgl. Ildefons Herwegen: Das Kunstprinzip der Liturgie (1920).
319 Vgl. Herman Hefele: Das Wesen der Dichtung. (1923), hier vor allem die Kapitel „Leben und Schaffen" (S. 36–73) sowie „Gehalt und Idee" (S. 194–234).
320 Vgl. Alfred von Martin: Romantischer Katholizismus (1925/26), S. 334–336.
321 Ebd., S. 336.

Vergleicht man von Martins *Hochland*-Beitrag „Romantischer Katholizismus und katholische Romantik" beispielsweise mit dem thematisch ähnlichen, aber ein Jahr vorher publizierten Aufsatz „Das Wesen romantischer Religiosität", der in der *Deutschen Vierteljahresschrift für Literaturwissenschaft und Geistesgeschichte* erschienen war, lässt sich feststellen, dass er hier weitaus offensichtlicher in der Rolle des Kulturhistorikers argumentierte und sich dabei auch weitaus kritischer mit Carl Schmitt auseinandersetzte.[322] Die argumentative Grundlinie unterscheidet sich allerdings kaum. Von Martin prononcierte darin sogar explizit die katholische Romantik-Rezeption, um zu bemängeln, dass es hinsichtlich einer Bestimmung der ‚Romantik' nicht nur im Bereich von Religion und Weltanschauung, sondern „auch in der sogenannten objektiven Wissenschaft" zu etlichen Begriffsverwirrungen gekommen sei. Der literaturhistoriographische Versuch, den „hergebrachten Termini von ‚Früh'- und ‚Spätromantik' zuliebe das innerlich Widersprechendste mittels künstlicher [sic] Konstruktionen zusammenzuzwingen", liefere für die behauptete Undifferenziertheit ein prägnantes Beispiel.[323] Wenngleich Schmitts Studie, wie von Martin konzediert, in diesem Zusammenhang zwar „ein erlösendes Wort" gesprochen habe, also von instruktivem Wert für die Literatur- und Geisteswissenschaft sei, vereitelte sein bloß „feindliche[r] Blick" auf die Romantik eine differenzierte Auseinandersetzung mit dem kulturhistorischen Phänomen. Es habe, so kritisiert von Martins Schmitts Thesen, zwar

> ein durchaus Richtiges, daß das romantische Wesen in einem tiefinneren Gegensatz zum katholischen Wesen steht. Nur ist dies Richtige nicht das Ganze. Die Betrachtungsweise dieses erklärten Antiromantiker [d.i. Schmitt] leidet eben an ihrer völligen Inkongruenz mit dem geistigen Wesen des betrachteten Phänomens.[324]

Wie im *Hochland*-Aufsatz macht von Martin dabei Schmitts Weltanschauungskritik zum Ausgangspunkt seiner Erörterungen, um dagegen das eigene kultursoziologische Analyseraster aufzubieten und es in diesem Fall einem Fachpublikum als vielversprechende methodische Handreichung zu präsentieren. Eine ‚adäquatere Betrachtungsweise' als die Schmitts exemplifiziert von Martin schließlich, indem er die „wesentlichsten Typen religiöser Romantiker",[325] personifiziert in Novalis, Friedrich Schleiermacher, Friedrich Schlegel und Adam

---

[322] Auch hier setzt sich von Martin mit Schmitt auseinander und kritisiert – trotz wesentlicher Übereinstimmung – dessen „feindlichen Blick" auf die Romantik.
[323] Alfred von Martin: Das Wesen der romantischen Religiosität (1924), S. 370.
[324] Ebd.
[325] Ebd., S. 415.

Müller, zentral setzt und damit einerseits unterschiedliche Realisationsformen einer durchaus divergenten geistesgeschichtlichen Strömung sowie andererseits ihre Entwicklung bis hin zum geistesgeschichtlichen Umbruch nachzeichnet.[326]

Die beiden, hier nur kursorisch vorgestellten Beiträge von Martins zum Thema ‚Romantik' können beispielhaft darüber Aufschluss geben, wie er den ubiquitären Romantik-Diskurs seiner Zeit um kultur- und wissenssoziologische Gesichtspunkte bereicherte. Den zeitgenössischen Revitalisierungs- und Parallelisierungsversuchen der auratisierten Modernisierungsbewegung begegnete von Martin dabei mit einer wissenschaftlichen Ernsthaftigkeit, die sich methodisch an der Soziologie orientierte. Während er mit seinen dezidiert an ein Fachpublikum adressierten Publikationen zum Thema – etwa für die *Historischen Zeitschrift*, der *Deutschen Vierteljahresschrift für Literaturwissenschaft und Geistesgeschichte*, dem *Archiv für Kulturgeschichte* oder der kulturphilosophischen Zeitschrift *Logos* –, das Ziel verfolgte, das eigene Wissenschaftsprogramm zu bewerben und die kultursoziologische Perspektive als Handreichung zur methodischen Stabilisierung der Geistesgeschichte anzubieten,[327] lassen sich für seine Publikationstätigkeit im weltanschaulich gebundenen *Hochland* andere Funktionen vermuten. Zum einen musste sein differenzierter Ansatz in ‚aufklärerischer Absicht' jene weltanschauliche Parteinahme gegen die Romantik konterkarieren, der der Herausgeber Carl Muth bereits in seiner Programmschrift „Das religiöse Erlebnis und die Dichtung" präludiert hatte und die in seiner Zeitschrift und ihrem Selbstverständnis als publizistisches Forum einer „neuen katholischen Klassik" gewissermaßen ihren Ausdruck fand.[328] Obwohl von Martin, ähnlich wie Schmitt, die romantische Weltanschauung mit Ästhetizismus und Relativismus identifizierte, kritisierte er zugleich einen generalisierenden

---

[326] Da sich nach von Martin das ‚geistige Wesen' einer Zeit auf besonders signifikante Weise in den Künstlern und Wissenschaftlern manifestiert, offerierte seine Kultursoziologie nicht zuletzt auch der Literaturwissenschaft ein literaturhistoriografisches Instrumentarium kultur- und wissenssoziologischer Provenienz und leistete so einen Beitrag zu den auch in den Geisteswissenschaften seit den 1910er-Jahren konzeptionell und methodisch geführten Richtungskämpfen. Von dem Literaturhistoriker Rudolf Unger (1876–1942) wurde er, schenkt man Alfred von Martins nachträglichen Bekundungen Glauben, daher auch als „Fachkollege" anerkannt (Alfred von Martin an M. Rainer Lepsius, 10.12.1972. Zit. n. Richard Faber und Perdita Ladwig: Interview mit M. Rainer Lepsius [2013], S. 19).
[327] Aufschlussreich zu Alfred von Martins wissenschaftspolitischen Interessen sind seine Korrespondenzen mit Erich Rothacker, die in Rothackers Nachlass zu finden sind (NL Rothacker I, Universitäts- und Landesbibliothek Bonn).
[328] Alfred von Martin: Romantischer Katholizismus (1925/26), S. 316.

‚Antiromantismus' und avancierte so nicht zuletzt zu einer wichtigen Stimme im kulturkatholischen Milieu, bzw. zu jenem von Philipp Funk heraufbeschworenen „ebenbürtige[n] Philosoph[en]",[329] der es mit dem prominenten Staatsrechtler und politischen Philosophen Schmitt aufnehmen konnte. Zum anderen verschaffte ihm der Auftritt im *Hochland* die Möglichkeit, den eigenen kulturpolitischen Interessen nachzukommen. Zeitlebens engagierte sich von Martin für ein ökumenisches Kirchenverständnis und projektierte in diesem Zusammenhang die Zeitschrift *Una Sancta*, die 1925–1928 erschien und für die er, wie aus seinen Korrespondenzen hervorgeht, etliche *Hochland*-Autoren warb.[330] So zeugt auch sein Beitrag „Romantischer Katholizismus und katholische Romantik", in dem unter anderem eine Lanze für die Reformation und damit den Protestantismus gebrochen wird, von der Absicht, innerkonfessionelle Fronten, wie sie sich etwa in den Weltanschauungsidealen von ‚Klassik' und ‚Romantik' verfestigten, im Dienste der Ökumene aufzubrechen. Die publizistische Präsenz in Muths Journal verschaffte ihm für derlei Belange eine vielversprechende Adressatenschaft.[331]

Von Martins in der Auseinandersetzung mit Carl Schmitt, Ricarda Huch, der katholischen Romantik-Rezeption um Carl Muth, aber auch mit Karl Mannheim entwickelten Argumente und Typenbildungen spielen aber nicht nur für seine Positionierung in der Weimarer Republik eine bedeutende Rolle. Die skizzierten Parameter sind vielmehr auch für sein Denken und Schreiben in den Jahren der NS-Diktatur maßgeblich und liefern nicht zuletzt für seine antinazistische Doppelbiographie *Nietzsche und Burckhardt* einen wichtigen Kontext.

6.3.3 Romantische versus klassische Natur. Typologisierende Betrachtungen in *Nietzsche und Burckhardt* (1941)

Auch in seiner geistesgeschichtlichen Studie *Nietzsche und Burckhardt*, die 1941 beim Ernst Reinhardt Verlag erschien, bedient sich Alfred von Martin, wie schon in seinen früheren Arbeiten, einer typologisierenden Betrachtungsweise, die mittels zweier Sozialfiguren das Wesen einer bestimmten, im Umbruch befindlichen Zeit diagnostisch herausstellen sollte. Im Unterschied zu etlichen anderen seiner Publikationen, in denen ebenfalls repräsentative Sozialfiguren für geis-

---

329 Philipp Funk: Literarischer Ratgeber für die Katholiken Deutschlands (1925/26), S. 98.
330 Vgl. etwa Alfred von Martin an Theodor Haecker, 12.03.1926 (DLA Marbach); Alfred von Martin an Gertrud von Le Fort, 1926 (DLA Marbach).
331 Vgl. dazu Alfred von Martin: Katholizismus und Protestantismus in der Gegenwart (1923).

tesgeschichtlich-kultursoziologische Fragestellungen in den Dienst genommen werden, geht es in *Nietzsche und Burckhardt* aber weniger darum, aus historischer und wissenschaftlicher Distanz eine bestimmte ‚geistesgeschichtliche Situation' *qua* typologisierendem Verfahren zu rekonstruieren. Stattdessen werden hier die Figuren selbst sowie ihr Verhältnis zueinander in den Fokus gerückt, wobei dieses Verhältnis in der typologischen Schau durch ihre disparaten Weltanschauungen determiniert ist. In seinen eigenen Worten unternimmt von Martin darin die „systematische[] Herausarbeitung der konträren in Nietzsche und Burckhardt verkörperten menschlichen und denkerischen Typen".[332] Auffallend ist die offenkundige Parteinahme für Jacob Burckhardt, dessen Perspektive der Verfasser zur Rekonstruktion eines spezifischen, aber wie er betont, wissenschaftlich vertretbaren „Nietzschebildes" einnehmen möchte. Das dem Vorhaben zugrundeliegende Erkenntnisziel wird dabei wie folgt begründet:

> Denn nicht das interessiert uns hier letztlich, zu wissen, wie die eine Persönlichkeit auf bestimmte, unmittelbar an sie herangetretene „Äußerungen" der andern reagiert hat, sondern zu erkennen, wie diese Persönlichkeiten kraft des in ihnen angelegten inneren Wesens [...] aufeinander wirken mußten. Daß dabei, zumal bei einer so wandlungsreichen Figur wie Nietzsche, von vielem Widersprüchlichen abgesehen werden mußte, um die „große Linie" heraustreten zu lassen, versteht sich. Diese von geistesgeschichtlichen und soziologischen Gesichtspunkten beherrschte Darstellung konnte den Maßstab ihrer – d.h. der in dem gegebenen Rahmen allein adäquaten – Nietzsche-Interpretation nur in der Fragestellung finden, wie Nietzsche auf einen Menschen wie Burckhardt wirken mußte. Die Vertretbarkeit dieses Nietzschebilde zu erweisen – mag auch ein zwingendermaßen allein richtiges kaum zu gewinnen sein –, ist die Hauptaufgabe des (darum so umfangreich geratenen) Anhangs.[333]

Mit dem so formulierten Forschungsvorhaben wird der Rahmen für das methodische Vorgehen gesetzt. Burckhardts Haltung und Sichtweise, die freilich nicht einfach gegeben waren, sondern die es erst am biographischen Material zu rekonstruieren galt, sollten zum Ausgangspunkt und ‚Maßstab' für die Darstellung des ‚denkerischen Typus' Nietzsche werden; die Doppelbiographie stellt also eine bewusst perspektivische Rekonstruktion dar, so dass der „imaginäre Dialog",[334] dem von Martin in der vierten Auflage von 1947 mit dem ergänzten Untertitel *Zwei geistige Welten im Dialog* Rechnung trägt, von vornherein auf Asymmetrie angelegt ist. Die offenkundige Parteinahme für eine der beiden

---

332 Alfred von Martin: Nietzsche und Burckhardt (1941), S. 8.
333 Ebd.
334 Alfred von Martin: Nietzsche und Burckhardt (1947), S. 10.

Figuren kann von Martin jedoch ohne Weiteres mit der dargelegten Problemorientierung der Studie rechtfertigen. Ausgehend von der Annahme, Nietzsche sei eine widersprüchliche Gestalt gewesen, und zwar nicht nur diachron betrachtet, sondern auch in psychologischer Hinsicht, legt von Martin seine Entscheidung offen, Burckhardts ‚konstanten' Standpunkt zur Beurteilung und Charakterisierung des Zeitgenossen Nietzsche einzunehmen. Aus dieser „gewählten Fragestellung"[335] ergibt sich mithin die „Methode der Konfrontierung",[336] die dem Verfasser eine parteiliche Verhältnisbestimmung erlaubt und die in der Durchführung der Studie entsprechend polemisches Potential entfaltet.

Mit welchem Interesse aber griff der Verfasser auf diese beiden Gestalten des 19. Jahrhunderts zurück? Hierfür mögen sowohl persönliche als auch fachliche und politische Gründe eine Rolle gespielt haben. Zum Thema lagen bereits einige Studien vor, an die von Martin in kritischer Absicht anknüpfen konnte. Das waren vor allem Charles Andlers *Nietzsche und Burckhardt* (1927), Karl Löwiths *Jakob Burckhardt. Der Mensch inmitten der Geschichte* (1936), Edgar Salins *Jacob Burckhardt und Nietzsche* (1938) sowie die Darstellungen der NS-konformen, respektive akkommodierten Historiker Otto Westphal (*Feinde Bismarcks* [1930]) und Christoph Steding (*Das Reich und die Krankheit der europäischen Kultur* [1938]).[337] Diese Vorarbeiten führt von Martin auch namentlich im Vorwort der ersten Auflage an.[338] Im Vorwort der zweiten, 1942 erschienenen Auflage, finden nur noch Karl Joëls *Jakob Burckhardt als Geschichtsphilosoph* (1900) sowie die Darstellung des evangelischen Theologen Carl Albrecht Bernoulli *Friedrich Nietzsche und Frank Overbeck. Eine Freundschaft* (1908) lobende Erwähnung; namentlich, jedoch kritisch angeführt wird zudem der jüdische Nationalökonom Edgar Salin, der seit 1927 als Professor an der Universität Basel lehrte. Wie von Martin im Vorwort der ersten Auflage ausführt, erschien ihm die aufgezählte Forschung vor allem im Hinblick auf die seiner Auffassung nach inadäquate Darstellung Burckhardts revisionsbedürftig. Dessen „Persönlichkeit" sei keine der Studien „gerecht" geworden, vielmehr habe man den Kulturhistoriker „so stark verzeichnet", „daß die ihn von Nietzsche wesenhaft unterscheidenden Züge völlig verwischt" worden seien.[339]

---

335 Alfred von Martin: Nietzsche und Burckhardt (1942), S. 7.
336 Ebd.
337 Zu Christoph Stedings und Otto Westphals Darstellungen vgl. insbesondere Kleimens Hying: Das Geschichtsdenken Otto Westphals und Christoph Stedings (1964).
338 In der vierten und überarbeiteten Auflage von Nietzsche und Burckhardt (1947), fehlen die expliziten Literaturhinweise im Vorwort. Hier kommt von Martin nur noch auf Edgar Salins Buch als „erste umfassende Darstellung" zum Thema zu sprechen.
339 Alfred von Martin: Nietzsche und Burckhardt (1941), S. 8.

Das offenkundige Engagement von Martins für eine positive Darstellung Burckhardts stand dabei ganz im Zeichen seines eigenen akademischen Werdegangs, für den der prominente Kulturhistoriker des 19. Jahrhunderts von zentraler Bedeutung war. Seine Beschäftigung mit den kulturhistorischen Arbeiten Burckhardts prägte von Martins intellektuelles und wissenschaftliches Profil schon recht früh und rief wohl auch ein persönliches Interesse am Verfasser der *Weltgeschichtlichen Betrachtungen* wach. Nietzsche indes als Kontrastfigur für Burckhardt zu wählen, lag, ungeachtet der dazu vorliegenden Arbeiten und der sich ohnehin anbietenden Konstellation, die sich aus der biographischen Verwicklung der Figuren ergab, insofern nahe, als es sich bei dem Kulturkritiker und Philosophen ebenfalls um einen Repräsentanten der kulturhistorischen Wende in der jungen Geschichtswissenschaft handelte.[340] Ähnlich wie in seinem Aufsatz „Zur Soziologie der Gegenwart" verfolgte von Martin mit der als Doppelbiographie angelegten Studie also durchaus auch ein fachhistorisches Interesse. Denn an Nietzsche und Burckhardt, die unterschiedlichen Generationen zuzurechnen waren und sich folglich für von Martins generationsbasierte Analysetechnik eigneten, meinte er beispielhaft sowohl eine kulturgeschichtliche Entwicklung als auch die Entwicklung der Kulturgeschichte nachzeichnen zu können. Wie die Großkapitel „Kritik der Zeit" und „Das Geschichtsbild als Ausdruck der Weltanschauung" des sehr detaillierten Inhaltsverzeichnisses anzeigen, reagierten Nietzsche und Burckhardt nämlich nach Ansicht von Martins „trotz gemeinsamer Bildungserlebnisse"[341] auf die unisono konstatierte pessimistische Zeitdiagnose mit divergierenden ‚Lösungsvorschlägen',[342] die nicht nur ihre unterschiedlichen Denkhaltungen, sondern auch ihre unterschiedliche Kulturauffassungen preisgaben.

Neben diesen persönlichen und fachlichen Gründen für eine Beschäftigung mit den Gestalten Nietzsche und Burckhardt trug nicht zuletzt auch das generelle Unbehagen des Verfassers am virulenten „Nietzschekult" während des Nationalsozialismus und somit eine politische Motivation dazu bei, sich kritisch mit dem Lebensphilosophen, seiner zeitgenössischen Rezeption und ideologischen Instrumentalisierung auseinanderzusetzen.[343] Bereits 1924 rechnete von Martin in der Rezension „Posthumer Nietzscheanismus" zu Walter F. Ottos *Der Geist*

---

340 Siehe hierzu Franz Graf zu Solms-Laubach: Nietzsche and early german and austrian sociology (2007).
341 So der Titel des dritten Kapitels. Vgl. Alfred von Martin: Nietzsche und Burckhardt (1941), S. 9.
342 Vgl. ebd., S. 58–60.
343 Alfred von Martin: Nietzsche und Burckhardt (1947), S. 291.

der Antike und die christliche Welt (1923) mit dem zeitgenössischen Nietzsche-Epigonentum ab.[344] Der vierten Auflage zu *Nietzsche und Burckhardt* hängte er – immer noch ganz im Sinn seiner Kritik von 1924 – Karl Kraus' Gedicht „Der Antichrist" (1921) an, das er dem Leser als Interpretationshilfe offerierte, „weil es die gleiche Nietzscheauffassung zum Ausdruck bringt, die in diesem Buch vertreten wird".[345] Für eine Veröffentlichung, die „gegen die nationalsozialistische Weltanschauung" gerichtet sein sollte,[346] bot es sich also, zumindest aus der Perspektive eines ‚christlichen Humanismus', an, den von den Nazis hofierten Philosophen als negative Kontrastfigur zu modellieren.[347]

Nachdem die ersten sowohl kritischen als auch positiven Rezensionen zur ersten Auflage des Buches erschienen waren, bemühte sich von Martin erneut und in Bezug auf besagte Buchbesprechungen im Vorwort zur zweiten, leicht vermehrten Auflage (1942) seine Beweggründe für die asymmetrische Verhältnisbestimmung zu klären. An seiner Argumentation änderte er dabei im Vergleich zum ersten Vorwort nichts, berief sich allerdings weitaus expliziter auf die „durch Blickrichtung und Methode bestimmten Grenzen" der Darstellung:

> So bringt die durch die Grundidee dieser Schrift gegebene Darstellungsform es mit sich, daß Nietzsche und Burckhardt allerdings „immer nur als Partner" auftreten können; so also, daß „sich jeder ... im Wesen des andern spiegelt". Aber ist es ein Einwand gegen die Methode der Konfrontierung, wenn dabei vor Burckhardts „gesunder Ruhe und traditionsgebundener Sicherheit ... die fragwürdigen Seiten Nietzsches besonders scharf sich abheben [...]"?[348]

In der nach dem Zusammenbruch des ‚Dritten Reichs' erschienenen, vierten Auflage ergänzt von Martin seine Begründung für ein parteiisches Nietzsche-Bild um ein weiteres Argument: Es sei nämlich Nietzsche selbst gewesen, der Burckhardt als „würdige[n] Gegner" wahrgenommen und dementsprechend „der Nachwelt das Recht gegeben [habe], ihn Burckhardt gegenüberzustellen: auf daß sie beide mit und an einander sich messen – im Angesichte ihrer

---

[344] Alfred von Martin: Posthumer Nietzscheanismus (1924). Siehe hierzu etwa Richard Frank Krummel: Nietzsche und der deutsche Geist (1998), S. 146.
[345] Alfred von Martin: Nietzsche und Burckhardt (1947), S. 291.
[346] Ebd.
[347] Zur Nietzsche-Rezeption im Nationalsozialismus in Auswahl vgl. Detlev Piecha: „Nietzsche und der Nationalsozialismus" (1998); Rudolf E. Kuenzli: The Nazi-Appropriation of Nietzsche (1983); Max Whyte: The Uses and Abuses of Nietzsche (2008); Jacob Golomb, Robert S. Wistrich (Hg.): Nietzsche, Godfather of Fascism? (2009).
[348] Alfred von Martin: Nietzsche und Burckhardt (1942), S. 7.

Zeit".³⁴⁹ Wenngleich sich von Martin also offensichtlich genötigt sah, die Darstellungsform des perspektivisch angelegten ‚Doppelporträts' vor der wissenschaftlichen Welt zu rechtfertigen – und für die Auflagen vor 1945 so auch hoffte, die Angriffsflächen für die nationalsozialistische Zensur zu verringern –, kann sein kontrastierender Ansatz durchaus als methodisch seriös gewertet werden. Mehr noch muss die eigentümliche Form seiner Darstellung, wie es Hubert Treiber formuliert, „als ein ‚literarischer Kunstgriff'" gewürdigt werden, „der es von Martin erlaubte, im Gewand geistesgeschichtlicher und damit gegenwartsferner und doch zugleich gegenwartsnaher Erörterung das Dritte Reich vorbehaltlos zu kritisieren". Insbesondere dürfe nicht übersehen werden, dass von Martin „an der unendlichen Geschichte mit geschrieben hat, die bis heute von der Frage umgetrieben wird, ob Nietzsche als ein geistiger Wegbereiter des deutschen Faschismus anzusehen ist oder nicht.³⁵⁰ Dass wissenschaftliche Darstellungen nicht ohne eine gewisse Kunstfertigkeit auskommen, war für Alfred von Martin eine selbstredende Überlegung. In seiner „Methodologischen Orientierung", die er der zweiten und veränderten Auflage seiner *Soziologie der Renaissance* (²1949) anhängte, gibt er sich überzeugt, dass

> „[a]lle Wissenschaft [...], wie alle Kunst, Bearbeitung der Wirklichkeit" sei, und zwar „unter Gesichtspunkten, die – bewußt oder unbewußt – ihren Ausgang nehmen von einem bestimmtgerichteten Erkenntniswollen, wie im Fall der Kunst von einem bestimmten Kunstwollen".³⁵¹

Wie aber bewältigte von Martin den ‚literarischen Kunstgriff' in *Nietzsche und Burckhardt*, der nicht nur von einem ‚bestimmtgerichteten Erkenntniswollen', sondern auch von den äußeren Umständen, also der nationalsozialistischen Zensur, bedingt war? Wenn ich es richtig sehe, stellt Hubert Treibers 2006 zum ersten Mal erschienener und 2013 in einem Sammelband zu Alfred von Martin erneut abgedruckter Aufsatz „‚Nietzsche und Burckhardt' nach 60 Jahren. Anmerkungen zu Alfred von Martins typisierender Betrachtungsweise" die einzige eingehendere Auseinandersetzung mit diesem Text dar, die auch nach den Bedingungen und Möglichkeiten einer zeitgenössisch analogisierenden und gegenwartsdiagnostischen Lektüre fragt. Treiber geht dabei von der plausiblen Annahme aus, dass von Martins Figuren „‚im Schatten vom Aufstieg Hitlers'

---

349 Alfred von Martin: Nietzsche und Burckhardt (1947), S. 8–9.
350 Hubert Treiber: Alfred von Martins „Nietzsche und Burckhardt" – erneut gelesen (2013), S. 86.
351 Zit. n. Alfred von Martin: Soziologie der Renaissance und weitere Schriften (2016), S. 7.

anders gelesen wurden, als dies heute der Fall ist".[352] Das mag zunächst trivial erscheinen, macht aber auf den zweiten Blick deutlich, dass die komplexen Mechanismen literarischer Kommunikation nicht ohne hermeneutischen Aufwand zu klären sind. Für eine Studie, die sich diesem Unterfangen ernsthaft stellen wollte, müsste dies mit weitreichenden Kontextualisierungen einhergehen, unter anderem einer Rekonstruktion der historischen Produktions- und Rezeptionsbedingungen. In seiner instruktiven Untersuchung widmet sich Treiber ausschließlich der Produktionsseite und argumentiert für die These, dass Nietzsche und Burckhardt als ‚Postfigurationen' von Machiavelli und Petrarca, wie sie von Martin in seiner Abhandlung „Peripetien in der seelischen Entwicklung der Renaissance" (1927) entwirft, zu deuten seien.[353] Dies würde bedeuten, dass von Martin Nietzsche und Burckhardt als Wiedergänger seiner Renaissance-Figuren beziehungsweise seine Renaissance-Figuren absichtlich als Vorläufer von Nietzsche und Burckhardt kreiert habe. Folgt man dieser Argumentation, so ist davon auszugehen, dass von Martin Machiavelli in seiner *Soziologie der Renaissance* – entgegen besseren Wissens – absichtlich fehlgedeutet habe, um einen figuralen Vorläufer für Nietzsche zu konstruieren. Treiber reagiert damit auf eine Ungereimtheit in der Figurencharakterisierung der *Soziologie der Renaissance*, in der sowohl Petrarca als auch Machiavelli, trotz ihrer unterschiedlichen Positionen in der Verlaufskurve, als „Romantiker" bezeichnet werden.[354] Argumentativ belastbare Hinweise für die vermeintliche Parallelisierung der Figurenkonstellation von „Peripetien in der seelischen Entwicklung der Renaissance" mit *Nietzsche und Burckhardt* meint er zum einen in der analogen Attribuierung der Figuren und zum anderen in der spekulativen, jedenfalls nicht belegten Annahme zu finden, dass der zum Katholizismus konvertierte Autor mit dem aus der theologischen Exegese stammenden Verfahren der ‚Figuraldeutung' vertraut gewesen sein müsse.[355] Treiber folgt dabei einer Definition, die dieses Interpretationsschema als „allegorische Darstellungsform" beschreibt, in der ein „Zusammenhang zwischen zwei Geschehnissen oder Personen" hergestellt wird, „in dem eines von ihnen nicht nur sich selbst, sondern auch das andere bedeutet, das andere hingegen das eine einschließt oder erfüllt".[356] Diese Bestimmung ist recht vage. Bei der Figuraldeutung handelt es

---

352 Hubert Treiber: Alfred von Martins „Nietzsche und Burckhardt" – erneut gelesen (2013), S. 83.
353 Vgl. ebd., S. 92–95.
354 Vgl. ebd., S. 100.
355 Vgl. ebd., S. 94.
356 Erich Auerbach: Figura (1967), S. 75, zit. n. Hubert Treiber: Alfred von Martins „Nietzsche und Burckhardt" – erneut gelesen (2013), S. 95.

sich vielmehr um eine Form biblischer Exegese, die „Worte, Geschehnisse, Personen und Institutionen des AT [Alten Testaments] als Typen betrachtet, die ihre Entsprechung im NT [Neuen Testament] haben".[357] Sie stellt demnach eine vormoderne Deutungspraxis dar, in der die Kontinuität der biblischen Heilsgeschichte garantiert werden soll, mit dem Ziel, „die Zusammengehörigkeit der alttestamentlichen und neutestamentlichen Offenbarung sowie die Einheitlichkeit des Heilshandelns Gottes zu Ausdruck zu bringen".[358] Es bedarf einer gewissen methodischen Flexibilität, um ein derartiges Interpretationsverfahren an die kultursoziologisch geprägte Studie von Martins heranzuführen. Dennoch erscheint es nicht gänzlich unplausibel, denn, angewendet auf *Nietzsche und Burckhardt*, bietet es zumindest die Möglichkeit, die Art und Weise der aktualisierenden Analogiebildung der NS-kritischen Veröffentlichung zu erklären. Der mit dem Despoten Machiavelli verschaltete, als ‚krank' und ‚wahnsinnig' dargestellte Nietzsche könne so nämlich, wie Treiber argumentiert, als die „Realprophetie eines zum Wahnsinn neigenden Hitler" erscheinen.[359] Obgleich diese Lesart einen interessanten Ansatz für die Aufschlüsselung der Martin'schen Figuren bietet, halte ich sie angesichts des kultursoziologischen Methodenbewusstseins des Autors von *Nietzsche und Burckhardt* hermeneutisch für unangemessen. Ich möchte deshalb eine alternative Lesart vorschlagen, in der sowohl von Martins regimekritische Aussageabsichten als auch sein wissenschaftliches Selbstverständnis Berücksichtigung finden.

Wie auch Treiber beobachtet, gelingt von Martin die wertende Kontrastierung unter anderem durch die Verwendung ‚asymmetrischer Gegenbegriffe' im Sinne Reinhart Kosellecks.[360] Aufschlussreich ist dabei eine Passage aus dem unter der Großüberschrift „Die Typen" stehenden Kapitel V, das zu einer erklärungskräftigen Bestimmung der Figurenkonstellation exemplarisch herangezogen werden kann. Von Martin charakterisiert hier seine beiden Protagonisten wie folgt:

> Eine klassische und eine romantische Natur stehen Burckhardt und Nietzsche sich gegenüber. Und wenn Goethe das Klassische als das Gesunde, das Romantische als das Kranke

---

357 Peter Plank: Art. ‚Typologie' (2001), Sp. 322.
358 Karl-Heinrich Ostmeyer: [Art.] ‚Typologie' (2005), Sp. 678.
359 Vgl. Hubert Treiber: Alfred von Martins „Nietzsche und Burckhardt" – erneut gelesen (2013), S. 95.
360 Vgl. Reinhart Koselleck: Zur historisch-politischen Semantik asymmetrischer Gegenbegriffe (1979).

definiert hat, so darf man dies hier gleichfalls anwenden – und nicht nur im psychologischen, sondern auch im unmittelbar physiologischen Sinne.[361]

Ausgehend von dieser wertenden Grundunterscheidung, in der Nietzsche und Burckhardt im bekräftigenden Rekurs auf die Autorität Goethe als romantischer und klassischer Typus eingeführt werden, steht die Charakterisierung der beiden Typen im weiteren Verlauf folgerichtig in einem Ungleichgewicht. Im Vergleich zu dem weiterhin als „krank", „entwurzelt", „wahnsinnig", „nihilistisch" und „dekadent" dargestellten Nietzsche,[362] kann Burckhardt konsequenterweise jeweils gegenteilig attribuiert werden. Er erscheint als der verwurzelt Konservative, der den alten klassischen Kategorien von Wahrheit, Gerechtigkeit und Schönheit verpflichtet bleibt. Und auch Treiber hält im Verweis auf Kosellecks Begrifflichkeit treffend fest:

> Die auf ungleiche Weise konträren Gegenbegriffe zeichnen sich vor allem dadurch aus, daß „die eigene Position gerne nach solchen Kriterien bestimmt wird, daß die daraus sich ergebende Gegenposition nur negiert werden kann". So ist Burckhardt nicht nur (körperlich und seelisch) „gesund", auch die ihm zugeschriebene Identifizierung mit den Werten christlich-humanistischer Tradition (dem alteuropäischen Kulturideal) gilt damit als „gesund" und „verbindlich", so daß die von Nietzsche vertretene Gegenposition, unabhängig von dem Befund: dieser sei „krank" resp. „geisteskrank", als „pathologisch" erscheint.[363]

Eine derart gestaltete Typologie, die den „christlichen Humanisten" gegen den „heroischen Nihilisten" ausspielt,[364] weist zwar durchaus gewisse Parallelen zur Figurenkonstellation der *Soziologie der Renaissance* und den „Peripetien in der seelischen Entwicklung der Renaissance" auf, übersehen wird dabei allerdings, dass die kontrastierende Attribuierung von vornherein der spezifischen Problemorientierung und der damit einhergehenden methodischen Konzeption geschuldet ist. Wollte man jedoch Parallelen zu den anderen Figurenkonstellationen in von Martins Œuvre ziehen, so lässt sich feststellen, dass er die vermeintlich analoge Attribuierung, ohne in Widerspruch zur Logik seiner Verlaufskurve zu geraten, auch chiastisch anzuwenden weiß. Wenn Petrarca sowohl in den beiden genannten Texten als auch im Aufsatz „Petrarca und die Romantik der Renaissance" ähnlich wie Nietzsche am Anfang einer Moderni-

---

361 Alfred von Martin: Nietzsche und Burckhardt (1941), S. 36.
362 Vgl. ebd., S. 36–57.
363 Hubert Treiber: Alfred von Martins „Nietzsche und Burckhardt" – erneut gelesen (2013), S. 102–103.
364 Vgl. Richard Faber: Christlicher Humanismus versus Heroischer Nihilismus (2013), S. 41.

tätsbewegung situiert wird,[365] kann auch der Renaissance-Humanist als romantische, vorwärtstreibende Natur beschrieben werden. Die ausgewählten Sozialgestalten müssen demnach einer Doppelperspektive standhalten, die sich zum einen aus der Position innerhalb der Verlaufskurve ergibt, in der unterschiedliche Anfangs- und Endpunkte gesetzt werden können. Zum anderen lässt sich die Typenfunktion aus der jeweiligen, eine spezifische geistesgeschichtliche Situation anzeigenden Figurenkonstellation ableiten. Von Martin scheint sich dabei an dem Konstellationen-Konzept zu orientieren, wie es Karl Mannheim in seinem 1925 publizierten Aufsatz „Problem einer Soziologie des Wissens" im Anschluss an Alfred und Max Weber zur methodisch kontrollierten „Betrachtung der Geschichte des Geistes" weiterentwickelt.[366] In der Reformulierung Andrea Albrechts, besteht für Mannheim eine geistesgeschichtliche Konstellation

> aus einer Mehrzahl unterscheidbarer, aber in Relation zueinander stehender sozialer Standorte, von denen aus Kollektive (Schichten, Stände, Berufsgruppen etc.) und die ihnen zugehörigen Individuen Wirklichkeit erleben, Wissen generieren und in einem dynamischen Mit- und Gegeneinander zeit- und gruppenspezifische Anschauungen von der Welt entwerfen.[367]

Alfred von Martin scheint das Verhältnis seiner Sozialfiguren nach diesem Schema zu konzipieren, setzt also die Figuren in ein relationales Verhältnis zueinander und lässt die Typenfunktionen perspektivisch variieren. Die Kategorien ‚romantisch' und ‚klassisch' sind daher in Abhängigkeit des jeweiligen Bezugsrahmens relational einzusetzen. So charakterisiert von Martin beispielsweise die Schwellenfigur Petrarca im Aufsatz „Petrarca und Augustin" (1928) als typischen Romantiker im Schmitt'schen Sinne, weil er sie in ein Verhältnis zum religiösen Augustinus setzt, dem ein noch dezidiert mittelalterliches Lebensgefühl attestiert wird: „Petrarca hat nie eine Bekehrung durchgemacht wie Augustin, nie eine innere Wiedergeburt erlebt: er bleibt ewig der Romantiker, der nie Ernst macht [...]. Die ethischen Probleme sind ihm nur teils ein ‚Anlaß'."[368] Im Hinblick auf die mittelalterliche Weltanschauung lässt sich Petrarca folgerichtig als Träger eines romantischen, neuen Lebensgefühls charakterisieren und da-

---

365 Vgl. Alfred von Martin: Petrarca und die Romantik der Renaissance (1928), S. 330.
366 Karl Mannheim: Das Problem einer Soziologie des Wissens (1964), S. 308–309.
367 Andrea Albrecht: ‚Konstellationen' (2010), S. 132.
368 Dazu in der Fußnote: „Dieser Okkasionalismus (im Sinne von Carl Schmitt), dem alles Objektive nur Objekt subjektiver Neigungen ist, ist echt – romantisch!"

mit ebenso mit Nietzsche parallelisieren,[369] der in *Nietzsche und Burckhardt* „als typischer Repräsentant der modernen Generation" porträtiert wird.[370] Gleichzeitig jedoch lässt sich Petrarca, wenn er in dem Aufsatz „Petrarca und Machiavelli" (1927) mit Machiavelli kontrastiert wird,[371] wie Treiber richtig bemerkt, auch mit Burckhardt in Analogie setzen. Machiavelli, der für von Martin die Verfallsstufe des bürgerlichen Renaissance-Humanismus markiert, müsste damit in die Nähe Nietzsches rücken. Und in der Tat weist Machiavellis „romantischer Machtwille", der „an die Stelle der objektiven Moral" tritt,[372] Entsprechungen zu Nietzsches Weltauffassung auf, wie sie von Martin in *Nietzsche und Burckhardt* eingehend im zweiten Großkapitel „Die Typen" beschreibt.

Dazu passt auch, dass Alfred von Martin, wie erwähnt, seine Figuren als Repräsentanten unterschiedlicher Generationen denkt,[373] an denen sich Verlaufsformen bürgerlichen Denkens beschreiben lassen. Der Logik der Figuraldeutung scheint dieses Verfahren entgegenzustehen. Zudem bleibt fraglich, ob sich von Martin, der seine Darstellung explizit „von geistesgeschichtlichen und soziologischen Gesichtspunkten beherrscht[]" sehen möchte,[374] auf Exegesepraktiken der Theologie zurückgreifen musste. Viel näher liegt, dass er – abgesehen davon, dass typologisierende Verfahren der wissenschaftlichen Mode der Zeit entsprachen – sich, wie bereits in seinen vorgängigen Arbeiten, an den Methoden der Geschichtswissenschaft und der jungen Soziologie orientierte.[375] Mehr noch, Burckhardt wird in seiner Studie als Kultursoziologe früher Stunde präsentiert.[376] Von Martin stellt Burckhardt damit in die Tradition einer dezidert wissenschaftlich operierenden Kulturhistoriographie und stilisiert ihn – mit Burckhardts eigenen Worten – zum Vertreter eines liberalen Wissenschaftsideals, an das Max Weber anknüpfen konnte:

> „Für seine Person" [d. i. Jacob Burckhardt] muß „auch der Historiker etwas Bestimmtes wollen und vertreten; aber in seiner Wissenschaft", d.h. da, wo er – als Diener überzeitlicher Bestrebungen – nicht bloß „zeitliche Person" sein darf, „muß er sich die höhere Betrachtung vorbehalten". Burckhardt nimmt damit die leitenden Gedanken der Wissen-

---

369 Auch Petrarca scheint vor dem Hintergrund dieser Momentaufnahme die Religion zu funktionalisieren (vgl. Alfred von Martin: Petrarca und die Romantik der Renaissance [1928], S. 338).
370 Alfred von Martin: Nietzsche und Burckhardt (1941), S. 41.
371 Alfred von Martin: Petrarca und Machiavelli (1927).
372 Alfred von Martin: Soziologie der Renaissance (1932), S. 96.
373 Vgl. Alfred von Martin: Nietzsche und Burckhardt (1941), S. 40.
374 Ebd., S. 8.
375 Vgl. dazu auch Theodor Schieder: Der Typus in der Geschichtswissenschaft (1974).
376 Siehe hierzu auch Alfred von Martin: Der Soziologe Jakob Burckhardt (1948).

schaftslehre von Max Weber vorweg. Und indem er gerade in der geschichtlichen, der die Zeiten überschauenden Betrachtungsweise, die die Erhebung der Erkenntnis ins Überzeitliche sucht und findet, tut sich ihm eben hier ein bevorzugter Weg auf heraus aus aller der Zeit verhafteten Subjektivität und empor zu einem „Weisen" „für immer".[377]

Mit den ‚leitenden Gedanken der Wissenschaftslehre von Max Weber' bezieht sich von Martin offenbar auf dessen in *Wissenschaft als Beruf* (1919) formulierte Auffassung, dass „eigene letzte Stellungnahme[n] zum Leben als Grundlage von Wertungen" sich wissenschaftlich zwar nicht begründen lassen,[378] vom Wissenschaftler aber durchaus zu reflektieren seien. Die Ansicht, dass man sich für ‚letzte Standpunkte zum Leben' entscheiden, also „etwas Bestimmtes wollen und vertreten",[379] sich ferner engagieren müsse, attestiert von Martin nicht nur seiner Figur Jacob Burckhardt, sondern realisiert sie gleichsam auch in der eigenen Studie, wenn er die humanistische Weltanschauung Burckhardts zu der eigenen werden lässt.

In der bewusst auf Zeitkritik gemünzten Veröffentlichung *Nietzsche und Burckhardt*, so ist vorerst festzuhalten, orientiert sich von Martin also an vertrauten Darstellungsformen, d. h. er behält die bereits erprobte typologische Betrachtungsweise soziologischer (nicht theologischer) Provenienz bei. Um das eigene Werturteil im Sinne einer Weltanschauungskritik jedoch sichtbar werden zu lassen, modifiziert er seine Methodik dahingehend, dass Jacob Burckhardts Standpunkt als Maßstab der Beurteilung festgeschrieben wird. Der Verfasser imaginiert sich dementsprechend, nicht ohne rekonstruktiven und empathischen Aufwand, in die Position einer seiner Figuren. Durch diese Form einer identifikatorischen Intellektuellengeschichte gelingt ihm schließlich die ‚verdeckte' Kritik am Nationalsozialismus, die mit Burckhardts Kritik an Nietzsche verschaltet ist. Das stellvertretende Urteil Burckhardts erlaubt von Martin nämlich eine Immunisierung all jener Passagen, die in polemischer Stoßrichtung Nietzsche als Vordenker der nationalsozialistischen Ideologie karikieren. Sie werden überdies mit zahlreichen Selbstzitaten aus Nietzsches Werken und Briefen abgesichert. Auf welche Weise Alfred von Martin Nietzsches Weltanschauung, mit der des Nationalsozialismus identifiziert und inwiefern sich *Nietzsche und Burckhardt* als zeitkritische Veröffentlichung im „Gewand" wissenschaftlicher Darstellung beschreiben lässt, wird im Folgenden genauer behandelt.

---

377 Alfred von Martin: Nietzsche und Burckhardt (1941), S. 53.
378 Zit. n. Max Weber: Wissenschaft als Beruf (2014), S. 50.
379 Alfred von Martin: Nietzsche und Burckhardt (1941), S. 53.

6.3.4 NS-Kritik im „Gewand geisteswissenschaftlicher Erörterung"

Von Martins Kommunikationsabsicht, mit der geistesgeschichtlichen Doppelbiographie „gegen den Nietzschekult" und damit „gegen die nationalsozialistische Weltanschauung" anzuschreiben,[380] basierte auf der durchaus begründeten Annahme, dass Nietzsche während des ‚Dritten Reichs' vielfach als Repräsentant nationalsozialistischen Denkens *avant la lettre* identifiziert wurde. Abgesehen davon, dass die Bedeutung Nietzsches „als geistige[r] Vorkämpfer und politische Kultfigur des Nationalsozialismus" „innerhalb der NSDAP selbst überaus umstritten war",[381] wurde er im ‚Dritten Reich' durch weitreichende kulturpolitische Gesten und vielfache philosophische Integrationsbemühungen im Besonderen fraglos zu einer wichtigen Symbolfigur nationalsozialistischen Selbstverständnisses. Vorangetrieben wurde die ideologische Vereinnahmung des ‚Lebensphilosophen' von etlichen kulturpolitischen Akteuren und bekanntlich unter tatkräftiger Unterstützung seiner Schwester, Elisabeth Foerster-Nietzsche. Vor allem der NS-Ideologe Alfred Baeumler arbeitete daran, den Philosophen zum „geistigen Führer" der faschistischen Bewegung zu stilisieren und mit dessen Philosophie „die insgesamt dürftige ideologisch-weltanschauliche Basis des NS [zu] untermauern und [zu] verstärken".[382]

Von Martins retrospektiv bekundete Absicht, Nietzsche mit der NS-Ideologie zu verknüpfen, zeichnet sich in der Durchführung seiner Studie etwa darin ab, dass er ausgewählte Signalwörter verwendet, die an die sogenannte ‚NS-Rhetorik' erinnern, dabei aber als Selbstzitate Nietzsches markiert sind. Daneben wird im Urteil der Figur Jacob Burckhardts, stellenweise auch in dem des Verfassers, Nietzsches Weltanschauung so konturiert, dass darin jene Elemente hervortreten, die in unmittelbarer Nähe zu nationalsozialistischen Kernideologemen stehen. Nietzsches historisch verbürgte philosemitische Haltung jedoch, an der sich in den 1930er und 1940er-Jahren NS-Ideologen wie Heinrich Härtle, Alfred Rosenberg und Alfred Baeumler abmühten, um den Philosophen „vom Günstling zum Urfeind der Juden" umzudeuten,[383] wird von Alfred von Martin nicht eskamotiert, sondern in kritischer Absicht gegen den nationalsozialistischen Antisemitismus hervorgehoben. Umgekehrt musste sich

---

380 Alfred von Martin: Nietzsche und Burckhardt (1947), S. 291.
381 Detlev Piecha: „Nietzsche und der Nationalsozialismus" (1998), S. 134 u. S. 136.
382 Ebd., S. 137.
383 Thomas Mittermann: Vom „Günstling" zum „Urfeind" der Juden (2006). Hier auch Einschlägiges zur, so auch der Untertitel, „antisemitische[n] Nietzsche-Rezeption in Deutschland bis zum Ende des Nationalsozialismus."

Alfred von Martin im Falle Jacob Burckhardts der Herausforderung stellen, dessen historisch verbürgten, tendenziellen Antisemitismus darstellerisch so abzuschwächen, dass die Funktionen, die die Figuren als „idealtypische Verkörperung[en] zweier geistiger Welten",[384] der nationalsozialistischen einerseits und der christlich-humanistischen andererseits, einnehmen sollten, nicht aufgeweicht wurde. Dies war ein argumentativ und darstellerisch aufwändiges Unternehmen, wie sich etwa im Blick auf von Martins Zitationspraxis demonstrieren lässt. Schon ein kurzer Blick in *Nietzsche und Burckhardt* verrät den großzügigen Umgang des Verfassers mit Zitaten. In geschickt und gleichzeitig sachgemäß zusammengestellten Zitatenarrangements lässt von Martin seine Figuren vielfach selbst zu Wort kommen. Unter methodischen Gesichtspunkten bot ihm dieses Verfahren die Möglichkeit, die ins Visier gerückten Gestalten in den besagten ‚imaginären Dialog' zu bringen. Vor dem Hintergrund der zeitgenössisch restriktiven Literaturpolitik musste die Zitattechnik zudem die Funktion übernehmen, womöglich zensurrelevante Aussagen vor den parteiamtlichen Stellen dadurch abzusichern, dass sie nicht dem Verfasser selbst, sondern den behandelten Autoren zuzurechnen waren. Nicht selten ließ von Martin seine Figuren so zu Sprachrohren für eigene zeitkritische Bemerkungen werden. Umgekehrt konnte er Nietzsche als Stimme nationalsozialistischer Weltanschauung zur Geltung bringen und dessen ‚Rede' mit der eigenen Stimme oder mit der Stimme Burckhardts kritisieren. Ein Beispiel: Im Kapitel „Klassische und romantische Natur", in dem Nietzsche als „romantischer Typus" stipuliert wird,[385] rückt Alfred von Martin dessen radikale, bekanntlich auch auf Gesundheit und Leben ausgerichtete Philosophie ostentativ in die Nähe eines elitär zugerichteten und zugleich biologistischen Denkparadigmas. Die vom ‚Lebensphilosophen' vorgenommene Idolisierung der Gesundheit lässt sich unschwer als Kritik am nationalsozialistischen Körper- und Gesundheitskult lesen. Die Nomenklatur Nietzsches wird dabei mit dem entsprechenden Nachweis (hier mit Hochzahlen markiert) ausgestattet:

> Nietzsche ist ein Neuropath[5] und „Decadent"; seine „Optik" nennt er selbst die des „Kranken".[6] Und nun ergibt sich eine komplexe Problematik. Einmal nimmt der Kranke „Partei" „gegen alles Kranke" an sich selber.[7] Aber keineswegs im Sinn „bürgerlicher" Gesundheit, „normaler" Gesundheit. Vielmehr wird der Minderwertigkeitskomplex[7a] des Kranken überkompensiert zu einer „dionysischen", einer Rauschvorstellung von „überströmender", betont „großer" Gesundheit.[8] Das dient einerseits seiner Selbstillusionierung[9] und wird andrerseits zum Ausgangspunkt einer Weltanschauung (für die also Nietzsches

---

[384] Alfred von Martin: Nietzsche und Burckhardt (1941), S. 40.
[385] Ebd., S. 36.

Kranksein zentral ist). Denn zu dieser sehr antibürgerlichen „neuen" und „gefährlichen" Gesundheit gehört, daß sie fähig macht, im Sinne eines „übermenschlichen" und „oft genug unmenschlich" erscheinenden Ideals „mit allem zu spielen, was bisher heilig, gut, unberührbar, göttlich hieß"¹⁰.[386]

Mittels ausgewählter Signalwörter, wie „große" und „antibürgerliche" „Gesundheit", ermöglicht der Verfasser die Assoziation eines Zentralkonzepts der nationalsozialistischen Gesundheitspolitik, in der das ursprünglich bürgerliche Recht des Einzelnen auf Gesundheit zur volksgemeinschaftlichen Pflicht erklärt wurde.[387] Vor allem aber konstruiert von Martin hier einen Zusammenhang zwischen romantischem und biologistischem Denken. Nietzsche, der in von Martins Referat als Extremform eines ‚subjektivistischen Okkasionalisten' die ‚gefährliche Gesundheit' als höchsten Wert setzt, kann in der Folge zum „Biolog[en]" und zu einem „nur noch biologisch denkende[n] Kämpfer" erklärt und mit den zeitgenössischen Rassebiologen analogisiert werden.[388] Besonders kritisch erscheinende Vokabeln sind, wie in der angeführten Passage zu sehen, als Zitate abgesichert, in ihrer nahezu eklektisch wirkenden Zusammenstellung jedoch der Argumentation des Verfassers einverleibt und seinem Negativurteil untergeordnet. Nicht zufällig folgt die an dieser Stelle dargelegte Deutung Nietzsches in weiten Teilen der ‚linientreuen' Interpretation, konnte 1941 also durchaus als eine an der faktischen nationalsozialistischen Nietzsche-Rezeption orientierte Darstellung verstanden werden. Doch erst im Zusammenhang mit der von vornherein feststehenden Wertstellungnahme des Verfassers, die, wie dargelegt, an der Perspektive Burckhardts orientiert ist, gewinnt die Präsentation Nietzsches als ‚biologistischem Denker' an polemischer Schlagkraft. Denn es ist in von Martins Darstellung Burckhardt, dem der jüngere Zeitgenosse mit seinen biologistischen Ansichten als ‚Decadent' und ‚Neuropath' erscheint. Und wenn Nietzsches Idee der „starken Rasse"[389] – bekanntlich ein zentrales Mantra nationalsozialistischer Rassenideologie – letztlich psychologisch als Kompensationsphänomen für dessen ‚Minderwertigkeitskomplex' gedeutet wird, dann nimmt der Verfasser im (kritisch-)analogiebildenden Übertrag schließlich auch die nationalsozialistische Rassenideologie als kompensatorischen Ausdruck eines an sich ‚kranken und schwachen' Denkens in Augenschein.

---

386 Alfred von Martin: Nietzsche und Burckhardt (1942), S. 36–37.
387 Vgl. Manfred Vasold: [Art.] ‚Medizin' (1998), S. 240.
388 Alfred von Martin: Nietzsche und Burckhardt (1942), S. 36–37.
389 Ebd., S. 48.

Während in der angeführten Passage die synthetische Zusammenführung von Nietzsches Selbstcharakterisierung weitgehend mit der Stimme Alfred von Martins erfolgt, überlässt er in den meisten anderen Fällen ein entsprechendes Urteil, wie im Vorwort angekündigt, seiner Figur Jacob Burckhardt. So etwa auch im Unterkapitel „Vita contemplativa und aktivistisches Denken", dem letzten Teil des Großkapitels „Die Typen", in die divergenten Denkstile seiner Figuren kontrastiert werden. Nietzsche wird – in Anlehnung an die vorangehenden Bestimmungen – als „typisch romantische[r] Denker" und „neue[r] Typ des Philosophen", in der Art eines „nomothetische[n] Weltschöpfer[s]" vorgestellt. Burckhardt hingegen präsentiert als „klassische[r] Denkertyp" einen „Mann[] der Wissenschaft" und „Objektivität".[390] Im Rahmen der asymmetrischen Figurenmodellierung und gemäß seiner Absicht, Nietzsche als Schwellenfigur im Übergang zur Moderne darzustellen, zeichnet von Martin in diesem Kapitel Nietzsches geistige Entwicklung nach, um das Moment der Entfremdung zwischen den beiden Basler Gelehrten hervortreten zu lassen – ein Effekt des Ansatzes relationaler Figurenbetrachtung. Auch Nietzsche habe ehemals, und zwar in seinen jungen Jahren, wie von Martin interpretiert, den „klassischen Standpunkt" mit dem älteren Burckhardt geteilt und sich erst nach und nach hiervon distanziert. Einig seien sich beide während dieser Phase der Übereinstimmung etwa darin gewesen, Platos Staatslehre als ‚Verfechtung des Zwangsstaats' zu interpretieren. Von Martin, der die Auseinandersetzung seiner beiden Figuren mit dem antiken Despotismus wohl ganz bewusst als Beispiel für ihren einstmaligen geistig-weltanschaulichen Konsens nutzt, um hieran in aktualisierender Absicht Kritik an den totalitären Verhältnissen seiner Zeit zu üben, stellt fest:

> Er [Nietzsche] wirft Plato noch nicht, wie später, vor, daß er schon zu „christlich", sondern daß er zu tyrannisch sei: der „typische Sozialist am Hofe des Tyrannen" – denn typischerweise sei der Sozialismus, als Antiindividualismus, nur eine andere Form des „Despotismus" – und der typische Exponent der bildungsfeindlichen Polis. Hier urteilt Nietzsche noch wie Burckhardt, dem der „gewalttätige" Verfechter des Zwangsstaats – mit einer Zwangsreligion, einer Zwangskunst, einer ein für allemal festgelegten (und damit stillgelegten) Kultur, – ein Abscheu, dem der intolerante Anspruch auf „das ganze äußere und innere Leben des Menschen" die vollendete Inhumanität ist.[391]

---

390 Alfred von Martin: Nietzsche und Burckhardt (1941), S. 49–54.
391 Ebd., S. 51.

Ungeachtet dessen, dass sich von Martin mit dieser Passage, gleichsam aus der Perspektive seiner Figuren, an den „Parallelisierungspotentialen"[392] der Historie bedient,[393] die in der nonkonformen Literatur zwischen 1933 und 1945 ein beliebtes Medium für Zeitkritik darstellte – man denke etwa an Gerhart Ritters *Machtstaat und Utopie* (1940) –,[394] wird die hier getätigte hochaktuelle Feststellung vor allem zum Ausgangspunkt einer aus der Sicht Burckhardts dargestellten Einschätzung des weltanschaulichen Standortwechsels, den Nietzsche vollzogen habe. Denn als Burckhardt, so von Martins Rekonstruktion, gerade einmal „[e]in Jahrfünft später" dessen *Fröhliche Wissenschaft* in die Hände bekommt, jenes zentrale Werk also, das 1882 erscheint und bekanntermaßen den ‚Tod Gottes' proklamiert, musste er, wie von Martin annimmt, „sich schon Mühe geben, um sich ‚nicht irre machen' zu lassen an Nietzsche durch die offenbar werdenden Anzeichen seiner ‚Neigung zur Tyrannei'".[395] Der einstige geistige Weggefährte sei nun, nach Burckhardts Auffassung in der Darstellung von Martins, selbst zum Tyrannen mutiert.

Aus den angegebenen Quellen geht hervor, dass sich von Martin für derlei Rekonstruktionen nicht auf ‚faktische Rezeptionszeugnisse' beruft, sondern Burckhardts und Nietzsches in dieselbe Zeit fallenden Werke zitatenreich miteinander dialogisiert und konfrontiert.[396] Aus philologischer Perspektive ließe sich dieses Verfahren dem Verfasser sicherlich ankreiden, doch von Martin operiert in seiner Studie nicht als Philologe, sondern als Kultursoziologe und räumt entsprechend auch im Vorwort ein, dass er keine „Rücksicht darauf"

---

392 Czesław Karolak: Innere Emigration im Spannungsfeld disjunktiver Leseerwartungen (2016), S. 133.
393 Das auf Analogiebildung abzielende Beispiel des den Zwangsstaat propagierenden Philosophen bezieht sein Aktualisierungspotenzial gleichsam auf zwei unterschiedlichen Ebenen. Einerseits kommt der Analogieschluss zum zeitgeschichtlichen Bedeutungsbereich über die Ähnlichkeit der dargelegten Staatsauffassung Platos zur totalitären Gegenwart des Jahres 1940 zustande, andererseits ist die Darstellung bereits als kritisches Urteil Burckhardt und Nietzsches, im Übertrag also als vehemente Kritik an den zwangsstaatlichen Verhältnissen der Gegenwart, zu lesen. In faschismuskritischer und faschismusanalytischer Absicht griffen auch Karl Popper: Die offene Gesellschaft und ihre Feinde (1945) sowie der Altphilologe Ernst Kapp: Platon und die Akademie (1937) auf die Parallelisierungspotentiale der platonischen Staatslehre zurück.
394 Siehe hierzu Michael Matthiesen: ‚Machtstaat und Utopie' (2004), insbesondere S. 174.
395 Alfred von Martin: Nietzsche und Burckhardt (1941), S. 51.
396 Für Burckhardt ist das die *Griechische Kulturgeschichte*, die 1898–1902 aus seinem Nachlass herausgegeben wurde und an der er seit den 1860er-Jahren schrieb. Im Falle Nietzsches handelt es sich nicht um dessen *Fröhliche Wissenschaft* (1882), sondern um die in weiten Teilen aphoristische Schrift *Menschliches, Allzumenschliches* (1878).

nehmen könne, „inwieweit der Eine den Andern und dessen Werke ‚gekannt'" habe.[397] Unter „soziologischen Gesichtspunkten" musste es ihm also durchaus als legitim erscheinen,[398] aus Burckhardts Überlegungen zur *Griechischen Kulturgeschichte* dessen generelles ‚Weltanschauungsurteil' abzuleiten und es schließlich als Replik auf Nietzsche zu werten:

> Wenn Burckhardt schon bei den Stoikern das über jedes Maß hinausgehende „Selbstgefühl der eigenen Weisheit und Trefflichkeit", das die „eigene Kraft" „viel zu hoch" veranschlagt, zu tadeln findet, – wenn er dem Sokrates, wegen des „Hochmuts", der in seinem „Anspruch auf Überlegenheit" lag, wegen seiner „ironischen" Haltung und wegen seines „Eigenruhms", mit einem bemerkenswerten christlichen Ausdruck, der den Pfarrerssohn zeigt, mangelnde „Bußfertigkeit" vorwirft, – und wenn er schließlich von dem mitunter „bis zum Wahnsinn gesteigerten" Gottähnlichkeitsbewußtsein griechischer Philosophen spricht, – wie mußte da Nietzsche auf ihn wirken? In dessen extremem, maß- und rücksichtslosen Willen zur Macht, der für Burckhardt, auch im Geistigen, „böse an sich" war, und in dessen „gigantischer Eitelkeit" [...], nur das sehen, was die Alten prometheische Hybris, was das christliche Mittelalter, die Grundsünde des Menschen bezeichnend, superbia nannte, und was er selbst, angesichts von Nietzsches grenzenloser Verhöhnung alles dessen, was Anderen „noch" heilig war, Frevel und Ruchlosigkeit genannt hätte.[399]

Wie dieses Zitat veranschaulicht, rekonstruiert von Martin Burckhardts Kritik an Nietzsche zunächst von einem ethischen Standpunkt aus. Die unter solcherlei Gesichtspunkten vorgenommene Bewertung entspricht auch der 1947 gegebenen Selbstauskunft von Martins, die Studie müsse als „ethische Opposition gegen den Geist oder vielmehr Ungeist des ‚dritten Reiches'" verstanden werden.[400] Dennoch wäre es zu kurz gegriffen, von Martin damit auch grundsätzlich zu unterstellen, er habe „Nationalsozialismus und Drittes Reich", wie dies Volker Kruse behauptet, „weniger als wissenschaftlich-analytische, zeitdiagnostische denn als moralische Herausforderung" begriffen.[401] Allein der zeitdiagnostisch gleichermaßen instruktive wie bemerkenswerte Aufsatz „Zur Soziologie der Gegenwart" (1937) mag hier den Gegenbeleg erbringen. Kruse scheint sich hauptsächlich auf von Martins späte, also nach 1945 erschienene Artikel und Bücher, insbesondere dessen 1946 im *Hochland* erschienenen Aufsätze „Geistige Wegbereiter des deutschen Zusammenbruchs: Hegel" und „Geistige Wegbereiter des deutschen Zusammenbruchs: Nietzsche und Spengler"[402] zu beziehen.

---

397 Alfred von Martin: Nietzsche und Burckhardt (1941), S. 8.
398 Ebd.
399 Ebd., S. 51.
400 Alfred von Martin: Die Religion Jacob Burckhardts (1947), S. 7.
401 Volker Kruse: Historisch-soziologische Zeitdiagnosen (1994), S. 100.
402 Alfred von Martin: Geistige Wegbereiter des deutschen Zusammenbruchs (1946).

Die hierin vorgelegten Überlegungen zum geistigen Ursprung des Nationalsozialismus marginalisiert Kruse dabei zu einer „Partialdiagnose".[403]

Über eine bloße „Partialdiagnose" gehen aber von Martins im ‚Dritten Reich' geschriebenen Einzeldarstellungen *Nietzsche und Burckhardt* sowie *Die Religion in Jacob Burckhardts Leben und Denken* deutlich hinaus. Beide Bücher können zeitdiagnostischen Ansprüchen durchaus Stand halten. Im Kapitel „Kritik der Zeit" stellt Alfred von Martin in *Nietzsche und Burckhardt* sogar auf ‚höherer Reflexionsebene' disparate Konzepte der Zeitkritik vor. Die dargelegten Zeitdiagnosen sind dabei zwar an die Perspektiven der Hauptfiguren gebunden, werden aber, weil Nietzsche und Burckhardt als Idealtypen firmieren, nicht historisiert, sondern als nach wie vor auf die Gegenwart anwendbare, wenngleich konkurrierende Deutungsansätze ins Spiel gebracht. Wie in dem Aufsatz „Zur Soziologie der Gegenwart" liefert von Martin seinen Lesern auf diese Weise nicht nur entscheidende, gegenwartsrelevante Analysekategorien (markiert durch soziologische Begrifflichkeiten wie ‚Masse', ‚Macht', ‚Freiheit'), sondern ergreift zudem Partei für einen bestimmten denkerischen „Standort, von dem aus [...] Kritik" an der Zeit geübt werden soll,[404] nämlich dem bürgerlich-humanistischen. Von diesem Standort aus sollte sich der zeitgenössische Leser sowohl ein Urteil über Nietzsche wie im Übertrag auch über die nationalsozialistische Gegenwart bilden. Die Zeitkritik des eher „unpolitischen" Burckhardt in der Darstellung von Martins bleibt dabei zwar, wie Kruse bemerkt, recht allgemein den „klassischen Werte[n] ‚des Wahren, Guten, Schönen'" verhaftet.[405] Das aber ist allein der gewählten Perspektive Burckhardts adäquat. Alfred von Martins zeitdiagnostische Bemühungen beschränken sich zudem nicht auf die Perspektive seiner Reflexionsfigur. Die Studie in ihrer Gesamtheit lässt keinen Zweifel daran, dass sie auf die NS-Gegenwart auch einen politisch und sozial fundierten analytischen Blick wirft, wenn man sie auch in ihrer doppelbödigen Anlage ernst nimmt. Nach 1945 schrieb von Martin ihr daher zu Recht einen weiterhin gültigen „abklärenden Gegenwartswert" zu, den er jenseits der „sen-

---

403 Volker Kruse: Historisch-soziologische Zeitdiagnosen (1994), S. 105–106: „Man kann v. Martins Diagnose über Nationalsozialismus/Drittes Reich, soweit wir sie zu rekonstruieren in der Lage waren, in fünf Sätzen zusammenfassen: a) Die Hitlerdiktatur war nur möglich, weil eine breite Akzeptanz in der Bevölkerung bestand, b) Diese Akzeptanz war nur möglich, weil das nötige Wertebewußtsein fehlte. c) Das fehlende Wertebewußtsein war Folge einer geistigen Verirrung der deutschen Intelligenz, die auf das gesamte Volk abstrahlte. d) Diese geistige Verirrung ging von Hegel, Nietzsche und Spengler aus. e) Im deutschen Nationalcharakter ist eine Neigung zu extremen politischen Ausbrüchen angelegt."
404 Alfred von Martin: Nietzsche und Burckhardt (1941), S. 52.
405 Volker Kruse: Historisch-soziologische Zeitdiagnosen (1994), S. 106.

sationelle[n] Tagesaktualität", die sie während des ‚Dritten Reiches' haben musste, verortete.⁴⁰⁶

Alfred von Martin konzipierte also seine Veröffentlichung nicht nur als Zeitkritik im „Gewand" wissenschaftlicher Untersuchung, sondern legte vielmehr eine geistesgeschichtliche Studie mit einem sowohl wissenschaftlichen wie auch zeitdiagnostischen Anspruch vor. So ist denn auch die metaphorische Formulierung vom ‚Gewand geistesgeschichtlicher Erörterung', wie sie bei Hubert Treiber zu finden ist, nicht ganz zutreffend. Wer von Martins antinazistisches Engagement und sein wissenschaftliches Anliegen in Bildern von ‚Gewand' und ‚Körper' oder ‚Schale und Kern' denkt, um im ungünstigsten Fall beide Seiten „gegeneinander auszuspielen",⁴⁰⁷ verkennt, dass für ihn beide Seiten konstitutiv zusammengehörten. In letzter Konsequenz war gute Wissenschaft für von Martin strukturell an ein bestimmtes Ethos gebunden, Wissenschaft hatte sich also zu engagieren und im Zeichen menschenrechtlich-humanistischer Ideale Historisches wie Gegenwärtiges gleichermaßen im Blick zu haben. Es ist demgemäß naheliegend, dass seine in Nietzsche und Burckhardt ‚verdeckt' formulierte Kritik an der nationalsozialistischen Weltanschauung auch maßgebliche Kritik an der nationalsozialistischen Wissenschaftsauffassung und -praxis enthält, die er mit einem romantischen Wissenschaftsmodell identifizierte. Da sich hierin Aspekte des allgemeinen NS-kritischen Gehalts der Studie manifestieren, möchte ich hierauf zumindest mit einigen kursorischen Beobachtungen eingehen.

6.3.5 Kritik an der nationalsozialistischen Wissenschaftspraxis

In der 1947 erschienenen 4. Auflage der Studie, der von Martin eine vierseitige Einführung voranstellt, legt er offen, dass er Nietzsche als den „Vertreter einer klar antihumanistischen, dezidiert antichristlichen und offen wissenschaftsfeindlichen Haltung" charakterisieren wollte.⁴⁰⁸ Diese dreifache Negativcharakterisierung gelingt ihm in der Durchführung der Studie durch die Darstellung Nietzsches als romantischem Typus, in dem sich ein subjektivistisches Wissenschaftsverständnis mit einer ideologischen Geschichtsschreibung verknüpft. Im Kapitel „Vita contemplativa und aktivistisches Denken" rechnet der Verfasser die Eigenschaften seiner Figuren zu ‚denkerischen Typen' hoch. Wiederum in

---

406 Alfred von Martin: Nietzsche und Burckhardt (1947), S. 291.
407 Volker Kruse: Historisch-soziologische Zeitdiagnosen (1994), S. 108.
408 Alfred von Martin: Nietzsche und Burckhardt (1947), S. 7.

kontrastierender Absicht schreibt von Martin Nietzsche und Burckhardt auf diesem Wege zwei unterschiedliche Wahrheits- und Wissenschaftsauffassungen zu, die er aus ihren disparaten Grunddispositionen ableitet, wie sie bereits im vorhergehenden Kapitel V „Klassische und romantische Natur" ausgeführt wurden. Während Burckhardt auch als Wissenschaftler „einen ‚klassischen Typ'" vertrete, verkörpere Nietzsche den Typus eines „romantischen Denker[s]", der „nur an von ihm geschaffene, von ihm gesetzte Werte" glaube, damit aber die Wissenschaft als etwas Überindividuelles, den subjektiven Standards Übergeordnetes verfehle.[409] In Anlehnung an jene Topoi und Kampfbegriffe, die sich im Rahmen der Romantikkritik der 1920er-Jahre ausgebildet und unter der Federführung von Carl Schmitt und Karl Mannheim etabliert hatten, wertet Alfred von Martin Nietzsche als ‚hemmungslosen Subjektivisten' und „absolut [f]reischwebenden" Philosophen ab,[410] der nicht nur – mit Carl Schmitt gesprochen – des politischen, sondern auch des wissenschaftlichen Urteils unfähig sei.[411] Schmitt und Mannheim kamen in ihrer Auseinandersetzung mit der Romantik bekanntlich zu unterschiedlichen Einschätzungen darüber, was die kulturhistorische Bewegung des 19. Jahrhunderts als Erscheinungsform modernen Denkens geleistet habe und welcher sozialen Trägerschicht sie zuzurechnen sei: Für Schmitt stellte die Romantik, in der einschlägigen Formulierung Christian Roques, „eine weitere Erscheinungsform des rationalen und liberalen Individualismus" dar, „dem er eine konservativ-legitimistische Staatsauffassung entgegenstellt, für Mannheim ist es gerade die ‚Romantik', die ‚moderne' Elemente in den ‚Konservativismus' einfließen läßt".[412] Während Schmitt das ‚romantische Denken' dem liberalen Bürgertum zuordnete und ihm die politische Entscheidungsfähigkeit abgesprochen hatte, identifizierte Mannheim die Romantiker stattdessen als ‚freischwebende Intellektuelle', zählte sie also zu jener „relativ klassenlose[n] Schicht", die sich von der interessemäßigen Bindung ihrer Klasse zu lösen imstande sei, um so „jeweils den Punkt zu finden, von wo aus Gesamtorientierung im Geschehen möglich ist".[413] Mannheim schrieb dieser Schicht nicht nur die Leistung zu, „die modernen Denk- und Wissensformen erst ermöglicht" zu haben,[414] sondern reflektierte zudem, dass sie „zur Politik anders gelangt als all die übrigen Schichten" und demnach auch die „Mission" habe, die

---

409 Alfred von Martin: Nietzsche und Burckhardt (1942), S. 49.
410 Ebd., S. 43.
411 Ebd., S. 49.
412 Christian Roques: Die umstrittene Romantik (2007), S. 122.
413 Karl Mannheim: Ideologie und Utopie (1995), S. 135 u. 140.
414 Manfred Gangl: Interdiskursivität und chassés-croisés (2000), S. 30.

gewonnene „Totalorientierung" mit der „politischen Entscheidung" „lebendig zu vermitteln".⁴¹⁵ Der freischwebende Intellektuelle müsse so der Aufgabe nachkommen, „prädestinierter Anwalt der geistigen Interessen des Ganzen zu sein".⁴¹⁶

Von Martin verbindet nun für die Charakterisierung Nietzsches die pejorative Romantik-Auffassung Schmitts mit Mannheims Konzept des ‚freischwebenden Intellektuellen', sodass Nietzsche als Negativbeispiel einer geistigen Elite figuriert, die eben nicht im Stande sei, Orientierung zu bieten. Nietzsche habe nämlich im Urteil von Martins die „romantische Kategorie des Lebens gegen die alten, klassischen Kategorien der Wahrheit und Gerechtigkeit" getauscht,⁴¹⁷ in diesem Sinn auch ein „echtes Verlangen nach Wahrheitserkenntnis" preisgegeben und sich stattdessen „zu einem Ästhetizismus hinreißen [lassen], der jedem romantischen Extremismus Raum" gab.⁴¹⁸ Dieser in Nietzsche repräsentierte, irrationalistische Denkstil, in dem sich die „Entthronung der alten ratio" ausdrücke,⁴¹⁹ musste, so von Martins Annahme, denn auch die Skepsis des wissenschaftskonservativen Burckhardt provozieren. Und zwar in dem Maße, dass der traditionsbewusste Historiker Burckhardt in Nietzsches Arbeiten eine „ästhetizistische Wissenschaftsfeindlichkeit" erblickt habe.⁴²⁰ Konkret detektiert von Martin den Dissens bezüglich der Wahrheits- und Wissenschaftsauffassung in den divergenten Geschichtsbildern, die die beiden Geschichtstheoretiker in ihren vielfachen geschichtsphilosophischen und historiographischen Arbeiten entworfen haben. Ähnlich wie in seinem Aufsatz „Zur Soziologie der Gegenwart" deutet er damit die wissenschaftliche Praxis der behandelten Figuren *quasi* symptomatisch „als Ausdruck der Weltanschauung"⁴²¹ und nutzt so einmal mehr das Mannheim'sche Instrumentarium der Weltanschauungsanalyse. Während Burckhardts historische Forschungen dabei nach Auffassung von Martins den Ansprüchen von Objektivität und Voraussetzungslosigkeit Genüge leisten, weil ihm das „Trachten nach erkennendem Ergreifen der objektiven Wahrheit" selbstverständlich gewesen sei,⁴²² werden Nietzsches raunende ge-

---

415 Karl Mannheim: Ideologie und Utopie (1995), S. 140–141.
416 Ebd., S. 138.
417 Alfred von Martin: Nietzsche und Burckhardt (1942), S. 51.
418 Ebd., S. 33.
419 Ebd., S. 49.
420 Ebd., S. 81.
421 So der Titel des vierten Großkapitels: „Das Geschichtsbild als Ausdruck der Weltanschauung" (ebd., S. 83).
422 Alfred von Martin: Nietzsche und Burckhardt (1941), S. 49.

schichtsphilosophische Betrachtungen als subjektivistisch und antiintellektuell abgewertet.[423]

Als romantischer Typus repräsentiert Nietzsche für von Martin somit nicht nur die ‚nationalsozialistische Weltanschauung' im Generellen, sondern auch einen spezifischen Intellektuellentypus, der eine Wissenschafts- und Wahrheitsauffassung vertritt, die radikal mit der Tradition bricht und vitalistische sowie subjektivistische Paradigmen an die Stelle des Objektivitätsideals treten lässt. Burckhardt hingegen, der ein traditionelles Wissenschaftsideal verkörpert, das der Idee einer „objektiven Wahrheit" Rechnung trägt,[424] wird zum vorbildlichen Intellektuellen stilisiert. Überdies zeichnet von Martin in der Gegenüberstellung von Nietzsche und Burckhardt als Repräsentanten zweier Generationen, wie bereits erwähnt, auch eine geistesgeschichtliche Entwicklung nach, die in kulturpessimistischer Stoßrichtung als Verfallsgeschichte dargestellt wird. Erst nach 1945 kann von Martin dabei ganz ‚unverdeckt' zum Ausdruck bringen, dass Nietzsche damit nicht zuletzt einen „[g]eistige[n] Wegbereiter des deutschen Zusammenbruchs" repräsentieren sollte.[425] Nietzsche wird also auch in diesem Fall zum repräsentativen Gegenstand einer Zeitkritik, die sich mittels kontextualisierender Analogiebildung auf die von führenden Funktionären propagierte Wissenschaftsauffassung zwischen 1933 und 1945 beziehen lässt,[426] in der ebenfalls traditionelle Parameter wie Objektivität, Voraussetzungslosigkeit, Universalität und Werturteilsfreiheit zugunsten einer völkisch gefärbten und programmatisch traditionsbrüchigen, irrationalistischen Wissenschaftsideologie verabschiedet wurden.[427] Andererseits entwickelt von Martin im Rahmen der Typologisierung Nietzsches seine faschismustheoretischen Überlegungen, wie er sie bereits in *Soziologie der Renaissance* angestellt hatte, im Angesicht der nationalsozialistischen Gegenwart weiter. Wie Volker Kruse

---

423 Vgl. ebd., S. 55.
424 Ebd.
425 Alfred von Martin: Geistige Wegbereiter des deutschen Zusammenbruchs (1946).
426 Obgleich man kaum von einer homogenen Wissenschaftsauffassung in den Jahren zwischen 1933 und 1945 sprechen kann und es für diese Zeit „*den* Wissenschaftsbegriff" schlichtweg nicht gab, stattdessen unterschiedliche Konzepte miteinander konkurrierten oder koexistierten, kann dennoch nüchtern festgestellt werden, dass es, wie es Lutz Danneberg in seinen Ausführungen zum Thema anmerkt, belegbare Bemühungen gab, „eine Wissenschaftsauffassung, die radikal mit der traditionellen brechen sollte" politisch durchzusetzen (Lutz Danneberg: Wissenschaftsauffassung und epistemischer Relativismus im Nationalsozialismus [FHEH-Preprint-Version 04.07.2012]).
427 Vgl. etwa Ernst Krieck und Bernhard Rust: Das nationalsozialistische Deutschland und die Wissenschaft (1936).

zusammenfasst, machte von Martin in seiner 1946 formulierten NS-Diagnose „Geistige Wegbereiter des deutschen Zusammenbruchs" die „geistige Verwirrung der deutschen Intelligenz" für das Zustandekommen der Hitlerdiktatur mitverantwortlich. Dieser Elite habe „das nötige Wertebewußtsein" gefehlt, was sich wiederum auf die gesamte deutsche Bevölkerung auswirken musste, die schließlich den Nationalsozialismus in aller Breite akzeptierte.[428] Es wäre im Anschluss daran wohl auch nicht zu weit gegriffen, in *Nietzsche und Burckhardt* nicht nur eine ernstzunehmende, wissenschaftliche Auseinandersetzung mit den „geistesgeschichtlichen Voraussetzungen des Nationalsozialismus"[429] zu erkennen, sondern die intellektuellensoziologische Doppelbiographie auch als Abrechnung mit den geistigen Eliten Deutschlands zu werten. Es liegt zudem nahe, dass von Martin, neben der Kritik am Versagen der Bildungsschichten, auch daran gelegen ist, die in Deutschland verbliebenen, dissident eingestellten Intellektuellen zu Besonnenheit aufzurufen, an ihre Verantwortung zu erinnern und sie aufzufordern, nach dem historischen Vorbild Jacob Burckhardt einen moralisch und politisch integren Standpunkt einzunehmen, von dem aus Orientierung geboten werden kann. So lässt sich vielleicht in von Martins Sympathiefigur funktional jener „Wächter [...] in einer sonst allzu finsteren Nacht" erblicken,[430] den Karl Mannheim in *Ideologie und Utopie* (1929) noch im ‚freischwebenden Intellektuellen' erkennen wollte.

Allerdings verwendet von Martin diese Bezeichnung in *Nietzsche und Burckhardt*, wie erwähnt, nicht zur positiven Charakterisierung Burckhardts, sondern pejorativ, um Nietzsches ästhetizistischen Nihilismus zu beschreiben. Und auch an etlichen anderen Stellen, so vor allem wenn es um das Verhältnis der Figuren zum Judentum geht, kommt es zu der ein oder anderen Unstimmigkeit in der Figurenkonstellation, auf die ich im Folgenden eingehen werde.

6.3.6 Philosemitismus und Antisemitismus

In der typologischen Gegenüberstellung des „bodenständigen Bürgerhumanismus" Burckhardts und des „freischwebenden Literatenhumanismus" Nietzsches,[431] die von Martin in den Endnoten auf eine Unterscheidung des jüdischen

---

428 Vgl. Volker Kruse: Historisch-soziologische Zeitdiagnosen nach 1945 (1994), S. 105–106.
429 Hans-Christof Kraus: Über einige geistesgeschichtliche Voraussetzungen des Nationalsozialismus (2011).
430 Karl Mannheim: Ideologie und Utopie (1995), S. 140.
431 Alfred von Martin: Nietzsche und Burckhardt (1942), S. 32.

Historikers Hans Baron zurückführt (von Karl Mannheim oder Alfred Weber ist keine Rede), lassen sich einige Ungereimtheiten beobachten. Denn als „Typ der völlig entwurzelten Intelligenz mit der für diesen Typ charakteristischen Vorliebe für intelligente und geistreiche Juden" und seiner Sympathie für „jüdische Literaten" rückt Nietzsche in der Charakterisierung von Martins in unmittelbare Nähe zu jener „Literaten-Romantik",[432] die Julius Haupt in seinem für die nationalsozialistische Romantik-Rezeption paradigmatischen Aufsatz „Klassik, Romantik und Nationalsozialismus" (1934) als „wurzellos", „individualistisch" und „jüdisch infiziert" disqualifiziert hatte.[433] Und auch im Allgemeinen haftete dem in den ersten Dekaden des 20. Jahrhunderts pejorativ gebrauchten Begriff des ‚entwurzelten Intellektuellen' eine antisemitische Konnotation an. Es ist demnach erklärungsbedürftig, warum Nietzsche in von Martins Darstellung Eigenschaften aufweist, die es nahelegen, ihn nicht nur als repräsentativen Vorläufer einer nationalsozialistischen Weltanschauung, sondern – dem entgegenstehend – als kosmopolitisch gesinnten Philosemiten zu identifizieren. Ein umgekehrtes Problem ergibt sich mit Jacob Burckhardt, der während des ‚Dritten Reichs' von etlichen Nazigrößen als wichtiger Rassentheoretiker rezipiert wurde. Mit Stefan Rebenich kann daran erinnert werden, dass Burckhardts vielfachen „judenfeindliche Aussagen und seine unbefangene Verwendung des Begriffs der Rasse […] ihn unter Nationalsozialisten durchaus populär" machten.[434] Unter Berücksichtigung dieser Sachverhalte, musste von Martin entsprechend den historisch verbürgten und in der zeitgenössischen Rezeption virulenten Antisemitismus Jacob Burckhardts,[435] und somit auch ein Kernideologem nationalsozialistischer Weltanschauung, sowie den Philosemitismus Nietzsches in sein typologisches Schema integrieren, ohne dabei dessen Funktionalität zu vereiteln. Bezeichnenderweise wich er aber auch in diesem Punkt nicht von seinem antagonistischen Gestaltungsmodell ab, ließ ihn aber auch nicht unkommentiert. Im Schlusskapitel, genauer im Unterkapitel „Judentum", kommt er explizit auf den schwer zu eskamotierenden Antisemitismus seiner Sympathiefigur Burckhardt zu sprechen:

> Und wie es für Nietzsche bezeichnend ist, daß er die Antisemiten – noch bis ganz zuletzt – als seine allerpersönlichsten Feinde behandelte, so ist für Burckhardt nicht minder charakteristisch die Abwehrhaltung des bodenständigen Altbürgers gegen jene jüdischen Elemente, deren wesentlichen Beitrag zu den auflösenden Tendenzen der typischen Mo-

---

432 Ebd., S. 33.
433 Vgl. Ralf Klausnitzer: Blaue Blume unterm Hakenkreuz (1999), S. 550.
434 Stefan Rebenich: Der Prophet aus Basel (2018), S. 37.
435 Siehe hierzu Aram Mattioli: Jacob Burckhardts Antisemitismus (1999).

derne er vor sich sah; freilich blieb sein Antisemitismus maßvoll: altkonservativ-antirevolutionärem Stil entsprechend.[436]

Burckhardts offenkundigen Antisemitismus lässt von Martin also nicht unerwähnt, historisiert ihn aber zu einem Element bürgerlichen Denkens und altkonservativer Prinzipien. Wohlwollend ließe sich darin der Versuch erkennen, Burckhardts ‚Abwehrhaltung gegen jüdische Elemente' vom ‚modernen' Antisemitismus der Nationalsozialisten zumindest graduell abzugrenzen und damit auch zu relativieren. Auf diese Weise konnte der positive Gesamteindruck, den von Martin seiner Figur ansonsten mitgeben wollte, größtenteils aufrecht erhalten bleiben. Weitaus intrikater gestaltete sich das Problem bei der Darstellung Nietzsches, der in seiner Eigenschaft als Philosemit zum indirekten Ankläger nationalsozialistischer Dogmen aufgewertet wird und damit gewissermaßen ‚aus der Rolle' der negativen Gegenfigur zu Burckhardt fällt. Zum ‚wurzellosen Intellektuellen' stilisiert, konnte Nietzsche in der Darstellung von Martins jedenfalls mit einem offiziösen Feindbild völkischen Denkens identifiziert werden, wie es zwischen 1933 und 1945 vielfach heraufbeschworen worden ist.[437] Doch statt Nietzsches philosemitische Haltung zu eskamotieren, macht von Martin von den historischen Tatsachen Gebrauch und lässt auch Nietzsche in diesem Punkt zum Ankläger gegen den Nationalsozialismus werden. Mit dem Porträt eines antiantisemitischen Nietzsches gelingt es von Martin vor allem, dessen NS-ideologische Vereinnahmung in Frage zu stellen und gegen eine mehr oder minder ‚offizielle' Lesart anzuschreiben, deren Unangemessenheit und Inkohärenz er im materialbasierten Abgleich vorführt. Von Martin hält also auch in Bezug auf das Thema ‚Antisemitismus' an seiner Figurenkonstellation fest und funktionalisiert sie an gegebener Stelle, um so zur Revidierung des verzerrten Nietzsche-Bildes beizutragen, das während des ‚Dritten Reiches' propagiert und institutionalisiert wurde.[438]

Die Doppelfunktion Nietzsches als Repräsentant einer ästhetizistischen, biologistisch-nihilistischen Weltsicht einerseits, als Philosemit und „guter Europäer"[439] andererseits bleibt allerdings nicht frei von Ambivalenzen. Und auch Burckhardts moderneskeptische Haltung sowie seine angeblich ‚maßvollen' Vorbehalte gegen „jüdische Elemente"[440] scheinen nicht unproblematisch. Sie könnten, so ließe sich vermuten, im Zeichen einer konservativen Faschismus-

---

436 Alfred von Martin: Nietzsche und Burckhardt (1941), S. 171.
437 Vgl. Cornelia Schmitz-Berning: [Art.] ‚artlos' (2007), S. 69.
438 Vgl. hierzu auch Steven E. Aschheim: Nietzsche und die Deutschen (2000).
439 Alfred von Martin: Nietzsche und Burckhardt (1942), S. 280.
440 Ebd., S. 171.

kritik stehen, die sich gerade im Hinblick auf die mit den Nationalsozialisten partiell geteilten Feindbilder abgrenzen und behaupten möchte. Dennoch, so scheint es mir, nutzt von Martin die Figurenkonstellation gerade auch zur Kritik am nationalsozialistischen Antisemitismus, etwa indem er sich mit besonders scharfen, aber als Nietzsche-Zitate abgesicherten Worten gegen den grassierenden Antisemitismus der Gegenwart wendet und Burckhardts skeptische Einschätzung zur ‚Judenfrage' als hellsichtige Ahnung umdeutet:

> Burckhardt, der Konservative, denkt übernational, aber nicht international wie Nietzsche, der typische Freigeist. Dazu bewahrt Burckhardt aus konservativem Instinkt auch stets eine Abwehrhaltung gegenüber dem jüdischen Element, während Nietzsche, dessen „Artistenblut" zur jüdischen Intelligenz nahe Beziehungen fühlt, im Antisemitismus einen bloßen Annex des (mit dem ihm so verhaßten „Reich" heraufgekommenen) Nationalismus sieht und ihn die „Abschaffung" „der antisemitischen Schreihälse" – samt „Wilhelm", dem jungen Kaiser, und Bismarck – noch bis in den Wahn hinein verfolgt. Nur das Antichristentum färbt bei Nietzsche gelegentlich auch gegen das Judentum ab [...]. Beide, Burckhardt wie Nietzsche, sehen in der Judenfrage die europäische Entscheidung nahen; aber Nietzsches Prophetie ist selbst philosemitisch – im Gegensatz zu den erstaunlichen Voraussichten Burckhardts.[441]

Burckhardts Antisemitismus wird hier nicht unterstützt oder positiv gewertet, würdigend hervorgehoben wird vielmehr seine feinfühlige Voraussicht auf den nationalsozialistischen Antisemitismus. Zugleich liefern Nietzsches philosemitischer Standpunkt und seine polemischen Formulierungen dem Verfasser die geeigneten Mittel, um die Nationalsozialisten als ‚antisemitische Schreihälse' anzugreifen. Wie aber konnte der Leser die Antifigur in diesem Zusammenhang abseits ihrer Negativrolle verorten? Das angeführte Zitat deutet an, dass sowohl Nietzsche als auch Burckhardt, wenn auch unter verschiedenen Voraussetzungen, einen gemeinsamen Antiaffekt gegen das Bismarcksche Reich teilten. Die angeführte Teilidentität, die sich im Konsens gegen eine nationalistische Verengung ausdrückt, wertet Nietzsches Zeitkritik auf und verleiht auch seinen Aussagen eine gewisse Autorität. Solcherlei Teilidentitäten der sich sonst konträr gegenüberstehenden Figuren erlaubten von Martin gleichsam sowohl mit Nietzsche als auch mit Burckhardt gegen den NS Stellung zu beziehen.

Nicht immer also fungiert Nietzsche in dem Doppelporträt bloß als negative Kontrastfigur zu Burckhardt. Insbesondere im dritten Hauptkapitel „Kritik der Zeit" wird der Lebensphilosoph stellenweise sogar zu einem scharfsinnigen Zeitdiagnostiker aufgewertet, der die Sorge „um die Zukunft der europäischen

---

[441] Ebd., S. 71.

Kultur"⁴⁴² und einen generellen Kulturpessimismus mit dem älteren Kollegen teilte.⁴⁴³ Dennoch reagieren beide Figuren gemäß ihrer Typenfunktion mit divergierenden ‚Lösungsvorschlägen', die, wie das Zitat zeigt, auch die „Judenfrage" betreffen.⁴⁴⁴ Wirft man dabei einen Blick auf die der angeführten Passage zugehörigen Endnoten, so zeigt sich, dass von Martin „Nietzsches Prophetie"⁴⁴⁵ auf eine nur mit viel Interpretationsaufwand passende Stelle aus dessen *Ecce homo* zurückführt, in der Nietzsche ein Loblied auf Heinrich Heine und dessen „göttliche Bosheit" anstimmt.⁴⁴⁶ Burckhardts „erstaunliche[] Voraussichten" sind dagegen mit zwei kurzen Angaben belegt,⁴⁴⁷ die auf Briefe an dessen Freund Friedrich von Preen verweisen. Folgt man dieser Spur, stößt man in dem angegebenen Brief vom 2. Januar 1880 unter anderem auf eine Passage, in der Burckhardt Warnungen und Ratschläge für die unter staatlichem Druck befindlichen „Semiten" formuliert, denen er „gegenwärtig große Klugheit und Mäßigung" empfiehlt. Gleichzeitig verleiht Burckhardt hier auch seinem Zweifel Ausdruck, dass der Liberalismus, „welcher den Semiten bis jetzt verteidigt" habe, seine Sicherheit auf längere Sicht garantieren könne:

> Sobald es für den Staat sicherer sein wird, einzuschreiten als länger zuzusehen, tritt Änderung ein. – Die Semiten werden namentlich ihre völlig unberechtigte Einmischung in alles mögliche büßen müssen und Zeitungen werden sich semitischer Redakteure und Korrespondenzen entledigen müssen, wenn sie weiter leben wollen. So etwas kann sich einmal plötzlich und kontagiös von einem Tage auf den anderen ereignen.⁴⁴⁸

Ob der zeitgenössische Leser dieser Fährtensuche tatsächlich nachgegangen ist, lässt sich angesichts der Quellenlage nicht mit Sicherheit sagen. Doch es kann festgehalten werden, dass von Martin die antisemitischen Elemente in Burckhardts Denken – wie sie sich auch im angegebenen Briefwechsel abbilden –

---

442 Alfred von Martin: Nietzsche und Burckhardt (1941), S. 58.
443 In dem 1948 erschienenen, insgesamt 69 Seiten umfassenden Bändchen *Burckhardt und Nietzsche philosophieren über Geschichte* fokussiert Alfred von Martin ein weiteres Mal das Verhältnis dieser beiden Gestalten des 19. Jahrhunderts zur Geschichte und entwirft ein weitaus differenzierteres Bild von Nietzsche als in der intellektuellsoziologischen Studie *Nietzsche und Burckhardt*. Gleichwohl betrachtet er darin ausschließlich „Übereinstimmung und Gegensatz" der Geschichtsbilder, die Nietzsche und Burckhardt vor dem „Hintergrund geistiger Gemeinsamkeiten" entworfen haben (S. 5–7.). Vieles entnimmt er dafür aus den entsprechenden Kapiteln in *Nietzsche und Burckhardt*.
444 Alfred von Martin: Nietzsche und Burckhardt (1941), S. 76.
445 Ebd.
446 Ebd., S. 171.
447 Ebd., S. 76.
448 Jacob Burckhardt an Friedrich Preen, 2. Januar 1880 (1922), S. 137.

zugunsten der kulturpessimistischen Zukunftsprognose seiner Figur, die im zeitgenössischen Klima nationalsozialistischer Gewaltherrschaft Evidenz gewinnen musste, umgestaltet hat. Der Studie aufgrund der offensichtlichen Parteinahme des Verfassers für den konservativen und partiell antisemitischen Burckhardt auch antisemitische Züge zu unterstellen, wäre deshalb meiner Einschätzung nach unangemessen, nicht zuletzt, weil sich weder in von Martins Œuvre antisemitische Ausfälle detektieren lassen noch seine Biographie Anlass für solche Vermutungen zulässt. Im Gegenteil finden jüdische Wissenschaftler, wie Karl Löwith, Hans Baron oder Karl Joël in *Nietzsche und Burckhardt* würdigende Erwähnung. Eine Ausnahme stellt hier lediglich von Martins kritische Auseinandersetzung mit dem jüdischen Wirtschaftswissenschaftler Edgar Salin (1892–1974) dar, die aber, wie sich rasch klären lässt, auf einen wissenschaftlichen Dissens zurückzuführen ist, nicht auf antisemitische Beweggründe:

Dass im Rahmen der Auseinandersetzung mit den beiden Basler Gelehrten die 1938 im Universitätsverlag Basel erschienene Arbeit *Jakob Burckhardt und Nietzsche* des Ökonomen Edgar Salin eine ‚Sonderstellung' einnehmen sollte, legt bereits das Vorwort der ersten Auflage nahe. Alfred von Martin führt Salins Arbeit hier gleichsam als provokativen Anlass für die eigene Darstellung an: „Salins Buch [...] bedeutet die Behandlung unseres Themas vom Standpunkt des Nietzsche-Enthusiasmus und im Geist des George-Kreises. Sie vermag der Persönlichkeit Burckhardts in keiner Weise gerecht zu werden und fordert den Widerspruch geradezu heraus."[449] Im Vorwort der zweiten, erweiterten Auflage aus dem Jahr 1942 rechtfertigt von Martin die kritische Auseinandersetzung mit dem Basler Professor noch eingehender:

> Eine umfassende Darstellung aber unternahm erst unlängst Edgar Salin, und gerade diese fordert durch ihre ganze Art den Widerspruch unmittelbar heraus, weil sie einen Standpunkt einnimmt, von dem aus Burckhardt von vornherein auf einen subalternen Platz verwiesen erscheint: Salin erhebt gewissermaßen das, was Nietzsche sich von Burckhardt wünschte, zur geistigen Forderung, an deren Nichterfüllung Burckhardt gemessen wird. Eines wird dabei geflissentlich übersehen: daß es sich nämlich bei Nietzsche und Burckhardt um zwei von Haus aus konträre menschliche und denkerische Typen handelt [...].[450]

Und im Vorwort der vierten Auflage, die 1947 erscheint, verkürzt von Martin seine Kritik an der Salin'schen Darstellung zu einer polemischen Bemerkung, wenn er behauptet, dass sie „sich auf einen unmöglichen Standpunkt" stelle

---

449 Alfred von Martin: Nietzsche und Burckhardt (1941), S. 7.
450 Alfred von Martin: Nietzsche und Burckhardt (1942), S. 5.

und darum „bemüht" sei, „nietzschescher zu sein als Nietzsche".[451] Mit dieser kritischen Einschätzung stand von Martin nicht allein. Salins Studie, die im Gegensatz zu von Martins asymmetrischem Doppelporträt die „Sternenfreundschaft" von Burckhardt und Nietzsche „in Ehrfurcht"[452] deuten wollte und dabei „mit Nietzsches Augen auf den Basler Historiker" blickte,[453] wurde, wie bei Stefan Rebenich nachzulesen ist, „als Produkt des George-Kreises" und in antisemitischer Stoßrichtung rezipiert.[454]

Obgleich sich in von Martins *Nietzsche und Burckhardt* keine antisemitischen Ausfälle gegen Salin finden lassen, sorgt ein Brief, den der Verfasser am 23. Juni 1939 an den akkommodierten Philosophen und Redakteur der *Deutsche Vierteljahresschrift für Literaturwissenschaft und Geistesgeschichte* (DVjs), Erich Rothacker (1888–1965), schrieb, für eine weitere Irritation. Nachdem Rothacker, wie aus der Korrespondenz hervorgeht, einen Beitrag von Martins (zur „Soziologie der Renaissance") für die DVjs offenbar als „zu gefährlich" abgelehnt hatte,[455] wendet sich von Martin erneut an Rothacker, um ihn „zu [seiner] Beruhigung" einerseits wissen zu lassen, dass er „im Archiv der Kulturgeschichte" über ein „weit gefährlicheres Thema geschrieben" habe, und zwar „,Zur Soziologie der Gegenwart' [...], wobei z.T. der Nationalsozialismus direktes Thema war".[456] Andererseits bittet er Rothacker darum, das „Ja[nuar]-Heft für einen Aufsatz über ,B[urckhardt] u. Nietzsche' zu benutzen". Dabei versichert von Martin dem offenbar besorgten Rothacker:

> Fürchten Sie nicht, dass ich (etwa bei Löwith) schon Gesagtes wiederholen werde; ich kenne auch die Literatur über B[urckhardt] zur Genüge, um vor Vergleichen sicher zu sein. Und was die neueste Publikation zu diesem Thema betrifft, die von Salin, so stehe ich auf der ganzen Linie in Front gegen ihn – u. möchte u.a. gerade auch dies darlegen u. begründen. Ich bitte Sie also noch um eine kurze Mitteilung, ob Sie diesem meinem Vorschlage zustimmen, der gerade Ihren eigenen Bedenken Rechnung zu tragen sucht. Vielleicht werden Sie sagen: auch Nietzsche ist ein ,gefährliches' Thema heute! Aber immerhin hat sogar ein „150%iger" wie Christoph Steding in seinem, sagen wir: Pamphlet in Walzerform – auch Nietzsche in den berühmten Einen Topf schütten „dürfen". Mag ein ad hoc frisierter Nietzsche sich auch seiner gewissen parteiamtlichen „Verehrung" erfreuen, so ist er doch noch nicht „kanonisiert", sondern befindet sich etwa in der Lage Widukinds: man hat ja ganz kürzlich auch noch ein Buch über u. für Karl d. Gr. schreiben dür-

---

451 Alfred von Martin: Nietzsche und Burckhardt (1947), S. 10.
452 Edgar Salin: Jakob Burckhardt und Nietzsche (1938), S. 14.
453 Stefan Rebenich: Der Prophet aus Basel (2018), S. 34.
454 Ebd.
455 Alfred von Martin an Erich Rothacker, 23.06.1939 (Nachlass Rothacker, Universitäts- und Landesbibliothek Bonn).
456 Ebd.

fen! Und ich will ja nicht „gegen" Nietzsche (sondern höchsten gegen Salin, den – Juden! u. nur insofern „für Burck[hardt]") schreiben, als Salin ihm objektiv nicht gerecht wird.[457]

Das denunziatorischer *argumentum ad hominem* gegen Salin ist in diesem Falle deshalb verstörend, weil es bei von Martin, nach meiner Kenntnis, sonst nachweislich keinerlei solch explizit antisemitische Aussagen zu geben scheint. Im Gegenteil: Während der in den 1920er-Jahren hitzig geführten Debatte über den Ausschluss der Sektion ‚Donauland' im deutschen und österreichischen Alpenverein (A.V.), die einen dezidiert antisemitischen Kurs eingenommen hatte, ergriff von Martin sogar eifrig Partei, um „gegen das Unrecht einzutreten" und damit auch gleich anderen Formen der Diskriminierung vorzubeugen.[458] Nicht ohne Sarkasmus und mit Reminiszenzen an die repressive Politik unter Otto von Bismarck gespickt, kritisiert er den „alpinen Antisemitismus"[459] des Vereins in der Zeitschrift des schweizerischen Alpenclubs wie folgt:

> Der Hauptausschuss sprach von „Frieden", dem zuliebe er die Sektion Donauland habe opfern müssen. Aber waren nicht die eigentlichen Friedensstörer die, welche in immer häufiger sich wiederholenden Fällen Juden als solche auf A.V.-Hütten anpöbelten, die an Hüttenwänden und hüttentürengrosse Tafeln mit einem Hakenkreuz und andere mit der Aufschrift „Juden und Mitglieder der Sektion Donauland sind ungebetene Gäste" anbrachten? Im übrigen denken die antisemitischen Sektionen gar nicht daran, nun Frieden zu halten. Sie haben ja auch nur einen Waffenstillstand bis zu einer Maximaldauer von 12 Jahren bewilligt: und der Vorsitzende des D. u. Ö. A. V. [=Deutscher und Österreichischer Alpenverein, K.M.] selbst sprach in Rosenheim vom dem ‚ersten Schritt zur Arifizierung des Gesamtvereins'. Man kennt ja nun die Methode, wie's gemacht werden muss. Durch den Erfolg mutig gemacht, wird man dann auch schwerlich einen Grund sehen, nach dem vollen Triumph über die Juden Halt zu machen: dann kommen wahrscheinlich die sozialdemokratischen, dann die katholischen Parteien angehörenden Mitglieder an die Reihe, bis das herrliche Werk der „völkischen Reinigung" vollbracht ist.[460]

Von Martin schrieb also noch 1925, äußerst engagiert und in einem recht scharfen Ton, gegen antisemitische Positionen an. Hatte sich seine Haltung dem Judentum gegenüber in den Jahren darauf also geändert? Oder muss die ver-

---

457 Ebd. Die Unterstreichungen sind dem Original entnommen. Erich Rothackers Briefe an Alfred von Martin sind leider nicht erhalten geblieben. Sie wurden sehr wahrscheinlich im Zuge der Ausbombung von Alfred von Martins Wohnung zerstört.
458 Alfred von Martin: Nochmals: Alpinismus und Antisemitismus (1925), S. 141. Vgl. auch Perdita Ladwig: Die Kultur der Renaissance als Menetekel der Moderne (2004), S. 252.
459 Alfred von Martin: Alpinismus und Antisemitismus. (1925), S. 51.
460 Alfred von Martin: Alpinismus und Antisemitismus (1925), S. 52.

meintlich antisemitische Stelle in dem Brief an Rothacker anders gedeutet werden?

Was von Martins Verhältnis zum Basler Ökonomen Edgar Salin angeht, ist zu erwähnen, dass er 1927 Salins staatstheoretische Schrift *Civitas Dei* im *Hochland*,[461] die sowohl bei Carl Schmitt als auch bei Erik Peterson auf scharfe Kritik stieß, würdigte.[462] Für den irritierenden Befund im Briefwechsel mit Rothacker können daher zwei unterschiedliche Erklärung erwogen werden. *Erstens* ließe sich diese explizit antisemitische Stelle im ‚eigentlichen' Sinne verstehen. Alfred von Martin könnte damit einer antisemitischen Haltung überführt werden, die schließlich auch im Zusammenhang mit seiner Sympathie für den ‚antisemitischen' Burckhardt zu verstehen wäre. *Zweitens* könnte die geklammerte Absichtsbekundung als instrumentelles Zugeständnis gedeutet werden, das im Sinne einer Handreichung in erster Linie der Rechtfertigung Rothackers dienen sollte, von Martins Beitrag in seine Zeitschrift mit aufzunehmen. Da von Martin gegen einen Juden schreibe, wäre sein Beitrag folglich oberflächlich als NS-konform genug ausgewiesen. Angesichts der Quellenlage scheint mir diese zweite Erklärung weit plausibler zu sein, nicht zuletzt vor dem Hintergrund der Publikationsbemühungen von Martins, der in seinen Briefen fortwährend versucht, Rothackers Bedenken zu zerstreuen und ihm darüber hinaus auch gleich die entsprechenden Argumente für mögliche Einwände und Gegeneinwände der Zensur zu liefern. Denn obgleich die nationalsozialistische Zensurpolitik für wissenschaftliche Publikationen weniger streng gehandhabt wurde als etwa im literarischen Sektor, standen Redakteure wie Rothacker dennoch in Gefahr, die eigenen Handlungsspielräume schnell in Minenfelder zu verwandeln.[463] Die komplexen Funktionsmechanismen der Zensur im ‚Dritten Reich' beruhten oftmals, wie es Ralph Stöwer im Hinblick auf die DVjs formulierte,

> weniger auf konkreten Verboten als auf der antizipatorisch ausgelösten Selbstbeschränkung der Verleger und Herausgeber. Es entstand eine Selbstzensur, die zum guten Teil auf dem Unsicherheitsfaktor beruhte, dass in einer rechtlich und institutionell undurchsichti-

---

461 Alfred von Martin: Civitas Dei oder von der Leibwerdung des Geistes (1927).
462 Vgl. Erik Peterson: [Rez.] Civitas Die (1926); vgl. dazu auch: Reinhard Mehring: Kriegstechniker des Begriffs (2014), S. 49–51 sowie Korinna Schönhärl: Wissen und Visionen (2009), hier v. a. S. 248–290.
463 Zu den „politischen Rahmenbedingungen des Zeitschriftenwesens zwischen 1933 und 1945" vgl. Andrea Albrecht, Lutz Danneberg, Ralf Klausnitzer und Kristina Mateescu: „Zwischenvölkische Aussprache" (2020), S. 12–15.

gen Situation Veröffentlichungsrisiken nur schwer kalkulierbar waren und daher aus wirtschaftlichen Gründen vermieden werden sollten.[464]

Der im Brief an Rothacker gegebene Verweis auf Karl Löwith, dessen 1936 in der Schweiz veröffentlichtes Buch *Jacob Burckhardt. Der Mensch inmitten der Geschichte* für von Martin prägend war,[465] ist in diesem Zusammenhang aufschlussreich. So ist auffällig, dass von Martin bei seiner Interpretation der Figuren Burckhardt und Nietzsche in eine ähnliche Kerbe schlägt wie der im Brief erwähnte Löwith,[466] den Rothacker noch „1932 als einen der begabtesten Philosophen bezeichnet hatte" und ihn gerade einmal zwei Jahre später, nach vollzogener Emigration, für die Publikation ungeeignet hielt.[467] Anders als gegenüber Rothacker versichert, hatte Alfred von Martin durchaus das Schreiben „gegen Nietzsche" mit Löwith gemein, dessen „verständnisvoll und urteilsfähig" gestaltete Darstellung er bereits im Vorwort der ersten Auflage lobt.[468] Schließlich lässt sich unter Berücksichtigung des bisher Erwähnten eine Endnote aus *Burckhard und Nietzsche* hinzuziehen, die diesen Sachverhalt weiter zu erhellen vermag.

Im letzten Kapitel seiner Studie „Europa und die Nationen" kommt Alfred von Martin, wie bereits oben genauer ausgeführt, verstärkt auf das Verhältnis seiner Figuren zum Judentum zu sprechen. Eine der letzten Anmerkungen, die sich auf Nietzsches konsequente Antisemitismus-Feindschaft bezieht, thematisiert beiläufig auch Jacob Burckhardts Antipathie dem Judentum gegenüber, allerdings mit einer signifikanten Einschränkung. Von Martin vermerkt, dass Burckhardt sich zwar „nicht der geringsten Vorliebe für die Juden bewußt" war, ihn dies aber „nicht hindert[e], da wo er Positives bei den Juden findet, das auch in aller Objektivität anzuerkennen".[469] Diese Entlastungsgeste gegenüber Burckhardt zeigt erneut, wie wenig man von Martin eine grundsätzliche ‚Antipathie' dem Judentum gegenüber zuschreiben kann. Auch er bemühte sich in seiner wissenschaftlichen Praxis um eine faire Auseinandersetzung mit der

---

464 Ralph Stöwer: Erich Rothacker (2012), S. 188.
465 Vgl. Hubert Treiber: Alfred von Martins „Nietzsche und Burckhardt" – neu gelesen (2013), S. 87.
466 Im Vorwort zu Nietzsche und Burckhardt (1941) 2, S. 7 schreibt von Martin: „[...] aber die einschlägigen Kapitel der Burckhardt-Bücher von Walther Rehm (1930) und später von Karl Löwith (1936), verständnisvoll und urteilsfähig, geben ein in jeder Hinsicht treffendes Bild."
467 Ralph Stöwer: Erich Rothacker (2012), S. 191.
468 Alfred von Martin: Nietzsche und Burckhardt (1941), S. 7.
469 Alfred von Martin: Nietzsche und Burckhardt (1942), S. 245.

zeitgenössischen Forschung, ganz unabhängig davon, welcher Religion oder Ethnie die Autoren angehörten.[470]

In diesem Sinne lässt er Rothacker wissen, dass er Salin vor allem deshalb widersprechen möchte, weil er meint, dass dieser Nietzsche „objektiv nicht gerecht wird".[471] Die diesem Argument vorgeordnete vermeintlich ‚antisemitische Stelle' kann, so meine Einschätzung, mit gutem Grund als ein möglicherweise gar für beide Seiten deutlich strategisches und nicht ohne Ironie formuliertes Zugeständnis gedeutet werden, dem von Martins publizistisches Eintreten gegen den Antisemitismus bei anderen Gelegenheiten an die Seite zu stellen ist.

6.3.7 ‚Verstecken' statt ‚Verdecken'. Alfred von Martins Anmerkungsapparat

Bevor der Blick auf die zeitgenössische Rezeption von *Nietzsche und Burckhardt* gelenkt werden soll, möchte ich noch auf ein weiteres Mittel, das von Martin zur Vermittlung nonkonformer Aussagen in seiner Studie eingesetzt hat, eingehen. Es handelt sich um den voluminösen Anmerkungsapparat. Die unter dem Titel „Ergänzungen und Belege" stehenden Endnoten umfassen mit 73 Seiten etwas mehr als ¼ des gesamten Buchumfangs und verleihen der Publikation in wissenschaftlicher Manier ihre Beweiskraft. Ganz bewusst nutzte von Martin den in Petit gesetzten und nicht unbedingt leserfreundlich gestalteten Anhang zudem für die Platzierung weitreichender systemkritischer Bemerkungen. Auf die Funktionen des umfangreichen Endnotenapparats weist der Verfasser explizit im Vorwort hin. Das polemische Potenzial, das die parteiliche Verhältnisbestimmung von Burckhardt und Nietzsche offenkundig birgt, soll durch zahlreiche Belege, die von Martin mit gewissenhafter Akribie zusammenstellt, eingedämmt werden; die vermeintlich parteilichen Thesen sollen also der Überprüfung standhalten. So erklärt von Martin: „Die Vertretbarkeit dieses Nietzschebildes zu erweisen [...] ist die Hauptaufgabe des (darum so umfang-

---

470 Für *Nietzsche und Burckhardt* ist dies zumindest der Fall: Vergleicht man in diesem Zusammenhang die Stichwortverzeichnisse der frühen mit der späten Auflage, so stellt man fest, dass die in der ersten Auflage nicht angeführten Autoren, die aber sowohl im Vorwort als auch in den Endnoten Erwähnung finden, ins Stichwortverzeichnis der späten Auflage hineingenommen werden. Zudem vermehrt von Martin seine Autorenliste um etliche weitere, vom Nationalsozialisten verfemte Schriftstellerinnen und Schriftsteller, wie Georg Lukács, Georg Simmel, Ferdinand Tönnies, Karl Joël und Ricarda Huch.
471 Alfred von Martin an Erich Rothacker, 23.06.1939 (Nachlass Rothacker, Universitäts- und Landesbibliothek Bonn).

reich geratenen) Anhangs."[472] Wirft man einen Blick in den ‚umfangreichen Anhang', so findet man neben den angekündigten Belegen aus Nietzsches und Burckhardts Korrespondenzen, Selbstzeugnissen und Werken mehrfach kritische Auseinandersetzungen mit der zeitgenössischen Nietzsche- und Burckhardt-Rezeption. Besondere Kritik erntet, wie bereits oben dargelegt, Edgar Salin für seine Darstellung *Jacob Burckhardt und Nietzsche* (1938). In den Endnoten setzt sich von Martin überdies mit Karl Löwith, Otto Westphal, Christoph Steding und insbesondere mit dem hochdekorierten NS-Ideologen Alfred Baeumler auseinander. Baeumler hatte sich in vielen Publikationen, etwa in *Nietzsche der Philosoph und Politiker* (1931), den Vor- und Nachworten der seit 1930 herausgegebenen Werkausgabe der Schriften Friedrich Nietzsches, dem Aufsatz „Nietzsche und der Nationalsozialismus" (1934) sowie seinen *Studien zur deutschen Geistesgeschichte* (1937), dafür eingesetzt, Nietzsche „die Rolle des nationalsozialistischen Leitphilosophen" zuzuschreiben.[473] Dessen nazistische Nietzsche-Interpretationen werden in von Martins Endnoten immer wieder zum Gegenstand der Kritik. Aus den zahlreichen Anmerkungen lassen sich hierfür beispielhaft zwei besonders intrikate Stellen heranziehen. So moniert von Martin in einer stark ausgedehnten Endnote, die mehr als eine gesamte Buchseite einnimmt und sich auf die im „Typen"-Kapitel behauptete ambivalente Persönlichkeit des Lebensphilosophen bezieht, dass Baeumler in seinen *Studien zur deutschen Geistesgeschichte* zu Unrecht den Autor mit der historischen Person Nietzsche identifiziere:

> Seltsam ist Bäumlers Schluß (Studien zur dt. Geistesgeschichte., 260): weil „in N[ietzsche]s Schriften" „der Diktator" rede, könne er auch im Leben nicht der „zarte, weiche Mensch" der „sensitive Ästhet oder Künstler", der „nervöse Tyrann mit der Seele eines Lyrikers" gewesen sein. Bäumler widerstrebt eben (wenigstens in seinen Veröffentlichungen neueren Datums) jeder romantischen Deutung N[ietzsche]s [...].[474]

An dieser Stelle lässt sich exemplarisch zeigen, dass die Anmerkungen nicht nur, wie von Martin im Vorwort behauptet, wissenschaftliche Nachweise liefern sollten, sondern dem Verfasser überdies einen geeigneten Ort boten, um sich kritisch und explizit mit der nationalsozialistischen Nietzsche-Rezeption auseinanderzusetzen. Hier konnte er besonders anfechtbare Stellen vor der Zensur

---

472 Alfred von Martin: Nietzsche und Burckhardt (1941), S. 8 (Hervorh. wie im Original).
473 Katharina Grätz: „Kämpfer gegen seine Zeit" (2018), hier S. 406. Siehe ferner Detlev Piecha: „Nietzsche und der Nationalsozialismus" (1998); Sandro Barbera: Er wollte zu Europa, wir wollten zum ‚Reich'" (2006); Mazzino Montinari: Nietzsche lesen (1982), S. 169–205
474 Alfred von Martin: Nietzsche und Burckhardt (1941), S. 195.

geradezu ‚verstecken'. In den Endnoten positioniert sich von Martin jedenfalls wiederholt und explizit gegen die zeitgenössische ideologische Vereinnahmung Nietzsches und schreibt auch weitaus deutlicher gegen eine mehr oder minder ‚offizielle Lesart' an als im Haupttext. Besonders scharfe Kritik erfährt dabei Baeumler, den von Martin gleichsam als Exponenten der NS-konformen Nietzsche-Rezeption behandelt. Mit gutem Grund: Auch der nationalsozialistische Philosoph Gerhard Lehman bezog sich in der Einleitung zu der im Alfred-Kröner-Verlag herausgegebenen Nietzsche-Ausgabe affirmativ auf Baeumlers „einheitliche Interpretation"[475] und bestätigte dessen „Nietzschebild" im 1943 erschienenen Überblickswerk *Die deutsche Philosophie der Gegenwart* als dasjenige, das „unserer Gegenwart am nächsten steht und die Nietzscheforschung der Gegenwart am stärksten bestimmt".[476] Baeumlers Unterfangen, eine „tiefere Beziehung" zwischen Nietzsche und dem Nationalsozialismus aufzuspüren,[477] wie er es in den *Studien der deutschen Geistesgeschichte* behauptete, und dabei auch eine „innere Verwandtschaft zwischen Nietzsche und Hitler aufzuzeigen",[478] erklärt von Martin in seinem Endnotenapparat als grundsätzlich unhaltbar. Seine Einschätzungen seien deshalb falsch, weil er von falschen Annahmen ausgehe und deshalb auch keine haltbaren Schlussfolgerungen ziehe. Nietzsches Philosophie sei nämlich, so die Erwiderung von Martins, keineswegs kongruent zu seinem Leben gewesen, vielmehr habe er – gemäß seiner romantischen Natur – „Stimmungsphilosophie" betrieben.[479] Im Leben könne er also nicht der ‚Diktator' gewesen sein, als den Baeumler ihn in Analogie zu Hitler konstruiere.[480]

Während von Martin an dieser Stelle Baeumlers Interpretationen deutlich widerspricht, weiß er sie an anderen Stellen für die eigene Lesart fruchtbar zu machen und immer dann in belegender Funktion heranzuziehen, wenn sie der weltanschaulichen Kontrastierung seiner Figuren und somit auch der Identifikation Nietzsches mit dem Nationalsozialismus dienlich ist. So etwa, wenn es darum geht, Burckhardt als jenen „klassischen", dem Ideal von Objektivität und Verbindlichkeit verpflichtenden „Denkertyp" herauszustellen, den Nietzsches Polemik provozieren musste. Beispielhaft lässt sich hierfür eine Passage aus dem Kapitel VI „Vita contemplativa und aktivistisches Denken" heranziehen:

---

475 Gerhard Lehmann: Das Nietzschebild der Gegenwart (1939), S. XXI.
476 Gerhard Lehmann: Die deutsche Philosophie der Gegenwart (1943), S. 200.
477 Alfred Baeumler: Studien der deutschen Geistesgeschichte (1937), S. 281.
478 Katharina Grätz: „Kämpfer gegen seine Zeit" (2018), S. 414.
479 Alfred von Martin: Nietzsche und Burckhardt (1941), S. 195.
480 Vgl. ebd.

Aus der Perspektive Nietzsches – in von Martins Darstellung als Objektivitätsskeptiker dargestellt – werden darin Burckhardts Wissenschaftsideale kritisiert. In dem klassischen Wert der „Objektivität" will Nietzsche, so zitiert von Martin den Lebensphilosophen, „nur das Fehlen der ‚normalen' ‚starken Triebe' und des ‚Willens'¹" erkennen.[481] Verfolgt man die zugehörigen Endnoten, hier mit der Hochziffer 1 markiert, so findet man im Anmerkungsapparat eine eineinhalb Buchseiten umfassende Endnote. Nachdem man sich durch etwa die Hälfte dieser digressiven Anmerkung durchgearbeitet hat, stößt man auf einige Zitate aus Baeumlers „germanisierende[m]" Buch *Nietzsche der Philosoph und Politiker* (1931).[482] Alfred von Martin führt Baeumlers Arbeit als Beleg für die behauptete subjektivistische Wahrheitsauffassung bei Nietzsche an und wertet sie zugleich zum Beispiel für eine aktuelle Realisationsform dieser unzureichenden Wahrheitsauffassung ab:

> Unstreitig war N[ietzsche] ein introvertierter Typ – und nach „außen" hin lediglich ein Polemiker: auf diesem Gebiet aber nun alle seine Überkompensation suchend. Als N[ieztsche] Rohdes Anzeige der Geb[urt] d[er] Trag[ödie] in der Nordtd. Alllg. Ztg. erhielt, antwortete er: „Kampf! Kampf! Kampf! Ich brauche den Krieg!" (an Rohde 27.5.72). Das kennzeichnet sein geistiges Temperament. Jedes einzelne seiner Werke „ist aus einer jeweilig bestimmten Fechterposition zu verstehen"; „auf Wahrheit" – oft auch auf die subjektive Wahrhaftigkeit – „kommt es dabei nicht an: wir sind im Kampfe!" (Bäumler, N. als Philos., 63, 138). So wird das Prinzip der Wahrheit und des Strebens nach ihr entwertet zu Gunsten des Kampfprinzips. Argumente werden nach ihrer polemischen Brauchbarkeit gewertet: um sie dementsprechend einzusetzen und auszuspielen. Ja, die Erkenntnistheorie selbst ist aktivistisch: „Nur soweit und so stark der einzelne am Kampf beteiligt ist, vermag er zu erkennen" (ebd., S. 77). N[ietzsche] berührt sich darin mit dem Marxismus: auch hier eine Berührung von Links- und Rechtsopposition gegen das Bürgertum.[483]

Im Zuge der wertenden Gegenüberstellung von ‚Wahrheit' und ‚Kampf' als zwei konträre erkenntnistheoretische Positionen, die im Haupttext typologisch in Burckhardt und Nietzsche vertreten sind, polemisiert von Martin also an weniger exponierter Stelle, also den Endnoten, gegen einen zentralen Topos der nationalsozialistischen Ideologie, und zwar dem Kampf als Prinzip, das sich in der ‚sozialdarwinistischen' Ethik ebenso zeigte wie in der ‚kämpferischen Wissenschaftsauffassung',[484] wie sie zwischen 1933 und 1945 in Theorie und Praxis

---

481 Alfred von Martin: Nietzsche und Burckhardt (1942), S. 49.
482 Zit. n. Norbert Kapferer: Entnazifizierung und Rekonstruktion versus Ausbürgerung (1996), hier S. 39.
483 Alfred von Martin: Nietzsche und Burckhardt (1942), S. 201.
484 Vgl. zum Kampf als NS-ideologischem Prinzip Lars Lüdicke: Hitlers Weltanschauung (2016), hier insbesondere S. 52–58; auch Peter J. Haas: Militärische Ethik im Totalen Krieg

vorherrschte.[485] Dabei instrumentalisiert von Martin den NS-Ideologen Baeumler zum Mittel für den eigenen Angriff auf die nationalsozialistische Ideologie und ihre ‚subjektivistische' Wissenschaftsauffassung. Während nämlich im Fließtext Nietzsche ‚nur' aus der Perspektive Burckhardts kritisiert wird, verschaltet von Martin dessen ‚Weltanschauung' im Anmerkungsapparat explizit mit der des nationalsozialistischen Denkers Baeumler. Hier urteilt von Martin also nicht mit Burckhardt und auch nicht über Nietzsche, sondern als Autor und Wissenschaftler über die unzureichend empfundene Philosophie, Wissenschaftspraxis und verkommene Ethik des Nationalsozialismus, die er letztlich als Auswüchse der Nietzsche'schen Philosophie eines ‚Willens zur Macht' deutet.

Das Zusammenspiel von Haupttext und Endnotenapparat führt dabei zu einer wechselseitigen Erhellung der Ausführungen in ihrem oppositionellen Aussagegehalt, ja befördert sogar die didaktische Einübung ‚aufdeckenden Lesens'. Denn dem aufmerksamen Leser konnten die zahlreichen Anmerkungen nicht nur zum Anstoß für die aufdeckende Lektüre oder kritische Relektüre werden, sie konnten die Lektüre gar soweit anleiten, dass sich ein kritischer Lesemodus entwickelte, in dem der prüfende Blick in die Endnoten nicht mehr notwendig war, um den dissidenten Aussagegehalt des Haupttextes zu verstehen. Diese, wenn man so möchte, zweistufige Darstellungsstrategie, verlangte einen im Umfang zum Haupttext nahezu gleichgewichteten Anmerkungsapparat. Die Endnoten enthielten daher nicht nur inhaltlich besonders intrikate Stellen, sondern fungierten mitunter auch als Schlüssel zum Haupttext, indem sie die darin enthaltene, aber ‚verdeckt' dargebotene Gegenwartskritik konkretisierten, also aufdeckten.

Über diese Praxis ‚versteckenden Schreibens' klärte Alfred von Martin explizit in dem Vorwort zur zweiten, 1947 erschienenen Auflage seines Burckhardt-Buches *Die Religion Jacob Burckhardts. Eine Studie zum Thema Humanismus und Christentum* auf. Darin bekennt er, dass „bei dem Terror-Régime Vorsicht dringend geboten war" und er deshalb „Wesentliches in den Anmerkungen [...] versteck[en]" mußte. „Noch deutlicher zu werden", so betont er, „war nicht zu wagen."[486] Und in der Tat scheint von Martins mit Engagement geschriebene doppelbiographisch angelegte Studie eindrücklich zu zeigen, wie

---

(2014); Richard Weikart: Die Rolle der Evolutionsethik (2014); Zur Bedeutung des Begriffs ‚Kampf' in der NS-Rhetorik siehe außerdem Albrecht Koschorke: Adolf Hitlers „Mein Kampf" (2016).
485 Vgl. Lutz Danneberg: Deutsche Line und Deutsche Wissenschaft [FHEH-Preprint-Version, 04.07.2012], S. 57; siehe hierzu auch Andrea Albrecht, Lutz Danneberg, Alexandra Skowronski: „Zwischenvölkisches Verstehen" (2020).
486 Alfred von Martin: Die Religion Jacob Burckhardts (1947), S. 7–8.

der Verfasser die spezifischen Möglichkeiten der wissenschaftlichen Darstellungsform recht ausgedehnt in regimekritischer Absicht realisiert, um so mit der Wissenschaft ‚über das Wissenschaftliche hinaus etwas in die Zeit hinauszurufen'. In Teilen wurde dieser Ruf zeitgenössisch auch verstanden.

6.3.8 Rezeption von/durch „Feind und Freund"

Von Martins Studie wurde schon bald nach ihrem Erscheinen relativ breit rezensiert, vornehmlich in Deutschland und in der deutschsprachigen Schweiz. Es liegen darüber hinaus auch einige wenige Rezensionen aus dem englischsprachigen Ausland vor, die allerdings, wenn ich es richtig sehe, erst nach dem Krieg erschienen.[487] Ein Blick in diese Rezensionen, die zumindest stichprobenartig die Rezeptionsseite repräsentieren können, belegt, dass von Martins Absicht, „über das Wissenschaftliche hinaus" „etwas gegen die nationalsozialistische Weltanschauung" auszusagen, wie er selber bemerkte, tatsächlich von „Feind und Freund" erkannt worden ist.[488] Der Rezeptionsbefund indiziert also ein tendenziell teilnehmendes Lektüreverhalten, an dem wiederum die weltanschaulichen Positionierungen der jeweiligen Rezensenten sichtbar werden. Den aktualisierenden Gegenwartswert der Studie *Nietzsche und Burckhardt* erkannte man dabei vornehmlich in der parteiischen Frontstellung der beiden Weltanschauungsrepräsentanten. So reagierte die nationalsozialistische Presse mit denunziatorischer Empörung, instrumentalisierte dabei aber gleichzeitig die renitente Erscheinung für eigene Zwecke. Diese bestanden etwa darin, Christentum und Humanismus ein weiteres Mal als Feindbild festzulegen oder die vermeintlich ‚geistigen Freiräume' zu demonstrieren, die der Nationalsozialismus Andersdenkenden zu nutzen erlaube. Offensichtlich aufgebracht schreibt etwa der nationalsozialistische Philosoph Alfred Klemmt (1895–1979), dass „ein unangemesseneres Buch über Nietzsche", „freilich schwerlich denkbar" sei und dass von Martin, dem er „jesuitische[] Scheinwissenschaftlichkeit und geheuchelte[] Objektivität" unterstellt, „offenbar zentral die Gegenwart treffen" wollte.[489] „Zu diesem Zweck", so fährt er fort, „wird Nietzsche vorgeschoben – ein ungeheuerlicher Mißbrauch, der hier mit Nietzsche getrieben wird."[490] Nicht ohne List deutet Klemmt das Buch zu einem „Prüfstein für die Klarheit und

---

487 Etwa Felix Wassermann: [Rez.] Alfred von Martin (1948).
488 Alfred von Martin: Nietzsche und Burckhardt (1947), S. 291.
489 Alfred Klemmt: [Rez.] Geschichtsphilosophie (1942), S. 220.
490 Ebd.

Reife des weltanschaulichen Urteils in der Gegenwart überhaupt" um und setzt es dem regimekonformen Leser als weltanschauliche ‚Reifeprüfung' und mit dem warnenden Hinweis vor, sich nicht durch die „christlich-humanitäre Maske" und alle weiteren „Tarnungen" täuschen zu lassen.[491] In ähnlicher Manier disqualifiziert der nationalsozialistische Nietzsche-Interpret und Wissenschaftsfunktionär Heinrich Härtle, dessen Besprechung gleich doppelt verwertet wurde, das seiner Auffassung nach „weltanschaulich und wissenschaftlich bedenkliche Werk".[492] Sehr genau erkennt Härtle das gleichermaßen kunstfertige wie engagierte Darstellungsverfahren, das dem Verfasser erlaube, „gegen Nietzsche immer das zu sagen, was man gegen die nationalsozialistische Weltanschauung nicht öffentlich zu behaupten wagt, und Burckhardt immer als Zeugen dafür zu gewinnen, was man an der kirchlichen Weltanschauung verteidigen möchte".[493] Von Martin entwerfe auf diese Weise, so Härtle denunziatorisch, ein „urkatholisches Nietzsche-Bild", das bestenfalls als „gelungene Fehlkonstruktion" beurteilt werden müsse, vielmehr jedoch eine „Nietzsche-Karikatur" darstelle. Nicht ohne Pathos wirft Härtle von Martin schließlich ‚Volksverrat' vor: „So wird an den Denkmälern deutscher Genies mit schwarzem Stift herumgeschmiert und herumgekritzelt in einer Weise, die wie geistige Denkmalschändung wirkt."[494] Auch lässt Härtle es sich nicht entgehen, das Buch als „ein[en] Beweis mehr dafür" anzuführen, „wie weit die geistige Freiheit bei uns auch im Kriege geht"[495] und den oppositionellen Gehalt der Veröffentlichung so in systemstabilisierender Absicht zu entkräften.

An derartigen Besprechungen zeichnet sich gleichsam die Tücke des reglementierten Literaturbetriebs während des ‚Dritten Reiches' ab. Denn NS-konformen Rezensenten durchschauten nicht nur jene ‚literarischen Kunstgriffe', die man gerne dissidenten und regimekritischen Schriftstellern der ‚Inneren Emigration' bescheinigt, sondern waren ebenso in Praktiken der literarischen Umdeutung, Vereinnahmung und Zersetzung geübt. Rhetorische und darstellerische ‚Techniken' für eine kritische und polemische Auseinandersetzung im Medium der Literatur waren jedenfalls nicht den Schreibkünsten ‚Innerer Emigranten' vorbehalten.[496] NS-kritische und NS-affine Rezensenten machten davon etwa ausgiebig Gebrauch, um vermeintlich ‚kritische Texte' zu entkernen und

---

[491] Ebd., S. 221.
[492] Heinrich Härtle: [Rez.] Alfred von Martin, Nietzsche und Burckhardt (1941), S. 555.
[493] Ebd.
[494] Ebd.
[495] Ebd.
[496] Siehe auch Erwin Rotermund: Formen und Rezeptionsprobleme der ‚Verdeckten Schreibweise' (2016), S. 42–43.

oppositionelle Stoßkräfte so zu vereiteln, dass sie sich tendenziell stabilisierend auf das restriktive System auswirken mussten.

Jenseits dieser aggressiv-nationalsozialistischen Rezensionspraxis kamen auch differenzierte Stimmen zu Wort. Kritisch, aber nicht denunziatorisch, äußerte sich beispielsweise der akkommodierte Göttinger Philosoph und Pädagoge Otto Friedrich Bollnow. An von Martins Studie bemängelt er, dass „die Arbeit am eigentlichen Kern Nietzsches vorbeizugehen" scheine, was er auf „die zugrundegelegte Typologie" zurückführt, die „schon in ihrem Ansatz parteiisch ist". Dessen ungeachtet bewertet sie Bollnow aber dennoch als „scharfsinnige Untersuchung" und „notwendige Korrektur an dem vereinfachend-idealisierenden Nietzschebild" der Gegenwart.[497] Bezeichnenderweise versäumt er es dabei nicht, Stellung zu beziehen für den „Standpunkt des Lebens", der in Nietzsche repräsentiert sei. Den „Gegensatz zwischen dem humanistischen Glauben an ein in sich selber begründetes Reich des Geistes und dem Standpunkt des Lebens" greift Bollnow zumindest explizit auf und macht deutlich, dass seiner Auffassung nach „alle geistigen Leistungen auf das Leben" rückbezogen sind, „in dessen tragendem Untergrund sie verwurzelt sind und von dem her sie ihren Sinn empfangen".[498] Rezensionen solcher Art, die zeigen, dass man auf von Martins Doppelbiographie tatsächlich mit einer weltanschaulichen Stellungnahme reagierte, sich also, wie es im Vorwort der zweiten Auflage heißt, zu einer der in Burckhardt und Nietzsche repräsentierten „zeitbewegende[n] und überzeitliche[n] Alternative" bekannte,[499] ließen sich vermehren. Dass sich NS-konforme Rezensenten dabei auf die Seite Nietzsches schlugen, macht deutlich, dass von Martins Rechnung gewissermaßen aufgegangen war. Deutlich werden daran aber auch die „disjunktiven Leseerwartungen",[500] die die deutsche Leserschaft ‚unterm Hakenkreuz' in verschiedene Lager aufteilen mussten. Denn die NS-konforme Rezeption des Buches bildet gewiss nur die eine Seite ab. Daneben gab es durchaus auch Kommunikationsräume, die von Gesinnungs- und Lesergemeinschaften abweichender politisch-weltanschaulicher Couleur getragen wurden und die antinazistische Studie positiv rezipierten. Es liegen etliche Buchbesprechungen zu *Nietzsche und Burckhardt* vor, die dies belegen. Nicht selten stellten nicht-nationalsozialistische Rezen-

---

[497] Otto Friedrich Bollnow: [Rez.] Martin, Alfred von: Nietzsche und Burckhardt (1940/41), S. 368.
[498] Ebd.
[499] Alfred von Martin: Nietzsche und Burckhardt (1942), S. 7.
[500] Czesław Karolak: Innere Emigration im Spannungsfeld disjunktiver Leseerwartungen (2016), S. 133.

senten die „Sympathie des Verfassers" für Burckhardt heraus und lobten dessen methodisch sauberes,[501] wissenschaftliches Vorgehen. So betont beispielsweise der Wirtschaftswissenschaftler Jens Jessen, der seit 1939 zum widerständischen ‚Kreisauer Kreis' gehörte, in seiner kurzen Rezension für das *Schmoller-Jahrbuch*, dass „man wohl nicht bestreiten [kann], daß Martin Nietzsche jenes Maß von wissenschaftlicher Liebe zuteil werden läßt, das aus der echte[n] wissenschaftliche[n] Arbeit allein zu fließen vermag".[502] Jessen scheut auch nicht davor zurück, den aktualen Wert dieser „ungewöhnlichen Erscheinung" zu benennen, in der, so seine Einschätzung, „[b]edeutsame Fragen der jüngsten Vergangenheit und Gegenwart, wie der Demokratie, des Kapitalismus, des Militarismus, des Antisemitismus [...] als Brennpunkte [erscheinen]".[503]Damit spielt er auf das „Europa"-Kapitel des Buches an, just jenes Kapitels also, in dem Nietzsche als slawophiler Judenfreund dargestellt wird. In ähnlicher Absicht empfiehlt der russische Soziologe, Philosoph und Vertraute von Martins Fedor Stepun (1884–1965) im Werbeprospekt des Verlags, das unter dem Titel „Die ersten Urteile" der Studie beigelegt wurde, allen Lesern, „denen es ernstlich um ein tiefes, gerechtes und freies Verhältnis zu den gewaltigen Geschehnissen unserer Zeit zu tun ist, das neue Buch v. Martins" und versichert, dass sie es „mit ebenso viel Genuß wie Gewinn lesen" werden.[504] Ebenso sind von Martins spezifische Darstellungsstrategien, wie das Auslagern anfechtbarer Stellen in den Anmerkungsapparat und das Argumentieren in Fremdzitaten, in ihren nonkonformen Funktionen bemerkt worden. Zahlreiche NS-distanzierte Rezensenten wiesen zumindest explizit auf das „Mosaik von vielen Hunderten von Belegen" hin,[505] empfahlen künftigen Lesern den „reichen Anhang", um „ein selbstständiges Urteil wesentlich zu erleichtern",[506] oder prononcierten die sich darin abzeichnende „gewissenhafteste[] Handhabung der Quellen".[507] Ein bemerkenswertes Zeugnis stellt in diesem Zusammenhang die Besprechung des

---

501 Jens Jessen: [Rez.] Alfred von Martin, Nietzsche und Burckhardt (1941), S. 118.
502 Jens Jessen: [Rez.] Alfred von Martin, Nietzsche und Burckhardt (1941), S. 119. Ähnlich auch Theodor Heuss: [Rez.] Die Burckhardt-Nietzsche Kontroverse (1942). Bemerkenswerterweise greift Jessen auf Karl Mannheims Begriff der „freischwebenden Intelligenz" zurück.
503 Ebd.
504 Verlagsprospekt des Ernst Reinhardt Verlags in München. Hier sind neben der Rezension Stepuns weitere ‚erste Urteile' abgedruckt, und zwar von Dr. Hermann Oncken, Dr. Werner Kaegi, Prof. Dr. Heinrich Wölfflin, Prof. Dr. Walter Rehm, Prof. Dr. Fritz Kern, Prof. Dr. Walter Goetz und Dr. Joseph Bernhart.
505 Hermann Oncken in Verlagsprospekt des Ernst Reinhardt Verlags in München.
506 Jens Jessen: [Rez.] Alfred von Martin, Nietzsche und Burckhardt (1941), S. 119.
507 Joseph Bernhart in Verlagsprospekt des Ernst Reinhardt Verlags in München.

von den Nazis in den Ruhestand versetzten Historikers Julius Hashagen (1877–1961) dar, die sich zwar nicht auf *Nietzsche und Burckhardt*, sondern auf von Martins Folgeband *Die Religion in Jacob Burckhardts Leben und Denken* (1942) bezieht, doch angesichts der ähnlichen Darstellungsverfahren der beiden Schriften auch in diesem Zusammenhang herangezogen werden kann. Hashagen, der den Band in den *Göttingischen Gelehrten Anzeigen* rezensiert, bedankt sich explizit für die „ca. 80 Seiten unschätzbarer Anmerkungen",[508] bemängelt dabei allerdings die darin enthaltenen Ausschweifungen als „verlegerische Unsitte", die den Leser zu „fortwährendem Umblättern" nötige:

> Es ist jedoch nicht zu billigen, daß sich diese auf die Angabe bloßer Fundstellen nicht beschränken, sondern fortgesetzt mit längeren Ausführungen belastet sind, die unbedingt in den Text gehören. Der Autor macht auf diesen peinlichen Mißgriff sogar noch selbst aufmerksam, indem er seinen Anmerkungen noch ein besonderes Inhaltsverzeichnis vorausschickt.[509]

Es spricht vieles dafür, diese vermeintliche Kritik als ironischen Wink im Sinne eines Lesehinweises zu deuten. Der nonkonforme Leser musste dafür nicht unbedingt wissen, dass es sich bei Hashagen um einen NS-kritischen Rezensenten handelte, auch wenn diese Information durchaus hilfreich sein konnte. Dass Hashagen solch einer, wenn man so möchte, ‚banalen' Beobachtung in seiner Rezension so viel Platz einräumt, konnte – im Sinne der ‚Hermeneutik der verdeckten Schreibweise' – als ‚Stolperstein' und folglich als ein Signal für einen ‚verdeckten' Textsinn gedeutet werden. Auf von Martins Darstellungstechnik lenkt auch Theodor Heuss in seiner Sammelrezension die Aufmerksamkeit, in der er zugleich Edgar Salins (Heuss betont, dass von Martins Studie keine „Gegenschrift" zu Salin sei)[510] und Christoph Stedings Veröffentlichungen zum Thema bespricht. Nicht ohne Ironie stellt er, die Darstellungsstrategien der Autoren vergleichend, fest:

> Fast könnte man schon eine Studie über die Geschichte des Doppel-Porträts Burckhardt – Nietzsche schreiben, wie es im Laufe von zwei Jahrzehnten dargestellt wurde. Das Ergebnis müßte dann schier unvermeidbar dies sein, daß die Untersuchung vielleicht aufschlußreicher über Gesinnung (und Technik) des Darstellenden spricht als über den unmittelbaren Gegenstand.[511]

---

508 Ebd.
509 Ebd.
510 Theodor Heuss: [Rez.] Die Burckhardt-Nietzsche Kontroverse (1942), S. 161.
511 Ebd.

Damit thematisiert Heuss einen zentralen Aspekt, der für zahlreiche, sich zum Nationalsozialismus ‚dissident' verhaltende Publikationen zwischen 1933 und 1945 in Anschlag gebracht werden kann, nämlich die Verbindung von Autorgesinnung und Darstellungsform. Denn nicht nur die Machart des Textes, auch der Autorname konnte zu einem wichtigen Signal für einen ‚verdeckten Hintersinn' werden, vorausgesetzt man wusste über die politische oder weltanschauliche ‚Einstellung des Darstellenden' Bescheid.

Wie den angeführten Rezensionen zu entnehmen ist, initiierten ‚Dissidenz' kommunizierende Texte weitere nonkonformistische Kommunikationssituationen. Es überrascht jedenfalls nicht, dass Rezensenten wie Theodor Heuss, Jens Jessen, Rudolf Pechel, aber beispielsweise auch der *Hochland*-Autor Karl Buchheim[512] von Martins Buch zum Anlass für eigene zeitkritische Bemerkungen nahmen und sich dafür am Argumentations- und Sprachmaterial seiner Studie bedienten. Pechel beispielsweise nutzte für seine Buchbesprechung die zahlreichen Nietzsche-Zitate aus dem Anmerkungsapparat, die von Martin sorgsam für das zweckbestimmte Nietzsche-Bild ausgewählt hatte, um die akute Kriegstreiberei, den nationalsozialistischen Antisemitismus und die rassistischen Suprematievorstellungen zu kritisieren. Sowohl Nietzsche als auch Burckhardt konnten auf diese Weise auch von den Rezensenten als ‚Deutschlandkritiker' in Stellung gebracht werden. Wie von Martin bemühte auch Pechel sich zudem, gegen eine offiziöse Lesart des Lebensphilosophen anzuschreiben. In seiner wohl bewusst digressiven Rezension ist beispielsweise zu lesen:

> Die „Freiheitskriege" – die Anführungsstriche stammen von Nietzsche – nannte er [Nietzsche] ein großes Kulturverbrechen, die er den Deutschen nicht verzeihen könne, da sie für ihn die sinnlose Zerstörung des tiefsinnvollen napoleonischen Werkes waren. „Ich halte diese Rasse nicht aus, die keine Finger für n u a n c e s hat, keinen e s p r i t , keinen Takt, keine d é l i c a t e s s e : die Deutschen haben bloß Tatzen." Er glaubte nur an französische Bildung und wollte die klassische Schule der Franzosen gegen den schnöden Verrat verteidigen, den die deutsche Klassik an ihr begangen habe. „Als Artist" – und Nietzsche nannte sich gern so – „hat man keine Heimat in Europa außer in Paris". Aus Haß gegen Deutschland gebärdete er sich philosemitisch: „daß der Himmel sich des europäischen Verstandes erbarmen möge, wenn man den jüdischen Verstand davon abziehen wollte",

---

512 Vgl. Karl Buchheim: Humanismus der Krisis (1943). Buchheim (1889–1982), der wie von Martin, allerdings erst 1942, zum katholischen Glauben übergetreten war und für die katholische Kulturzeitschrift *Hochland* schrieb, verfolgte mit seiner Rezension, in der er beide Burckhardt-Bücher von Martins besprach, das gemeinsame Interesse für eine christlich-humanistisch gesinnte europäische Kultur zu plädieren. Seine Rezension schmückte er gezielt mit längeren und signifikanten Zitaten aus von Martins Studien aus.

und daß „es eine Wohltat sei, einem Juden zu begegnen, gesetzt, daß man unter Deutschen lebt".⁵¹³

Rezensionen wie diese belegen, dass von Martins NS-kritische Kommunikationsabsichten nicht nur verstanden worden sind, sondern dass seine Studie gleichsam ein Kommunikationsnetz dissidenter Verständigung aufzuspannen vermochte, in dem sich bestimmte Topoi und Argumente kontextabhängig und dynamisch chiffrierten. Man verständigte sich *via* literarischer Fernkommunikation in einem Rahmen, der durch die Studie *Nietzsche und Burckhardt* gesetzt und von Epitext zu Epitext weitergespannt wurde. Diese Kommunikation führte Alfred von Martin noch in der zweiten Auflage (1942) seiner Studie fort. Im Vorwort reagierte er explizit auf die zahlreichen Rezensionen zu seinem Band, um bestimmte Lesarten auktorial zu bestätigen und anderen dezidiert zu widersprechen. Bemerkenswerterweise verfuhr er dabei auf ähnliche Weise wie in seiner Studie, konfrontierte also NS-konforme mit NS-kritischen und dezidiert ‚wissenschaftlichen' Stimmen. Lakonisch konstatiert er beispielsweise:

> Gegen die „tatsächliche Richtigkeit" der hier niedergelegten Darstellung Nietzsches wie Burckhardts sind von der Kritik substantiierte Einwände nicht ins Feld geführt worden. Eine andere Frage freilich ist die „letzter Wahrheit". Ein Rezensent (der damit freilich allein auf weiter Flur steht) ist soweit gegangen, von einer Nietzsche-„Karikatur" zu sprechen und ebenso von einem verfälschten Burckhardt. Was zunächst Burckhardt betrifft, so genügt es wohl, dagegen zu stellen, was Herr Prof. Vischer (Basel), ganz spontan, dem ihm unbekannten Verfasser schrieb: er mit seinen noch lebenden Altersgenossen, die gleich ihm Burckhardt noch gehört und gekannt hätten, „bewundere, wie gut" Burckhardt hier „verstanden und geschildert" sei.⁵¹⁴

Von Martin weiß sich mit einem Autoritäts- beziehungsweise Zeitzeugenargument gegen die denunziatorische Rezension Härtles, der hier nicht namentlich, sondern als ‚ein Rezensent' angesprochen wird, zu verteidigen. Auch in der akuten und persönlichen Konfrontation mit dem Nationalsozialismus setzt er jene Mittel ein, die er in seinem Doppelporträt bereits erprobt hatte, so etwa den Widerspruch mit ‚fremder Stimme', also im Zitat. Gegen die Kritik „von wissenschaftlicher Seite",⁵¹⁵ für die von Martin auf die Rezension Bollnows verweist, zieht er, zeitgenössisch sicher nicht opportun, den jüdischen Philosophen Karl Joël (1864–1934) als Gewährsmann heran. Bollnows Bedenken, „ob Nietzsche von seiner romantischen Natur her (im Gegensatz zur klassischen Natur Burck-

---

513 Rudolf Pechel: Burckhardt oder Nietzsche (1941), S. 92.
514 Alfred von Martin: Nietzsche und Burckhardt (1942), S. 6.
515 Ebd.

hardts) typologisch zu erfassen sei",[516] möchte von Martin dabei durch den Hinweis auf Joëls Studie *Nietzsche und die Romantik* (1905) zerstreuen. Die positiven Rezensionen führt von Martin hingegen zitatenreich als Beleg für die Angemessenheit seines Forschungsinteresses, seiner Methodik und Argumentation an. Das Vorwort zur zweiten Auflage ist besonders bemerkenswert, weil es die zweistufige Anlage des Bandes, nämlich das im Haupttext und im Anmerkungsapparat vorgenommene ‚verdeckte Schreiben' gleichsam um eine dritte Stufe ergänzt. Ein weiteres Mal nimmt von Martin hier Kritik am NS-Regime vor und gibt seinen Lesern, indem er erfolgte Lesarten positiv und negativ sanktioniert, weitere Hinweise darauf, wie die Darstellung zu verstehen sei. Die zweite Auflage von *Nietzsche und Burckhardt* wird so schließlich zu einem wichtigen materialen Zeugnis für einen recht spezifischen Funktionsmechanismus nonkonformer, literarisch vermittelter Verständigung im Nationalsozialismus. Es zeigt aber auch an, wie voraussetzungsreich, komplex und funktionsreich sich solche Kommunikationssituationen gestalten konnten.

6.3.9 „[D]ie Kunst, gut zu lesen". Resümee und Ausblick

Hatte Alfred von Martin in seinen Texten aus den 1920er-Jahren noch für einen differenzierten Ansatz zur Beurteilung des ‚romantischen Typus' plädiert, greift er in seiner intellektuellensoziologischen Studie *Nietzsche und Burckhardt* für die Charakterisierung Nietzsches nahezu alle zeitgenössischen Klischees einer negativ bewerteten Romantik auf, um den Philosophen, ganz im Sinn der Begriffsbestimmungen Schmitts, zum „typisch romantische[n] Denker" und damit auch zum paradigmatischen Fall eines ästhetizistischen Nihilisten herabzustufen.[517] Nietzsche sollte so als nationalsozialistischer Denker *avant la lettre* figurieren und von Martins moderneskeptische Faschismusanalyse, wie er sie bereits in *Soziologie der Renaissance* entwickelte, konkretisieren.

Trotz der Identifikation Nietzsches mit der nationalsozialistischen Weltanschauung schrieb von Martin gegen die ideologische Vereinnahmung des Lebensphilosophen an. Hierfür strich er, wie gesehen, in zeitkritischer Absicht Nietzsches philosemitische Haltung heraus und sicherte seine Interpretation mit zahlreichen Zitaten und Belegen ab, die ihm wiederum die Möglichkeit boten, mit Nietzsche den grassierenden Antisemitismus der nationalsozialistischen Gegenwart zu kritisieren. Burckhardt hingegen sollte eine klassische

---

516 Ebd.
517 Alfred von Martin: Nietzsche und Burckhardt (1941), S. 49.

Weltanschauung präsentieren und als Identifikationsfigur der Studie installiert werden. So gelang es von Martin, ein parteiisches, und zwar asymmetrisch angelegtes, aber *qua* offengelegter Problemorientierung methodisch tragfähiges Doppelporträt der beiden Basler Kulturhistoriker zu entwerfen, das sich der Leserschaft als „zeitbewegende und überzeitliche Alternative" darbieten sollte.[518] Den historisch verbürgten Antisemitismus Jacob Burckhardts musste er dabei in der Darstellung, wie gesehen, so weit eingrenzen, dass die Figurenkonstellation, die mit Nietzsche und Burckhardt zwei Exponenten für die nihilistisch-nationalsozialistische einerseits und die christlich-humanistische Weltanschauung andererseits präsentierte, funktional nicht durchbrochen werden konnte. Hierfür deutete von Martin Burckhardts antijüdische Bemerkungen zu hellsichtigen Aussagen über die Entwicklung des Antisemitismus in Deutschland um und legte im Anmerkungsapparat entsprechende Fährten. Auch insgesamt stellten die als Endnoten gefassten „Ergänzungen und Belege" einen geeigneten Ort für eingehendere zeitkritische Auseinandersetzungen bereit, so etwa mit der NS-konformen Wissenschaft.

Von Martin schöpfte also, so kann resümiert werden, die Möglichkeiten der wissenschaftlichen Darstellungs- und Ausdrucksform in großem Maße für regimekritische Aussagen aus, ohne die Studie dabei in ihrem Wissenschaftsanspruch zu schmälern. Seine sehr genaue Auseinandersetzung mit der Forschung zum Thema macht deutlich, dass er die geistesgeschichtliche Doppelbiographie auch für eine fachspezifische Öffentlichkeit verfasste und dabei einen wichtigen Beitrag zum Thema leistete. Hierzu gehörte unter anderem die kritische Auseinandersetzung mit dem jüdischen Ökonomen Edgar Salin, dessen 1938 erschienene Monographie *Jacob Burckhardt und Nietzsche* er nicht ignorieren konnte. Die Kritik an Salin war jedoch, wie gesehen, vornehmlich wissenschaftlich und in zweiter Linie weltanschaulich, nicht aber, wie sich angesichts der judenfeindlichen Haltung der Sympathiefigur Burckhardts vermuten ließe, antisemitisch motiviert.

Dies war auch Edgar Salin bewusst: Auf von Martins mehr oder weniger offenkundigen ‚akademischen Angriff' reagierte der von 1927 bis 1962 an der Universität Basel lehrende Ökonom erst nach dem Ende der nationalsozialistischen Gewaltherrschaft, und zwar im Vorwort der 1948 erschienenen, zweiten und erweiterten Auflage seines Buchs *Jacob Burckhardt und Nietzsche*. Seine zeitweilige Zurückhaltung, sich zu dem „Gegenbuch" zu äußern, begründete Salin damit, dass „in den Jahren des Régimes […], in denen Nietzsche so vielfältig zu heillosen Zwecken missbraucht wurde", „eine Kritik jenes Buches nur gemein-

---

[518] Alfred von Martin: Nietzsche und Burckhardt (1942), S. 7.

samen Gegnern in die Hände gespielt" hätte.[519] „Überdies", so fährt er fort, „konnte es in Deutschland nur heilsam wirken, wenn durch eine Vielzahl von Zitaten der Burckhardtsche Humanismus bedrohten Menschen als Schutzwall und Trost dargereicht wurde."[520] Verständnisvoll konstatiert er entsprechend, dass „heute [...] jeder Anlass zur Kritik jener Schrift dahin gefallen" sei.[521] Dennoch scheint Salin in von Martins Studie jenseits ihrer zeitkritischen Kommunikationsabsicht auch einen ernstzunehmenden wissenschaftlichen Beitrag zu erkennen. Und so fasst er zumindest in diesem Punkt sein Unbehagen an dessen Darstellung zusammen, um schließlich die eigene Studie als „tiefere Deutung" des Verhältnisses von Burckhardt und Nietzsche darzustellen. Dieses Verhältnis, so Salins Vorwurf, erkläre von Martin nämlich lediglich von einer „statischen Betrachtung" aus.[522] Die von Salin konstatierte „tiefere Deutung" scheint dabei mehr zu meinen als nur den Anspruch, eine plausiblere Verhältnisbestimmung der beiden Gestalten vorgelegt zu haben. Denn auch der Basler Nationalökonom schreibt der Figurenkonstellation ‚Nietzsche – Burckhardt' einen Aktualitätswert zu, der ein bloß „antiquarisches Interesse" an ihnen transzendiere.[523] Für seine Studie scheint er dabei ebenso einen ‚verdeckten Sinn' in Anspruch nehmen zu wollen, den er ganz in der Tradition elitärer Esoterik, wie sie auch Nietzsche praktiziert habe, situiert:

> Manches in diesem Buche ist wie in Runen gesagt. Sie heute aufzulösen würde wohl die Gefahr von früheren Missverständnissen bannen. Aber gerade in einer Zeit, die sich an das allzulaute Wort gewöhnt hat, ist es nicht gut, dort zu viel zu entschleiern, wo die Grossen in Bildern sprachen und sinnbildlich handelten.[524]

Damit inszeniert sich der Verfasser offenkundig als Schüler Nietzsches, der sich mit seinem philosophischen ‚Maskenspiel' bekanntlich auf verschiedene Stufen und Formen esoterischer Denk-, Schreib- und Lesepraktiken spezialisierte. Für Nietzsche meinte ‚Esoterik', wie Eva Strobel pointiert, nicht unbedingt „eine wie auch immer geartete Geheimhaltung, sondern die Offenbarkeit eines Nichterkannten, eine Einsicht, die eine schwer zugängliche Struktur hat und deshalb leicht überhört wird".[525] Nur den ‚großen Geister[n]' mutete Nietzsche (ähnlich

---

519 Edgar Salin: Jacob Burckhardt und Nietzsche (1948), S. 8.
520 Ebd., S. 8–9.
521 Ebd.
522 Vgl. ebd., S. 9.
523 Ebd.
524 Edgar Salin: Jacob Burckhardt und Nietzsche (1948), S. 9.
525 Eva Strobel: Das „Pathos der Distanz" (1998), S. 46. Zu Nietzsche als Esoteriker siehe beispielsweise K. Weisshaupt: Maske und Gehalt (1977).

wie später Leo Strauss) zu, besagte leise Töne – um im Bild zu bleiben – herauszuhören und am transhistorischen und transkulturellen Dialog der wahren Philosophen teilhaben zu können. Demgemäß scheint auch Salin mit einer esoterischen Leserschaft seines Buches zu rechnen, wenn er gesteht, dass er zwar „einzelne Stellen verbessert und verdeutlicht" habe, das Buch „aber als Ganzes [...] weiterhin auf jene guten Leser [zählt], welche, nach Nietzsches Worten, die K u n s t, gut zu lesen, sich zu eigen machten".[526] Hier ist nicht der Ort, den Salin'schen Text einer tiefergehenden Analyse zu unterziehen, doch liefern die angeführten Passagen ein weiteres Indiz dafür, dass esoterische Schreib- und Lesepraktiken in der Wissenschaftsprosa, hier unter den in Sperrdruck geführten Begriff ‚Kunst' gefasst, für Veröffentlichungen zwischen 1933 und 1945 nicht die Ausnahme waren.

Vielleicht lässt sich in diesem Sinne auch Werner Bergengruens für das Thema ‚verdecktes Schreiben' vielfach herangezogene Bemerkung, es habe während der nationalsozialistischen Gewaltherrschaft eine Sprache „oberhalb des Verständnisses der Aufpasser" gegeben,[527] weiter erhellen. Denn setzt man sich intensiv mit dem konkreten Fall nonkonformistischer Verständigung im ‚Dritten Reich' auseinander, so kann man feststellen, dass damit nicht unbedingt eine Sprache gemeint sein muss, die nur von jenen gesprochen und verstanden wurde, die ausreichend klug oder gebildet waren oder über bestimmte hermeneutische Fertigkeiten verfügten. Warum sollte dies nicht auch auf NS-konforme Leser, also die Zensoren zutreffen? Die Rezensionen zu Alfred von Martins antinazistischer Studie zeigen jedenfalls, dass seine oppositionellen Aussageabsichten von ‚Feind und Freund' bemerkt wurde. Für von Martin ist stattdessen – ähnlich wie es Bertolt Brecht und Leo Strauss in ihren wegweisenden Texten zum Thema ‚verdecktes Schreiben' ausgeführt haben und wie auch Edgar Salin angenommen hatte – das Bergengruen'sche ‚Oberhalb' weniger eine Frage gekonnter Interpretation, auch wenn diese selbstverständlich eine notwendige Voraussetzung darstellen musste, als vielmehr eine Frage des Denkstils, der an eine ethische und weltanschauliche, sich aus bestimmten Bildungstraditionen ergebenden Haltung geknüpft ist. Dazu gehören selbstverständlich auch spezifische Wissensbestände. In diesem Sinne konnten ‚engagierte', also ‚stellungnehmende' und ‚weltanschaulich gebundene' Veröffentlichungen Leser ähnlicher Gesinnung und weltanschaulicher Couleur attrahieren.

---

[526] Edgar Salin: Jacob Burckhardt und Nietzsche (1948), S. 9.
[527] Werner Bergengruen: Geleitwort (1948), S. 16.

Wie sich an dem Beispiel Nietzsche und Burckhardt zeigt, profitierte von Martin dabei nicht nur von einer gesinnungsähnlichen Leserschaft, die sich, wie er, mit dem Typus Burckhardt identifizieren und so einen kritisch geschärften Blick auf den Nationalsozialismus gewinnen konnte, sondern auch von zahlreichen Lesern aus den akademischen Nischen, die seine Studie als seriösen wissenschaftlichen Beitrag würdigten. In beiden Fällen jedoch spielte eine, wenn man so möchte, ‚esoterische Zusammengehörigkeit' die zentrale Rolle, die sich im ersten Fall durch die Parteinahme für die Figur Jacob Burckhardt einstellte und im zweiten Fall durch eine dezidiert wissenschaftliche Kommunikation, an der nicht kundige, also an der Expertenkultur nicht partizipierende Rezensenten scheiterten.

6.4 Engagierte Wissenschaftsprosa im ‚Dritten Reich'

Am Beginn dieses Kapitels stand die Frage, welche Rolle das Paradigma ‚Romantik' im Allgemeinen und die im *Hochland* geführten Debatten zur Bestimmung der Romantik in den 1920er-Jahren im Besonderen für die nonkonformistische Literaturproduktion zwischen 1933 und 1945 im Umkreis der katholischen Kulturzeitschrift spielte. Anhand von zwei Beispielen, dem Intellektuellenporträt *Görres spricht zu unserer Zeit* (1933) von Alois Dempf sowie Alfred von Martins geistesgeschichtlicher Doppelbiographie *Nietzsche und Burckhardt* (1941), wurde dargelegt, auf welche Weise der Romantik-Diskurs während des ‚Dritten Reiches' in zeitkritischer Stoßrichtung fortgeführt wurde. Beide Autoren griffen bei der Konzeption ihrer Intellektuellenbiographien auf Begrifflichkeiten, Argumente und Überlegungen zurück, wie sie sie bereits in früheren Veröffentlichungen für das *Hochland* entwickelten, und nutzten den durch die Debatten um die Romantik aufgespannten politisch-intellektuellen Reflexionsraum für ihre dissidenten Aussageabsichten. Während Dempf im Anschluss an sein auf esoterischen und öffentlichen Kanälen lanciertes Kulturprogramm mit *Görres spricht zu unserer Zeit* eine positive, ‚katholische Romantik' konstruierte, disqualifizierte von Martin, entgegen seines differenzierten Urteils in den 1920er-Jahren, in *Nietzsche und Burckhardt* die Romantik als Weltanschauung. Im Anschluss an Carl Schmitt, mit dem sich von Martin vor 1933 noch tendenziell kritisch auseinandergesetzt hatte, wertete er die ‚romantische Denkhaltung', vorgeführt an Nietzsche als romantischem Typus, als subjektivistisch und dekadent ab. Der antagonistisch platzierte Jacob Burckhardt hingegen sollte eine positiv gesetzte, klassische Denkhaltung repräsentieren. Ähnlich wie Dempf nobilitierte auch von Martin eine historische Einzelgestalt, hier den Kulturhistoriker früher Stunde, Jacob Burckhardt, zum prototypischen Repräsentanten vorbildhaften Denkens und Urteilens und ließ ihn gleichsam zum Spiegelbild des eigenen wissenschaftlichen Engagements werden. Für Dempf sollte die konstruierte Görresfigur darüber hinaus, und zwar in sehr konkreter Absicht, bestimmte Gegenwartsinteressen politisch wirksam mobilisieren. Beide Autoren konzipierten ihre Beiträge dabei gemäß ihres vor 1933 gefassten Wissenschaftsprogramms.

Gleichwohl richteten sich die beiden Intellektuellenbiographien nicht nur an eine Fachöffentlichkeit, sondern an eine breitere, an den behandelten Themen interessierte und gleichgesinnte Leserschaft. Dempfs Görres-Biographie adressierte sogar explizit ein katholisches Publikum, das sich vor dem Hintergrund der religionspolitischen Wirren des Jahres 1933 an Görres als „Leitgestalt eines kämpferischen Katholizismus" orientieren sollte.[528] Von Martin setzte hingegen auf den kulturhistorisch interessierten, nicht-nationalsozialistischen, christlich-humanistischen Leser, der mit dem Verfasser für die Figur Jacob Burckhardts, und damit für eine antinazistische Haltung Partei ergreifen sollte. Durch ihre Publikationstätigkeiten im *Hochland*, die mitunter der Popularisierung fachspezifischer Diskurse dienten – des kulturphilosophischen im Falle Dempfs und des kultursoziologischen im Falle von Martins –, konnten die beiden katholischen Intellektuellen womöglich ebenjene Leserschaften ansprechen und für ihre Sache gewinnen.

Die in zeitkritischer Absicht realisierten geistesgeschichtlichen Studien *Görres spricht zu unserer Zeit* und *Nietzsche und Burckhardt* stellen aber nicht nur aufschlussreiche Texte für die im Umkreis der katholischen Kulturzeitschrift artikulierten Formen der Dissidenz dar, sondern liefern überdies bemerkenswerte Beispiele einer engagierten Wissenschaftsprosa im ‚Dritten Reich'. Ihre Verfasser können mit gutem Grund zu jener nur schwer zu profilierenden Gruppe Intellektueller gezählt werden, die sich während des Nationalsozialismus „der Alternative ‚Emigration oder Kollaboration' zu entziehen versuchten", ohne dabei „auf ein öffentliches Wirken verzichten zu wollen, und die dennoch bemüht waren, eine Kontrastposition zu den ideologischen Vorgaben des NS-Regimes zu beziehen".[529]

---

[528] Florian Krobb: „Seher und Rufer zu nationalem Selbstbewußtsein" (2010), S. 153.
[529] Frank-Lothar Kroll: Intellektueller Widerstand im Dritten Reich (2012), S. 18.

7 Bilanz und Ausblick

Es war das Ziel dieser Arbeit, zu dem umfassenden Projekt einer „unterirdischen Literaturgeschichte des Dritten Reiches",[1] zu der bereits etliche „Bausteine" vorliegen,[2] aber noch kein integrierender ‚Bauplan' existiert, einen sowohl methodisch orientierten als auch exemplarisch illustrierten Beitrag zu leisten. Welche Einsichten, so soll am Ende dieser Studie bilanzierend gefragt werden, konnten aus dem Doppelunterfangen, den Problemkomplex ‚verdeckter Kommunikation unterm Hakenkreuz' theoretisch *und* praktisch anzugehen, gewonnen werden? Und wo eröffnen sich Anschlussstellen für weitere Forschungen? Es lassen sich fünf Punkte hervorheben:

Erstens konnte die interpretationstheoretische Rekalibrierung der ‚verdeckten Schreibweise' und die Entwicklung eines alternativen Untersuchungs- und Beschreibungsmodells zur Analyse dissidenter Kommunikation unter den Bedingungen von Zensur den bisherigen textualistischen Ansatz methodologisch differenzieren und um die bislang wenig reflektierten, aber weit verbreiteten Praktiken und Funktionen nonkonformistischer Lektüre erweitern. Die Neuperspektivierung des Untersuchungsfeldes machte so den Blick frei für die vielfältigen Formen NS-kritischer Verständigung, die sich in den Grenzen etablierter literarhistorischer Beschreibungsmuster bislang nur schlecht fassen ließen. In ein neues Licht rücken so auch weite Teile nicht-nationalsozialistischer Literatur. Es ist mithin ein wesentliches Anliegen dieser Studie, die stagnierende Diskussion zur ‚Literatur der Zwischenreiche und Gegenwelten' zu revitalisieren und mit dem angebotenen analytischen und begrifflichen Instrumentarium weitere Arbeiten zum Thema anzuregen. Weil Praktiken heterodoxen Schreibens und Lesens, wie sie hier in Augenschein genommen und theoretisch reflektiert wurden, nicht nur unter den Bedingungen der nationalsozialistischen Zensur, sondern auch in anderen repressiven Systemen verbreitet waren und sind,[3] erscheint etwa eine allgemeinere Anwendung der ‚Hermeneutik des aufdeckenden Lesens', etwa im Feld der Zensurwirkungsforschung, die sich ebenfalls für die Praktiken eines zwischen-den-Zeilen-fahndenden „heimlichen Lesen[s]" interessiert,[4] vielversprechend. Ferner kann die Studie an die aktuelle

---

[1] Werner Bergengruen: Dichtergehäuse (1966), S. 141.
[2] Heidrun Ehrke-Rotermund, Erwin Rotermund: Zwischenreiche und Gegenwelten (1999), S. 15.
[3] Aktuell etwa für Putins Russland vgl. Gillian Tett: Soviet lessons for reading today' Russian propaganda. In: Financial Times vom 06.04.2022.
[4] Vgl. Siegfried Lokatis: Lesen in der Diktatur (2008), S. 11.

Leseforschung anschließen und damit einen Beitrag zu einem ‚Grundthema der Literaturwissenschaft' leisten, das derzeit Konjunktur zu haben scheint.[5]

Zweitens sollte in der Zusammenschau von interpretationstheoretischer Reflexion und interpretatorischer Durchführung deutlich geworden sein, dass NS-kritische Kommunikationssituationen heterogene, komplexe und voraussetzungsreiche Phänomene darstellen. Um zu ermitteln, inwiefern bestimmten Texten in einer spezifischen historischen Situation nonkonformistische Funktionen zugekommen sind, ist man nicht nur auf einen philologisch genauen Lektüreprozess, sondern auf weitreichende und aufwändige Rekonstruktionen des Textumfelds angewiesen. Neben der Produktionsseite hat man dafür auch die faktische Rezeption in diversen Leserschaften einzubeziehen – auch solcher Leserschaften, die über exklusive Interpretationshinweise verfügten oder durch einen engen, intimen Austausch mit dem Autor im Besitz gesonderter Zugänge zum Textsinn standen. Derlei Formen esoterischer Verständigung sind wiederum nur dann in den Blick zu bekommen, wenn man einen weiten Fokus ansetzt, in den insbesondere auch außertextuelle, etwa praxeologische (Textumgangsformen, nichtdiskursive Praktiken, ephemere mündliche Absprachen) und wissenssoziologische Kontexte (soziale und denkstilbasierte Formationen) eingehen. Die im zweiten Kapitel dieser Arbeit angestellten methodologischen Überlegungen zur analytischen Handhabung esoterischer Kommunikation bieten sich generell für Untersuchungen an, die sich für exklusive Schreib-, Lese- und Deutungspraktiken sowie intime Kommunikationsformen interessieren, wie sie beispielsweise in bestimmten elitär-philosophischen Kreisen, Expertenkulturen, Weltanschauungsgemeinschaften, geschlossenen Gesellschaften oder einer grundsätzlich auf Hermetik zielenden Literaturproduktion zu suchen wären.

In Bezug auf den von mir untersuchten Beispielfall des *Hochland*-Kreises ließ die methodische Reorientierung *drittens* ein Phänomen zutage treten, das man als eine eigentümliche Form intellektuellen Engagements beschreiben kann. Wie gezeigt werden konnte, bildeten sich unter den Bedingungen von Zensur und Repression Denk- und Diskursgemeinschaften aus, die durch ihren Dissens dem Nationalsozialismus gegenüber geeint waren und in ihren Texten

---

5 Siehe hierzu etwa das vor einiger Zeit erschienene Handbuch von Alexander Honold und Rolf Parr (Hg.): Grundthemen der Literaturwissenschaft: Lesen (2018). Die darin behandelten ‚Praktiken des Lesens' ließen sich etwa um die nonkonformistischen und esoterischen Textumgangsformen, wie sie in dieser Arbeit ausgeführt und reflektiert wurden, ergänzen. In dem Beitrag von Bernhard J. Dotzler: Geheimes Lesen: De-Chiffrieren, S. 335–345, der am ehesten die Auseinandersetzung mit den hier behandelten Lesepraktiken nahelegt, taucht das ‚aufdeckende Lesen' nicht auf.

gegen diesen auch wohlbedacht Stellung bezogen. Wenngleich sie ihre kritischen Positionen nicht offen kommunizieren konnten, waren sie, wie zahlreiche Lektürezeugnisse aus der Zeit belegen, für eine limitierte Öffentlichkeit, die sich im Zuge ‚aufdeckender Lektüren' bildete, unter Umständen erkennbar. In erster Linie profitierten die hier behandelten Autoren aber von den Wirkungsräumen, die sich aus den Verschränkungen privater, halböffentlicher und öffentlicher Kommunikation eröffneten und die unter bestimmten Voraussetzungen in nonkonformistisch-exklusiver Weise genutzt werden konnten. Besagtes intellektuelles Engagement war in dem hier untersuchten Fall meist weltanschaulich-religiös bedingt. Andere Motive sind nicht nur denkbar, sondern auch sehr wahrscheinlich – man ist in diesem Punkt allerdings auf weitere Untersuchungen angewiesen. Wie aber bereits etliche Arbeiten, die sich dem Thema dissidenter Kommunikation ‚unterm Hakenkreuz' gewidmet haben, nahelegen, ist jedenfalls davon auszugehen, dass der *Hochland*-Kreis keinen Einzelfall darstellte, sondern etliche nicht-nationalsozialistische Schriftsteller und Intellektuelle mit ihren Texten in NS-kritischer Wirkungsabsicht Teil- und Gegenöffentlichkeit sowie diverse Kreise von Eingeweihten und Mitwissenden adressierten.[6]

Seltener wurde dabei allerdings gesehen, dass esoterisches Engagement, das sich unter den totalitären Bedingungen des Nationalsozialismus durch einen heterodoxen Anspruch auf Weltdeutung auszeichnete, das Potential besaß, zum Politikum zu werden. Und es wäre nicht zu weit gegriffen, Texte, die hier als ‚esoterisch-engagiert' beschrieben wurden, fallweise unter die politische Literatur zu subsumieren, vorausgesetzt, man fasst den Begriff nicht allzu eng und lässt eine funktionsspezifische Betrachtungsweise zu. Das überschaubare Vokabular zur Beschreibung nicht-nationalsozialistischer Texterzeugnisse aus dem ‚Dritten Reich', das Bezeichnungen wie ‚engagiert' und ‚politisch' kaum kennt, mag dadurch an begrifflicher Transparenz und Schärfe gewinnen – in jedem Fall erlaubt eine gezielte Verwendung dieser Begriffe eine differenzierte, an den Phänomenen orientierte Betrachtung der formal und funktional heterogenen ‚Literatur unterm Hakenkreuz'.

Viertens hilft die in dieser Studie vorgenommene analytische Reorientierung die vielzähligen produktiven, mitunter engagierten Kooperationen nicht-nationalsozialistischer Schriftsteller in Hitler-Deutschland ins Visier zu nehmen. Fokussiert man nämlich größere kommunizierende Einheiten und soziale Formationen, also Gruppen, Kreise, Denkkollektive oder Institutionen, wird ein weiteres Mal deutlich, dass ‚verdecktes Schreiben' und ‚aufdeckenden Lesen'

---

6 Ein Überblick über die Forschungsliteratur zum Thema findet sich in dera Einleitung dieser Arbeit.

nicht in der Trias von Autor Zensor und Leser aufgeht, sondern als diffizile, situationsspezifische und dynamische Formen gruppen- oder denkstilbasierter Praxis begriffen werden müssen. Für die literarhistorische Betrachtung der ‚Inneren Emigration' hat dies zur Folge, dass die ihr zugerechneten Schriftsteller und Intellektuelle nicht notwendig als zurückgezogene Solitäre zu konzipieren sind. Denn keineswegs schrieb „Jeder", wie immer wieder zu lesen ist und der Titel des jüngst erschienenen und gleichermaßen unterhaltsamen wie informativen Buches von Anatol Regnier insinuiert, „für sich allein".[7] Unter wissenssoziologischen Gesichtspunkten müsste man gar ergänzen: Besagte Autoren *dachten* auch nicht für sich allein, sondern entwickelten ihre Ideen nicht selten im informellen, vertrauensbasierten Austausch miteinander. Im vermittelten Fern- und mündlichen Nahgespräch formten und kultivierten sie Praktiken des Denkens, Schreibens, Lesens und Kommunizierens, die in zeit- und systemkritischer Funktion zum Tragen kommen und dabei, wie erwähnt, an politischer Schlagkraft gewinnen konnten. Man hat es hier also nicht mit einem monologischen, sondern, wenn man so möchte, mit einem ‚dialogischen' Phänomen zu tun. Das der Arbeit vorangestellte Motto aus Hannah Arendts Denktagebuch, „Ohne Denken keine Wahrheit, und Denken nur im Dialog",[8] spielt auf diesen Umstand an und weist sogleich, wenn auch nur indirekt, auf eine Schwierigkeit hin, mit der man als rekonstruierende Literaturwissenschaftlerin unweigerlich konfrontiert ist, möchte man die Denkgebilde, die in der gedanklichen, mündlichen und literarischen Wechselwirkung solch kommunizierender Kollektive entstanden sind, dingfest machen. Man ist dabei nämlich in großem Maße auf das Finden materialer Spuren angewiesen, die derlei dynamische Prozesse hinterlassen haben. Ein nur mit großem Aufwand zu leistendes Unterfangen, dem hier lediglich exemplarisch nachgegangen werden konnte.

Fasst man Dissidenz anzeigende literarische Kommunikation im beschriebenen Sinne als soziale Praxis, so bleibt *fünftens* fragwürdig, warum man den Untersuchungsbereich allein auf die ‚schöne Literatur' begrenzen sollte. Im Gegenteil scheint die Fokussierung eines zu engen, autonomistischen Literaturbegriffs den Blick auf die Komplexität der Phänomene zu verstellen. Festzuhalten ist jedenfalls, dass weder die zeitgenössischen Theorien noch die Praktiken NS-kritischer Produktion und Rezeption sich in den Grenzen der Belletristik hielten. Gerade engagiert-esoterische Kommunikationsformen, wie sie hier fallweise an den textsortenübergreifenden Erzeugnissen des *Hochland*-Kreises

---

[7] Anatol Regnier: Jeder schreibt für sich allein. Schriftsteller im Nationalsozialismus. München 2020.
[8] Hannah Arendt: Denktagebuch, Bd. 2 (2016), S. 622.

behandelt wurden, bewegten sich über genuin literarische Darstellungsformen in die Bereiche von Wissenschaft, Weltanschauung und Politik hinaus. Die Konzeption esoterischer und ‚verdeckter' Kommunikation als textsortenunspezifisches, transgenerisches Phänomen erweist sich als fruchtbare Öffnung, aber auch als Herausforderung, gewinnt damit doch ein schier unbegrenzt großes Korpus an Texten Relevanz.

Neben dem Anliegen, die Komplexität nonkonformistischer literarischer Verständigung methodisch zu reflektieren, in ein theoretisches Modell zu überführen und dieses an einem Beispiel zu erproben, konnte das Untersuchungsfeld zudem um soziale, historische, literatursoziologische, ideengeschichtliche, praxeologische und politische Kontexte erweitert werden. Wenngleich aufgrund der spezifischen Fragestellung der Studie NS-affine, NS-konforme oder NS-kompatible Texte nur am Rande berücksichtigt worden sind, möchte ich nicht versäumen, an dieser Stelle mit Nachdruck darauf hinzuweisen, dass sich auch im *Hochland* und dessen personellem Umfeld während des ‚Dritten Reichs' vielfach Publikationen finden, die man als konformistisch beschreiben muss, weil sie dem NS-Regime und seinen Erwartungen zuarbeiteten. Daneben gibt es zahllose Beiträge, womöglich die quantitative Mehrheit, die ‚unpolitisch' sind, auch als solche gelesen wurden und das NS-System folglich stabilisierten. Auch diese bislang kaum untersuchten Beiträge bedürften, will man sich ein Gesamtbild der *Hochland*-Publizistik im ‚Dritten Reich' machen, einer eingehenderen Sichtung und Analyse. In keinem Fall jedoch sollte der selektive Blick meiner Untersuchung einer Apologie Vorschub leisten und den Eindruck erwecken, das *Hochland* wäre ein durchwegs NS-kritisches Publikationsorgan, der *Hochland*-Kreis ein Hort des Widerstands gewesen. Doch möglicherweise erlaubt eine Beschäftigung mit der „unterirdische[n] Literaturgeschichte des Dritten Reiches"[9] *gerade* über das ungetrübte Selbstverständnis der im nationalsozialistischen Deutschland gebliebenen ‚geistigen Eliten' nach 1945, zu denen die *Hochland*-Population gehörte, zumindest ansatzweise aufzuklären. Die zwischen 1933 und 1945 stattgefundene öffentliche, halböffentliche und private Kommunikation im Netzwerk der Zeitschrift bedeutete für den literarischen und kulturellen Katholizismus letztlich eine willkommene und genutzte Möglichkeit, den Nationalsozialismus zu überdauern. Das nach dem Krieg wiedererstandene, programmatisch und personell kaum einer Änderung unterzogene Journal, dessen erster Jahrgang 36 000-mal bestellt wurde, liefert hierfür den entscheidenden Beleg. In einem Wort *An die Bezieher des Hochland* versichert Franz Josef Schöningh 1947 entsprechend, „daß es das alte Hochland Carl Muths"

---

9 Werner Bergengruen: Dichtergehäuse (1966), S. 144.

sei,[10] und lässt seinen einleitenden Beitrag, eine Würdigung Carl Muths, in der programmatischen Auskunft kulminieren: „Fragt aber jemand: ‚Besitzt denn dieses neue Hochland ein Programm?', so antworten wir: Ja – seine Vergangenheit."[11] Nicht nur das konservative Profil der Zeitschrift sollte damit affirmiert werden, sondern auch deren Erfolgsgeschichte, die bis zu ihrem Verbot im Jahr 1941 reichte und an die über die Jahre des Verbots hinweg wieder angeknüpft werden konnte. Inwiefern und zu welchem Zweck der Hochland-Kreis unter den veränderten politischen Bedingungen in der jungen Bundesrepublik weiterhin esoterisch kommunizierte, wäre eine Frage für anschließende Studien. Daher bedeutet das Ende des Untersuchungszeitraumes dieser Arbeit keineswegs das Ende der hier in Augenschein genommenen heterodoxen Kommunikationspraktiken. Und dies nicht nur, wie deutlich geworden sein sollte, in Bezug auf den Hochland-Kreis.

Unbestreitbar ist aber, dass eine auf Exklusivität und Einweihung setzende literarische Verständigung weder zeitlich noch räumlich auf repressive Systeme beschränkt sein und auch keineswegs im Zeichen von Antifaschismus und Emanzipation stehen muss. Dies verrät allein der Blick in die lange Geschichte esoterischer Kommunikationspraktiken, die weit bis in die Antike zurück reicht. Es wäre demnach ein Irrtum anzunehmen, die bislang nur ansatzweise geschriebene ‚unterirdische Literaturgeschichte des Dritten Reiches' könne lediglich eine Literaturgeschichte der Nonkonformität und Dissidenz sein. Von esoterischen Kommunikationspraktiken, „Techniken der Verschwiegenheit"[12] und „Gespräche[n] in der Sicherheit des Schweigens"[13] machten in den Jahren des ‚Dritten Reiches' vielfach auch linientreue, konforme, akkommodierte, aber auch zunehmend NS-distanzierte Rechtsintellektuelle wie Carl Schmitt, Martin Heidegger, Gerhard Nebel oder Ernst und Friedrich Georg Jünger reichlich Gebrauch. Der Einsatz von Literatur als Mittel klandestinen und intimen Austauschs war dabei weniger auf NS-kritische Kommunikationsabsichten zurückzuführen, sondern auf den Wunsch, im kleinen Kreis via literarischer Fernkommunikation ein elitistisches Selbstverständnis zu kultivieren. Dies trifft unter anderem auch auf Texte zu, die als Musterbeispiele ‚verdeckten Schreibens' firmieren.

Zu denken ist hier etwa an Ernst Jüngers 1939 erschienene, parabolische Erzählung *Auf den Marmorklippen*. Bekanntlich werden darin die Erlebnisse zwei-

---

10 Franz Josef Schöningh: An die Bezieher des Hochland (1946/47), o.S.
11 Franz Josef Schöningh: Carl Muth (1946/47), S. 19.
12 Daniel Morat: Techniken der Verschwiegenheit (2004), S. 157.
13 Dirk van Laak: Gespräche in der Sicherheit des Schweigens (1993).

er Brüder geschildert, die sich in eine mythisch anmutende Klippenlandschaft zurückgezogen haben, um sich ganz der geistigen Existenz zu widmen. Dabei geraten sie zunehmend in Konflikt mit dem despotischen ‚Oberförster', dessen expansive Herrschaft ihnen zur existentiellen Gefahr wird. Obwohl die vieldeutige Anlage des Romans nach wie vor die Frage offenhält, inwieweit Jünger damit eine kritische Vision nazistischer oder allgemein totalitärer Gewaltverhältnisse formuliert hat oder inwieweit er mit einer faschistischen Ästhetik im Bunde steht,[14] wird *Auf den Marmorklippen* als Vorzeigefall legaler, aber NS-kritischer Literatur und als kanonischer Text der ‚verdeckten Schreibweise' geführt. Doch wie in den meisten Fällen scheint die metaphorisch bleibende Formel auch hier die Komplexität literarischer Kommunikation ‚unterm Hakenkreuz' nicht zu erfassen. Wie ist z.B. der Umstand zu bewerten, dass Jünger einerseits vehement beteuerte, nichts ‚verdeckt' und schon gar keine „Tendenzschrift" gegen Hitler verfasst zu haben,[15] andererseits aber seinem Freund Carl Schmitt kurz vor der Veröffentlichung in einem Brief eröffnete, das Buch enthalte eine „Geheim-Ansicht unserer Zeit"?[16] Worin sollte sich die behauptete „Geheim-Ansicht" von der bestrittenen, ‚verdeckten' NS-Kritik unterscheiden? Und welcher Leserschaft sollte sie sich erschließen? Etwa einer, die sich mit der eigensinnigen und offenkundig geistesaristokratischen Haltung der Protagonisten der *Marmorklippen* identifizieren konnte? Oder einer, die, wie Schmitt, konkrete Leseanweisungen und Interpretationsangebote vom Autor erhielt?

Klar ist jedenfalls, dass Ernst Jünger mit den *Marmorklippen* über seine gängigen Verehrer in soldatischen und reaktionären Kreisen hinaus auch eine Leserschaft gewann, die dem Nationalsozialismus ablehnend gegenüberstand und die darin ein mutiges „Buch des Widerstandes" erblickte.[17] Wenngleich es sich ohne Zweifel bei der Veröffentlichung um ein zeitkritisches, mitunter esoterisches Buch handelte, tut man sich schwer damit, in diesem Fall den Begriff ‚Engagement' zu verwenden. Und dies nicht nur, weil Jünger sich dezidiert von einer Literaturproduktion distanzierte, die gesellschaftspolitische Wirkung beanspruchte. Das Unbehagen, in Bezug auf die *Marmorklippen* von ‚engagierter Literatur' zu sprechen, rührt vor allem daher, dass man den Begriff, wie bereits in der Einleitung dieser Arbeit angemerkt, nicht aus seiner positiv normativen Bindung herauslösen möchte. Denn neben einer philologischen Ver-

---

14 Vgl. Steffen Martus: Ernst Jünger (2001), S. 123–137.
15 Zit. n. ebd., S. 129.
16 Zit. n. Ernst Jünger: Auf den Marmorklippen (2017), S. 321.
17 Vgl. Helmuth Kiesel: Voraussetzungen, Entstehungen, Rezeption und Deutung der „Marmorklippen" (2017), S. 345.

antwortung, wächst dem rekonstruierenden Literarhistoriker, der um die prodemokratischen und emanzipatorischen Konnotationen des Begriffs weiß und diesen entsprechend sensibel einzusetzen hat, auch eine politische Verantwortung zu. Gerade in einer Zeit, in der die sognannte Neue Rechte in identitätspolitischer Absicht nicht-nationalsozialistische, konservative, aber auch liberale und sozialdemokratische Autoren zu appropriieren versucht und ‚engagierte' (im Sinne von vereinnahmende) Relektüren kanonischer Texte von rechts betreibt,[18] ist die Literaturwissenschaft aufgerufen, ihre Stimme zu erheben, Sachverhalte richtigzustellen und sich zu positionieren. Sie besitzt darüber hinaus aber auch die Mittel, die metapolitischen Strategien der kulturalistischen Rechten zu entlarven.[19]

Auch für derlei hochaktuelle Belange kann das in dieser Arbeit entwickelte Analyse- und Beschreibungsvokabular fruchtbar gemacht werden. Denn esoterische Kommunikationspraktiken, ‚verdecktes Schreiben' und aktualisierend-applikative Lektüren scheinen der Publikationspolitik rechter Verlage, wie etwa dem Antaios-Verlag Götz Kubitscheks, nicht fremd.[20] Dass dabei gerade die Wiederveröffentlichung ehemaliger ‚Widerstandsbücher' konservativer Autoren einer Reaktualisierung rechten Gedankenguts zugutekommen soll, liegt nahe, behaupten Kubitschek und seine Freunde doch gerne Analogien zwischen den totalitären Verhältnissen im Nationalsozialismus und der angebliche ‚Meinungsdiktatur' der Gegenwart. Man muss sich dafür beispielsweise nur einmal das Vorwort von Lutz Meyer zu dem 2015 von Kubitschek neuaufgelegten historischen Camouflageroman *Bockelson. Geschichte eines Massenwahns* des monarchistisch gesinnten Friedrich Reck ansehen, der erstmals 1937 veröffentlicht wurde. Der vehemente NS-Kritiker und Innere Emigrant Reck gestaltete darin das Münsteraner Täuferreich des 16. Jahrhunderts zu einem von Propaganda, Gewalt und Totalitarismus gezeichneten Wahnstaat aus und entwarf damit in voller Absicht ein literarisches Vexierbild auf den nationalsozialistischen Terror. Lutz Meyer jedoch schlägt den bei Antaios bestellenden Lesern vor, die fiktionale Konstruktion nicht mit Hitler-Deutschland in Beziehung zu setzen, sondern Analogien zur 68er-Bewegung, zu dem „Tugendterror" unserer Zeit und den „soziale[n] Todesurteile[n] in demokratischen Systemen" zu ziehen.[21] Der Titel, unter den Meyer sein Vorwort stellt, lautet dementsprechend ‚Bockel-

---

[18] Siehe hierzu Mladen Gladić und Erika Thomalla: Literatur als Klartext (2021).
[19] Siehe hierzu den einschlägigen Aufsatz von Torsten Hoffmann: Ästhetischer Dünger. Strategien neurechter Literaturpolitik (2021).
[20] Vgl. ebd., o.S.
[21] Lutz Meyer: Bockelson 2015 (2015), S. 11.

son 2015'. Einem so betriebenen ‚aufdeckenden Lesen' neurechter Provenienz muss Paroli geboten werden – auch von der Literaturwissenschaft, die es sich umso mehr zur Aufgabe machen sollte, ‚verdecktes Schreiben' und ‚aufdeckendes Lesen' im ‚Dritten Reich' konsequent zu historisieren. Auch dies ist ein Anliegen meiner Studie.

Literaturverzeichnis

Abkürzungen
BSB = Bayerische Staatsbibliothek
DLA = Deutsches Literaturarchiv Marbach

Ungedruckte Quellen

Andres, Stefan an Werner Bergengruen, 06.03.1937 (BSB, Ana 593).
Bergengruen, Werner: Werkrezensionen zu *Am Himmel wie auf Erden* (BSB, Ana 595).
Bergengruen, Werner an Theodor Haecker, 03.06.1939 (Nachlass Haecker, DLA Marbach).
Dempf, Alois: Staatsphilosophie, Niederschrift von Vorlesungen, Februar 1933 [Ts.] (BSB, Ana 494).
Dempf, Alois: Denkschrift über die Edition der gesammelten Schriften von Josef Görres [Ts.] (BSB, Ana 494).
Dempf, Alois: Vertrauliche Denkschrift. Von der Möglichkeit einer deutschen Thomasbewegung (Nachlass Carl Muth, BSB, Ana 390).
Feuling, Daniel an Hildegard Seidel, 23.04.1934 (Nachlass Feuling, Beuron).
Feuling, Daniel an Hildegard Seidel, 14.11.1934 (Nachlass Feuling, Kloster Beuron).
Feuling, Daniel an Hildegard Seidel, Brief vom 18.02.1934 (Nachlass Feuling, Kloster Beuron).
Fuchs, Friedrich an Werner Bergengruen, 22.10.1924 (BSB, Ana 593).
Haecker, Theodor an Carl Muth, 03.04.1943 (BSB, Ana 390).
Herwegen, Ildefons von an Daniel Feuling, 06.08.1934 (Nachlass Feuling, Kloster Beuron).
Martin, Alfred von an Carl Muth, 08.10.1943 (BSB, Ana 390).
Martin, Alfred von an Max Stefl, 11.04.1944 (Monacensia, MSt B 286).
Martin, Alfred von an Otto von Taube, 13.12.1925 (Monacensia, Ov B 1016).
Martin, Alfred von an Max Stefl, 14.11.1942 (Monacensia, MSt B 286).
Martin, Alfred von an Werner Bergengruen, 04.02.1927 (BSB, Ana 593).
Martin, Alfred von an Erich Rothacker, 23.06.1939 (Nachlass Rothacker, NL Rothacker I., Universitäts- und Landesbibliothek Bonn).
Martin, Alfred von an Erich Rothacker, 12.09.1936 (Universitäts- und Landesbibliothek Bonn, NL Rothacker).
Martin, Alfred von an Erich Rothacker, 29.09.1936 (Universitäts- und Landesbibliothek Bonn, NL Rothacker).
Martin, Alfred von an Erich Rothacker, 15.06.1939 (Universitäts- und Landesbibliothek Bonn, NL Rothacker).
Martin, Alfred von an Erich Rothacker, 23.06.1939 (Universitäts- und Landesbibliothek Bonn, NL Rothacker).
Martin, Alfred von an Erich Rothacker, 20.03.1944 (Universitäts- und Landesbibliothek Bonn, NL Rothacker).
Noack, Ulrich an Alois Dempf, 11.08.1942 (BSB, Ana 494).
Peterson, Erik an Alois Dempf, 18.07.1945 (BSB, Ana 494).
Schaezler, Karl an Werner Bergengruen, 13.02.1935 (BSB, Ana 593).
Schneider, Reinhold an Werner Bergengruen, 30.12.1935 (BSB, Ana 593).

Schneider, Reinhold an Werner Bergengruen, 15.03.1936 (BSB, Ana 593).
Schneider, Reinhold an Werner Bergengruen, 17.03.1936 (BSB, Ana 593).
Schneider, Reinhold an Werner Bergengruen, 08.11.1936 (BSB, Ana 593).
Schneider, Reinhold an Werner Bergengruen, 02.10.1940 (BSB, Ana 593).
Schneider, Reinhold an Werner Bergengruen, 01.01.1937 (BSB, Ana 593).
Schneider, Reinhold an Werner Bergengruen, 17.03.1939 (BSB, Ana 593).
Schöningh, Franz Josef an Alois Dempf, 02.06.1934 (BSB, Ana 494).
Schöningh, Franz Josef an Alois Dempf, 11.06.1934 (BSB, Ana 494).
Sternberger, Dolf an Alois Dempf, 21.11.1945 (Nachlass Dempf, BSB).
Wächter, Otto an Dolf Sternberger, 09.02.1943 (Nachlass Sternberger, DLA Marbach).

Gedruckte Quellen

Adam, Karl: Jesus, der Christus, und wir Deutsche. In: Wissenschaft und Weisheit 19 (1943), S. 73–103.
Adam, Karl: Pascals Intuition und der theologische Glaube. In: Hochland 19,1 (1921/22), S. 168–175.
Adorno, Theodor W.: Engagement. In: ders.: Noten zur Literatur. Gesammelte Schriften 2. Hg. v. Rolf Tiedemann. Frankfurt am Main 1974, S. 409–430.
Algermissen, Konrad: Germanentum und Christentum. Ein Beitrag zur Geschichte der deutschen Frömmigkeit. Hannover 1934.
Andreas-Friedrich, Ruth: Schauplatz Berlin. Ein deutsches Tagebuch. München 1962.
Andres, Stefan: Die deutschen Schriftsteller vor dem Tribunal des PEN-Clubs. In: ders.: Der Dichter in dieser Zeit. Reden und Essays. Hg. v. Christopher Andres, Michael Braun. Göttingen 2013, S. 36–40.
Arendt, Hannah: Das zeitweilige Bündnis zwischen Mob und Elite. In: Hochland 44 (1951/52), S. 511–524.
Baader, Franz: [Wiederabdruck]Über die Solidarität von Kirche, Wissenschaft und Kunst. In: Hochland 32,1 (1934/35), S. 382–384.
Baeumler, Alfred: Studien der deutschen Geistesgeschichte. Berlin 1937.
Baxa, Jacob (Hrsg.): Gesellschaft und Staat im Spiegel deutscher Romantik. Die staats- und gesellschaftswissenschaftlichen Schriften deutscher Romantiker, ausgewählt, mit erklärenden Einleitungen und Anmerkungen versehen von Jacob Baxa. Jena 1924.
Below, Georg von: Die deutsche Geschichtsschreibung von den Befreiungskriegen bis zu unseren Tagen. Geschichte und Kulturgeschichte. Leipzig 1916.
Below, Georg von: Zum Streit um die Deutung der Romantik. In: Zeitschrift für die gesamte Staatswissenschaft 81 (1926), S. 154–162.
Bergengruen, Werner: Baedeker des Herzens. Ein Reiseverführer. Berlin 1932.
Bergengruen, Werner: Die Verheißung. Nach einer alten Legende. In: Hochland 34,1 (1936/37), S. 110–116.
Bergengruen, Werner: Frühe Kindheitserinnerung. In: Hochland 36,1 (1938/39), S. 506.
Bergengruen, Werner: E.T.A. Hoffmann. Stuttgart 1939.
Bergengruen, Werner: Genesis eines Romans. In: Die Literatur. Monatsschrift für Literaturfreunde 43,1 (1940), S. 216–219.
Bergengruen, Werner: Am Himmel wie auf Erden. Hamburg 1940.

Bergengruen, Werner: Waldgespräch. In: Monatsschrift für das deutsche Geistesleben 42 (1940), S. 148-153.
Bergengruen, Werner: Die Guten Leute. In: Der Eckart 17 (1941), S. 10-13.
Bergengruen, Werner: Zum Geleit. In: Zwischen den Zeilen. Der Kampf einer Zeitschrift für Freiheit und Recht 1932-1942. Aufsätze v. Rudolf Pechel. Wiesentheid (Ufr.) 1948, S. 5-22.
Bergengruen, Werner: Erinnerungen an Carl Muth. In: Hochland 46 (1953/54), S. 75-80.
Bergengruen, Werner: Schreibtischerinnerungen. München 1961.
Bergengruen, Werner: Dichtergehäuse. Aus den autobiographischen Aufzeichnungen. Zürich 1966.
Bergengruen, Werner und Reinhold Schneider: Briefwechsel. Hg. v. Luise Hackelsberger-Bergengruen. Freiburg u.a. 1966.
Bergengruen, Werner: Schriftstellerexistenz in der Diktatur. Aufzeichnungen und Reflexionen zu Politik, Geschichte und Kultur 1940 bis 1963. Hg. v, Frank-Lothar Kroll, N. Luise Hackelsberger und Sylvia Taschka. München 2005.
Bergmann, Karl: Das deutsche Sprichwort als Künder völkischen Gedankengutes. In: Volk und Scholle 12 (1934), S. 325-328.
Bergmann, Karl: Völkisches Gedankengut im deutschen Sprichwort. In: Zeitschrift für deutsche Bildung 12 (1936), S. 363-373.
Bernhart, Joseph: Um das Alte Testament. In: Hochland 32,1 (1934/35), S. 99-118.
Bollnow, Otto Friedrich: [Rez.] Martin, Alfred von: Nietzsche und Burckhardt. München 1941. In: Die Literatur. Monatsschrift für Literaturfreunde 43 (1940/41), S. 368.
Bonhoeffer, Dietrich: Sanctorum communio. Eine dogmatische Untersuchung zur Soziologie der Kirche. Berlin u.a. 1930.
Bosch, Karl: Friedrich Schlegels Gestalt in der neuen Forschung. In: Hochland 30,2 (1932/33), S. 379-381.
Bosch, Karl: Friedrich Schlegels Konversion. In: Hochland 31,1 (1933/34), S.276-278.
Brecht, Bertolt: Fünf Schwierigkeiten beim Schreiben der Wahrheit. In: Werke. Große kommentierte Frankfurter und Berliner Ausgabe. Bd. 22: Schriften 2. Schriften 1933-1942. Teil I. Hg. v. Inge Gellert, Werner Hecht. Frankfurt am Main 1993, S. 74-89.
Brecht, Bertolt: Rede über die Widerstandskraft der Vernunft. In: Werke. Große kommentierte Frankfurter und Berliner Ausgabe. Bd. 22: Schriften 2. Schriften 1933-1942. Teil II. Frankfurt am Main 1993, S. 333-335.
Brecht, Bertolt: Über die Wiederherstellung der Wahrheit. In: Werke. Große kommentierte Frankfurter und Berliner Ausgabe. Bd. 22: Schriften 2. Schriften 1933-1942. Teil I. Hg. v. Inge Gellert, Werner Hecht. Frankfurt am Main 1993, S. 89-98.
Brecht, Bertolt: Werke. Große kommentierte Berliner und Frankfurter Ausgabe. Bd. 21: Schriften 1: Schriften 1914-1933. Hg. v. Klaus-Detlef Müller u. a. Frankfurt am Main 1993.
Broch, Hermann: Der Tod des Vergil. New York 1945.
Brück, Max von: Gibt es einen katholischen Roman? In: Hochland 33,1 (1935/36), S. 183-185.
Buchheim, Karl: Die Thronbesteigung der Romantik. In: Hochland 37 (1940/41), S. 339-348.
Buchheim, Karl: Humanismus der Krisis. In: Eckhart 19 (1943), S. 73-76.
Burckhardt, Jacob an Friedrich von Preen, 2. Januar 1880. Zit. nach Jacob Burckhardt: Briefe an seinen Freund Friedrich von Preen. 1864 - 1893. Stuttgart, Berlin 1922, S. 137.
Corsten, Wilhelm (Hg.): Kölner Aktenstücke zur Lage der katholischen Kirche in Deutschland 1933-1945. Köln 1940.

Curschmann, Fritz: Historischer Roman und Geschichte. Betrachtungen eines Historikers zu Werner Bergengruens Roman ‚Am Himmel wie auf Erden'. In: Forschungen zur brandenburgischen und preussischen Geschichte 54 (1942), S. 152–171.

Delp, Alfred: Zur Auseinandersetzung zwischen der katholischen Religion und den neuheidnischen Bestrebungen im deutschen Volk. Predigtreihe. In: Gesammelte Schriften. Bd. 1: Geistliche Schriften. Hg. v. Roman Bleistein und Josef Knecht. Frankfurt am Main 1982, S. 111–193.

Dempf, Alois: Die Hauptformen mittelalterlicher Weltanschauung. Eine geisteswissenschaftliche Studie über die Summa. München, Berlin 1924.

Dempf, Alois: Das Verhängnis der deutschen Kultur. In: Hochland 22,2 (1924/25), S. 477–480.

Dempf, Alois: Das Erbe der Romantik und das jeweils Klassische. In: Hochland 22,2 (1924/25), S. 573–588.

Dempf, Alois: Das Unendliche in der mittelalterlichen Metaphysik und in der Kantischen Dialektik. Münster 1926.

Dempf, Alois: Die Ethik des Mittelalters. Sonderausgabe aus dem Handbuch der Philosophie. München 1927.

Dempf, Alois: Sacrum Imperium. Geschichts- und Staatsphilosophie des Mittelalters und der politischen Renaissance. München, Berlin 1929.

Dempf, Alois: Metaphysik des Mittelalters. München 1930.

Dempf, Alois: Sacrum Imperium. München 1931.

Dempf, Alois: Das Dritte Reich. Schicksale einer Idee. In: Hochland 29,1 (1931/32), S. 36–48, 158–171.

Dempf, Alois: Demokratie und Partei im politischen Katholizismus. In: Demokratie und Partei. Hg. v. Peter Richard Rohden. Wien 1932, S. 293–334.

Dempf, Alois: Görres spricht zu unserer Zeit. Freiburg im Breisgau 1933.

Dempf, Alois: Johannes Eriugena und die Metaphysik der Karolingerzeit. In: Metaphysik des Mittelalters. Hg. v. Alfred Baeumler und Manfred Schröter. Berlin 1934, S. 32–51.

Dempf, Alois: Kulturphilosophie. In: Handbuch der Philosophie. Abteilung IV: Staat und Geschichte. Hg. von Alfred Baeumler und Manfred Schröter. München, Berlin 1934.

Dempf, Alois: Meister Eckhart. Eine Einführung in sein Werk. Leipzig 1934.

Dempf, Alois: Mystiker-Miniaturen. Berlin 1934.

Dempf, Alois: Meister Eckharts Verhängnis. In: Hochland 32,1 (1934/35), S. 28–42.

Dempf, Alois: Um den deutschen Thomas. In: Hochland 32,1 (1934/35), S. 175–182.

Dempf, Alois: Vorwort. In: Thomas von Aquin: Die Summe wider die Heiden in vier Büchern. Das erste Buch. Leipzig 1935, S. 15–58.

Dempf, Alois: Kierkegaards Folgen. Leipzig 1935.

Dempf, Alois: Begegnungen der Konfessionen? In: Hochland 33,1 (1935/36), S. 481–490.

Dempf, Alois: Religionsphilosophie. Wien 1937.

Dempf, Alois (Hrsg.): Vom inwendigen Reichtum. Texte unbekannter Mystiker aus dem Kreise Eckharts. Leipzig 1937.

Dempf, Alois: Die Antithese. In: Hochland 35,1 (1937/38), S. 12–21.

Dempf, Alois: Christliche Philosophie. Der Mensch zwischen Gott und der Welt. Bonn 1938.

Dempf, Alois: Fortschrittliche Intelligenz nach dem Ersten Weltkrieg. In: Hochland 61 (1969), S. 234–242.

Dempf, Alois: Alois Dempf. In: Philosophie in Selbstdarstellungen I. Hg. v. Ludwig J. Pongratz. Hamburg 1975, S. 37–79.

Deuters, Werner: [Rez.] Bergengruen, Werner: Am Himmel wie auf Erden. In: Der Deutsche Kaufmann, 11.09.1941.
Deutinger, Martin: Über das Verhältnis der Poesie zur Religion. München 1915.
Diehl, Karl: Der Einzelne und die Gemeinschaft. Überblick über die wichtigsten Gesellschaftssysteme vom Altertum bis zur Gegenwart: Individualismus, Kollektivismus, Universalismus. Jena 1940.
Döblin, Alfred: Der historische Roman und wir. In: Das Wort 4 (1936), S. 58–71.
Domin, Hilde: Schale im Ofen. In: Hochland 47 (1953/54), S. 14.
Domin, Hilde: Unsere langen Schatten. In: Hochland 48 (1954/55), S. 307.
Dyroff, Adolf (Hrsg.): Reden, Ansprachen und Vorträge des Grafen von Hertling. Köln 1929.
Ettlinger, Max: Die Ästhetik Martin Deutingers in ihrem Werden, Wesen und Wirken. München 1914.
Faulhaber, Michael von: Judentum, Christentum, Germanentum. Adventspredigten gehalten in St. Michael zu München 1933. München 1934.
Faulhaber, Michael von: Zeitfragen und Zeitaufgaben. Gesammelte Reden. Freiburg [8]1935.
Fels, Heinrich: [Rez.] Dempf, Alois: Görres spricht zu unserer Zeit. Der Denker und sein Werk. In: Philosophisches Jahrbuch der Görres-Gesellschaft 50 (1937), S. 138.
Ferber, Hertha von: Das Volkstumserlebnis des Joseph Görres. Würzburg 1938.
Feuchtwanger, Lion: Vom Sinn und Unsinn des historischen Romans (1935). In: ders.: Ein Buch nur für meine Freunde. Frankfurt am Main 1984, S. 494–501.
Feuling, Daniel: Bildung und Frömmigkeit. In: Benediktinische Monatsschrift 2 (1920), S. 2–16.
Feuling, Daniel: Eine aristotelisch-thomistische Philosophie (Josef Gredt). In: Benediktinische Monatsschrift 9 (1927), S. 65–67.
Feuling, Daniel: Lehren und Lernen. Festrede bei einer akademischen Thomasfeier. In: Benediktinische Monatsschrift 11 (1929), S. 138–148.
Feuling, Daniel: Zur Apologetik. In: Theologische Revue 30 (1931), S. 533–538.
Feuling, Daniel: La mouvement phénoménologique: position historique, idées directrices, types principaux. In: Journées d'Études de la Société Thomiste I: La Phénoménologie. Juvisy 1932.
Feuling, Daniel: Um ein vielgelesenes Buch. In: Hochland 31,2 (1933/34), S. 457–463.
Feuling, Daniel: Weltanschauung. Grundsätzliches zum Kampf der Geister. In: Benediktinische Monatsschrift 16 (1934), S. 207–220.
Feuling, Daniel: Glaubensleben als Glaubenswissenschaft. In: Benediktinische Monatsschrift 17 (1935), S. 427–435.
Feuling, Daniel: Hauptfragen der Metaphysik. Einführung in das philosophische Leben. Salzburg, Leipzig 1936.
Feuling, Daniel: Von Sinn und Grundweisen des mystischen Lebens. In: Benediktinische Monatsschrift 18 (1936), S. 101–109.
Feuling, Daniel: Katholische Glaubenslehre. Einführung in das theologische Leben für weitere Kreise. Salzburg 1937.
Feuling, Daniel: Laienwelt und katholische Theologie. In: Benediktinische Monatsschrift 20 (1938), S. 24–31.
Feuling, Daniel: Das Leben der Seele. Einführung in psychologische Schau. Leipzig, Salzburg 1940.
Finke, Heinrich: Internationale Wissenschaftsbeziehungen der Görres-Gesellschaft. Köln 1932.
Fl: [Rez.] Brentano, Clemens: Unbekannte Briefe von Cl. Br. In: Hochland 37 (1940/41), S. 414–417.

Fuchs, Friedrich: Der Christ in der Zeit. In: Hochland 32,1 (1934/35), S. 481–487.
Fuhrmann, Heinz: [Rez.] Bergengruen, Werner: Am Himmel wie auf Erden. In: Hamburger Tageblatt, 05.10.1941.
Funk, Philipp (Hrsg.): Literarischer Ratgeber für die Katholiken Deutschlands 22 (1925/26).
Gall, Wilhelm: [Rez.] Bergengruen, Werner: Am Himmel wie auf Erden. In: Völkischer Beobachter, Wien, 22.12.1940.
Getzeny, Heinrich: Das zweite Jahrtausend des Abendlandes als Revolutionsepoche. In: Hochland 30,1 (1932/33), S. 547–552.
Getzeny, Heinrich: Wie weit ist die politische Theologie des Reiches heute noch sinnvoll? In: Hochland 30,2 (1932/33), S. 556–558.
Göpfert, Herbert Georg: Am Himmel wie auf Erden. Zu dem großen historischen Roman von Werner Bergengruen. In: Stuttgarter NS-Kurier, 14.12.1940.
Görres, Joseph: Neujahrspredigt des verneinenden Geistes bei der 5599. Jubelfeier des Sündenfalls. In: Hochland 31,1 (1933/34), S. 289–294.
Grunsky, Hans Alfred: Der Einbruch des Judentums in die Philosophie. Berlin 1937.
Guardini, Romano: Vom Geist der Liturgie. Freiburg im Breisgau 1918.
Günther, A.E.: „Fürchtet euch nicht!" Zu Werner Bergengruens Buch ‚Am Himmel wie auf Erden'. In: Monatsschrift für das deutsche Geistesleben 42 (1940), S. 129–135.
Günther, Joachim: Erzählerische Dichtungen. In: Europäische Revue 17 (1941), S. 201–203.
Haecker, Theodor: Sören Kierkegaard und die Philosophie der Innerlichkeit. München 1913.
Haecker, Theodor: Satire und Polemik. Innsbruck 1922.
Haecker, Theodor: Zur europäischen Judenfrage. Aus Anlass eines Buches. In: Hochland 24.2 (1926/27), S. 607–619.
Haecker, Theodor: Der katholische Schriftsteller und die Sprache mit einem Exkurs über Humor und Satire. In: Wiederbegegnung von Kirche und Kultur in Deutschland. Eine Gabe für Karl Muth. Hg. v. Philipp Funk, Friedrich Fuchs, Max Ettlinger. München 1927, S. 151–194.
Haecker, Theodor: Christentum und Kultur. München 1927.
Haecker, Theodor: Über Humor und Satire. In: Der Brenner 12 (1928), S. 175–204.
Haecker, Theodor: Betrachtungen über Vergil, Vater des Abendlands. In: Der Brenner 13 (1932), S. 3–31.
Haecker, Theodor: Das Chaos in der Zeit. In: Hochland 30,2 (1932/33), S. 1–23.
Haecker, Theodor: Was ist der Mensch. In: Hochland 30,1 (1932/33), S. 289–308.
Haecker, Theodor: Analogia Trinitatis. In: Hochland 31,1 (1933/34), S. 499–510.
Haecker, Theodor: Tagebuchblätter. In: Hochland 37 (1940/41), S. 470–475.
Haecker, Theodor: Vorwort. In: Sören Kierkegaard: Die Tagebücher. 1834–1855. Leipzig 1941, S. 9–18.
Haecker, Theodor: Politische Prophetie. Aus den ‚Tag- und Nachtbüchern'. In: Hochland 39 (1946/47), S. 38–48.
Haecker, Theodor: Der Buckel Kierkegaards. Zürich 1947.
Haecker, Theodor: Opuscula. München 1949.
Haecker, Theodor: Schöpfer und Schöpfung. München ²1949.
Haecker, Theodor: Satire und Polemik. München 1961.
Haecker, Theodor: Aphorismen. In: ders.: Der Geist des Menschen und die Wahrheit. München 1961, S. 461–484.
Haecker, Theodor: Tag- und Nachtbücher 1939–1945. Erste vollständige und kommentierte Ausgabe. Hg. v. Hinrich Siefken. Innsbruck 1989 (= Brenner-Studien, Bd. 9).

Hagemann, Walter: Paneuropas Idee und Wirklichkeit. In: Hochland 27,1 (1929/30), S. 497–509.
Haneberg, Daniel Bonifaz: Görres und die Dichtkunst. In: Hochland 33,2 (1935/36), S. 96.
Härlen, Hasso: [Rez.] Bergengruen, Werner: Am Himmel wie auf Erden. In: Die Neue Literatur, Dezember 1940.
Härtle, Heinrich: [Rez.] Martin, Alfred von: Nietzsche und Burckhardt. München 1941. In: Nationalsozialistische Monatshefte 12, 135 (1941), S. 555.
Härtle, Heinrich: [Rez.] Martin, Alfred von: Nietzsche und Burckhardt. In: Bücherkunde 8 (1941), S. 116–117.
Haupt, Julius: Klassik, Romantik und Nationalsozialismus. In: Völkischer Beobachter vom 05.08.1934.
Hausenstein, Wilhelm: Licht unter dem Horizont. Tagebücher von 1942 bis 1946. Hg. v. Wilhelm E. Süskind. München 1967.
Hefele, Hermann: Das Wesen der Dichtung. Stuttgart 1923.
Hefele, Hermann: Der Katholizismus in Deutschland. Darmstadt 1919.
Heiseler, Bernt von: Segen und Unsegen des historischen Romans. In: Das deutsche Wort 11 (1935), S. 6–11.
Hertlin, Georg von: Das Princip des Katholizismus und die Wissenschaft. Grundsätzliche Erörterungen aus Anlaß einer Tagesfrage. Freiburg im Breisgau 1899.
Herwegen, Ildefons: Das Kunstprinzip der Liturgie. Paderborn 1920.
Hesse, Hermann: Der geistige Kampf um das Reich. In: Neueste Zeitung. Abendausgabe der Innsbrucker Nachrichten, 12.01.1933.
Heuss, Theodor: Die Buckhardt-Nietzsche Kontroverse. In: Die Hilfe 48 (1942), S. 160–163.
Hewig, Anneliese: Bücher. In: Der Quäker, August 1941, S. 127–128.
Hilckmann, Anton: Mittelmeerisches und nordisches Neuheidentum. In: Hochland 32,1 (1934/35), S. 376–380.
Hoeber, Karl (Hrsg.): Die Rückkehr aus dem Exil. Dokumente der Beurteilung des deutschen Katholizismus der Gegenwart. Düsseldorf 1926 (= Veröffentlichungen des Verbandes der Vereine katholischer Akademiker zur Pflege der katholischen Weltanschauung).
Hohoff, Curt: Theodor Haecker. Eine Erinnerung. In: Theodor Haecker. Leben und Werk. Texte, Briefe, Erinnerungen, Würdigungen. Hg. v. Bernhard Hanssler. Esslingen 1995, S. 145–160.
Hohoff, Curt: Unter den Fischen. Erinnerungen an Männer, Mädchen und Bücher 1934–1939. München 1982.
Honecker, Martin: Katholizismus und Wissenschaft. Köln 1933.
Höpker, Wolfgang: Roman von der menschlichen Furcht. In: Münchner Neueste Nachrichten, 01.12.1940.
Huch, Ricarda: Blütezeit der Romantik. Leipzig 1899.
Huch, Ricarda: Ausbreitung und Verfall der Romantik. Leipzig 1902.
Huch, Ricarda: Die Romantik. Ausbreitung, Blütezeit und Verfall. Tübingen 1951.
Hudal, Alois: Die Grundlagen des Nationalsozialismus. Leipzig, Wien 1937.
Instinsky, Hans Ulrich: Eine neue Stufe des Humanismus. In: Hochland 31,2 (1933/34), S. 464–467.
Jessen, Jens: [Rez.] Martin, Alfred von: Nietzsche und Burckhardt. München 1941. In: Schmollers Jahrbuch für Gesetzgebung, Verwaltung und Volkswirtschaft im Deutschen Reiche 65 (1941), S. 119.

Journées d'Études de la Société Thomiste II: La philosophie chrétienne. Juvisi 11. Septembre 1933. Juvisy o.J.
Journées d'Études de la Société Thomiste III: Philosophie et Sciences. Louvain, 24. et 25 Septembre 1935. Juvisy o.J.
Kapp, Ernst: Platon und die Akademie (Die Wissenschaft im Staat der Wirklichkeit). In: Mnemosyne 4,3 (1937), S. 227–246.
Karrer, Otto: Eckhart-Schrifttum und Historismus. In: Hochland 32,2 (1934/35), S. 374–376.
Kästner, Erich: Das Blaue Buch. Geheimes Kriegstagebuch 1941–1945. Hg. v. Sven Hanuschek u. a. Zürich 2018.
Kellner, Friedrich: ‚Vernebelt, verdunkelt sind alle Hirne'. Tagebücher 1939–1945. Bd. 1. Hg. v. Sascha Feuchert u.a. Göttingen 2011.
Kierkegaard, Sören: Die Tagebücher. Ausgewählt und übersetzt von Theodor Haecker. In zwei Bänden. Innsbruck 1923.
Klemmt, Alfred: Geschichtsphilosophie. In: Vergangenheit und Gegenwart 32,7 (1942), S. 213–224.
Klemperer, Victor: Das Tagebuch 1933–1945. Berlin ³1997.
Klemperer, Victor: ‚Ich will Zeugnis ablegen bis zum letzten.' Tagebücher 1933–1945. Eine Auswahl. Berlin 2007.
Klepper, Jochen: Unter dem Schatten deiner Flügel. Aus den Tagebüchern der Jahre 1932–1942. Gießen 2002.
Koch, Hugo: Rosenberg und die Bibel. Zum Streit um den ‚Mythus des 20. Jahrhunderts'. Leipzig 1935.
Kolb, Annette: Gelobtes Land – gelobte Länder. In: Hochland 43 (1950/51), S. 274–287.
Kolbenheyer, Erwin G.: Wie wurde der deutsche Roman Dichtung? In: Zeitschrift für Bildung (1936), S. 465–475.
Körner, Josef: [Rez.] Friedrich Schlegel. Neue philosophische Schriften. In: Hochland 32,2 (1935), S. 84–86.
Krieck, Ernst: Ist der Nationalsozialismus universalistisch? In: Volk im Werden (1935), S. 184–186.
Krieck, Ernst, Bernhard Rust: Das nationalsozialistische Deutschland und die Wissenschaft. Heidelberger Reden. Hamburg 1936.
Kullak, Max: Heroische Weltanschauung im geschichtlichen Roman der Gegenwart. In: Zeitschrift für Deutschkunde 48 (1934), S. 163–169.
Kuß-Kleineidam, Otto: Die Kirche in der Zeitenwende. Salzburg 1934.
Lampe, Jörg: Der Mensch unter dem Verhängnis. Bergengruens neuer Roman. In: Neues Wiener Tagblatt (Reichsausgabe), 11.11.1940.
Landmesser, Franz: Katholizismus und neue Ordnung. In: Der katholische Gedanke 6 (1933/34), S. 122.
Langenbucher, Hellmuth: Die Neuerscheinungen im Herbst 1940. In: Bücherkunde 8 (1941), S. 9–13.
Lasker-Schüler, Else: Abendzeit, Meine Mutter, Ein Liebeslied, Die Verscheuchte. In: Hochland 41 (1948/49), S. 37, 56, 56, 78.
Lasker-Schüler, Else: Ich weiß. In: Hochland 42 (1949/50), S. 352.
Lehmann, Gerhard: Das Nietzschebild der Gegenwart. In: Friedrich Nietzsche. Werke, Bd. 1. Hg. v. Gerhard Lehmann. Stuttgart 1939.
Lehmann, Gerhard: Die deutsche Philosophie der Gegenwart. Stuttgart 1943.
Loesch, Ronald: Besprechung für das Literaturblatt der Frankfurter Zeitung, 08.12.1940.

Lortz, Josef: Katholischer Zugang zum Nationalsozialismus. Münster 1933.
Lothar, Helmut: Neugermanische Religion und Christentum. Gütersloh 1934.
Lützeler, Heinrich: Historische Romane. In: Hochland 30,1 (1932/33), S. 457–462.
Mannheim, Karl: Das Problem einer Soziologie des Wissens. In: Wissenssoziologie.
 Auswahl aus dem Werk. Hg. v. Kurt H. Wolff. Neuwied, Berlin 1964, S. 308–387.
Mannheim, Karl: Ideologie und Utopie. Frankfurt am Main [8]1995.
Mannheim, Karl: Ideologische und soziologische Interpretation der geistigen Gebilde.
 In: Jahrbuch für Soziologie 2. Hg. v. Gottfried Salomon. Karlsruhe 1926, S. 425–440.
Mann, Otto: Friedrich Schlegels Konversion. In: Hochland 31,1 (1933), S. 276.
Marcuse, Ludwig: Die Erhebung der Christen. In: Die Sammlung 1 (1934), S. 339–354.
Martin, Alfred von: Coluccio Salutati und das humanistische Lebensideal. Ein Kapitel aus der
 Genesis der Renaissance. Berlin, Leipzig 1916.
Martin, Alfred von: Katholizismus und Protestantismus in der Gegenwart. In: Hochland
 20.2 (1922/23), S. 658–661.
Martin, Alfred von: Das Wesen der romantischen Religiosität. In: Deutsche Vierteljahrsschrift
 für Literaturwissenschaft und Geistesgeschichte 2 (1924), S. 367–417.
Martin, Alfred von: Posthumer Nietzscheanismus. In: Hochland 21,2 (1923/24), S. 430–434.
Martin, Alfred von: Nochmals: Alpinismus und Antisemitismus. In: Die Alpen 1 (1925), S. 51–52,
 S. 140–142.
Martin, Alfred von: Romantischer Katholizismus und katholische Romantik. In: Hochland
 23,1 (1925/26), S. 315–337.
Martin, Alfred von: Petrarca und Machiavelli. In: Deutsche Vierteljahrsschrift für
 Literaturwissenschaft und Geistesgeschichte 5 (1927), S. 456–484.
Martin, Alfred von: Civitas Dei oder von der Leibwerdung des Geistes. In: Hochland
 24.2 (1926/27), S. 87–92.
Martin, Alfred von: Petrarca und die Romantik der Renaissance. In: Historische Zeitschrift
 138,2 (1928), S. 328–344.
Martin, Alfred von: Romantische Konversionen. In: Logos XVII (1928), S. 141–164.
Martin, Alfred von: Neuere Romantikliteratur. In: Historische Zeitschrift 140,2 (1929),
 S. 364– 377.
Martin, Alfred von: Soziologie als Resignation und Mission. In: Neue Schweizer Rundschau
 23 (1930), S. 20–25.
Martin, Alfred von: Kultursoziologie der Renaissance. In: Handwörterbuch der Soziologie.
 Hg. v. Alfred Vierkandt. Stuttgart 1931, S. 495–510.
Martin, Alfred von: Kultursoziologie des Mittelalters. In: Handwörterbuch der Soziologie.
 Hg. v. Alfred Vierkandt. Stuttgart 1931, S. 370–390.
Martin, Alfred von: Soziologie der Renaissance. Zur Physiognomik und Rhythmik bürgerlicher
 Kultur. Stuttgart 1932.
Martin, Alfred von: Zur Soziologie der Gegenwart. In: Archiv für Kulturgeschichte 27 (1937),
 S. 94–119.
Martin, Alfred von: Geistige Wegbereiter des deutschen Zusammenbruchs. Nietzsche und
 Spengler. In: Hochland 39 (1946/47), S. 230–244.
Martin, Alfred von: Die Religion in Jacob Burckhardts Leben und Denken. Eine Studie zum
 Thema Humanismus und Christentum. München 1942.
Martin, Alfred von: Die Religion Jacob Burckhardts. Eine Studie zum Thema Humanismus und
 Christentum. München 1947.
Martin, Alfred von: Nietzsche und Burckhardt. München 1941, [2]1942.

Martin, Alfred von: Nietzsche und Burckhardt. Zwei geistige Welten im Dialog. München 1947.
Martin, Alfred von: Der heroische Nihilismus und seine Überwindung. Krefeld 1948.
Martin, Alfred von: Der Soziologe Jakob Burckhardt. In: Geist und Gesellschaft. Soziologische Skizzen zur europäischen Kulturgeschichte. Hg. v. dems. Frankfurt am Main 1948, S. 206–223.
Martin, Alfred von: Geist und Gesellschaft. Soziologische Skizzen zur europäischen Kulturgeschichte. Frankfurt am Main 1948.
Martin, Alfred von: Ordnung und Freiheit. Materialien und Reflexionen zu Grundfragen des Soziallebens. Frankfurt am Main 1956.
Martin, Alfred von: Soziologie. Die Hauptgebiete im Überblick. Berlin 1956.
Martin, Alfred von: Die Intellektuellen als gesellschaftlicher Faktor. In: ders.: Mensch und Gesellschaft heute. Frankfurt am Main 1965, S. 184–240.
Martin, Alfred von: Soziologie der Renaissance und weitere Schriften. Hg. v. Richard Faber und Christine Holste. Wiesbaden 2016.
Martin, Alfred von: Die Krisis des bürgerlichen Menschen. Hg. v. Richard Faber und Christine Holste. Wiesbaden 2019.
Meißinger, Karl August: Neue Romantikerbriefe. [Rez.] Körner, Josef (Hrsg.): Krisenjahre der Frühromantik. Briefe aus dem Schlegelkreis. Brünn 1937. In: Hochland 34,2 (1936/37), S. 259–260.
Meißinger, Karl August: Romantikerbriefe. In: Hochland 36,1 (1938/39), S. 85–86.
Meister Eckehart. Schriften und Predigten. Übertragen und eingeleitet von H. Büttner. Jena 1903.
Muth, Carl: Die litterarischen Aufgaben der deutschen Katholiken. Gedanken über katholische Belletristik und litterarische Kritik, zugleich eine Antwort an seine Kritiker. Mainz 1899.
Muth, Carl: Ein Vorwort zu „Hochland". In: Hochland 1,1 (1903/04), S. 1–8.
Muth, Carl: Die Wiedergeburt der Dichtung aus dem religiösen Erlebnis. Gedanken zur Psychologie des katholischen Literaturschaffens. Kempten u.a. 1909.
Muth, Carl: Die neuen Barbaren und das Christentum. In: Hochland 16,1 (1918/19), S. 585–596.
Muth, Carl: Res Publica 1926. Gedanken zur politischen Krise der Gegenwart. In: Hochland 24,1 (1926/27), S. 1–14.
Muth, Carl: Bilanz. Eine Umschau aus Anlaß des 25. Jahrganges. In: Hochland 25,1 (1927/28), S. 1–23.
Muth, Carl: Das Reich als Idee und Wirklichkeit. In: Hochland 30,1 (1932/1933), S. 481–492.
Muth, Carl: Schöpfer und Magier. Leipzig 1935.
Naab, Ingbert: Katholizismus und Nationalsozialismus. In: Der Weg. Monatsschrift für die oberen Klassen der höheren Lehranstalten 8 (1930), S. 19–44.
Nell-Breuning, Oswald: Um den berufsständischen Gedanken. Zur Enzyklika Quadragesimo anno vom 15. Mai 1931. In: Stimmen der Zeit 122 (1932), S. 44.
Neuss, Wilhelm: Der Kampf gegen den Mythus des 20. Jahrhunderts. Ein Gedenkblatt an Clemens August Kardinal Graf Galen. Köln 1947 (= Dokumente zur Zeitgeschichte 4).
Nietzsche, Friedrich: Ecce homo. Frankfurt am Main 2000.
Nötges, Jacob: Nationalsozialismus und Katholizismus. Köln 1931.
Novalis: Schriften. Die Werke Friedrich von Hardenbergs. Hg. v. Richard Samuel u. a. Bd. 2: Das philosophische Werk I. Darmstadt und Stuttgart 1965.
o.V.: Junge Generation und Dichtung. In: Deutsche Bühnenkorrespondenz München, Nr. 27, 06.04.1935.

o.V.: Die Satzung des katholischen Akademikerverbandes. In: Der katholische Gedanke 2 (1929), S. 313–315.
o.V.: Die Scheidung der Geister. Eine Schwarze Liste für Volks- und Schulbüchereien. In: Deutsche Zeitung, Nr. 98, 27.04.1933.
o.V.: Romane und Novellen. Werner Bergengruen: Am Himmel wie auf Erden. In: Leipziger Neueste Nachrichten, 06.12.1941.
o.V.: Studien zum Mythus des XX. Jahrhunderts. In: Amtliche Beilage zum Amtsblatt des Bischöflichen Ordinariats Berlin. Berlin 1934.
o.V.: Völkischer Beobachter vom 24. August 1934, Nr. 236.
o.V.: Weihnachtsbücherschau. In: Hochland 38 (1939/40), S. 135–138.
o.V.: Zwischen den Zeilen. Wie man in Berlin die Wahrheit erfährt. In: Pariser Zeitung, 25.03.1939, S. 2.
Overman, Jakob: Zum Streit um die Romantik. In: Stimmen aus Maria Laach 81 (1911), S. 171–179.
Panter, Peter [Kurt Tucholsky]: So verschieden ist es im menschlichen Leben. In: Die Weltbühne 27,1 (1931), S. 776–777.
Papendick, Gertrud: Von der Furcht und ihrer Überwindung. In: Königsberger Allgemeine Zeitung, 07.12.1940.
Paulsen, Friedrich: Katholizismus und Wissenschaft (1899). In: ders.: Philosophia militans. Gegen Klerikalismus und Naturalismus. Berlin 1908, S. 85–97.
Pechel, Rudolf: Burckhardt oder Nietzsche. In: Deutsche Rundschau 67 (1941), S. 86–93.
Pechel, Rudolf: Deutscher Widerstand. Erlenbach-Zürich 1947.
Pechel, Rudolf: Zwischen den Zeilen. Der Kampf einer Zeitschrift für Freiheit und Recht. Aufsätze von Rudolf Pechel 1932–1942. Wiesentheid 1948.
Peterson, Erik: [Rez.] Salin, Edgar: Civitas Dei, Tübingen 1926. In: Schmollers Jahrbuch 50 (1926), S. 860 – 662.
Pietsch, Max: „Die" Katholische Universität in Salzburg. Bericht über den akademischen Festakt vom 15. August 1934 mit der Ansprache des Bundespräsidenten Wilhelm Miklas und der Festrede des Universitätsprofessors Wilhelm Schmidt. Salzburg 1934.
Platz, Hermann: Deutschland – Frankreich und die Idee des Abendlandes. Köln 1924.
Przywara, Erich: Die Problematik der Neuscholastik. In: Kant-Studien 33 (1928), S. 73–98.
Reck-Malleczewen, Friedrich: Tagebuch eines Verzweifelten. Frankfurt am Main 1994.
Röhl, Hansulrich: Im Banne der Furcht. In: Der Danziger Vorposten, 18.08.1941.
S.: Mythos oder Religion. In: Hochland 32,1 (1934/35), S. 278–279.
Salin, Edgar: Jacob Burckhardt und Nietzsche. Basel ²1948.
Samuel, Richard: Die poetische Staats- und Geschichtsauffassung Friedrich von Hardenbergs. Frankfurt am Main 1925.
Sartre, Jean-Paul: Was ist Literatur? Ein Essay. Hamburg 1958.
Sartre, Jean-Paul: Paris unter der Besatzung. Artikel und Reportagen 1944–1945. Hg. v. Hanns Grössel. Reinbek 1980.
Schaezler, Karl: Das „Hochland" und der Nationalsozialismus. Anläßlich eines Buches. In: Hochland 57 (1964/65), S. 221–231.
Schäffler, Michael [Alois Dempf]: Die Glaubensnot der deutschen Katholiken. Zürich 1934.
Scharnagl, Anton: Die nationalsozialistische Weltanschauung. Eichstätt 1931.
Scharnagl, Anton: Völkische Weltanschauung und wir Katholiken. München ²1932.
Scheler, Max: Soziologische Neuorientierung und die Aufgaben der deutschen Katholiken nach dem Krieg. In: Hochland 13,2 (1915/16), S. 188–204, S. 257–294.

Schellberg, Wilhelm: Joseph von Görres. München-Gladbach 1922.
Schlund, Erhard: Eine Hilfe im Weltanschauungskampf der Gegenwart. Hildesheim 1941.
Schlund, Erhard: Orientierung. Eine Hilfe im Weltanschauungskampf der Gegenwart. Leipzig 1931.
Schmidt, Gerhart: Anmerkungen zum historischen Roman. In: Die Neue Literatur (1940), S. 132–137.
Schmidt, Raymund: Das Judentum in der deutschen Philosophie. In: Handbuch der Judenfrage. Die wichtigsten Tatsachen zur Beurteilung des jüdischen Volkes. Leipzig ^{38}1939, S. 391–401.
Schmidt, Wilhelm: Rasse und Weltanschauung. In: Die Kirche in der Zeitwende. Hg. v. Erich Kleineidam, Otto Kuss. Salzburg, Leipzig 1936, S. 335–356.
Schmitt, Carl: Politische Romantik. Berlin ^{2}1925.
Schmitt, Carl: Romantik. In: Hochland 22,1 (1924/25), S. 157–171.
Schnabel, Franz: Böhmen, das Reich und die deutsche Romantik. In: Hochland 36,2 (1938/39), S. 89–103.
Schneider, Reinhold: Francisco de Xavier. In: Hochland 37 (1939/40), S. 486–498.
Schöning, Franz Josef: [Rez.] Dempf, Alois: Görres spricht zu unserer Zeit. In: Hochland 31,1 (1933/34), S. 266–268.
Schöningh, Franz Josef: An die Bezieher des Hochland. In: Hochland 39 (1946/47), o.S.
Schöningh, Franz Josef: Carl Muth. Ein europäisches Vermächtnis. In: Hochland 39 (1946/47), S. 1–19.
Schwabe, Matthias [Karl Epting]: Frankreich und der Katholizismus. In: Geist der Zeit 16 (1938), S. 317–330.
Simon, Paul: Die Universität in der neuen Zeit. In: Hochland 30,2 (1932/33), S. 481–494.
Simon, Paul: Der Mythus des 20. Jahrhunderts. In: Theologie und Glaube 26 (1934), S. 273–301.
Simon, Paul: Mythos oder Religion. Paderborn 1934.
Simson, Otto von: Humanismus in USA. In: Hochland 40 (1947/48), S. 112–124.
Spann, Othmar: Der wahre Staat. Vorlesungen über Abbruch und Neubau der Gesellschaft (1921). Gesamtausgabe, Bd. 5. Hg. v. Walter Heinrich u.a. Graz 1972.
Sproll, Johannes Baptista: Die Kirche Jesu Christi. Fastenhirtenbrief 1937. Hg. v. dem Bischöflichen Ordinariat Rottenburg. Rottenburg 1937.
Stadler, Ludwig: Die deutsche katholische Universität: Vom Wachsen und Werden der Salzburger Hochschule. Salzburg 1928.
Staiger, Emil: Deutsche Erzähler. ‚Am Himmel wie auf Erden' von Werner Bergengruen. In: Neue Zürcher Zeitung, 24.11.1940.
Stasiewski, Bernhard (Hg.): Akten deutscher Bischöfe über die Lage der Kirche 1933–1945, Bd. 1. Mainz 1968 (= Veröffentlichungen der Kommission für Zeitgeschichte bei der Katholischen Akademie in Bayern, Reihe A: Quellen Bd. 5).
Sternberger, Dolf: Figuren der Fabel. Essays. Berlin 1950.
Sternberger, Dolf: Gut und Böse. Moralische Essais aus drei Zeiten. Schriften IX. Frankfurt am Main, Leipzig 1988.
Sternberger, Dolf: Figuren der Fabel. Essays. Frankfurt am Main, Leipzig 1990.
Stonner, Anton: Germanentum und Christentum. Bilder aus der deutschen Frühzeit zur Erkenntnis deutschen Wesens. Regensburg 1933.
Strachwitz, Hubertus Kraft Graf von: Briefe an Jedermann 15 (1941), S. 1–6.

Strauss, Leo: The Spirit of Sparta or the Taste of Xenophon. In: Social Research 6 (1939), S. 502–553.
Strauss, Leo: Persecution and the Art of Writing. In: Social Research 8,4 (1941), S. 488–504.
Strauss, Leo (Hg.): Persecution and the Art of Writing. Glencoe 1952.
Strauss, Leo: Anleitung zum Studium von Spinozas theologisch-politischem Traktat (1948). In: Texte zur Geschichte des Spinozismus. Hg. v. Norbert Altwicker. Darmstadt 1971, S. 300–361.
Strauss, Leo: German Nihilism. In: Interpretation 26 (1999), S. 353–378.
Strauss, Leo: Hobbes' politische Wissenschaft und zugehörige Schriften – Briefe. Gesammelte Schriften, Bd. 3. Hg. v. Heinrich u. Wiebke Meier. Stuttgart, Weimar 2001.
Strauss, Leo: Korrespondenz Leo Strauss – Karl Löwith. In: Hobbes' politische Wissenschaft und zugehörige Schriften – Briefe. Hg. v. Heinrich u. Wiebke Meier. Stuttgart 2008, S. 607–697.
Strauss, Leo, Alexandre Kojève, Friedrich Kittler. Kunst des Schreibens. Hg. v. Andreas Hiepko. Berlin 2009.
Strauss, Leo: Lecture Notes for ‚Persecution and the Art of Writing' (1939). Ed. v. Hannes Kerber. In: Reorientation. Leo Strauss in the 1930s. Hg. v. Martin D. Yaffe, Richard S. Ruderman. New York 2014, S. 293–304.
Strauss, Leo: Exoteric Teaching (1939). Ed. v. Hannes Kerber. In: Reorientation. Leo Strauss in the 1930s. Hg. v. Martin D. Yaffe, Richard S. Ruderman. New York 2014, S. 275–286.
Strauss, Leo: Supplement 1. Early Plan of ‚Exoteric Teaching'. Ed. v. Hannes Kerber. In: Reorientation. Leo Strauss in the 1930s. Hg. v. Martin D. Yaffe, Richard S. Ruderman. New York 2014, S. 287–290.
Stresau, Hermann: Der historische Roman. In: Neue Rundschau 47 (1936), S. 433–448.
Strobel, Georg Theodor: Miszellaneen literarischen Inhalts, größtentheils aus ungedruckten Quellen. Nürnberg 1779–1782.
Taube, Otto Freiherr von: [Rez.] Bergengruen, Werner: Am Himmel wie auf Erden. In: Die Neue Schau, Dezember 1940.
Taube, Otto Freiherr von: Über Geschichte und Geschichtsdarstellungen. In: Das Innere Reich 3,2 (1936/37), S. 1526–1543.
Voegelin, Eric: Die politischen Religionen [1938]. Hg. v. Peter J. Opitz. München ^{3}2007.
Volpers, Richard: Das Kulturprogramm der Romantik und Richard von Kralik. In: Historisch-politische Blätter für das katholische Deutschland 150 (1912), S. 836–843.
Vonau, G.M.: [Rez.] Am Himmel wie auf Erden. In: Kassler Neueste Nachrichten, 23./24.11.1940
Voßler, Karl: Zu einer europäischen Literaturgeschichte der Gegenwart. In: Hochland 37 (1940/41), S. 248–250.
Wahrmund, Ludwig: Katholische Weltanschauung und freie Wissenschaft. München 1908.
Wasmuth, Ewald: Von der Wahrheit und Unwahrheit der Biographie. In: Hochland 36,2 (1938/39), S. 437–448.
Wassermann, Felix: [Rez.] Martin, Alfred von: Nietzsche und Burckhardt. In: Books Abroad 22,4 (1948), S. 372.
Wiechert, Ernst: Häftling Nr. 7188. Tagebuchnotizen und Briefe. Hg. v. Gerhard Kamin. München 1966.
Wild, Heinz: Die Grundbegriffe der Deutschen Glaubensbewegung. In: Hochland 31,2 (1933/34), S. 412–422.
Winkler, Eugen Gottlob: Erzählende Literatur. In: Hochland 33,2 (1935/36), S. 262–273.

Winnecke, Hedwig: ‚Am Himmel wie auf Erden'. In: Evangelische Frauenzeitung, März 1941, S. 46–48.

Wundt, Max: Das Judentum in der Philosophie. In: Forschungen zur Judenfrage. Bd. 2. Hamburg 1937, S. 75–87.

Darstellungen

Ackermann, Konrad: Der Widerstand der Monatsschrift Hochland gegen den Nationalsozialismus. München 1965.

Ackermann, Konrad: Prophetien wider das Dritte Reich. Der Münchner ‚Hochland'-Kreis um Carl Muth. In: Dem Leben trauen, weil Gott es mit uns lebt. Dokumentation. 88. Deutscher Katholikentag vom 4. bis 8. Juli 1984. Hg. v. Zentralkomitee d. Dt. Katholiken. Paderborn 1984, S. 358–367.

Adam, Christian: Lesen unter Hitler. Autoren, Bestseller, Leser im Dritten Reich. Berlin 2010.

Adler, Hans, Sonja Klocke: Engagement als Thema und als Form. Anmerkungen zur gesellschaftlichen Funktion von Literatur und ihrer Tradition. In: Protest und Verweigerung. Neue Tendenzen in der deutschen Literatur seit 1989. Hg. v. dens. Paderborn 2019, S. 1–22.

Aicher-Scholl, Inge: Erinnerungen an Theodor Haecker. In: Theodor Haecker. Leben und Werk. Texte, Briefe, Erinnerungen, Würdigungen. Hg. v. Bernhard Hanssler. Esslingen 1995.

Albrecht, Andrea: ‚Konstellationen'. Zur kulturwissenschaftlichen Karriere eines astrologisch-astronomischen Konzepts bei Heinrich Rickert, Max Weber, Alfred Weber und Karl Mannheim. In: Scientia Poetica 14 (2010), S. 104–149.

Albrecht, Andrea: Polemik. In: Über die Praxis des kulturwissenschaftlichen Arbeitens. Ein Handbuch. Hg. v. Ute Frietsch und Jörg Rogge. Bielefeld 2013, S. 306–310.

Albrecht, Andrea u.a.: Einleitung: Theorien, Methoden und Praktiken des Interpretierens. In: Theorien, Methoden und Praktiken des Interpretierens. Hg. v. dens. Berlin und New York 2015, S. 1–20.

Albrecht, Andrea u.a. (Hrsg.): Quantitative Ansätze in den Literatur- und Geisteswissenschaften. Systematische und historische Perspektiven. Berlin und Boston 2018.

Albrecht, Andrea, Martin Prager: Angriff oder Erwiderung. Neurath, Horkheimer und die Praxis der Kritik. In: Zeitschrift für Ideengeschichte 13,1 (2019), S. 20–32.

Albrecht, Andrea, Lutz Danneberg, Ralf Klausnitzer, Kristina Mateescu: „Zwischenvölkische Aussprache". Internationale Wissenschaftsbeziehungen in wissenschaftlichen Zeitschriften 1933–1945. Einleitung. In: „Zwischenvölkische Aussprache". Internationaler Austausche in wissenschaftlichen Zeitschriften 1933–1945. Hg. von dens. Berlin, Boston 2020, S. 1–36.

Albrecht, Andrea, Lutz Danneberg, Alexandra Skowronski: „Zwischenvölkisches Verstehen". Zur Ideologisierung der Wissenschaften zwischen 1933 und 1945. In: „Zwischenvölkische Aussprache". Internationaler Austausch in wissenschaftlichen Zeitschriften 1933–1945. Hg. v. Andrea Albrecht, Lutz Danneberg, Ralf Klausnitzer, Kristina Mateescu. Berlin, Boston 2020, S. 39–82.

Altgeld, Wolfgang: Rassistische Ideologie und völkische Religiosität. In: Die Katholiken und das Dritte Reich. Kontroversen und Debatten. Hg. v. Karl-Joseph Hummer, Michael Kißener. Paderborn u.a. 2009, S. 63–82.

Althusser, Louis u.a.: Das Kapital lesen. Hg. und übersetzt von Frieder Otto Wolf. Münster 2015.
Althusser, Louis: Vom ‚Kapital' zur Philosophie von Marx. In: ders. u.a.: Das Kapital lesen. Vollständige und ergänzte Ausgabe mit Retraktationen zum Kapital. Hg. v. Frieder O. Wolf. Übers. v. Eva Pfaffenberger, Frieder O. Wolf. Münster 2015, S. 19–104.
Altman, William H.F.: Leo Strauss on ‚German Nihilism'. Learning the Art of Writing. In: Journal of History of Ideas 68,4 (2007), S. 587–612.
Altman, William H.F.: Review Essay: Pyrrhic Victories and a Trojan Horse in the Strauss Wars. In: Philosophy of the Social Sciences. 39,2 (2009), S. 294–323.
Altman, William H.F. (Hg.): The German Stranger. Leo Strauss and National Socialism. Lanham 2012.
Andersch, Alfred: Deutsche Literatur in der Entscheidung (1948). In: Das Alfred Andersch Lesebuch. Hg. v. Gerd Haffmans. Zürich 1979, S. 111–134.
Anz, Thomas: Handbuch Literaturwissenschaft, Bd. 2: Methoden und Theorien. Stuttgart, Weimar 2007.
Arendt, Hannah: Wahrheit und Lüge in der Politik. Zwei Essays. München ⁴2017.
Arendt, Hannah: Bertolt Brecht 1898–1956. In: Menschen in finsteren Zeiten. Hg. v. Ursula Ludz. München ⁵2019, S. 259–310.
Arning, Holger: Die Macht des Heils und das Unheil der Macht. Diskurse von Katholizismus und Nationalsozialismus im Jahr 1934 – eine exemplarische Zeitschriftenanalyse. Paderborn u.a. 2008.
Arnold, Armin: Die Wahrheit hinter der historischen Kulisse. Bergengruens Roman ‚Am Himmel wie auf Erden'. In: Crisis and Commitment. Studies in German and Russian Literature in Honour of J.W. Dyck. Hg. v. John Whiton, Harry Loewen. Waterloo 1983, S. 1–12.
Aschheim, Steven E.: Nietzsche und die Deutschen. Karriere eines Kults. Stuttgart, Weimar ²2000.
Auerbach, Erich: Figura. In: ders.: Gesammelte Aufsätze zur romanischen Philologie. Hg. v. Matthias Bormuth, Martin Vialon. Bern 1967, S. 75.
Aust, Hugo: Der historische Roman. Stuttgart, Weimar 1994.
Bänziger, Hans: Werner Bergengruen. Weg und Werk. Bern 1961.
Bärsch, Claus-Ekkehard: Alfred Rosenbergs „Mythus des 20. Jahrhunderts" als politische Religion. Das ‚Himmelreich in uns' als Grund völkisch-rassischer Identität der Deutschen. In: Totalitarismus und Politische Religionen. Hg. v. Hans Maier, Michael Schäfer. Paderborn u.a. 1997, S. 227–248.
Bäumler, Harald: Mit Muth ins Hochland. Carl Muths „Beitrag" zum „Modernismus litterarius". Regensburg 2009 (= Theorie und Forschung, Theologie 44).
Baglex, Paul J.: On the Practice of Esotericism. In: Journal of the History of Ideas 53,2 (1992), S. 231–247.
Bahne, Thomas: Person und Kommunikation. Anstöße zur Erneuerung einer christlichen Tugendethik bei Edith Stein. Paderborn 2014.
Baier, Lothar: Vom Erhabenen der proletarischen Revolution. Ein Nachtrag zur ‚Brecht-Lukács-Debatte'. In: Der Streit mit Georg Lukács. Hg. v. Hans-Jürgen Schmitt. Frankfurt am Main 1978, S. 55–76.
Bajohr, Frank, Dieter Pohl: Der Holocaust als offenes Geheimnis. Die Deutschen, die NS-Führung und die Alliierten. München 2006.
Baker, Geoffrey Allen: The Aesthetics of Clarity and Confusion. Literature and Engagement since Nietzsche and the Naturalists. Cham 2016.

Ballestrem, Karl G.: Die Sowjetische Erkenntnismetaphysik und ihr Verhältnis zu Hegel. Dordrecht 1968, S. 86–94.
Bannasch, Bettina: ‚Literatur der Inneren Emigration'. Begriffs- und diskursgeschichtliche Überlegungen. In: Handbuch der deutschsprachigen Exilliteratur. Von Heinrich Heine bis Herta Müller. Hg. v. Bettina Bannasch, Gerhild Rochus. Berlin, Boston 2013, S. 49–72.
Barbera, Sandro: „Er wollte zu Europa, wir wollten zum ‚Reich'". Anmerkungen zu den Nietzsche-Interpretationen von Alfred Baeumler. In: Nietzsche nach dem Ersten Weltkrieg. Bd. 1. Hg. v. dems. und Renate Müller-Buck. Pisa 2006, S. 199–234.
Barbian, Jan-Pieter: ‚Zwischen Gestern und Morgen'. Zur Einführung in einen Tagungsband über eine widersprüchliche Zeitepoche. In: Zwischen Gestern und Morgen. Kriegsende und Wiederaufbau im Ruhrgebiet. Hg. v. dems., Ludger Heid. Essen 1995, S. 9–29.
Barbian, Jan-Pieter: Die vollendete Ohnmacht? Das Verhältnis der Schriftsteller zu den staatlichen und parteiamtlichen „Schrifttumsstellen" im „Dritten Reich". In: Internationales Archiv für Sozialgeschichte der deutschen Literatur 20,1 (1995), S. 137–160.
Barbian, Jan-Pieter: Literary Policy in the Third Reich. In: National Socialist Cultural Policy. Hg. v. Glenn R. Cuomo. New York 1995, S. 155–196.
Barbian, Jan-Pieter: Literaturpolitik im ‚Dritten Reich'. Institutionen, Kompetenzen, Betätigungsfelder. Überarbeitete und aktualisierte Taschenbuchausgabe. München 1995.
Barbian, Jan-Pieter: ‚…nur passiv geblieben'? Zur Rolle von Erich Kästner im ‚Dritten Reich'. In: ‚Die Zeit fährt Auto'. Erich Kästner zum 100. Geburtstag. Katalog zur Ausstellung im Deutschen Historischen Museum Berlin und im Münchner Stadtmuseum. Hg. v. Manfred Wegner. Berlin 1999, S. 119–142.
Barbian, Jan-Pieter: Die vollendete Ohnmacht? Schriftsteller, Verleger und Buchhändler im Dritten Reich. Ausgewählte Aufsätze. Essen 2008.
Barbian, Jan-Pieter: Nationalsozialismus und Literaturpolitik. In: Nationalsozialismus und Exil. Hansers Sozialgeschichte der deutschen Literatur. Bd. 9: 1933–1945. Hg. v. Wilhelm Haefs. München, Wien 2009, S. 53–98.
Barbian, Jan-Pieter: Die doppelte Indizierung. Verbote US-amerikanischer Literatur zwischen 1933 und 1941. In: Verfemt und verboten. Vorgeschichte und Folgen der Bücherverbrennungen 1933. Hg. v. Julius H. Schoeps, Werner Treß. Hildesheim 2010, S. 259–290.
Barbian, Jan-Pieter: Literaturpolitik im NS-Staat. Von der ‚Gleichschaltung' bis zum Ruin. Frankfurt am Main 2010.
Barbian, Jan-Pieter: Zwischen Anpassung und Widerstand. Regimekritische Autoren in der Literaturpolitik des Dritten Reiches. In: Schriftsteller und Widerstand. Facetten und Probleme der ‚Inneren Emigration'. Hg. v. Frank-Lothar Kroll, Rüdiger von Voss. Göttingen 2012, S. 63–98.
Barbian, Jan-Pieter: Leser und Leserlenkung. In: Geschichte des deutschen Buchhandels im 19. und 20. Jahrhundert. Bd. 3: Drittes Reich. Teilband 1. Hg. v. Ernst Fischer, Reinhard Wittmann. Berlin, Boston 2015, S. 197–228.
Barbian, Jan-Pieter: Literaturpolitik im „Dritten Reich": Institutionen, Kompetenzen, Betätigungsfelder. Berlin, Boston 2019.
Barboza, Amalia, Klaus Lichtblau: Einleitung. In: Karl Mannheim: Schriften zur Wirtschafts- und Kultursoziologie. Hg. v. dens. Wiesbaden 2009, S. 7–30.

Barck, Simone: Die Mission des Dichters 1934. In: Wer schreibt, handelt: Strategien und Verfahren literarischer Arbeit vor und nach 1933. Hg. v. Silvia Schlenstedt. Berlin, Weimar ²1986, S. 520–531.
Barck, Simone: Studien zum antifaschistischen Exil deutscher Schriftsteller in der Sowjetunion 1933–1945. Berlin (Ost) 1987.
Baßler, Moritz, Hubert Roland, Jörg Schuster (Hg.): Poetologien deutschsprachiger Literatur 1930–1960. Kontinuitäten jenseits des Politischen. Berlin, Boston 2016.
Bauer, Clemens: Carl Muths und des Hochland Weg aus dem Kaiserreich in die Weimarer Republik. In: Hochland 59 (1966/67), S. 234–247.
Bauer, Gerhard: Sprache und Sprachlosigkeit im ‚Dritten Reich'. Köln 1988.
Baumann, Peter: Die Romane Werner Bergengruens. Zürich 1954.
Baumeister, Martin: Parität und katholische Inferiorität. Untersuchung zur Stellung des Katholizismus im Deutschen Kaiserreich. Paderborn u.a. 1987.
Baumgartner, Alois: Sehnsucht nach Gemeinschaft. Ideen und Strömungen im Sozialkatholizismus der Weimarer Republik. München u.a. 1977.
Baumgärtner, Raimund: Weltanschauungskampf im Dritten Reich. Die Auseinandersetzung der Kirchen mit Alfred Rosenberg. Mainz 1977 (= Veröffentlichungen der Kommission für Zeitgeschichte, Bd. 22).
Becher, Walter: Der Blick aufs Ganze. Das Weltbild Othmar Spanns. München 1985.
Becker, Winfried: Karl Muth und das ‚Hochland'. Kulturelle und politische Impulse für einen Katholizismus „auf der Höhe der Zeit". In: Eigensinn und Bindung. Katholische deutsche Intellektuelle im 20. Jahrhundert. 39 Porträts. Hg. v. Hans-Rüdiger Schwab. Kevelaer 2009, S. 29–45.
Bee, Guido: „Die kleine Hure, die heute in Deutschland Geschichte heißt". Geschichtsreflexionen als Zeitkritik bei Theodor Haecker (1879–1945). In: Freie Anerkennung übergeschichtlicher Bindungen. Katholische Geschichtswahrnehmung im deutschsprachigen Raum des 20. Jahrhunderts. Beiträge des Dresdener Kolloquiums vom 10. bis 13. Mai 2007. Hg. v. Thomas Pittrof und Walter Schmitz. Freiburg im Breisgau u.a. 2010, S. 182–195.
Bendel, Rainer (Hrsg.): Die katholische Schuld? Katholizismus im Dritten Reich – Zwischen Arrangement und Widerstand. Münster u.a. 2002.
Benjamin, Walter: Der Begriff der Kunstkritik in der deutschen Romantik. Bern 1920.
Bergengruen, Werner: Schriftstellerexistenz in der Diktatur. Aufzeichnungen und Reflexionen zu Politik, Geschichte und Kultur 1940 bis 1963. Hg. v. Frank-Lothar Kroll, Luise Hackelsberger, Sylvia Taschka. Berlin, Boston 2005 (Biographische Quellen zur Zeitgeschichte 22).
Berger, David: In der Schule des hl. Thomas von Aquin. Studien zur Geschichte des Thomismus. Bonn 2005.
Berghahn, Cord-Friedrich: ‚Wahrheiten, die man besser verschweigt': Exoterik und Esoterik bei Lessing und Mendelssohn. In: Lessing Yearbook 39 (2012), S. 159–182.
Bergmann, Katja: Werner Bergengruen und die ‚Innere Emigration' – ein topologischer Fehlschluss? In: Schriftsteller und Widerstand. Facetten und Probleme der ‚Inneren Emigration'. Hg. v. Frank-Lothar Kroll, Rüdiger von Voss. Göttingen 2012, S. 319–352.
Bergunder, Michael: Was ist Esoterik? Religionswissenschaftliche Überlegungen zum Gegenstand der Esoterikforschung. In: Aufklärung und Esoterik. Rezeption – Integration – Konfrontation. Hg. v. Monika Neugebauer-Wölk. Tübingen 2008, S. 477–507.

Berning, Vincent und Hans Maier (Hg.): Alois Dempf 1891–1982. Philosoph, Kulturtheoretiker, Prophet gegen den Nationalsozialismus. Weißenhorn 1992.
Berning, Vincent: Der deutsche Katholizismus am Ausgang der Weimarer Republik unter Berücksichtigung des Katholischen Akademikerverbands. Eine Replik. In: Moderne und Nationalsozialismus im Rheinland. Vorträge des Interdisziplinären Arbeitskreises zur Erforschung der Moderne im Rheinland. Hg. v. Dieter Breuer, Gertrude Cepl-Kaufmann. Paderborn u.a. 1997, S. 577–642.
Berzel, Barbara: Die französische Literatur im Zeichen von Kollaboration und Faschismus. Alphonse de Châteaubriant, Robert Brasillach und Jacques Chardonne. Tübingen 2012.
Blank, Herbert, Inge Thöns: Librairie Au Pont de l'Europe. Die erste Exilbuchhandlung in Paris. Göttingen 2018.
Blattmann, Ekkehard: Reinhold Schneiders Ideenlaboratorium. Notate aus dem ‚Freiburger Kreis' um Karl Färber und Reinhold Schneider. In: Die totalitäre Erfahrung. Deutsche Literatur und Drittes Reich. Hg. v. Frank-Lothar Kroll. Berlin 2003, S. 267–301.
Blau, Adrian David: The Irrelevance of (Straussian) Hermeneutics. In: Reading between the lines – Leo Strauss and the History of Early Modern Philosophy. Hg. v. Winfried Schröder. Berlin, Boston 2015, S. 29–56 (= New Studies in the History and Historiography of Philosophy).
Blessing, Eugen: Theodor Haecker. Gestalt und Werk. Nürnberg 1959.
Bluhm, Harald: Die Ordnung der Ordnung. Berlin 2002.
Bluhm, Lothar: Das Tagebuch zum Dritten Reich. Zeugnisse der Inneren Emigration von Jochen Klepper bis Ernst Jünger. Bonn 1991.
Bock, Hans Manfred: Der „Abendland"-Kreis und Hermann Platz. In: Das katholische Intellektuellenmilieu in Deutschland, seine Presse und seine Netzwerke (1871–1963). Le milieu intellectuel catholique en Allemagne, sa presse et ses réseaux (1871–1963). Hg. v. Michel Grunewald, Uwe Puschner. Bern u.a. 2006, S. 337–362.
Böhm, Walter: A. Dempfs „Selbstkritik der Philosophie", ihre Zukunftperspektiven und ihre Grenzen. In: Philosophisches Jahrbuch 68 (1960), S. 84–95.
Bogdal, Klaus-Michael: Neue Literaturtheorien. Eine Einführung. Hamburg ³2005.
Bohlender, Matthias: Die Rhetorik des Politischen. Zur Kritik der politischen Theorie. Berlin 1995.
Bohrer, Karl Heinz: Die Kritik der Romantik. Frankfurt am Main 1989.
Bohrer, Karl Heinz: Die Modernität der Romantik. Zur Tradition ihrer Verhinderung. In: Merkur 42,3 (1988), S. 179–198.
Bollmus, Reinhard: Das Amt Rosenberg und seine Gegner. Stuttgart 1970.
Bopp, Hartwig J.: Die sozialen Strömungen des modernen Katholizismus. Ein Beitrag zum Verständnis des heutigen Gesellschaftsbewusstseins. Köln 1958.
Bourdieu, Pierre: Über einige Eigenschaften von Feldern. In: ders.: Soziologische Fragen. Frankfurt a.M. 1993, S. 107–114.
Braun, Michael, Frank-Lothar Kroll u.a. (Hg.): ‚Gerettet und zugleich von Scham verschlungen'. Neue Annäherungen an die Literatur der ‚Inneren Emigration'. Frankfurt am Main u. a. 2007 (= Trierer Studien zur Literatur 48), S. 59–71.
Braungart, Wolfgang, Gotthard Fuchs und Manfred Koch (Hrsg.): Ästhetische und religiöse Erfahrungen der Jahrhundertwenden. Bd. 1. Paderborn u.a. 1997.
Braungart, Wolfgang: Ästhetischer Katholizismus. Stefan Georges Rituale der Literatur. Tübingen 2007.
Braungart, Wolfgang: Literatur und Religion in der Moderne. Studien. Paderborn 2016.

Brechenmacher, Thomas: Alois Hudal – der „braune Bischof"? In: Freiburger Rundbrief 2/14 (2008), S. 130–132.
Brechenmacher, Thomas: Das Reichskonkordat 1933. Forschungsstand, Kontroversen, Dokumente. Paderborn u.a. 2008 (= Veröffentlichungen der Kommission für Zeitgeschichte, Bd. 109).
Brekle, Wolfgang: Schriftsteller im antifaschistischen Widerstand 1933–1945 in Deutschland. Berlin, Weimar 1985.
Brenner, Peter J.: Catholica non leguntur: Die Literatur im Spannungsverhältnis von Kirche und Wirklichkeit im frühen 20. Jahrhundert. In: Literaturwissenschaftliches Jahrbuch 48 (2007), S. 287–318.
Breuer, Thomas: Widerstand oder Milieubehauptung? Deutscher Katholizismus und NS-Staat. In: Die Herausforderung der Diktaturen. Katholizismus in Deutschland und Italien 1918–1943/45. Hg. v. Wolfram Pyta u.a. Tübingen 2009, S. 223–232.
Breuning, Klaus: Die Vision des Reiches. Deutscher Katholizismus zwischen Demokratie und Diktatur (1929–1934). München 1969.
Brocke, Bernhard vom (Hrsg.): Sombarts „Moderner Kapitalismus". Materialien zur Kritik und Rezeption. München 1987.
Brockmeier, Peter, Gerhard R. Kaiser (Hrsg.): Zensur und Selbstzensur in der Literatur. Würzburg 1996.
Brockstieger, Sylvia, Cornelia Rémi: Hochland-Korrespondenzen. Private und öffentliche Diskussionen um die katholische Publizistik. In: Katholische Publizistik im 20. Jahrhundert. Positionen, Probleme, Profile. Internationale Tagung vom 25. bis 27. Februar 2010. Freiburg. im Breisgau u.a. 2014, S. 101–142.
Broermann, Bruce: The German Historical Novel in Exile after 1933. Calliope contra Clio. London 1986.
Brokoff, Jürgen, Ursula Geitner, Kerstin Stüssel (Hrsg.): Engagement. Konzepte von Gegenwart und Gegenwartsliteratur. Göttingen 2016.
Brose, Thomas: Krieg und Frieden im ‚Hochland'. In: Carl Muth und das ‚Hochland' (1903–1941). Hg. v. Thomas Pittrof. Freiburg im Breisgau u.a. 2018, S. 178–191.
Brüggemann, Heinz: Literarische Technik und soziale Revolution: Versuche über das Verhältnis von Kunstproduktion, Marxismus und literarischer Tradition in den theoretischen Schriften Bertolt Brechts. Hamburg 1973.
Brüggemann, Heinz, Günter Oesterle (Hg.): Walter Benjamin und die romantische Moderne. Würzburg 2009.
Brylla, Wolfgang: ‚Innere Emigration' in Theorie und Praxis. Literatur als Camouflage. In: Germanica Wratislaviensia 135 (2012), S. 41–55.
Bücker, Hanns (Hrsg.): Der Verlag Herder. Ein Bericht über Programm und Zielsetzung, Geschichte und internationale Tätigkeit eines deutschen Verlagshauses. Freiburg im Breisgau 1968.
Burkard, Dominik: Häresie und Mythus des 20. Jahrhunderts. Rosenbergs nationalsozialistische Weltanschauung vor dem Tribunal der Römischen Inquisition. Paderborn u. a. 2005.
Burns, Tony, James Connelly (Hg.): The Legacy of Leo Strauss. Exeter 2015.
Bußhoff, Heinrich: Berufsständisches Gedankengut zu Beginn der 30er Jahre in Österreich und Deutschland. In: Zeitschrift für Politik 13 (1966), S. 451–463.
Carnes, Pack (Hrsg.): Proverbia in Fabula. Essays on the Relationship of the Fable and the Proverb. Bern 1988.

Cartwright, Nancy, Jordi Cat u.a. (Hg.): Otto Neurath. Philosophy between Science and Politics. Cambridge 1996.
Cartwright, Nancy, Jordi Cat: Neurath against Method. In: Origins of Logical Empiricism. Hg. v. Ronald N. Giere u.a. Minneapolis 1996, S. 80–90.
Christians, Annemone: Das Private vor Gericht. Verhandlungen des Eigenen in der nationalsozialistischen Rechtspraxis. Göttingen 2020.
Clemens, Gabriele: Martin Spahn und der Rechtskatholizismus in der Weimarer Republik. Mainz 1983.
Cohen, Robert: Brechts ästhetische Theorie in den ersten Jahren des Exils. In: Ästhetiken des Exils. Hg. v. Helga Schreckenberger. Amsterdam 2003, S. 55–70 (= Amsterdamer Beiträge zur Neueren Germanistik 54).
Coreth, Emerich: Christliche Philosophie im katholischen Denken des 19. und 20. Jahrhunderts. Bd. 3: Moderne Strömungen im 20. Jahrhundert. Graz 1990.
Czapla, Ralf Georg: Römische Reichsidee versus preußischer Staatsgedanke. Politische Konzeptionen in Werner Bergengruens historischem Roman ‚Am Himmel wie auf Erden'. In: Preußische Katholiken und katholische Preußen im 20. Jahrhundert. Hg. v. Richard Faber, Uwe Puschner. Würzburg 2011, S. 146–190.
Dahlheimer, Manfred: Carl Schmitt und der deutsche Katholizismus 1888–1936. Paderborn u.a. 1998.
Dahlke, Benjamin: Die katholische Rezeption Karl Barths: theologische Erneuerung im Vorfeld des Zweiten Vatikanischen Konzils. Tübingen 2010.
Dahms, Hans-Joachim: Philosophie. In: Kulturwissenschaften und Nationalsozialismus. Hg. v. Jürgen Elvert und Jürgen Nielsen-Sikora. Stuttgart 2008, S. 19–51.
Dahms, Paul: Mode im Nationalsozialismus. Zwischen Ideologie und Verwaltung des Mangels. Norderstedt 2012.
Danneberg, Lutz, Hans-Harald Müller: Wissenschaftliche Philosophie und Literarischer Realismus. Der Einfluß des logischen Empirismus auf Brechts Realismuskonzeption in der Kontroverse mit Georg Lukács. In: Realismuskonzeptionen in der Exilliteratur zwischen 1935 und 1940/41. Tagung der Hamburger Arbeitsstelle für Exilliteratur 1986. Maintal 1987, S. 50–64.
Danneberg, Lutz: Interpretation. Kontextbildung und Kontextverwendung, demonstriert an Brechts Keuner-Geschichte ‚Die Frage, ob es einen Gott gibt'. In: SPIEL. Siegener Periodicum zur Internationalen Empirischen Literaturwissenschaft 9,1 (1990), S. 89–130.
Danneberg, Lutz: Philosophische und methodische Hermeneutik. In: Philosophia naturalis 32 (1995), S. 249–269.
Danneberg, Lutz: Zu Brechts Rezeption des Logischen Empirismus. In: Deutsche Zeitschrift für Philosophie 44,3 (1996), S. 363–388.
Danneberg, Lutz u.a. (Hrsg.): Darstellungsformen der Wissenschaften im Kontrast: Aspekte der Methodik, Theorie und Empirie. Tübingen 1998.
Danneberg, Lutz: Zum Autorkonstrukt und zu einem methodologischen Konzept der Autorintention. In: Rückkehr des Autors. Zur Erneuerung eines umstrittenen Begriffs. Hg. v. Fotis Jannidis u.a. Tübingen 1999, S. 77–105.
Danneberg, Lutz, Wilhelm Schernus: Der Streit um den Wissenschaftsbegriff während des Nationalsozialismus – Thesen. In: Literaturwissenschaft und Nationalsozialismus. Hg. von Holger Dainat, Lutz Danneberg. Berlin, New York 2000, S. 41–54.

Danneberg, Lutz: Besserverstehen. Zur Analyse und Entstehung einer hermeneutischen Maxime. In: Regeln der Bedeutung. Zur Theorie der Bedeutung literarischer Texte. Hg. v. Fotis Jannidis u.a. Berlin, New York 2003, S. 644–711.

Danneberg, Lutz: Altphilologie, Theologie und die Genealogie der Literaturwissenschaft. In: Handbuch Literaturwissenschaft. Bd. 3: Institutionen und Praxisfelder. Hg. v. Thomas Anz. Stuttgart, Weimar 2007, S. 3–24.

Danneberg, Lutz: Kontext. In: Reallexikon der deutschen Literaturwissenschaft. Bd. 2. Hg. v. Georg Braungart u.a. Berlin, Boston 2007, Sp. 333–337.

Danneberg, Lutz: Zwischen Asche und Fußabdruck. Zu den Konzepten der Spur im Vergleich mit denen der Quelle und des Einflusses sowie im Spurenlesen als einem grundlegenden Konzept der Beschreibung wissenschaftlichen Arbeitens. In: Scientia Poetica 16 (2012), S. 160–182.

Danneberg, Lutz: Das Sich-Hineinversetzen und der ‚sensus auctoris et primorum lectorum': der Beitrag kontrafaktischer Imaginationen zur Ausbildung der ‚hermeneutica sacra' und ‚profana' im 18. und am Beginn des 19. Jahrhunderts. In: Theorien, Methoden und Praktiken des Interpretierens. Hg. v. Andrea Albrecht u.a. Berlin u.a. 2015, S. 407–458.

Danneberg, Lutz: Hermeneutiken. Bedeutung und Methodologie. Berlin, Boston 2019.

Danneberg, Lutz: Formen der Darstellung (acroamatica – exoterica) sowie der Wissensbildung (cognitio philosophica – communis) und die accommodatio ad captum vulgi [Ms.].

Degenhardt, Ingeborg: Studien zum Wandel des Eckhartbildes. Leiden 1967 (= Studien zur Problemgeschichte der antiken und mittelalterlichen Philosophie Bd. 3).

Delabar, Walter: Zur Dialektik des Modernen in der Literatur im Dritten Reich. In: Literarische Moderne. Begriff und Phänomen. Hg. v. Sabina Becker, Helmuth Kiesel. Berlin, New York 2007, S. 383–402.

Dembeck, Till: Esoterisch lesen. Fiktionalität, Realität und Philologie. In: Literatur als Interdiskurs. Realismus und Normalismus, Interkulturalität und Intermedialität von der Moderne bis zur Gegenwart. Hg. v. Thomas Ernst, Georg Mein. München 2016, S. 217–226.

Denk, Friedrich Anders: Regimekritische Literatur im Dritten Reich. Eine Problemskizze. In: Wort und Dichtung als Zufluchtsstätte in schwerer Zeit. Hg. v. Frank-Lothar Kroll. Berlin 1996, S. 11–33.

Denk, Friedrich: Die Zensur der Nachgeborenen. Zur regimekritischen Literatur im Dritten Reich. Weilheim (OB) ²1995.

Denkler, Horst: Katz und Maus. Oppositionelle Schreibstrategien im ‚Dritten Reich'. In: ders.: Was war und was bleibt? Zur deutschen Literatur im ‚Dritten Reich'. Neuere Aufsätze. Frankfurt am Main 2004, S. 11–28.

Depenbrock, Gerd: Hochland (1903–1971). In: Deutsche Zeitschriften des 17. bis 20. Jahrhunderts. Hg. v. Heinz-Dietrich Fischer. München 1973, S. 291–304.

Descher, Stefan u.a.: Probleme der Interpretation von Literatur. Ein Überblick. In: Literatur interpretieren. Interdisziplinäre Beiträge zur Theorie und Praxis. Hg. v. Jan Borkowski u.a. Münster 2015, S. 11–70.

Descourvières, Benedikt: Utopie des Lesens. Eine Theorie kritischen Lesens auf der Grundlage der Ideologietheorie Louis Althussers. Dargestellt an Texten Georg Büchners, Theodor Fontanes, Ödön von Horváths und Heiner Müllers. St. Augustin 1999.

Deutsch, Kenneth L., John Albert Murley (Hrsg.): Leo Strauss, the Straussians, and the American Regime. Lanham u.a. 1999.

Dirks, Walter: Journalisten unter Hitler. Das Abenteuer der ‚Frankfurter Zeitung'.
 In: Medium 18,2 (1988), S. 45–47.
Dirsch, Felix: Das „Hochland" – Eine katholisch-konservative Zeitschrift zwischen Literatur und Politik 1903–1941. In: Konservative Zeitschriften zwischen Kaiserreich und Diktatur. Fünf Fallstudien. Hg. v. Hans-Christof Kraus. Berlin 2003, S. 45–96.
Dirsch, Felix: Authentischer Konservatismus. Studien zu einer klassischen Strömung des politischen Denkens. Münster 2012.
Dodd, William John: Die Sprachglosse als Ort des oppositionellen Diskurses im ‚Dritten Reich'. Beispiele von Dolf Sternberger, Gerhard Storz und Wilhelm Süskind aus den frühen 1940er Jahren. In: Wirkendes Wort 53,2 (2003), S. 241–251.
Dodd, William John: „Eine Art von geheimer Erleuchtung": Dolf Sternbergers Vademecum zum Gebrauch von Sprichwörtern (1936). In: Literatur für Leser 27,4 (2004), S. 200–215.
Dodd, William John: Jedes Wort wandelt die Welt. Dolf Sternbergers politische Sprachkritik. Göttingen 2007.
Dodd, William John: Zwischen den Zeilen gelesen. Dolf Sternberger ‚Über die Nachahmung' (1942). Eine Probe aufs Exempel. In: Gerettet und zugleich von Scham verschlungen. Neue Annäherungen an die Literatur der ‚Inneren Emigration'. Hg. v. Michael Braun u.a. Frankfurt am Main u.a. 2007 (Trierer Studien zur Literatur 48), S. 59–71.
Dodd, William John: ‚Der Mensch hat das Wort'. Der Sprachdiskurs in der Frankfurter Zeitung 1933–1943. Berlin, Boston 2013.
Dodd, William John: National Socialism and German Discourse. Unquiet Voices. Birmingham 2018.
Doppler, Bernhard: Katholische Literatur und Literaturpolitik. Enrica von Handel Mazzetti: eine Fallstudie. Königstein 1980.
Drury, Shadia: The Political Ideas of Leo Strauss. London 1988.
Držečnik, Ingo: Intellektuelle im ‚Dritten Reich'. In: Intellektuelle im 20. Jahrhundert in Deutschland. Ein Forschungsreferat. Hg. v. Jutta Schlich. Tübingen 2000 (= Internationales Archiv für Sozialgeschichte der deutschen Literatur 11), S. 247–278.
Dülmen, Richard van: Katholischer Konservatismus oder die „soziologische" Neuorientierung. Das „Hochland" in der Weimarer Zeit. In: Zeitschrift für Bayerische Landesgeschichte 36 (1973), S. 254–303.
Eco, Umberto: Das offene Kunstwerk. Frankfurt am Main [12]2012.
Egger, Elke: Catholica non Leguntur: Das Hochland und sein publizistisches Umfeld während der Modernismuskrise. Ein Beitrag zur Literaturdiskussion im deutschen Katholizismus (1903–1914). Berlin 1993.
Eibl, Karl: Selbstbewahrung im Reiche Luzifers? Zu Stefan Andres' Novellen „El Greco malt den Großinquisitor" und „Wir sind Utopia". In: Christliches Exil und christlicher Widerstand. Hg. v. Wolfgang Frühwald und Heinz Hürten. Regensburg 1987, S. 21–46.
Eiden-Offe, Patrick: Das Reich der Demokratie. Hermann Brochs ‚Der Tod des Vergil'. München 2011.
Eikelmann, Manfred: Sprichwort. In: Reallexikon der deutschen Literaturwissenschaft. Bd. 3: P–Z. Hg. v. Jan-Dirk Müller. Berlin, New York 2007, S. 486–489.
Emmerich, Wolfgang: Die Literatur des antifaschistischen Widerstandes in Deutschland. In: Die deutsche Literatur im dritten Reich. Themen, Traditionen, Wirkungen. Hg. v. Horst Denkler, Karl Prümm. Stuttgart 1976, S. 427–458.

Ernst, Thomas: Engagement oder Subversion? Neue Modelle zur Analyse politischer Gegenwartsliteraturen. In: Das Politische in der Literatur der Gegenwart. Hg. v. Stefan Neuhaus, Immanuel Nover. Berlin, Boston 2019, S. 21–44.

Etzemüller, Thomas (Hrsg.): Die Ordnung der Moderne. Social Engineering im 20. Jahrhundert. Bielefeld 2009.

Etzemüller, Thomas: Biographien. Lesen – erzählen – erforschen. Frankfurt am Main, New York 2012.

Faber, Richard, Perdita Ladewig (Hrsg.): Gesellschaft und Humanität. Der Kultursoziologe Alfred von Martin (1882–1979). Würzburg 2013.

Faber, Richard und Perdita Ladwigs: Interview mit M. Rainer Lepsius im Juni 2009 über Alfred von Martin. In: Gesellschaft und Humanität. Der Kultursoziologe Alfred von Martin (1882–1979). Hg. v. dens. Würzburg 2013, S. 11–28.

Faber, Richard: Christlicher Humanismus versus Heroischer Nihilismus. Alfred von Martins liberal-katholische Kultursoziologie des Renaissance-Humanismus – ein wissenssoziologischer Beitrag zur Urgeschichte bürgerlicher Intelligenz. In: Gesellschaft und Humanität. Der Kultursoziologe Alfred von Martin (1882–1979). Hg. v. dems. und Perdita Ladewig. Würzburg 2013, S. 41–82.

Faber, Richard, Christine Holste: Vorwort. In: Alfred von Martin: Soziologie der Renaissance und weitere Schriften. Hg. v. dens. Wiesbaden 2016, S. VII–XVIII.

Faust, Anselm, Bernd Rusinek: Lageberichte rheinischer Gestapostellen. Bd. 2,1: Januar – Juni 1935. Düsseldorf 2014.

Fiedrowicz, Michael: Apologie im frühen Christentum: Die Kontroverse um den christlichen Wahrheitsanspruch in den ersten Jahrhunderten. Paderborn 2005.

Fischer, Norbert (Hrsg.): Kant und der Katholizismus. Stationen einer wechselhaften Geschichte. Freiburg im Breisgau u.a. 2005.

Fleck, Ludwik: Das Problem einer Theorie des Erkennens. In: ders.: Denkstile und Tatsachen. Gesammelte Schriften und Zeugnisse. Hg. v. Sylwia Werner, Claus Zittel. Berlin 2011, S. 260–309.

Fleck, Ludwik: Entstehung und Entwicklung einer wissenschaftlichen Tatsache. Einführung in die Lehre vom Denkstil und Denkkollektiv. Hg. v. Lothar Schäfer, Thomas Schnelle. Frankfurt am Main 1980.

Frankel, Hyman: Marxism and the New Physics. A New Look. In: Science & Society 55,3 (1991), S. 336–347.

Frei, Norbert, Johannes Schmitz: Journalismus im Dritten Reich. München ^{4}2011.

Frenske, Wolfgang: Wie Jesus zum „Arier" wurde. Darmstadt 2005.

Fricke, Harald: Aphorismus. Stuttgart 1984.

Fuchs-Heinritz Werner u.a. (Hrsg.): Lexikon zur Soziologie. Wiesbaden ^{3}1994.

Funke-Schmitt-Rink, Margret: Martin, Alfred von. In: Internationales Soziologenlexikon. Bd. 2. Stuttgart 1984, S. 547.

Gätje, Olaf: Formen unerlaubter Kommunikation in totalen Institutionen – Kassiber. In: Verschlüsseln, Verbergen, Verdecken in öffentlicher und institutioneller Kommunikation. Hg. v. Steffen Pappert, Melani Schröter, Ulla Fix. Berlin 2008, S. 349–373.

Gaiser, Konrad: Exoterisch/esoterisch. In: Historisches Wörterbuch der Philosophie. Bd. 2. Hg. v. Joachim Ritter u.a. Darmstadt 2007, S. 865–868.

Gangl, Manfred: Interdiskursivität und chassés-croisés. Zur Problematik der Intellektuellendiskurse in der Weimarer Republik. In: Schriftsteller als Intellektuelle. Politik und Literatur im Kalten Krieg. Hg. v. Sven Hanuschek. Tübingen 2000, S. 29–48.

Geitner, Ursula: Stand der Dinge. Engagement-Semantik und Gegenwartsliteratur-Forschung. In: Engagement. Konzepte von Gegenwart und Gegenwartsliteratur. Hg. v. Jürgen Brokoff, Ursula Geitner, Kerstin Stüssel. Göttingen 2016, S. 19–58.

Gerber, Stefan: „Romantik" – Zur Historisierung eines politisch-ästhetischen Begriffs. In: Romantik und Freiheit. Wechselspiele zwischen Ästhetik und Politik. Hg. v. Michael Dreyer, Klaus Ries. Heidelberg 2014, S. 45–69.

Gerl-Falkowvitz, Hanna-Barbara: Magie und Erlösung. Zu Werner Bergengruens Grundspannung. In: „...aus einer chaotischen Gegenwart hinaus...". Gedenkschrift für Hermann Kunisch. Hg. v. Lothar Bossle. Paderborn 1996, S. 67–83.

Gerl-Falkovitz, Hanna-Barbara: Einleitung. In: Edith-Stein-Gesamtausgabe. Bd. 2: Übersetzungen von John Henry Newman, Briefe und Texte zur ersten Lebenshälfte (1801–1846). Eingeführt, bearbeitet und hg. v. ders. Freiburg im Breisgau u.a. 2002, S. IX–XXVII.

Giacomin, Maria Cristina: Zwischen katholischem Milieu und Nation. Literatur und Literaturkritik im Hochland (1903–1918). Paderborn u.a. 2009.

Giacomin, Maria Cristina: „Wiederbegegnung von Kirche und Kultur"? Überlegungen zur Literaturkritik des ‚Hochland' (1903–1918). In: Katholische Publizistik im 20. Jahrhundert. Positionen, Probleme, Profile. Hg. v. Walter Hömberg. Freiburg im Breisgau u.a. 2014, S. 77–100.

Giacomin, Maria Cristina: Ein „goldener Mittelweg" zwischen Kirche und moderner Welt? Carl Muth und das Hochland 1903–1914. Mit einem Exkurs zur Gründungsgeschichte des Hochland. In: Carl Muth und das Hochland (1903–1941). Hg. v. Thomas Pittrof. Freiburg im Breisgau u.a. 2018, S. 35–70.

Gilcher-Holtey, Ingrid: Theater und Politik. Bertolt Brechts ‚Eingreifendes Denken'. In: Zwischen den Fronten. Positionskämpfe europäischer Intellektueller im 20. Jahrhundert. Hg. v. ders. Berlin 2006, S. 117–152.

Gillessen, Günther: Auf verlorenem Posten. Die Frankfurter Zeitung im Dritten Reich. Berlin 1986.

Gillessen, Günther: Eine bürgerliche Zeitung ‚auf verlorenem Posten'. Die Frankfurter Zeitung im ‚Dritten Reich'. In: ‚Diener des Staates' oder ‚Widerstand zwischen den Zeilen'? Die Rolle der Presse im ‚Dritten Reich'. Hg. v. Christoph Studt. Berlin u.a. 2007, S. 161–173.

Ginzburg, Carlo: Spurensicherung. Die Wissenschaft auf der Suche nach sich selbst. Berlin ³2002.

Gitschner, Jolán: Die geistige Haltung der Monatsschrift „Hochland" in den politischen und sozialen Fragen ihrer Zeit 1903–1933. München 1951.

Gittig, Heinz: Bibliographie der Tarnschriften 1933 bis 1945. München u.a. 1996.

Gittig, Heinz: Illegale antifaschistische Tarnschriften 1933–1945. Leipzig 1972.

Gladić, Mladen, Erika Thomalla: Literatur als Klartext. Wie Rechte lesen. In: Merkur 75, 862 (2021), S. 5–15.

Göhres, Annette (Hg.): Als Jesus arisch wurde. Kirche, Christen, Juden in Nordelbien 1933–1945. Bremen 2003.

Gołaszewski, Marcin: ‚Intra muros et extra'. Innere Emigration als Problem.
  Ein literaturwissenschaftlicher Überblick. In: Germanica Wratislaviensia 139 (2014),
  S. 39–55.
Gołaszewski, Marcin, Magdalena Kardach, Leonore Krenzlin: Im Reich und außerhalb.
  In: Zwischen Innerer Emigration und Exil. Deutschsprachige Schriftsteller 1933–1945.
  Hg. v. dens. Berlin, Boston 2016, S. 3–10.
Gołaszewski, Marcin, Leonore Krenzlin, Anna Wilk (Hrsg.): Schriftsteller in Exil und Innerer
  Emigration. Literarische Widerstandspotentiale und Wirkungschance ihrer Werke. Berlin
  2019 (= Schriften der Internationalen Ernst-Wiechert-Gesellschaft, Bd. 6).
Golomb, Jacob und Robert S. Wistrich (Hrsg.): Nietzsche, Godfather of Fascism? On the Uses
  and Abuses of a Philosophy. New Jersey 2009.
Graeb-Könneker, Sebastian: Autochtone Modernität. Eine Untersuchung der vom
  Nationalsozialismus geförderten Literatur. Opladen 1996.
Grätz, Katharina: „Kämpfer gegen seine Zeit". Alfred Baeumlers Nietzsche-Deutung und der
  Nationalsozialismus. In: Nietzsche und die Konservative Revolution.
  Hg. v. Sebastian Kaufmann, Andreas Urs Sommer. Berlin u.a. 2018, S. 405–434.
Graf, Willi: Briefe und Aufzeichnungen. Mit einer Einleitung von Walter Jens.
  Hg. v. Anneliese Knoop-Graf und Inge Jens. Frankfurt am Main 1994.
Grimm, Reinhold, Jost Hermand (Hg.): Exil und Innere Emigration. Frankfurt am Main 1972.
Grimm, Reinhold: Innere Emigration als Lebensform. In: ders., Jost Hermand (Hrsg.): Exil und
  Innere Emigration. Frankfurt am Main 1972, S. 31–74.
Grimm, Reinhold: Im Dickicht der Inneren Emigration. In: Die Deutsche Literatur im Dritten
  Reich. Hg. v. Horst Denkler, Karl Prümm. Stuttgart 1976, S. 402–426.
Gruber, Bettina (Hrsg.): Erfahrung und System: Mystik und Esoterik in der Literatur der
  Moderne. Opladen 1997.
Grubmüller, Klaus: Fabel. In: Reallexikon der deutschen Literaturwissenschaft. Bd. 2.
  Hg. v. Georg Braungart u.a. Berlin, Boston 2007, S. 555–558.
Grüttner, Michael: Die nationalsozialistische Wissenschaftspolitik und die Geisteswissen-
  schaften. In: Literaturwissenschaft und Nationalsozialismus. Hg. v. Holger Dainat,
  Lutz Danneberg. Tübingen 2003, S. 13–39.
Grzybek, Peter: Sprichwort und Fabel. Überlegungen zur Beschreibung von Sinnstrukturen in
  Texten. In: Proverbium. Yearbook of International Proverb Scholarship 5 (1988), S. 39–67.
Guerra, Gabriele: Ausnahmezustand des Geistes. Innere Emigration, Tarnung und Widerstand
  im nationalsozialistischen Deutschland. In: Literatur des Ausnahmezustandes
  (1914–1945). Hg. v. Cristina Fossaluzza, Paolo Panizzo. Würzburg 2015, S. 137–160.
Guntermann, Georg: ‚Der spanische Rosenstock' als Versteck? In: Schriftsteller und
  Widerstand. Facetten und Probleme der ‚Inneren Emigration'. Hg. v. Frank-Lothar Kroll,
  Rüdiger von Voss. Göttingen 2012, S. 145–184.
Haas, Peter J.: Militärische Ethik im Totalen Krieg. In: Ideologie und Moral im
  Nationalsozialismus. Hg. v. Wolfgang Bialas, Lothar Fritze. Göttingen 2014, S. 177–192.
Habel, Sabrina: Wahrheitskunst. Brechts Anleitung zum richtigen Lesen. In: Sinn und Form
  69, 3 (2017), S. 422–425.
Hachmann, Gundela: Politisches Engagement. Auf der Suche nach neuen Modellen.
  In: Wirkendes Wort 66,1 (2016), S. 143–160.
Hachtmann, Rüdiger: Das Wirtschaftsimperium der Deutschen Arbeiterfront 1933–1945.
  Göttingen 2012.

Hackelsberger, N. Luise: Das Wort als Waffe. Werner Bergengruen, Carl Muth und der Kreis um die Zeitschrift ‚Hochland' im Dritten Reich. In: Die totalitäre Erfahrung. Deutsche Literatur und Drittes Reich. Hg. v. Frank-Lothar Kroll. Berlin 2003, S. 103–116.

Hacking, Ian: Historical Ontology. London 2002.

Haefs, Wilhelm: Werner Bergengruen. In: Deutsche Dichter. Leben und Werk deutschsprachiger Autoren. Hg. v. Gunter E. Grimm. Stuttgart 1989, S. 403–411. (= Universal-Bibliothek 8617)

Haefs, Wilhelm (Hrsg.): Nationalsozialismus und Exil 1933–1945. München, Wien 2009 (= Hansers Sozialgeschichte der deutschen Literatur vom 16. Jahrhundert bis zur Gegenwart, Bd. 9).

Haefs, Wilhelm: Einleitung. In: Nationalsozialismus und Exil 1933 – 1945. Hg. v. dems. München, Wien 2009, S. 7–52 = (Hansers Sozialgeschichte der deutschen Literatur vom 16. Jahrhundert bis zur Gegenwart 9).

Hämmerle, Alphons: Heile Welt. In: Spruch und Widerspruch. Europäische Dichtung. 12 Esssays. Goldau 1989, S. 16–21 (= Innerschweizer Lyrik- und Prosatexte, Bd. 6).

Häsner, Bernd: Der Dialog. Strukturelemente einer Gattung zwischen Fiktion und Theoriebildung. In: Poetik des Dialogs. Aktuelle Theorie und rinascimentales Selbstverständnis. Hg. v. Klaus W. Hempfer. Stuttgart. 2004, S. 13–65.

Hagedorn, Jonas: Kapitalismuskritische Richtungen im Katholizismus der Zwischenkriegszeit. Drei Korporatismuskonzepte und ihre Relevanz für die frühe Bundesrepublik. In: Kapitalismuskritik im Christentum. Positionen und Diskurse in der Weimarer Republik und der frühen Bundesrepublik. Hg. v. Matthias Casper, Karl Gabriel, Hans-Richard Reuter. Frankfurt am Main 2016, S. 111–141.

Hagedorn, Jonas: Oswald von Nell-Breuning SJ. Aufbrüche der katholischen Soziallehre in der Weimarer Republik. Paderborn 2018.

Hammerstein, Notker: Das Historische Seminar der Frankfurter Universität. In: Frankfurter Historiker. Hg. v. Evelyn Brockhoff, Bernd Heidenreich, Michael Maaser. Göttingen 2017, S. 15–57.

Hanisch, Ernst: Der katholische Literaturstreit. In: Der Modernismus. Beiträge zu seiner Erforschung. Hg. von Erika Weinzierl. Graz, Wien 1974, S. 125–160.

Hanssler, Bernhard, Hinrich Siefken (Hrsg.): Theodor Haecker. Leben und Werk. Texte, Briefe, Erinnerungen, Würdigungen. Esslingen 1995.

Hanuschek, Sven: Kästners Kriegstagebücher. Eine Einführung. In: Kästner, Erich: Das Blaue Buch. Geheimes Kriegstagebuch 1941–1945. Hg. v. Sven Hanuschek u.a. Zürich 2018, S. 7–42.

Hanuschek, Sven: Wir leben noch. Erich und Ida Kästner, Kurt Vonnegut und der Feuersturm von Dresden. Zürich 2018.

Harbou, Knud von: Wege und Abwege. Franz Josef Schöningh, Mitbegründer der Süddeutschen Zeitung. Eine Biografie. München 2013.

Hausmann, Frank-Rutger: „Auch im Krieg schweigen die Musen nicht." Die deutschen wissenschaftlichen Institute im Zweiten Weltkrieg. Göttingen ²2002.

Heeg, Günther: Die Wendung zur Geschichte: Konstitutionsprobleme antifaschistischer Literatur im Exil 1933–1945. Stuttgart 1977.

Hegselmann, Rainer: Alles nur Mißverständnisse? Zur Vertreibung des Logischen Empirismus aus Österreich und Deutschland. In: Vertriebene Vernunft. Bd. 2: Emigration und Exil österreichischer Wissenschaft 1930–1940. Hg. v. Friedrich Stadler. Münster 2004, S. 188–203.

Hermand, Jost: Kultur in finsteren Zeiten. Nazifaschismus, Innere Emigration, Exil. Köln u.a. 2010.
Hesse, Mary Brenda: Models and Analogies in Science. Notre Dame 1966.
Hey'l, Bettina: Der historische Roman. In: Nationalsozialismus und Exil 1933–1945. Hg. v. Wilhelm Haefs. München, Wien 2009, S. 310–335 (= Hansers Sozialgeschichte der deutschen Literatur vom 16. Jahrhundert bis zur Gegenwart, Bd. 9).
Hiepko, Andreas: Exordium. Früchte einer Fernbeziehung. In: Leo Strauss. Alexandre Kojève. Friedrich Kittler. Kunst des Schreibens. Hg. v. Andreas Hiepko. Berlin 2009, S. 11–22.
Hilpert, Konrad: Gewissen. In: Lexikon für Theologie und Kirche. Bd. 4. Hg. v. Walter Kaspar. Freiburg im Breisgau u.a. 2009, S. 622.
Hocke, Gustav René: Europäische Tagebücher aus vier Jahrhunderten. Motive und Anthologie. Frankfurt am Main 1991.
Hömberg, Walter, Thomas Pittrof (Hrsg.): Katholische Publizistik im 20. Jahrhundert. Positionen, Probleme, Profile. Baden-Baden 2014.
Höpfner, Hans-Paul: Die Universität Bonn im Dritten Reich. Akademische Biographien unter nationalsozialistischer Herrschaft. Bonn 1999.
Hoffmann, Torsten: Ästhetischer Dünger. Strategien neurechter Literaturpolitik. In: Deutsche Vierteljahresschrift für Literaturwissenschaft und Geistesgeschichte 95 (2021), S. 219–254.
Hoffmeister, Gerhart: Forschungsgeschichte. In: Romantik-Handbuch. Hg. v. Helmut Schanze. Stuttgart ²2003, S. 178–192.
Hollerich, Michael: Catholic Anti-Liberalism in Weimar. Political Theology and its Critics. In: The Weimar Moment. Liberalism, Political Theology, and Law. Hg. v. Leonard v. Kaplan, Rudy Koshar. New York u.a. 2012, S. 17–46.
Holmes, Stephen: The Anatomy of Anti-Liberalism. Cambridge 1993.
Holzhey, Helmut, Walter Ch. Zimmerli (Hrsg.): Esoterik und Exoterik der Philosophie: Beiträge zu Geschichte und Sinn philosophischer Selbstbestimmung. Rudolf W. Meyer zum 60. Geburtstag. Basel 1977.
Holzhey, Helmut, Wolfgang Röd: Die Philosophie des ausgehenden 19. und des 20. Jahrhunderts, Bd. 12,2: Neukantianismus, Idealismus, Realismus, Phänomenologie. München 2004.
Honold, Alexander und Rolf Parr (Hrsg.): Grundthemen der Literaturwissenschaft: Lesen. Berlin, Boston 2018.
Hoppe, Ulrich: Zwischen Atum und Mohrenland. Eine theologische Relecture narrativer Texte Werner Bergengruens unter besonderer Berücksichtigung ihrer geschichtstheologischen Möglichkeiten und Grenzen. Münster 2007.
Howse, Robert: Reading Between the Lines. Exotericism, Esotericism, and the Philosophical Rhetoric of Leo Strauss. In: Philosophy and Rhetoric 32,1 (1999), S. 60–77.
Huber, Andreas: Rückkehr erwünscht. Im Nationalsozialismus aus „politischen" Gründen vertriebene Lehrende der Universität Wien. Wien 2016.
Hucke, Karl-Heinz und Olaf Kutzmutz: Engagement. In: Reallexikon der deutschen Literaturwissenschaft, Bd. 1. Hg. v. Georg Braungart u.a. Berlin, New York 2007, S. 446–447.
Hüffer, Anton Wilhelm: Karl Muth als Literaturkritiker. Münster 1959.
Hürten, Heinz: Deutsche Katholiken 1918–1945. Paderborn 1992.

Hürten, Heinz: Karl Muths Hochland in der Vorkriegszeit oder der Preis der Integration.
   In: Bildung und Konfession. Bildung und Konfession: Politik, Religion und literarische
   Identitätsbildung 1850–1918. Hg. v. Martin Huber, Gerhard Lauer. Tübingen 1996,
   S. 133–146 (= Studien und Texte zur Sozialgeschichte der Literatur 59).
Hummerich, Hela: Wahrheit zwischen den Zeilen. Erinnerungen an Benno Reifenberg und die
   Frankfurter Zeitung. Freiburg im Breisgau 1984.
Huntemann, Willi (Hg.): Engagierte Literatur in Wendezeiten. Würzburg 2003.
Hying, Klemens: Das Geschichtsdenken Otto Westphals und Christoph Stedings. Ein Beitrag
   zur Analyse der nationalsozialistischen Geschichtsschreibung. Berlin 1964.
Iber, Harald: Christlicher Glaube oder rassischer Mythus. Die Auseinandersetzung der
   Bekennenden Kirche mit Alfred Rosenbergs „Der Mythus des 20. Jahrhunderts". Frankfurt
   am Main u.a. 1987.
Imbach, Ruedi: Summa, Summenliteratur, Summenkommentare. In: Lexikon für Theologie und
   Kirche, Bd. 9. Hg. v. Michael Buchberger, Walter Kasper. Freiburg im Breisgau u.a. 2006,
   Sp. 1112–1119.
Imhoff, Gérard: Theodor Haeckers Kulturkritik in den ‚Tag- und Nachtbüchern'. In: „...aus einer
   chaotischen Gegenwart hinaus...". Gedenkschrift für Hermann Kunisch.
   Hg. v. Lothar Bossle. Paderborn 1996, S. 113–128.
Imhoff, Gérard: Theodor Haeckers zeit- bzw. unzeitgemäße Betrachtungen in seinen ‚Tag- und
   Nachtbüchern'. In: Le texte et l'ideé 11 (1996), S. 147–164.
Jabłkowska, Joanna: Möglichkeiten und Aporien des Engagements. Eine Reflexion über die
   deutschsprachige Literatur der Nachkriegszeit. In: Vom Eigenwert der Literatur. Reflexion
   zu Funktion und Relevanz literarischer Texte. Hg. v. Andrea Bartl, Marta Famula. Würzburg
   2017, S. 59–76.
Jäger, Christian, Erhard Schütz: Städtebilder zwischen Literatur und Journalismus. Wien, Berlin
   und das Feuilleton der Weimarer Republik. Wiesbaden 1999.
Jahn, Egbert: Integration oder Assimilation ethnischer Minderheiten. Zur Zukunft dänischer,
   sorbischer, italienischer, türkischer, deutscher und anderer Deutschländer in der
   Bundesrepublik Deutschland. Frankfurt am Main 2014.
Janik, Allan: Haecker, Kierkegaard and the Early Brenner. A Contribution to the History of the
   Reception of Two Ages in the German-Speaking World. In: International Kierkegaard
   Commentary. Hg. v. Robert Perkins. Macon 1984, S. 189–222.
Janka, Walter: Schwierigkeiten mit der Wahrheit. Berlin, Weimar 1989.
Jannidis, Fotis, Gerhard Lauer u.a. (Hg.): Rückkehr des Autors. Zur Erneuerung eines umstrit-
   tenen Begriffs. Tübingen 1999.
Jedlitschka, Karsten: Die ‚Parteiamtliche Prüfungskommission zum Schutze des nationalsozia-
   listischen Schrifttums'. Zensurfelder und Arbeitsweise am Beispiel des Münchner Lektors
   Ulrich Crämer. In: Archiv für Geschichte des Buchwesens. Bd. 62. Hg. v. Monika
   Estermann, Ursula Rautenberg. München 2008, S. 213–226.
Kämper, Heidrun: Bertolt Brecht, der Nationalsozialismus und die Sprachkritik. In:
   Die deutsche Sprache in der Gegenwart: Festschrift für Dieter Cherubim zum 60. Geburts-
   tag. Hg. v. Stefan Schierholz. Frankfurt am Main 2000, S. 233–241.
Käsler, Dirk: Martin, Alfred von. In: Neue Deutsche Biographie, Bd. 16. Hg. v. d. Historischen
   Kommission bei der Bayerischen Akademie der Wissenschaften. Berlin 1990, S. 282–283.
Kaiser, Wolf, Helmut Peitsch: Brechts ‚Fünf Schwierigkeiten beim Schreiben der Wahrheit' im
   literaturgeschichtlichen Kontext. In: Diskussion Deutsch. Zeitschrift für Deutschlehrer
   aller Schulformen in Ausbildung und Praxis 13 (1982), S. 379–399.

Kapferer, Norbert: Entnazifizierung und Rekonstruktion versus Ausbürgerung. Friedrich Nietzsche in der philosophischen Kultur und politischen Konstellation Deutschland 1945–1960. In: Nietzscheforschung 3 (1996), S. 37–68.
Karolak, Czesław: Innere Emigration im Spannungsfeld disjunktiver Leseerwartungen. Der lange Schatten der (Selbst-)Zensur im Dritten Reich. In: Zwischen Innerer Emigration und Exil. Deutschsprachige Schriftsteller 1933–1945. Hg. v. Marcin Golaszewski, Magdalena Kardach, Leonore Krenzlin. Berlin, Boston 2016, S. 129–140.
Kast, Josef, Johannes Schaber: Der Beuroner Benediktiner Daniel Feuling. Schaffnersohn aus Lobenfeld. In: Kraichgau. Beiträge zur Landschafts- und Heimatforschung 18 (2003), S. 187–205.
Kateb, Georg: The Questionable Influence of Arendt (and Strauss). In: Hannah Arendt and Leo Strauss. German Émigrés and American Political Thought after World War II. Hg. v. Peter Graf Kielmansegg u.a. Washington D.C. 1995, S. 29–44.
Kauffmann, Clemens: Leo Strauss zur Einführung. Hamburg 1997.
Kaufmann, Helga: Das Problem der Furcht im Werk Werner Bergengruens. München 1984.
Keiderling, Thomas: Enzyklopädisten und Lexika im Dienst der Diktatur? In: Vierteljahrshefte für Zeitgeschichte 60,1 (2012), S. 60–92.
Kerber, Hannes: Leo Strauss und das esoterisch-exoterische Schreiben. In: Aufklärung & Kritik 26,3 (2019), S. 72–92.
Kerber, Hannes: Strauss and Schleiermacher on How to Read Plato. An Introduction to ‚Exoteric Teaching'. In: Reorientation: Leo Strauss in the 1930s. Hg. v. Martin D. Yaffe, Richard Ruderman. New York 2014, S. 203–214.
Kielmansegg, Peter Graf, Horst Mewes, Elisabeth Glaser-Schmidt (Hrsg.): Hannah Arendt and Leo Strauss: German Émigrés and Americal Thought after World War II. Washington D.C. 1995.
Kiesel, Helmuth: Geschichte der literarischen Moderne. Sprache, Ästhetik, Dichtung im 20. Jahrhundert. München 2004.
Kiesel, Helmuth: Geschichte der deutschsprachigen Literatur. Bd. 10: 1918 bis 1933. München 2017.
Kiesel, Helmuth: Voraussetzungen, Entstehungen, Rezeption und Deutung der ‚Marmorklippen'. In: Ernst Jünger: Auf den Marmorklippen. Mit Materialen zu Entstehung, Rezeption und Debatte. Hg. v. Helmuth Kiesel. Stuttgart 2017, S. 296–302.
Kiesel, Helmuth: [Rez.] Pittrof, Thomas (Hrsg.): Carl Muth und das Hochland. In: Literaturwissenschaftliches Jahrbuch 60 (2019), S. 419–242.
Kinkela, Claudia: Die Rehabilitierung des Bürgerlichen im Werk Dolf Sternbergers. Acta Politica, Bd. 3. Würzburg 2001.
Kittstein, Ulrich: Das lyrische Werk Bertolt Brechts. Stuttgart, Weimar 2012.
Klapper, John: *Encouragement* for the ‚Other Germany'? Stefan Andres' Publications in the Krakauer Zeitung 1940–1943. In: The Text and its Context. Studies in Modern German Literature and Society. Hg. v. Nigel Harris, Joanne Sayner. Bern 2008, S. 121–132.
Klapper, John: Categories of the Non-Conformist. The Historical Fiction of Inner Emigration. In: German Life and Letters 67,2 (2014), S. 159–182.
Klapper, John: Nonconformist Writing in Nazi Germany. The Literature of Inner Emigration. Rochester 2015.
Klatt, Gudrun: Vom Umgang mit der Moderne. Ästhetische Konzepte der dreißiger Jahre: Lifschitz, Lukács, Lunatscharski, Bloch, Benjamin. Berlin 1984.

Klausnitzer, Ralf: Blaue Blume unterm Hakenkreuz. Die Rezeption der deutschen literarischen Romantik im Dritten Reich. Paderborn 1999.
Klausnitzer, Ralf: Opposition zur „Stählernen Romantik"? Der Klages-Kreis im Dritten Reich. In: Banalität mit Stil. Zur Widersprüchlichkeit der Literaturproduktion im Nationalsozialismus. Hg. v. Walter Delabar, Horst Denkler, Erhard Schütz. Bern u.a. 1999, S. 43–78 (= Zeitschrift für Germanistik 1999).
Klausnitzer, Ralf: Umwertung der deutschen Romantik? Aspekte der literaturwissenschaftlichen Romantik-Rezeption im Dritten Reich. In: Literaturwissenschaft und Nationalsozialismus. Hg. v. Holger Dainat, Lutz Danneberg. Tübingen 2003, S. 185–214.
Klausnitzer, Ralf: Institutionalisierung und Modernisierung der Literaturwissenschaft seit dem 19. Jahrhundert. In: Handbuch Literaturwissenschaft. Bd. 3. Hg. v. Thomas Anz. Stuttgart, Weimar 2007, S. 70–146.
Klausnitzer, Ralf: Zentrum oder Peripherie. Faszinations- und Wirkungsgeschichte der Heidelberger Romantik in der ersten Hälfte des 20. Jahrhunderts. In: 200 Jahre Heidelberger Romantik. Hg. v. Friedrich Starck, Barbara Becker-Cantarino. Berlin 2008, S. 551–582.
Klausnitzer, Ralf: „Geistvolles Gezwerg" oder Europa-Botschafter der deutschen Romantik? August Wilhelm Schlegel in der Literaturforschung des 20. Jahrhunderts. In: Der Europäer August Wilhelm Schlegel. Romantischer Kulturtransfer – romantische Wissenswelten. Hg. v. York-Gothart Mix, Jochen Strobel. Berlin 2010, S. 219–254.
Klee, Ernst: Das Personenlexikon zum Dritten Reich. Wer war was vor und nach 1945. Frankfurt am Main 2005.
Klieneberger, H.R.: The Christian Writers of the Inner Emigration. Den Haag, Paris 1968.
Klingemann, Carsten: Sozialwissenschaften in Frankfurt während der NS-Zeit. In: Die (mindestens) zwei Sozialwissenschaften in Frankfurt und ihre Geschichte. Ein Symposion des Fachbereichs Gesellschaftswissenschaften aus Anlaß des 75-Jahre-Jubiläums der J.W.-Goethe-Universität Frankfurt, 11./12. Dezember 1989. Hg. v. Heinz Steinert. Frankfurt am Main 1990, S. 101–127.
Knopf, Jan (Hrsg.): Brecht-Handbuch in fünf Bänden. Eine Ästhetik der Widersprüche. Stuttgart, Weimar 2001–2003.
Körling, Martha: Die literarische Arbeit der Zeitschrift Hochland von 1903 bis 1933. Untersuchungen über die Verwirklichung eines publizistischen Programms. Berlin 1958.
König, Traugott: Nachwort. In: Jean-Paul Sartre: Was ist Literatur? Hg. v. Traugott König. Hamburg 1986, S. 226.
Kösling, Peer: „Universalität der Welterfassung". Der Eugen-Diederichs-Verlag – ein Verlag der Neuromantik? In: Romantik, Revolution und Reform. Der Eugen Diederichs Verlag im Epochenkontext 1900–1945. Hg. v. Justus H. Ulbricht, Meike Werner. Göttingen 1999, S. 78–93.
Kösters, Christoph: Katholiken im Dritten Reich: eine wissenschafts- und forschungsgeschichtliche Einführung. In: Die Katholiken und das Dritte Reich. Kontroversen und Debatten. Hg. v. Karl-Joseph Hummel, Michael Kißener. Paderborn 2009, S. 37–61.
Kösters, Christoph: Katholisches Milieu und Nationalsozialismus. Definition, Begriffsgeschichte und das Grundproblem der Bewertung. In: Die Katholiken und das Dritte Reich. Kontroversen und Debatten. Hg. v. Karl-Joseph Hummel, Michael Kißener. Paderborn 2009, S. 145–165.

Konstantinovic, Zoran: Das reine diarische Ich. Zu Theodor Haeckers ‚Tag- und Nachtbüchern 1939–1945'. In: Untersuchungen zum ‚Brenner'. Festschrift für Ignaz Zangerle zum 75. Geburtstag. Hg. v. Walter Methlagl, Eberhard Sauermann, Sigurd Paul Scheichl. Salzburg 1981, S. 229–241.

Korotin, Ilse: Deutsche Philosophen aus der Sicht des Sicherheitsdienstes des Reichsführers SS – Schwerpunkt Österreich. In: Philosophie und Zeitgeist im Nationalsozialismus. Hg. v. Marion Heinz und Goran Gretic. Würzburg 2006, S. 45–66.

Koschorke, Albrecht: Adolf Hitlers „Mein Kampf": Zur Poetik des Nationalsozialismus. Berlin 2016.

Koselleck, Reinhart: Zur historisch-politischen Semantik asymmetrischer Gegenbegriffe. In: ders.: Vergangene Zukunft. Zur Semantik geschichtlicher Zeiten. Frankfurt am Main 1979, S. 211–259.

Kovacs, Teresa: ‚Fremd bin ich eingezogen, fremd zieh ich wieder aus'. AußenseiterInnentum und Innere Emigration bei Elfriede Jelinek und Thomas Bernhard. In: Zwischen Innerer Emigration und Exil. Deutschsprachige Schriftsteller 1933–1945. Hg. v. Marcin Gołaszewski, Magdalena Kardach, Leonore Krenzlin. Berlin, Boston 2016, S. 205–215.

Krämer, Olav: Ethos und Pathos des Metaphysikverzichts bei Ernst Mach, Max Weber und Robert Musil. In: Ethos und Pathos der Geisteswissenschaften. Konfigurationen der wissenschaftlichen Persoa seit 1750. Hg. v. Ralf Klausnitzer u.a. Berlin, Boston 2015, S. 103–132.

Kramer, Ingo: Symptomale Lektüre. Louis Althussers Beitrag zu einer Theorie des Diskurses. Wien 2014.

Kraus, Hans-Christof: Über einige geistesgeschichtliche Voraussetzungen des Nationalsozialismus. In: Die weltanschaulichen Grundlagen des NS-Regimes. Ursprünge, Gegenentwürfe, Nachwirkungen. Hg. v. Manuel Becker, Stephanie Bongartz. Berlin 2011, S. 21–40.

Krejci, Michael: Die Frankfurter Zeitung und der Nationalsozialismus 1923–1933. Würzburg 1965.

Kremer, Detlef: Romantik. In: Reallexikon der deutschen Literaturwissenschaft, Bd. 3. Hg. v. Klaus Weimar u.a. Berlin, Boston 2003, S. 326–331.

Kreppel, Klaus: Feuer und Wasser. Katholische Sozialisten in der Weimarer Republik. In: Kritischer Katholizismus. Zeitung für Theorie und Praxis in Gesellschaft und Kirche 4,6 (1971), S. 4.

Krings, Hermann: Alois Dempf. Ein Nachruf. In: Philosophisches Jahrbuch 90 (1983), S. 225–229.

Krobb, Florian: „Seher und Rufer zu nationalem Selbstbewußtsein". Zur Görres-Rezeption in der Zeit der Weimarer Republik. In: Freie Anerkennung übergeschichtlicher Bindungen. Katholische Geschichtswahrnehmung im deutschsprachigen Raum des 20. Jahrhunderts. Beiträge des Dresdener Kolloquiums vom 10. bis 13. Mai 2007. Hg. v. Thomas Pittrof, Walter Schmitz. Freiburg im Breisgau u.a. 2010, S. 141–159.

Krohn, Claus-Dieter, Erwin Rotermund u.a. (Hg.): Aspekte der künstlerischen Inneren Emigration 1933 bis 1945. München 1994.

Kroll, Frank-Lothar: Geschichtserfahrung und Gegenwartsdeutung bei Werner Bergengruen. In: Wort und Dichtung als Zufluchtsstätte in schwerer Zeit. Hg. von dems. Berlin 1996, S. 45–63.

Kroll, Frank-Lothar: Utopie als Ideologie. Geschichtsdenken und politisches Handeln im Dritten Reich. Paderborn u.a. 1998.
Kroll, Frank-Lothar (Hg.): Die totalitäre Erfahrung. Deutsche Literatur und Drittes Reich. Berlin 2003.
Kroll, Frank-Lothar: Kultur, Bildung und Wissenschaft im 20. Jahrhundert. München 2003 (= Enzyklopädie deutscher Geschichte 65).
Kroll, Frank-Lothar: Intellektueller Widerstand im Dritten Reich. Heinrich Lützeler und der Nationalsozialismus. Berlin 2012.
Kroll, Frank-Lothar: Intellektueller Widerstand im Dritten Reich. Möglichkeiten und Grenzen. In: Schriftsteller und Widerstand. Facetten und Probleme der ‚Inneren Emigration'. Hg. v. dems., Rüdiger von Voss. Göttingen 2012, S. 13–44.
Kroll, Frank-Lothar: Totalitäre Profile. Zur Ideologie des Nationalsozialismus und zum Widerstandspotenzial seiner Gegner. Berlin-Brandenburg 2017.
Kroll, Frank-Lothar, Rüdiger von Voss (Hrsg.): Schriftsteller und Widerstand. Facetten und Probleme der ‚Inneren Emigration'. Göttingen 2012.
Krummel, Richard Frank: Nietzsche und der deutsche Geist, Bde. 1–3. Unter Mitwirkung v. Evelyn S. Krummel. Berlin u.a. 1998.
Kruse, Volker: Historisch-soziologische Zeitdiagnosen nach 1945. Eduard Heimann, Alfred von Martin, Hans Freyer. Frankfurt am Main 1994.
Kühlmann, Wilhelm, Roman Luckscheiter (Hg.): Moderne und Antimoderne. Der Renouveau catholique und die deutsche Literatur. Beiträge des Heidelberger Colloquiums vom 12. bis 16. September 2006. Freiburg im Breisgau u.a. 2008.
Kühn, Peter: Mehrfachadressierung. Untersuchungen zur adressatenspezifischen Polyvalenz sprachlichen Handelns. Tübingen 1995 (= Germanistische Linguistik 154).
Kümmel, Christoph: Wie weit trägt ein Indizienbeweis? Zur archäologischen Überführung von Grabräubern. In: Spuren und Botschaften. Interpretationen materieller Kultur. Hg. v. Tobias L. Kienlin u.a. Münster, S. 135–156.
Kuenzli, Rudolf E.: The Nazi-Appropriation of Nietzsche. In: Nietzsche-Studien 12 (1983), S. 428–435.
Kuropka, Joachim: Warum störten die Dichter das NS-Regime? In: Zwischen Innerer Emigration und Exil. Deutschsprachige Schriftsteller 1933–1945. Hg. v. Marcin Gołaszewski, Magdalena Kardach, Leonore Krenzlin. Berlin, Boston 2016, S. 49–62.
Kurz, Gerhard: Hermeneutische Künste. Die Praxis der Interpretation. Stuttgart 2018.
Kurzke, Hermann: Heidnisches Urgestein. In: Romane von gestern – heute gelesen, Bd. 3. Hg. v. Marcel Reich-Ranicki. Frankfurt am Main 1990, S. 246–250.
Ladwig, Perdita: Das Renaissancebild deutscher Historiker 1898–1933. Frankfurt am Main 2004.
Ladwig, Perdita: Die Kultur der Renaissance als Menetekel der Moderne. In: dies.: Das Renaissancebild deutscher Historiker 1898–1933. Frankfurt am Main 2004, S. 202–277.
Lämmert, Eberhard: Beherrschte Prosa. Poetische Lizenzen in Deutschland zwischen 1933 und 1945. In: Neue Rundschau 86 (1975), S. 404–421.
Lämmert, Eberhard: Beherrschte Literatur. Vom Elend des Schreibens unter Diktaturen. In: Literatur in der Diktatur. Schreiben im Nationalsozialismus und DDR-Sozialismus. Hg. v. Günther Rüther. Paderborn 1997, S. 15–37.
Langer, Markus: Alois Hudal. Bischof zwischen Kreuz und Hakenkreuz. Versuch einer Biographie. Wien 1995.

Laube, Reinhard: Karl Mannheim und die Krise des Historismus. Historismus als wissenssoziologischer Perspektivismus. Göttingen 2004 (= Veröffentlichungen des Max-Planck-Instituts für Geschichte 196).

Lauermann, Manfred: Die Geburt der Soziologie aus dem Geiste der Renaissance. Alfred von Martin im wissenschaftsgeschichtlichen Kontext. In: Gesellschaft und Humanität. Der Kultursoziologe Alfred von Martin (1882–1979). Hg. v. Richard Faber, Perdita Ladwig. Würzburg 2013, S. 155–188.

Lazarowicz, Klaus: Verkehrte Welt. Vorstudien zu einer Geschichte der deutschen Satire. Tübingen 1963.

Leinsle, Ulrich Gottfried: Einführung in die scholastische Theologie. Paderborn 1995.

Lenin, Vladimir Iljitsch: Werke. Bd. 7: September 1903–Dezember 1904. Berlin 1956.

Lepsius, Mario Rainer: Alfred von Martin. In: Kölner Zeitschrift für Soziologie und Sozialpsychologie 31 (1979), S. 826–828.

Leutzsch, Martin: Karrieren des arischen Jesus zwischen 1918 und 1945. In: Die völkisch-religiöse Bewegung im Nationalsozialismus. Eine Beziehungs- und Konfliktgeschichte. Hg. v. Uwe Puschner, Clemens Vollnhals. Göttingen ²2012 (= Schriften des Hannah-Arendt-Instituts für Totalitarismusforschung, Bd. 47), S. 195–218.

Lichtblau, Klaus: Der Eugen Diederichs Verlag und die neuromantische Bewegung der Jahrhundertwende. In: Romantik, Revolution und Reform. Der Eugen Diederichs Verlag im Epochenkontext 1900–1945. Hg. v. Justus H. Ulbricht, Meike Werner. Göttingen 1999, S. 60–77.

Lieb, Ludger: Fabula docet? Überlegungen zur Lehrhaftigkeit von Fabel und Sprichwort. In: Von listigen Schakalen und törichten Kamelen. Die Fabel in Orient und Okzident. Hg. v. Mamoun Fansa, Eckhard Grunewald. Wiesbaden 2008, S. 37–54.

Lilienthal, Volker: Balanceakt. Beispiele publizistischer Opposition im ‚Dritten Reich'. In: Medium 18,2 (1988), S. 41–44.

Lindfors, Pertti: Der dialektische Materialismus und der logische Empirismus. Eine kritische und vergleichende Untersuchung. Jyväskylä 1978.

Linse, Ulrich: Säkularisierung oder neue Religiosität?. In: Recherches Germaniques 27 (1997), S. 117–141.

Littmann, Franz, Jürgen Oppermann, Hansgeorg Schmidt-Bergmann: „In den verwilderten Gärten der Dichtung und Poesie". Der Germanist, Kritiker und Schriftsteller Adolf von Grolman (1888–1973). Kulturkonservative Literaturgeschichtsschreibung zwischen Anpassung und Opposition in der Weimarer Republik und im ‚Dritten Reich'. Heidelberg 2014.

Loewy, Ernst: Literatur unterm Hakenkreuz. Das Dritte Reich und seine Dichtung. Eine Dokumentation. Neuausgabe. Frankfurt am Main, Hamburg 1969.

Longerich, Peter: „Davon haben wir nichts gewusst!" Die Deutschen und die Judenverfolgung 1933–1945. München 2006.

Lottes, Günther: The State of Art. Stand und Perspektiven der ‚intellectual history'. In: Neue Wege der Ideengeschichte. Festschrift für Kurt Kluxen zum 85. Geburtstag. Hg. v. Frank-Lothar Kroll. Paderborn 1996, S. 27–45.

Lüdicke, Lars: Hitlers Weltanschauung. Von „Mein Kampf" bis zum „Nero-Befehl". Paderborn 2016.

Lukács, Georg: Der Kampf zwischen Liberalismus und Demokratie im Spiegel des historischen Romans der deutschen Antifaschisten (1938). In: Deutsche Literatur im Exil 1933–1945. Frankfurt am Main 1974, S. 174–199.

Maier, Hans: Der politische Alois Dempf. In: Neue Gesellschaft, Frankfurter Hefte 40 (1993), S. 706–710.
Maier, Hans: Politische Religionen - Möglichkeiten und Grenzen eines Begriffs. In: Totalitarismus und Politische Religionen. Konzepte des Diktaturvergleichs. Hg. v. Hans Maier, Michael Schäfer. Paderborn u.a. 1997, S. 299–310.
Mallmann, Klaus-Michael, Gerhard Paul: Resistenz oder loyale Widerwilligkeit? Anmerkungen zu einem umstrittenen Begriff. In: Zeitschrift für Geschichtswissenschaft 41 (1993), S. 99–116.
Mandelkow, Robert: Vom Kaiserreich zur neuen Bundesrepublik. Romantikrezeption im Spiegel der Wandlungen von Staat und Gesellschaft in Deutschland. In: ders.: Gesammelte Aufsätze und Vorträge zur Klassik- und Romantikrezeption in Deutschland. Frankfurt am Main u.a. 2001, S. 341–362.
Marten, Rainer: ‚Esoterik und Exoterik' oder ‚Die philosophische Bestimmung wahrheitsfähiger Öffentlichkeit', demonstriert an Platon und Aristoteles. In: Esoterik und Exoterik der Philosophie: Beiträge zu Geschichte und Sinn philosophischer Selbstbestimmung. Rudolf W. Meyer zum 60. Geburtstag. Hg. v. Helmut Holzhey, Walter Ch. Zimmerli. Basel 1977, S. 13–31.
Martus, Steffen: Ernst Jünger. Stuttgart 2001.
Masser, Karin: Theodor Haecker – Literatur in theologischer Fragestellung. Frankfurt am Main 1986.
Matala de Mazza, Ethel: Offene Magazine für Erfahrungswissen: Sprichwörter, Fabeln, Exempel. In: Gattungs-Wissen. Wissenspoetologie und literarische Form. Hg. v. Michael Bies, Michael Gamper, Ingrid Kleeberg. Göttingen 2013, S. 265–284.
Mateescu, Kristina: „mit dem Stempel der Illegalität auf der Stirn". Zu Friedrich Recks ‚Tagebuch eines Verzweifelten'. In: Literatur und Anerkennung. Hg. v. Andrea Albrecht, Tilman Venzl. Wien 2017, S. 325–344.
Mateescu, Kristina: Katholischer Universalismus und nationalsozialistischer Partikularismus. ‚Internationalität' in der Kulturzeitschrift ‚Hochland' (1933–1941). In: „Zwischenvölkische Aussprache". Internationale Wissenschaftsbeziehungen in wissenschaftlichen Zeitschriften 1933–1945. Hg. v. ders., Andrea Albrecht u.a. Berlin 2020, S. 363–397.
Mateescu, Kristina: Reinhold Schneider und das ‚Wunder von Freiburg'. In: Von Hölderlin bis Jünger. Zur politischen Topographie der Literatur im deutschen Südwesten. Hg. v. Thomas Schmidt, Kristina Mateescu. Stuttgart 2020, S. 281–290.
Matthiesen, Michael: Machtstaat und Utopie. In: Nationalsozialismus in den Kulturwissenschaften, Bd. 2. Hg. v. Hartmut Lehmann, Otto Gerhard Oexle. Göttingen 2004, S. 165–198.
Mattioli, Aram: Jacob Burckhardts Antisemitismus. Eine Neuinterpretation aus mentalitätsgeschichtlicher Sicht. In: Schweizerische Zeitschrift für Geschichte 49 (1999), S. 496–529.
Mauersberger, Volker: „Zwischen den Zeilen"? – Rudolf Pechel und sein publizistischer Kampf für Freiheit und Recht. In: „Diener des Staates" oder „Widerstand zwischen den Zeilen"? Die Rolle der Presse im „Dritten Reich". Hg. v. Christoph Studt. Berlin 2007, S. 175–182.
Mayer, Hans: Brecht in der Geschichte. 3 Versuche. Frankfurt am Main 1971.
Mayer, Suso (Hrsg.): Beuroner Bibliographie. Schriftsteller und Künstler während der ersten hundert Jahre des Benediktinerklosters Beuron. 1863–1963. Beuron 1963.
Mayr, Florian: Theodor Haecker. Eine Einführung in sein Werk. Paderborn, München 1994.

Mehnert, Elke: Äsopische Schreibweise bei Autoren der DDR. In: Zensur und Selbstzensur in der Literatur. Hg. v. Peter Brockmeier, Gerhard R. Kaiser. Würzburg 1996, S. 263–273.
Mehring, Reinhard: Carl Schmitt. Aufstieg und Fall. Eine Biographie. München 2009.
Mehring, Reinhard: Kriegstechniker des Begriffs: Biographische Studein zu Carl Schmitt. Tübingen 2014.
Meier, Peter: Die Romane Werner Bergengruens. Bern 1967.
Meier-Stein, Hans-Georg: Die Reichsidee 1918–1945: das mittelalterliche Reich als Idee nationaler Erneuerung. Aschau 1998.
Melzer, Arthur M.: Philosophy between the Lines. The Lost History of Esoteric Writing. London, Chicago 2014.
Menke, Karl-Heinz: Heilsuniversalismus. In: Lexikon für Theologie und Kirche, Bd. 4. Hg. v, Walter Kasper u.a. Freiburg im Breisgau u.a. 2009, Sp. 1349–1351.
Mentzer, Alf, Hans Sarkowicz: Schriftsteller im Nationalsozialismus. Ein Lexikon. Berlin 2011.
Menzler, Nils: Techno-Esoterik in der säkularisierten Moderne. Überzeugungsstrategien, Apparate und die Formung des modernen Subjekts. Wiesbaden 2019.
Merlio, Gilbert: Carl Muth et la revue „Hochland". Entre catholicisme culturel et catholicisme politique. In: Das katholische Intellektuellenmilieu in Deutschland, seine Presse und seine Netzwerke (1871–1963). Hg. v. Grunewald, Michel, Uwe Puschner Bern u.a. 2006, S. 191–210.
Methlagl, Walter: Theodor Haecker und der Brenner. In: Literaturwissenschaftliches Jahrbuch im Auftrag der Görres-Gesellschaft 19 (1978), S. 199–216.
Meyer, Christian: (K)eine Grenze. Das Private und das Politische im Nationalsozialismus 1933–1940. Berlin, Boston 2020.
Meyer, Lutz: Bockelson 2015. Ein Vorwort von Lutz Meyer. In: Friedrich Reck-Malleczewen: Bockelson. Geschichte eines Massenwahns. Hg. v. Götz Kubitschek. Schnellroda 2015, S. 5–12.
Michels, Eckard: Das Deutsche Institut in Paris 1940–1944. Ein Beitrag zu den deutsch-französischen Kulturbeziehungen und zur auswärtigen Kulturpolitik des Dritten Reiches. Stuttgart 1993.
Michelsen, Danny: Wahrheit und Gemeinsinn. Der Begriff des Common Sense im Denken der Strauss-Schule. In: Wissenschaftliche Schulen: Indes. Zeitschrift für Politik und Gesellschaftt 3,3 (2014), S. 60–69.
Mieder, Wolfgang, Lutz Röhrich: Sprichwort. Stuttgart 1977.
Mieder, Wolfgang: Antisprichwörter. Wiesbaden 1982.
Mieder, Wolfgang: Sprichwörter unterm Hakenkreuz. In: Muttersprache 93 (1983), S. 1–30.
Mieder, Wolfgang: Sprichwort – Wahrwort!? Studien zur Geschichte, Bedeutung und Funktion deutscher Sprichwörter. Frankfurt am Main 1992, S. 231–272.
Mieder, Wolfgang: Aphorismen, Sprichwörter, Zitate. Von Goethe und Schiller bis Victor Klemperer. Bern u.a. 2000.
Mieder, Wolfgang: ‚Entflügelte Worte': modifizierte Zitate in Literatur, Medien und Karikaturen. Wien 2016.
Mieder, Wolfgang: ‚Entkernte Weisheiten'. Modifizierte Sprichwörter in Literatur, Medien und Karikaturen. Wien 2017.
Mieder, Wolfgang: ‚Entwirrte Wendungen'. Modifizierte Redensarten in Literatur, Medien und Karikaturen. Wien 2018.

Milkov, Nikoly, Volker Peckhaus (Hrsg.): The Berlin Group and the Philosophy of Logical Empiricism. Dordrecht u.a. 2013 (Boston Studies in the Philosophy and History of Science 273).

Mirbach, Wolfram: Universalismus – Partikularismus. In: Lexikon für Theologie und Kirche, Bd. 10. Hg. v. Walter Kasper u.a. Freiburg im Breisgau u.a. 2006, Sp. 418–419.

Mirbt, Karl-Wolfgang: Methoden publizistischen Widerstandes im Dritten Reich. Nachgewiesen an der ‚Deutschen Rundschau' Rudolf Pechels. Berlin 1958.

Mirbt, Karl-Wolfgang: Theorie und Technik der Camouflage. In: Publizistik 9 (1964), S. 3–16.

Mittenzwei, Werner: Marxismus und Realismus: Die Brecht-Lukács Debatte. In: Sinn und Form 19,1 (1967), S. 235–269.

Mittermann, Thomas: Vom „Günstling" zum „Urfeind" der Juden. Die antisemitische Nietzsche-Rezeption in Deutschland bis zum Ende des Nationalsozialismus. Würzburg 2006.

Moderegger, Johannes Christoph: Modefotografie in Deutschland 1929–1955. o.O. 2000.

Moeller, Hans Bernhard: Literatur zur Zeit des Faschismus. In: Geschichte der deutschen Literatur. Bd. 3. Hg. v. Erhard Bahr. Tübingen 1988, S. 327–432.

Mohn, Erich: Der logische Positivismus. Theorien und politische Praxis seiner Vertreter. Frankfurt am Main, New York 1978 (= Campus: Forschung 25).

Montinari, Mazzino: Nietzsche lesen. Berlin, New York 1982.

Morat, Daniel: Techniken der Verschwiegenheit. Esoterische Gesprächskommunikation nach 1945 bei Ernst und Friedrich Georg Jünger, Carl Schmitt und Martin Heidegger. In: Sehnsucht nach Nähe. Interpersonale Kommunikation in Deutschland seit dem 19. Jahrhundert. Hg. v. Moritz Föllmer. Stuttgart 2004, S. 157–174.

Morat, Daniel: Von der Tat zur Gelassenheit. Konservatives Denken bei Martin Heidegger, Ernst Jünger und Friedrich Georg Jünger 1920–1960. Göttingen 2007 (Veröffentlichungen des Zeitgeschichtlichen Arbeitskreises Niedersachsen 24).

Morrissey, Philip, Gert Reifarth (Hg.): Aesopic Voices. Re-framing Truth through Concealed Ways of Presentation in the 20th and 21st Centuries. Newcastle 2011.

Mrozewska, Anna: Werner Bergengruens ‚Am Himmel wie auf Erden'. Anzeigepflicht versus Destabilisierung eines politischen Systems. In: Colloquia Germanica Stetinensia 16 (2009), S. 73–88.

Müller, Guido: Der „Katholische Akademikerverband" im Übergang von der Weimarer Republik ins „Dritte Reich". In: Moderne und Nationalsozialismus im Rheinland. Hg. v. Dieter Breuer, Gertrude Cepl-Kaufmann. Paderborn 1997, S. 551–576.

Müller, Hans-Harald: Verhandlungen über eine Rezension aus dem ‚Dritten Reich'. In: Wilhelm Emrich. Zur Lebensgeschichte eines Geisteswissenschaftlers vor, in und nach der NS-Zeit, Bd. 2. Hg. v. Jörg Schönert, Ralf Klausnitzer, Wilhelm Schernus. Stuttgart 2018, S. 137–148.

Müller, Klaus-Detlef: Bertolt Brecht: Epoche, Werk, Wirkung. München 2009.

Multhammer, Michael (Hrsg.): Verteidigung als Angriff. Apologie und Vindicatio als Möglichkeiten der Positionierung im gelehrten Diskurs. Berlin, Boston 2015.

Murley, John A. (Hrsg.): Leo Strauss and His Legacy. A Bibliography. New York u.a. 2005.

Muth, Wulfried C.: Carl Muth und das Mittelalterbild des Hochland. München 1974.

Neugebauer-Wölk, Monika: Aufklärung und Esoterik. Rezeption – Integration – Konfrontation. Berlin, Boston 2009 (= Hallesche Beiträge zur Europäischen Aufklärung 37).

Neugebauer-Wölk, Monika: Historische Esoterikforschung, oder: Der lange Weg der Esoterik zur Moderne. In: Aufklärung und Esoterik: Wege in die Moderne. Hg. v. ders. u.a. Berlin, Boston 2013 (= Hallesche Beiträge zur Europäischen Aufklärung 50), S. 37–72.

Neuhaus, Stefan: Der unterschätzte Autor. Plädoyer für eine Entdeckung Erich Kästners durch die Germanistik. In: Moderna Sprak 93,1 (1999), S. 53–58.

Neuhaus, Stefan: Erich Kästner und der Nationalsozialismus. Am Beispiel des bisher unbekannten Theaterstücks ‚Gestern, heute und morgen' (1936) und des Romans ‚Drei Männer im Schnee'. In: Wirkendes Wort 49,3 (1999), S. 372–387.

Neuhaus, Stefan: Schlechte Noten für den Schulmeister? Der Stand der Erich-Kästner-Forschung. In: Literatur in Wissenschaft und Unterricht 32,1 (1999), S. 43–71.

Neuhaus, Stefan, Rolf Selbmann, Thorsten Unger (Hg.): Engagierte Literatur zwischen den Weltkriegen. Würzburg 2002.

Neumann, Michael: Über den Versuch, ein Fach zu verhindern. Soziologie in Göttingen 1920–1950. In: Die Universität Göttingen unter dem Nationalsozialismus. Hg. v. Heinrich Becker u.a. 1998, S. 454–468.

Nollert, Michael: Kreuzung sozialer Kreise: Auswirkungen und Wirkungsgeschichte. In: Handbuch Netzwerkforschung. Hg. v. Christian Stegbauer, Roger Häußling. Wiesbaden 2010, S. 157–165.

Nowak, Leszek: Marxism and Positivism or Dialectics in Books and Dialectics in Action. In: Studies in Soviet Thought 30 (1985), S. 195–218.

Nyssen, Elke: Geschichtsbewusstsein und Emigration. Der historische Roman der deutschen Antifaschisten 1933–1945. München 1974.

o.V.: Summe. In: Wörterbuch der philosophischen Begriffe. Hg. v. Arnim Regenbogen und Uwe Meyer. Hamburg 2013, S. 642.

o.V.: Der deutsche Katholizismus in Deutschland und der Verlag Herder 1801–1951. Freiburg im Breisgau 1951.

Oexle, Otto Gerhard: Ein politischer Historiker. Georg von Below (1858–1927). In: Deutsche Geschichtswissenschaft um 1900. Hg. v. Notker Hammerstein. Wiesbaden, Stuttgart 1988, S. 283–312.

Ogan, Bernd (Hg.): Literaturzensur in Deutschland. Arbeitstexte für den Unterricht. Für die Sekundarstufe. Stuttgart 1988.

Orth, Ernst-Wolfgang: Edmund Husserl. Briefwechsel. In: Philosophische Rundschau 43,1 (1996), S. 34–45.

Ortner, Franz: Die Universität in Salzburg: die dramatischen Bemühungen um ihre Wiedererrichtung 1810–1962. Salzburg 1987.

Orwin, Clifford: Leo Strauss. Moralist or Machiavellian? In: Vital Nexus 1,1 (1990), S. 105–114.

Ostmeyer, Karl-Heinrich: Typologie. In: Religion in Geschichte und Gegenwart, Bd. 8. Hg. v. Hans Dieter Betz u.a. Tübingen [4]2005, Sp. 677f.

Over, Stephanie: Die Abwertung des sinnlich Erscheinenden in Hegels Begriff der romantischen Kunstform. In: Das Geistige und das Sinnliche in der Kunst. Ästhetische Reflexion in der Perspektive des Deutschen Idealismus. Hg. v. Dieter Wandschneider. Würzburg 2005, S. 58–66.

Packard, Stephan: Aesopic Transformation in Scientific Discourse. Observations on Galileo and a Perspective on Dawkins. In: Aesopic Voices. Re-framing Truth through Concealed Ways of Presentation in the 20th and 21st Centuries. Hg. v. Philip Morrissey, Gert Reifarth. Newcastle 2011, S. 292–319.

Padinger, Franz: Geschichte der Salzburger Hochschulwochen. In: Christliche Weltdeutung. Salzburger Hochschulwochen 1931–1981. Hg. v. Paulus Gordan. Graz u.a. 1981, S. 23–58.
Paus, Ansgar u.a.: Mystik. In: Lexikon für Theologie und Kirche, Bd. 7. Hg. v. Walter Kasper. Freiburg im Breisgau u.a. 2009, Sp. 583–597.
Peitsch, Helmut: ‚In Zeit der Schwäche…': Zu Spuren Brechts in der europäischen Debatte über engagierte Literatur. In: Monatshefte 90,3 (1998), S. 358–372.
Peitsch, Helmut: ‚Vereinigungsfolgen'. Strategien zur Delegitimierung von Engagement in Literatur und Literaturwissenschaft der neunziger Jahre. In: Weimarer Beiträge: Zeitschrift für Literaturwissenschaft, Ästhetik und Kulturwissenschaften 47,3 (2001), S. 325–351.
Peitsch, Helmut: Engagement/Tendenz/Parteilichkeit. In: Ästhetische Grundbegriffe. Bd. 2: Dekadent – Grotesk. Hg. v. Karlheinz Barck u.a. Stuttgart, Weimar 2010, S. 178–222.
Pekar, Thomas: Camouflage. In: Historisches Wörterbuch der Rhetorik. Bd. 2. Hg. v. Gert Ueding. Tübingen 1994, Sp. 119–121.
Perels, Christoph: Nachwort. In: Reinhold Schneider: Lyrik. Frankfurt am Main 1981, S. 407–425 (= Gesammelte Werke, Bd. 5).
Petraschka, Thomas: Interpretation und Rationalität. Billigkeitsprinzipien in der philologischen Hermeneutik. Berlin, Boston 2014.
Philipp, Michael: Distanz und Anpassung. Sozialgeschichtliche Aspekte der ‚Inneren Emigration'. In: Aspekte der künstlerischen inneren Emigration 1933–1945. Hg. v. Claus-Dieter Crohn u.a. München 1994, S. 11–30 (= Exilforschung 12).
Piecha, Detlev: Nietzsche und der Nationalsozialismus. Zu Alfred Baeumlers Nietzsche-Rezeption. In: Nietzsche in der Pädagogik? Beiträge zur Rezeption und Interpretation. Hg. v. Christian Niemeyer. Weinheim 1998, S. 132–194.
Pike, David: Lukács and Brecht. Tübingen 1985.
Piper, Ernst: Alfred Rosenberg. Hitlers Chefideologe. München 2005.
Piper, Ernst: „Der Nationalsozialismus steht über allen Bekenntnissen". Alfred Rosenberg und die völkisch-religiösen Erneuerungsbestrebungen. In: Die völkisch-religiöse Bewegung im Nationalsozialismus. Eine Beziehungs- und Konfliktgeschichte. Hg. v. Uwe Puscher, Clemens Vollnhals. Göttingen ²2012, S. 337–354.
Pittrof, Thomas: Literarischer Katholizismus als Forschungsaufgabe. Umrisse eines Forschungsprogramms. In: Literaturwissenschaftliches Jahrbuch 48 (2007), S. 373–394.
Pittrof, Thomas: Katholizismus. In: Handbuch Literatur und Religion. Hg. v. Daniel Weidner. Stuttgart, Weimar 2016, S. 76–83.
Pittrof, Thomas (Hrsg.): Carl Muth und das Hochland (1903–1941). Freiburg im Breisgau u.a. 2018.
Pittrof, Thomas: Drei Thesen zur modernitätshistorischen Einordnung des Hochland der Zwischenkriegszeit. In: Carl Muth und das Hochland (1903–1941). Hg. v. dems. Freiburg. im Breisgau 2018, S. 253–268.
Plank, Peter: Kirche. In: Lexikon für Theologie und Kirche. Bd. 5. Hg. v. Walter Kasper u.a. Freiburg im Breisgau u.a. 2006, S. 1454–1479.
Plank, Peter: Typologie. In: Lexikon für Theologie und Kirche. Bd. 10. Hg. v. Walter Kasper u.a. Freiburg im Breisgau u.a. 2001, Sp. 321–325.
Pöpping, Dagmar: Abendland. Christliche Akademiker und die Utopie der Antimoderne 1900–1945. Berlin 2002.
Popper, Karl: Die offene Gesellschaft und ihre Feinde. London 1945.

Pottier, Joel: Der Widerstand der deutschen christlichen Dichter gegen den Nationalsozialismus am Beispiel Gertrud von le Forts und Werner Bergengruens. In: „...aus einer chaotischen Gegenwart hinaus...". Gedenkschrift für Hermann Kunisch. Hg. v. Lothar Bossle. Paderborn 1996, S. 151–182.

Preußer, Heinz-Peter: Wie baut man sich ein zweites Ich? Erich Kästner als Überlebender des Dritten Reiches und sein ‚Notabene 45'. In: Autobiografie und historische Krisenerfahrung. Hg. v. dems. Heidelberg 2010, S. 81–92 (= Jahrbuch Literatur und Politik 5).

Raab, Heribert: Katholische Wissenschaft – ein Postulat und seine Variationen in der Wissenschafts- und Bildungspolitik deutscher Katholiken während des 19. Jahrhunderts. In: Katholizismus, Bildung und Wissenschaft im 19. und 20. Jahrhundert. Hg. v. Anton Rauscher. Paderborn u.a. 1987, S. 61–91.

Rappmannsberger, Franz: Karl Muth und seine Zeitschrift „Hochland" als Vorkämpfer für die innere Erneuerung Deutschlands. München 1952.

Rassem, Mohamed: Othmar Spann. In: Politische Philosophie des 20. Jahrhunderts. Hg. v. Karl Graf Ballestrem und Henning Ottmann. München 1990, S. 89–104.

Ravetz, Jerome: Marxism and the History of Science. In: Isis 72,3 (1981), S. 393–405.

Rebenich, Stefan: Der Prophet aus Basel. In: Zeitschrift für Ideengeschichte 12,1 (2018), S. 29–44.

Reckwitz, Andreas: Grundelemente einer Theorie sozialer Praktiken. Eine sozialtheoretische Perspektive. In: Zeitschrift für Soziologie 32,4 (2003), S. 282–301.

Reheis, Fritz: Zurück zum Gottesgnadentum. Werner Sombarts Kompromiß mit dem Nationalsozialismus. In: Werner Sombart (1863–1941). Hg. v. Jürgen Backhaus. Marburg 2000, S. 239–258.

Reifenberg, Benno: Die zehn Jahre 1933–1943. In: Die Gegenwart. Sonderheft: Ein Jahrhundert Frankfurter Zeitung 11 (1956), S. 40–54.

Reinhold, Gerd (Hg.): Soziologie-Lexikon. Berlin, New York ⁴2000.

Rémi, Cornella, Sylvia Brockstieger: Hochland-Korrespondenzen. Private und öffentliche Diskussionen um die katholische Publizistik zwischen 1919 und 1928. In: Katholische Publizistik im 20. Jahrhundert. Positionen, Probleme, Profile. Internationale Tagung vom 25. bis 27. Februar 2010. Hg. v. dens. Freiburg im Breisgau u.a. 2014, S. 101–142.

Richter, Reinhart: Nationales Denken im Katholizismus der Weimarer Republik. Münster u.a. 2000.

Riha, Karl: Kritik, Satire, Parodie. Gesammelte Aufsätze zu den Dunkelmännerbriefen, zu Lesage, Lichtenberg, Klassikerparodie, Daumier, Herwegh, Kürnberger, Holz, Kraus, Heinrich Mann, Tucholsky, Hausmann, Brecht, Valentin, Schwitters, Hitler-Parodie und Henscheid. Opladen 1992.

Ringshausen, Gerhard: Der christliche Protest. Konfessionelle Dichtung und nonkonformes Schreiben im Dritten Reich. In: Schriftsteller und Widerstand. Facetten und Probleme der ‚Inneren Emigration'. Hg. v. Frank-Lothar Kroll, Rüdiger von Voss. Göttingen 2012, S. 267–296.

Ritter, Jean-Jacques, Lucien Sittler: Ein Elsässer im Widerstand gegen den Nationalsozialismus. Joseph Rossé und der Alsatia Verlag. In: Buchhandelsgeschichte. Hg. v. der Historischen Kommission des Börsenvereins. Frankfurt a.M. 1982, S. 57–66.

Röhrich, Lutz: Das große Lexikon der sprichwörtlichen Redensarten. Bd. 1. Freiburg im Breisgau u.a. ⁶2003.

Roques, Christian: Die umstrittene Romantik. Carl Schmitt, Karl Mannheim, Hans Freyer und die „politische Romantik". In: Intellektuellendiskurse in der Weimarer Republik. Zur politischen Kultur einer Gemengelage. Hg. v. Manfred Gangl, Gérard Raulet. Frankfurt a. M. ²2007, S. 105–141.

Rossbach, Karlheinz: Heimatkunst der frühen Moderne. In: Naturalismus. Fin de siècle. Expressionismus 1890–1918. Hg. v. York-Gothart Mix. München, Wien 2000, S. 300–313 (= Hansers Sozialgeschichte der deutschen Literatur vom 16. Jahrhundert bis zur Gegenwart. Bd. 7)

Rotermund, Erwin: Artistik und Engagement. Aufsätze zur deutschen Literatur. Hg. v. Bernhard Spies. Würzburg 1994.

Rotermund, Erwin: Beharrung und Anpassung. Die ersten Jahre des deutschen Exildramas (1933–1936). In: ders.: Artistik und Engagement. Hg. v. Bernhard Spies. Würzburg 1994, S. 186–199.

Rotermund, Erwin: Herbert Küsels ‚Dietrich-Eckart'-Artikel vom 23. März 1943. Ein Beitrag zur Hermeneutik und Poetik der ‚verdeckten Schreibweise' im ‚Dritten Reich'.
In: ders.: Artistik und Engagement. Hg. v. Bernhard Spies. Würzburg 1994, S. 239–248.

Rotermund, Erwin: Vorüberlegungen zur Poetik, Rhetorik und Hermeneutik der ‚Verdeckten Schreibweise' im ‚Dritten Reich'. In: Zwischenwelt 6: Literatur der ‚Inneren Emigration' aus Österreich. Hg. v. Johann Holzner, Karl Müller. Wien 1998, S. 27–38.

Rotermund, Erwin, Heidrun Ehrke-Rotermund: Getarnte Regimekritik in Stefan Andres' Kurzprosa der frühen vierziger Jahre. In: Stefan Andres. Zeitzeuge des 20. Jahrhunderts. Hg. v. Michael Braun u.a. Frankfurt am Main u.a. 1999, S. 105–121.

Rotermund, Erwin, Heidrun Ehrke-Rotermund: Zwischenreiche und Gegenwelten. Texte und Vorstudien zur ‚Verdeckten Schreibweise' im ‚Dritten Reich'. München 1999.

Rotermund, Erwin, Heidrun Ehrke-Rotermund: Der Kampf um die deutsche Seele. Religionskritik in der nationalsozialistischen Dichtung und ihre Antikritik in der „Inneren Emigration". In: Religionskritik in Literatur und Philosophie nach der Aufklärung. Hg. v. Carsten Jakobi, Bernhard Spies, Andrea Jäger. Halle 2007, S. 190–206.

Rotermund, Erwin: Probleme der ‚Verdeckten Schreibweise' in der literarischen ‚Inneren Emigration' 1933–1945. Fritz Reck-Malleczewen, Stefan Andres und Rudolf Pechel.
In: ‚Gerettet und zugleich von Scham verschlungen'. Neue Annäherungen an die Literatur der ‚Inneren Emigration'. Hg. v. Michael Braun, Georg Guntermann. Frankfurt am Main 2007, S. 17–38 (Trierer Studien zur Literatur 48).

Rotermund, Erwin: ‚Concealed Writing' (Verdeckte Schreibweise) in the ‚Third Reich': Forms and Problems of Reception. [Übers. v. Gert Reifarth, Paul Brussard]. In: Aesopic Voices. Re-framing Truth through Concealed Ways of Presentation in the 20th and 21st Centuries. Hg. v. Gert Reifarth, Philip Morrissey. Newcastle u.a. 2011, S. 76–100.

Rotermund, Erwin: Melancholische Literatur von Melancholikern? Zur Lyrik der ‚Innere Emigration' 1933–1945. In: Schriftsteller und Widerstand. Facetten und Probleme der ‚Inneren Emigration'. Hg. v. Frank-Lothar Kroll, Rüdiger von Voss. Göttingen 2012, S. 221–241.

Rotermund, Erwin: Verklärung und Kritik. Bilder des preußischen Adels in der Literatur der Inneren Emigration (1933–1945), unter besonderer Berücksichtigung von Werner Bergengruen. In: Adel in Schlesien. Bd. 3: Adel in Schlesien und Mitteleuropa. Literatur und Kultur von der Frühen Neuzeit bis zur Gegenwart. Hg. v. Walter Schmitz in Verbindung mit Jens Stüben und Matthias Weber. München 2013, S. 607–619 (= Schriften des Bundestinstituts für Kultur und Geschichte der Deutschen im östlichen Europa. Bd. 48).

Rotermund, Erwin: Formen und Rezeptionsprobleme der ‚Verdeckten Schreibweise' im ‚Dritten Reich' (1933–1945). In: Zwischen Innerer Emigration und Exil. Deutschsprachige Schriftsteller 1933–1945. Hg. v. Marcin Golaszewski, Magdalena Kardach, Leonore Krenzlin. Berlin, Boston 2016, S. 29–47 (= Schriften der Internationalen Ernst-Wiechert-Gesellschaft 5).

Ruderman, Richard, Martin D. Yaffe (Hrsg.): Reorientation: Leo Strauss in the 1930s. New York 2014.

Rüther, Günther (Hg.): Literatur in der Diktatur. Schreiben im Nationalsozialismus und DDR-Sozialismus. Paderborn u.a. 1997.

Sarkowicz, Hans, Alf Mentzer: Schriftsteller im Nationalsozialismus. Ein Lexikon. Berlin 2011.

Schaber, Johannes: Zwischen Theologie und Seelsorge. Der Beuroner Benediktinerphilosoph Daniel Feuling (1882–1947). In: Erbe und Auftrag 79 (2003), S. 206–223.

Schaber, Johannes: Der Beuroner Benediktiner Daniel Feuling (1882–1947). In: Freiburger Diözesanarchiv 124 (2004), S. 73–84.

Schaefer, David Lewis: [Rez.] Zuckert, Michael P., Catherine H. Zuckert: Leo Strauss and the Problem of Political Philosophy. In: Perspectives on Political Science 44,4 (2015), S. 257–260.

Schäfer, Hans Dieter: Das gespaltene Bewusstsein. Vom Dritten Reich bis zu den langen Fünfziger Jahren. Göttingen 2009.

Schaezler, Karl: Das „Hochland" und der Nationalsozialismus. Anläßlich eines Buches. In: Hochland 57 (1964/65), S. 221–231.

Schatzki, Theodore R.: Social Practices. A Wittgensteinian Approach to Human Activity and the Social. Cambridge 1996.

Scheit, Gerhard: Autonomie versus Engagement? Über Adorno und Brecht. In: Bahamas 62 (2011), S. 49–53.

Scherzberg, Lucia: Katholizismus und völkische Religion 1933–1945. In: Die völkisch-religiöse Bewegung im Nationalsozialismus. Eine Beziehungs- und Konfliktgeschichte. Hg. v. Uwe Puschner, Clemens Vollnhals. Göttingen 2012, S. 299–334.

Schieder, Theodor: Der Typus in der Geschichtswissenschaft. In: ders.: Staat und Gesellschaft im Wandel unserer Zeit. München 1974, S. 172–187.

Schilmar, Boris: Nation – Abendland – Reich. Europadiskurse im Umfeld der ‚Inneren Emigration' und des Exils. In: Schriftsteller und Widerstand. Facetten und Probleme der ‚Inneren Emigration'. Hg. v. Frank-Lothar Kroll, Rüdiger von Voss. Göttingen 2012, S. 125–144.

Schlick, Moritz: Positivismus und Realismus. In: Erkenntnis 3,1 (1932), S. 1–31.

Schmitt, Hans-Jürgen (Hg.): Die Expressionismusdebatte. Materialien zu einer marxistischen Realismuskonzeption. Frankfurt am Main 1973.

Schmitz, Michael (Hrsg.): Literatur und Politik. Zwischen Engagement und ‚Neuer Subjektivität'. Trier 2017.

Schmitz, Walter (Hrsg.): Die Münchner Moderne. Die literarische Szene in der ‚Kunststadt' um die Jahrhundertwende. Stuttgart 1990.

Schmitz, Walter: Reinhold Schneider (1903–1958). Geschichtspoetik und Reichsidee. In: Freie Anerkennung übergeschichtlicher Bindungen. Katholische Geschichtswahrnehmung im deutschsprachigen Raum des 20. Jahrhunderts. Beiträge des Dresdener Kolloquiums vom 10. bis 13. Mai 2007. Hg. v. Thomas Pittrof, Walter Schmitz. Freiburg im Breisgau u.a. 2010, S. 273–298.

Schmitz-Berning, Cornelia: artlos. In: dies.: Vokabular des Nationalsozialismus. Berlin, New York 2007, S. 69.

Schmollinger, Annette: „Intra muros et extra". Deutsche Literatur im Exil und in der inneren Emigration. Ein exemplarischer Vergleich. Heidelberg 1999.

Schnell, Ralf: Literarische Innere Emigration 1933–1945. Stuttgart 1976.

Schnell, Ralf: Zwischen Anpassung und Widerstand. Zur Literatur der Inneren Emigration im Dritten Reich. In: Europäische Literatur gegen den Faschismus 1922–1945. Hg. v. Thomas Bremer. München 1986, S. 15–32.

Schnell, Ralf: Innere Emigration. In: Reallexikon der deutschen Literaturwissenschaft. Bd. 2. Hg. v. Georg Braungart u.a. Berlin, Boston 2007, S. 146–148.

Schönert, Jörg: Theorie der (literarischen) Satire. In: Textpraxis 2,1 (2011), S. 2–40.

Schönhärl, Korinna: Wissen und Visionen: Theorie und Politik der Ökonomen im Stefan George-Kreis. Berlin 2009.

Schöning, Matthias: Politische Romantik als Symptom der Moderne. Gemeinschaftsdenken und Vergangenheitskonstruktion. In: Internationales Jahrbuch der Bettina-von-Arnim-Gesellschaft 18 (2006), S. 117–141.

Schoeps, Karl-Heinz Joachim: Literatur im Dritten Reich (1933–1945). Berlin ²2000.

Schöttker, Detlev: ‚Der Schoß ist fruchtbar noch ...' Brechts Auseinandersetzung mit den Faschismus-Theorien nach 1933 und 1945. In: Rot = Braun? Brecht Dialog 2000. Nationalsozialismus und Stalinismus bei Brecht und Zeitgenossen. Hg. v. Therese Hörnigk, Alexander Stephan. Berlin 2000, S. 93–104.

Scholdt, Günter: Autoren über Hitler. Deutschsprachige Schriftsteller 1919–1945 und ihr Bild vom ‚Führer'. Bonn, Berlin 1993.

Scholdt, Günter: ‚Ein Geruch von Blut und Schande?' Zur Kritik an dem Begriff und an der Literatur der Emigranten im Innern. In: Wirtschaft & Wissenschaft 2,1 (1994), S. 23–28.

Scholdt, Günter: Kein Freispruch zweiter Klasse. Zur Bewertung nichtnazistischer Literatur im ‚Dritten Reich'. In: Zuckmayer-Jahrbuch. Bd. 5: Zur Diskussion: Zuckmayers ‚Geheimreport' und andere Beiträge zur Zuckmayer-Forschung. Hg. v. Ulrike Weiß. Göttingen 2002, S. 127–177.

Scholdt, Günter: Geschichte als Ausweg? Zum Widerstandspotential literarischer Geschichtsdeutung in der ‚Inneren Emigration'. In: Schriftsteller und Widerstand. Facetten und Probleme der ‚Inneren Emigration'. Hg. v. Frank-Lothar Kroll, Rüdiger von Voss. Göttingen 2012, S. 101–123.

Scholdt, Günter: Innere Emigration und literarische Wertung. In: Kanon, Wertung und Vermittlung. Literatur in der Wissensgesellschaft. Hg. v. Matthias Beilein, Claudia Stockinger, Simone Winko. Berlin, Boston 2012, S. 123–143 (= Studien und Texte zur Sozialgeschichte der Literatur 129).

Scholz, Beate: Italienischer Faschismus als „Export"-Artikel (1927–1935). Ideologische und organisatorische Ansätze zur Verbreitung des Faschismus im Ausland. Trier 2001.

Scholz, Oliver: Verstehen und Rationalität. Untersuchungen zu den Grundlagen von Hermeneutik und Sprachphilosophie. Frankfurt am Main 1999.
Schonauer, Franz: Deutsche Literatur im Dritten Reich. Versuche einer Darstellung in polemischdidaktischer Absicht. Olten, Freiburg im Breisgau 1961.
Schreckenberger, Helga (H.): Ästhetiken des Exils. Amsterdam 2003 (Amsterdamer Beiträge Zur Neueren Germanistik 54).
Schreiber, Gerhard: Meiner Erinnerungen an Theodor Haecker. In: Theodor Haecker. Leben und Werk. Texte, Briefe, Erinnerungen, Würdigungen. Hg. v. Bernhard Hanssler, Hinrich Siefken. Esslingen 1995 (Esslinger Studien, Schriftenreihe, Bd. 15), S. 181–196.
Schröter, Klaus: Der historische Roman. Zur Kritik seiner spätbürgerlichen Erscheinung. In: Exil und Innere Emigration. Hg. v. Reinhold Grimm, Jost Hermand. Frankfurt am Main 1972, S. 111–152.
Schüler, Barbara: „Geistige Väter" der „Weißen Rose". Carl Muth und Theodor Haecker als Mentoren der Geschwister Scholl. In: Hochverrat? Neue Forschungen zur „Weißen Rose". Hg. v. Rudolf Lill, Wolfgang Altgeld. Konstanz 1999, S. 101–128.
Schütz, Erhard: [Rez.] Das Blaue Buch. In: Zeitschrift für Germanistik 28,3 (2018), S. 679–681.
Schutte, Jürgen: ‚Die Wiederherstellung der Wahrheit'. Vorüberlegungen zu Brechts ‚Aufsätzen über den Faschismus'. In: Bertolt Brecht – die Widersprüche sind die Hoffnungen. Hg. v. Wolf Wucherpfennig u.a. Kopenhagen u.a. 1988, S. 130–160.
Schwab, Hans-Rüdiger: Werner Bergengruen. In: Metzler-Autoren-Lexikon. Deutschsprachige Dichter und Schriftsteller vom Mittelalter bis zur Gegenwart. Hg. v. Bernd Lutz und Benedikt Jeßing. Darmstadt 2004.
Schwab, Hans-Rüdiger (Hg.): Eigensinn und Bindung. Katholische deutsche Intellektuelle im 20. Jahrhundert. 39 Porträts. Kevelaer 2009.
Schwab, Hans-Rüdiger: Kurzer Versuch über katholische Intellektuelle. In: ders. (Hrsg.): Eigensinn und Bindung. Katholische deutsche Intellektuelle im 20. Jahrhundert. 39 Porträts. Kevelaer 2009, S. 11–28.
Schwan, Alexander: „Leszek Kolakowskis Philosophie des permanenten Revisionismus". In: Christ zwischen Kirche und Politik. Notwendigkeit und Not des Dialogs. Hg. v. Franz-Martin Schmölz. Salzburg, München 1969, S. 31–52.
Schwartz, Michael: Sozialistische Eugenik: eugenische Sozialtechnologien in Debatten und Politik der deutschen Sozialdemokratie 1890–1933. Bonn 1995.
Schweikle, Günther: ‚Vademekum'. In: Metzler Lexikon Literatur. Hg. v. Dieter Burdorf, Christoph Fasbender, Burkhard Moeninghoff. Stuttgart, Weimar ^{3}2007. S. 798.
Seckler, Max: Apologie. In: Lexikon für Theologie und Kirche, Bd. 1. Hg. v. Walter Kasper u.a. Freiburg im Breisgau u.a. ^{3}2009, Sp. 845–847.
Seefried, Elke: „Reich" und „Ständestaat" als Antithesen zum Nationalsozialismus. Die katholische Zeitschrift ‚der Christliche Ständestaat'. In: Das katholische Intellektuellenmilieu in Deutschland, seine Presse und seine Netzwerke (1871–1963). Hg. v. Michel Grunewald, Uwe Puschner. Bern u.a. 2006, S. 415–438.
Siefken, Hinrich: The diarist Theodor Haecker. ‚Tag- und Nachtbücher' 1939–1945. In: Oxford German Studies 17 (1988), S. 118–131.
Siefken, Hinrich: Theodor Haecker 1879 – 1945. Marbach 1989 (=Marbacher Magazin 49).
Siefken, Hinrich: Bemerkungen des Herausgebers. In: Theodor Haecker: Tag- und Nachtbücher (1939–1945). Innsbruck 1989, S. 246.

Siefken, Hinrich: Die Weiße Rose und Theodor Haecker. In: Die Weiße Rose: Student resistance to National Socialism 1942–1943. Forschungsergebnisse und Erfahrungsberichte. A Nottingham symposium. Hg. v. dems. Nottingham1991, S. 117–146.

Siefken, Hinrich: Vom Bild des Menschen. Die Weiße Rose und Theodor Haecker. In: Jahrbuch der Deutschen Schillergesellschaft 37 (1993), S. 361–380.

Siefken, Hinrich: Theodor Haecker und Richard Seewald. Eine Künstlerfreundschaft. In: Theodor Haecker. Leben und Werk. Texte, Briefe, Erinnerungen, Würdigungen. Hg. v. dems., Bernhard Hanssler. Esslingen 1995, 197–220 (= Esslinger Studien, Schriftenreihe, Bd. 15).

Siefken, Hinrich: Theodor Haecker und die Satire 1913–1945. In: Theodor Haecker. Leben und Werk. Texte, Briefe, Erinnerungen, Würdigungen. Hg. v. dems., Bernhard Hanssler. Esslingen 1995, S. 238–260 (= Esslinger Studien, Schriftenreihe, Bd. 15).

Siefken, Hinrich: Leben und Werk des christlichen Essayisten Theodor Haecker. Eine Einführung. In: Theodor Haecker (1879–1945). Verteidigung des Bildes vom Menschen. Hg. v. Gebhard Fürst, Peter Kastner, Hinrich Siefken. Stuttgart 2001, S. 17–41.

Siefken, Hinrich: Totalitäre Erfahrungen aus der Sicht eines christlichen Essayisten. Theodor Haecker im Dritten Reich. In: Die totalitäre Erfahrung. Deutsche Literatur und Drittes Reich. Hg. v. Frank-Lothar Kroll. Berlin 2003, S. 117–151.

Sieg, Christian: Die ‚engagierte Literatur' und die Religion. Politische Autorschaft im literarischen Feld zwischen 1945 und 1990. Berlin, Boston 2017 (= Studien und Texte zur Sozialgeschichte der Literatur 146).

Sieg, Ulrich: Geist und Gewalt. Deutsche Philosophen zwischen Kaiserreich und Nationalsozialismus. München 2013.

Siegetsleitner, Anne (Hrsg.): Logischer Empirismus, Werte und Moral. Eine Neubewertung. Wien, New York 2010.

Siegetsleitner, Anne: Ethik und Moral im Wiener Kreis. Zur Geschichte eines engagierten Humanismus. Wien u.a. 2014.

Siegfried, Klaus-Jörg: Universalismus und Faschismus. Das Gesellschaftsbild Othmar Spanns. Zur politischen Funktion seiner Gesellschaftslehre und Ständestaatkonzeption. Wien 1974.

Siekmann, Henning: Wolf und Lamm. Zur Karriere einer politischen Metapher im Kontext der europäischen Fabel. Bamberg 2017 (Bamberger Studien zu Literatur, Kultur und Medien 21).

Simonis, Linda: Die Kunst des Geheimen. Esoterische Kommunikation und ästhetische Darstellung im 18. Jahrhundert. Heidelberg 2001.

Skowronski, Alexandra: Max Benses Abendländische Leidenschaft (1938) oder zum Verhältnis von Philosophie und Politik im Nationalsozialismus. In: Max Bense. Werk – Kontext – Wirkung. Hg. v. Andrea Albrecht u.a. Berlin 2019, S. 11–42.

Sluga, Hans: Heideggers Crisis. Philosophy and Politics in Nazi Germany. Cambridge, London 1993.

Sluiter, Ineke: Metatexts and the Principle of Charity. In: Metahistoriography. Theoretical and Methodological Aspects in the Historiography of Linguistics. Hg. v. Peter Schmitter, Marijke van der Wahl. Münster 1998, S. 11–27.

Solms-Laubach, Franz Graf zu: Nietzsche and Early German and Austrian Sociology. Berlin u.a. 2007.

Specht, Rainer: Laudatio für Alois Dempf. In: Zeitschrift für philosophische Forschung 36 (1982), S. 95–100.

Spoerhase, Carlos: Autorschaft und Interpretation. Methodische Grundlagen einer philologischen Hermeneutik. Berlin, New York 2007.
Spoerhase, Carlos: Die ‚Dunkelheit' der Dichtung als Herausforderung der Philologie. In: Konzert und Konkurrenz. Die Künste und ihre Wissenschaften im 19. Jahrhundert. Hg. v. Christian Scholl, Sandra Richter, Oliver Huck. Göttingen 2010, S. 133–155.
Spoerhase, Carlos: Das Format der Literatur. Praktiken materieller Textualität zwischen 1740 und 1830. Göttingen 2018.
Spoerhase, Carlos: Methodenskizze zur systematischen Rekonstruktion der literarischen Satire. In: Scientia Poetica 24 (2020), S. 307–320.
Spörl, Gerhard: Die Leo-Konservativen. In: Der Spiegel 32 (2003), S. 142–145.
Stadler, Friedrich: Der Wiener Kreis. Ursprung, Entwicklung und Wirkung des Logischen Empirismus im Kontext. o.O. ³2015. (= Veröffentlichungen des Instituts Wiener Kreis 20).
Stambolis, Barbara: Nationalisierung trotz Ultramontanisierung oder: „Alles für Deutschland. Deutschland aber für Christus". Mentalitätsleitende Wertorientierung deutscher Katholiken im 19. und 20. Jahrhundert. In: Historische Zeitschrift 269 (1999), S. 57–98.
Stangl, Thomas: Der Goethe der Fünfzigerjahre. In: Volltext 4 (2017), S. 189–196.
Stegmann, Franz Josef und Peter Langhorst: Geschichte der sozialen Ideen im deutschen Katholizismus. In: Geschichte der sozialen Ideen in Deutschland. Sozialismus – Katholische Soziallehre – Protestantische Sozialethik. Ein Handbuch. Hg. v. Helga Grebing. Wiesbaden ²2005.
Steiner, Stephan: Weimar in Amerika. Leo Strauss' Politische Philosophie. Tübingen 2013 (= Schriftenreihe wissenschaftlicher Abhandlungen des Leo Baeck Instituts 76).
Steizinger, Johannes: Politik versus Moral. Alfred Baeumlers Versuch einer philosophischen Interpretation des Nationalsozialismus. In: „Arbeit", „Volk", „Gemeinschaft". Ethik und Ethiken im Nationalsozialismus. Hg. v. Werner Konitzer, David Palme. Frankfurt am Main 2016, S. 29–48.
Stephen Holmes: Leo Strauss. Wahrheiten nur für Philosophen. In: Die Anatomie des Antiliberalismus. Hamburg 1995, S. 115–159.
Steuwer, Janosch: ‚Ein Drittes Reich, wie ich es auffasse': Politik, Gesellschaft und privates Leben in Tagebüchern 1933–1939. Göttingen 2017.
Stockinger, Ludwig: Romantik und Katholizismus. Untersuchungen zur Ästhetik der „katholischen Literatur" und zu ihren Anfängen bei Joseph von Eichendorff. Kiel 1988.
Stöver, Rolf: Protestantische Kultur zwischen Kaiserreich und Stalingrad. Porträt der Zeitschrift ‚Eckart' 1906–1943. München 1982.
Stöwer, Ralph: Erich Rothacker: sein Leben und seine Wissenschaft vom Menschen. Göttingen 2012.
Straub, Irene: Erinnerungen an meinen Vater Theodor Haecker. In: Theodor Haecker. Leben und Werk. Texte, Briefe, Erinnerungen, Würdigungen. Hg. v. Bernhard Hanssler, Hinrich Siefken. Esslingen 1995 (= Esslinger Studien, Schriftenreihe, Bd. 15), S. 173–180.
Streim, Gregor: Esoterische Kommunikation. Initiation und Autorschaft in Ernst Jüngers ‚Besuch auf Godenholm' (1952) und ‚Rückblick auf Godenholm' (1970). In: Ernst Jünger und die Bundesrepublik: Ästhetik – Politik – Zeitgeschichte. Hg. v. Matthias Schöning, Ingo Stöckmann. Berlin, Boston 2012, S. 119–135.
Stresau, Herman: Von Jahr zu Jahr. Berlin 1948.
Strobel, Eva: Das „Pathos der Distanz". Nietzsches Entscheidung für den Aphorismenstil. Würzburg 1998.

Strube, Werner: Über verschiedene Arten, den Autor besser zu verstehen, als er sich selbst verstanden hat. In: Rückkehr des Autors. Zur Erneuerung eines umstrittenen Begriffs. Hg. v. Fotis Jannidis u.a. Tübingen 1999, S. 135–156.

Süß, Dietmar: Nationalsozialistische Religionspolitik. In: Die katholische Kirche im Dritten Reich. Eine Einführung. Hg. v. Christoph Kösters, Mark Edward Ruff. Freiburg. im Breisgau u.a. 2011, S. 50–63.

Sultano, Gloria: Wie geistiges Kokain. Mode unterm Hakenkreuz. Wien 1995.

Szabó, Anikó: Vertreibung, Rückkehr, Wiedergutmachung. Göttinger Hochschullehrer im Schatten des Nationalsozialismus. Göttingen 2000.

Szyndler, Anna: Das Phänomen der ‚Inneren Emigration' in dem wissenschaftlichen Diskurs gestern und heute. In: Literarische Koordinaten der Zeiterfahrung. Hg. v. Joanna Ławnikowska-Koper, Jacek Rzeszotnik. Dresden 2009, S. 143–153.

Szyndler, Anna: Zwischen Glauben und Politik. Christliche Literatur im Dritten Reich als Widerstandsliteratur. Versuch einer literaturtheologischen Deutung. Częstochowa 2011.

Tauscher, Rolf: Brechts Faschismuskritik in Prosaarbeiten und Gedichten der ersten Exiljahre. Berlin 1981.

Thomsen, Frank, Hans-Harald Müller, Tom Kindt: Ungeheuer Brecht. Eine Biographie seines Werks. Göttingen 2006.

Timms, Edward: Der Satiriker und der Christ – ein unvereinbarer Gegensatz? In: Formen und Formgeschichte des Streitens. Der Literaturstreit. Hg. v. Franz Josef Worsbrock, Helmut Koopmann. Tübingen 1986, S. 85–90.

Tomberg, Friedrich: Die Kritik der spätbürgerlichen Philosophie unter dem Blickwinkel der Brecht-Lukács-Debatte. In: Weimarer Beitrage 2 (1986), S. 287–295.

Treiber, Hubert: Alfred von Martins „Nietzsche und Burckhardt" – erneut gelesen. In: Gesellschaft und Humanität. Der Kultursoziologe Alfred von Martin (1882–1979). Hg. v. Richard Faber, Perdita Ladwig. Würzburg 2013, S. 83–112.

Tugendhat, Ernst: Der moralische Universalismus in der Konfrontation mit der Nazi-Ideologie. In: Moralität des Bösen. Ethik und nationalsozialistische Verbrechen. Hg. v. Werner Konitzer, Raphael Gross. Frankfurt am Main 2009, S. 61–75.

Ulbricht, Justus: Neuromantik: Ein Rettungsversuch der Moderne mit Nietzsche. In: Nietzscheforschung 11 (2004), S. 63–72.

Unterburger, Klaus: Das Verhältnis der Zeitschrift Hochland zum theologischen Modernismus während der ersten Jahre ihres Bestehens. In: Für euch Bischof, mit euch Christ. Festschrift für Friedrich Kardinal Wetter zum siebzigsten Geburtstag. Hg. v. Manfred Weitlauff, Peter Neuner. St. Ottilien 1998, S. 347–387.

Vasold, Manfred: Medizin. In: Enzyklopädie des Nationalsozialismus. Hg. v. Wolfgang Benz, Hermann Graml, Hermann Weiß. Stuttgart ³1998, S. 235–251.

Vieregg, Hildegard K.: Theodor Haecker und die Weiße Rose. „Wohin sollen wir gehen?". Die Studenten der Weißen Rose unter dem Einfluss Theodor Haeckers. In: Theodor Haecker (1879–1945). Verteidigung des Bildes vom Menschen. Hg. v. Gebhard Fürst, Peter Kastner, Hinrich Siefken. Stuttgart 2001, S. 51–73.

Vieregg, Hildegard K.: Theodor Haecker. Christliche Existenz im totalitären Staat. In: Eigensinn und Bindung. Katholische deutsche Intellektuelle im 20. Jahrhundert. 39 Porträts. Hg. v. Hans-Rüdiger Schwab. Kevelaer 2009, S. 117–135.

Viering, Jürgen: Neuromantik. In: Reallexikon der deutschen Literaturwissenschaft. Hg. v. Harald Fricke u.a., Bd. 2. Berlin, New York 2000, S. 707–709.

Völker, Klaus: Brecht und Lukács: Analyse einer Meinungsverschiedenheit. In: Kursbuch 7 (1966), S. 80–101.
Vollhardt, Friedrich: Hochland-Konstellationen. Programme, Konturen und Aporien des Kulturkatholizismus am Beginn des 20. Jahrhunderts. In: Moderne und Antimoderne. Renouveau Catholique und die deutsche Literatur des 20. Jahrhunderts. Hg. v. Wilhelm Kühlmann, Roman Luckscheiter. Freiburg im Breisgau 2008, S. 67–100.
Vollhardt, Friedrich: Hermann Broch und der religiöse Diskurs in den Kulturzeitschriften seiner Zeit (Summa, Hochland, Eranos). In: Hermann Broch: Religion, Mythos, Utopie – zur ethischen Perspektive seines Werks. Hg. v. Paul Michael Lützeler, Christine Maillard. Straßburg 2008, S. 37–52.
Voss, Rüdiger von: Verborgene Stimmen der Freiheit. Zur geistigen Legitimation und politischen Bedeutung der ‚Inneren Emigration'. In: Schriftsteller und Widerstand. Facetten und Probleme der ‚Inneren Emigration'. Hg. v. Frank-Lothar Kroll, Rüdiger von Voss. Göttingen 2012, S. 411–420.
Voß, Torsten: „Heilige Scheiße". Formen der skatologischen Polemik im literarischen Katholizismus Léon Bloys und Theodor Haeckers. In: Zagreber germanistische Beiträge 27 (2018), S. 141–161.
Voß, Torsten: Polemik und Grobianismen wider den Ungeist? Theodor Haeckers aphoristische Performanzen gegen den Totalitarismus und die Poetik ‚eines' literarischen Katholizismus. In: Brenner-Archiv 36 (2017), S. 93–115.
Wagner, Frank Dietrich: Bertolt Brecht. Kritik des Faschismus. Opladen 1989.
Wallenborn, Markus: Schreibtisch im Freigehege. Der Schriftsteller Erich Kästner im ‚Dritten Reich'. In: Im Pausenraum des ‚Dritten Reiches'. Zur Populärkultur im nationalsozialistischen Deutschland. Hg. v. Carsten Würmann, Ansgar Warner. Bern 2008, S. 215–228.
Walt, Thomas: Vom historischen Roman der Gegenwart. In: Der Gral. Katholische Monatsschrift für Dichtung und Leben 23 (1928/29), S. 593–598.
Wander, Karl Friedrich Wilhelm: Deutsches Sprichwörter-Lexikon. Ein Hausschatz für das deutsche Volk. Leipzig 1867–1880.
Wander, Karl Friedrich Wilhelm: Politisches Sprichwörterbrevier. Wigand, Leipzig 1872 (Nachdruck: Bern u.a. 1990).
Ward, Simon: Werner Bergengruens ‚Am Himmel wie auf Erden'. In: Travellers in Time and Space. The German Historical Novel. Der deutschsprachige historische Roman. Hg. v. Osman Durrani. Amsterdam u.a. 2001, S. 301–312 (= Amsterdamer Beiträge zur neueren Germanistik 51).
Weber, Christoph: Der Fall Spahn (1901). Ein Beitrag zur Wissenschafts- und Kulturdiskussion im ausgehenden 19. Jahrhundert. Rom 1980.
Weber, Hermann: Kirchliches Bücherverbot: der römische Index. Bericht über den Vortrag von Judith Scheper. In: Literatur, Recht und Religion 2010, S. 45–56.
Wegmann, Nikolaus: Engagierte Literatur? Zur Poetik des Klartexts. In: Systemtheorie der Literatur. Hg. v. Jürgen Fohrmann, Harro Müller. München 1996, S. 345–365.
Weichert, Ulrike: ‚Von der Geschichte zur Natur' – Die Politische Hermeneutik von Leo Strauss. Berlin 2013 (= Philosophische Schriften 81).
Weikart, Richard: Die Rolle der Evolutionsethik in der NS-Propaganda und im weltanschaulichen NS-Unterricht. In: Ideologie und Moral im Nationalsozialismus. Hg. v. Wolfgang Bialas, Lothar Fritze. Göttingen 2014, S. 193–207.

Weinzierl, Erika: Die Salzburger Hochschulwochen 1931–1937 und die Bestrebungen zur Errichtung einer Katholischen Universität in Salzburg. In: Heuresis. Festschrift für Andreas Rohracher 25 Jahre Erzbischof von Salzburg. Hg. v. Thomas Michels. Salzburg 1969, S. 338–362.
Weiß, Otto: Der Modernismus in Deutschland. Ein Beitrag zur Theologiegeschichte. Regensburg 1995.
Weiß, Otto: Der Katholische Modernismus. Begriff – Selbstverständnis – Ausprägungen – Weiterwirken. In: Antimodernismus und Modernismus in der katholischen Kirche. Beiträge zum theologiegeschichtlichen Vorfeld des II. Vatikanums. Hg. v. Hubert Wolf. Paderborn u.a. 1998, S. 107–139.
Weiß, Otto: ‚Hochland'-Kämpfe. Friedrich Fuchs und Karl Muth. Ein ‚Vater-Sohn-Konflikt'. In: Katholische Publizistik im 20. Jahrhundert. Positionen, Probleme, Profile. Internationale Tagung vom 25. bis 27. Februar 2010. Hg. v. Walter Hömberg, Thomas Pittrof. Freiburg im Breisgau 2014, S. 143–186 (= Rombach-Wissenschaften: R. Catholica 3).
Weiß, Otto: Kulturkatholizismus. Katholiken auf dem Weg in die deutsche Kultur 1900–1933. Regensburg 2014.
Weisshaupt, Kurt: Maske und Gehalt. Stufen des Esoterischen bei Nietzsche. In: Esoterik und Exoterik der Philosophie. Beiträge zu Geschichte und Sinn philosophischer Selbstbestimmung. Hg. v. Helmut Holzhey, Rudolf W. Meyer. Basel, Stuttgart 1977, S. 191–206.
Weitlauff, Manfred: ‚Modernismus litterarius'. Der Katholische Literaturstreit, die Zeitschrift Hochland und die Enzyklika ‚Pascendi dominici gregis' Pius X. vom 8. September 1907. In: Beiträge zur altbayrischen Kirchengeschichte 37 (1988), S. 97–175.
Wenzel, Knut: Katholisch. In: Lexikon für Theologie und Kirche. Bd. 5. Hg. v. Walter Kasper. Freiburg im Breisgau u.a. 2009, Sp. 1345.
Werber, Rudolf: Die Frankfurter Zeitung und ihr Verhältnis zum Nationalsozialismus, untersucht anhand von Beispielen aus den Jahren 1932–1943. Ein Beitrag zur Methodik der publizistischen Camouflage im dritten Reich. Bonn 1965.
Whyte, Max: The Uses and Abuses of Nietzsche in the Third Reich. Alfred Baeumler's ‚Heroic Realism'. In: Journal of Contemporary History 43 (2008), S. 171–194.
Willand, Marcus: Isers impliziter Leser im praxeologischen Belastungstest: Ein literaturwissenschaftliches Konzept zwischen Theorie und Methode. In: Theorien, Methoden und Praktiken der Interpretation. Hg. v. Andrea Albrecht u.a. Berlin 2015, S. 237–269.
Willand, Marcus: Der Leser als/im Kontext interpretativer Zuschreibungen. In: Text, Kontext, Kontextualisierung. Moderne Kontextkonzepte und antike Literatur. Hg. v. Ute Tischer, Alexandra Forscht, Ursula Gärtner. Hildesheim 2018, S. 81–100.
Winko, Simone: Lektüre oder Interpretation? In: Sonderheft ‚Interpretation'. Mitteilungen des Deutschen Germanistenverbandes 49,2 (2002), S. 128–141.
Wippermann, Wolfgang: Geschichte und Ideologie im historischen Roman des Dritten Reiches. In: Die deutsche Literatur im Dritten Reich. Themen – Traditionen – Wirkungen. Hg. v. Horst Denkler, Karl Prümm. Stuttgart 1976, S. 186–206.
Wirth, Günter: Geschichte in metaphorischer Gestalt. Jochen Klepper: ‚Der Vater'. In: Erfahrung Nazideutschland. Romane in Deutschland 1933–1945. Analysen. Hg. v. Sigrid Bock, Manfred Hahn. Berlin, Weimar 1987, S. 189–230.

Wirth, Günter: Literarische Geschichtsdeutung im Umfeld der ‚Inneren Emigration'. Werner Bergengruen, Reinhold Schneider, Jochen Klepper. In: Vergangenheit vergegenwärtigen. Der historische Roman im 20. Jahrhundert. Hg. v. Matthias Flothow, Frank-Lothar Kroll. Leipzig 1998, S. 31–50.

Wizisla, Erdmut: Fünf Schwierigkeiten beim Schreiben der Wahrheit. In: Brecht Handbuch, Bd. 4. Hg. v. Jan Knopf. Stuttgart, Weimar 2001, S. 272–278.

Wögerer, Erika: Innere Emigration und historische Camouflage in Österreich. Zum Widerstandspotenzial in den Historischen Romanen des Rudolf Henz. Frankfurt am Main u.a. 2004.

Wolters, Gereon: Philosophie im Nationalsozialismus. In: Philosophie im Nationalsozialismus. Hg. v. Hans-Georg Sandkühler. Hamburg 2009, S. 57–81.

Yoshida, Keisuke: Der Schatten der Kierkegaard-Renaissance. In: Kierkegaard Studies Yearbook 20,1 (2015), S. 279–300.

Zank, Michael: Foreword. In: The German Stranger. Leo Strauss and National Socialism. Hg. v. William H.F. Altmann. Lanham 2012, S. XI–XIX.

Zankel, Sönke: Theodor Haecker und die Juden. In: Abrahams Enkel. Juden, Christen, Muslime und die Schoa. Hg. v. Niklas Günther, Sönke Zankel. Stuttgart 2006, S. 29–40.

Zehetner, Cornelius: Alois Dempf. Selbstkritik der Philosophie und Annäherung an den Menschen. In: Eigensinn und Bindung. Katholische deutsche Intellektuelle im 20. Jahrhundert. Hg. v. Hans-Rüdiger Schwab. Kevelaer 2009, S. 251–263.

Zimmermann, Hans Dieter: ‚Innere Emigration'. Ein historischer Begriff und seine Problematik. In: Schriftsteller und Widerstand. Facetten und Probleme der ‚Inneren Emigration'. Hg. v. Frank-Lothar Kroll, Rüdiger von Voss. Göttingen 2012, S. 45–62.

Zoske, Robert M.: Sehnsucht nach dem Lichte. Zur religiösen Entwicklung von Hans Scholl. Unveröffentlichte Gedichte, Briefe und Texte. München 2014.

Zoske, Robert M.: Flamme sein! Hans Scholl und die Weiße Rose. Eine Biografie. München 2018.

Zuckert, Catherine H., Michael P. Zuckert: The Truth about Leo Strauss: Political Philosophy and American Democracy. Chicago 2006.

Internetquellen

Berge, Felix: Gerüchte im Nationalsozialismus zwischen staatlicher Kontrolle und Kommunikation ‚von unten'. https://www.ifz-muenchen.de/forschung/ea/forschung/geruechte-im-nationalsozialismus-zwischen-staatlicher-kontrolle-und-kommunikation-von-unten-kommun/ (Zugriff am 06.07.2020).

Danneberg, Lutz: Wissenschaftsbegriff und epistemischer Relativismus: Nicolai Hartmanns Preisfrage ‚Die inneren Gründe des philosophischen Relativismus und die Möglichkeit seiner Überwindung' für die Preußische Akademie der Wissenschaften 1936. Erschienen im Band zum 200. Jahrestag der Humboldt-Universität der Zeitschrift für Germanistik N.F. 2011, S. 173–216; wesentlich erweiterte Version: http://fheh.org/wp-content/uploads/2016/07/Relativismus-2.pdf (Zugriff am 16.09.2020).

Danneberg, Lutz: Wissenschaftsbegriff und epistemischer Relativismus im Nationalsozialismus (2013). http://fheh.org/wp-content/uploads/2016/07/relativismusld.pdf, S. 184 (Zugriff am 07.09.2020).

Forschungsprojekt: Das Private im Nationalsozialismus unter der Leitung am Institut für Zeitgeschichte in München. https://www.ifz-muenchen.de/aktuelles/themen/das-private-im-nationalsozialismus/ (Zugriff am 06.07.2020).

Henkelmann, Andreas: [Rez.] Carl Muth und das Hochland. In: H-Soz-Kult, 17.09.2019. https://www.hsozkult.de/review/id/reb-28301?title=test-url-titel (Zugriff am 18.09.2020).

Ott, Hugo: Die Weiße Rose. Ihr Umfeld in Freiburg und München. Vortrag Universität Freiburg im Breisgau, 29.04.2004. http://kultour-innovativ.de/Rede%20OT.pdf (Zugriff am 07.09.2020).

Klausnitzer, Ralf: Theorie esoterischer Kommunikation, Forschungsstelle Historische Epistemologie und Hermeneutik (Berlin, Heidelberg). https://fheh.org/?page_id=54 (Zugriff am 16.09.2020).

Konkordat zwischen dem Heiligen Stuhl und dem Deutschen Reich [Reichskonkordat], 20. Juli 1933. https://www.1000dokumente.de/index.html?c=dokument_de&dokument=0127_kon&object=facsimile&pimage=2&v=100&nav=&l=de (Zugriff am 16.09.2020).

Pius XI: Enyzklika „Mit Brennender Sorge". An die Erzbischöfe und Bischöfe Deutschlands und die anderen Oberhirten, die in Frieden und Gemeinschaft mit dem apostolischen Stuhl leben, über die Lage der katholischen Kirche im Deutschen Reich. Vom 14. März 1937. http://www.vatican.va/content/pius-xi/de/encyclicals/documents/hf_pxi_enc_14031937_mit-brennender-sorge.html (Zugriff am 06.01.2020).

Simons, Olaf: Willkür, Wildwuchs und neuartige Effizienz. Ein kleiner Streifzug durch Theorie und Praxis der Zensur im Dritten Reich. http://www.polunbi.de/themen/zensur-artikel-01.html (Zugriff am 23.05.2020).

Smith, Steven B.: Hidden Truths. https://www.nytimes.com/2013/08/25/books/review/two-books-about-the-legacy-of-leo-strauss.html (Zugriff am 23.05.2020).

Stieber, Benno: Stiller Protest gegen Hitler. https://www.spiegel.de/kultur/friedrich-kellner-justizinspektor-in-hessen-ein-ganz-normaler-buerger-a-00000000-0002-0001-0000-000162996730 (Zugriff am 17.08.2020).

Personenindex

Abele, Theodor 271, 408
Ackermann, Karl 6, 170, 249, 363
Adam, Christian 44, 47
Adorno, Theodor W. 19–21, 94, 95, 98, 100, 147
Alexis, Willibald 298
Al-Farabi, Nasr Muhammad 126
Althusser, Louis 107, 108
Altman, H. F. 129, 147, 149
Andersch, Alfred 36
Andersen, Hans Christian 72
Andler, Charles 442
Andres, Stefan 7, 37, 172, 258, 272, 322
Aquin, Thomas von 235, 240, 315, 387, 389, 397–399, 414
Arendt, Hannah 90, 96, 100, 147, 179, 372, 494
Arndt, Willy 272

Baeumler, Alfred 191, 330, 344, 349, 386, 404, 452, 474–477
Barbian, Jan-Pieter 15f. 47, 56
Barth, Emil 272
Barth, Karl 330
Baxa, Jacob 371, 374
Below, Georg von 367, 368, 433
Benjamin, Walter 372
Bense, Max 160
Bergengruen, Werner 7, 25, 37, 39, 42, 43, 47, 135, 167, 172, 180, 255, 258, 262, 272–327, 363, 364, 369, 488
Bergmann, Katja 277, 326
Bernhart, Joseph 172, 180, 307, 398, 418, 481
Bernoulli, Carl Albrecht 442
Billinger, Richard 272
Blunck, Hans Friedrich 272
Bogdal, Michael 108
Bollnow, Otto Friedrich 480, 484
Bonhoeffer, Dietrich 295
Borchardt, Rudolf 331
Brecht, Bertolt 22, 32, 57, 58, 63, 81, 85–121, 125, 153, 164, 165, 223, 489
Brentano, Clemens 272, 436

Brück, Max von 308, 323
Buber, Martin 372
Buchheim, Karl 483,
Burckhardt, Jacob 25, 370, 383, 417–490
Burkard, Dominik 215
Burns, Tony 129
Büttner, Hermann 253, 254

Carnap, Rudolf 91, 92
Cassirer, Ernst 241, 242
Cather, Willa 272
Chamberlain, Houston Stewart 218, 356
Chesterton, Gilbert Keith 272
Claudius, Matthias 272
Cohen, Hermann 241–243, 249
Cohen, Robert 90
Connelly, James 129
Curschmann, Fritz 283

Dahlheimer, Manfred 374, 383, 433
Danneberg, Lutz 51, 79, 91, 102, 106, 227, 462
Dempf, Alois 25, 172, 180, 201, 221, 251–254, 306, 307, 340, 366, 370, 375, 376, 383–417, 432, 434, 489, 490
Deutinger, Martin 267, 381
Dilthey, Wilhelm 368, 392, 403
Döblin, Alfred 298
Dodd, John William 36, 64, 69, 72, 74, 81, 83, 85, 124
Domin, Hilde 179
Dörfler, Peter 172
Dülmen, Richard van 375

Ehrke-Rotermund, Heidrun 11, 12, 15, 22, 29–46, 49, 50, 57, 59–61, 87, 90, 122, 126, 130, 134, 135, 144, 150, 151, 156, 262, 296, 303, 363
Eichendorff, Joseph von 373, 436
Ernst, Paul 330

Fels, Heinrich 404
Feuling, Daniel 24, 189, 210–254, 260, 269

Fish, Stanley Eugene 123
Fleck, Ludwik 58, 123, 124, 147
Foerster-Nietzsche, Elisabeth 452
Freud, Sigmund 107
Freyer, Hans 372
Friedrich, Ruth-Andreas 41
Fuchs, Friedrich 172, 249, 250, 271
Funk, Philipp 341, 431–433, 440

Gagarin, Eugen 272
Galilei, Galileo 35
Garfinkel, Harold 52
Geibel, Emanuel 272
George, Stefan 230, 332, 337–340, 377, 381, 468, 469
Giacomin, Maria Cristina 174, 380
Goes, Albrecht 272
Göring, Hermann 85, 101, 103–112
Görres, Joseph 43, 374, 383–416
Graf, Willi 360
Grice, Paul 30
Grimm, Reinhold 14
Grolman, Adolf 345, 353
Guardini, Romano 172, 180, 368, 403, 406, 408
Günther, Joachim 284
Gurian, Waldemar 172

Hackelsberger-Bergengruen, N. Luise 310
Haecker, Theodor 7, 25, 43, 116, 172, 177, 180, 183, 185, 205–208, 255, 258, 262, 263, 307, 327–364, 377, 406, 425
Hamburger, Käte 372
Hanuschek, Sven 119, 121
Härtle, Heinrich 452, 479, 484
Hartmann, Eduard von 241
Hashagen, Julius 482
Haupt, Julius 464
Hausenstein, Wilhelm 43–45, 172, 306
Hefele, Herman 340, 368, 406, 437
Hegel, Georg Wilhelm Friedrich 91, 249, 263, 379, 381, 382, 412, 458
Heidegger, Martin 191, 496
Hensel, Charlotte 292
Herder, Johann Gottfried 392
Hermand, Jost 14, 16

Hertling, Georg von 226, 227
Herwegen, Ildefons von 251, 369, 438
Hess, Rudolf 85, 101, 105–108, 111, 112
Hesse, Hermann 44, 330
Heuss, Theodor 482, 483
Hildebrand, Dietrich von 233
Hirsch, Emanuel 330, 349
Hitler, Adolf 15, 74, 96, 115, 117, 196, 199, 205, 207, 208, 211–213, 215, 217, 251, 357, 409, 414, 416, 419, 427, 447, 458, 463, 475, 493, 497, 498
Hobsbawm, Eric 402
Hockerts, Hans Günter 170, 171, 178, 188, 270
Hohoff, Curt 307
Holthusen, Hans Egon 272
Homer 136
Horkheimer, Max 147
Howse, Robert 127
Huber, Paul 174
Huch, Ricarda 44, 378, 382, 435, 440, 473
Hudal, Alois 216
Humboldt, Wilhelm von 44, 392
Hurwicz, Elias 199
Hus, Johannes 206
Huxley, Aldous 44

Immermann, Karl 272

Jessen, Jens 481, 483
Joël, Karl 442, 468, 473, 484, 485
Jünger, Ernst 37, 42, 147, 152, 160, 496, 497
Jünger, Friedrich Georg 160, 496

Kafka, Gustav 272
Kant, Immanuel 241–243, 248, 387
Kästner, Erich 116, 118–121, 350
Kellner, Friedrich 115–119, 164, 350
Kierkegaard, Sören 265, 327, 330, 332, 349, 349, 362, 388, 419
Kiesel, Helmuth 169
Klapper, John 12, 40, 56, 60, 78
Klausnitzer, Ralf 373, 372
Klemmt, Alfred 478
Klemperer, Victor 41, 43, 81, 116, 350
Klepper, Jochen 43, 45

Koelwel, Eduard 272
Kösters, Christoph 196, 209, 210
Kolb, Annette 179
Konfuzius 99
Kopernikus, Nikolaus 219, 228
Kralik, Richard von 376–380
Kraus, Karl 63, 306, 328, 337, 338, 352, 444
Krieck, Ernst 188–192, 195,
Krobb, Florian 416
Kroll, Frank-Lothar 217, 311, 316
Kubitschek, Götz 498

Lagerlöf, Selma 81, 272
Lämmert, Eberhard 34, 38, 42, 79, 135, 260, 281
Lampe, Jörg 284
Lasker-Schüler, Else 179
Le Fort, Gertrud 7, 172, 177, 258, 272, 323, 346, 440
Lecky, W. E. H. 131, 143
Lenin, Wladimir Iljitsch 99
Ley, Robert 120, 121
Lienhard, Friedrich 174
Löwith, Karl 150, 442, 468, 469, 472, 474
Loewy, Ernst 14
Lukács, Georg 92, 93, 473
Lukrez 99
Luther, Martin 45, 61, 205, 219, 248
Lützeler, Heinrich 297

Maimonides, Moses 126, 158
Manley Hopkins, Gerard 272
Mann, Thomas 332
Mannheim, Karl 109–113, 124, 238, 372, 421, 424, 426–430, 435, 440, 449, 460, 461, 463, 464
Marr, Heinz 428
Martin, Alfred von 25, 172, 184, 185, 306, 366–376, 383, 397, 417–490
Marx, Karl 91–93, 96, 102
Meister Eckhart 219, 250, 252–253, 398
Melzer, Arthur M. 152, 153, 157, 158
Mendelssohn, Moses 125
Meyer, Anton 340
Michels, Thomas 234
Miegel, Agnes 272

Mitterer, Erika 272
Moeller van den Bruck, Arthur 198
Morus, Thomas 99, 272
Müller, Adam 374, 439
Müller, Hans-Harald 91
Muth, Carl 6, 8, 24, 169, 171–180, 184, 189, 197, 199–209, 249, 250, 252, 255–272, 292, 295, 296, 306, 307, 323, 324, 328–332, 335, 340, 346, 353–355, 364, 367, 368, 370, 374–383, 389, 396, 425, 432–435, 437, 439, 440, 495, 496

Nadler, Josef 340, 391, 392
Nebel, Gerhard 496
Neuhaus, Stefan 17
Neurath, Otto 91, 92
Neuss, Wilhelm 221
Newman, Henry 210, 233, 234, 328, 330, 343
Niel, Herms 352
Niemöller, Martin 44
Nietzsche, Friedrich 230, 249, 265, 355, 356, 370, 383, 417–490
Novalis 435, 436, 438

Ott, Hugo 307

Packard, Stephan 34, 35
Papendick, Gertrud 285
Papst Pius XI. 294
Paracelsus 219
Parmenides 132, 133
Pascal, Blaise 44
Pechel, Rudolf 6, 37, 39, 418–420, 483
Peitsch, Helmut 21, 95
Peterson, Erik 177, 471
Philipps, Michael 16
Pittrof, Thomas 169, 175
Platon 140, 141, 146, 208, 314, 337, 341, 456
Platz, Hermann 367, 406, 408
Preen, Friedrich von 467
Przywara, Erich 210, 233, 234, 403
Puschkin, Alexander 272

Radecki, Sigismund von 306

Rebenich, Stefan 464
Reck-Malleczewen, Friedrich 43, 330, 346, 350, 498
Reichenbach, Hans 91
Rethel, Alfred 201–203, 205, 207
Ritter, Gerhart 456
Roques, Christian 371–373, 460
Rosenberg, Alfred 24, 48, 49, 189, 210–254, 269, 282, 321, 398, 452
Rotermund, Erwin 11, 12, 15, 22, 29–46, 50, 57, 59–61, 87, 90, 122, 126, 130, 134, 135, 144, 150, 151, 156, 262, 276, 295, 296, 303, 318, 363
Rothacker, Erich 191, 391, 403, 439, 469–473

Sailer, Johann Michael 432
Salin, Edgar 423, 442, 468–474, 482, 486–488
Salutati, Coluccio 425, 430
Sartre, Jean-Paul 1–3, 18–23, 94–96, 98, 100, 113
Savigny, Friedrich Carl von 392
Schaezler, Karl 178, 210, 262, 269, 270, 289–291, 355
Schaumann, Ruth 172, 180, 272
Scheler, Max 172, 177, 178, 235, 332, 356, 375, 403, 426
Schernus, Wilhelm 227
Schirach, Baldur von 353
Schlegel, Friedrich 377, 392, 436, 438
Schleiermacher, Friedrich 438
Schlick, Moritz 91, 388
Schmitt, Carl 172, 199, 340, 366–374, 397, 422, 431–440, 449, 460, 461, 471, 485, 489, 496, 497
Schmitz, Walter 310
Schneider, Reinhold 7, 37, 160, 172, 180, 258, 272, 288, 293, 307–314, 320
Schnell, Ralf 14
Scholl, Hans 306, 360, 361
Scholl, Sophie 361
Schonauer, Franz 14
Schöningh, Ferdinand 172, 179, 271, 306, 307, 355, 495
Schöningh, Franz Joseph 172
Schreiber, Ferdinand 346

Schulte, Karl Joseph 213
Seewald, Richard 347, 360
Seidel, Hildegard 244, 248
Selbmann, Rolf 17
Shakespeare 99
Sholem, Gershom 372
Siefken, Hinrich 343, 356, 360
Simon, Paul 210, 214, 229–233, 237, 238, 249, 251, 252, 330
Simson, Otto von 179
Smith, Adam 107
Sokrates 141, 457
Sombart, Werner 421, 427, 428
Spahn, Martin 225
Spann, Othmar 188, 191, 196, 405, 406
Spengler, Oswald 332, 392, 457
Staiger, Emil 285, 286, 297
Stangl, Thomas 322, 323
Steding, Christoph 442, 469, 474, 482
Stefl, Max 306, 332
Stein, Edith 177, 211, 233, 398
Stein, Robert 402
Stepun, Fedor 481
Sternberger, Dolf 11, 22, 28, 37, 57–87, 89, 99, 116, 117, 125, 153, 161, 163, 164, 307
Stifter, Adalbert 44
Stockinger, Ludwig 373, 379
Stöwer, Ralph 471
Strauss, Leo 22, 54–58, 125–161, 166, 167, 317, 331, 400, 488
Strich, Fritz 391
Strobel, Eva 487
Strobel, Georg Theodor 299
Swift, Jonathan 59, 132, 272

Tenbrock, Hermann 305
Tieck, Ludwig 435, 436
Torres Raharo, Bartolomé de 272
Trakl, Georg 272
Treiber, Hubert 445–448, 459
Tucholsky, Kurt 344

Vega, Lope die 272
Voltaire 99

Wander, Karl Friedrich Wilhelm 74

Weber, Alfred 426, 428, 464
Weber, Helene 408
Weber, Max 99, 392, 403, 421, 424, 426, 429, 430, 435, 449–452,
Weinheber, Josef 272
Weiss, Konrad 172, 180, 272
Westphal, Otto 442, 474
Wiechert, Ernst 37, 43, 44

Willand, Marcus 123
Winko, Simone 106
Wirth, Günther 278, 314, 315
Wolf, Friedrich August 393
Wust, Peter 177, 408

Zerzer, Julius 272
Zoske, Robert M. 361